Die Zurechnung von Stimmrechten gemäß § 30 WpÜG

Holger Pittroff

Die Zurechnung von Stimmrechten gemäß § 30 WpÜG

PETER LANG
Europäischer Verlag der Wissenschaften

Schriftenreihe zum Gesellschafts- und Kapitalmarktrecht

Herausgegeben von Lutz Michalski,
Axel Jäger und Klaus-Rudolf Wagner

Band 7

PETER LANG
Frankfurt am Main · Berlin · Bern · Bruxelles · New York · Oxford · Wien

Bibliografische Information Der Deutschen Bibliothek
Die Deutsche Bibliothek verzeichnet diese Publikation in der Deutschen Nationalbibliografie; detaillierte bibliografische Daten sind im Internet über <http://dnb.ddb.de> abrufbar.

Zugl.: Bayreuth, Univ., Diss., 2003

D 703
ISSN 1619-117X
ISBN 3-631-51417-4

www.peterlang.de

Meinen Eltern

No [person] can become a great and good lawyer without having first a great and good charakter as a foundation on which to build.

Justice Jacob W. Wilkin
Supreme Court of the State of Illinois
Ansprache vom 24. September 1897 zum Anlass der Eröffnung des College of Law der University of Illinois

VORWORT

Die vorliegende Arbeit wurde im Sommersemester 2003 von der Rechts- und Wirtschaftswissenschaftlichen Fakultät der Universität Bayreuth als Dissertation angenommen. Die Bearbeitung befindet sich auf dem Stand Dezember 2002. Literatur und Rechtsprechung konnten für die Veröffentlichung der Arbeit bis Juli 2003 berücksichtigt werden.

Mein Dank gilt meinem Doktorvater Herrn Professor Dr. Karl-Georg Loritz für die wissenschaftliche Betreuung dieser Arbeit. Danken möchte ich auch Herrn Professor Dr. Peter W. Heermann, LL.M. für die bevorzugte Erstellung des Zweitgutachtens.

Für die finanzielle Unterstützung durch ein Promotionsstipendium der Universität Bayreuth habe ich ebenfalls zu danken.

Dank schulde ich zudem Herrn Professor Dr. Lutz Michalski und den weiteren Herausgebern für die Aufnahme dieser Arbeit in die „Schriftenreihe zum Gesellschafts- und Kapitalmarktrecht" im Peter Lang Verlag.

Mein besonderer Dank gilt all denjenigen, die mich in der Zeit der Erstellung dieser Arbeit unterstützt haben. Meiner Mutter danke ich dafür, dass Sie die Mühen des Korrekturlesens auf sich genommen hat.

Frankfurt am Main, im September 2003 — Holger Pittroff

INHALTSÜBERSICHT

Die Zurechnung von Stimmrechten gemäß § 30 WpÜG

INHALTSVERZEICHNIS

EINLEITUNG

Die besondere volkswirtschaftliche Bedeutung von Unternehmensübernahmen ist heute wohl als allgemein bekannt anzusehen. Das Übernahmevolumen lag 1989 weltweit noch bei 480 Milliarden Dollar. Allein im ersten Halbjahr 2000 hat es sich schon auf 1,8 Billionen Dollar belaufen[1]. Nach einer Studie der Wirtschaftsprüfungsgesellschaft KPMG war im Jahre 2000 kein anderes Land wertmäßig gesehen so stark an Fusionen beteiligt wie Deutschland[2]. Es wird von einem Transaktionsvolumen von rund 400 Milliarden Dollar ausgegangen, verglichen mit 15 Milliarden Dollar im Jahr 1996[3]. Dies ist aber eine erst neuere Entwicklung, da bis zum Beginn der 90-er Jahre in Deutschland freundliche Übernahmeangebote noch verhältnismäßig selten waren, von feindlichen ganz zu schweigen[4]. Selbst im Jahr 2001, das von einer wirtschaftlichen Krise überschattet war, ist die Übernahmeaktivität in Deutschland weniger stark gefallen als weltweit. Während sich der Wert der M&A-Transaktionen weltweit halbierte, lag der Gesamtwert für die übernommenen oder fusionierten deutschen Unternehmen nur knapp ein Viertel unter dem Vergleichswert des Jahres 2000[5]. Zwar ist durch die weltweite Wirtschaftskrise im Jahr 2002 und im ersten Halbjahr 2003 das Transaktionsvolumen und die Zahl der Transaktionen auch in Deutschland weiter zurückgegangen. Es ist jedoch davon auszugehen, dass in den kommenden Jahren M&A-Transaktionen wieder an Bedeutung gewinnen werden.

In den nächsten Jahren muss mit einem verstärkten Zusammenwachsen der Märkte gerechnet werden. Nationale Grenzen werden auf Grund der technologischen Veränderungen, insbesondere im Bereich der Informations- und Kommunikationstechnologie, eine immer geringere Rolle bei der wirtschaftlichen Betätigung von Unternehmen spielen[6]. Als ein zusätzlicher Faktor für eine weitere Zunahme von Unternehmensübernahmen innerhalb Europas in den nächsten Jahren kann die Wirtschafts- und Währungsunion und die Einführung des Euro angesehen werden. Die wachsende Markttiefe des deutschen Kapitalmarkts wird diese Entwicklung weiter begünstigen. Denn für einen potenziellen Übernehmer ist es leichter, Beteiligungen an einem Unternehmen aufzubauen, wenn dem

1 Vgl. Witte, BB 2000, S. 2161; FAZ v. 8.9.2000, S. 20.

2 Vgl. „Deutschland führt bei internationalen Übernahmen“, DIE WELT online v. 16.1.2001: http://www.welt.de/daten/2001/01/16/0116wi215929.htx?search=Deutschland&searchHILI=1 (22.11.2002).

3 Vgl. Witte, BB 2000, S. 2161; FAZ v. 8.9.2000, S. 20.

4 Vgl. Hopt, FS-Rittner, 1991, S. 187ff. Von Peltzer, ZIP 1989, S. 69, 76 wurden für den Zeitraum 1981 bis 1988 insgesamt 29 freiwillige Übernahmeangebote gezählt.

5 Vgl. Die Welt v. 14.1.2002, S. 21.

6 Vgl. BT-Drucks. 14/7034, S. 27.

Börsenhandel ein bedeutender Teil des gezeichneten Kapitals zur Verfügung steht[7].

Jedoch gab es im Gegensatz zu anderen führenden Finanzmärkten bisher in Deutschland keine rechtlich verbindlichen Regelungen. Die Leitsätze der Börsensachverständigenkommission vom Januar 1979[8] sind bloße Empfehlungen ohne Rechtscharakter und konnten nicht die gewünschte Rechtsklarheit auf dem Gebiet von Unternehmensübernahmen herbeiführen. Der am 1. Oktober 1995 in Kraft getretene Übernahmekodex[9] setzt für seine Anwendbarkeit die Verbindlicherklärung durch die Unternehmen voraus und konnte deshalb ebenfalls nicht zu einer Rechtsvereinheitlichung führen. Aufgrund der wachsenden Anzahl und Größenordnung der Transaktionen wurde in den letzten Jahren verstärkt von einem Regelungsbedürfnis ausgegangen und ein verbindlicher rechtlicher Rahmen gefordert[10].

Problemstellung und Gang der Untersuchung

Durch das Wertpapiererwerbs- und Übernahmegesetz (WpÜG) wurde zum 01.01.2002 erstmals in Deutschland eine verbindliche Regelung für öffentliche Angebote zum Erwerb von Wertpapieren eingeführt. Im Rahmen dieser Regelung nimmt die 30-prozentige Kontrollschwelle des § 29 Abs. 2 WpÜG eine wichtige Stellung ein, da bei einem Angebot, das auf den Erwerb der Kontrolle gerichtet ist, ein Vollangebot und bei Erreichen oder Überschreiten der Kontrollschwelle auf andere Art und Weise als durch ein Übernahmeangebot, ein Pflichtangebot abzugeben ist. In die Berechnung dieser 30-prozentigen Kontrollschwelle gehen sowohl Stimmrechte aus Aktien, die dem Bieter selbst gehören, als auch unter bestimmten Umständen Stimmrechte aus Aktien, die einer anderen Person als dem Bieter gehören, ein. Eine solche Stimmrechtszurechnung ist allerdings nur in besonderen Fällen gerechtfertigt. Voraussetzung ist, dass der Bieter die Möglichkeit hat, auf die Stimmrechtausübung des Dritten Einfluss zu nehmen. § 30 WpÜG beinhaltet sieben unterschiedliche Zurechnungstatbestände, die in rechtlicher und tatsächlicher Hinsicht auf völlig verschiedenen Situationen beru-

---

7 Vgl. BT-Drucks. 14/7034, S. 27.

8 „Leitsätze für öffentliche freiwillige Kauf- und Umtauschangebote bzw. Aufforderung zur Abgabe derartiger Angebote in amtlich notierten oder im geregelten Freiverkehr gehandelten Aktien bzw. Erwerbsrechten“, Januar 1979, in: Baumbach/Duden/Hopt, HGB, 29. Aufl., Nebengesetze (18).

9 Übernahmekodex v. 14.7.1995, abgedruckt in ZIP 1995, S.1467ff. und in Baumbach/Hopt, HGB, 30. Aufl., Nebengesetze (18).

10 Vgl. Kiem, ZIP 2000, S. 1509; Habersack/Mayer, ZIP 1997, S. 2141ff; Land/Hasselbach, DB 2000, S. 1747.

hen. Gemeinsam ist diesen nur die Möglichkeit der Stimmrechtsbeeinflussung durch den Bieter. Ziel dieser Arbeit ist es, die rechtlichen Voraussetzungen, Anwendungsprobleme und Auswirkungen der einzelnen Zurechnungstatbestände zu untersuchen. Besondere Bedeutung für den Zurechnungstatbestand des § 30 WpÜG hat die Tatsache, dass es dadurch zu einer Häufung von Kontrollstellungen kommen kann und somit mehrere Personen zur Angebotspflicht nach § 35 Abs. 2 WpÜG angehalten werden können. Hier bedarf es einer sorgfältigen Einzelfallprüfung, ob eine solche Häufung von Pflichtangeboten sinnvoll ist oder nicht.

Im ersten Kapitel erfolgt eine kurze Darstellung der Entwicklung des Übernahmerechts in Europa und Deutschland. Nach der Schilderung der über 25-jährigen Geschichte der EU-Übernahmerichtlinie, deren Erlass immer noch aussteht, wird auf die übernahmerechtlichen Regelungen in Deutschland, die von den Leitsätzen von 1979, über den Übernahmekodex von 1995 bis zum Inkrafttreten des Wertpapiererwerbs- und Übernahmegesetzes (WpÜG) zum 1. Januar 2002 reicht, eingegangen. Anschließend werden Ziel, Anwendungsbereich und wesentlicher Inhalt des WpÜG vorgestellt.

Im zweiten Kapitel geht es um den in § 29 Abs. 2 WpÜG enthaltenen Begriff der Kontrolle. Nach einer Abgrenzung der Regelung von öffentlichen Angeboten zum Erwerb von Wertpapieren, von freiwilligen Übernahmeangeboten und Pflichtangeboten, wird auf die einzelnen Voraussetzungen einer Kontrollstellung eingegangen und der Hintergrund der starren Kontrollschwelle von 30 Prozent der Stimmrechte geschildert. Danach erfolgt eine Darstellung aller Personen, die an möglichen Vorgängen im Rahmen des WpÜG beteiligt sein können. Den Hauptteil dieses Kapitels nehmen Erläuterungen zur Berechnung des Stimmrechtsanteils des Bieters ein. Dabei wird insbesondere die Art und Weise der Berechnung der genauen Quote des Stimmrechtsanteils vorgestellt. Das Kapitel schließt mit Sonderfällen, die sich aus der Einführung des WpÜG ergeben.

Das dritte Kapitel befasst sich mit der Bedeutung und Auslegung des § 30 WpÜG. Regelungsgegenstand, Anwendungsbereich und Regelungszweck der Norm sowie Auslegungsmethoden zur Interpretation der Stimmrechtszurechnungsnorm werden vorgestellt.

Den Hauptteil der Arbeit bildet das vierte Kapitel. Hier werden die mit den sieben einzelnen Zurechnungstatbeständen zusammenhängenden Probleme ausführlich erörtert.

Im ersten Teil des Kapitels findet sich eine Darstellung des Begriffs des Tochterunternehmens, der nunmehr in § 2 Abs. 6 WpÜG definiert ist und ausschlaggebende Bedeutung für den Zurechnungstatbestand des § 30 Abs. 1 Satz 1 Nr. 1 WpÜG hat. Insbesondere muss dabei auf § 290 HGB und § 17 AktG einge-

gangen werden, da das WpÜG beide Regelungskomplexe in der Definition heranzieht.
Im zweiten Teil wird die Stimmrechtszurechnungsnorm des § 30 Abs. 1 Satz 1 Nr. 2 WpÜG geprüft, die Stimmrechte aus Aktien, die einem Dritten gehören, dem Bieter dann zurechnet, wenn die Aktien vom Dritten für Rechnung des Bieters gehalten werden. Schwerpunktmäßig erfolgt eine Behandlung verschiedener Treuhandverhältnisse zwischen Bieter und Drittem. Daneben ist auf Holdings, Zwischenholdings und Vermögensverwaltungsgesellschaften, Gemeinschaftsunternehmen, Kapitalanlagegesellschaften und Fondsgesellschaften einzugehen. Zudem spielen in diesem Zusammenhang die Rechtsinstitute der Wertpapierleihe, der Wertpapierpensionsgeschäfte, der Repurchase-Agreements sowie der American Depositary Receipts eine erhebliche Rolle.
Der dritte Teil beschäftigt sich mit der in § 30 Abs. 1 Satz 1 Nr. 3 WpÜG geregelten Zurechnung von Stimmrechten aus Aktien, die der Bieter einem Dritten als Sicherheit übertragen hat. Hauptanwendungsfall dieses Zurechnungstatbestandes ist die Sicherungsübereignung von Aktien. Besondere Bedeutung kommt der Ausnahme von der Stimmrechtszurechnung bei Befugnis des Dritten zur Stimmrechtsausübung und dessen Bekundung der Absicht, Stimmrechte unabhängig von Weisungen des Bieters auszuüben, zu.

Die Zurechnungsnorm des § 30 Abs. 1 Satz 1 Nr. 4 WpÜG beschäftigt sich mit dem Nießbrauch an Aktien. Der vierte Teil geht demzufolge auf alle damit zusammenhängenden Probleme ein.
Im fünften Teil erfolgt ein Prüfung der Stimmrechtszurechnungsnorm des § 30 Abs. 1 Satz 1 Nr. 5 WpÜG, welche dem Bieter Stimmrechte aus Aktien, die er durch eine Willenserklärung erwerben kann, zurechnet. Hier wird vor allem die Anwendbarkeit dieser Norm auf schuldrechtliche und dingliche Verträge sowie die verschiedenen Arten von Optionen und sonstige Verträge geprüft.
Der sechste Teil beschäftigt sich mit der Zurechnung von Stimmrechten aus Aktien, die dem Bieter anvertraut sind, sofern dieser die Stimmrechte aus diesen Aktien nach eigenem Ermessen ausüben kann, wenn keine besonderen Weisungen des Aktionärs vorliegen. Diese Regelung ist in § 30 Abs. 1 Satz 1 Nr. 6 WpÜG enthalten. Besonders wichtig sind hierbei die Verwahrungsverhältnisse zwischen Bieter und Drittem.

Die in der Praxis wohl relevanteste Vorschrift stellt der in § 30 Abs. 2 WpÜG geregelte siebte und letzte Zurechnungstatbestand dar. Demnach werden dem Bieter Stimmrechte eines Dritten aus Aktien der Zielgesellschaft zugerechnet, mit dem er sein Verhalten in Bezug auf die Zielgesellschaft auf Grund einer Vereinbarung oder in sonstiger Weise abstimmt. Die Untersuchungen im siebten Teil erstrecken sich somit auf die verschiedenen Formen der Verhaltensabstimmung, die insbesondere durch Stimmbindungsvereinbarungen oder Gentlemen´s Agreements erfolgen kann. Zu klären sind hier insbesondere auch die Auswirkungen, die eine Stimmrechtszurechnung nach § 30 Abs. 2 WpÜG auf die Abgabe eines Pflichtangebots hat.

Innerhalb der sieben Zurechnungstatbestände wird zudem jeweils getrennt voneinander auf deren Anwendbarkeit im Zusammenhang mit dem Handelsbestand gemäß § 20 WpÜG sowie die Frage der Absorption der Stimmrechte beim Tochterunternehmen oder Dritten eingegangen.

Im fünften Kapitel werden sonstige im Zusammenhang mit der Stimmrechtszurechnung auftretende Probleme behandelt. Dazu gehören insbesondere die Nichtberücksichtigung von Stimmrechten in den Fällen des § 36 WpÜG, die in § 35 Abs. 1 Satz 3 WpÜG geregelte formelle Vorschrift über die für jeden Zurechnungstatbestand des § 30 WpÜG getrennt anzugebenden zuzurechnenden Stimmrechte, der Vergleich zu der im Rahmen der Squeeze-out-Regelung des § 327 a AktG vorzunehmenden Anteilszurechnung, die Informationsverschaffungspflicht des Bieters sowie ein Rechtsvergleich mit ausgewählten ausländischen Rechtsordnungen.

Das sechste Kapitel geht auf die Stimmrechtzurechnungsnorm des § 22 WpHG ein. Hier liegt der Schwerpunkt der Untersuchung bei der Frage, ob § 22 WpHG und § 30 WpÜG gleich ausgelegt werden müssen oder Differenzierungen vorzunehmen sind.

1. KAPITEL: ÜBERNAHMERECHT IN DEUTSCHLAND UND EUROPA

I. ENTWICKLUNGEN AUF EUROPÄISCHER EBENE: DIE GESCHEITERTE EU-ÜBERNAHMERICHTLINIE

Wohl kaum eine Richtlinie auf EG-Ebene kann auf eine solch lange Geschichte zurückblicken wie die Richtlinie betreffend Unternehmensübernahmen. Die Bemühungen zur Regelung von Unternehmensübernahmen auf europäischer Ebene gehen bis ins Jahr 1974 zurück. In diesem Jahr legte *Pennington* einen „Report on Takeover and other General Bids" vor, der als Vorentwurf einer Richtlinie bezeichnet werden kann[11]. Der Vorschlag wurde jedoch zunächst nicht weiterverfolgt, da Unternehmensübernahmen zu diesem frühen Zeitpunkt in den meisten Mitgliedstaaten der EG noch keine große Bedeutung hatten. Erst die Übernahmeschlacht um die größte belgische Holdinggesellschaft Société Générale de Belgique[12] veranlasste die Kommission im Januar 1989, gestützt auf Art. 54 Abs. III g EWG-Vertrag[13] einen ersten Richtlinienentwurf vorzulegen[14]. Dieser Richtlinienvorschlag wurde von deutscher Seite überwiegend kritisch beurteilt. Aber auch in England wurde ganz überwiegend Kritik an dem Vorhaben geäußert, obwohl er im wesentlichen dem englischen Modell folgte[15]. Insbesondere der Verlust an Flexibilität, sowie der Verlust an Sicherheit und die Gefahr einer Prozesslawine wurden als Einwände gegen den EG -Richtlinienvorschlag vorgebracht[16]. Das englische Modell der Selbstregulierung der an Unternehmensübernahmen beteiligten Parteien wurde als gefährdet angesehen, falls es zu verbindlichen Regelungen kommen würde.

Am 10. September 1990 wurde dann ein geänderter Entwurf vorgelegt[17]. Dem Regelungsmodell der Takeover-Richtlinie lagen vier Grundsätze zugrunde, die bis heute die Kernprobleme des Übernahmerechts ausmachen:

---

11 EG Dok. XI/56/74-E; vgl. dazu Behrens, ZGR 1975, S. 433, 434; Berger, ZIP 1991, S. 1644, 1650; Bess, AG 1976, S. 169ff., 206ff.

12 Vgl. dazu, Hirte, ZIP 1989, S. 1233.

13 Vgl. Hopt, ZGR 1992, S. 265, 281.

14 „Vorschlag für eine 13.Richtlinie des Rates auf dem Gebiet des Gesellschaftsrechts über Übernahmeangebote vom 22. Dezember 1988", EG Dok. KOM (88) 823 SYN 186 v. 16.2.1989, S. 28, ABlEG Nr. C 64 v. 14.3.1989, S. 8 = ZIP 1989, S. 606, 675 = BT-Drucks. 11/4338 = BR-Drucks. 136/89; zum Inhalt des Entwurfes vgl. Grunewald, WM 1989, S. 1233ff.; Hopt, FS-Rittner, 1991, S. 187, 195ff.; Stoll, BB 1989, S. 301ff.; Röhrich, RIW 1993, S. 93ff.; Munscheck, RIW 1995, S. 388, 391ff.

15 Vgl. Bittner, RIW 1992, S. 182ff.

16 Vgl. Bittner, RIW 1992, S. 182, 187ff.

17 EG Dok. KOM (90) 416 endg. - SYN 186 v. 10.9.1990, S. 13, ABlEG Nr. C 240 v. 26.9.1990, S. 7 = EWS 1991, S. 33ff.; zum Inhalt des geänderten Vorschlags vgl. Gru-

- Gleichbehandlung aller Aktionäre der Zielgesellschaft („Gleichbehandlungsgebot“)
- Pflicht zur Abgabe eines Angebots auf alle Wertpapiere der Zielgesellschaft bei Erreichen einer bestimmten Kontrollschwelle („Pflichtangebotsprinzip“)
- Umfassende Information der Aktionäre der Zielgesellschaft über die Bedingungen des Übernahmeangebots („Transparenzgebot“)
- Beschränkung der Befugnis der Verwaltung, Abwehrmaßnahmen zu ergreifen („Neutralitätspflicht des Vorstandes“)[18].

Keiner der beiden Entwürfe fand jedoch im Europäischen Rat die erforderliche Mehrheit und die Beratungen wurden im Juni 1991 zwischenzeitlich ausgesetzt[19].

Nachdem die Arbeiten an der Übernahmerichtlinie nach deren Scheitern mehrere Jahre ruhten, legte die Kommission im Februar 1996 einen neuen, dritten amtlichen Richtlinienvorschlag vor, der gegenüber dem ursprünglichen Entwurf stark verkürzt war[20]. Im Juli 1996 gaben zunächst der Wirtschafts- und der Sozialausschuss eine befürwortende Stellungnahme ab[21]. Im weiteren Verlauf billigte auch das Europäische Parlament im Juni 1997 den Entwurf[22], schlug allerdings einige Änderungen vor[23]. Ausgangspunkt der weiteren Beratungen war der von der EG-Kommission im November 1997 vorgelegte „Geänderte Vorschlag für eine dreizehnte Richtlinie des Europäischen Parlaments und des Rates auf dem Gebiet des Gesellschaftsrechts über Übernahmeangebote“[24]. Dieser Vorschlag war für die nächsten zwei Jahre Gegenstand intensiver Beratungen im Europäi-

---

newald, WM 1991, S. 1361ff.; Berger, ZIP 1991, S. 1644ff.; Hommelhoff/Kleindiek, AG 1990, S. 106ff.; Behrens, GmbHR, 1993, S. 129, 134; im Vergleich zum amerikanischen Take-over-Recht vgl. Depser, RIW 1992, S. 351ff.

18 Vgl. Berger, ZIP 1991, S. 1644, 1651.

19 Vgl. Witte, BB 2000, S. 2161; Hirte, NJW 1996, S. 2827, 2831.

20 ABlEG Nr. C 162 v. 6.6.1996, S. 5 = BR-Drucks. 162/96 = AG 1996, S. 217ff.; vgl. dazu Weisner, ZRP 2000, S. 520, 524; Krause, AG 1996, S. 209ff.; Neye, DB 1996, S. 1121ff.; Peltzer, AG 1997, S. 145ff.; Roos, WM 1996, S. 2177ff.; Schuster, EuZW 1997, S. 237ff.

21 ABlEG Nr. C 295 v. 7.10.1996, S. 1.

22 ABlEG Nr. C 222 v. 21.7.1997, S. 20.

23 Vgl. Pötzsch/Möller, WM 2000, Sonderbeilage Nr. 2, S. 5.

24 ABlEG Nr. C 378 v. 13.12.1997, S. 10 = ZIP 1997, S. 2173ff. mit Anmerkungen von Neye, ZIP 1997, S. 2172f.; dazu auch Habersack/Mayer, ZIP 1997, S. 2141ff.; Hopt, Festschrift für Zöllner, 1998, S. 253, 255ff.

schen Rat. Wiederum scheiterte jedoch die formale Verabschiedung aufgrund politischer Unstimmigkeiten[25].

Erst am 19. Juni 2000 verabschiedete der Europäische Rat seinen Gemeinsamen Standpunkt[26]. Dabei handelte es sich, wie schon bei den Kommissionsvorschlägen von 1996 und 1997, um eine unverbindliche Rahmenregelung, die den einzelnen Mitgliedstaaten weite Spielräume bei der Umsetzung eröffnete[27]. Schon vor der förmlichen Ratsentscheidung deutete sich erhebliche Kritik daran im Europaparlament an, das am 13. Dezember 2000 eine Stellungnahme mit insgesamt fünfzehn größtenteils materiell-rechtlichen Änderungsvorschlägen vorlegte[28]. Im Vordergrund standen dabei Änderungswünsche bezüglich der strikten Neutralitätspflicht des Vorstands der Zielgesellschaft bei Unternehmensübernahmen. Diese gingen ausschließlich von Deutschland aus[29] und zielten auf eine weitgehende Entwertung des in der Richtlinie vorgesehenen Behinderungsverbots ab[30]. Da der Rat auf keinen Fall bereit war, alle Änderungsvorschläge des Parlaments zu übernehmen, wurde im März 2001 gemäß Art. 251 Abs. 3 EGV der Vermittlungsausschuss einberufen. Nunmehr war also das überaus kompliziert und zeitaufwendige sog. Verfahren der Mitentscheidung gemäß Art. 251 EGV einzuhalten[31]. Im Vordergrund der nachfolgenden Diskussionen im Vermittlungsausschuss stand die Wahrung der Arbeitnehmerbelange bei Übernahmen sowie die Neutralitätspflicht des Vorstands der Zielgesellschaft[32]. In der entscheidenden letzten Sitzung des Vermittlungsausschusses am 6. Juni 2001 konnte trotz der vorigen Auseinandersetzungen eine Einigung erzielt werden[33] und man verständigte sich mit denkbar knapper Mehrheit von 8 : 6 Stimmen auf einen Gemein-

---

25 Vgl. Pötzsch/Möller, WM 2000, Sonderbeilage Nr. 2, S. 5.

26 „Gemeinsamer Standpunkt des Rates der Europäischen Union im Hinblick auf den Erlass der Richtlinie des Europäischen Parlaments und des Rates auf dem Gebiet des Gesellschaftsrechts betreffend Übernahmeangebote", ABlEG Nr. C 23 v. 24.1.2001, S.1 = Pötzsch/Möller, WM 2000, Sonderbeilage Nr. 2, S. 32ff.; zum Inhalt des gemeinsamen Standpunktes vgl. nur Weisner, ZRP 2000, S. 520, 524f.; Neye, AG 2000, S. 289ff.; van Hulle, EWS 2000, S. 521, 524; v. Hein, AG 2001, S. 213ff.; Kirchner, WM 2000, S. 1821, 1827ff.; Krause, NZG 2000, S. 905ff.; Grunewald, AG 2001, S. 288, 289ff.

27 Vgl. Krause, NZG 2000, S. 905.

28 Dok. Nr. A5-0368/2000 v. 13.12.2000.

29 Vgl. Wackerbarth, WM 2001, S. 1741.

30 Vgl. Mülbert/Birke, WM 2001, S. 705.

31 Zum Verlauf des Vermittlungsverfahrens vgl. Neye, ZIP 2001, S. 1120, 1121f.

32 Vgl. Neye, ZIP 2001, S. 1120, 1121.

33 Vgl. Altmeppen, ZIP 2001, S. 1073; FAZ v. 7.6.2001, S. 17.

samen Text[34]. Der Luxemburger Vermittlungskompromiss und damit die Richtlinie insgesamt scheiterte aber am 4. Juli 2001 im Europäischen Parlament. Erneut erfolgte eine äußerst knappe Entscheidung: Bei der Abstimmung gab es 273 Ja- und 273 Nein-Stimmen bei 22 Enthaltungen[35]. Damit gilt die Richtlinie nach Artikel 251 Abs. 5 EGV als nicht erlassen. Die EU-Kommission ist jedoch von ihrem Ziel, eine Harmonisierung der Regeln für Übernahmeangebote innerhalb der Europäischen Union herbeizuführen, auch nach dem Scheitern der Richtlinie nicht abgerückt. Bereits am 10. September 2001 traf sich eine von der Kommission eingesetzte unabhängige Expertengruppe („Winter Committee"), die unter Leitung des niederländischen Managers Jaap Winter die Kommission bei der Vorbereitung eines neuen Richtlinienvorschlags für die Übernahme von Unternehmen beraten sollte[36]. Diese legte am 10. Januar 2002 einen etwa 100 Seiten starken Bericht vor[37], in dem u.a. Vorschläge zur Neutralitätspflicht des Vorstandes, zur Bestimmung des angemessenen Preises bei Pflichtangeboten und zum Squeeze-out von Minderheitsaktionären gemacht wurden[38]. Anschließend wurde geplant, einen neuen Vorschlag für eine Übernahmerichtlinie dem Ministerrat und dem Europäischen Parlament vorzulegen[39]. Gegen die Stimmen der beiden deutschen EU-Kommissare hat die Europäische Kommission nach längeren Verzögerungen den neuen Vorschlag einer Übernahmerichtlinie am 02. Oktober 2002 angenommen. Auch bezüglich dieses Entwurfs wurden insbesondere von deutscher Seite erhebliche Zweifel geäußert, ob er dem Anspruch gerecht wird, faire Wettbewerbsbedingungen zu schaffen.
Bei den später erlassenen deutschen Übernahmebestimmungen gab es somit keinen Zwang, diese an Vorgaben aus dem Gemeinschaftsrecht anzupassen. Ob ein erneuter Versuch des Erlasses einer Übernahmerichtlinie auf europäischer Ebene in der näheren Zukunft zu erwarten ist, bleibt fraglich. Aufgrund der zurückliegenden Erfahrungen bleibt dies abzuwarten. Auch bis zum Juni 2003 konnte noch keine Einigung über eine Übernahmerichtlinie erzielt werden und es zeich-

---

34 „Gemeinsamer Text einer Richtlinie des Europäischen Parlaments und des Rates auf dem Gebiet des Gesellschaftsrechts betreffend Übernahmeangebote", gebilligt vom Vermittlungsausschuss im Sinne des Art 251 Abs. 4 EGV, Dok. Nr. C5-0221/2001 vom 6.6.2001 = ZIP 2001, S. 1123ff; Neye, ZIP 2001, S. 1120, 1122.

35 Vgl. Hommelhoff/Witt, RIW 2001, S. 561, Fn. 8.

36 Vgl. Zehetmeier-Müller, in: Geibel/Süßmann, Einl., Rdnr. 27.

37 Report of the high level group of company law experts on issues related to takeover bids (10.1.2002).

38 Vgl. Krause, NJW 2002, S. 705, 716; Lehne, in: Hirte, WpÜG, S. 33.

39 Vgl. Krause, NJW 2002, S. 705, 716.

nete sich ein insgesamt nicht zufriedenstellender Kompromiss auf dem kleinsten gemeinsamen Nenner ab[40].

II. Der „Weg" zum Wertpapiererwerbs- und Übernahmegesetz (WpÜG) in Deutschland

1. Leitsätze für Übernahmeangebote 1979

Bereits 1979 wurde mit den „Leitsätzen für Übernahmeangebote"[41] der Börsensachverständigenkommission[42] ein Versuch unternommen, Mindestvorgaben für die an Übernahmetransaktionen beteiligten Unternehmen zu formulieren[43]. Ziel der unverbindlichen Empfehlungen war es, Minderheitsaktionäre zu schützen sowie zur Gewährleistung von Transparenz den Beteiligten bestimmte Grundprinzipien für die Abwicklung von Übernahmevorhaben vorzugeben[44]. Die Leitsätze hatten jedoch im Folgenden eine recht geringe Bedeutung in der Praxis. Als Gründe hierfür werden u.a. das Fehlen von Regelungen zur Anerkennung, das Nichtvorhandensein einer Überwachungsstelle und die Unvollständigkeit hinsichtlich klarer Verhaltensanweisungen an die Zielgesellschaft angeführt[45].

2. Übernahmekodex vom 14. Juli 1995 i.d.F. vom 28. November 1997 als Vorläufer des WpÜG

Die Leitsätze für Übernahmeangebote wurden ab Oktober 1995 durch den sog. „Übernahmekodex" abgelöst, der seit Januar 1998 in einer modifizierten Fassung Geltung hatte[46]. Der Übernahmekodex war eine von der Börsensachverständi-

40 Vgl. Döring, in: Börsen-Zeitung vom 14.06.2003, S. 8

41 „Leitsätze für öffentliche freiwillige Kauf- und Umtauschangebote bzw. Aufforderung zur Abgabe derartiger Angebote in amtlich notierten oder im geregelten Freiverkehr gehandelten Aktien bzw. Erwerbsrechten", Januar 1979, in: Baumbach/Duden/Hopt, HGB, 29. Aufl., 1995, Nebengesetze (18).

42 Die Börsensachverständigenkommission (BSK) ist ein beim Bundesministerium der Finanzen angesiedeltes Expertengremium, welches die Funktion hat, die Bundesregierung in Kapitalmarkt- und Börsenfragen zu beraten. Sie setzt sich aus Vertretern der Börsen, Kreditwirtschaft, Industrie, Versicherungswirtschaft, Anleger, Deutschen Bundesbank, Bundesländer, die über eine Börse verfügen sowie der Wissenschaft zusammen.

43 Vgl. Schander, NZG 1998, S. 799f.

44 Vgl. Schander, NZG 1998, S. 799.

45 Vgl. Weisgerber, ZHR 161 (1997), S. 421, 422.

46 Übernahmekodex vom 14.7.1995 i.d.F. vom 28.11.1997, abgedruckt in NZG 2000, S. 390ff; die ursprüngliche Fassung ist abgedruckt in AG 1995, S. 572ff. = ZIP 1995, S. 1467ff. = WM 1995, S. 2011ff.; zum Übernahmekodex allgemein vgl. nur Zinser, S. 181ff.; Weisner, ZRP 2000, S. 520, 521ff; Weisgerber, ZHR 161 (1997), S. 421ff.;

genkommission erstellte Empfehlung von Verhaltensnormen für die an freiwilligen öffentlichen Übernahmeangeboten beteiligten Parteien. Der Kodex war - unbeschadet gesetzlicher Regelungen - als flexibles Instrument konzipiert, das im Laufe der Zeit gemäß den Erfahrungen aus der Praxis angepasst werden konnte. Er traf zwar keine Aussagen über die Zweckmäßigkeit von öffentlichen Übernahmen, sollte jedoch dazu beitragen, dass öffentliche Angebote all die Informationen enthalten, die für eine sorgfältige und sachgerechte Entscheidung der Wertpapierinhaber und der Organe der betroffenen Gesellschaft (Zielgesellschaft) notwendig sind. Zeitlich ist der Kodex mit dem Zweiten Finanzmarktförderungsgesetz[47] in Beziehung zu setzen, welches u.a. auch zum Erlass des Wertpapierhandelsgesetzes (WpHG) führte. Dabei ging die Zielsetzung des Kodex in die gleiche Richtung. Auch der Übernahmekodex sollte die Fairness und Transparenz am Kapitalmarkt fördern sowie die Reputation des Finanzplatzes Deutschland durch Einführung bestimmter, an internationale Standards angepasste Regeln steigern[48]. Der Kodex sollte Marktmanipulationen vorbeugen und sicherstellen, dass alle Beteiligten die Grundsätze von Treu und Glauben beachten. Deshalb war dieser Kodex nicht nur nach seinem Wortlaut, sondern auch nach seinem hiermit verfolgten Zweck zu beachten.

Der Übernahmekodex folgte als freiwillige Verhaltensregel dem Vorbild des in Großbritannien für Übernahmeverfahren geltenden „City Code on Takeovers and Mergers and The Rules Governing Substantial Acquisitions of Shares“[49]. Ein wichtiger Unterschied war jedoch, dass Zielgesellschaften im Sinne des Übernahmekodex nur Unternehmen sein konnten, die an einer inländischen Börse zum Handel zugelassen oder mit ihrer Zustimmung in den Freiverkehr einbezo-

---

Kallmeyer, ZHR 161 (1997), S. 435ff.; Raschke, ZHR 161 (1997), S. 455f.; Thoma, ZIP 1996, S. 1725ff.; Kallmeyer, ZIP 1997, S. 2147ff.; Assmann, AG 1995, S. 563ff.; Kallmeyer, AG 1996, S. 169ff.; Letzel, NZG 2001, S. 260ff.; Neye, ZIP 1995, S. 1464ff.; Kirchner/Ehricke, AG 1998, S. 105ff.; Hopt, ZHR 161 (1997), S. 368ff.; Diekmann, WM 1997, S. 897ff.; Schuster, Die Bank 1995, S. 609ff.; Schander, NZG 1998, S. 799, 800ff.; Loehr, WM 1997, S. 1374f.; Benner-Heinacher, DB 1997, S. 2521ff.; Wirth/Weiler, DB 1998, S. 117ff.; Riehmer/Schröder, BB 2001, Beilage zu Heft 20, S. 1ff. Weitere Informationen sind unter http://www.kodex.de (22.11.2002) abrufbar. Zum schweizerischen Übernahmekodex vgl. Schwarz, WM 1992, S. 1053ff.

47 Zweites Finanzmarktförderungsgesetz vom 27.7.1994, BGBl. I, 1749.

48 Vgl. Schander, NZG 1998, S. 799, 800.

49 Vgl. dazu Pennington, Festschrift für Duden, 1977, S. 379ff.; Schuster, Die Bank 1995, S. 609, 613f.; Weinberg/Blank, On Take-Overs and Mergers, 5. Aufl., 1989; Charlesworth/Morse, S. 849ff.; Herkenroth, S. 242; Krause, S. 43ff.; Zinser, S. 79ff.; Than, in: FS Claussen, 1997, S. 405, 408f.; Kirchner, BB 2000, S. 105, 106; Nörr/Stiefenhofer, S. 131ff.

gen waren, während sich die englische Regelung auf alle Gesellschaften unabhängig von ihrer Börsennotierung bezieht[50].

Die Geschäftsstelle der Übernahmekommission überwachte seit dem Inkrafttreten des freiwilligen Übernahmekodex dessen Einhaltung[51]. Eine Auswertung der seither erfolgten 179 Angebote zum Erwerb von Wertpapieren ergibt folgendes Bild:

- 166 Angebote erfolgten nach den Regeln des Kodex (93%)
- in 133 Fällen erfolgte ein freiwilliges Angebot zur Übernahme der Wertpapiere der Zielgesellschaft (80% der konformen Angebote)
- in 28 Fällen wurde ein Pflichtangebot ausgelegt (17% der konformen Angebote)
- in fünf Fällen wurden die Bieter von der Pflicht, ein Angebot abzugeben befreit (3% der konformen Angebote)
- in 13 Fällen erkannten die Unternehmen die Regeln des Kodex nicht an und wurden von der Übernahmekommission dafür kritisiert (7% aller Fälle)[52].

Dabei hat sich im Zeitablauf gezeigt, dass in den Jahren 2000 und 2001 die freiwilligen Angebote nicht mehr so stark dominiert haben wie zuvor. Hingegen ist die Zahl der Pflichtangebote deutlich gestiegen, wobei aus der Statistik nicht herauszulesen ist, ob Pflichtangebote „feindlichen Übernahmen" bzw. freiwillige Angebote „freundlichen Übernahmen" entsprechen.

Die Zahl der Fälle in denen sich die Unternehmen nicht an die Regeln des Kodex hielten ist mit 7% aller Übernahmeangebote nicht als besonders hoch zu bezeichnen. Doch zeigt sich darin schon ein wichtiges Problem, nämlich die mangelnde Anerkennung des freiwilligen Übernahmekodex.

---

50 Vgl. Weisner, ZRP 2000, S. 520, 521, Fn. 13.

51 Die Übernahmekommission ist für eine verbindliche Interpretation des Übernahmekodex zuständig. Sie erfüllt Funktionen wie ähnliche Institutionen im Ausland (z.B. Take-over Panel in London). Ihr obliegt vor allem eine Schiedsfunktion. Weiterhin kann sie in begründeten Einzelfällen Befreiungen von Vorschriften des Kodex aussprechen. Die Geschäftsstelle der Übernahmekommission ist das Exekutivorgan dieses Gremiums, welche die Einhaltung des Kodex überwacht. Vgl. http://www.kodex.de (22.11.2002).

52 Auswertung nach Deutsch, Deutsche Bank Research, Aktuelle Themen Nr. 226 v. 18.1.2002, S. 6; siehe auch http://www.dbresearch.de/PROD/999/PROD0000000000039658.pdf (22.11.2002).

Das Ziel der Börsensachverständigenkommission, dem Kodex allgemeine Anerkennung zukommen zu lassen, muss als gescheitert angesehen werden. Im Februar 1997 hatten erst 259 der 678 börsennotierten Unternehmen den Kodex anerkannt, was einer Quote von ca. 38 Prozent entspricht[53]. Unter den DAX-Unternehmen lag die Quote immerhin bei 77 Prozent[54]. Bis Ende Juni 2000 steigerte sich die Zahl der Unternehmen, die den Kodex anerkannten auf 621 von 900, also 69 Prozent, bei den DAX-Unternehmen auf 79 Prozent[55]. Bis zur letzten Erhebung am 11. April 2001 haben von den 1016 börsennotierten inländischen Unternehmen (ohne Freiverkehr) lediglich 755 Gesellschaften, darunter 86 Unternehmen des DAX-100, den Kodex anerkannt[56]. Diese Quote spricht nicht dafür, dass der deutsche Übernahmekodex in dem gleichen Umfang Kapitalmarktusance geworden ist wie Selbstregulierungen in anderen Länder, wie z.B. der Londoner City Code. Eine große Zahl börsennotierter Gesellschaften war nicht bereit, ihr Verhalten am Kapitalmarkt den Regeln des Übernahmekodex zu unterwerfen. Zwar hat sich der Übernahmekodex in der praktischen Anwendung grundsätzlich bewährt, da immerhin 93 Prozent aller Angebote zum Erwerb von Wertpapieren nach den Regeln des Übernahmekodex erfolgten. Die fehlende flächendeckende Anerkennung des Kodex verhinderte jedoch dessen Erfolg.

Ein weiterer Kritikpunkt am Übernahmekodex war die fehlende Möglichkeit, nichtkonforme Verhaltensweisen angemessen zu maßregeln. Die einzige Sanktion bei Verstößen gegen den Kodex war nach Art. 21 Abs. 2, dass die Geschäftsstelle der Übernahmekommission nach Anhörung der Betroffenen Bemerkungen, Empfehlungen und Entscheidungen zu dem vorliegenden Fall veröffentlichen kann. Dies stellte natürlich kein wirksames Mittel zur Durchsetzung der Einhaltung der Vorschriften dar, da keine angemessene Abschreckungswirkung entfaltet wurde.

Eng damit zusammen hängt die Frage der Überprüfbarkeit der aufgrund der Regelungen des Übernahmekodex von der Übernahmekommission zu treffenden Bemerkungen, Empfehlungen und Entscheidungen, die bei Zuwiderhandlungen jeweils veröffentlicht werden[57]. Der Übernahmekodex selbst sieht weder eine gerichtliche noch eine sonstige Überprüfung der getroffenen Maßnahmen vor. Dieser mangelnde Rechtsschutz und die unzureichende Justiziabilität der Ent-

---

53 Vgl. Weisgerber, ZHR 161 (1997), S. 421, 424.

54 Vgl. Weisgerber, ZHR 161 (1997), S. 421, 424.

55 Vgl. Pötzsch/Möller, WM 2000, Sonderbeilage Nr. 2, S. 13.

56 Vgl. BT-Drucks. 14/7034, S. 27.

57 Vgl. Kirchner/Ehricke, AG 1998, S. 105, 110ff.

scheidungen der Übernahmekommission werden wegen der erheblichen Schwere des Eingriffs kritisiert[58].

Diese Probleme, die mit dem freiwilligen Übernahmekodex verbunden sind, lassen sich durch den Erlass eines Gesetzes vermeiden[59], was mit dem Wertpapiererwerbs- und Übernahmegesetz (WpÜG) zum 01. Januar 2002 erfolgt ist[60]. Am 1. Januar 2002 wurde somit der Übernahmekodex vom WpÜG abgelöst und findet seitdem nur noch für Altfälle, also Angebote, die bis zum 31. Dezember 2001 veröffentlicht wurden, und bei einem Kontrollerwerb vor dem 31. Dezember 2001, Anwendung[61].

3. Das Wertpapiererwerbs- und Übernahmegesetz (WpÜG) 2002

Im Juli 1997 brachte die Fraktion der SPD den Entwurf eines Gesetzes zur Regelung von Unternehmensübernahmen ein[62]. Dieser ging auf Passagen im Entwurf eines Transparenz- und Wettbewerbsgesetzes (TraWeG) der SPD[63] zurück, die eng an die Vorschläge der 13. EG-Richtlinie aus den Jahren 1989 und 1990 angelehnt waren. Wesentliche Vorarbeiten zu dem Gesetzentwurf der SPD von 1997 hat *Baums* geleistet[64]. Zu einem Erlass des Gesetzes kam es aber letzten Endes nicht. Insbesondere an der im Entwurf vorgesehenen Schwelle des Pflichtangebots von 25 Prozent wurde Kritik geübt und deshalb vor einem vorschnellen Erlass gewarnt[65]. Im Februar 1999 hatte die Börsensachverständigenkommission dem Gesetzgeber vor dem Hintergrund der mangelnden Anerken-

---

58 Vgl. Kirchner/Ehricke, AG 1998, S. 105, 112, 116.

59 So schon Baums, ZIP 1997, S. 1310; Hopt, ZHR 161 (1997), S. 368, 404f.; Kirchner/Ehricke, AG 1998, S. 105, 116; Dimke/Heiser, NZG 2001, S. 241f.; kritisch gegenüber dem Erlass eines Übernahmegesetzes und für eine Beibehaltung des Übernahmekodex Krause, AG 1996, S. 209, 216f.

60 Zur Entwicklung in anderen europäischen Ländern vgl. Krause, WM 1996, S. 845ff., 893ff. u.a. zu Großbritannien; Bittner, RIW 1992, S. 182ff. zu Großbritannien; Schmidt, AG 1994, S. 12ff. zu Frankreich; Rojo, AG 1994, S. 16ff. zu Spanien; Schmid, AG 1999, S. 402ff. zu Italien; Zwissler, AG 1999, S. 411ff. zu Österreich; Doralt, in: FS-Kropff, 1997, S. 53ff. zu Österreich; Diemer/Hasselbach, NZG 2000, S. 824ff. zu Italien. Zur Regulierung von Unternehmensübernahmen in den USA jeweils mit weiteren Nachweisen vgl. nur Helmis, RIW 2001, S. 825ff.; v. Falkenhausen, in: FS-Stiefel, 1986, S. 163ff.

61 Vgl. dazu auch die Übergangsregelungen in § 68 Abs. 2 und 3 WpÜG.

62 BT-Drucks. 13/8164 v. 2.7.1997; vgl. Zinser, S. 168ff.

63 BT-Drucks. 13/367 v. 20.1.1995.

64 Vgl. Baums, ZIP 1997, S. 1310ff. mit Text eines Gesetzentwurfs und Begründung.

65 Vgl. Hopt, Festschrift für Zöllner, Band 1, 1998, S. 253, 268ff.

nung des Übernahmekodex empfohlen, die allgemeine Verbindlichkeit von Übernahmeregeln durch ein Gesetz herzustellen[66]. Im Frühjahr 2000 wurde daraufhin von der Bundesregierung eine Expertenkommission[67] einberufen, deren Aufgabe es war, die Notwendigkeit einer gesetzlichen Regelung in Deutschland zu untersuchen und Regelungsvorschläge für ein künftiges Übernahmegesetz zu erarbeiten. Am 17. Mai 2000 verständigte sich die Expertenkommission auf zehn Eckpunkte[68] für ein Übernahmegesetz. Darin kommt sie zu dem Ergebnis, dass die Bundesrepublik Deutschland einen verlässlichen gesetzlichen Rahmen braucht, der die Übernahme von Unternehmen regelt. Die Eckpunkte wurden der Bundesregierung und dem Bundestag als Grundlage für ein Gesetzgebungsverfahren empfohlen[69]. Am 29. Juni 2000 legte das Bundesministerium der Finanzen einen Diskussionsentwurf zur Regelung von Unternehmensübernahmen vor, der sich an den von der Expertenkommission erarbeiteten Empfehlungen orientierte[70]. Am 25. Juli 2000 fand im Bundesministerium der Finanzen eine Anhörung statt, in deren Rahmen der Diskussionsentwurf erörtert wurde. Am 12. März 2001 erfolgte die Veröffentlichung eines Referentenentwurfs[71], der die zahlreichen Anregungen der betroffenen Kreise berücksichtigte[72]. Eine erneute Anhörung im Bundesministerium der Finanzen am 2. April 2001 mündete in der Vorlage eines Regierungsentwurfs[73], der eine Fortentwicklung des Referenten-

---

66 Vgl. Pötzsch/Möller, WM 2000, Sonderbeilage Nr. 2, S. 13.

67 Die Expertenkommission bestand aus Vertretern der Wirtschaft, der Wissenschaft, der Gewerkschaften, des für die Erarbeitung des Gesetzentwurfs federführenden Bundesministeriums der Finanzen sowie des Bundesministeriums der Justiz und des Bundesministeriums für Wirtschaft und Technologie.

68 Die Empfehlungen der Expertenkommission „Unternehmensübernahmen" vom 17. Mai 2000 – Eckpunkte eines künftigen Übernahmegesetzes - sind abgedruckt in: Pötzsch/ Möller, WM 2000, Sonderbeilage Nr. 2, S. 37f.

69 Vgl. Pötzsch/Möller, WM 2000, Sonderbeilage Nr. 2, S. 13f.

70 Entwurf eines Gesetzes zur Regelung von Unternehmensübernahmen, abgedruckt in: NZG 2000, S. 844ff.; vgl. dazu Witte, BB 2000, S. 2161ff.; Land/Hasselbach, DB 2000, S. 1747ff.; Krause, NZG 2000, S. 905ff.; Pötzsch/Möller, WM 2000, Sonderbeilage Nr. 2, S. 1, 13ff.; Kirchner, WM 2001, S. 1821, 1829f.; im Hinblick auf das Übernahmeverfahren Vodafone/Mannesmann vgl. Riehmer/Schröder, NZG 2000, S. 820ff.

71 Zum Referentenentwurf vgl. Zinser, NZG 2001, S. 391ff.; Riehmer/Schröder, BB 2001, Beilage zu Heft 20, S. 1ff.; Pluskat, DStR 2001, S. 897ff.; Liebscher, ZIP 2001, S. 853ff.; Thaeter/Barth, NZG 2001, S. 545ff.; Stellungnahme des Handelsrechtsausschusses des DAV, NZG 2001, S. 420ff.

72 Vgl. BT-Drucks. 14/7034, S. 28.

73 Regierungsentwurf eines Gesetzes zur Regelung von öffentlichen Angeboten zum Erwerb von Wertpapieren und von Unternehmensübernahmen vom 11. Juli 2001, abgedruckt in: ZIP 2001, S. 1262ff.

entwurfs darstellte[74]. Der Gesetzentwurf wurde am 11. Juli 2001 vom Bundeskabinett gebilligt. Der Bundestag hat die in einigen Punkten durch den Finanzausschuss nochmals abgeänderte Fassung der Beschlussempfehlung in seiner Sitzung am 15. November 2001 angenommen. Der Bundesrat hat in seiner zweiten Lesung am 30. November 2001 von seinem Einspruchsrecht nicht Gebrauch gemacht. Das Gesetz wurde am 20. Dezember 2001 durch Veröffentlichung im Bundesgesetzblatt bekannt gemacht[75]. Das WpÜG trat am 1. Januar 2002 in Kraft[76]. Eine erste Änderung erfolgte durch Artikel 3 Abs. 3 Nr. 3 der Verordnung zur Ersetzung von Zinssätzen vom 5. April 2002[77]. Die zweite Änderung des WpÜG erfolgte durch die Erste Verordnung zur Anpassung von Bezeichnungen nach dem Finanzdienstleistungsaufsichtsgesetz vom 29. April 2002[78]. Durch die Änderung der Gesetzeslage zur Vertretung durch Rechtsanwälte vor Oberlandesgerichten wurde eine dritte Änderung am 23. Juli 2002 vorgenommen[79].

III. Ziel, Anwendungsbereich und wesentlicher Inhalt des WpÜG

1. Ziel des WpÜG

Ziel des WpÜG ist es, Rahmenbedingungen bei Unternehmensübernahmen und anderen öffentlichen Angeboten zu Erwerb von Wertpapieren in Deutschland zu schaffen, die den Anforderungen der Globalisierung und der Finanzmärkte angemessen Rechnung tragen und hierdurch den Wirtschaftsstandort und Finanzplatz Deutschland auch im internationalen Wettbewerb weiter stärken[80]. Zudem werden vier Einzelziele genannt, welche das WpÜG erreichen soll:

---

74 Zum Regierungsentwurf vgl. Oechsler, NZG 2001, S. 817ff.; Mülbert, ZIP 2001, S. 1221ff.; Möller/Pötzsch, ZIP 2001, S. 1256ff.; Stellungnahme des Handelsrechtsausschusses des DAV, NZG 2001, S. 1003ff.; DAV-Handelsrechtsausschuss zum RegE Wertpapiererwerbs- und Übernahmegesetz, ZIP 2001, S. 1736ff.; ZIP-Dokumentation „Bundesrat zum neuen Übernahmerecht (RegE WpÜG)“, ZIP 2001, S. 1787f.

75 Vgl. BGBl. I, S. 3822ff.

76 Einen Gesamtüberblick über die gesetzlichen Regelungen des WpÜG geben Geibel/Süßmann, BKR 2002, S. 52ff.; Krause, NJW 2002, S. 705ff.; Thoma, NZG 2002, S. 105ff.; Zinser, WM 2002, S. 15ff.; Zschocke, DB 2002, S. 79ff.

77 Vgl. BGBl. I 2002, S. 1250ff.

78 Vgl. BGBl. I 2002, S. 1495ff.; näheres dazu unten 1. Kapitel, III. 3. e).

79 Vgl. BGBl. I 2002, S. 2850ff.

80 Vgl. BT-Drucks. 14/7034, S. 28; so auch schon Pötzsch/Möller, WM 2000, Sonderbeilage Nr. 2, S. 14.

- Leitlinien für ein faires und geordnetes Angebotsverfahren schaffen, ohne Unternehmensübernahmen zu fördern oder zu verhindern,
- Information und Transparenz für die betroffenen Wertpapierinhaber und Arbeitnehmer verbessern,
- die rechtliche Stellung von Minderheitsaktionären bei Unternehmensübernahmen stärken und
- sich an international üblichen Standards orientieren[81].

Die Gesetzgebungskompetenz ergibt sich aus Art. 74 Abs. 1 Nr. 11 GG, dem Recht der Wirtschaft. Eine bundesgesetzliche Regelung ist auch gemäß Art. 72 Abs. 2 GG zur Wahrung der Rechts- und Wirtschaftseinheit im gesamtstaatlichen Interesse geeignet und notwendig, da öffentliche Angebote zum Erwerb von Wertpapieren und insbesondere Übernahmen regelmäßig nationale und häufig auch internationale Wirkungen entfalten[82].

2. Anwendungsbereich des WpÜG

Der Anwendungsbereich des WpÜG ist in dessen § 1 geregelt. Demnach werden alle Angebote zum Erwerb von Wertpapieren, die von einer Zielgesellschaft ausgegeben wurden und zum Handel an einem organisierten Markt zugelassen sind, erfasst.

Der Begriff des Angebots wird in § 2 Abs. 1 WpÜG, Wertpapiere, Zielgesellschaft und organisierter Markt werden in § 2 Abs. 2, 3 und 7 WpÜG definiert.

Das WpÜG geht von drei unterschiedlichen Arten von Angeboten aus und folgt diesem Prinzip auch im Aufbau des Gesetzes. Zu unterscheiden sind Regelungen von öffentlichen Angeboten zum Erwerb von Wertpapieren, von freiwilligen Übernahmeangeboten und Pflichtangeboten[83]. Der Dritte Abschnitt des WpÜG[84] enthält bestimmte allgemeine Grundregeln, die bei jedem öffentlichen Angebot gelten. Der Vierte Abschnitt[85] behandelt besondere Vorgaben für freiwillige Angebote, die auf den Kontrollerwerb gerichtet sind, d.h. für Übernahmeangebote. Dabei erklärt § 34 WpÜG, die Vorschriften des Dritten Abschnitts für anwendbar, soweit sich aus den Vorschriften des Vierten Abschnitts

---

81 Vgl. BT-Drucks. 14/7034, S. 28; so auch schon Pötzsch/Möller, WM 2000, Sonderbeilage Nr. 2, S. 14.

82 Vgl. BT-Drucks. 14/7034, S. 32.

83 Vgl. Assmann, AG 2002, S. 114; vgl. dazu 2. Kapitel, I.

84 Vgl. §§ 10 – 28 WpÜG.

85 Vgl. §§ 29 – 34 WpÜG.

nichts anderes ergibt. Im Fünften Abschnitt[86] wird das sog. Pflichtangebot geregelt, für das zusätzlich gemäß § 39 WpÜG die meisten Vorschriften des Dritten und Vierten Abschnitts gelten.

Als Zielgesellschaft kommen sowohl Aktiengesellschaften als auch Kommanditgesellschaften auf Aktien mit Sitz im Inland in Betracht. Hierin besteht kein Unterschied zu der bereits im Übernahmekodex getroffenen Regelung.

Als Wertpapiere im Sinne des WpÜG werden zum einen Aktien, mit diesen vergleichbare Wertpapiere und Zertifikate, die Aktien vertreten, angesehen[87]. Zum anderen fallen darunter auch solche Wertpapiere, die den Erwerb solcher Aktien, vergleichbarer Wertpapiere und Zertifikate, die Aktien vertreten, zum Gegenstand haben[88]. Zu dieser Gruppe gehören insbesondere Optionsanleihen und Wandelschuldverschreibungen, aber auch Optionsscheine, sofern letztere zum Bezug von Aktien berechtigen[89].

Der Handel an einem organisierten Markt erstreckt sich im Inland auf den amtlichen Handel[90], den geregelten Markt[91] und weitere Themenmärkte, bei denen die Zulassung der Wertpapiere im geregelten Markt erfolgt, der Handel jedoch im Freiverkehr im Sinne des § 78 BörsG stattfindet[92].

Nach dem eindeutigen Wortlaut des § 2 Abs. 7 WpÜG gehört hingegen der inländische Freiverkehr nicht zu den organisierten Märkten, weil ausschließlich im Freiverkehr gehandelte Wertpapiere in Deutschland weder zum amtlichen Handel noch zum geregelten Markt zugelassen sind. Diese Regelung wird kritisiert, weil der Anwendungsbereich des WpÜG somit hinter dem des Übernahmekodex, der auch auf Freiverkehrswerte anwendbar war, zurückbleibt[93]. Insbesondere vor dem Hintergrund, dass auch die Inhaber von im Freiverkehr gehandelten Wertpapieren ebenso schutzwürdig sind wie die Inhaber von an organisierten Märkten gehandelten Wertpapieren und sie bereits von der Mitteilungspflicht des § 21 WpHG und der Ad-hoc-Publizitätspflicht des § 15 WpHG nicht geschützt

---

86 Vgl. §§ 35 – 39 WpÜG.

87 Vgl. § 2 Abs. 2 Nr. 1 WpÜG.

88 Vgl. § 2 Abs. 2 Nr. 2 WpÜG.

89 Vgl. BT-Drucks. 14/7034, S. 28.

90 Vgl. §§ 36ff. BörsG.

91 Vgl. §§ 71ff. BörsG.

92 Vgl. BT-Drucks. 14/7034, S. 28.

93 Vgl. Angerer, in: Geibel/Süßmann, § 1, Rdnr. 52ff.

sind, erscheint eine künftige Einbeziehung des Freiverkehrs als wünschenswert[94].

Nach der Gesetzesbegründung gehörte auch der Neue Markt[95] der Deutsche Börse AG in Frankfurt am Main[96] zu den organisierten Märkten gemäß § 2 Abs. 7 WpÜG. Nach dem Wortlaut des Gesetzes konnte dem jedoch nicht einschränkungslos gefolgt werden. Denn das WpÜG ist nach § 1 WpÜG nur auf solche Wertpapiere anzuwenden, die zum Handel an einem organisierten Markt zugelassen *sind*. Die Zulassung zum Neuen Markt setzte zwar gemäß § 2.3 Abs. 1 des Zweiten Abschnitts des Regelwerks Neuer Markt die Zulassung zum geregelten Markt der Frankfurter Wertpapierbörse voraus. Diese Zulassung erlosch aber drei Monate nach Veröffentlichung der Zulassungsentscheidung wieder. Somit *waren* die am Neuen Markt gehandelten Aktien zwar zum Handel am geregelten Markt zugelassen, *sind* es jedoch nach Ablauf der 3-Monats-Frist nicht mehr[97]. Demzufolge wurde vertreten, dass das WpÜG auf am Neuen Markt gehandelte Aktien generell nicht anwendbar war[98]. Diese Ansicht geht jedoch zu weit. Vielmehr war das WpÜG auf Gesellschaften, deren Aktien am Neuen Markt gehandelt werden, erst nach Ablauf von drei Monaten nach der Zu-

94 Vgl. Mülbert, ZIP 2001, S. 1221, 1227f.; Angerer, in: Geibel/Süßmann, § 1, Rdnr. 54f.

95 Zum nicht im BörsG kodifizierten Neuen Markt der Deutschen Börse AG, dem Handelssegment, das am 10. März 1997 gestartet wurde und insbesondere für kleine und mittlere innovative Unternehmen gedacht ist, die ein überdurchschnittliches Umsatz- und Gewinnwachstum erhoffen lassen, vgl. nur Kersting, AG 1997, S. 222ff; Hansen, AG-Report, 1997, S. R 164ff.; Potthoff/Stuhlfaut, WM 1997, Sonderbeilage Nr. 3, S. 1, 3ff.; Harrer/Mölling, BB 1999, S. 2521ff.; Benz/Kiwitz, DStR 1999, S. 1162ff.; Helmschrott/Wassmer, WM 1999, S. 1853ff.; Claussen, Bank- und Börsenrecht, § 9 Rz. 48 a ff.; Hanft/Kretschmer, AG 2001, S. 84ff. Das Regelwerk des Neuen Marktes wurde seitdem geändert, vgl. dazu ZBB 2001, S. 60ff. Im Rahmen der Neusegmentierung des Aktienmarktes wurde das privatrechtliche Segment Neuer Markt geschlossen und das letzte im Neuen Markt gelistete Unternehmen wechselte zum 5. Juni 2003 in den Prime Standard.

96 Vgl. § 66a BörsO FWB.

97 Vgl. Angerer, in: Geibel/Süßmann, § 1, Rdnr. 56ff.

98 Vgl. Angerer, in: Geibel/Süßmann, § 1, Rdnr. 69; Geibel, in: Geibel/Süßmann, § 10, Rdnr. 42; Mülbert, ZIP 2001, S. 1221, 1227. Ebenso zur vergleichbaren Situation bei § 15 WpHG Ledermann, in: Schäfer, Vor § 71 BörsG, Rdnr. 4a; Geibel, in: Schäfer, § 15 WpHG, Rdnr. 24; van Aerssen, WM 2000, S. 391, 396; Claussen, DB 1998, S. 177, 178. A.A., also für eine Anwendung des WpÜG auf Aktien, die am Neuen Markt gehandelt werden, sind neben der Begründung des Gesetzentwurfs, BT-Drucks. 14/7034, S. 28, auch Land/Hasselbach, DB 2000, S. 1747, 1748; für eine Anwendung des § 15 WpHG auf Aktien, die am Neuen Markt gehandelt werden, sind Kersting, AG 1997, S. 222; Potthoff/Staulfauth, WM 1997, Sonderbeilage Nr. 3, S. 1, 4; Kümpel, in: Assmann/Schneider, § 15 WpHG, Rdnr. 28a; Harrer/Erwe, RIW 1998, S. 661, 663; ebenso die bisherige Aufsichtspraxis des BAWe (nunmehr BaFin).

lassung zum geregelten Markt wegen des Erlöschens dieser Zulassung nicht mehr anwendbar, wohl aber zuvor[99]. Diese Rechtslage war unbefriedigend und hätte dahingehend abgeändert werden sollen, dass auch Aktien, die am Neuen Markt gehandelt wurden, vom Anwendungsbereich des WpÜG gänzlich erfasst werden. Dies wäre auch rechtspolitisch sinnvoll[100]. Vom Wortlaut des § 2 Abs. 7 WpÜG wird zusätzlich der geregelte Markt im Sinne des Artikels 1 Nr. 13 der Richtlinie 93/22/EWG des Rates vom 10. Mai 1993 über Wertpapierdienstleistungen[101] in einem anderen Staat des Europäischen Wirtschaftsraums erfasst.

3. Wesentlicher Inhalt des WpÜG

a) Gewährleistung umfassender Transparenz

Wertpapierinhaber der Zielgesellschaft müssen über genügend Zeit und ausreichende Informationen verfügen, um bei Angeboten eine für sie bestmögliche Entscheidung treffen zu können[102]. Da diese Informationen nicht frei zugänglich sind und auch zumeist aus Geheimhaltungsgründen nicht zu den öffentlichen Medien vordringen, verpflichtet das WpÜG den Bieter zu umfassenden Informationen. Dies ermöglicht dem Wertpapierinhaber, die Hintergründe des öffentlichen Angebots zu erfahren und zu bewerten. Der Bieter muss demnach seine Entscheidung zur Abgabe eines Angebots unverzüglich veröffentlichen[103]. Er muss eine in deutscher Sprache gefertigte Angebotsunterlage[104] mit einer richtigen, vollständigen und verständlichen Stellungnahme zu seinem Angebot erstellen und veröffentlichen[105]. Hierbei sind auch Angaben zur Finanzierung des Angebots und zu den erwarteten Auswirkungen eines erfolgreichen Angebots

---

99 So nunmehr anscheinend auch Geibel/Süßmann, BKR 2002, S. 52, 53 bei Fn. 8. Jedoch muss es wohl „...*wegen* Erlöschens dieser Zulassung..." und nicht „...*mangels* Erlöschen dieser Zulassung..." heißen.

100 So auch Angerer, in: Geibel/Süßmann, § 1, Rdnr. 69, der es sogar in Rdnr. 70 entgegen seiner eigenen Rechtsansicht für in der Praxis ratsam hält, ggf. gleichwohl die Vorschriften des Gesetzes auch bei Angeboten zum Erwerb von am Neuen Markt notierten Aktien zu beachten.

101 ABlEG Nr. L 141, S. 27.

102 Vgl. § 3 Abs. 2 WpÜG.

103 Vgl. § 10 Abs. 1, 3 WpÜG.

104 Von Inkrafttreten des WpÜG bis zum 16. April 2002 wurden elf veröffentlichte Angebotsunterlagen gemäß § 14 WpÜG gezählt; vgl. www.bawe.de/wpueg_14liste.htm. (12.05.2002).

105 Vgl. § 11 Abs. 1 WpÜG.

auf die Vermögens-, Finanz- und Ertragslage des Bieters zu machen[106]. Während des Verfahrens muss der Bieter in regelmäßigen Abständen und unverzüglich nach Ablauf der Annahmefristen über seine Beteiligung an der Zielgesellschaft informieren[107]. Aber auch der Vorstand der Zielgesellschaft muss zur Gewährleistung umfassender Transparenz eine begründete Stellungnahme zu dem Angebot sowie zu jeder seiner Änderungen abgeben[108], um dem Wertpapierinhaber die Meinungsbildung zu erleichtern und ihm insbesondere die für seine Annahmeentscheidung wichtige Einschätzung des Vorstandes der Zielgesellschaft zu dem Angebot mitzuteilen.

b) Verfahrensregelungen

Da öffentliche Angebote, insbesondere wenn sie auf eine Übernahme gerichtet sind, belastende Auswirkungen auf die Zielgesellschaft haben, sieht das WpÜG die rasche Durchführung des Verfahrens vor und versucht so, die Geschäftstätigkeit der Zielgesellschaft nicht über einen angemessenen Zeitraum hinaus zu behindern[109]. Deshalb sind an einer Vielzahl von Stellen innerhalb des Verfahrensablaufs entweder unverzügliche Maßnahmen oder relativ kurze Fristen vorgesehen, um eine Beschleunigung des Verfahrens zu erreichen[110]. Darüber hinaus finden sich im WpÜG detaillierte Regelungen zum Verfahrensablauf[111], deren Einhaltung Voraussetzung für die Herstellung der notwendigen Transparenz und der Aufrechterhaltung der Funktionsfähigkeit der Kapitalmärkte ist[112].

c) Gegenleistung

Der Bieter hat den Aktionären der Zielgesellschaft eine angemessene Gegenleistung, die aus einer Geldleistung in Euro oder aus liquiden stimmberechtigten Aktien bestehen kann, anzubieten[113]. Nach Wahl der Aktionäre sind jedoch auch andere Gegenleistungen möglich. Der Wert der Gegenleistung, die der Bieter bei einem Übernahmeangebot anzubieten hat, bestimmt sich nach zwei Verfahrens-

---

106 Vgl. § 11 Abs. 2, S. 3, Nr. 1 WpÜG.

107 Vgl. § 23 Abs. 1 WpÜG.

108 Vgl. § 27 Abs. 1 WpÜG.

109 Vgl. § 3 Abs. 4 WpÜG.

110 Vgl. § 10 Abs. 1, S. 1; Abs. 4, S. 1; Abs. 5; § 14 Abs. 1; Abs. 2; Abs. 3, S. 2; Abs. 4; § 16; § 20 Abs. 4; § 21 Abs. 2, S. 1; § 23 Abs. 1; § 25; § 27 Abs. 3.

111 Vgl. §§ 10ff. WpÜG; weiterführend dazu vgl. Liebscher, ZIP 2001, S. 853ff.; Ekkenga/Hof-schroer, DStR 2002, S. 724, 726ff.

112 Vgl. Pötzsch/Möller, WM 2000, Sonderbeilage Nr. 2, S. 16.

113 Vgl. § 31 Abs. 1 und 2 WpÜG.

weisen: zum einen durch den Durchschnittspreis der Aktien der Zielgesellschaft in einem festgelegten Zeitraum vor dem Übernahmeverfahren, zum anderen durch den höchsten vom Bieter in diesem Zeitraum bezahlten Preis[114].

d) Neutralitätspflicht des Vorstands

Eine der am heftigsten umstrittenen und auch im Schrifttum am meisten diskutierten Regelungen des WpÜG ist die Frage der Neutralitätspflicht des Vorstands der Zielgesellschaft vor und während eines Angebotsverfahrens[115]. Anders formuliert könnte man auch von einer Förderungspflicht des Vorstands durch Unterlassen sprechen. Vorgeschlagen wird zudem der Begriff der Passivitätspflicht oder noch prägnanter der Begriff Behinderungsverbot[116]. So unterschiedlich die Begriffe auch sind, gemeint ist damit jeweils die nunmehr in § 33 WpÜG verankerte Regelung, die wertungsfrei mit „Handlungen des Vorstands und Aufsichtsrats der Zielgesellschaft“ überschrieben ist[117].

Dabei regelt § 33 Abs. 2 WpÜG den gesamten Zeitraum vor der Veröffentlichung der Entscheidung zur Abgabe eines Angebots und erklärt die sog. Vorratsbeschlüsse für zulässige Abwehrmaßnahmen. Im Diskussionsentwurf zum Übernahmegesetz war diese Regelung noch nicht enthalten[118] und präventive Verteidigungsstrategien blieben dem Management einer Aktiengesellschaft

---

114 Vgl. näheres dazu in §§ 3 bis 7 der gemäß § 31 Abs. 7 WpÜG erlassenen Verordnung über den Inhalt der Angebotsunterlage, die Gegenleistung bei Übernahmeangeboten und Pflichtangeboten und die Befreiung von der Verpflichtung zur Veröffentlichung und zur Abgabe eines Angebots (WpÜG-Angebotsverordnung) vom 27. Dezember 2001, BGBl. I, S. 4263ff.

115 Vor Inkrafttreten des WpÜG für eine weitgehende Neutralitätspflicht bei Übernahmekämpfen Adams, AG 1990, S. 243, 245f.; Ebenroth/Daum, DB 1991, S. 1157f.; Hopt, ZGR 1993, S. 534, 548f.; Hopt, ZHR 161 (1997), S. 368, 391; Kessler, AG 1995, S. 120, 130; Rümker, in: Festschrift für Heinsius, 1991, S. 683, 688ff.; Dimke/Heiser, NZG 2001, S. 241ff.; gegen eine strikte Neutralitätspflicht Martens, in: Festschrift für Beusch, 1993, S. 529, 542ff.; Müller, in: Festschrift für Semler, 1993, S. 195, 212; Werner, Probleme „feindlicher“ Übernahmen im Aktienrecht, 1989, S. 16. Vgl. zur Neutralitätspflicht zudem Zech, S. 110ff.; Baudisch/Götz, AG 2001, S. 251ff.; Kallmeyer, AG 2000, S. 553f.; Altmeppen, ZIP 2001, S. 1073ff., Körner, DB 2001, S. 367ff.; Winter/Harbarth, ZIP 2002, S. 1ff.

116 Vgl. Hommelhoff/Witt, RIW 2001, S. 561, 565.

117 Auch der Übernahmekodex enthielt schon in Art. 19 die Pflicht des Verwaltungs- oder Leitungsorgans der Zielgesellschaft, nach Bekanntgabe eines öffentlichen Angebots bis zur Offenlegung des Ergebnisses des Angebots keine Maßnahmen zu ergreifen, die dem Interesse der Wertpapierinhaber, von dem Angebot Gebrauch zu machen, zuwiederlaufen.

118 Zur Regelung im Diskussionsentwurf und insbesondere zum Hauptversammlungsentscheid vgl. Kiem, ZIP 2000, S. 1509ff.

demnach unbenommen[119]. Bei einem Vorratsbeschluss handelt es sich um eine Ermächtigung des Vorstands durch die Hauptversammlung, in die Zuständigkeit der Hauptversammlung fallende Handlungen zur Verhinderung des Erfolges von Übernahmeangeboten vorzunehmen. Diese Handlungen müssen in der Ermächtigung, die für höchstens 18 Monate erteilt werden kann und einer Mehrheit von mindestens drei Viertel[120] des bei der Beschlussfassung vertretenen Grundkapitals bedarf, der Art nach bestimmt werden. Blankettermächtigungen sind somit unzulässig[121]. Die auf Grund einer solchen Ermächtigung vorgenommenen Handlungen des Vorstands bedürfen stets der Zustimmung des Aufsichtsrats.

§ 33 Abs. 1 WpÜG regelt den Zeitraum nach Veröffentlichung der Entscheidung zur Abgabe eines Angebots bis zur Veröffentlichung der Anzahl des dem Bieter zustehenden oder zuzurechnenden Stimmrechtsanteils unverzüglich nach Ablauf der Annahmefrist. Innerhalb dieses Zeitraums bedürfen Handlungen des Vorstands und des Aufsichtsrats der Zielgesellschaft, durch die der Erfolg des Angebots verhindert werden könnte, der Ermächtigung der Hauptversammlung. Dies gilt jedoch nicht für Handlungen, die auch ein ordentlicher und gewissenhafter Geschäftsleiter einer Gesellschaft, die nicht von einem Übernahmeangebot betroffen ist, vorgenommen hätte, sowie für die Suche nach einem konkurrierenden Angebot („white knight")[122]. Neu hinzugekommen ist kurz vor Erlass des Gesetzes ein dritter Ausnahmegrund, nämlich Handlungen, denen der Aufsichtsrat der Zielgesellschaft zugestimmt hat. Dadurch wird dem Vorstand und Aufsichtsrat, die ja oft gleichlaufende Interessen haben, an der Hauptversammlungsentscheidung vorbei ein sehr weitreichender Freibrief für die Vornahme von Abwehrmaßnahmen nach der Veröffentlichung eines Angebots gegeben. Eine solch

---

119 Vgl. Pötzsch/Möller, WM 2000, Sonderbeilage Nr. 2, S. 25; zu den präventiven Verteidigungsmaßnahmen vgl. nur Herrmann, S. 23ff.; Schander, BB 1997, S. 1801ff.; Ebenroth/Daum, DB 1991, S. 1105ff; Hauschka/Roth, AG 1988, S. 181, 187ff.; Weimar/Breuer, BB 1991, S. 2309ff.; Krause, AG 1996, S. 209, 214; Krause, WM 1996, S. 845, 851; Krause, AG 2000, S. 217, 218; Knoll, S. 273ff.

120 In der Satzung können eine größere Kapitalmehrheit als 75 Prozent und weitere Erfordernisse bestimmt werden.

121 Vgl. BT-Drucks. 14/7034, S. 31.

122 Weiterführend zu möglichen Abwehrmaßnahmen gegen feindliche Übernahmeangebote vgl. nur Michalski, AG 1997, S. 152ff.; Otto, DB 1988, Beilage Nr. 12 zu Heft Nr. 29, S. 1, 6ff.; Salje, JA 1990, S. 321ff.; Wolf, AG 1998, S. 212ff.; Thaeter, NZG 2001, S. 789ff.; Weisner, ZRP 2000, S. 520ff.; Witte, BB 2000, S. 2161ff.; Becker, ZHR 165 (2001), S. 280ff.; Maier-Reimer, ZHR 165 (2001), S. 258ff.; Merkt, ZHR 165 (2001), S. 224ff.; Schnorr, ZHR 165 (2001), S. 288ff.; Altmeppen, ZIP 2001, S. 1073ff.; Schneider/Burgard, DB 2001, 963, 967ff.; Grunewald, AG 2001, S. 288ff.; Wiese/Demisch, DB 2001, S. 849ff.; Mülbert/Birke, WM 2001, 705ff.; Baudisch/Götz, AG 2001, S. 251ff.; Kallmeyer, AG 2000, S. 553f.; Kirchner, AG 1999, S. 481ff.; Krause, AG 2002, S. 133ff.; Ekkenga/Hofschroer, DStR 2002, S. 724, 731ff.

weitgehende Aufgabe der Neutralitätspflicht des Vorstands der Zielgesellschaft wäre bei Erlass der 13. EU-Richtlinie, die diesbezüglich sehr strenge Anforderungen vorschrieb, nicht möglich gewesen.

e) Aufsicht durch die Bundesanstalt für Finanzdienstleistungsaufsicht (BaFin), Sanktionen und Rechtsmittel

Mit der Einführung des WpÜG hat zunächst das Bundesaufsichtsamt für den Wertpapierhandel (BAWe) in Frankfurt am Main am 1. Januar 2002 die Aufsicht über Angebote, die auf der Grundlage des WpÜG erfolgen, übernommen[123].

Durch das Gesetz über die integrierte Finanzdienstleistungsaufsicht vom 22. April 2002[124], das am 25. April 2002 im Bundesgesetzblatt veröffentlicht wurde[125] und am 1. Mai 2002 in Kraft trat, wurde mit Wirkung vom 1. Mai 2002 die Bundesanstalt für Finanzdienstleistungsaufsicht (BaFin)[126] gegründet. Unter dem Dach der neuen Anstalt sind die Aufgaben der ehemaligen Bundesaufsichtsämter für das Kreditwesen (BAKred), das Versicherungswesen (BAV) und den Wertpapierhandel (BAWe) zusammengeführt worden. Damit existiert in Deutschland eine staatliche Aufsicht über Kreditinstitute, Finanzdienstleistungsinstitute und Versicherungsunternehmen, die sektorübergreifend den gesamten Finanzmarkt umfasst[127].

Durch die Gründung der BaFin und die damit verbundene Änderung der Namen der Behörden musste eine Vielzahl von Gesetzen geändert und der veränderten Begrifflichkeit angepasst werden.

---

123 § 4 Abs. 1 Satz 1 WpÜG.

124 Das Artikelgesetz enthält in Artikel 1 das Gesetz über die Bundesanstalt für Finanzdienstleistungsaufsicht (Finanzdienstleistungsaufsichtsgesetz – FinDAG) und in den folgenden Artikeln 2 bis 21 Änderungen in anderen Gesetzen und Rechtsverordnungen sowie in Artikel 22 die Regelung über das Inkrafttreten des Gesetzes.

125 Vgl. BGBl. I 2002, S. 1310ff.

126 Vgl. § 1 Abs. 1 FinDAG. Die BaFin ist gemäß § 1 Abs. 1 Satz 1 FinDAG eine bundesunmittelbare, rechtsfähige Anstalt des öffentlichen Rechts im Geschäftsbereich des Bundesministeriums der Finanzen, hat gemäß § 1 Abs. 2 FinDAG ihren Dienstsitz in Bonn und in Frankfurt am Main und beschäftigt rund 1.000 Mitarbeiter. Die BaFin beaufsichtigt etwa 2.700 Kreditinstitute, 800 Finanzdienstleistungsinstitute und über 700 Versicherungsunternehmen. (Stand Mai 2002).

127 Mit der Einrichtung der BaFin werden zentrale Aufgaben des Kundenschutzes und der Solvenzaufsicht gebündelt. Die neue Bundesanstalt wird daher einen wichtigen Beitrag zur Stabilität des Finanzplatzes Deutschland leisten und seine Wettbewerbsfähigkeit stärken.

Dies geschah für alle Gesetze und Rechtsverordnungen mit Ausnahme des WpÜG und der auf Grund des WpÜG erlassenen Rechtsverordnungen durch das Gesetz über die integrierte Finanzdienstleistungsaufsicht vom 22. April 2002 selbst, das als Artikelgesetz konzipiert ist. Für die Änderungen im Rahmen des WpÜG und der auf Grund des WpÜG erlassenen Rechtsverordnungen wurde eine andere Rechtsgrundlage für die Änderung des Wortlautes herangezogen. Die Wortlautänderung wurde in der Ersten Verordnung zur Anpassung von Bezeichnungen nach dem Finanzdienstleistungsaufsichtsgesetz vom 29. April 2002[128] durchgeführt. Diese Verordnung hat ihre Ermächtigungsgrundlage in § 22 des Gesetzes über die Bundesanstalt für Finanzdienstleistungsaufsicht (Finanzdienstleistungsaufsichtsgesetz – FinDAG)[129].

Der Zuständigkeit der BaFin ist im WpÜG ein eigener Abschnitt gewidmet[130]. Dieser obliegt die Überwachung der bei öffentlichen Angeboten und Unternehmensübernahmen geltenden Regelungen. Insbesondere soll Missständen entgegengewirkt werden, welche die ordnungsgemäße Durchführung des Verfahrens beeinträchtigen oder erhebliche Nachteile für den Wertpapiermarkt bewirken können[131]. Zur Beseitigung oder Verhinderung dieser Missstände kann die BaFin geeignete und erforderliche Anordnungen treffen[132]. Wichtig ist, dass die BaFin die ihr durch das WpÜG zugewiesenen Aufgaben und Befugnisse nur im öffentlichen Interesse wahrnimmt[133]. Dadurch wird gewährleistet, dass ein Kontrollgremium die Aufsicht führt, dessen Neutralität in Streitfällen außer Frage steht. Die BaFin hat weitreichende Ermittlungsbefugnisse und Auskunftsansprüche[134] und kann Verfügungen mit Zwangsmitteln durchsetzen[135]. Gegen die Verfügungen der BaFin ist das Rechtsmittel der Beschwerde statthaft[136].

Neu im Vergleich zur Regelung im Übernahmekodex ist zudem, dass die BaFin Sanktionen bei Nichteinhaltung der Verfahrensvorschriften verhängen kann. Die

---

128 Vgl. BGBl. I 2002, S. 1495ff.

129 Das FinDAG bildet Artikel 1 des Gesetzes über die integrierte Finanzdienstleistungsaufsicht vom 22. April 2002, BGBl. I 2002, S. 1310ff.

130 Vgl. §§ 4 – 9 WpÜG.

131 Vgl. § 4 Abs. 1 Satz 2 WpÜG.

132 Vgl. § 4 Abs. 1 Satz 3 WpÜG.

133 Vgl. § 4 Abs. 2 WpÜG.

134 Vgl. § 40 WpÜG.

135 Vgl. § 46 WpÜG.

136 Vgl. § 48 WpÜG; vgl. dazu Möller, AG 2002, S. 170ff.; zur Verpflichtungs- und Untätigkeitsbeschwerde gemäß § 48 Abs. 3 Satz 1 und 2 WpÜG vgl. Aha, AG 2002, S. 160ff.

Geschäftsstelle der Übernahmekommission als Exekutivorgan dieses Gremiums konnte im Rahmen der Überwachung der Einhaltung des Kodex bei Zuwiderhandlungen nur ihre Bemerkungen, Empfehlungen und Entscheidungen zu dem jeweils vorliegenden Fall nach Anhörung der Betroffenen veröffentlichen[137]. Diese mangelnden Sanktionsmöglichkeiten sind häufig gerügt worden. Nunmehr ist bei Ordnungswidrigkeiten die Verhängung einer Geldbuße bis zu einer Million Euro möglich[138]. Die Nichterfüllung von Pflichten des Bieters aus § 35 Abs. 1 oder 2 führt sogar zum Verlust der aus dem Eigentum abgeleiteten Rechte aus Aktien[139]. Zudem haben die Aktionäre der Zielgesellschaft für diese Fälle gegenüber dem Bieter einen Anspruch auf Zahlung von Zinsen auf den Wert der Gegenleistung[140].

Weiterhin wird bei der BaFin ein Beirat[141] gebildet, der noch weitgehendere Aufgaben wahrnimmt als die frühere Übernahmekommission. Der Beirat soll bei der Aufsicht mitwirken, beim Erlass von Rechtverordnungen beraten sowie sachverständige Personen für die Besetzung des Widerspruchausschusses vorschlagen, der über Widersprüche gegen bestimmte Verfügungen der BaFin entscheidet. Durch die Einbeziehung von Praktikern soll zudem die Akzeptanz von Entscheidungen der Aufsicht gefördert werden. In der BaFin wurden 24 Stellen neu besetzt, die aus fachlicher und organisatorischer Sicht für notwendig erachtet wurden. Es entstehen voraussichtlich Personal- und Sachkosten i.H.v. etwa 1,9 Mio. Euro pro Jahr[142].

f) Regelung zum Ausschluss von Minderheitsaktionären („Squeeze-out“) in §§ 327 a – 327 f AktG

Das als Artikelgesetz konzipierte Gesetz zur Regelung von öffentlichen Angeboten zum Erwerb von Wertpapieren und von Unternehmensübernahmen, welches im Artikel 1 das WpÜG einführt, enthält in den nachfolgenden Artikeln 2 bis 11 Änderungen in anderen Gesetzen und Rechtsverordnungen sowie weitere rechtstechnische Regelungen. Flankierend wurden durch das Bundesministerium der Finanzen mehrere Verordnungen erlassen: die WpÜG-Beiratsverordnung vom

---

137 Vgl. Art. 21 Abs. 2 Übernahmekodex.

138 Vgl. § 60 WpÜG.

139 Vgl. § 59 WpÜG.

140 Vgl. § 38 WpÜG.

141 Der Beirat besteht aus 15 Vertretern der Emittenten, der institutionellen und der privaten Anleger, der Wertpapierdienstleistungsunternehmen, der Arbeitnehmer sowie der Wissenschaft.

142 Vgl. BT-Drucks. 14/7034, S. 33.

27.12.2001[143], die WpÜG-Widerspruchsausschuss-Verordnung vom 27.12.2001[144], die WpÜG-Angebotsverordnung vom 27.12.2001[145] sowie die WpÜG- Gebührenverordnung vom 27.12.2001[146].

Die wichtigste Gesetzesänderung neben der Neuordnung der in §§ 21 ff. WpHG geregelten Mitteilungs- und Veröffentlichungsvorschriften[147] liegt in der Einführung der Regelung zum Ausschluss von Minderheitsaktionären („Squeeze-out") in §§ 327 a – 327 f AktG[148]. Damit wird erstmalig im deutschen Gesellschaftsrecht eine Regelung aufgenommen, die es einem Hauptaktionär, dem Aktien der Gesellschaft in Höhe von mindestens 95 Prozent des Grundkapitals gehören, ermöglicht, Minderheitsaktionäre gegen Gewährung einer angemessenen Barabfindung in gesetzlich zulässiger Weise auszuschließen[149]. In der Praxis be-

143 Verordnung über die Zusammensetzung, die Bestellung der Mitglieder und das Verfahren des Beirats beim Bundesaufsichtsamt für den Wertpapierhandel, BGBl. I, S. 4259f., zuletzt geändert durch Artikel 3 Abs. 1 der Ersten Verordnung zur Anpassung von Bezeichnungen nach dem Finanzdienstleistungsaufsichtsgesetz vom 29. April 2002, BGBl. I, S. 1498.

144 Verordnung über die Zusammensetzung und das Verfahren des Widerspruchsausschusses beim Bundesaufsichtsamt für den Wertpapierhandel, BGBl. I, S. 4261f., zuletzt geändert durch Artikel 3 Abs. 2 der Ersten Verordnung zur Anpassung von Bezeichnungen nach dem Finanzdienstleistungsaufsichtsgesetz vom 29. April 2002, BGBl. I, S. 1498.

145 Verordnung über den Inhalt der Angebotsunterlage, die Gegenleistung bei Übernahmeangeboten und Pflichtangeboten und die Befreiung von der Verpflichtung zur Veröffentlichung und zur Abgabe eines Angebots, BGBl. I, S. 4263ff., zuletzt geändert durch Artikel 3 Abs. 3 der Ersten Verordnung zur Anpassung von Bezeichnungen nach dem Finanzdienstleistungsaufsichtsgesetz vom 29. April 2002, BGBl. I, S. 1498.

146 Verordnung über Gebühren nach dem Wertpapiererwerbs- und Übernahmegesetz, BGBl. I, S. 4267f., zuletzt geändert durch Artikel 3 Abs. 4 der Ersten Verordnung zur Anpassung von Bezeichnungen nach dem Finanzdienstleistungsaufsichtsgesetz vom 29. April 2002, BGBl. I, S. 1498.

147 Artikel 2 des Gesetzes zur Regelung von öffentlichen Angeboten zum Erwerb von Wertpapieren und von Unternehmensübernahmen.

148 Artikel 7 des Gesetzes zur Regelung von öffentlichen Angeboten zum Erwerb von Wertpapieren und von Unternehmensübernahmen.

149 Zur Regelung des „Squeeze-out" vgl. nur Baums, S. 121ff.; Rühland, WM 2000, S. 1884ff.; Rühland, NZG 2001, S. 448ff.; Vetter, AG 2002, S. 176ff.; Vetter, ZIP 2000, S. 1817ff.; Vetter, DB 2001, S. 743ff.; Altmeppen, ZIP 2001, S. 1073, 1083; Halm, NZG 2000, S. 1162ff.; Schiessl, AG 1999, S. 442, 451f.; Peters, BB 1999, S. 801ff.; Kossmann, NZG 1999, S. 1198ff.; Land/Hasselbach, DB 2000, S. 557, 561f.; Habersack, ZIP 2001, S. 1230ff.; Than, in: FS-Claussen, 1997, S. 405, 421f.; Kallmeyer, AG 2000, S. 59ff.; Krieger, BB 2002, S. 53ff.; Forum Europaeum Konzernrecht, ZGR 1998, S. 672, 732ff.; Baums, WM 2001, S. 1843ff.; Ehricke/Roth, DStR 2001, 1120ff.; Heidel/Lochner, DB 2001, S. 2031ff.; Bolte, DB 2001, S. 2587ff.; Grunewald, ZIP 2002, S. 18ff.

steht für eine solche Regelung ein Bedürfnis, da Minderheitsaktionäre häufig ihre Beteiligung missbräuchlich ausnutzen und die Geschäfte des Unternehmens beispielsweise durch die Anfechtung von Haupt-versammlungsbeschlüssen zu behindern versuchen[150], um dadurch eine weit über dem durchschnittlichen Aktienkurs liegende Abfindung zu erreichen. Zudem verursachen Kleinstbeteiligungen einen erheblichen Formalaufwand, der entsprechend hohe Kosten verursacht. Weiterhin soll die Regelung demjenigen, der nach dem WpÜG verpflichtet ist, ein Pflichtangebot auf Übernahme aller Anteile einer Gesellschaft abzugeben, die Möglichkeit geben, Kleinstbeteiligungen abzufinden, um tatsächlich die Position des alleinigen Anteilseigners zu erreichen[151]. Eine „Squeeze-out"-Regelung entspricht inzwischen auch internationalem Standard und ist in den meisten europäischen Rechtsordnungen verankert[152].

An der Verfassungsmäßigkeit einer solchen Regelung bestanden bis vor kurzem nicht unerhebliche Bedenken. Zu dem in Art. 14 Abs. 1 GG gewährleisteten Eigentum gehört auch das in der Aktie verkörperte Anteilseigentum, das im Rahmen seiner gesellschaftsrechtlichen Ausgestaltung durch Privatnützigkeit und Verfügungsbefugnis gekennzeichnet ist[153]. Die mitgliedschaftliche Stellung in einer Aktiengesellschaft, die das Aktieneigentum vermittelt, unterfällt somit dem Schutzbereich des Eigentums. Aus der mitgliedschaftlichen Stellung erwachsen dem Aktionär im Rahmen der gesetzlichen Vorschriften und der Gesellschaftssatzung sowohl Leitungsbefugnisse als auch vermögensrechtliche Ansprüche[154]. Der Ausschluss von Minderheitsaktionären stellt jedoch keine Enteignung im Sinne des Art. 14 Abs. 3 GG dar, da der Rechtsverlust nicht vom Staat oder von einem mit staatlichen Zwangsrechten beliehenen Unternehmer ausgeht[155]. Vielmehr handelt es sich bei der „Squeeze-out"-Regelung um eine Inhalts- und Schrankenbestimmung im Sinne des Art. 14 Abs. 1 Satz 2 GG. Aus gewichtigen Gründen des Gemeinwohls kann es deshalb nach Ansicht des Bundesverfassungsgerichts angebracht sein, die Interessen der Minderheitsaktionäre an der Erhaltung der Vermögenssubstanz hinter die Interessen an einer freien Entfaltung der unternehmerischen Initiative im Konzern zurücktreten zu lassen[156]. Der

150 Vgl. hierzu nur die anschauliche Darstellung bei Schiessl, AG 1999, S. 442, 445.

151 Vgl. BT-Drucks. 14/7034, S. 32; Grzimek, in: Geibel/Süßmann, Art. 7, § 327 a AktG, Rdnr. 24.

152 Ein rechtsvergleichender Überblick findet sich in Forum Europaeum Konzernrecht, ZGR 1998, S. 672, 732ff. und bei Grzimek, in: Geibel/Süßmann, Art. 7, § 327 a AktG, Rdnr. 17ff.

153 Vgl. BVerfGE 100, 289, 301 („Moto-Meter").

154 Vgl. BVerfGE 100, 289, 301; 14, 263, 276 („Feldmühle").

155 Vgl. Grzimek, in: Geibel/Süßmann, Art. 7, § 327 a AktG, Rdnr. 27.

156 Vgl. BVerfGE 100, 289, 302f.; 14, 263, 281f.

Gesetzgeber geht hier von einem beachtenswerten unternehmerischen Interesse an Konzernierungs- und Strukturmaßnahmen aus und sieht ein Bedürfnis nach Beschränkung von Missbrauchsmöglichkeiten von Minderheitsaktionären bei besonderen Mehrheitsverhältnissen[157]. Voraussetzung für die Zulässigkeit einer solchen Regelung ist, dass neben wirksamen Rechtsbehelfen gegen einen Missbrauch wirtschaftlicher Macht vor allem eine volle wirtschaftliche Entschädigung für den Verlust der Rechtsposition gewährt wird[158]. Diese beiden Voraussetzungen sind durch die Möglichkeit einer Anfechtungsklage nach §§ 243ff. gegen den Hauptversammlungsbeschluss sowie die in § 327 a Abs. 1 Satz 1 AktG und § 327 b AktG vorgesehene Entschädigung durch eine angemessene Barabfindung gewährleistet. Nunmehr hat auch das Bundesverfassungsgericht in der Moto-Meter-Entscheidung vom 23.8.2000[159] ausgeführt, warum es angezeigt sein kann, eine kleine Zahl von Minderheitsaktionären aus der Gesellschaft auszuschließen, und warum eine gesetzliche Regelung, die dieses ermöglicht, im Grundsatz unbedenklich ist. Sollten bisher noch verfassungsrechtliche Bedenken gegen eine „Squeeze-out"-Regelung im Hinblick auf Art. 14 GG bestanden haben, so sind diese jedenfalls durch die Moto-Meter-Entscheidung des Bundesverfassungsgerichts ausgeräumt worden[160].

---

157 Vgl. BT-Drucks. 14/7034, S. 32.

158 Vgl. BVerfGE 100, 289, 305f.; 14, 263, 281f.; BVerfG, ZIP 2000, S. 1670, 1672.

159 Vgl. BVerfG, ZIP 2000, S. 1670ff. = NZG 2000, S. 1117ff. mit Anmerkung Bauer, NZG 2000, S. 1214f.

160 Vgl. Stellungnahme des Handelsrechtsausschusses des DAV, NZG 2001, S. 420, 430; kritisch dazu Heidel/Lochner, DB 2001, S. 2031ff., die wegen des Ausschlusses der gerichtlichen Überprüfbarkeit der Angemessenheit der Barabfindung in der Moto-Meter-Entscheidung keine Anhaltspunkte für die Verfassungsmäßigkeit der Squeeze-out-Regelung sehen.

2. KAPITEL: ÜBERNAHMEANGEBOTE GEMÄẞ §§ 29FF. WPÜG

I. ABGRENZUNG DER REGELUNG VON ÖFFENTLICHEN ANGEBOTEN ZUM ERWERB VON WERTPAPIEREN, VON FREIWILLIGEN ÜBERNAHMEANGEBOTEN UND PFLICHTANGEBOTEN

Ein Angebot gemäß § 2 Abs. 1 WpÜG umfasst zum einen alle freiwilligen öffentlichen Kauf- oder Tauschangebote zum Erwerb von Wertpapieren einer Zielgesellschaft. Bei freiwilligen Angeboten müssen zwei Fallgruppen unterschieden werden: einerseits Angebote, die nicht auf den Kontrollerwerb gerichtet sind, bei denen der Bieter also nur einen Teil der Zielgesellschaft erwerben will der unterhalb der Kontrollschwelle liegt (Teilangebote), sowie Angebote, die aus einer bereits bestehenden Kontrollstellung heraus erfolgen und die auf eine Konsolidierung der Kontrolle gerichtet sind (Aufstockungsangebote)[161]; andererseits sogenannte Übernahmeangebote gemäß § 29 Abs. 1 WpÜG, durch welche die Kontrolle eines anderen Unternehmens erlangt werden soll[162]. Kontrolle ist dabei gemäß § 29 Abs. 2 WpÜG das Halten von mindestens 30 Prozent der Stimmrechte an der Zielgesellschaft. Zum anderen erfasst der Angebotsbegriff auch das sogenannte Pflichtangebot gemäß § 35 Abs. 2 WpÜG[163].

Beim freiwilligen Übernahmeangebot und beim Pflichtangebot ist der Bieter stets verpflichtet, ein Vollangebot abzugeben, um sämtlichen Aktionären ein Austrittsrecht aus der Zielgesellschaft einzuräumen. Hingegen sind im Falle der sonstigen öffentlichen Erwerbsangebote Teilangebote zulässig und der Erwerber kann sein Angebot auf den Erwerb eines bestimmten Teils der Wertpapiere der Zielgesellschaft beschränken.

Wie bei zahlreichen ausländischen Vorschriften auch, wird auf eine nähere Definition eines „öffentlichen Angebots“ verzichtet, um wegen der Vielgestaltigkeit der möglichen Sachverhalte die Gefahr von Umgehungsmöglichkeiten einer unscharfen gesetzlichen Regelung zu vermeiden[164]. Hingegen wird bei der Auslegung des Begriffs auf eine Vielzahl von Kriterien zurückzugreifen sein[165]. Zu

161 Von Inkrafttreten des WpÜG bis zum 07. Mai 2002 gab es fünf veröffentlichte Entscheidungen eines Bieters zur Abgabe eines Wertpapiererwerbsangebotes gemäß § 10 WpÜG; vgl. www.bafin.de/database/wpueg_10+35liste.htm. (12.05.2002).

162 Von Inkrafttreten des WpÜG bis zum 07. Mai 2002 gab es sieben veröffentlichte Entscheidungen eines Bieters zur Abgabe eines Übernahmeangebotes gemäß §§ 29, 34, 10 WpÜG; vgl. www.bafin.de/database/wpueg_10+35liste.htm. (12.05.2002).

163 Vor Abgabe eines Pflichtangebotes muss der Bieter gemäß § 35 Abs. 1 WpÜG die Erlangung der Kontrolle über eine Zielgesellschaft veröffentlichen. Von Inkrafttreten des WpÜG bis zum 07. Mai 2002 gab es vier solche Veröffentlichungen von Bietern; vgl. www.bafin.de/database/ wpueg_10+35liste.htm. (12.05.2002).

164 Vgl. BT-Drucks. 14/7034, S. 33.

165 Vgl. Fleischer, ZIP 2001, S. 1653ff.

diesen Kriterien zählt, ob das Angebot nur an einen begrenzten Personenkreis gerichtet ist oder an mehrere Wertpapierinhaber und, ob es sich um ein einseitig formuliertes oder ein individuell ausgestaltetes Angebot handelt[166]. Das Angebot kann auch unter einer Bedingung abgegeben werden[167]. Nur Bedingungen, deren Eintritt der Bieter, mit ihm gemeinsam handelnde Personen oder deren Tochterunternehmen oder im Zusammenhang mit dem Angebot für diese Personen oder Unternehmen tätige Berater ausschließlich selbst herbeiführen können[168], und Angebote unter dem Vorbehalt des Rücktritts und des Widerrufs[169], sind unzulässig[170]. Über das Angebot hat jeder Bieter eine ausführliche Angebotsunterlage zu erstellen und zu veröffentlichen[171]. Für die Richtigkeit und Vollständigkeit der Angebotsunterlage haften der Bieter, diejenigen, die neben dem Bieter für die Angebotsunterlage die Haftung übernommen haben, sowie diejenigen, von denen der Erlass der Angebotsunterlage ausgeht, nach Maßgabe von § 12 WpÜG als Gesamtschuldner den Anlegern, die das Angebot angenommen haben, auf Schadensersatz[172].

Keine grundsätzliche Neuerung wird durch die Regelung der sog. Pflichtangebote[173] herbeigeführt[174]. Ziel des Pflichtangebots ist es, den Minderheitsaktionären die Möglichkeit zu geben, ihre Beteiligung an einem Unternehmen zu einem angemessenen Preis zu veräußern, falls einer Unternehmensübernahme kein öffentliches Angebot vorausgegangen ist. Seit Beginn der Diskussionen um ein Übernahmerecht war die Regelung eines Pflichtangebots heftig umstritten. Teils wurde das Pflichtangebot aus verfassungsrechtlichen[175] oder wirtschaftlichen[176] Gesichtspunkten abgelehnt, teils wurde es als sinnvolle Regelung bezeichnet, da

166 Vgl. BT-Drucks. 14/7034, S. 33.

167 Vgl. §§ 11 Abs. 2 Satz 1 Nr. 5, 25 WpÜG.

168 Vgl. § 18 Abs. 1 WpÜG.

169 Vgl. § 18 Abs. 2 WpÜG.

170 Vgl. Busch, AG 2002, S. 145ff.

171 Vgl. § 11 WpÜG i.V.m. § 2 WpÜG-Angebotsverordnung.

172 Vgl. Assmann, AG 2002, S. 153ff.

173 Aus dem neueren Schrifttum zum Pflichtangebot jeweils mit weiteren Nachweisen vgl. nur Kallmeyer, ZIP 1997, S. 2147f.; Houben, WM 2000, S. 1873ff.; Altmeppen, ZIP 2001, S. 1073, 1080ff.; Krause, Das obligatorische Übernahmeangebot, 1996; Letzel, NZG 2001, S. 260ff.; zu den Pflichtangebotsregelungen in anderen europäischen Staaten vgl. nur Zinser, NZG 2000, S. 573ff.

174 Vgl. §§ 35ff. WpÜG.

175 Vgl. Loritz/Wagner, WM 1991, S. 709ff.

176 Vgl. Kallmeyer, ZIP 1997, S. 2147f.; Raschke, ZHR 161 (1997), S. 455, 456.

es ein Instrument zum Schutz des Anlegers vor Ungleichbehandlung und Überraschung sei[177]. Rechtsvergleichend ist von einer ziemlich deutlichen internationalen Akzeptanz des Pflichtangebots als Bestandteil des Übernahmerechts auszugehen[178]. Auch in Deutschland legte schon 1995 der Übernahmekodex in Art. 16 fest, dass derjenige, der die Kontrolle über eine Zielgesellschaft erreicht, allen anderen Wertpapierinhabern der Zielgesellschaft ein Angebot zur Übernahme ihrer Wertpapiere zu unterbreiten hat. Geändert wurde jedoch nachfolgend die Höhe der Kontrollschwelle. Während der Übernahmekodex von 1995 noch demjenigen die Kontrolle über die Zielgesellschaft zusprach, der über die Mehrheit der Stimmrechte der Zielgesellschaft verfügte, mithin mehr als 50 Prozent der Aktien hielt, wurde nach der Neufassung des Übernahmekodex 1998 das Pflichtangebot bei Überschreiten einer die Kontrolle begründenden Beteiligung ausgelöst. Kontrolle wurde entweder als absolute Stimmrechtsmehrheit oder alternativ als ¾-Mehrheit des in den letzten drei ordentlichen Hauptversammlungen präsenten, stimmberechtigten Grundkapitals definiert[179]. Nunmehr legt § 29 Abs. 2 WpÜG als Kontrollschwelle das Halten von mindestens 30 Prozent der Stimmrechte an der Zielgesellschaft fest und § 35 Abs. 2 WpÜG verpflichtet den Bieter innerhalb von vier Wochen nach der Veröffentlichung der Erlangung der Kontrolle über eine Zielgesellschaft, dem Bundesaufsichtsamt eine Angebotsunterlage zu übermitteln und ein Angebot zu veröffentlichen.

Das Pflichtangebot hat eine zweifache Auswirkung: zum einen verteuert es für den Bieter den Paketerwerb, zum anderen schützt es die Minderheitsaktionäre, denen die Möglichkeit gegeben wird, sich noch vor der Konzernierung durch einen neuen Großaktionär aus der Zielgesellschaft zum Marktwert zurückziehen zu können[180].

Bei Inkrafttreten des Gesetzes bereits bestehende Kontrollbeteiligungen („Altfälle“[181]) lösen jedoch kein Pflichtangebot aus, da es hier bereits am in § 35 Abs. 1 WpÜG vorgeschriebenen Merkmal des „Erlangens“ der Kontrolle mangelt[182].

Ebenso besteht gemäß § 35 Abs. 3 WpÜG weder eine Verpflichtung zur Veröffentlichung der Kontrollposition noch zur Abgabe eines Pflichtangebots, wenn die Kontrolle über die Zielgesellschaft auf Grund eines freiwilligen öffentlichen

177 Vgl. Weber-Rey/Schütz, AG 2001, S. 325, 328.

178 Vgl. Hopt, ZHR 161 (1997), S. 368, 386f.

179 Vgl. Art. 16 Übernahmekodex i.d.F. vom 28.11.1997.

180 Vgl. Hopt, EuZW 1997, S. 481.

181 Vgl. dazu auch die Übergangsregelungen in § 68 Abs. 2 und 3 WpÜG.

182 Vgl. dazu die unter 2. Kapitel, V. dargestellten Sonderfälle.

Übernahmeangebots erworben wurde. Grund dieser Freistellung trotz Überschreitens der Kontrollschwelle von 30 Prozent ist, dass jemand, der eine Kontrollmehrheit schon auf Grund eines freiwilligen Übernahmeangebots erlangt hat, nicht verpflichtet sein soll, im Anschluss an dieses Übernahmeangebot nunmehr ein weiteres Übernahmeangebot im Sinne eines Pflichtangebots abzugeben, da dies mit unnötigem Zeit- und Kostenaufwand verbunden wäre[183]. Zudem besteht gemäß § 32 WpÜG schon im Rahmen von freiwilligen Übernahmeangeboten die Verpflichtung, das Angebot auf alle Aktien der Zielgesellschaft und nicht nur auf einen Teil der Aktien zu erstrecken. Ein erneutes Übernahmeangebot würde in der Praxis wohl nicht zu einer bedeutenden Verschiebung der Mehrheitsverhältnisse führen, da von Privatanlegern keine grundsätzlich andere Entscheidung über den Verkauf ihrer Aktien zu erwarten ist, je nachdem, ob das Angebot auf Kontrollerwerb gerichtet ist oder aus einer Kontrollstellung heraus erfolgt.

II. Der Begriff der Kontrolle gemäß § 29 Abs. 2 WpÜG

1. Der Begriff des „Haltens der Stimmrechte" gemäß § 29 Abs. 2 WpÜG

Sowohl Pflichtangebote als auch Übernahmeangebote knüpfen an den Kontrollerwerb an. Dies macht klar, was für eine zentrale Bedeutung der Kontrollbegriff besitzt. Kontrolle wird in § 29 Abs. 2 WpÜG als das Halten von mindestens 30 Prozent der Stimmrechte an der Zielgesellschaft definiert. Im Gegensatz zur Herrschaftsvermutung des Konzernrechts bei Erreichen der Anteilsmehrheit[184] ist die Kontrollvermutung des § 29 Abs. 2 WpÜG unwiderleglich[185]. Mit dem Begriff des „Haltens" sind vielfältige Abgrenzungsprobleme verbunden. Eine klarstellende Definition findet sich im Gesetz leider nicht.

a) Gleichstellung von „Halten" und „Gehören"

Fraglich ist zunächst, ob derjenige, der Stimmrechte hält auch derjenige sein muss, dem die Aktien gehören. Es sind nämlich auch Fälle denkbar, in denen jemand ohne Inhaber der Aktien zu sein auf Grund sonstiger Befugnis zur Ausübung der Stimmrechte im eigenen Namen befugt ist. In diesem Fall ist von einer Legitimationsübertragung gemäß § 129 Abs. 3 AktG auszugehen[186]. Hat jemand die Befugnis zur Stimmrechtsausübung im fremden Namen, liegt ein Fall der Stellvertretung gemäß §§ 164ff. BGB vor. § 29 Abs. 2 WpÜG definiert Kon-

183 Vgl. BT-Drucks. 14/7034, S. 60.

184 Vgl. § 17 Abs. 2 AktG.

185 Vgl. Ekkenga/Hofschroer, DStR 2002, S. 768, 772.

186 Vgl. Than, ZHR 157 (1993), S. 125, 130ff.

trolle als das „Halten ...der Stimmrechte". Demzufolge liegt der Schluss nahe, dass es nicht auf die Eigentümerstellung in Bezug auf die Aktien, sondern auf die Innehabung des Stimmrechts ankommt. Hierbei muss jedoch beachtet werden, dass nach dem in § 8 Abs. 3 AktG geregelten Abspaltungsverbot das Stimmrecht nicht von der Mitgliedschaft abgetrennt werden kann[187]. Nicht die Stimmrechte werden erworben und veräußert, sondern die in Aktien verbrieften Mitgliedschaftsrechte[188]. Auch die Legitimationsübertragung führt nicht zur Übertragung des Stimmrechts, sondern nur zur Ermächtigung eines Dritten, fremde Stimmrechte im eigenen Namen auszuüben[189]. Kontrolle im Sinne des § 29 Abs. 2 WpÜG kann somit nur derjenige haben, dem Stimmrechte aus ihm gehörenden Aktien zustehen oder aber dem nach § 30 WpÜG Stimmrechte zugerechnet werden. Weder der Legitimationsaktionär noch der Stellvertreter kann somit Kontrolle ausüben[190]. Dem Bieter muss das juristische Eigentum an den Aktien zustehen[191].

Problematisch ist jedoch, ob im Falle der Aktienerlangung im Wege des Erbfalls die Kontrollerlangung möglich ist, da der dingliche Übergang der Aktien gemäß § 1942 Abs. 1 BGB unbeschadet des Rechts des Erben zur Ausschlagung der Erbschaft erfolgt. Die Regelung dieses Falles in § 36 Nr. 1 WpÜG und § 9 Satz 1 Nr. 1 WpÜG-Angebotsverordnung zeigt jedoch, dass grundsätzlich auch in diesem Fall die Pflichten aus § 35 Abs. 1 und 2 WpÜG bestehen können und der Bieter nur die Möglichkeit eines Antrags bei der BaFin auf Nichtberücksichtigung der Stimmrechte oder Befreiung von den Pflichten aus § 35 WpÜG hat[192].

---

187 Vgl. Hüffer, § 133, Rdnr. 17 und § 134, Rdnr. 21; Harbarth, ZIP 2002, S. 321, 323 (Fn. 26); Habersack, S. 78ff.

188 Vgl. Schneider, in: Assmann/Schneider, § 21, Rdnr. 20.

189 Vgl. Schneider, in: Assmann/Schneider, § 21, Rdnr. 20.

190 Vgl. Steinmeyer/Häger, § 29, Rdnr. 33.

191 Eine Ausnahme von diesem Grundsatz wollen Steinmeyer/Häger, § 29, Rdnr. 33 für ADRs machen. Obgleich nach den in diesen Programmen regelmäßig zugrundeliegenden Vertragsbestimmungen die Depositary Bank als juristische Eigentümerin anzusehen ist und nicht der Inhaber des ADR, so sei dennoch der sich aus den unterlegten Aktien resultierende Stimmrechtsanteil als originärer Bieteranteil des ADR-Inhabers und nicht der Depositary Bank anzusehen. Dieser Meinung kann jedoch nicht gefolgt werden, da sie mit der vertragsgemäßen Zuordnung des Eigentums zur Depositary Bank nicht in Einklang steht. Vielmehr sind die Stimmrechte dem ADR-Inhaber gemäß § 30 Abs. 1 Satz 1 Nr. 2 WpÜG zuzurechnen, vgl. dazu unten 4. Kapitel, II. 2. n).

192 Vgl. Harbarth, ZIP 2002, S. 321, 324.

b) Abstellen auf das schuldrechtliche oder dingliche Rechtsgeschäft

Weiterhin stellt sich die Frage, ob es für das Halten ausreicht, dass ein Kaufvertrag abgeschlossen ist, dieser aber noch nicht erfüllt ist („große Lösung") oder ob ein Halten erst dann vorliegt, wenn dem Bieter die Aktien tatsächlich gehören („kleine Lösung")[193]. Schon der Wortsinn des „Haltens" deutet darauf hin, dass eine gesicherte Rechtsposition aus einem Kaufvertrag hierfür nicht ausreichen kann, sondern das Eigentum an den Aktien erworben sein muss. Zudem lässt § 30 Abs. 1 Satz 1 Nr. 5 WpÜG, für den nunmehr vertreten wird, dass schuldrechtliche Vereinbarungen, die einen Anspruch auf Lieferung enthalten, nicht einmal zu einer Zurechnung von Stimmrechten führen[194], den Erst-recht-Schluss zu, dass der kleinen Lösung gefolgt werden muss. Dafür spricht auch, dass nach der Begründung zum Regierungsentwurf ein Erwerb im Sinne des WpÜG grundsätzlich die Eigentumserlangung voraussetzt[195]. Außerdem bedarf es im Anwendungsbereich des § 30 Abs. 1 Satz 1 Nr. 1 und 2 WpÜG des Übergangs des zivilrechtlichen Eigentums. Das gleiche muss auch für § 29 Abs. 2 WpÜG gelten, da es nicht einsichtig wäre, warum schuldrechtliche Ansprüche des Bieters zu dessen Kontrollstellung ausreichen sollten, solche eines Tochterunternehmens oder eines für Rechnung des Bieters handelnden Dritten jedoch nicht[196].

c) Fristerfordernis für das Halten

Fraglich ist, ob das Halten der Stimmrechte eine gewisse Zeitdauer voraussetzt. Dies ist im Rahmen des WpÜG zu bejahen. Im Gegensatz zu den Mitteilungspflichten nach § 21 WpHG kann nicht gemeint sein, dass die Stimmrechtsanteile nur in einem Zeitpunkt oder in einem nur kurzfristigen Zeitraum gehalten werden[197]. Hierbei ist auf den Regelungszweck der §§ 29ff. WpÜG abzustellen, die Minderheitsaktionären bei der Begründung einer Kontrollposition oder bei einem Wechsel der Person des Kontrollinhabers die Möglichkeit geben sollen, ihre Anlageentscheidung zu überdenken und ihre Aktien zu verkaufen. Dieses Schutzbedürfnis der außenstehenden Aktionäre vor dem Einfluss eines kontrollierenden Mehrheitsaktionärs kann jedoch erst dann entstehen, wenn der Minderheitsaktionär für einen gewissen Zeitraum diesem Einfluss auch tatsächlich ausgesetzt

---

193 Zu der ähnlichen Fragestellung im Rahmen des § 21 WpHG vgl. Schneider, in: Assmann/Schnei-der, § 21, Rdnr. 41ff.; Hüffer, Anh. § 22, § 21 WpHG, Rdnr. 8; Steuer/Baur, WM 1996, S. 1477; Cahn, AG 1997, S. 502, 507.

194 Vgl. näheres dazu unten 3. Kapitel, III. 5.

195 Vgl. Begründung zum Regierungsentwurf, ZIP 2001, S. 1262, 1282.

196 Vgl. Harbarth, ZIP 2002, S. 321, 323f.

197 So auch zu § 21 WpHG Schneider, in: Assmann/Schneider, § 21, Rdnr. 11 und § 22, Rdnr. 45.

ist[198]. Für die Lösung der Frage, welcher Zeitraum hierfür als genügend anzusehen ist, bietet weder das WpÜG selbst noch dessen Begründung Anhaltspunkte. Bei dem heute üblichen minütlichen Börsenhandel ist es möglich, die Kontrollschwelle kurzzeitig zu erreichen oder zu überschreiten. Als Hauptanwendungsfall für den kurzzeitigen Erwerb von Positionen kann das tägliche Geschäft der Kredit- und Finanzdienstleistungsinstitute bezeichnet werden, wobei im Verlauf eines Handelstages Kontrollschwellen erreicht und überschritten werden können. Keinesfalls wird jedoch das Erreichen oder Überschreiten der 30-prozentigen Kontrollschwelle für nur wenige Minuten oder auch nur Stunden ausreichen. Zwar fehlt eine § 71 Abs. 1 Nr. 7 AktG entsprechende Bestimmung, die den Bestand „am Ende jeden Tages“ als maßgeblich bezeichnet. Doch kann der Rechtsgedanke aus dieser Vorschrift als Mindestvoraussetzung für das Erfüllen des Tatbestandsmerkmals „Halten“ herangezogen werden[199]. Somit hat nur derjenige Kontrolle, der am Tagesende die 30-prozentige Schwelle erreicht oder überschritten hat. Gegen diese Auslegung spricht auch nicht die Bestimmung des § 20 WpÜG, der für die Nichtberücksichtigung der Stimmrechtsanteile aus Wertpapieren, die im Handelsbestand gehalten werden, einen Befreiungsantrag voraussetzt. Dieser kann jedoch nur erteilt werden, wenn die betreffenden Wertpapiere gehalten werden oder es beabsichtigt ist, diese zu halten, um bestehende oder erwartete Unterschiede zwischen dem Erwerbspreis und dem Veräußerungspreis kurzfristig zu nutzen. Ein solcher Befreiungsantrag macht schon auf Grund des schriftlichen Antragsverfahrens zur BaFin wenig Sinn, wenn Aktien nur für Minuten oder Stunden gehalten werden. Insofern kann die kurzfristige Nutzung von Preisunterschieden im Sinne des § 20 WpÜG nur dahingehend verstanden werden, dass diese Aktien für mindestens einen Tag oder länger gehalten werden. Wenn kürzere Zeiträume schon von § 20 WpÜG nicht erfasst werden, kann somit in diesen Fällen auch ein „Halten“ im Sinne des § 29 Abs. 2 WpÜG nicht angenommen werden. Somit besteht für ein kurzes Erreichen oder Überschreiten des Schwellenwertes innerhalb eines Handelstages keine Pflicht zur Abgabe eines Angebots und es bedarf auch keiner Beantragung einer Befreiung aus § 20 WpÜG[200].

2. Die Festlegung der Kontrollschwelle bei 30 Prozent

Nach § 29 Abs. 2 WpÜG ist Kontrolle das Halten von mindestens 30 Prozent der Stimmrechte an der Zielgesellschaft. In der Festlegung einer 30-prozentigen Kontrollschwelle liegt eine wichtige Neuerung im Vergleich zur Regelung, die durch den Übernahmekodex getroffen wurde. Der Übernahmekodex ging in Art.

---

198 Vgl. Süßmann, in: Geibel/Süßmann, § 29, Rdnr. 17; a.A. Ekkenga/Hofschroer, DStR 2002, S. 768, 773.

199 Vgl. Süßmann, in: Geibel/Süßmann, § 29, Rdnr. 17.

200 Vgl. Süßmann, in: Geibel/Süßmann, § 29, Rdnr. 18.

16 noch davon aus, dass die Kontrolle über eine Zielgesellschaft erst dann erreicht ist, wenn über die Mehrheit der Stimmrechte der Zielgesellschaft verfügt werden kann, mithin 50 Prozent. Demgegenüber hat der überholte Entwurf der 13. EG-Richtlinie vom September 1990 diesen Schwellenwert beim einem Drittel festgelegt. Der im Februar 1996 eingereichte Richtlinienentwurf traf überhaupt keine Aussagen über die Höhe des Stimmrechtsanteils, der die Kontrolle über die Gesellschaft begründen soll. Vielmehr blieb dessen Festsetzung den Mitgliedsstaaten überlassen[201].

Der auch im internationalen Vergleich[202] hohe Schwellenwert des Art. 16 des Übernahmekodex wurde zumeist mit den Besonderheiten des deutschen Gesellschaftsrechts begründet. In Deutschland sei die Ausübung von Mehrheitsherrschaft nicht so leicht möglich wie etwa in Großbritannien oder in anderen EU-Staaten[203]. Begründet wird dies mit dem zwischen Vorstand und Hauptversammlung geschalteten Aufsichtsrat, der die direkte Einflussnahme der Aktionäre auf die Führung des Unternehmens verhindere. Zudem erschwerten die Mitbestimmungsvorschriften die Abberufung von Aufsichtsratsmitgliedern der Arbeitnehmerseite.[204] Außerdem sei bei Entscheidungen, die einen erheblichen Eingriff in die innergesellschaftliche Struktur zur Folge haben, eine qualifizierte Mehrheit von mindestens 75 Prozent des in der Hauptversammlung der Zielgesellschaft vertretenen Kapitals notwendig[205]. Zudem wird mit Praktikabilitätserwägungen argumentiert und die 50 Prozent-Grenze deshalb gefordert, weil die europaweit vereinheitlichten und durch §§ 21ff. WpHG ins deutsche Recht umgesetzten Meldepflichten über den Beteiligungserwerb nur bei einem Anteilserwerb von 25 oder 50 Prozent vorgesehen sind, so dass an andere Schwellenwerte, wie z.B. 30 Prozent, anknüpfende Regelungen schwieriger zu überwachen seien[206].

Von den Vertretern einer 50-prozentigen Kontrollschwelle wird jedoch übersehen, dass ein Anteilsbesitz von 50 Prozent angesichts der niedrigen Hauptversammlungspräsenzen[207] bereits 75 Prozent des in der Hauptversammlung vertre-

201 Vgl. Thoma, ZIP 1996, S. 1725, 1727.

202 Der britische City Code geht wie die meisten anderen europäischen Regelungen, wie z.B. in Frankreich, Italien, Österreich und der Schweiz, von einer Kontrollschwelle von 30 Prozent aus.

203 Vgl. Schuster, Die Bank 1995, S. 609, 612f.; Beckmann, DB 1995, S. 2407, 2410.

204 Vgl. Thoma, ZIP 1996, S. 1725, 1727.

205 Vgl. Schuster, Die Bank 1995, S. 609, 612.

206 Vgl. Assmann, AG 1995, S. 563, 571; Schuster, Die Bank 1995, S. 609, 612.

207 Zu den Gründen für die abnehmende Präsenz vgl. Schneider/Burgard, in: Festschrift für Beusch, 1993, S. 783, 787ff.; Schneider, AG 1990, S. 317, 321f.

tenen Kapitals entsprechen kann[208]. Empirischen Erhebungen zufolge waren etwa im Jahre 1992 auf den Hauptversammlungen der 24 größten börsennotierten Unternehmen durchschnittlich nur 58 Prozent der Aktionäre vertreten[209]. Für die Jahre 1995 bis 1997 ergab sich eine durchschnittliche Hauptversammlungspräsenz für die 30 DAX-Unternehmen von 63,35 Prozent[210]. Die durchschnittliche Hauptversammlungspräsenz der DAX-Unternehmen für den Zeitraum von 1997 bis 1999 lag wiederum bei 58 Prozent[211]. Dabei besteht jedoch eine erhebliche Schwankungsbreite zwischen 36,3 Prozent bei Volkswagen[212] und 85,4 Prozent bei der Deutschen Telekom[213]. Unter Zugrundelegung der durchschnittlichen Hauptversammlungspräsenzen wären somit Privatanleger, die durch die Pflichtangebotsregelung geschützt werden sollen, bei einer 50-prozentigen Kontrollschwelle benachteiligt, da Anteilseigner mit einem Stimmenanteil von nur 30 Prozent in mehr als der Hälfte aller Fälle bereits die Hauptversammlungsmehrheit in der Zielgesellschaft besitzen, ohne zur Abgabe eines Pflichtangebots verpflichtet zu sein. Zudem zeigt die Erfahrung der letzten Jahre, dass die Überwachung einer 30-prozentigen Kontrollschwelle auch in Großbritannien und den anderen europäischen Ländern keine Schwierigkeiten bereitet, obwohl auch dort die Meldepflichten über den Beteiligungserwerb bei einem Anteilserwerb von 25 und 50 Prozent Anwendung finden[214].

Angesichts der schwachen Hauptversammlungspräsenzen bei einigen Aktiengesellschaften wird eine Ergänzung des § 29 Abs. 2 WpÜG dahingehend vorgeschlagen, dass bei deutlich niedrigeren Präsenzen die durchschnittliche Hauptversammlungsmehrheit der letzten drei Jahre als Untergrenze gilt[215]. Dies würde jedoch wegen ständig wechselnder Kontrollschwellen zu Lasten der Planungssicherheit gehen. Auf eine niedrigere Schwelle wurde bewusst verzichtet, um das

---

208 Vgl. Thoma, ZIP 1996, S. 1725, 1727.

209 Vgl. Baums/Fraune, AG 1995, S. 97, 103 (Tabelle 5).

210 Vgl. Benner-Heinacher, DB 1997, S. 2521, 2522 (Tabelle).

211 Vgl. Deutsch, Deutsche Bank Research, Aktuelle Themen Nr. 226 vom 18.1.2002, S. 4 (Tabelle).

212 Dies ist bedingt durch die Sonderregeln des VW-Gesetzes, die vorschreiben, dass das Vollmachtsstimmrecht nur auf Grund von Einzelweisungen des Aktionärs ausgeübt werden kann. Diese Regelung sieht § 135 Abs. 1 Satz 2 AktG ansonsten nur für die Ausübung des Vollmachtsstimmrechts durch Kreditinstitute in der eigenen Hauptversammlung vor. Vgl. Mülbert, ZIP 2001, S. 1221, 1225, Fn. 33.

213 Vgl. Deutsch, Deutsche Bank Research, Aktuelle Themen Nr. 226 vom 18.1.2002, S. 4 (Tabelle).

214 Vgl. Thoma, ZIP 1996, S. 1725, 1727.

215 Vgl. Strenger, WM 2000, S. 952.

Eingehen einer Sperrminorität in Höhe von 25 Prozent plus eine Aktie ohne Verpflichtung zur Abgabe eines Angebots möglich zu machen[216].

Insgesamt orientiert sich die 30-Prozentgrenze an den Regelungen in anderen europäischen Staaten[217] und trägt auch den Präsenzen in den Hauptversammlungen deutscher Unternehmen Rechnung. Der vom WpÜG in § 29 Abs. 2 WpÜG vorgesehene Schwellenwert von 30 Prozent stellt somit einen sachgerechten Kompromiss zwischen Rechtssicherheit und materieller Gerechtigkeit dar[218].

Abzuwarten bleibt jedoch, ob der verstärkte Einsatz des Internets bei der Teilnahme an Hauptversammlungen[219] in Deutschland zukünftig zu steigenden Hauptversammlungspräsenzen führen wird[220]. Quantifizierungen der Präsenzverbesserungen durch eine Online-Hauptversammlung sind allerdings noch nicht möglich, da die erste Online-Hauptversammlung im März 2001 in Berlin stattfand und somit noch keine gesicherten Zahlen vorgelegt werden können[221]. Die Erfahrung, die man in den USA mit dem Internet seit 1996 machte, deuten jedoch in diese Richtung, denn dort sollen die Zahlen der abgegebenen Stimmen deutlich angestiegen sein und bereits 25 Prozent der abgegebenen Stimmen gehen über E-Mail ein[222]. Sollte es tatsächlich zu einer höheren Beteiligung kommen, würde dies dazu führen, dass eine 30-prozentige Beteiligung nicht mehr in der Mehrzahl der Fälle eine Kontrollstellung gewährleistet. Dann müssten Korrekturen bei der Kontrollschwelle im Sinne einer angemessenen Anhebung durchgeführt werden[223].

---

216 Vgl. BT-Drucks. 14/7034, S. 53.

217 Vgl. BT-Drucks. 14/7034, S. 53.

218 Vgl. Meyer, in: Geibel/Süßmann, § 35, Rdnr. 12; Houben WM 2000, S. 1873, 1879; Zietsch/Holz-born, WM 2001, S. 1753, 1754; Zinser, NZG 2001, S. 391, 396; kritisch sind jedoch Benner-Heinacher, DB 1997, S. 2521f.; Mülbert, ZIP 2001, S. 1221, 1225f.; Schiessl, AG 1999, S. 442, 450; Wirth/Weiler, DB 1998, S. 117, 118f.; Harbarth, ZIP 2002, S. 321, 323.

219 Vgl. dazu Claussen, AG 2001, S. 161ff.; Noack, BB 1998, S. 2533ff.; Noack, ZIP 1999, S. 1993ff.; Noack, ZGR 1998, S. 592ff.; Riegger/Mutter, ZIP 1998, S. 637ff.; Hasselbach/Schumacher, ZGR 2000, S. 258ff.; Spindler, ZGR 2000, S. 420ff.; Zätzsch/Gröning, NZG 2000, S. 393ff.; Pikó/Preissler, AG 2002, S. 223ff.

220 Zu weiteren rechtlichen und tatsächlichen Möglichkeiten zur Verbesserung der Präsenz auf der Hauptversammlung vgl. Schneider/Burgard, in: Festschrift für Beusch, 1993, S. 783, 790ff.

221 Vgl. Claussen, AG 2001, S. 161, 164.

222 Angabe der DSW; vgl. Claussen, AG 2001, S. 161, 164; Spindler/Hüther, RIW 2000, S. 329.

223 Vgl. Süßmann, in: Geibel/Süßmann, § 29, Rdnr. 15; Steinmeyer/Häger, § 29, Rdnr. 27.

3. Starre oder flexible Kontrollschwelle

Der Gesetzgeber hat sich bewusst für eine feste Kontrollschwelle in Höhe von 30 Prozent entschieden[224]. Darunter leidet zwar die Einzelfallgerechtigkeit, da zum einen im Falle einer beständig über 60 Prozent liegenden Hauptversammlungspräsenz die tatsächliche Kontrollstellung bei einem Stimmrechtsanteil von 30 Prozent nicht erreicht werden kann und trotzdem zu Lasten des Kontrollinhabers im Sinne des § 29 Abs. 2 WpÜG die verschärften Rechtsfolgen der §§ 29 ff. und 35ff. WpÜG Anwendung finden. Als Ausnahme hierzu kann nur der in §§ 37 Abs. 1, 2 WpÜG i.V.m. § 9 Satz 2 Nr. 2 WpÜG-Angebotsverordnung geregelte Fall angesehen werden, der eine Befreiungsmöglichkeit von den sich aus § 35 WpÜG ergebenden Pflichten für den Fall vorsieht, dass auf Grund des in den zurückliegenden drei ordentlichen Hauptversammlungen vertretenen stimmberechtigten Kapitals nicht zu erwarten ist, dass der Bieter in der Hauptversammlung der Zielgesellschaft über mehr als 50 Prozent der vertretenen Stimmrechte verfügen wird. Diese Ausnahme gilt allerdings nicht für Übernahmeangebote[225]. Zum anderen finden die Regelungen über Übernahme- und Pflichtangebote zu Lasten der Minderheitsaktionäre keine Anwendung auf Aktionäre, die auf Grund deutlich unter 60 Prozent liegender Hauptversammlungspräsenzen schon mit einem Stimmrechtsanteil von unter 30 Prozent die tatsächliche Kontrollstellung innehaben oder zu erreichen suchen[226]. Hauptargument für eine starre Schwelle ist jedoch der Vorzug der Rechts- und Planungssicherheit für alle am Übernahmeverfahren Beteiligten sowie die Praktikabilität, welche durch eine flexible Schwelle nicht gewährleistet werden könnte[227].

4. Probleme bei mehreren Kontrollinhabern

Eine Kontrollschwelle von 30 Prozent kann zu Problemen führen, da bis zu drei Anteilseigner nach dem Kontrollbegriff des WpÜG in der Lage sind, unmittelba-

---

224 Vgl. BT-Drucks. 14/7034, S. 53.

225 Vgl. dazu unten 2. Kapitel, II. 5.

226 Vgl. Thoma, NZG 2002, S. 105, 111; Harbarth, ZIP 2002, S. 321, 323.

227 Vgl. BT-Drucks. 14/7034, S. 53; Zinser NZG 2000, S. 573, 578; Zinser, NZG 2001, 391, 396; Zinser, S. 244ff.; Houben, WM 2000, S. 1873, 1879; Steinmeyer/Häger, § 29, Rdnr. 26; Tröger, DZWIR 2002, S. 397. Gegen eine starre Kontrollschwelle ist Mülbert, ZIP 2001, S. 1221, 1225, der befürchtet, dass durch eine starre Schwelle unterschiedliche Gegebenheiten bei einzelnen Gesellschaften (wie z.B. Volkswagen) nicht ausreichend berücksichtigt werden können. Kritisch auch Harbarth, ZIP 2002, S. 321, 323, der es als wenig überzeugend ansieht, das Rechtsinstitut des Pflichtangebots als ein Instrument des Konzerneingangsschutzes zu etablieren, jedoch Fälle, in denen auf Grund niedriger Hauptversammlungspräsenz eine Abhängigkeit schon unterhalb der 30-prozentigen Kontrollschwelle gegeben ist, vom Anwendungsbereich des Pflichtangebots auszunehmen.

re Kontrolle auszuüben, während dies bei einer Schwelle von 50 Prozent nur ein Anteilseigner kann. Darüber hinaus kann es zu weit mehr als drei kontrollierenden Aktionären kommen, wenn man die Zurechnung von Stimmrechten gemäß § 30 WpÜG in die Überlegungen mit einbezieht. Gehören jeweils 30 Prozent der Stimmrechte Tochterunternehmen von drei unterschiedlichen Bietern, haben bereits bis zu sechs Aktionäre die Kontrolle über die Zielgesellschaft, die Tochterunternehmen gemäß § 29 Abs. 2 WpÜG, die Bieter gemäß § 30 Abs. 1 Satz 1 Nr. 1 WpÜG. Werden die Stimmrechte aus einem Dritten gehörenden Aktien gar den Tochterunternehmen nur zugerechnet, was gemäß § 30 Abs. 1 Satz 2 WpÜG auch zur Zurechnung beim Mutterunternehmen führt, gibt es bereits bis zu neun Kontrollaktionäre. Schon beim ersten Beispiel mit drei Kontrollinhabern stellt sich die Frage, ob alle zur Veröffentlichung der Erlangung der Kontrollposition und zur Abgabe eines Angebots verpflichtet sind, und wenn ja, in welchem Verhältnis untereinander und gegenüber den Aktionären. Weder das WpÜG noch die WpÜG-Angebotsverordnung hält für diesen Fall eine Lösung bereit. Nach dem strengen Gesetzeswortlaut des § 29 Abs. 2 WpÜG und des § 35 Abs. 1 Satz 1 und Abs. 2 Satz 1 WpÜG bestehen Veröffentlichungs- und Angebotspflichten für jeden Kontrollinhaber. Mag eine Veröffentlichung der Beteiligungsverhältnisse zur Information und Erhöhung der Transparenz noch sinnvoll erscheinen, ein vielfaches Pflichtangebot wird in der Mehrzahl der Fälle in der Praxis zu unsinnigen Folgen führen.

5. Unterschiede zwischen Übernahmeangeboten und Pflichtangeboten

Als erheblicher Mangel ist es anzusehen, dass die Norm des § 37 WpÜG und auch die Befreiungstatbestände des § 9 WpÜG-Angebotsverordnung nur zu einer Befreiung von einer Veröffentlichungs- und Angebotspflicht im Sinne des § 35 WpÜG führen, eine entsprechende Vorschrift bezüglich der Übernahmeangebote hingegen fehlt. Hält beispielsweise ein Gesellschafter 30 Prozent der Stimmrechte an einer Zielgesellschaft, ein anderer Gesellschafter schon seit der Zeit vor Inkrafttreten des WpÜG 35 Prozent der Stimmrechte, so kann ersterer gemäß § 37 Abs. 1 und 2 WpÜG i.V.m. § 9 Satz 2 Nr. 1 WpÜG-Angebotsverordnung die Befreiung von den Pflichten des § 35 WpÜG beantragen. Hält hingegen der erste Gesellschafter nur 25 Prozent der Stimmrechte und will er diesen Anteil durch ein öffentliches Angebot auf 30 Prozent aufstocken, so handelt es sich um ein Übernahmeangebot gemäß § 29 Abs. 1 WpÜG und die Abgabe des geplanten Teilangebots ist gemäß § 32 WpÜG unzulässig, ohne dass es eine Befreiungsmöglichkeit davon gäbe. Hierdurch wird der gewollte Gleichlauf von Übernahme- und Pflichtangeboten beeinträchtigt und es sollte vom Gesetzgeber eine entsprechende Befreiungsmöglichkeit auch für das Übernahmeangebot geschaffen werden[228]. In der Praxis wird dies dazu führen, dass versucht

228 Ähnlich Thun, in: Geibel/Süßmann, § 32, Rdnr. 4ff., der hinsichtlich der im Rahmen des Übernahmeangebots nicht geltenden Ausnahmebestimmung des § 35 Abs. 2 Satz 3 WpÜG von einer planwidrigen Regelungslücke spricht, für die kein ersichtlicher

werden wird, die Kontrollstellung auf eine andere Weise als durch ein öffentliches Angebot zu erreichen, um die negativen Folgen aus den Regelungen der §§ 29ff. WpÜG zu umgehen.

Fraglich ist, ob dieser Fall anders zu bewerten ist, falls es in der Zielgesellschaft schon vor dem Übernahmeversuch einen Mehrheitsaktionär gibt, der mehr als 50 Prozent der Stimmrechte hält. In diesem - in der Praxis wohl schwerlich vorstellbaren - Fall ist es für den Bieter sicher, dass dieser immer in einer Minderheitsposition verbleiben wird, auch wenn der Erwerb der Kontrolle im Sinne des § 29 Abs. 2 WpÜG ohne weiteres möglich erscheint. In diesem Fall erscheint die Pflicht zur Abgabe eines Vollangebots noch fragwürdiger als im vorhergehenden Fall, da vom Bieter keinesfalls eine Mehrheitsbeteiligung erlangt werden kann, wenn der bisherige Mehrheitsaktionär nicht zur Veräußerung seiner Anteile bereit ist.

III. Beteiligte an Übernahmeangeboten

1. Zwingend notwendig Beteiligte

Zwingend notwendig Beteiligte an Übernahmeangeboten sind nur zwei Parteien, der Bieter und die Zielgesellschaft.

a) Bieter gemäß § 2 Abs. 4 WpÜG

Bieter kann gemäß § 2 Abs. 4 WpÜG jede natürliche Person, juristische Person oder Personengesellschaft sein. Dabei kommt es nicht auf die Herkunft an, so dass inländische und ausländische Personen oder rechtsfähige Personengesellschaften Bieter sein können[229]. Als juristische Personen kommen sowohl juristische Personen des Privatrechts[230] als auch solche des öffentlichen Rechts[231] in Betracht[232]. Erst auf Anregung des Handelsrechtsausschusses des DAV[233] erfolgte im Regierungsentwurf die Einfügung der Personengesellschaften in die

Grund vorhanden ist. Er will deshalb diese Norm auch bei Übernahmeangeboten anwenden. Diese – vom Ergebnis her richtige – Auslegung widerspricht jedoch dem derzeitigen, eindeutigen Gesetzeswortlaut und es kann ihr nicht gefolgt werden. Hier bedarf es eines Handelns des Gesetzgebers.

229 Vgl. Angerer, in: Geibel/Süßmann, § 2, Rdnr. 6, 9.

230 Z.B. AG, GmbH, KGaA, VVaG, eV.

231 Z.B. öffentlich-rechtliche Körperschaften oder Anstalten.

232 Vgl. Angerer, in: Geibel/Süßmann, § 2, Rdnr. 6.

233 Vgl. Stellungnahme des Handelsrechtsausschusses des DAV e.V. vom April 2001, NZG 2001, S. 420.

Liste möglicher Bieter. Zu diesen gehören alle Personengesellschaften, die nach außen auftreten und daher als Gesamthandsgemeinschaften einzuordnen sind[234]. Nicht hierzu zählen aber die stille Gesellschaft, da diese keine Gesamthandsgemeinschaft darstellt und nicht rechtsfähig ist, und die Erbengemeinschaft, die zwar als Gesamthandsgemeinschaft rechtsfähig ist, jedoch keine „Personengesellschaft" bildet[235].
Bieter sind alle Rechtssubjekte, die ein Angebot abgeben, ein solches beabsichtigen oder zur Abgabe verpflichtet sind. Dabei kann der Bieter sowohl allein als auch gemeinsam mit anderen Personen auftreten. Mitglied einer Bietergemeinschaft kann allerdings nur sein, wer auch ohne die anderen Bieter, mit denen er gemeinsam handelt, selbst die Voraussetzungen der Bietereigenschaft erfüllt[236].

b) Zielgesellschaft gemäß § 2 Abs. 3 WpÜG

Als Zielgesellschaft gemäß § 2 Abs. 3 WpÜG kommen nur Aktiengesellschaften[237] oder Kommanditgesellschaften auf Aktien[238] in Betracht, die ihren Sitz in Deutschland haben. Da der „Sitz im Inland" gemäß § 2 Abs. 3 WpÜG nach der bisher im deutschen internationalen Privatrecht herrschenden Sitztheorie zu bestimmen war, kam es darauf an, ob der Ort des tatsächlichen Sitzes der Hauptverwaltung der Zielgesellschaft in Deutschland lag[239]. Die Sitztheorie wurde nunmehr durch das „Überseering-Urteil" des EuGH[240] eine Absage erteilt. Dem vom BayObLG[241] eingeschlagenen Weg einer Aufgabe der Sitztheorie für alle nach Art. 43, 48 EGV niederlassungsberechtigten Gesellschaften ist zuzustimmen[242]. Ob sich die Rechtsprechung in konsequenter Fortführung dieses Ansatzes dafür entscheiden wird, die Sitztheorie als Kollisionsnorm des nationalen Rechts insgesamt aufzugeben, bleibt abzuwarten. Fraglich ist nunmehr, ob das WpÜG auch auf Angebote zum Erwerb von Aktien einer Zielgesellschaft, die

234 Z.B. die GbR, sofern es sich nicht um eine reine Innengesellschaft handelt, die OHG und die KG, aber auch die freiberufliche Partnerschaft und die Europäische wirtschaftliche Interessenvereinigung.

235 Vgl. Angerer, in: Geibel/Süßmann, § 2, Rdnr. 10f.

236 Vgl. Angerer, in: Geibel/Süßmann, § 2, Rdnr. 15.

237 Vgl. §§ 1ff. AktG.

238 Vgl. §§ 278 ff. AktG.

239 Vgl. von Hein, AG 2001, S. 213, 231; Angerer, in: Geibel/Süßmann, § 1, Rdnr. 38, 43.

240 Vgl. EuGH, Urteil vom 5.11.2002 - C-208/00 – („Überseering BV/Nordic Construction Company Baumanagement GmbH (NCC)"), NJW 2002, S. 3614ff. = NZG 2002, S. 1164ff.

241 Vgl. BayObLG, Beschluss vom 19.12.2002, NZG 2003, S. 290f.

242 Vgl. dazu nur Leible/Hoffmann, NZG 2003, S. 259ff.

ihren tatsächlichen Verwaltungssitz im Ausland hat, Anwendung findet. Auf ausländische Gesellschaften, deren Anteile zum Handel an einer inländischen Börse zugelassen sind, ist das WpÜG jedenfalls schon deshalb nicht anwendbar, weil ausländische Gesellschaften weder deutsche Aktiengesellschaften noch deutsche Kommanditgesellschaften auf Aktien gemäß § 2 Abs. 3 WpÜG sein können.

2. Mögliche weitere Beteiligte

Zusätzlich zu Bieter und Zielgesellschaft können auch Tochterunternehmen oder Dritte an Übernahmeangeboten beteiligt sein.

a) Tochterunternehmen gemäß § 2 Abs. 6 WpÜG

Tochterunternehmen sind gemäß § 2 Abs. 6 WpÜG Unternehmen, die als Tochterunternehmen im Sinne des § 290 HGB gelten oder auf die ein beherrschender Einfluss ausgeübt werden kann, ohne dass es auf die Rechtsform oder den Sitz ankommt[243]. Dabei sind mehrere Konstellationen denkbar. Zum einen kann das Tochterunternehmen zugleich die Bietereigenschaften erfüllen, wenn es freiwillig ein Angebot zum Erwerb von Wertpapieren abgibt oder beabsichtigt. Dann stellt sich die Frage, wie sich dies auf das Mutterunternehmen auswirkt. Da Mutter- und Tochterunternehmen i.d.R. keine Bietergemeinschaft bilden, besteht keine unmittelbare Auswirkung auf dieses Verhältnis. Erst wenn die Wertpapiere dem Tochterunternehmen gehören, werden sie dem Mutterunternehmen gemäß § 30 Abs. 1 Satz 1 Nr. 1 WpÜG zugerechnet. Erfüllt ein Tochterunternehmen die Bietereigenschaft in der Alternative der Angebotspflicht, muss es die Kontrollstellung des § 29 Abs. 2 WpÜG erreicht haben.

b) Dritte

Auch Dritte können bei allen möglichen Erwerbsvorgängen des WpÜG beteiligt sein. Jedoch enthält das Gesetz keine Definition dafür, wer Dritter sein kann. In der Zurechnungsnorm des § 30 WpÜG wird der Dritte jedoch mehrfach erwähnt. Dritter kann dabei wie schon der Bieter jede natürliche Person, juristische Person oder Personengesellschaft sein. Dritte können in drei Konstellationen an Erwerbsvorgängen beteiligt sein. Zum einen kann ein Dritter, der in keinerlei Verbindung mit einem Bieter steht, gleichzeitig die Bietereigenschaft erfüllen, sodass es zu einer Konstellation mit zwei oder mehreren Bietern kommt, die völlig unabhängig voneinander Angebote abgeben. Dies ist bei Erwerbsvorgängen unterhalb der Kontrollschwelle, aber auch bei Übernahme- und Pflichtangeboten möglich. Die Begründung für diese mögliche Kumulierung von Pflichtangeboten liegt in der niedrigen Kontrollschwelle von 30 Prozent begründet, wodurch es

---

243 Vgl. dazu 4. Kapitel, I. 2.

möglich wird, dass beispielsweise bei einem Stimmrechtsanteil von jeweils 33 Prozent bei drei Gesellschaftern alle drei ein Pflichtangebot abzugeben haben. Zum anderen ist es auch möglich, dass in den Fällen des § 30 Abs. 1 Satz 1 Nr. 2 bis 6 und Abs. 2 WpÜG die Stimmrechte eines Dritten, der die Kontrollstellung bereits innehat, dem Bieter zugerechnet werden, wobei die Voraussetzungen eines der Zurechnungstatbestände des § 30 WpÜG zwischen den beiden erfüllt sein müssen. Gehören beispielsweise 30 Prozent der Stimmrechte aus Aktien der Zielgesellschaft einem Dritten und hält dieser die Aktien für Rechnung des Bieters[244], so besteht für beide die Verpflichtung, gemäß § 35 WpÜG die Erlangung der Kontrollstellung zu veröffentlichen und ein Angebot auf den Erwerb aller Aktien zu machen. Dies ist ein weiterer Anwendungsfall des Grundsatzes der doppelten oder mehrfachen Veröffentlichungs- und Angebotspflicht. In der dritten möglichen Konstellation kommt dem Dritten nicht die Stellung eines Bieters im Sinne des § 2 Abs. 4 WpÜG zu, weil er nicht selbst ein Angebot abgibt, ein solches auch nicht beabsichtigt und seine Beteiligung unterhalb der Kontrollschwelle des § 29 Abs. 2 WpÜG liegt. Findet jedoch eine Zurechnung von Stimmrechten unter den Voraussetzungen des § 30 Abs. 1 Satz 1 Nrn. 2 – 6 oder Abs. 2 WpÜG statt, kann diese Zurechnung Auswirkungen auf die Vorgehensweise desjenigen haben, dem die Stimmrechte des Dritten zugerechnet werden. Beispielsweise kann die Zurechnung dazu führen, dass der Bieter statt eines einfachen Erwerbsangebotes gemäß §§ 10ff. WpÜG ein Übernahmeangebot gemäß § 29ff. WpÜG zu machen hat, da das Angebot durch die Zurechnung der Stimmrechte des Dritten auf den Kontrollerwerb gerichtet ist, oder dazu, dass vom Bieter ein Pflichtangebot abgegeben werden muss, da der Bieter mit der Zurechnung der Stimmrechte des Dritten die Kontrollschwelle bereits erreicht oder überschritten hat.

IV. Stimmrechte des Bieters selbst

1. Berechnung der Stimmrechtsquote

Die 30-prozentige Kontrollschwelle des § 29 Abs. 2 WpÜG bezieht sich nur auf den Stimmrechtsanteil. Insofern entspricht diese Regelung § 21 WpHG, der für die Mitteilungspflichten der Beteiligungsverhältnisse ebenfalls auf die Stimmrechte abstellt. Im Gegensatz dazu stellen §§ 20, 21 i.V.m. § 16 Abs. 2 Satz 1 AktG auf den Kapitalanteil und nur in Abs. 4 zusätzlich auf den Stimmrechtsanteil ab. Bei der Berechnung der Stimmrechtsquote ist somit genauso wie bei § 21 WpHG vorzugehen. Zunächst ist die Zahl der maßgeblichen Stimmrechte des Bieters zu bestimmen. Bei der Berechnung sind zu den eigenen Stimmrechten des Bieter gemäß § 30 WpÜG Stimmrechte hinzuzurechnen und gegebenenfalls gemäß §§ 20, 36 oder 59 WpÜG Stimmrechte abzuziehen. Bei dem Ergebnis

---

244 Anwendungsfall des § 30 Abs. 1 Satz 1 Nr. 2 WpÜG.

handelt es sich um eine Teilmenge, die den „Zähler“ bildet[245]. Diese Teilmenge ist dann zu der Zahl aller von der Gesellschaft nach § 12 AktG begebenen Stimmrechte, die als Gesamtmenge den „Nenner“ bildet, ins Verhältnis zu setzen[246]. Bei der Frage, welche Stimmrechte zur Gesamtmenge und welche zur Teilmenge gehören, kommt es nicht auf die Stimmrechte an, die der Betreffende ausüben kann, sog. konkrete Betrachtungsweise. Vielmehr ist nach der sog. abstrakten Betrachtungsweise entscheidend, dass dem Aktionär das Stimmrecht zusteht, auch wenn er selbst im Einzelfall nicht in der Lage ist, dieses auszuüben[247].

Ebenso ist bei der Kommanditgesellschaft auf Aktien alleine auf das Verhältnis der vom Bieter gehaltenen Aktien zur Anzahl der insgesamt ausgegebenen Aktien abzustellen. Die Kontrolle einer Kommanditgesellschaft auf Aktien beruht – wie bei einer Aktiengesellschaft – auf dem Halten der Stimmrechtsanteile, auch wenn die persönlich haftenden Gesellschafter gemäß § 285 Abs. 2 AktG bestimmten Beschlüssen der Hauptversammlung zustimmen müssen[248].

2. Stammaktien gemäß § 12 Abs. 1 Satz 1 AktG

Nach § 12 Abs. 1 Satz 1 Akt G gewährt jede Aktie das gleiche Stimmrecht. Somit entsprechen in der Regel die Stimmrechtsanteile den Kapitalanteilen. Für die Stammaktien macht es auch keinen Unterschied, ob es sich um Inhaber- oder Namensaktien handelt[249].

3. Kapitalerhöhungen und Kapitalherabsetzungen

Eine Kapitalerhöhung wird gemäß § 189 AktG mit der Eintragung der Durchführung in des Handelsregister wirksam. Mit der Eintragung entstehen auch die neuen Stimmrechte[250]. Dadurch ändert sich die Gesamtmenge der Stimmrechte und, je nach dem ob ein Aktionär von seinem Bezugsrecht Gebrauch macht oder nicht, auch die einem Aktionär zuzuteilende Teilmenge der Stimmrechte. Wird ein Bezugsrecht ausgeübt, bleibt der prozentuale Stimmrechtsanteil konstant. Im Falle der Nichtausübung kommt es auf Grund der durch die Kapitalerhöhung bedingten Vermehrung der Gesamtmenge der Stimmrechte zu einem sinkenden

---

245 Vgl. Schneider, in: Assmann/Schneider, § 21, Rdnr. 21.

246 Vgl. § 16 Abs. 3 AktG; Schneider, in: Assmann/Schneider, § 21, Rdnr. 21; Burgard, BB 1995, S. 2069, 2070; Schäfer-Opitz, § 21, Rdnr. 14.

247 Vgl. Schneider, in: Assmann/Schneider, § 21, Rdnr. 22; Burgard, BB 1995, S. 2069, 2071.

248 Vgl. Süßmann, in: Geibel /Süßmann, § 29, Rdnr. 23.

249 Vgl. Schneider, in: Assmann/Schneider, § 21, Rdnr. 23.

250 Vgl. Krieger, in: Münchener Handbuch AG, § 56, Rdnr. 99.

Stimmrechtsanteil, was zunächst im Rahmen des WpÜG keinerlei Auswirkungen hat[251]. Wird jedoch dadurch die 30-prozentige Kontrollschwelle unterschritten, kann es bei einem nachfolgenden Hinzuerwerb zu einem Überschreiten der Kontrollschwelle mit der Folge der Pflicht zur Abgabe eines Angebots kommen, oder es können bei einem öffentlichen Angebot die Regelungen für Übernahmeangebote Anwendung finden, falls das Angebot auf den Kontrollerwerb gerichtet ist.

Dieselben Probleme gibt es, wenn die Kapitalerhöhung im Rahmen eines sogenannten „Accelerated Bookbuildings" vorgenommen wird. Bei diesem Verfahren werden die neuen Titel innerhalb einiger weniger Stunden ausgegeben und das sonst übliche Bezugsrecht für Altaktionäre ist ausgeschlossen[252]. Somit kommt es bei Altaktionären im Rahmen dieses Verfahrens immer zu einem sinkenden prozentualen Stimmrechtsanteil.

Wird eine Kapitalerhöhung nur bedingt durchgeführt, tritt die Wirksamkeit gemäß § 200 AktG erst mit der Ausgabe der Bezugsaktien ein. Die Gesellschaft hat die Aktienausgabe in ihren Büchern aufzuführen[253]. Dies führt dazu, dass sich das Grundkapital, die Gesamtmenge der Stimmrechte und damit auch der Stimmrechtsanteil aller Aktionäre täglich auf der Grundlage der an diesem Tag ausgegebenen Bezugsaktien ändern können[254]. In Ausnahmefällen erscheint es denkbar, dass es allein durch den Zeitraum der zwischen der Ausgabe der ersten und der letzten Bezugsaktien liegt, zu einem Unter- und nachfolgenden Überschreiten der Kontrollschwelle bei einem einzelnen Aktionär kommt. Diese besondere Situation bei einer Kapitalerhöhung lässt die Pflicht zur Abgabe eines Angebots als nicht sinnvoll erscheinen. Jedoch findet sich bisher kein Befreiungstatbestand hierfür in § 9 WpÜG-Angebotsverordnung, so dass ein Rückgriff auf die Befreiungsnorm des § 37 Abs. 1 WpÜG in der Alternative der „Art der Erlangung" der Kontrolle gerechtfertigt erscheint.

Im Falle einer ordentlichen Kapitalherabsetzung mit der Eintragung des Beschlusses über die Herabsetzung des Grundkapitals gemäß § 224 AktG und im Falle der Kapitalherabsetzung durch Einziehung von Aktien mit der Eintragung des Beschlusses oder, wenn die Einziehung nachfolgt, mit der Einziehung der Aktien gemäß § 238 AktG tritt ebenfalls eine Veränderung des Stimmrechtsanteils ein. Wird die Kontrolle über die Zielgesellschaft auf Grund einer solchen

---

251 Im Rahmen der Mitteilungspflichten der §§ 21ff. WpHG kann es zu einem Unterschreiten einer Meldeschwelle kommen. Dies hat zur Folge, dass eine Mitteilungspflicht ausgelöst wird, vgl. Schneider, in: Assmann/Schneider, § 21, Rdnr. 24; Nottmeier/Schäfer, AG 1997, S. 87, 89.

252 Vgl. Die Welt vom 13.03.2002, S. 19, in Bezug auf die Kapitalerhöhung der Thiel Logistik AG im Rahmen eines Accelerated Bookbuildings.

253 Vgl. Lutter, in: Kölner Komm., AktG, § 200 Rdnr. 11; Krieger, in: Münchener Handbuch AG, § 57, Rdnr. 48; Hüffer, § 200, Rdnr. 3; Harbarth, ZIP 2002, S. 321, 325.

254 Vgl. Schneider, in: Assmann/Schneider, § 21, Rdnr. 25.

Verringerung der Gesamtzahl der Stimmrechte an der Zielgesellschaft erlangt, sieht § 9 Satz 1 Nr. 5 WpÜG-Angebotsverordnung eine Befreiungsmöglichkeit vor[255].

4. Höchststimmrechte gemäß § 134 Abs. 1 Satz 2 AktG

Satzungsmäßige Höchststimmrechtsbeschränkungen[256] werden gemäß § 134 Abs. 1 Satz 2 AktG nur noch in nichtbörsennotierten Aktiengesellschaften zugelassen[257]. Hingegen gelten Höchststimmrechte in börsennotierten Aktiengesellschaften, die vor dem 1. Mai 1998 satzungsmäßig beschlossen wurden, nach dem Ablauf der Übergangsfrist des 1. Juni 2000 nicht mehr[258]. Da der Anwendungsbereich des WpÜG gemäß § 1 auf Angebote zum Erwerb von Wertpapieren, die zum Handel an einem organisierten Markt zugelassen sind, beschränkt ist, haben Höchststimmrechte hierfür keine Bedeutung[259].

5. Mehrstimmrechte gemäß § 12 Abs. 2 Satz 2 AktG a.F. i.V.m. § 5 EGAktG

Hinsichtlich der Mehrstimmrechte[260] hat sich im Rahmen der Aktienrechtsreform 1998[261] die Rechtslage dahin geändert, dass auch die seit der Aktienrechtsreform 1965 gemäß § 12 Abs. 2 AktG grundsätzlich verbotenen Mehrstimmrechte, die vor dem 1. Januar 1966 noch rechtmäßig geschaffen worden waren, am 1. Juni 2003 erlöschen[262]. Jedoch kann vorher die Hauptversammlung mit qualifizierter Mehrheit und ohne Mitwirkung der Mehrstimmrechtsaktionäre die Fortgeltung der Mehrstimmrechte beschließen[263]. Andererseits kann die Abschaffung der Mehrstimmrechte von der Hauptversammlung auch schon früher be-

---

255 Vgl. Meyer, in: Geibel/Süßmann, § 37, Rdnr. 30.

256 Vgl. dazu Adams, AG 1990, S. 63, 72ff.; Baums, AG 1990, S. 221ff.

257 Kritisch hierzu Schneider, in: Assmann/Schneider, § 21, Rdnr. 36.

258 Vgl. § 5 Abs. 7 EGAktG; Bayer, in: Münchener Kommentar zum AktG, § 22 Anh, § 21 WpHG, Rdnr. 16.

259 Vgl. Harbarth, ZIP 2002, S. 321, 326. Zur Wirkungsweise des Höchststimmrechts bei Übernahmesituationen nach alter Rechtslage vgl. Otto, AG 1994, S. 167, 173ff.

260 Vgl. dazu Lutter/Schneider, ZGR 1975, S. 182, 189ff.; Brändel, in: Festschrift für Quack, 1991, S. 175ff.; Saenger, ZIP 1997, S. 1813ff.

261 Vgl. dazu den Regierungsentwurf des Gesetzes zur Kontrolle und Transparenz im Unternehmensbereich (KonTraG) vom 6. November 1997, ZIP 1997, S. 2059ff.

262 Vgl. Bayer, in: Münchener Kommentar zum AktG, § 22 Anh, § 21 WpHG, Rdnr. 16; kritisch aus verfassungsrechtlichen Erwägungen Saenger, ZIP 1997, S. 1813, 1817ff.

263 Vgl. § 5 Abs. 1 EGAktG.

schlossen werden[264]. Solange Mehrstimmrechte noch bestehen, müssen diese in die Berechnung des Stimmrechtsanteils mit einbezogen werden[265]. Da sich die aus § 35 WpÜG ergebenden Pflichten nicht auf Fälle einer bereits vor dem 1. Januar 2002 vorliegenden Kontrollstellung beziehen und eine Neuausgabe von Aktien mit Mehrstimmrechten nicht möglich ist, können Auswirkungen von Mehrstimmrechten im Rahmen des WpÜG nur in einem Fall auftreten, nämlich dann, wenn es mit dem Erlöschen der Mehrstimmrechte oder mit deren Abschaffung durch einen Hauptversammlungsbeschluss zu einer Absenkung der Gesamtstimmrechtszahl kommt. Dies führt bei jedem Stammaktionär bei gleichbleibender Anzahl der Stimmrechte zu einem steigenden Stimmrechtsanteil, so dass es zur Überschreitung der Kontrollschwelle mit der Folge der Pflicht zur Abgabe eines Angebots gemäß § 35 Abs. 2 WpÜG kommen kann. Für diesen Fall liegt es im pflichtgebundenen Ermessen der BaFin, gemäß § 37 Abs. 1, 2 WpÜG i.V.m. § 9 Satz 1 Nr. 5 WpÜG-Angebotsverordnung eine Befreiung auf Grund der Verringerung der Gesamtzahl der Stimmrechte an der Zielgesellschaft zu erteilen.

6. Eigene Aktien der Zielgesellschaft

§ 71 Abs. 1 AktG regelt die Voraussetzungen für den Erwerb eigener Aktien durch eine Aktiengesellschaft. Gemäß § 71b AktG stehen der Gesellschaft aus eigenen Aktien keinerlei Rechte zu, somit auch keine Stimmrechte. Demzufolge liegt der Schluss nahe, dass die von einer Ausübungssperre betroffenen eigenen Aktien der Zielgesellschaft bei der Berechnung des Stimmrechtsanteils nicht einzubeziehen sind[266]. Dieses Ergebnis folgt aus § 16 Abs. 3 Satz 2 AktG für die Berechnung des Kapitalanteils der Mitteilungspflichten gemäß §§ 20, 21 AktG. Eine ähnliche Regelung findet sich auch in § 290 Abs. 4 Satz 2 HGB in Bezug auf die Aufstellung des Konzernabschlusses. Überwiegend wird jedoch die Anwendung der erweiterten Auslegung des § 16 Abs. 3 Satz 2 AktG und des § 290 Abs. 4 Satz 2 HGB auf andere Ausübungsverbote abgelehnt[267]. Für § 21 WpHG wird die Ansicht vertreten, dass es nicht entscheidend ist, ob derjenige, dem die Aktien gehören, die Stimmrechte auch ausüben kann, sondern nur, ob Aktien, die üblicherweise mit einem Stimmrecht verknüpft sind, zu einem Paket geschnürt sind[268]. Fraglich ist nunmehr, ob im Rahmen des Kontrollbegriffs des

264 Vgl. § 5 Abs. 2 EGAktG.

265 Vgl. Süßmann, in: Geibel/Süßmann, § 29, Rdnr. 25; Schneider, in: Assmann/Schneider, § 21, Rdnr. 26a; Falkenhagen, WM 1995, S. 1005, 1008; Nottmeier/Schäfer, AG 1997, S. 87, 92; Opitz, in: Schäfer, § 21, Rdnr. 15; Ekkenga/Hofschroer, DStR 2002, S. 768, 772.

266 Vgl. Harbarth, ZIP 2002, S. 321 326f.

267 Vgl. Arends, S. 52; Koppensteiner, in: Kölner Kommentar, § 16, Rdnr. 31.

268 Vgl. Schneider, in: Assmann/Schneider, § 21, Rdnr. 34.

§ 29 Abs. 2 WpÜG in Bezug auf eigene Aktien der Zielgesellschaft der Rechtsgedanke aus § 16 Abs. 3 Satz 2 AktG anwendbar ist oder eine Angleichung an die Auslegung der §§ 21ff. WpHG ein in der Praxis taugliches Ergebnis herbeiführen kann. Unabhängig davon, welchem der beiden Lösungsansätze man folgt, wird immer der Nachteil einer uneinheitlichen Auslegung entweder der übernahme- und konzernrechtlichen Regelungen oder der übernahme- und kapitalmarktrechtlichen Regelungen die Folge sein. Dies dient in keinem Fall der Rechtssicherheit und Rechtsklarheit, beruht aber auf den unterschiedlichen Regelungszwecken der Gesetze. Im Ergebnis sprechen die besseren Argumente für einen Gleichlauf des Übernahme- und Kapitalmarktrechts und damit für eine Berücksichtigung der eigenen Aktien der Zielgesellschaft bei der Berechnung der Gesamtmenge der Stimmrechte[269]. Der Gesetzgeber wollte bewusst die Berechnung der Stimmrechte im Rahmen des WpÜG parallel zu der im Rahmen des WpHG gestalten[270]. Dies zeigt sich schon in der Angleichung des Wortlautes der Zurechnungsvorschriften des § 30 WpÜG und des § 22 WpHG, um Irritationen am Kapitalmarkt zu vermeiden[271]. Im Kern handelt es sich auch bei den übernahmerechtlichen Regelungen um Kapitalmarktrecht. Durch eine Einbeziehung eigener Anteile der Zielgesellschaft in die Berechnung des Stimmrechtsanteils wird auch anderen Gesellschaftern die Aufgabe erlassen, sich ständig über den jeweils aktuellen Bestand an eigenen Aktien der Zielgesellschaft zu informieren[272], wovon es ansonsten abhängen kann, ob ein Pflichtangebot abgegeben werden muss oder nicht. Denn im Falle der Nichteinbeziehung der eigenen Aktien in die Gesamtzahl der Stimmrechte, ändert sich im Falle deren Vermehrung

---

269 Vgl. Süßmann, in: Geibel/Süßmann, § 29, Rdnr. 29. A.A. Steinmeyer/Häger, § 29, Rdnr. 40; Fleischer/Körber, BB 2001, S. 2589, 2593, die im Hinblick auf die wirtschaftliche Betrachtungsweise bei der Beurteilung von Übernahmesachverhalten eine dem Aktienkonzernrecht entsprechende Regelung befürworten und somit eigene Aktien nicht bei der Ermittlung der Gesamtzahl der Stimmrechte mitzählen wollen. Zudem verweisen sie auf § 7 der ersten österreichischen Übernahmeverordnung, welche regelt, dass Stimmrechte, die nach den Grundsätzen des Erwerbs eigener Aktien ruhen, bei der Berechnung der Gesamtstimmrechtszahl außer Betracht bleiben.

270 Steinmeyer/Häger, § 29, Rdnr. 40, halten einen Gleichlauf der Auslegung von § 21 WpHG und § 29 Abs. 2 WpÜG wegen den sich daraus ergebenden unterschiedlichen Rechtsfolgen weder für geboten noch für erforderlich.

271 Vgl. BT-Drucks. 14/7034, S. 53.

272 Vgl. Falkenhagen, WM 1995, S. 1005, 1008; Schneider, in: Assmann/Schneider, § 21, Rdnr. 34; Arends, S. 52. Diese Informationslasten werden hingegen von Fleischer/Körber, BB 2001, S. 2589, 2593f. und Harbarth ZIP 2002, S. 321, 326 als nicht unzumutbar bezeichnet. Steinmeyer/Häger, § 29, Rdnr. 40 halten es für sehr praxisfern anzunehmen, dass ein Rückkauf von Aktien ohne Wissen eines Aktionärs mit einem entsprechend hohen Stimmrechtsanteil durchgeführt würde, zumal der Vorstand der Zielgesellschaft ohnehin in den meisten Fällen zu einem solchen Rückkauf vorher durch die Hauptversammlung ermächtigt worden sein muss.

oder Verminderung nicht nur die Gesamtzahl der Stimmrechte, sondern auch der prozentuale Anteil der anderen Aktionäre. Bezieht man jedoch eigene Aktien in die Gesamtzahl der Stimmrechte mit ein, bleibt der prozentuale Anteil anderer Aktionäre auch bei Veränderungen im Bestand der eigenen Anteile konstant. Demgegenüber ist der Nachteil, dass dadurch die tatsächliche Stimmenmacht verzerrt wiedergegeben wird, in Kauf zu nehmen[273]. Gibt beispielsweise eine Aktiengesellschaft 100000 Aktien aus und hält 10000 eigene Aktien, ist nach der hier vertretenen Ansicht ein Aktionär erst dann verpflichtet ein Angebot gemäß § 35 Abs. 2 Satz 1 WpÜG abzugeben, wenn er 30000 oder mehr Aktien an der Aktiengesellschaft hält, obwohl nach den tatsächlichen Verhältnissen von ihm bereits ab einer Zahl von 27000 Aktien 30 Prozent der tatsächlich ausübbaren Stimmrechte gehalten werden, da zwar 100000 Aktien stimmberechtigt sind, jedoch nur bei 90000 Aktien das Stimmrecht auch tatsächlich ausgeübt werden kann. Eine solche Auslegung widerspricht jedoch nicht dem Sinn des Wortes „Halten" in § 29 Abs. 2 WpÜG, da daraus nicht hervorgeht, ob die Aktien nur stimmberechtigt sein müssen oder ob diese auch ausübbar sein müssen. Vorteil dieser Lösung ist es, dass jemand, der 27 Prozent der Aktien der Zielgesellschaft hält bevor eigene Aktien vorhanden sind, nicht durch den Erwerb von 10 Prozent eigenen Aktien zur Abgabe eines Pflichtangebots verpflichtet werden kann. Zwar mag für diesen Fall die Erteilung einer Befreiung gemäß § 37 Abs. 1 WpÜG i.V.m. § 9 Satz 1 Nr. 5 WpÜG-Angebotsverordnung möglich sein[274], jedoch widerspricht es dem Regelungskonzept des WpÜG, dass ein Kontrollerwerb durch Maßnahmen der Zielgesellschaft selbst außerhalb des in § 30 WpÜG gesetzlich geregelten Falles der Zurechnung von Stimmrechten erfolgt. Zudem muss in allen Fällen des § 30 WpÜG eine in den einzelnen Zurechnungstatbeständen geregelte Verbindung zwischen dem Bieter und dem Dritten vorliegen, damit eine Zurechnung von Stimmrechten erfolgen kann. Eine Maßnahme der Zielgesellschaft, hier der Erwerb eigener Aktien, kann jedoch nicht zu einem Erlangen der Kontrollposition bei einem Aktionär führen.

Gegen diese Ansicht spricht auch nicht, dass die Zielgesellschaft bei Berücksichtigung der eigenen Aktien, wenn sie selbst die Kontrollschwelle erreicht, zu einem Pflichtangebot verpflichtet sein könnte. Zwar bleiben Einschränkungen, die nur die Ausübung des Stimmrechts betreffen, bei der Berechnung der 30-

---

273 Vgl. Schneider, in: Assmann/Schneider, § 21, Rdnr. 34; Burgard, BB 1995, S. 2069, 2071; Arends, S. 52.

274 Nach Steinmeyer/Häger, § 29, Rdnr. 40, kann der potenzielle Bieter leicht einem Pflichtangebot dadurch entgehen, dass er Aktien im Zuge des Rückkaufprogramms an die Zielgesellschaft veräußert. Dazu ist anzumerken, dass nach dieser Ansicht den Bieter eine Pflicht zur Veräußerung der Aktien trifft, wenn er dem Pflichtangebot entgehen will. Diese Veräußerungspflicht ergibt sich jedoch aus einer Maßnahme der Zielgesellschaft, so dass zum einen Missbrauchsmöglichkeiten, zum anderen Zweifel an der Verfassungsmäßigkeit einer solchen Rechtsfolge bestehen.

prozentigen Kontrollschwelle unberücksichtigt[275]. Jedoch scheidet in dieser Situation ein Pflichtangebot schon denknotwendig aus, da eine Aktiengesellschaft nicht verpflichtet werden kann, 100 Prozent der ausgegebenen Aktien als eigene Anteile zu halten. Zumindest ist in diesem Fall eine Befreiung gemäß § 37 WpÜG zu erteilen. Dafür spricht auch, dass nach der vorzugswürdigen Literaturansicht der Erwerb eigener Aktien durch eine Zielgesellschaft im Wege des öffentlichen Angebots nicht in den Anwendungsbereich des WpÜG fällt[276].

7. Stimmrechtslose Vorzugsaktien

Zu Unterschieden zwischen der Kapitalbeteiligungs- und der Stimmrechtsquote kann es kommen, wenn von der Zielgesellschaft stimmrechtslose Vorzugsaktien[277] gemäß §§ 139 Abs. 1, 140 Abs. 1 AktG ausgegeben werden. Diese bleiben bei der Berechnung der Kontrollschwelle mangels Stimmrecht grundsätzlich sowohl im Rahmen der Stimmrechte des Aktionärs, als auch im Rahmen der Gesamtstimmrechte der AG unberücksichtigt[278]. Ausnahmsweise können jedoch auch Vorzugsaktien ein Stimmrecht gewähren. Zum einen ist dies bei Beschlüssen nach § 141 AktG, insbesondere über die Aufhebung oder Beschränkung des

---

275 Vgl. BT-Drucks. 14/ 7034, S. 53.

276 Vgl. Süßmann, AG 2002, S. 424ff.; Angerer, in: Geibel/Süßmann, § 1, Rdnr. 99ff.; a.A. Fleischer/Körber, BB 2001, S. 2589ff.; Steinmeyer/Häger, § 1, Rdnr. 6; Lenz/Linke, AG 2002, S. 420ff.; Oechsler, NZG 2001, S. 817, 818f., die zum Teil einige Vorschriften des WpÜG für anwendbar halten und andere nicht. Auch die BaFin hat sich nunmehr dahingehend geäußert, dass ein Aktienrückkauf dann unter das WpÜG fällt, wenn die Aktien nicht über die Börse gekauft werden, sondern den Aktionären ein öffentliches Angebot unterbreitet wird, vgl. Die Welt vom 04.05.2002, S. 21. Begründet wird dies mit einem größeren Schutz und einer höheren Transparenz für die Aktionäre. Dieser Ansicht ist jedoch nicht zu folgen. Es erscheint schon nicht sinnvoll, einen einfachen Aktienrückkauf den gleichen Regelungen zu unterwerfen wie bei einer feindlichen Übernahme, bei der die Interessen der Aktionäre und der Zielgesellschaft als besonders schützenswert anzusehen sind. Der Gesetzgeber hatte zudem bei der Schaffung des Gesetzes die klassische Dreierkonstellation aus Bieter, Zielgesellschaft und Aktionären der Zielgesellschaft vor Augen. Viele Regelungen (vgl. nur § 11 Abs. 2 Satz 1 Nr. 1, Abs. 2 Satz 2 Nr. 2, § 27 und § 33 WpÜG) machen ansonsten keinen Sinn. Auch ohne die Anwendung der Regelungen des WpÜG besteht für die Aktionäre ein hinreichender Schutz über den aktienrechtlichen GleichbehandlungsGrundsatz und die Vorschriften der §§ 71ff. AktG und § 53a AktG. Zudem ist bei Aktienrückkäufen die Zustimmung der Hauptversammlung erforderlich. Allgemein zum Erwerb eigener Aktien im Zusammenhang mit Übernahmeangeboten, leider aber ohne Hinweis auf die vorstehende Problematik, vgl. nur Bezzenberger, Rdnr. 51ff.

277 Zu weitergehenden satzungsmäßigen Stimmrechtsbeschränkungen im amerikanischen Recht vgl. Schneider, in: Festschrift für Rittner, 1991, S. 613, 620ff.

278 Vgl. Süßmann, in: Geibel/Süßmann, § 29, Rdnr. 24; Harbarth, ZIP 2002, S. 321, 325; Ekkenga/Hofschroer, DStR 2002, S. 768, 772.

Vorzugs, der Fall. Zum anderen steht den Vorzugsaktionären nach § 140 Abs. 2 AktG das Stimmrecht zu, wenn die Zahlung des Vorzugsbetrages für zwei aufeinanderfolgende Jahre nicht oder nicht vollständig erfolgt ist und auch der Fehlbetrag nicht nachgezahlt worden ist. Das Stimmrecht in den Fällen des § 141 AktG führt nicht zu einer rechnerischen Einbeziehung der Vorzugsaktien, da ihm wegen seiner Beschränkung auf sehr eng umrissene Fälle keine Relevanz für die Beurteilung der Herrschaftsverhältnisse in der Gesellschaft zukommt[279]. In den Fällen des § 140 Abs. 2 AktG sind hingegen die Vorzugsaktien mit in die Berechnung einzubeziehen[280], was zu einer Neuberechnung der Stimmrechtsanteile führt. Dies ist in der Praxis nicht nur mit einem erheblichen organisatorischen Aufwand verbunden[281], sondern kann im Rahmen des WpÜG auch zu einem Über- bzw. Unterschreiten der Kontrollschwelle ohne ein weiteres Zutun des jeweiligen Aktionärs führen. Überschreitet ein Vorzugsaktionär durch das Wiederaufleben seiner Stimmrechte die 30-prozentige Kontrollschwelle des § 29 Abs. 2 WpÜG, ist er grundsätzlich zur Veröffentlichung der Erlangung der Kontrolle gemäß § 35 Abs. 1 Satz 1 WpÜG und zur Abgabe eines Angebots gemäß § 35 Abs. 2 Satz 1 WpÜG verpflichtet. Jedoch wird es dem Vorzugsaktionär in diesem Fall möglich sein, gemäß § 37 Abs. 1 WpÜG eine Befreiung von diesen Verpflichtungen zu erhalten. Zwar liegt keiner der in § 9 WpÜG-Angebotsverordnung ausdrücklich aufgeführten Befreiungstatbestände vor. Insbesondere greift § 9 Satz 1 Nr. 6 WpÜG-Angebotsverordnung wohl nur in Ausnahmefällen ein, da zwar der Bieter ohne Absicht die Kontrollschwelle überschritten hat, jedoch ein unverzügliches Unterschreiten der Kontrollschwelle nach der Antragstellung nur bei sofortiger Nachzahlung des Vorzugsbetrages und dem damit verbundenen Erlöschen der Stimmrechte möglich ist. Die in § 37 Abs. 1 WpÜG genannten Fälle können jedoch bei Bedarf weit ausgelegt werden[282] und hier erscheint eine Befreiung „im Hinblick auf die Art der Erlan-

---

279 Vgl. Harbarth, ZIP 2002, S. 321, 325.

280 Vgl. Schneider, in: Assmann/Schneider, § 21, Rdnr. 30; Falkenhagen, WM 1995, S. 1005, 1008; Burgard, BB 1995, S. 2069, 2070; Opitz, in: Schäfer, § 21, Rdnr. 16; Wilsing, BB 1995, S. 2277, 2278; Claussen, AG 1996, S. 286, 288; Nottmeier/Schäfer, AG 1997, S. 87, 89; Hüffer, Anh § 22, § 21 WpHG, Rdnr. 6; Bayer, in: Münchener Kommentar zum AktG, § 22 Anh, § 21 WpHG, Rdnr. 23; Süßmann, in: Geibel/Süßmann, § 29, Rdnr. 24; a.A. Happ, JZ 1994, S. 240, 244; Becker, WpHG, S. 88; Dieckmann, DZWiR 1994, S. 13, 18. Das Sonderstimmrecht gemäß § 141 AktG kann bei der Neuberechnung der Stimmrechtsverhältnisse im Rahmen des WpÜG wohl unberücksichtigt bleiben, so auch Bayer, in: Münchener Kommentar zum AktG, § 22 Anh, § 21 WpHG, Rdnr. 23 für die Mitteilungspflichten gemäß § 21 Abs. 1 WpHG.

281 Vgl. dazu Wilsing, BB 1995, S. 2277ff. und Witt, AG 1998, S. 171, 175, die sogar deshalb für eine Streichung de lege ferenda plädieren; a.A. Nottmeier/Schäfer, AG 1997, S. 87, 88.

282 Vgl. Meyer, in: Geibel/Süßmann, § 37, Rdnr. 24. Auch in BT-Drucks. 14/7034, S. 81 wird festgestellt, dass Ausnahmefälle, in denen trotz der Erfüllung der formalen Voraus-

gung" der Kontrolle gerechtfertigt. Zum anderen kommt es, wenn auch wohl selten unverzüglich, nach Bezahlung des Rückstands zu einem nachfolgenden „Unterschreiten der Kontrollschwelle".
Denkbar ist auch, dass ein Stammaktionär, der schon vor Inkrafttreten des WpÜG 30 Prozent oder mehr der Stimmrechte der Zielgesellschaft besaß und deshalb nicht zur Abgabe eines Pflichtangebots nach dem WpÜG verpflichtet war, durch das Wiederaufleben der Stimmrechte aus den Vorzugsaktien unter die Kontrollschwelle des § 29 Abs. 2 WpÜG fällt. Dies hat zunächst keine Auswirkungen, führt jedoch nach der Zahlung des rückständigen Vorzugsbetrags dazu, dass damit die alten Stimmrechtsverhältnisse wiederhergestellt werden und die Kontrollschwelle wieder erreicht oder überschritten wird, die formalen Voraussetzungen für die Pflichten aus § 35 WpÜG also vorliegen. Auch hier ist jedoch im Hinblick auf die Art der Erlangung der Kontrolle eine Befreiung gemäß § 37 Abs. 1 WpÜG gerechtfertigt. Zudem kann hier der Rechtsgedanke aus dem Befreiungstatbestand des § 9 Abs. 1 Nr. 5 WpÜG-Angebotsverordnung herangezogen werden, da die Kontrolle ja faktisch auf Grund einer Verringerung der Gesamtzahl der Stimmrechte an der Zielgesellschaft erreicht wurde.

8. Namensaktien und vinkulierte Namensaktien

Bei der Ausgabe von Namensaktien durch die Zielgesellschaft ist der Bieter erst nach seiner Eintragung im Aktienregister der Zielgesellschaft zur Ausübung seiner Stimmrechte befugt[283]. Rechte aus der Aktie können erst nach der Eintragung geltend gemacht werden. Nicht vinkulierte Namensaktien können auf drei Arten übertragen werden: erstens durch Indossament gemäß § 68 Abs. 1 AktG, zweitens durch Übertragung der Mitgliedschaft gemäß §§ 398, 419 BGB und drittens durch Rechtserwerb gemäß § 18 Abs. 3 DepotG[284]. In allen diesen Fällen wird die Kontrollschwelle bereits im Zeitpunkt des Erwerbs erreicht oder überschritten. Die Eintragung ins Aktienbuch der Zielgesellschaft ist gerade keine Übertragungsvoraussetzung[285] und damit auch nicht entscheidend für den Kontrollerwerb[286]. Zwar könnte man argumentieren, dass diese Auslegung dem Wortlaut des § 29 Abs. 2 WpÜG widerspricht, der für die Kontrollstellung auf das „Halten" der Stimmrechte abstellt. Ob mit dem „Halten" der Stimmrechte die Ausübungsbefugnis gemeint ist oder das Innehaben der Stimmrechtsanteile unabhängig von der Befugnis, sie auszuüben, ist jedoch vom Wortlaut her un-

---

setzungen eine Befreiung von den Pflichten aus § 35 Abs. 1 und 2 WpÜG in Betracht kommt, nicht Abschließend bestimmt werden können.

283 Vgl. § 67 Abs. 2 AktG.

284 Vgl. Schneider, in: Assmann/Schneider, § 21, Rdnr. 31.

285 Vgl. Schneider, in: Assmann/Schneider, § 21, Rdnr. 31.

286 Vgl. Süßmann, in: Geibel /Süßmann, § 29, Rdnr. 27.

klar[287]. Unter Berücksichtigung der Tatsache, dass eine Eintragung in das Aktienbuch in unmittelbarem zeitlichen Zusammenhang mit dem Erwerb der Aktien erfolgt, in der Mehrzahl der Fälle, bei denen börsenzugelassene Gesellschaften ein elektronisches Aktienregister benutzen, sogar innerhalb von zwei bis drei Tagen nach Abschluss des Geschäfts[288], lässt sich das Abstellen auf den Zeitpunkt des Erwerbs und nicht der Eintragung rechtfertigen[289]. Dadurch entstehen dem Bieter keine unangemessenen Nachteile und es wird ein Gleichlauf mit der für die Anwendung der Mitteilungspflichten gemäß § 21 WpHG geltenden Auslegung herbeigeführt, was bei einem Abweichen zu Rechtsunsicherheiten führen würde.
Bei vinkulierten Namensaktien[290] ist die Übertragung bis zur Zustimmung durch die Gesellschaft schwebend unwirksam[291]. Die Übertragung wird gemäß § 68 Abs. 2 AktG erst wirksam, wenn die Zustimmung der Gesellschaft zur Eintragung in das Aktienregister vorliegt. Im Gegensatz zu nichtvinkulierten Namensaktien kommt es somit nicht auf den Zeitpunkt des Abschlusses des Erwerbsgeschäftes an, sondern ein „Halten" im Sinne des § 29 Abs. 2 WpÜG kann erst dann angenommen werden, wenn die Zustimmung erteilt worden ist[292]. Denn vor der Erteilung der Zustimmung kann weder von einem Innehaben der Stimmrechtsanteile noch von einer Ausübungsbefugnis der Stimmrechte gesprochen werden. Der Abschluss eines Erwerbsgeschäftes über vinkulierte Namensaktien führt auch nicht zu einer Zurechnung der Stimmrechte gemäß § 30 Abs. 1 Satz 1 Nr. 5 WpÜG, da kein Fall einer dinglichen Option vorliegt[293].

9. Verlust der Stimmrechte gemäß § 59 WpÜG und Ruhen von Stimmrechten gemäß § 28 WpHG

Da § 29 Abs. 2 WpÜG nicht auf die „ausübbaren Stimmrechte" abstellt, sondern auf die abstrakt mit den Aktien verknüpften Stimmrechte, sind die nach

287 Vgl. zum entsprechenden Problem im Rahmen des § 16 Abs. 3 AktG: Hüffer, § 16, Rdnr. 11; Koppensteiner, in Kölner Kommentar zum AktG, § 16, Rdnr. 34, die auf die Abstrakt mit den Aktien verknüpften Stimmrechte Abstellen; hingegen stellt Krieger, in: Münchener Handbuch AG, § 68, Rdnr. 33, darauf ab, ob die Stimmrechte ausübbar sind oder nicht.

288 Vgl. Diekmann, BB 1999, S. 1985, 1987; Maul, NZG 2001, S. 585, 587.

289 Vgl. Süßmann, in: Geibel /Süßmann, § 29, Rdnr. 27.

290 Vgl. dazu Ulmer, in: Festschrift für Schmidt-Rimpler, 1957, S. 261ff.; Lutter/Schneider, ZGR 1975, S. 182, 185f.

291 Vgl. BGHZ 13, 179, 187; Lutter, in: Kölner Kommentar zum AktG, § 68, Rdnr. 38; Hüffer, § 68, Rdnr. 16.

292 Vgl. Süßmann, in: Geibel /Süßmann, § 29, Rdnr. 28.

293 Vgl. Süßmann, in: Geibel /Süßmann, § 29, Rdnr. 28; vgl. dazu unten 4. Kapitel, V.

§ 59 WpÜG nicht bestehenden Stimmrechte bei der Berechnung der Gesamtmenge zu berücksichtigen[294]. Denn auch bei einer Ausübungsbeschränkung der Stimmrechte stehen diese im Grundsatz dem jeweiligen Inhaber zu[295]. Außerdem könnte ansonsten ein Pflichtverstoß eines Aktionärs dazu führen, dass ein einfaches Wertpapiererwerbsangebot eines anderen Aktionärs zu einem Übernahmeangebot würde oder dass dieser zur Abgabe eines Pflichtangebots verpflichtet würde[296]. Die Stimmrechte aus den Aktien sind zudem bei der Berechnung des Bieteranteils zu berücksichtigen, da der Bieter die versäumten Pflichten jederzeit nachholen kann und die Stimmrechte dann wieder aufleben[297]. Gleiches gilt in den Fällen des Ruhens von Stimmrechten gemäß § 28 WpHG[298].

10. Stimmverbote gemäß § 136 AktG und Ausübungsverbote gemäß § 20 Abs. 3 WpÜG

Stimmverbote, die sich gemäß § 136 AktG auf einzelne Beschlussgegenstände beschränken, bleiben bei der Berechnung der Gesamtmenge der Stimmrechte und des einzelnen Stimmrechtsanteils unberücksichtigt, da sie im übrigen das Stimmrecht unberührt lassen[299]. Gleiches gilt für Ausübungsverbote gemäß § 20 Abs. 3 WpÜG[300]. Trotz Stimmverbots sind also die Aktien bei der Berechnung des Bieteranteils mitzuzählen.

---

294 Vgl. Süßmann, in: Geibel /Süßmann, § 29, Rdnr. 30, der jedoch hinsichtlich des § 59 WpÜG ungenau von „Ruhen des Stimmrechts" anstelle von „Verlust des Stimmrechts" spricht, vgl. dazu Tschauner, in: Geibel/Süßmann, § 59, Rdnr. 21. So auch zu § 28 WpHG Schneider, in: Assmann/Schneider, § 21, Rdnr. 35; Opitz, in: Schäfer, § 21 WpHG, Rdnr. 18.

295 Vgl. Süßmann, in: Geibel /Süßmann, § 29, Rdnr. 30.

296 Vgl. Steinmeyer/Häger, § 29, Rdnr. 41.

297 Vgl. Steinmeyer/Häger, § 29, Rdnr. 37.

298 Vgl. Harbarth, ZIP 2002, S. 321, 326; Ekkenga/Hofschroer, DStR 2002, S. 768, 773. A.A. Sudmeyer, BB 2002, S. 685, 687, der davon ausgeht, dass im Fall des § 28 WpHG schon gar keine Stimmrechte bestehen, so dass die sonst durch die betroffenen Anteile vermittelten Stimmrechte bei der Berechnung des Stimmrechtsanteils unberücksichtigt bleiben müssen.

299 Vgl. BT-Drucks. 14/7034, S. 53; Süßmann, in: Geibel /Süßmann, § 29, Rdnr. 29; Steinmeyer/Häger, § 30, Rdnr. 37, 41; Schneider, in: Assmann/Schneider, § 21, Rdnr. 38; Opitz, in: Schäfer, § 21, Rdnr. 18; Ekkenga/Hofschroer, DStR 2002, S. 768, 773.

300 Vgl. Steinmeyer/Häger, § 29, Rdnr. 37, 41.

11. Nichtberücksichtigung von Stimmrechten gemäß § 36 WpÜG

§ 36 WpÜG regelt Fälle, in denen die Abgabe eines Pflichtangebots nicht sachgerecht erscheint[301]. Deshalb lässt die BaFin auf schriftlichen Antrag zu, dass Stimmrechte aus Aktien der Zielgesellschaft bei der Berechnung des Stimmrechtsanteils unberücksichtigt bleiben[302]. Diese Nichtberücksichtigung der Stimmrechte bezieht sich jedoch nicht nur individuell auf den jeweiligen Bieter. Vielmehr dürfen auch bei der Berechnung der Gesamtzahl der Stimmrechte diese Stimmrechte nicht mit einbezogen werden[303]. Zwar bietet der unklare Wortlaut der Bestimmung, der von einer Nichtberücksichtigung der Stimmrechte aus Aktien der Zielgesellschaft „bei der Berechnung des Stimmrechtsanteils" ausgeht, insofern keine Hilfe, da damit sowohl der Stimmrechtsanteil des Bieters allein gemeint sein kann, als auch darüber hinaus die Gesamtzahl der Stimmrechte[304]. Allerdings wäre ein anderes Ergebnis nicht einsichtig. Erfolgt beispielsweise eine Schenkung unter Ehegatten, die beide 25 Prozent der Stimmrechte an der Zielgesellschaft halten, kann sich der erwerbende Ehegatte nicht darauf berufen, dass er weiterhin nur 25 Prozent der Stimmrechte hält und die restlichen 25 Prozent dem Geltungsbereich des § 36 Nr. 1 WpÜG unterfallen. Eine Kontrollerlangung kann nicht ausscheiden, weil die anderen Aktionäre zusammen nur 50 Prozent der Stimmrechte halten und das Paket von 25 Prozent in Relation zu den sich unter Abzug des gemäß § 36 WpÜG erlangten Aktienpakets ergebenden 75 Prozent zu setzen ist. Mithin hat der Ehegatte die 30-prozentige Kontrollschwelle überschritten, weil die dem § 36 WpÜG unterfallenden Stimmrechte aus Aktien auch bei der Berechnung der Gesamtzahl der Stimmrechte nicht berücksichtigt werden dürfen[305].

12. Handelsbestand gemäß § 20 WpÜG

Auf schriftlichen Antrag des Bieters lässt die BaFin gemäß § 20 Abs. 1 WpÜG in besonderen Fällen zu, dass Wertpapiere der Zielgesellschaft unberücksichtigt bleiben. Sinn und Zweck dieser Regelung ist es sicherzustellen, dass ein Bieter, der im Rahmen der eigenen Vermögensverwaltung in Wertpapiere der Zielgesellschaft investiert, ohne dass damit eine unternehmerische Beteiligung beab-

---

301 Vgl. BT-Drucks. 14/7034, S. 60.

302 Vgl. näheres dazu unten 5. Kapitel, III.

303 Vgl. Harbarth, ZIP 2002, S. 321, 330; Steinmeyer/Häger, § 30, Rdnr. 36.

304 A.A. Harbarth, ZIP 2002, S. 321, 330, der insoweit von einem klaren Wortlaut ausgeht, weil die Bestimmung keinen Anhaltspunkt für eine Beschränkung auf die Zahl der Stimmrechte des Bieters enthält.

305 Vgl. Harbarth, ZIP 2002, S. 321, 330.

sichtigt ist, dies auch während eines laufenden öffentlichen Angebots fortführen kann[306].
Diese Vorschrift geht dabei auf die in § 23 WpHG enthaltene Regelung der Nichtberücksichtigung von Stimmrechten im Rahmen der Mitteilungspflichten der §§ 21ff. WpHG zurück. Die Regelung des § 20 WpÜG ist aber teils enger, teils weiter formuliert als die Norm des § 23 WpHG. Zum einen erstreckt sich die Regelung des § 20 WpÜG nicht nur wie § 23 Abs. 1 WpHG auf Wertpapierdienstleistungsunternehmen, sondern auf jeden, der die Bietereigenschaft erfüllen kann. Zudem gibt es nicht wie in § 23 Abs. 2 WpHG eine Beschränkung des Anwendungsbereiches auf unter 10 Prozent der Stimmrechte. Zum anderen kommt jedoch eine Nichtberücksichtigung der Wertpapiere der Zielgesellschaft nur in den in § 20 Abs. 1 WpÜG aufgezählten vier Bereichen in Betracht, womit gleichzeitig klargestellt sein soll, dass im Hinblick auf alle übrigen Zurechnungstatbestände eine Berücksichtigung der Wertpapiere erfolgt[307]. Außerdem findet § 23 WpÜG nur auf Handelsbestände des Bieters, der mit ihm gemeinsam handelnden Personen oder deren Tochterunternehmen Anwendung.
Der wohl wichtigste Bereich ist hierbei die Nichtberücksichtigung der Stimmrechte bei der Bestimmung des Stimmrechtsanteils nach § 29 Abs. 2 WpÜG. Dies bedeutet, dass die nur zur kurzfristigen Ausnutzung von Kursgewinnen gehaltenen Aktien bei der Berechnung des für die Kontrollstellung maßgeblichen Prozentanteils nicht zu berücksichtigen sind[308].
Voraussetzung für die Nichtberücksichtigung der Wertpapiere der Zielgesellschaft ist zunächst gemäß § 20 Abs. 2 Nr. 1 WpÜG das Halten oder beabsichtigtes Halten der betreffenden Wertpapiere im Handelsbestand des Bieters, um bestehende oder erwartete Unterschiede zwischen dem Erwerbspreis und dem Veräußerungspreis kurzfristig zu nutzen. Damit wurde die Regelung, die ursprünglich nur Wertpapierdienstleistungsunternehmen erfasste, auf Veranlassung des Finanzausschusses auf alle Bieter ausgeweitet[309]. Für den vom Regelungsgegenstand her ähnlichen § 23 Abs. 2 WpHG wurden für den betreffenden Aktienbestand, der zur kurzfristigen Ausnutzung von Preisschwankungen genutzt wird, die Begriffe „Tradingbestand"[310] bzw. „Spekulationsbestand"[311] geprägt und der Begriff „Handelsbestand" dem in § 23 Abs. 1 WpHG geregelten „Dauerbestand" vorbehalten[312]. Insofern erscheint die Überschreibung des § 20 WpÜG

306 Vgl. BT-Drucks. 14/7477, S. 68.

307 Vgl. Racky, in: Geibel/Süßmann, § 20, Rdnr. 13.

308 Vgl. Racky, in: Geibel/Süßmann, § 20, Rdnr. 16; Steinmeyer/Häger, § 30, Rdnr. 36.

309 Vgl. BT-Drucks. 14/7477, S. 68.

310 Vgl. Opitz, in: Schäfer, § 23, Rdnr. 17.

311 Vgl. Schneider, in: Assmann/Schneider, § 23 , Rdnr. 51.

312 Vgl. Schneider, in: Assmann/Schneider, § 23 , Rdnr. 51.

mit „Handelsbestand" als missglückt, da es sich gerade nicht um einen dem § 23 Abs. 1 WpHG entsprechenden Dauerbestand handelt. Um Verwechslungen und Missverständnissen vorzubeugen, sollte die Überschrift des § 20 WpÜG entweder neutral wie in § 23 WpHG „Nichtberücksichtigung von Stimmrechten" oder treffender „Tradingbestand" oder „Spekulationsbestand" lauten. Eine diesbezügliche Änderung wird vorgeschlagen.

Allein entscheidendes Kriterium ist somit die Intention des Bieters, durch das kurzfristige Halten der Wertpapiere, Kursgewinne zu erzielen. Dabei muss der Begriff „kurzfristig" auf den Haltezeitraum bezogen werden[313]. Für die Auslegung des Merkmals der Kurzfristigkeit sollte in Anlehnung an §§ 4 und 5 WpÜG-Angebotsverordnung ein Zeitraum von drei Monaten als Obergrenze herangezogen werden[314]. Weiterhin muss der Bieter gemäß § 20 Abs. 2 Nr. 2 WpÜG darlegen, dass mit dem Erwerb der Wertpapiere, soweit es sich um stimmberechtigte Aktien handelt, nicht beabsichtigt ist, auf die Geschäftsführung der Gesellschaft Einfluss zu nehmen. Diese Formulierung wird nicht allen Fällen gerecht und muss demnach dahingehend ausgelegt werden, dass der Bieter darlegen muss, weder mit dem vorhandenen Bestand, falls er bereits Aktien der Zielgesellschaft hält, noch mit dem zukünftig zu erwerbenden Bestand Einfluss auf die Geschäftsführung ausüben zu wollen[315]. Zudem reicht die Absicht der Nichtausübung der Einflussnahme nicht aus. Vielmehr muss sich der Bieter in der Folgezeit auch tatsächlich jeglicher Einflussnahme auf die Zielgesellschaft enthalten[316]. Diese Neutralitätspflicht betrifft aber nur diejenigen Aktien, die von der Befreiung umfasst sind, und nicht die übrigen Bestände, bezüglich derer dem Bieter die Geltendmachung seiner Einflussnahme freisteht[317]. Soweit die Erlaubnis der Nichtberücksichtigung reicht, ist der Bieter berechtigt, aber nicht verpflichtet, Stimmrechte aus Aktien des in § 20 Abs. 2 Nr. 2 WpÜG genannten Bestandes bei der Berechnung seines Stimmrechtsanteils nicht zu berücksichtigen[318]. Bei der Berechnung der Gesamtstimmrechtsmenge sind die befreiten Aktien aber mitzuzählen[319].

Zu beachten ist außerdem, dass der Befreiungsantrag gemäß § 20 Abs. 1 WpÜG nur durch den Bieter gestellt werden kann, hingegen gemäß § 20 Abs. 2 WpÜG

---

313 Vgl. Racky, in: Geibel/Süßmann, § 20, Rdnr. 23.

314 Vgl. Holzborn/Friedhoff, WM 2002, S. 948, 950.

315 Vgl. Racky, in: Geibel/Süßmann, § 20, Rdnr. 29; Opitz, in: Schäfer, § 23, Rdnr. 9.

316 Vgl. Schneider, in: Assmann/Schneider, § 23, Rdnr. 28.

317 Vgl. Racky, in: Geibel/Süßmann, § 20, Rdnr. 31; Schneider, in: Assmann/Schneider, § 23, Rdnr. 28.

318 Vgl. Burgard, BB 1995, S. 2069, 2078; Schneider, in: Assmann/Schneider, § 23, Rdnr.75; Opitz, in: Schäfer, § 23, Rdnr. 22.

319 Vgl. Steinmeyer/Häger, § 20, Rdnr. 12.

die Wertpapierbestände des Bieters, der mit ihm gemeinsam handelnden Personen oder deren Tochterunternehmen vom Handelsbestand umfasst sein können. Hier stellt sich die Frage, auf was sich das „deren" bei den Tochterunternehmen bezieht. Denkbar ist sowohl, dass es sich nur um Tochterunternehmen der mit dem Bieter gemeinsam handelnden Person, als auch, dass es sich zusätzlich um Tochterunternehmen des Bieters handeln kann. Allein die letztere Auslegung führt zu schlüssigen Ergebnissen, da es gerade dem Mutterunternehmen ermöglicht werden soll, einen Befreiungsantrag für Aktien, die von gemeinsam handelnden Personen oder eigenen Tochterunternehmen gehalten werden, zu stellen. Denn erfüllt beispielsweise ein Tochterunternehmen nicht die Bietereigenschaft, besteht für dieses keine Möglichkeit, einen Antrag nach § 20 Abs. 1 WpÜG zu stellen. Das Mutterunternehmen kann zwar nicht für das Tochterunternehmen die Antragstellung übernehmen, jedoch durch eine eigene Antragstellung die Zurechnung von Stimmrechten gemäß § 30 WpÜG verhindern[320].

Gemäß § 20 Abs. 3 WpÜG können Stimmrechte aus Aktien, die auf Grund einer Befreiung nach § 20 Abs. 1 WpÜG unberücksichtigt bleiben, nicht ausgeübt werden, wenn im Falle ihrer Berücksichtigung ein Angebot als Übernahmeangebot abzugeben wäre oder eine Verpflichtung nach § 35 Abs. 1 Satz 1 und Abs. 2 Satz 1 bestünde. Im Rahmen der vergleichbaren Vorschrift des § 23 Abs. 4 WpHG ist umstritten, ob von dem Stimmrechtsausübungsverbot lediglich die Stimmanteile betroffen sind, die die Meldeschwelle überschreiten („kleine Lösung")[321], oder ob sich das Ausübungsverbot auf alle von der Erlaubnis umfassten Stimmrechtsanteile bezieht („große Lösung")[322]. In der Gesetzesbegründung zum WpÜG wird jedoch klargestellt, dass ein Stimmrechtsverbot nur insoweit eingreifen soll, als die Schwellenwerte überschritten werden[323]. Somit werden nach dieser „kleinen Lösung" von dem Stimmrechtsverbot nur die Stimmrechtsanteile erfasst, die tatsächlich zu einer Erreichung oder Überschreitung des 30-prozentigen Schwellenwertes des § 29 Abs. 2 WpÜG führen[324].

---

320 Vgl. näheres hierzu unten 4. Kapitel, II. 8.

321 So Schneider, in: Assmann/Schneider, § 23, Rdnr. 101 und Cahn, AG 1997, S. 502, 508, die das „wenn" in § 23 Abs. 4 WpHG als „soweit" lesen.

322 So Opitz, in: Schäfer, § 23, Rdnr. 58; Bayer, in: Münchener Kommentar zum AktG, § 22 Anh, § 23 WpHG, Rdnr. 21.

323 Vgl. BT-Drucks. 14/7034, S. 49.

324 In der Gesetzesbegründung (BT-Drucks. 14/7034, S. 49) wird nur das Überschreiten, nicht jedoch das Erreichen der Kontrollschwelle, als ausschlaggebend für das Stimmrechtsverbot angesehen. Dies ist unvollständig. Vielmehr muss das Stimmrechtsverbot auch Stimmrechte umfassen, die zum Erreichen der Kontrollschwelle führen. Hält beispielsweise der Bieter 35 Prozent der Stimmrechte an der Zielgesellschaft und wurde ihm hierfür eine Befreiung nach § 20 WpÜG erteilt, so besteht ein Stimmrechtsverbot für genau 5 Prozent der Stimmrechte aus den Aktien, nicht etwa nur für 5 Prozent minus eine Aktie.

13. Sonderfälle des § 10 Abs. 1a Satz 2 KAGG und § 15 b Abs. 2 Satz 2 AuslInvestmG

Neben der Einführung des WpÜG enthält das als Artikelgesetz ausgestaltete „Gesetz zur Regelung von öffentlichen Angeboten zum Erwerb von Wertpapieren und von Unternehmensübernahmen" in Artikel 3 Änderungen des § 10 Abs. 1a des Gesetzes über Kapitalanlagegesellschaften (KAGG) und in Artikel 4 Änderungen des § 15 b Abs. 2 des Auslandinvestment-Gesetzes (AuslInvestmG)[325].

V. Sonderfälle der Kontrolle

1. Erstmalige Zulassung zum organisierten Markt nach dem 1. Januar 2002 bei bestehender Kontrollposition

Wird eine Gesellschaft erstmals nach dem 1. Januar 2002 zum organisierten Markt zugelassen, sei es durch eine vollständige Neuemission, sei es durch einen Wechsel vom Freiverkehr zum organisierten Markt, ist fraglich, ob bei einer – unter Umständen wegen der Zurechnung von Stimmrechten – an dieser Gesellschaft bestehenden Kontrollstellung, Veröffentlichungs- und Angebotspflichten bestehen.
Dem steht schon der Wortlaut des § 35 Abs. 1 Satz 1 WpÜG („wer...die Kontrolle...erlangt") entgegen. Damit sind nur solche Fälle gemeint, in denen ein mindestens 30-prozentiger Stimmrechtsanteil erst nach dem Stichtag 01. Januar 2002 und nach der Zulassung zum organisierten Markt erreicht wird. Zudem lässt sich ein Umkehrschluss aus § 21 Abs. 1a WpHG ziehen, der für diesen Fall der erstmaligen Zulassung zum organisierten Markt eine Mitteilungspflicht der Beteiligungsverhältnisse ausdrücklich vorsieht. Eine solche Regelung findet sich im WpÜG jedoch nicht.

2. Bereits vor dem 1. Januar 2002 bestehende Kontrollposition

Eine ähnliche Situation liegt bei einer bereits vor dem 01. Januar 2002 bestehenden Kontrollposition im Sinne des WpÜG vor. War eine Aktiengesellschaft oder Kommanditgesellschaft auf Aktien bereits vor Inkrafttreten des WpÜG am organisierten Markt zugelassen und hatte zu diesem Zeitpunkt ein Gesellschafter einen mindestens 30-prozentigen Anteil an der Gesellschaft, so stellt sich die Frage, ob dieser Gesellschafter zur Veröffentlichung und zur Abgabe eines Angebots verpflichtet ist. Dies ist zu verneinen[326]. Zwar ist das Pflichtangebot nichts

325 Vgl. dazu unten 4. Kapitel, II. 2. i).

326 Vgl. Harbarth, ZIP 2002, S. 321, 324; Liebscher, ZIP 2002, S. 1005, 1014; Altmeppen, ZIP 2001, S. 1073, 1081; Pluskat, WM 2001, S. 1937, 1941; Thoma, NZG 2002, S. 105, 112; Meyer, in: Geibel/Süßmann, § 35, Rdnr. 39.

grundsätzlich neues, denn bereits unter Art. 16 Übernahmekodex bestand eine solche Pflicht. Geändert haben sich jedoch die Voraussetzungen für das Vorliegen einer Kontrollposition, die nunmehr schon – unabhängig von irgendwelchen anderen Voraussetzungen – gemäß § 29 Abs. 2 WpÜG beim Halten von mindestens 30 Prozent der Stimmrechte an der Zielgesellschaft vorliegt. Demzufolge sind Fälle denkbar, in denen die Pflicht zur Abgabe eines Angebots allein durch das Inkrafttreten des WpÜG entstehen würde. Auch hiergegen spricht schon wie im vorhergehenden Fall der Wortlaut des § 35 Abs. 1 Satz 1 WpÜG, da nicht von einem „Erlangen" der Kontrolle ausgegangen werden kann[327]. Eine andere Auslegung würde zudem zu einer verfassungswidrigen Rückwirkung des WpÜG führen[328]. Dies gilt auch für Kontrollpositionen, die auf Grund der Zurechnung von Stimmrechten gemäß § 30 WpÜG erreicht wurden. Somit war es möglich, durch entsprechende Gestaltungen vor dem 1. Januar 2002, zum Beispiel durch die Einräumung eines dinglichen Optionsrechts im Sinne des § 30 Abs. 1 Satz 1 Nr. 5 WpÜG, Akquisitionen nach dem Inkrafttreten des WpÜG zuzulassen, die kein Pflichtangebot auslösen[329]. Dabei war jedoch darauf zu achten, dass kein Pflichtangebot nach dem Übernahmekodex auf Grund des mittelbaren Kontrollerwerbs abzugeben war. Allerdings kann derjenige, der bereits vor Inkrafttreten des WpÜG in vorverlagerter schuldrechtlicher Betrachtung nach § 30 WpÜG mittelbare Kontrolle erworben hat, durchaus danach in sachenrechtlicher Hinsicht die Kontrollschwelle überschreiten, mit der Folge, zur Abgabe eines Pflichtangebots nach § 35 WpÜG verpflichtet zu sein[330]. Die Zurechnungstatbestände des § 30 WpÜG haben insoweit nur ergänzende Funktion, die sich nicht bis vor das Inkrafttreten des WpÜG erstrecken kann[331].

3. Aufstockung der bestehenden Kontrollposition auf über 50 Prozent

Fraglich ist aber, ob nicht eine Pflicht zur Abgabe eines Angebots eintreten muss, wenn dieser Gesellschafter, der schon vor dem 01. Januar 2002 eine Kontrollposition innehatte, diese nunmehr nach Inkrafttreten des WpÜG auf über 50 Prozent aufstockt. Auch in diesem Fall entstehen keine Pflichten aus § 35 WpÜG, da es an der Erlangung der Kontrolle im Sinne des § 29 Abs. 2 WpÜG mangelt[332].

---

327 Vgl. Meyer, in: Geibel/Süßmann, § 35, Rdnr. 39.

328 Vgl. Altmeppen, ZIP 2001, S. 1073, 1081; Harbarth, ZIP 2002, S. 321, 324.

329 Vgl. Thoma, NZG 2002, S. 105, 112.

330 Vgl. Holzborn/Friedhoff, WM 2002, S. 948 (Fn. 7).

331 Vgl. Holzborn/Friedhoff, WM 2002, S. 948.

332 Vgl. Meyer, in: Geibel/Süßmann, § 35, Rdnr. 40; Letzel, NZG 2001, S. 260, 261; Harbarth, ZIP 2002, S. 321, 324. Anders jedoch Zietsch/Holzborn, WM 2001, S. 1753, 1754 die zur Vermeidung der Umgehung des Pflichtangebotes vorschlagen, § 35

Nicht anders liegt der Fall, in dem ein Bieter bei Inkrafttreten des WpÜG formal nach § 29 Abs. 2 WpÜG die 30-prozentige Kontrollschwelle erreicht oder überschritten hatte, aber eine tatsächliche Kontrollausübung deshalb nicht möglich war, weil derart hohe Hauptversammlungspräsenzen in der Zielgesellschaft bestanden, dass der Bieter keine Mehrheit in der Hauptversammlung erreichen konnte. Zwar mag der Zweck des Gesetzes in diesem Fall eine Veröffentlichungspflicht der Kontrollerlangung und eine Pflicht zur Abgabe eines Angebots verlangen; dies würde jedoch der Auslegung des Begriffs der Kontrollerlangung im Sinne des § 35 WpÜG und der Legaldefinition der Kontrolle in § 29 Abs. 2 WpÜG widersprechen[333].

4. Minderheitsgesellschafter trotz Kontrollposition

Wegen der Kontrollschwelle von 30 Prozent ist es denkbar, dass ein Gesellschafter zwar durch Erreichen oder Überschreitung dieses Anteils die Kontrollstellung hat, nicht jedoch Mehrheitsgesellschafter ist, da ein anderer Gesellschafter mehr Stimmrechte und evtl. sogar mehr als 50 Prozent der Stimmrechte hält. Hier ist es fraglich, ob bei einer nur formal, nicht jedoch tatsächlich bestehenden Kontrollstellung ein Pflichtangebot abgegeben werden muss. Da § 29 Abs. 2 WpÜG keine Unterschiede für eine Kontrollstellung vorsieht, je nachdem, ob diese tatsächlich oder nur formal vorliegt, ist davon auszugehen, dass der Gesetzgeber hier allein auf die formale Regelung abstellen wollte. Somit besteht grundsätzlich auch eine Pflicht zur Veröffentlichung der Kontrollerlangung und zur Abgabe eines Angebots gemäß § 35 WpÜG. Jedoch kann in diesem Fall auf Antrag des Bieters gemäß § 37 Abs. 1 WpÜG i.V.m. § 9 Satz 2 Nr. 1 WpÜG-Angebotsverordnung von der BaFin eine Befreiung von den Pflichten aus § 35 WpÜG erteilt werden.

Ähnlich liegt der Sachverhalt, wenn beispielsweise ein Gesellschafter, der 25 Prozent der Stimmrechte hält, diesen Anteil auf 35 Prozent aufstocken will, wobei ein weiterer Gesellschafter bereits 40 Prozent der Stimmrechte hält. Die Frage ist hier, ob bei einem öffentlichen Angebot die Regeln über Übernahmeangebote gemäß §§ 29ff. WpÜG Anwendung finden müssen, oder ob darauf auf Grund der besonderen Mehrheitsverhältnisse verzichtet werden kann und ein einfaches Angebot zum Erwerb von Wertpapieren gemäß §§ 10ff. WpÜG ausreicht. Bei wortlautgetreuer Auslegung des § 29 WpÜG ist das Angebot auf den

---

Abs. 2 WpÜG durch die Aufnahme eines neuen Satzes 3 dahingehend zu ergänzen, dass auch diejenigen Bieter der Verpflichtung zur Abgabe eines Pflichtangebotes unterliegen, die – nachdem die Regelungen des WpÜG in Kraft getreten sind – ihren Anteil an den (zuzurechnenden) Stimmrechten an den Zielgesellschaften auf über 50 Prozent aufstocken, sofern sie nicht bereits ein Pflichtangebot nach den Regelungen des WpÜG abgegeben haben. Diese Forderung, eine Übergangsregelung in das Gesetz aufzunehmen, um in diesem Fall die Abgabe eines Pflichtangebots vorzuschreiben, ist vom Gesetzgeber jedoch nicht berücksichtigt worden.

333 Vgl. Meyer, in: Geibel/Süßmann, § 35, Rdnr. 42.

Erwerb der Kontrolle gerichtet und die Regelungen des vierten Abschnitts sind anwendbar, mit der Folge, dass gemäß § 32 WpÜG ein Teilangebot unzulässig ist.
Unverständlicherweise fehlt jedoch für diesen Fall der Aufstockung einer Kontrollposition eine Ausnahmebestimmung, so dass, auch wenn ein anderer Gesellschafter mehr als 50 Prozent der Stimmrechte hält, ein Übernahmeangebot abgegeben werden muss, hingegen bei einer schon bestehenden Kontrollstellung die Möglichkeit einer Befreiung vom Pflichtangebot besteht. Diese Differenzierung macht keinen Sinn, da beide angesprochene Fälle vergleichbar sind. Es ist nicht einsichtig, warum derjenige, der eine Kontrollstellung mittels eines öffentlichen Angebots erreichen will, ein Übernahmeangebot abzugeben hat, jedoch derjenige, der die Kontrollstellung beispielsweise durch einen auf einem nichtöffentlichen Angebot beruhenden Erwerb oder durch die Zurechnung von Stimmrechten gemäß § 30 WpÜG erlangt hat, eine Ausnahme von der Pflicht zur Angebotsabgabe erhalten soll. Hier sollte wie mit § 9 WpÜG-Angebotsverordnung im Verhältnis zu § 35 WpÜG eine Ausnahmebestimmung zu § 32 WpÜG eingeführt werden, die entsprechend den Fällen grenzüberschreitender Angebote gemäß § 24 WpÜG in diesem besonderen Fall ein Übernahmeangebot in Form eines Teilangebots für zulässig erklärt.

5. Mittelbarer Kontrollerwerb

Fraglich ist, ob beim Erwerb mittelbarer Kontrolle gemäß § 30 WpÜG Stimmrechte dem Bieter zugerechnet werden müssen, mit der Folge, dass für das mittelbar kontrollierte Unternehmen die Voraussetzungen einer Zielgesellschaft vorliegen und somit ein Pflichtangebot abgegeben werden muss. Zunächst ist der Fall zu untersuchen, in dem das vermittelnde Unternehmen nicht die Voraussetzungen einer Zielgesellschaft erfüllt. Erwirbt beispielsweise A 30 Prozent der Stimmrechte an der B-GmbH, die wiederum 40 Prozent der Stimmrechte an der C-AG hält, erfüllt die C-AG grundsätzlich die Voraussetzungen, um als Zielgesellschaft Gegenstand eines Pflichtangebots zu sein[334]. A hat mittelbar über die B-GmbH die Kontrolle an der C-AG erlangt. A hat jedoch schon deshalb keine Kontrolle an der B-GmbH im Sinne des § 29 Abs. 2 WpÜG erlangt, weil die B-GmbH keine Zielgesellschaft im Sinne des § 2 Abs. 3 WpÜG darstellt. Eine Zurechnung der Stimmrechte der B-GmbH an der C-AG kann gemäß § 30 WpÜG nicht dem A gegenüber vorgenommen werden. Eine Zurechnung gemäß § 30 Abs. 1 Satz 1 Nr. 1 WpÜG scheidet aus, da die B-GmbH gemäß § 2 Abs. 6 WpÜG kein Tochterunternehmen des A ist. Weitere Zurechnungstatbestände kommen nicht in Betracht. Somit besteht gemäß § 29 Abs. 2 WpÜG nur eine Kontrollstellung der B-GmbH an der C-AG, nicht jedoch eine solche des A an der B-GmbH oder an der C-AG mit der Folge, dass A kein Pflichtangebot abgeben muss.

334 Vgl. Meyer, in: Geibel/Süßmann, § 35, Rdnr. 28.

Schwieriger ist die Entscheidung des Falles, in dem das vermittelnde Unternehmen selbst die Voraussetzungen einer Zielgesellschaft erfüllt, also in dem zuvor gebildeten Beispielsfall statt der B-GmbH die D-AG auftritt[335]. Unstreitig ist, dass A in diesem Fall ein Pflichtangebot für die von ihm unmittelbar kontrollierte D-AG abgeben muss. Fraglich ist jedoch, ob A ein zusätzliches Pflichtangebot auch für die C-AG abgeben muss. Dies ist zu bejahen, wenn die D-AG die Voraussetzungen eines Tochterunternehmens des A erfüllt, da dann dem A gegenüber gemäß § 30 Abs. 1 Satz 1 Nr. 1 WpÜG eine Zurechnung der Stimmrechte der D-AG an der C-AG möglich ist. Erfüllt die D-AG jedoch nicht die Voraussetzungen eines Tochterunternehmens gemäß § 2 Abs. 6 WpÜG scheidet eine Zurechnung der Stimmrechte gemäß § 30 WpÜG aus. Dies ist ein Beispiel für die problematischen Folgen der unterschiedlichen Definition von Kontrollstellung und Tochterunternehmen, da ein Unternehmen zwar gemäß § 29 Abs. 2 WpÜG unter der Kontrolle eines anderen stehen kann, aber nicht zwingend gleichzeitig auch ein Tochterunternehmen sein muss.

Der Gesetzgeber ist in diesen Fällen offensichtlich davon ausgegangen, dass A grundsätzlich zur Abgabe eines Pflichtangebots für die C-AG verpflichtet ist und nur die Möglichkeit einer Befreiung gemäß § 37 Abs. 1 WpÜG i.V.m. § 9 Satz 2 Nr. 3 WpÜG-Angebotsverordnung besteht, falls der Buchwert der Beteiligung der D-AG an der C-AG weniger als 20 Prozent des buchmäßigen Aktivvermögens der D-AG beträgt[336]. Dem ist jedoch nicht zu folgen, da eine Zurechnung von Stimmrechten nur an die tatsächliche Beherrschung von Tochterunternehmen anknüpft, nicht jedoch an eine bloße Kontrollstellung im Sinne des § 29 Abs. 2 WpÜG[337]. Die Zurechnungsnorm des § 30 WpÜG ist insofern als abschließend zu bezeichnen, als keine weiteren Zurechnungstatbestände geschaffen werden dürfen, die über dessen gesetzliche Voraussetzungen hinausgehen. Dem Tatbestand des § 29 Abs. 2 WpÜG kann somit keine Zurechnungswirkung zukommen. Dafür spricht schon dessen systematische Stellung im Gesetz außerhalb der Zurechnungsnorm des § 30 WpÜG und dessen Wortlaut, der erkennbar nur eine Definition der Kontrolle geben will. Für die Praxis wird dem Bieter empfohlen, einen Befreiungsantrag nach § 37 Abs. 1 und 2 WpÜG i.V.m. § 9 Satz 2 Nr. 3 WpÜG Angebotsverordnung für die C-AG zu stellen, damit er Klarheit über die ihm obliegenden Pflichten gemäß § 35 WpÜG gewinnt[338].

---

335 Vgl. Meyer, in: Geibel/Süßmann, § 35, Rdnr. 29.

336 Vgl. BT-Drucks. 14/7034, S. 59, 82.

337 Zweifel an der Pflicht zur Abgabe eines Angebots in diesen Fällen hat auch Meyer, in: Geibel/Süßmann, § 35, Rdnr. 30.

338 Meyer, in: Geibel/Süßmann, § 35, Rdnr. 30, empfiehlt, auch bzgl. der D-AG einen Befreiungsantrag zu stellen, wobei jedoch uneinsichtig ist, warum dieser Antrag gestellt werden soll, nachdem zuvor festgestellt wurde, dass bezüglich der D-AG ohnehin eine

6. Übergang zwischen unmittelbarer und mittelbarer Kontrolle

Gesetzgeberisches Ziel der Vorschriften über die Angebotspflicht gemäß §§ 35ff. WpÜG ist es, den Minderheitsaktionären im Hinblick auf die mit der erstmaligen Kontrollerlangung, aber auch mit einem Kontrollwechsel einhergehende Änderung der Unternehmenspolitik, wegen einer zu befürchtenden Verschlechterung der Position des Minderheitsaktionärs, die Möglichkeit zum Ausscheiden zu angemessenen Konditionen zu geben[339]. Deshalb besteht in den Fällen der Änderung der Person des Kontrollinhabers, nicht aber bei einer bloßen Modifikation des Zurechnungs-tatbestandes, für den Bieter die Pflicht zur Abgabe eines Vollangebots[340]. Problematisch sind jedoch die Fälle des Wechsels zwischen unmittelbarem und mittelbarem Stimmrechtsanteil. Dies ist insbesondere dann anzunehmen, wenn Anteile an der Zielgesellschaft zwischen Mutter- und Tochterunternehmen wechselseitig übertragen werden. So kann es bei gleicher Höhe des Stimmrechtsanteils zu einem Wechsel von unmittelbarer zu mittelbarer Kontrolle kommen und umgekehrt. Maßgebend ist, ob der Adressat der Angebotspflicht bereits vor der Maßnahme eine unmittelbare oder mittelbare Kontrollposition inne hatte. Dies ist beim Mutterunternehmen wegen der Zurechnung der vom Tochterunternehmen gehaltenen Stimmrechte gemäß § 30 Abs. 1 Satz 1 Nr. 1 WpÜG stets der Fall, so dass eine Angebotspflicht immer entfällt[341]. Hingegen erlangt das Tochterunternehmen erstmalig eine Kontrollstellung, so dass für dieses eine Angebotspflicht besteht[342].

7. Übergang zwischen alleiniger und gemeinsamer Kontrolle

Die gleichen Grundsätze gelten in der Regel auch für den Übergang zwischen alleiniger und gemeinsamer Kontrolle[343]. Jedoch sind hier Unterschiede zu machen, wenn es zu einer Verminderung oder Vermehrung der Zahl der Kontrollin-

---

Pflicht zur Abgabe eines Angebots besteht und Befreiungstatbestände nicht ersichtlich sind.

339 Vgl. BT-Drucks. 14/7034, S. 30; Harbarth, ZIP 2002, S. 321, 323; Liebscher, ZIP 2001, S. 853, 866; Liebscher, ZIP 2002, S. 1005, 1014; Meyer, in: Geibel/Süßmann, § 35, Rdnr. 1.

340 Vgl. Liebscher, ZIP 2002, S. 1005, 1014; Harbarth, ZIP 2002, S. 321, 323.

341 Vgl. Liebscher, ZIP 2002, S. 1005, 1015.

342 Da es sich in der Regel um eine Umstrukturierung innerhalb eines Konzerns handelt, greift jedoch der Befreiungstatbestand des § 36 Nr. 3 WpÜG ein, vgl. Liebscher, ZIP 2002, S. 1005, 1015.

343 Vgl. Liebscher, ZIP 2002, S. 1005, 1015.

haber kommt. Nur in diesen Fällen ist von einem Kontrollwechsel auszugehen, mit der Folge, dass Angebotspflichten entstehen[344].

8. Ex-ante oder ex-post-Betrachtung bei Übernahmeangeboten

Fraglich ist die Anwendbarkeit des § 35 WpÜG für den Fall, dass der Bieter zwar die 30-Prozent-Schwelle des § 29 Abs. 2 WpÜG erreicht, dennoch selbst in einer Minderheitsposition verharrt. Als Beispiel kann der Fall angesehen werden bei dem ein Gesellschafter der Zielgesellschaft einen Anteil von 45 Prozent an den Stimmrechten hält und der Bieter nach Abschluss des öffentlichen Übernahmeangebots einen Stimmanteil von 31 Prozent erreicht. Für diese Fälle wird zu Recht eine teleologische Reduktion der Norm befürwortet[345]. In diesem Fall befinden sich nämlich die Kleinaktionäre der Zielgesellschaft in Abhängigkeit vom Großaktionär und nicht vom Bieter. Demzufolge besteht für die Kleinaktionäre nicht der erhöhte Schutzbedarf, den die Regeln über Übernahmeangebote in §§ 29 – 34 WpÜG gewährleisten. Der bei Übernahmeangeboten befürchtete Druck des Bieters, die Minderheitsaktionäre dazu zu bewegen, eine niedrigere Gegenleistung zu akzeptieren oder sie durch Teilangebote in eine Minderheitenposition zu bringen, besteht in dieser Situation gerade nicht[346]. Anwendbar bleiben für diesen Fall jedoch die allgemeinen Regeln für das öffentliche Angebot zum Erwerb von Wertpapieren.

Problematisch ist in diesem Fall jedoch, dass aus einer ex-ante-Sicht nicht entschieden werden kann, mit welchem Stimmrechtsanteil des Bieters das Übernahmeangebot enden wird. So ist in dem obigen Beispielsfall durchaus denkbar, dass der Bieter nach Abschluss des Übernahmeverfahrens nicht nur 31 Prozent, sondern 46 Prozent der Stimmrechtsanteile der Zielgesellschaft, und damit mehr als der ehemalige Mehrheitsaktionär, besitzt. Die für Übernahmeangebote geltenden Schutzvorschriften der §§ 31 - 33 WpÜG wären in diesem Fall einschlägig. Diese Schutzvorschriften gelten jedoch alle für den gesamten Verlauf des Übernahmeverfahrens. Eine nachträgliche Nichtberücksichtigung für den Fall, dass der Bieter am Ende des Übernahmeverfahrens unter der Beteiligung des Mehrheitsaktionärs bleibt, ist somit genauso wenig möglich wie die nachträgliche Berücksichtigung beim Überschreiten der Beteiligung des bisherigen Mehrheitsaktionärs. Schon die Formulierung des § 29 Abs. 1 WpÜG zeigt, dass es für die Frage, ob ein öffentliches Übernahmeangebot vorliegt, auf die ex-ante-Sicht ankommt, da es auf den Erwerb der Kontrolle der Zielgesellschaft „gerichtet"

344 Vgl. dazu unten 4. Kapitel VII. 7. c) und d).

345 Vgl. Oechsler, NZG 2001, S. 817, 825; Kuhr, Der Minderheitenschutz bei Übernahmeangeboten in Deutschland und Frankreich unter dem Einfluss der 13. EG-Richtlinie, 1992, S. 97; Peltzer, in: Assmann/Basaldua/Bozenhardt/Peltzer (Hrsg.), Übernahmeangebote, ZGR-Sonderheft 9, 1990, S. 193.

346 Vgl. Oechsler, NZG 2001, S. 817, 825.

sein muss. Nicht erforderlich ist hingegen, dass es später tatsächlich zum Erwerb der Kontrolle kommt. Beispielsweise ist es denkbar, dass eine nicht ausreichende Anzahl von Aktionären der Zielgesellschaft bereit ist, deren Aktien zu verkaufen, so dass der Bieter nach Abschluss des Übernahmeverfahrens nur einen Anteil der Stimmrechte an der Zielgesellschaft von unter 30 Prozent erreicht. Somit ist unklar, wie sich die teleologische Reduktion des § 29 Abs. 2 WpÜG in der Praxis auswirken soll. Es sind drei Fälle zu unterscheiden. Eindeutig sind die Fälle, in denen ein Mehrheitsgesellschafter 50 Prozent oder mehr der Stimmrechte der Zielgesellschaft hält und der Rest der Aktien sich in Streubesitz befindet. In diesem Fall macht die Pflicht eines Kontrollinhabers, trotz dieser Situation ein Pflichtangebot abgeben zu müssen, keinen Sinn. Besitzt ein Gesellschafter 30 Prozent oder mehr, jedoch weniger als 50 Prozent der Stimmrechte an der Zielgesellschaft kommt es darauf an, ob der Bieter mehr oder weniger Anteile an der Zielgesellschaft hält als der Mitgesellschafter. Nur wenn der Bieter einen größeren Anteil als der Mitgesellschafter aufweisen kann, ist ein Pflichtangebot sinnvoll, nicht hingegen, wenn dieser über einen höheren Anteil an Stimmrechten verfügt. Diese beiden Fälle werden vom Befreiungstatbestand des § 9 Satz 2 Nr. 1 WpÜG-Angebotsverordnung erfasst. Im dritten Fall, in dem ein Mitgesellschafter weniger als 30 Prozent der Stimmrechte hält, ist eine Ausnahme von der Angebotspflicht nicht möglich, wenn der Bieter die Kontrollstellung erreicht hat.

Eine Übertragung dieser nur für das Pflichtangebot geltenden Grundsätze auf Übernahmeangebote ist weder im WpÜG noch in der WpÜG-Angebotsverordnung vorgesehen. Dadurch kommt es zu nicht einsichtigen Diskrepanzen. Denn in der Situation der ersten und zweiten Fallgruppe ist ein Gesellschafter, der bei der Innehabung der Kontrollstellung eine Befreiung von der Verpflichtung zur Abgabe eines Pflichtangebots erhalten kann, verpflichtet, ein Übernahmeangebot, also ein Vollangebot, abzugeben, wenn sein öffentliches Angebot auf den Erwerb von mindestens 30 Prozent der Stimmrechte der Zielgesellschaft gerichtet ist.

3. KAPITEL: DIE BEDEUTUNG UND AUSLEGUNG DES § 30 WPÜG

I. REGELUNGSGEGENSTAND, ANWENDUNGSBEREICH UND REGELUNGSZWECK

1. Regelungsgegenstand des § 30 WpÜG

§ 30 WpÜG hat die Aufgabe, unter den Voraussetzungen der Absätze 1 und 2 Stimmrechte aus Aktien, die nicht im Eigentum des Bieters stehen, diesem für die Berechnung des Stimmrechtsanteils nach § 29 Abs. 1 WpÜG und § 35 Abs. 1 WpÜG zuzurechnen. Dabei handelt es sich um eine abschließende Regelung, so dass eine Zurechnung von Stimmrechten auf Grund von Sachverhalten außerhalb des § 30 WpÜG ausscheidet[347]. Hierbei orientiert sich die Zurechnungsvorschrift des § 30 WpÜG an der schon bisher in § 22 WpHG enthaltenen Zurechnungsvorschrift, die eine Zurechnung von Stimmrechten im Rahmen der Mitteilungsvorschriften der §§ 21 ff. WpHG vorsieht. § 22 WpHG wurde dabei als das „regelungstechnische Herzstück der Offenlegungsvorschriften"[348] und als „die wohl problematischste Vorschrift"[349] der §§ 21ff. WpHG bezeichnet. Dies liegt zum einen daran, dass diese Norm enge Verbindungen zu anderen allgemeinen zivil- und gesellschaftsrechtlichen Regelungen aufweist und mit den einzelnen Zurechnungstatbeständen eine Vielzahl der unterschiedlichsten rechtlichen Konstellationen erfasst werden, zum anderen aber auch an den mannigfaltigen ökonomischen Bezügen[350]. Sinn und Zweck beider Regelungen ist es, Umgehungsmöglichkeiten der Mitteilungspflichten im Rahmen des WpHG oder der Veröffentlichungs- und Angebotspflichten im Rahmen des WpÜG einen Riegel vorzuschieben[351].

Die Zurechnungsvorschrift des § 22 WpHG a.F. wird aber in § 30 WpÜG in mehrfacher Hinsicht modifiziert[352]. Diese Modifikationen sind durch die mit der Anwendung des § 22 WpHG in der Praxis gewonnenen Erfahrungen bedingt, dienen der Klarstellung bestimmter Sachverhalte, deren Einordnung in der Praxis zu Zweifelsfragen Anlass gegeben hat und sollen bestehende Lücken bei der Zurechnung von Stimmrechten schließen[353]. Die Änderungen, die in § 30 WpÜG

[347] Vgl. von Bülow, in: Hirte/von Bülow, § 30, Rdnr. 3.

[348] Vgl. Scheider, in: Assmann/Schneider, § 22, Rdnr. 2; so nunmehr auch Steinmeyer/Häger, § 30, Rdnr. 1, die § 30 WpÜG als das regelungstechnische Herzstück zur Bestimmung des Stimmrechtsanteils des Bieters bezeichnen.

[349] Vgl. Burgard, BB 1995, S. 2069, 2071.

[350] Vgl. Nottmeier/Schäfer, AG 1997, S. 87, 93.

[351] Vgl. Scheider, in: Assmann/Schneider, § 22, Rdnr. 2; Nottmeier/Schäfer, AG 1997, S. 87, 93.

[352] Vgl. BT-Drucks. 14/7034, S. 53.

[353] Vgl. BT-Drucks. 14/7034, S. 53.

Eingang gefunden haben, wurden wiederum in § 22 WpHG fast wortlautgleich übernommen. Ob diese Ziele durch die neue Gesetzesfassung erreicht werden oder ob im Gegenteil eine Verwässerung[354] der Zurechnungstatbestände eingetreten ist, wird Gegenstand der vorliegenden Untersuchung sein.

Bereits im Übernahmekodex gab es mit Art. 16 Satz 2 eine Vorschrift, die die Zurechnung von Stimmrechten mit einem Verweis auf die entsprechende Anwendung des § 22 Abs. 1 Satz 1 Nr. 1 bis 7 WpHG regelte. Diese Zurechnung nach § 22 WpHG wurde zum Teil abgelehnt, da diese Vorschrift einen völlig anderen Regelungszweck verfolge[355].

Die Regelung der Zurechnung von Stimmrechten nach dem WpÜG hat bisher in der Literatur kaum Aufmerksamkeit gefunden[356]. Im Mittelpunkt standen vielmehr Fragen wie das Pflichtangebot, die Neutralitätspflicht des Vorstandes der Zielgesellschaft oder die im AktG verankerte „Squeeze-out“-Regelung. Damit wurde jedoch die weitreichende Bedeutung, die § 30 WpÜG in Zukunft haben wird, zu Unrecht unterschätzt. Die durch Auslegungsschwierigkeiten und Zweifelsfragen entstehenden Planungsunsicherheiten und Transaktionsrisiken beruhen vor allem auf der fehlenden gefestigten Verwaltungspraxis der BaFin, die erst nach einer größeren Anzahl von behandelten übernahmerechtlichen Fällen Klarheit über die Behandlung von Abgrenzungsproblemen schaffen wird.

2. Anwendungsbereich des § 30 WpÜG

a) Zurechnungssubjekt

Bei einem ersten unbefangenen Lesen des § 30 WpÜG stellt sich die Frage nach dessen Anwendungsbereich. Folgt man dem Wortlaut der Norm, liegt der Schluss nahe, der Anwendungsbereich sei nur dann eröffnet, wenn bereits ein Aktionär die Rolle des Bieters übernommen hat. Denn in allen Zurechnungstatbeständen ist der „Bieter“ ausdrücklich als derjenige bezeichnet, dem die Stimmrechte zugerechnet werden müssen. Zu untersuchen ist nunmehr, ob bei einem Aktionär die Bietereigenschaft vor der Zurechnung von Stimmrechten bereits vorliegen muss, oder ob eine Zurechnung von Stimmrechten diese Bietereigenschaft auch erst begründen kann.

Unproblematisch sind die Fälle, in denen ein Aktionär entweder ein Angebot abgegeben hat oder ein solches beabsichtigt. Damit ist nach der Definition des § 2

---

354 Vgl. Schneider, AG 2002, S. 125, 126.

355 Vgl. Raschke, ZHR 161 (1997), S. 455, 456 ohne weitere Begründung.

356 Vgl. nur Meyer/Bundschuh, WM 2003, S. 960ff.; Liebscher, ZIP 2002, S. 1005ff. und Witt, AG 2001, S. 233ff. sowie die einschlägige Kommentarliteratur.

Abs. 4 WpÜG die Bietereigenschaft begründet und eine Zurechnung von Stimmrechten findet schon nach dem Wortlaut des § 30 WpÜG statt.

Hat jedoch ein Aktionär weder ein Angebot abgegeben noch ein solches beabsichtigt, bleibt nach der Definition des § 2 Abs. 4 WpÜG nur der Fall übrig, in dem der Aktionär zur Abgabe eines Angebots verpflichtet ist, mithin die Kontrolle an der Zielgesellschaft bereits innehat. In diesem Fall entsteht das Problem, dass bei wortlautgetreuer Auslegung bereits jemand zur Abgabe eines Angebots verpflichtet sein muss, also mindestens 30 Prozent der Stimmrechte der Zielgesellschaft halten muss, bevor eine Zurechnung von Stimmrechten stattfinden kann. Eine solche Auslegung entspricht jedoch nicht dem Sinn und Zweck des § 30 WpÜG, der gerade auch Umgehungen eines drohenden Pflichtangebots dadurch verhindern will, dass Stimmrechte zugerechnet werden, obwohl die Aktien z.B. einem Tochterunternehmen oder Dritten gehören[357]. Würde man eine Anwendung des § 30 WpÜG in Fällen einer fehlenden Bietereigenschaft verneinen, würde dies zu einer unverhältnismäßigen Einschränkung des Anwendungsbereiches führen und damit eine erhebliche Einschränkung der Anwendungsfälle von Pflichtangeboten zur Folge haben. Denn nur das Halten von mindestens 30 Prozent der Stimmrechte an der Zielgesellschaft durch Aktien, die einem Aktionär selbst gehören, hätte die Abgabe eines Pflichtangebots zur Folge, nicht hingegen ein geringerer Eigenanteil, der erst über die Zurechnung von Stimmrechten zur Überschreitung der 30-prozentigen Kontrollschwelle führt. Zudem ist für § 22 WpHG, der in ähnlicher Weise vom „Meldepflichtigen" spricht, anerkannt, dass jemand durch die Zurechnung von Stimmrechten zum Meldepflichtigen werden kann, ohne selbst zuvor meldepflichtig gewesen sein zu müssen.

Die missverständliche und unglückliche Formulierung des § 30 Abs. 1 Satz 1 WpÜG, in dessen Einleitungssatz und einzelnen Nummern vom „Bieter" gesprochen wird, bedeutet somit nicht, dass die Bietereigenschaft bereits vorliegen muss, bevor Stimmrechte zugerechnet werden können. Es kann jemand auch erst durch die Zurechnung von Stimmrechten zum Bieter werden. Bieter ist in diesem Falle nach der Definition des § 2 Abs. 4 WpÜG derjenige, der ein Pflichtangebot abzugeben hat.

Zur Klarstellung bietet sich der folgende **Formulierungsvorschlag** für § 30 WpÜG an:

(1) Stimmrechten eines Aktionärs der Zielgesellschaft stehen Stimmrechte aus Aktien der Zielgesellschaft gleich,

357 Vgl. von Bülow, in: Hirte/von Bülow, § 30, Rdnr. 20.

1. die einem Tochterunternehmen des Bieters oder desjenigen, der durch die Zurechnung von Stimmrechten zum Bieter wird, gehören,

2. die einem Dritten gehören und von ihm für Rechnung des Bieters oder desjenigen, der durch die Zurechnung von Stimmrechten zum Bieter wird, gehalten werden,

3. die der Bieter oder derjenige, der durch die Zurechnung von Stimmrechten zum Bieter wird, einem Dritten als Sicherheit übertragen hat, es sei denn, der Dritte ist zur Ausübung der Stimmrechte aus diesen Aktien befugt und bekundet die Absicht, die Stimmrechte unabhängig von den Weisungen des Bieters oder desjenigen, der durch die Zurechnung von Stimmrechten zum Bieter wird, auszuüben,

4. an denen zugunsten des Bieters oder desjenigen, der durch die Zurechnung von Stimmrechten zum Bieter wird, ein Nießbrauch bestellt ist

5. die der Bieter oder derjenige, der durch die Zurechnung von Stimmrechten zum Bieter wird, durch eine Willenserklärung erwerben kann,

6. die dem Bieter oder demjenigen, der durch die Zurechnung von Stimmrechten zum Bieter wird, anvertraut sind, sofern dieser die Stimmrechte aus diesen Aktien nach eigenem Ermessen ausüben kann, wenn keine besonderen Weisungen des Aktionärs vorliegen.

Für die Zurechnung nach Satz 1 Nr. 2 bis 6 stehen dem Bieter oder demjenigen, der durch die Zurechnung von Stimmrechten zum Bieter wird, Tochterunternehmen des Bieters
oder desjenigen, der durch die Zurechnung von Stimmrechten zum Bieter wird, gleich. Stimmrechte des Tochterunternehmens werden dem Bieter oder demjenigen, der durch die Zurechnung von Stimmrechten zum Bieter wird, in voller Höhe zugerechnet.

(2) Dem Bieter oder demjenigen, der durch die Zurechnung von Stimmrechten zum Bieter wird, werden auch Stimmrechte eines Dritten aus Aktien der Zielgesellschaft in voller Höhe zugerechnet, mit dem der Bieter, derjenige, der durch die Zurechnung von Stimmrechten zum Bieter wird, oder dessen Tochterunternehmen sein Verhalten in Bezug auf die Zielgesellschaft auf Grund einer Vereinbarung oder in sonstiger Weise abstimmt; ausgenommen sind Vereinbarungen über die Ausübung von Stimmrechten in Einzelfällen. Für die Berechnung des Stimmrechtsanteils des Dritten gilt Absatz 1 entsprechend.

Alternativ würde sich auch die Einfügung eines Absatzes 3 anbieten, der klarstellt, dass die Bietereigenschaft auch erst durch die Zurechnung von Stimmrechten begründet werden kann. Dies würde die vielfachen Wiederholungen überflüssig machen und zur Übersichtlichkeit der Norm beitragen. Auch die Nennung des „Bieters" in § 35 Abs. 2 Satz 1 WpÜG ist im Hinblick auf die Definition in § 2 Abs. 4 WpÜG verfehlt. Der Gesetzgeber unterliegt hier einem klassischen Zirkelschluss. Solange eine solche Klarstellung im Gesetz nicht erfolgt ist, ist der Anwendungsbereich des § 30 WpÜG teleologisch dahingehend zu erweitern, dass eine Stimmrechtszurechnung nicht nur bei Bietern im Sinne des § 2 Abs. 4 WpÜG, sondern bei jedem Rechtssubjekt, das Normadressat des § 35 Abs. 1 Satz 1 WpÜG sein kann, zu erfolgen hat[358].

b) Zurechnungsgegenstand

Nach dem Wortlaut des § 30 WpÜG können dem Bieter nur Stimmrechte aus Aktien der Zielgesellschaft zugerechnet werden. Vor dem Hintergrund des Regelungszwecks der Norm, unabhängig von der formal zivilrechtlichen Lage faktische Einflussmöglichkeiten auf die Zielgesellschaft zu erfassen, ist die Stimmrechtszurechnungsnorm jedoch auch auf Stimmrechte an der Zielgesellschaft anzuwenden, die Dritten aus Wertpapieren oder Zertifikaten, die mit Aktien vergleichbar sind oder diese vertreten[359], zustehen[360]. Hingegen bleiben Wertpapiere, die dem jeweiligen Inhaber lediglich ein Recht zum Erwerb stimmberechtigter Aktien der Zielgesellschaft geben[361], unberücksichtigt[362].

3. Bedeutung der Vorschrift des § 30 WpÜG im Gesamtzusammenhang von Erwerbsvorgängen und Übernahmen im Rahmen des WpÜG

Die Vorschrift des § 30 WpÜG wird in der zukünftigen Anwendung des deutschen Übernahmerechts eine bedeutende Rolle spielen, da die Systematik der drei unterschiedlichen Angebotsvarianten eine Prüfung dieser Vorschrift bei jedem einzelnen Erwerbsvorgang erfordert.

Zudem kann eine Nichtbeachtung der sich aus § 35 Abs. 1 oder 2 WpÜG ergebenden Veröffentlichungs- oder Angebotspflichten nicht nur zum Verlust der Rechte aus Aktien des Bieters selbst, sondern auch in besonderen Fällen zum Verlust der Rechte aus Aktien, deren Stimmrechte ihm nur zugerechnet werden, führen.

---

358 Vgl. von Bülow, in: Hirte/von Bülow, § 30, Rdnr. 21.

359 Dazu zählen beispielsweise Depositary Receipts oder Zwischenscheine.

360 Vgl. von Bülow, in: Hirte/von Bülow, § 30, Rdnr. 22.

361 Dazu zählen beispielsweise Wandelschuldverschreibungen.

362 Vgl. von Bülow, in: Hirte/von Bülow, § 30, Rdnr. 22.

a) Auswirkung auf die Erstellung einer Angebotsunterlage gemäß § 11 WpÜG

Jeder Bieter muss eine Unterlage über das Angebot erstellen und veröffentlichen, das alle Angaben enthält, die notwendig sind, um in Kenntnis der Sachlage über das Angebot entscheiden zu können[363]. In § 11 Abs. 2 WpÜG sind alle für die Angebotsunterlage erforderlichen Angaben über den Inhalt des Angebots und ergänzende Angaben aufgelistet. Darüber hinaus enthält der auf der Grundlage des § 11 Abs. 4 WpÜG erlassene § 2 WpÜG-Angebotsverordnung detaillierte Regelungen über weitere ergänzende Angaben, die in die Angebotsunterlage aufgenommen werden müssen. Nach § 2 Nr. 1 WpÜG-Angebotsverordnung sind somit Name oder Firma und Anschrift oder Sitz der mit dem Bieter gemeinsam handelnden Personen und der Personen, deren Stimmrechte aus Aktien der Zielgesellschaft nach § 30 WpÜG Stimmrechten des Bieters gleichstehen oder ihm zuzurechnen sind, in die Angebotsunterlage aufzunehmen. Unglücklich erscheint in diesem Zusammenhang die Verwendung des Wortes „oder" als Verbindung zwischen Stimmrechten, die gleichstehen, und Stimmrechten, die zuzurechnen sind. Denn aus § 30 WpÜG geht hervor, dass Stimmrechte aus Aktien der Zielgesellschaft, die in den aufgeführten Fällen Stimmrechten des Bieters gleichstehen, dem Bieter auch zwingend zuzurechnen sind. Fälle, in denen Stimmrechte aus Aktien den Stimmrechten des Bieters gleichstehen, aber eine Stimmrechtszurechnung nicht stattfindet, sowie umgekehrte Fälle der Zurechnung, ohne dass ein Gleichstehen der Stimmrechte vorliegt, sind somit nicht denkbar. Dies geht auch aus der Formulierung der Zurechnung von Stimmrechten in der amtlichen Überschrift des § 30 WpÜG und in § 30 Abs. 1 Satz 2 WpÜG und der Formulierung des Gleichstehens von Stimmrechten in § 30 Abs. 1 Satz 1 WpÜG hervor. Hier sollten keine Unterschiede in der Begrifflichkeit gemacht werden[364]. Insofern wird eine Änderung der Formulierung des Satzteils „oder ihm zuzurechnen sind" in „und ihm deshalb zuzurechnen sind" vorgeschlagen.

Weiterhin muss gemäß § 2 Nr. 5 WpÜG-Angebotsverordnung die Anzahl der vom Bieter und von mit ihm gemeinsam handelnden Personen und deren Tochterunternehmen bereits gehaltenen Wertpapiere sowie die Höhe der von diesen gehaltenen Stimmrechtsanteile unter Angabe der ihnen jeweils nach § 30 WpÜG zuzurechnenden Stimmrechtsanteile getrennt für jeden Zurechnungstatbestand in der Angebotsunterlage angegeben werden. Diese Angaben dienen dazu, ein umfassendes Bild über die Eigentumsverhältnisse an der Zielgesellschaft zu vermitteln[365]. Bei der Angabe der Anzahl der bereits gehaltenen Wertpapiere kommt es nicht darauf an, ob diese Stimmrechte an der Zielgesellschaft vermitteln, so dass stimmrechtslose Vorzugsaktien ebenso anzugeben sind wie auch alle ande-

363 Vgl. § 11 Abs. 1 Satz 1 und 2 WpÜG.

364 Vgl. von Bülow, in: Hirte/von Bülow, § 30, Rdnr. 23.

365 Vgl. BT-Drucks. 14/7034, S. 78f.

ren Wertpapiere im Sinne des § 2 Abs. 2 WpÜG, die keine Stimmrechte vermitteln[366]. Dazu zählen beispielsweise Optionsanleihen cum, soweit also der Optionsschein noch nicht abgetrennt ist, Umtauschanleihen, Wandelschuldverschreibungen, Optionsscheine oder Wandelgenussscheine[367]. Unklar ist allerdings nach der Formulierung der Verordnung, ob die Angaben für Bieter, mit ihm gemeinsam handelnde Personen und deren Tochterunternehmen getrennt erfolgen müssen, oder ob eine pauschale Angabe für alle ausreicht. Gegen eine Pflicht zur getrennten Angabe der gehaltenen Wertpapiere spricht, dass nach dem Wortlaut der Verordnung die gehaltenen Wertpapiere anzugeben sind und das Wort „jeweils" sich ausdrücklich nur auf die zuzurechnenden, nicht hingegen auf die bereits gehaltenen Stimmrechtsanteile bezieht[368]. Dies ist natürlich eine zulässige Auslegungsmöglichkeit, die jedoch zu keineswegs befriedigenden Ergebnissen führt, da dadurch keine ausreichende Transparenz gewährleistet werden kann. Denn im Einzelfall kann es sehr wohl von besonderer Bedeutung sein, ob Wertpapierbestände dem Bieter selbst, oder aber einer gemeinsam handelnden Person oder einem Tochterunternehmen gehören. Hier ist der Verordnungsgeber gefordert, durch das zweimalige Einfügen des Wortes „jeweils" im ersten Satzteil Klarheit zu verschaffen, dass eine getrennte Angabe der Anzahl der Wertpapiere und auch der Höhe der gehaltenen Stimmrechtsanteile gefordert wird. So wird auch ein Gleichlauf mit der schon bestehenden Pflicht zur getrennten Angabe der zuzurechnenden Stimmrechtsanteile herbeigeführt.

Insofern wird folgender Wortlaut des § 2 Nr. 5 WpÜG-Angebotsverordnung vorgeschlagen:

...5. Anzahl der *jeweils* vom Bieter und von mit ihm gemeinsam handelnden Personen und deren Tochterunternehmen bereits gehaltenen Wertpapiere sowie die Höhe der *jeweils* von diesen gehaltenen Stimmrechtsanteile unter Angabe der ihnen jeweils nach § 30 WpÜG zuzurechnenden Stimmrechtsanteile getrennt für jeden Zurechnungstatbestand;

b) Auswirkung auf die Veröffentlichungspflicht des Bieters gemäß § 23 Abs. 1 WpÜG

§ 23 Abs. 1 WpÜG soll während des Angebotsverfahrens zum Erwerb von Wertpapieren am Markt Transparenz über die Beteiligung des Bieters, der mit ihm gemeinsam handelnden Personen und deren Tochtergesellschaften an der Zielgesellschaft sowie über die Akzeptanz des Angebots schaffen[369]. Die Veröf-

366 Vgl. Geibel, in: Geibel/Süßmann, § 11, Rdnr. 64.

367 Vgl. Angerer, in: Geibel Süßmann, § 1, Rdnr. 32; Geibel, in: Geibel/Süßmann, § 11, Rdnr. 64.

368 Vgl. Geibel, in: Geibel/Süßmann, § 11, Rdnr. 65.

369 Vgl. BT-Drucks. 14/7034, S. 50.

fentlichungspflichten des Bieters nach § 23 WpÜG werden üblicherweise als sogenannte „Wasserstandsmeldungen" bezeichnet[370]. Der Bieter wird zum einen verpflichtet, die aktuelle Höhe des Wertpapier- und Stimmrechtsbestands an der Zielgesellschaft der BaFin mitzuteilen und zu veröffentlichen. Um den Angebotsempfängern ein umfassendes Bild über die Beteiligungsverhältnisse zu verschaffen, sind die Angaben nicht auf diejenigen Wertpapiere der Zielgesellschaft beschränkt, die Gegenstand des Angebots sind, sondern umfassen sämtliche Wertpapiere der Zielgesellschaft. Hierzu zählen nicht nur die dem Bieter selbst zustehenden, sondern auch die ihm nach § 30 WpÜG zuzurechnenden Stimmrechtsanteile. Darüber hinaus hat der Bieter die sich aus den ihm zugegangenen Annahmeerklärungen ergebende Anzahl der Wertpapiere einschließlich der Höhe der Wertpapier- und Stimmrechtsanteile anzugeben. Hierdurch soll den Empfängern des Angebots ein Überblick über die Akzeptanz des Angebots vermittelt werden. Für den Zeitpunkt der Veröffentlichung und Mitteilung sind in § 23 Abs. 1 Satz 1 WpÜG genaue Vorgaben enthalten. Dabei ist eine getrennte Angabe der vom Bieter direkt gehaltenen und der ihm nach § 30 WpÜG zuzurechnenden Stimmrechtsanteile nicht erforderlich. Dies ergibt sich schon daraus, dass die nach Zurechnungstatbeständen getrennte Angabe vom Gesetzgeber ausdrücklich gefordert wird, wenn sie als erforderlich angesehen wird[371]. Auch der Normzweck fordert eine solche Angabe nicht, da die Aktionäre ausreichend über die Veränderungen der dem Bieter zuzurechnenden Stimmrechte informiert werden, wenn die Gesamtzahl der Stimmrechte angegeben ist[372].

c) Auswirkung auf die Abgabe eines Übernahmeangebots gemäß § 29 Abs. 1 WpÜG

§ 30 WpÜG steht im vierten Abschnitt des WpÜG, der Regelungen über Übernahmeangebote enthält. Dies bedeutet jedoch nicht, dass § 30 ausschließlich für Übernahmeangebote Anwendung findet. Vielmehr ist die Vorschrift über die Zurechnung von Stimmrechten bei jedem öffentlichen Angebot zum Erwerb von Wertpapieren anwendbar und auch anzuwenden. Insofern erscheint die Stellung des § 30 WpÜG in diesem Abschnitt als missglückt. Sinnvoll wäre vielmehr eine Stellung im ersten Abschnitt bei den allgemeinen Vorschriften gewesen. Der Standort im vierten Abschnitt erklärt sich jedoch aus der Regelung des § 29 Abs. 2 WpÜG, der Kontrolle als das Halten von mindestens 30 Prozent der Stimmrechte an der Zielgesellschaft definiert. In diesem Zusammenhang soll

---

370 Vgl. Thun, in: Geibel/Süßmann, § 23, Rdnr. 1; Witt, NZG 2000, S. 809ff.

371 Eine solche ausdrückliche Normierung findet sich in § 35 Abs. 1 Satz 3 WpÜG für die Veröffentlichung des Kontrollerwerbs, in § 2 Nr. 5 WpÜG-Angebotsverordnung für die Angaben in der Angebotsunterlage und in § 22 Abs. 4 WpHG für die Mitteilungspflichten aus § 21 WpHG.

372 Vgl. Thun, in: Geibel/Süßmann, § 23, Rdnr. 14.

§ 30 WpÜG herausstellen, dass Stimmrechten des Bieters selbst in besonderen Fällen Stimmrechte anderer gleichstehen.
Bei jedem Erwerbsvorgang ist zu fragen, ob dadurch die 30-prozentige Kontrollschwelle erreicht werden kann oder ob das Angebot unter dieser Schwelle bleibt. Je nachdem welche Konstellation vorliegt, sind dann entweder allein die Vorschriften des dritten Abschnitts oder zusätzlich[373] die Vorschriften des vierten Abschnitts anwendbar, der mit § 31 WpÜG und § 33 WpÜG zusätzliche Regelungen über die Gegenleistung und die Handlungen des Vorstands und Aufsichtsrats der Zielgesellschaft enthält. Wäre § 30 WpÜG nicht bei jedem öffentlichen Angebot anwendbar, könnte nie entschieden werden, welche Regelungen nunmehr bei dem vorliegenden Angebot anzuwenden sind. Sinn und Zweck des § 30 WpÜG ist es, bei Vorliegen von Zurechnungstatbeständen, Angebote zum Erwerb von Wertpapieren zu Übernahmeangeboten zu machen, falls dadurch die Kontrollschwelle erreicht werden kann. Hält beispielsweise ein Bieter 28 Prozent der Stimmrechte der Zielgesellschaft und macht ein öffentliches Angebot auf ein weiteres Prozent, liegt mangels der Möglichkeit des Erreichens der Kontrollschwelle von 30 Prozent grundsätzlich kein Übernahmeangebot vor. Gehört jedoch einem Tochterunternehmen des Bieters in der gleichen Konstellation mindestens ein Prozent der stimmrechtsfähigen Aktien der Zielgesellschaft, wird das Angebot zum Übernahmeangebot, da nunmehr das Angebot wegen des Zurechnungstatbestandes des § 30 Abs. 1 Satz 1 Nr. 1 WpÜG auf den Erwerb der Kontrolle der Zielgesellschaft gerichtet ist. Das Übernahmeangebot des Bieters, das nur auf einen einprozentigen Anteil der Aktien der Zielgesellschaft erstreckt wurde, ist gemäß § 32 WpÜG unzulässig. Der Bieter muss ein Angebot abgeben, welches sich auf sämtliche Aktien erstreckt.

d) Auswirkung auf die Veröffentlichungspflicht gemäß § 35 Abs. 1 WpÜG i.V.m. § 39 WpÜG und die Pflicht zur Abgabe eines Übernahmeangebots gemäß § 35 Abs. 2 WpÜG i.V.m. § 39 WpÜG

Die Zurechnungsvorschrift des § 30 WpÜG hat weitreichende Auswirkungen auf die Veröffentlichungspflicht gemäß § 35 Abs. 1 WpÜG und die Pflicht zur Abgabe eines Übernahmeangebots gemäß § 35 Abs. 2 WpÜG. § 30 WpÜG ist für Pflichtangebote gemäß § 39 WpÜG sinngemäß anwendbar und wird in diesem Zusammenhang für die Praxis voraussichtlich am bedeutsamsten sein[374]. Zu beachten gilt hier, dass gemäß § 35 Abs. 3 WpÜG keine Verpflichtungen nach § 35 Abs. 1 Satz 1 und Abs. 2 Satz 1 WpÜG bestehen, wenn die Kontrolle über die Zielgesellschaft auf Grund eines Übernahmeangebots erworben wurde. Denkbar sind alle anderen Fälle, in denen zusammen mit der Zurechnung von Stimmrechten oder aber auch allein durch die Zurechnung von Stimmrechten die 30-

---

373 Vgl. § 34 WpÜG.

374 Vgl. Krause, NJW 2002, S. 705, 713.

prozentige Kontrollschwelle bei einem Aktionär der Zielgesellschaft überschritten wird.
Gemäß § 35 Abs. 1 Satz 3 WpÜG sind in der Veröffentlichung die nach § 30 WpÜG zuzurechnenden Stimmrechte für jeden Zurechnungstatbestand getrennt anzugeben[375]. Auch im Falle eines Antrags auf Befreiung von der Pflicht zur Veröffentlichung der Kontrollerlangung und der Pflicht zur Abgabe eines Angebots gemäß § 37 Abs. 1 WpÜG i.V.m. §§ 8ff. WpÜG-Angebotsverordnung müssen gemäß § 10 Nr. 3 WpÜG-Angebotsverordnung vom Bieter und den gemeinsam mit diesem handelnden Personen die ihnen nach § 30 WpÜG zuzurechnenden Stimmrechte angegeben werden. Es empfiehlt sich dabei, diese zugerechneten Stimmrechte nach den einzelnen Tatbeständen des § 30 WpÜG aufzuteilen[376].

e) Verlust der Rechte aus Aktien gemäß § 59 WpÜG in besonderen Fällen

§ 59 WpÜG enthält Vorschriften über den Verlust der Rechte aus Stamm- und Vorzugsaktien[377] für die Zeit, für welche die Pflichten nach § 35 Abs. 1 oder 2 WpÜG nicht erfüllt werden. Keine Rechte aus Aktien bestehen demzufolge für Aktien des Bieters, aber auch für die Aktien, die mit dem Bieter gemeinsam handelnden Personen oder deren Tochterunternehmen gehören. Auch Aktien, aus denen dem Bieter, mit ihm gemeinsam handelnden Personen oder deren Tochterunternehmen gemäß § 30 Abs. 1 Satz 1 Nr. 2 WpÜG Stimmrechte zugerechnet werden, unterliegen bei Pflichtverletzungen dem Rechtsverlust. Jedoch erstreckt sich der Rechtsverlust nicht auf Aktien, die dem Bieter nach § 30 Abs. 1 Satz 1 Nr. 3 bis 6 zugerechnet werden[378]. Diese Schlussfolgerung lässt sich daraus ziehen, dass die sonstigen Zurechnungstatbestände entweder ausdrücklich oder umschreibend in der Regelung erwähnt sind. § 59 WpÜG entspricht den bereits in § 28 WpHG und § 20 Abs. 7 AktG enthaltenen Regelungen. Ein Verlust der Dividendenansprüche nach § 58 Abs. 4 AktG in Zusammenhang mit dem Gewinnverwendungsbeschluss nach § 174 AktG und der Ansprüche auf den anteiligen Liquidationserlös nach § 271 AktG tritt nicht ein, wenn die Veröffentlichung oder das Angebot nach § 35 Abs. 1 Satz 1 oder Abs. 2 Satz 1 WpÜG nicht

---

375 Vgl. dazu unten 5. Kapitel, IV.

376 Vgl. Meyer, in: Geibel/Süßmann, § 37, Rdnr. 12.

377 Zu den einzelnen vom Rechtsverlust erfassten Verwaltungs- und Vermögensrechten vgl. Tschauner, in: Geibel/Süßmann, § 59, Rdnr. 22ff.

378 Vgl. Tschauner, in: Geibel/Süßmann, § 59, Rdnr. 2; a.A. Möller, AG 2002, S. 170, 175.

vorsätzlich unterlassen wurde und nachgeholt worden ist[379]. Die verbotswidrige Rechtsausübung selbst ist nicht als Ordnungswidrigkeit sanktioniert[380].

f) Bußgeldvorschriften gemäß § 60 WpÜG

In § 60 WpÜG werden Bußgeldvorschriften geregelt. Diese bezeichnen bestimmte Verletzungen von Veröffentlichungs-, Mitteilungs- oder sonstigen Pflichten aus dem WpÜG als Ordnungswidrigkeiten, die mit Geldbußen bis zu einer Million Euro geahndet werden können. Auch wenn entgegen § 35 Abs. 1 Satz 1 oder Abs. 2 Satz 1 WpÜG vorsätzlich oder leichtfertig eine Veröffentlichung nicht, nicht richtig, nicht vollständig, nicht in der vorgeschriebenen Weise oder nicht rechtzeitig vorgenommen wird, liegt eine Ordnungswidrigkeit vor[381]. Da die Kontrollstellung auch durch die Hinzurechnung von Stimmrechten und sogar allein durch die Zurechnung von Stimmrechten gemäß § 30 WpÜG erreicht werden kann, unterfällt auch diese Norm dem Bußgeldtatbestand, falls eine Zurechnung bei der Berechnung der Stimmrechtsanteile nicht ordnungsgemäß erfasst wurde und eine Veröffentlichung des Erlangens der Kontrollposition demzufolge nicht erfolgte.

g) Anspruch auf Zinsen gemäß § 38 WpÜG

Der Bieter ist den Aktionären der Zielgesellschaft für die Dauer des Verstoßes zur Zahlung von Zinsen auf die Gegenleistung in Höhe von fünf Prozentpunkten auf das Jahr über dem jeweiligen Basiszinssatz verpflichtet, wenn er seiner Veröffentlichungspflicht aus § 35 Abs. 1 Satz 1 WpÜG oder seiner Angebotspflicht aus § 35 Abs. 2 Satz 1 WpÜG nicht nachkommt. Dieser Zinsanspruch ist in § 38 Nr. 1 und 2 WpÜG geregelt. Er führt dazu, dass das Übersehen eines Zurechnungstatbestandes des § 30 WpÜG, der ein Erreichen oder Überschreiten der Kontrollschwelle zur Folge hat, für den Bieter erhebliche finanzielle Belastungen zur Folge haben kann. Deshalb ist es für den Bieter sehr wichtig, Sicherheit darüber zu erlangen, unter welchen Umständen und zu welchem Zeitpunkt eine Stimmrechtszurechnung vorzunehmen ist, um durch die Befolgung der Pflichten aus § 35 WpÜG einen Zinsanspruch der Aktionäre der Zielgesellschaft auszuschließen.

h) Bedeutung als Ergänzung zu eigenen Anteilen des Bieters

Da ein Anteil von 30 Prozent an Aktien der Zielgesellschaft allein über einen Zurechnungstatbestand wohl mit Ausnahme von § 30 Abs. 1 Satz 1 Nr. 1 WpÜG

---

379 Vgl. § 59 Satz 2 WpÜG.

380 Vgl. Tschauner, in: Geibel/Süßmann, § 59, Rdnr. 73.

381 Vgl. § 60 Abs. 1 Nr. 1 Buchst. a WpÜG.

und § 30 Abs. 2 WpÜG selten erreicht wird[382], besteht die Hauptaufgabe des § 30 WpÜG darin, eigene Anteile des Bieters um zuzurechnende Anteile zu ergänzen. Hierin liegt die erhebliche Bedeutung von § 30 WpÜG, da schon ein Zurechnungsanteil von nur 0,01 Prozent aller Aktien, in Extremfällen von nur einer Aktie, Auswirkungen darauf haben kann, ob ein öffentliches Angebot als Übernahmeangebot oder ein Pflichtangebot abgegeben werden muss.

II. Auslegungsmöglichkeiten bei § 30 WpÜG

1. Grundsatz der realitätsbezogenen Auslegung

Zunächst ist zu berücksichtigen, dass § 30 WpÜG in der Praxis einen enorm weiten Anwendungsbereich hat. Die folgenden Ausführungen werden zeigen, dass die insgesamt sieben Zurechnungstatbestände Verbindungen zu den unterschiedlichsten Rechtsgebieten und Fallgestaltungen haben. Zwar erfolgt in manchen Zurechnungstatbeständen eine ganz konkrete Nennung eines eng begrenzten Falles, in dem Stimmrechte zugerechnet werden müssen. Andere Zurechnungstatbestände sind hingegen sehr offen formuliert und lassen viel Spielraum für eine am Sinn und Zweck der Norm orientierten Auslegung. Diese Auslegung kann jedoch nur gelingen, wenn auf die im jeweiligen Fall in der Praxis vorherrschenden Ausgestaltungen Rücksicht genommen wird[383].

2. Grundsatz der größtmöglichen Transparenz

Im Bereich des Übernahmerechts werden zukünftig Anteilseigner, denen bereits ein nicht unerhebliches Aktienpaket eines Unternehmens gehört und die diesen Aktienanteil weiter ausbauen wollen, aber kein wirtschaftliches Interesse an einem Vollerwerb dieses Unternehmens haben, versuchen, unter der Kontrollschwelle von 30 Prozent zu verbleiben, um ein daraus zwingend folgendes Pflichtangebot gemäß § 35 Abs. 2 WpÜG zu vermeiden. Somit werden Möglichkeiten gesucht werden, Aktienanteile an Dritte oder Tochterunternehmen weiterzugeben, um nach außen hin den eigenen Aktienanteil zu verringern, jedoch die Einflussnahme auf das Unternehmen beizubehalten. Die Zurechnungstatbestände des § 30 WpÜG dienen gerade der Verhinderung solcher Transaktionen. Eine restriktive Auslegung liefe diesem Zweck des Gesetzes zuwider, da sie gerade ein Schnüren von Aktienpaketen ohne die Verpflichtung eines Pflichtangebots fördern würde. Nur eine weite Auslegung der Zurechnungstatbestände

---

382 Beispielsweise wird die Bestellung eines Nießbrauchs an Aktien im Sinne des § 30 Abs. 1 Satz 1 Nr. 4 WpÜG in der Praxis kaum die Kontrollschwelle von 30 Prozent erreichen.

383 Vgl. Schneider, in: Assmann/Schneider, Vor § 21, Rdnr. 21.

kann dazu beitragen, den durch das Pflichtangebot bezweckten Aktionärsschutz durchzusetzen.

Durch den immer weiter wachsenden technischen Fortschritt wurde die Beschleunigung des börslichen Handels mit Aktien ermöglicht. Transaktionen können in immer kürzeren Zeitabständen vorgenommen werden, wodurch das Gesamtvolumen an Transaktionen einen Aufschwung erhält. Das sog. „Day-Trading" konnte erst dadurch entstehen, dass die technischen Möglichkeiten für eine schnelle Abwicklung der Transaktion geschaffen wurden. Heutzutage ist es zur Selbstverständlichkeit geworden, dass Aktien minütlich an der Börse gekauft und verkauft werden können. Diese Transaktionsgeschwindigkeit verschafft den Marktteilnehmern die Chance, an Kursgewinnen sofort partizipieren zu können und Risiken durch den sofortigen Verkauf von Aktien z.B. nach negativen ad-hoc-Mitteilungen oder dem Terroranschlag vom 11. September 2001 gering zu halten. Andererseits besteht eine nicht unerhebliche Gefahr, durch riskante Geschäfte einen Verlust hinnehmen zu müssen. All dies hat bedeutende Auswirkungen auf die Stimmrechtsverhältnisse einer Aktiengesellschaft. Durch den Kauf und Verkauf von Aktienpaketen können sich minütlich die Beteiligungsverhältnisse verändern. Hinzu kommt, dass Übereignungen nicht nur über die Börse abgewickelt werden, sondern auch außerbörslich zwischen Aktionären oder einem Aktionär und einem Dritten. Für Maßnahmen mit Einfluss auf die Stimmrechtsverhältnisse ist, wie noch zu zeigen sein wird, in manchen Fällen nicht einmal der Abschluss eines Vertrages notwendig. Es kann schon eine formlose Einigung über die Abstimmung des Verhaltens in Bezug auf eine Aktiengesellschaft ausreichen[384]. Dadurch wird es für die Marktteilnehmer zunehmend schwieriger, die Beteiligungsverhältnisse an einer Aktiengesellschaft zu durchschauen. Neben den Mitteilungspflichten aus §§ 21ff. WpHG haben es sich nunmehr auch die Veröffentlichungspflichten aus dem WpÜG zum Ziel gemacht, wirksam gegen diese Gefahr der Verschleierung der tatsächlichen Beteiligungsverhältnisse vorzugehen und den Markt für den Anleger transparenter zu gestalten. Die Verpflichtung zur Veröffentlichung der Erlangung der Kontrollposition gemäß § 35 Abs. 1 WpÜG trägt dazu bei, den Marktteilnehmern Klarheit über die Beteiligungsverhältnisse an der Zielgesellschaft zu verschaffen und diese auf das im Anschluss daran erfolgende Pflichtangebot vorzubereiten.

3. Grundsatz der vorsichtigen und nicht belastenden Auslegung bei Auswirkung auf die Abgabe von Pflichtangeboten

Im Unterschied zur Zurechnungsvorschrift des § 22 WpHG hat eine Zurechnung nach § 30 WpÜG weitreichendere Konsequenzen. Bei § 22 WpHG hat eine Zurechnung von Stimmrechten im Falle des Erreichens oder Überschreitens einer der Mitteilungsschwellen die Pflicht zur Offenlegung der Beteiligungsverhältnis-

---

384 Vgl. § 30 Abs. 2 WpÜG.

se zur Folge. Wird hingegen durch eine Zurechnung nach § 30 WpÜG die 30-prozentige Kontrollschwelle erreicht oder überschritten, ist der Bieter nicht nur gemäß § 35 Abs. 1 WpÜG zur Veröffentlichung der Erlangung der Kontrolle verpflichtet, sondern auch gemäß § 35 Abs. 2 WpÜG zur Abgabe eines Angebots an alle restlichen Aktionäre der Zielgesellschaft. Dies stellt für den Bieter eine erhebliche Belastung dar, da nicht nur die finanziellen Mittel für dieses Angebot zur Verfügung stehen müssen, sondern auch die organisatorischen und strategischen Belastungen bei einer Vollübernahme deutlich größer sind als die eines Paketerwerbs. Hierbei stellt sich die Frage, ob hinsichtlich der Auslegung beider vom Wortlaut her gleichlautenden Vorschriften Unterschiede zu machen sind[385].

4. Grundsatz der vorsichtigen Auslegung wegen strenger Rechtsfolge des § 59 WpÜG

§ 59 WpÜG findet nur für die Zurechnungstatbestände aus § 30 Abs. 1 Satz 1 Nrn. 1 und 2 WpÜG Anwendung, nicht jedoch für § 30 Abs. 1 Satz 1 Nrn. 3 bis 6 WpÜG und § 30 Abs. 2 WpÜG. Da § 59 WpÜG mit dem Verlust der Rechte aus den Aktien bei Nichterfüllung der Pflichten aus § 35 WpÜG eine schwerwiegende Rechtsfolge nach sich zieht, ist bei der Auslegung darauf zu achten, dass eine Zurechnung nicht unangemessen schnell erfolgt. Dies könnte ansonsten bei auch nur fahrlässigem Übersehen der Pflichten aus § 35 WpÜG zum Rechtsverlust aus den Aktien führen.

5. Analogieverbot gemäß § 3 OWiG wegen § 60 WpÜG

Die Nicht- bzw. Schlechterfüllung der Veröffentlichungspflichten aus § 35 Abs. 1 Satz 1 und Abs. 2 Satz 1 WpÜG ist gemäß § 60 Abs. 1 Nr. 1 Buchst. a, Abs. 3, 1. Alt. WpÜG als Ordnungswidrigkeit mit Geldbuße bedroht. Da somit auch die fälschlicherweise unterlassene Zurechnung von Stimmrechten und die sich daraus ergebende Nichtveröffentlichung der tatsächlich bereits erlangten Kontrollstellung den Ordnungswidrigkeitstatbestand erfüllen, ist eine analoge Ausdehnung der Zurechnungsnorm des § 30 WpÜG auf Fälle, die nicht ausdrücklich im Gesetz geregelt sind, nicht möglich[386]. Dies ergibt sich aus dem Analogieverbot nach Art. 103 Abs. 2 GG und § 3 OWiG. Dabei dürfen jedoch die Anforderungen an die Bestimmtheit des § 30 WpÜG nicht überspannt werden, da der Gesetzgeber notwendig interpretations- und ausfüllungsbedürftige Merkmale verwenden muss, „um der Vielgestaltigkeit des Lebens Herr zu werden“[387]. Zulässig ist daher eine erweiternde teleologische Auslegung, die dem

385 Vgl. dazu unten 6. Kapitel.

386 Vgl. Angerer, in: Geibel/Süßmann, § 1, Rdnr. 66.

387 Vgl. BVerfGE 11, 234, 237; BGHSt 18, 362.

Sinn und Zweck der Norm unter Berücksichtigung der tatsächlichen, insbesondere der wirtschaftlichen Verhältnisse gerecht wird[388].

388 Schneider, in: Assmann/Schneider, Vor § 21, Rdnr. 26b; Schmidt, in: FS für Rebmann, 1989, S. 419, 430ff.

4. KAPITEL: DIE EINZELNEN ZURECHNUNGSTATBESTÄNDE DES § 30 WPÜG

I. ZURECHNUNG VON STIMMRECHTEN AUS AKTIEN, DIE EINEM TOCHTERUNTERNEHMEN DES BIETERS GEHÖREN GEMÄß § 30 ABS. 1 SATZ 1 NR. 1 WPÜG

Gemäß § 30 Abs. 1 Satz 1 Nr. 1 WpÜG sind dem Bieter Stimmrechte aus Aktien der Zielgesellschaft, die einem Tochterunternehmen gehören, zuzurechnen. Zugleich wurde die vormals in § 22 Abs. 1 Nr. 2, Abs. 3 WpHG getroffene Regelung, die für die Stimmrechtszurechnung anstelle von Tochterunternehmen auf kontrollierte Unternehmen abstellte, aufgehoben und an die Norm des WpÜG angeglichen. Durch das Abstellen auf Tochterunternehmen wurde das bisherige Control-Konzept von einer Kombination aus Elementen des Control- und des Konzern-Konzeptes abgelöst.

1. Definition des Unternehmens

§ 290 HGB enthält keine Definition, wann im Rahmen des § 290 Abs. 1 HGB ein Unternehmen vorliegt. Als Unternehmen im Sinne des Konzernrechnungslegung sind alle Personen, Gesellschaften und juristischen Personen zu bezeichnen, die erwerbswirtschaftlich tätig und zur kaufmännischen Buchführung verpflichtet sind[389]. Privatpersonen und Gebietskörperschaften werden vom Unternehmensbegriff jedoch nicht erfasst.

2. Die Definition des Tochterunternehmens in § 2 Abs. 6 WpÜG

Der Begriff des Tochterunternehmens ist in § 2 Abs. 6 WpÜG in Übereinstimmung mit der in § 1 Abs. 7 KWG verwandten Definition definiert. Demnach müssen zwei Bereiche unterschieden werden. Zum einen sind Tochterunternehmen Unternehmen, die als Tochterunternehmen im Sinne des § 290 HGB gelten. Zum anderen sind Tochterunternehmen Unternehmen, auf die ein beherrschender Einfluss ausgeübt werden kann. Dabei kommt es nach dem Wortlaut des § 2 Abs. 6 WpÜG weder auf die Rechtsform noch auf den Sitz des Tochterunternehmens an. Diese Formulierung ist insofern missglückt als sich dies bereits aus § 290 HGB ergibt. Umgekehrt setzt aber § 290 HGB voraus, dass es sich bei dem Mutterunternehmen um eine Kapitalgesellschaft im Inland handeln muss. Diese Einschränkung wäre aber für das Übernahmerecht nicht sachgerecht, da auch der Bieterbegriff keine solche Einschränkung enthält[390]. Somit ist § 2 Abs. 6 WpÜG so zu verstehen, dass es für den Begriff des Tochterunternehmens

---

389 Vgl. Zilias, DB 1986, S. 1111f.; Marsch-Barner, in: GK zum HGB, § 271, Rdnr. 13.

390 Vgl. Steinmeyer/Häger, § 2, Rdnr. 24.

nicht darauf ankommt, in welcher Rechtsform das Mutterunternehmen existiert und wo es seinen Sitz hat[391].

Als mögliche Rechtsform kommen somit alle denkbaren Unternehmensrechtsformen in Betracht. Auch die BGB-Gesellschaft kann ein Mutter- oder Tochterunternehmen sein, wenn sie unternehmerische Interessen verfolgt[392]. Nicht als Tochterunternehmen können jedoch natürliche Personen, Einzelkaufleute oder stille Gesellschafter bezeichnet werden, da bei ihnen die tatbestandlichen Voraussetzungen des § 290 Abs. 2 HGB (Stimmrechtsmehrheit, Organbestellung und Beherrschungsvertrag) nicht erfüllt werden können[393]. Das Mutterunternehmen kann aber auch eine natürliche Person sein, soweit diese nach konzernrechtlichen Grundsätzen überhaupt unternehmerisch tätig ist[394]. Da der Sitz nicht entscheidend ist, kann dieser in Deutschland, im europäischen, aber auch im weltweiten Ausland liegen.

a) Der Begriff des Tochterunternehmens gem. § 2 Abs. 6, 1. Alt. WpÜG i.V.m. § 290 HGB

aa) Änderungsvorschlag bezüglich § 290 HGB im Referentenentwurf eines Transparenz- und Publizitätsgesetzes vom November 2001

Das Bundesministerium der Justiz hat am 26. November 2001 den Referentenentwurf eines Gesetzes zur weiteren Reform des Aktien- und Bilanzrechts, zu Transparenz und Publizität (Transparenz- und Publizitätsgesetz)[395] versandt. Mit dem Entwurf sollen Vorschläge der Regierungskommission Corporate Governance umgesetzt werden[396]. Neben weiteren Änderungen im AktG und HGB wurde auch die Neufassung der Konzernrechnungslegungspflicht in § 290 HGB beabsichtigt und eine Änderung der Definition von Mutter- und Tochterunternehmen vorgeschlagen. Es sollte allein auf die Beherrschung abgestellt werden und das in § 290 Abs. 1 HGB verankerte Kriterium der einheitlichen Leitung ge-

---

391 Vgl. Steinmeyer/Häger, § 2, Rdnr. 24. Diese Auslegung entspricht auch der Gesetzesbegründung, wo es heißt, es komme nicht auf Rechtsform oder Sitz der Beteiligten an, vgl. BT-Drucks. 14/7034, S. 35.

392 Vgl. Marsch-Barner, in: GK zum HGB, § 290, Rdnr. 17; SABI, WPg 1988, S. 340, 341 zu sog. Arbeitsgemeinschaften.

393 Vgl. Biener/Berneke, S. 287.

394 Vgl. Hüffer, § 18, Rdnr. 6 und § 15, Rdnr. 8.

395 Der Referentenentwurf des Transparenz- und Publizitätsgesetzes ist mit der Begründung zu besonders wesentlichen Änderungen abgedruckt in ZIP 2001, S. 2194ff.

396 Vgl. hierzu Seibert, ZIP 2001, S. 2192.

strichen werden[397]. § 290 Abs. 1 HGB in der Fassung des Referentenentwurfs sollte nach der Streichung des alten § 290 Abs. 1 HGB weitgehend der Fassung des § 290 Abs. 2 HGB entsprechen, es wurde jedoch eine Korrektur in § 290 Abs. 1 Nr. 2 HGB und mit § 290 Abs. 1 Nr. 4 HGB eine Ergänzung vorgeschlagen. In § 290 Abs. 1 Nr. 2 HGB in der Fassung des Referentenentwurfs sollte die Voraussetzung des Rechts zur Abberufung der Mitglieder des Verwaltungs-, Leitungs- oder Aufsichtsorgans sowie die Notwendigkeit der Gesellschafterstellung des Mutterunternehmens am Tochterunternehmen gestrichen werden und so eine Erweiterung des Beherrschungsbegriffs vorgenommen werden. In einem neuen § 290 Abs. 1 Nr. 4 HGB sollte die Stellung eines Mutterunternehmens auch dadurch begründet werden, dass es tatsächlich einen beherrschenden Einfluss auf das Tochterunternehmen ausübt. An dieser geplanten Ergänzung wurde zu Recht vom Deutschen Anwaltverein Kritik geübt[398]. Dem deutschen Konzernrecht ist es fremd, lediglich tatsächliche oder wirtschaftliche, beispielsweise durch Lieferverträge oder Kreditbeziehungen begründete Herrschaftsmittel für den Nachweis der konzernrechtlichen Abhängigkeit genügen zu lassen[399]. Vielmehr muss der beherrschende Einfluss durch eine Beteiligung gesellschaftsrechtlich fundiert sein. Ein Verzicht auf diese geplante Regelung ist auch gerade wegen des Verweises auf § 290 HGB in § 2 Abs. 6 WpÜG und in § 22 Abs. 3 WpHG für den Begriff des Tochterunternehmens notwendig. Denn der in diesen Vorschriften zusätzlich genannte Tatbestand, dass ein Tochterunternehmen dadurch begründet werden kann, dass auf dieses Unternehmen ein beherrschender Einfluss ausgeübt werden kann, deckt sich mit dem Abhängigkeitsbegriff des § 17 AktG und soll gerade nicht nur die tatsächliche oder wirtschaftliche Abhängigkeit erfassen, sondern vor allem den Fall der sicheren Hauptversammlungsmehrheit[400]. § 290 Abs. 3 und 4 HGB der alten Fassung sollten § 290 Abs. 2 und 3 HGB werden. In dem von der Bundesregierung am 6. Februar 2002 vorgelegten Gesetzentwurf des Transparenz- und Publizitätsgesetzes[401] war dieser Änderungsvorschlag des § 290 HGB auf Grund der daran geübten Kritik jedoch nicht mehr enthalten. § 290 HGB gilt somit auch weiterhin in der alten Fassung.

---

397 Dieser Vorschlag wurde in der Stellungnahme des Deutschen Anwaltvereins zum Referentenentwurf eines Transparenz- und Publizitätsgesetzes, NZG 2002, S. 119, als bedauerlich, aber wohl unvermeidlich bezeichnet.

398 Vgl. Stellungnahme des Deutschen Anwaltvereins zum Referentenentwurf eines Transparenz- und Publizitätsgesetzes, NZG 2002, S. 119.

399 Vgl. Stellungnahme des Deutschen Anwaltvereins zum Referentenentwurf eines Transparenz- und Publizitätsgesetzes, NZG 2002, S. 119.

400 Vgl. Stellungnahme des Deutschen Anwaltvereins zum Referentenentwurf eines Transparenz- und Publizitätsgesetzes, NZG 2002, S. 119.

401 Gesetzestext und vollständige Begründung finden sich auch im Internet unter „Volltext vom 07.12.2001" bei http://www.rws-verlag.de (22.11.2002).

bb) Bedeutung des § 290 HGB für die Zurechnungsvorschrift des § 30 Abs. 1 Satz 1 Nr. 1 WpÜG

§ 290 HGB kommt für die Zurechnung von Stimmrechten im Rahmen des § 30 Abs. 1 Satz 1 Nr. 1 WpÜG eine wichtige Bedeutung zu und übernimmt die Aufgabe festzulegen, welches Unternehmen ein Tochterunternehmen ist. Stimmrechte des Tochterunternehmens können dann dem Mutterunternehmen über § 30 Abs. 1 Satz 1 Nr. 1 WpÜG zugerechnet werden.
Aber auch diesem Tochterunternehmen selbst zuzurechnende Stimmrechte können dem Mutterunternehmen zugerechnet werden. § 30 Abs. 1 Satz 2 WpÜG stellt klar, dass Tochterunternehmen des Bieters Stimmrechte nach den Tatbeständen des § 30 Abs. 1 Nrn. 2 bis 6 WpÜG zugerechnet werden müssen und diese dem Tochterunternehmen zugerechneten Stimmrechte wiederum dem Bieter in voller Höhe[402] zugerechnet werden. Da der Zurechnungstatbestand des § 30 Abs. 1 Satz 1 Nr. 1 WpÜG von der Regelung des § 30 Abs. 1 Satz 2 WpÜG nicht umfasst wird[403], enthält § 30 WpÜG für sich alleine keine Regelung der Fälle, in denen eine Tochtergesellschaft des Bieters wiederum eine Tochtergesellschaft hat, die dann eine Enkelgesellschaft des Bieters darstellt. Erst über § 30 Abs. 1 Satz 1 Nr. 1 WpÜG i.V.m. § 2 Abs. 6 WpÜG, § 290 Abs. 1 und 2 HGB wird klargestellt, dass dem Bieter auch Stimmrechte, die von Enkelgesellschaften gehalten werden, zugerechnet werden müssen, da es sich bei Enkelgesellschaften aus der Sicht des Bieters immer auch zugleich um Tochterunternehmen handelt[404]. Dabei ist jedoch strikt auf eine lückenlose Zurechnungskette zu achten, d.h. sowohl zwischen Mutter- und Tochterunternehmen, als auch zwischen Tochter- und Enkelunternehmen müssen die Voraussetzungen des § 290 Abs. 1 HGB vorliegen.

cc) Der Regelungsgehalt des § 290 HGB

Zur Definition des Mutter-Tochterverhältnisses werden in den Absätzen 1 und 2 des § 290 HGB das Konzept der einheitlichen Leitung und das Control-Konzept herangezogen[405].

---

402 Vgl. § 30 Abs. 1 Satz 3 WpÜG.

403 Dies wäre zwar theoretisch möglich gewesen, hätte jedoch zu der sprachlich missglückten Formulierung „einem Tochterunternehmen des Tochterunternehmens des Bieters" geführt.

404 Vgl. Süßmann, in: Geibel/Süßmann, § 30, Rdnr. 30.

405 Vgl. zur Neueinführung der Begriffe des Mutter- und Tochterunternehmens durch das BiRiLiG vgl. Ulmer, in: Festschrift für Goerdeler, 1987, S. 623, 626ff.

(1) Das Konzept der einheitlichen Leitung gemäß § 290 Abs. 1 HGB

Der von § 290 Abs. 1 HGB umfasste Begriff des Tochterunternehmens setzt zum einen eine einheitliche Leitung und zum anderen eine Beteiligung im Sinne des § 271 Abs. 1 HGB voraus.

(a) Einheitliche Leitung

Das Konzept der einheitlichen Leitung knüpft an die Idee eines durch Planung integrierten Systems von Handlungen als Konzernbegriff an[406]. Für das Merkmal der einheitlichen Leitung können dabei die gleichen Grundsätze herangezogen werden, die für die Auslegung des § 18 AktG entwickelt worden sind[407]. Die Zusammenfassung mehrerer rechtlich selbständiger Unternehmen unter einheitlicher Leitung ist danach das wichtigste Merkmal des Konzerns. Entscheidend für das Vorliegen einer einheitlichen Leitung als tatsächliches Verhältnis ist dabei, dass diese wirklich ausgeübt wird. Die bloße theoretische Möglichkeit der Ausübung der einheitlichen Leitung genügt nicht[408].
Im Schrifttum unterscheidet man einen engeren und einen weiteren Begriff der einheitlichen Leitung.
Nach dem engeren Konzernbegriff liegt ein Konzern im Rechtssinne nur dann vor, wenn die Konzernspitze für alle zentralen unternehmerischen Bereiche eine einheitliche Planung aufstellt und bei den Konzerngliedern ohne Rücksicht auf deren Selbständigkeit durchsetzt[409]. Da zu diesen zentralen unternehmerischen Bereichen insbesondere das Finanzwesen zählt, kann eine einheitliche Leitung nur dann bejaht werden, wenn für die Gesamtheit der verbundenen Unternehmen einheitlich, beispielsweise durch zentrales Cash-Management, festgelegt wird, welchen Beitrag jedes Unternehmen zum Konzernerfolg leisten muss, über welche Mittel es verfügen darf und wie diese aufzubringen sind[410].
Der weitere Konzernbegriff stimmt insoweit mit der engeren Ansicht überein. Deren Vertreter lassen allerdings für die Annahme eines Konzerns genügen, dass die einheitliche Planung in einem anderen zentralen Unternehmensbereich als dem Finanzwesen, wie beispielsweise im Bereich Einkauf, Verkauf, Organisati-

---

406 Vgl. Wiedmann, in: Ebenroth/Boujong/Joost, § 290, Rdnr. 5.

407 Vgl. Wiedmann, in: Ebenroth/Boujong/Joost, § 290, Rdnr. 9; Marsch-Barner, in: GK zum HGB, § 290, Rdnr. 6; Hopt, in: Baumbach/Hopt, § 290, Rdnr. 5; Henssler, in: Heymann, § 290, Rdnr. 17; Kusterer, in: Heidelberger Kommentar, § 290, Rdnr. 2.

408 Vgl. Morck, in: Koller/Roth/Morck, § 290, Rdnr. 2.

409 Vgl. Emmerich, in: Emmerich/Habersack, § 18, Rdnr. 10.

410 Vgl. Adler/Düring/Schmaltz, Rechnungslegung, Band 4, 1997, § 18, Rdnr. 31ff.; Hüffer, § 18, Rdnr. 9ff.; Koppensteiner, in: Kölner Kommentar, § 18, Rdnr. 12ff.; Windbichler, in: Großkomm., § 18, Rdnr. 19ff.; Milde, Der Gleichordnungskonzern im Gesellschaftsrecht, 1996, S. 70ff.; Möhring, in: FS für Westermann, 1974, S. 427, 439.

on oder Personalwesen, vorliegt. Allerdings muss dann die Koordinierung der Unternehmen in diesen Bereichen Ausstrahlungen oder Rückwirkungen auf das Gesamtunternehmen haben[411].
Auch die Rechtsprechung sieht die einheitliche Finanzplanung für die zusammengefassten Unternehmen als wichtiges Indiz für das Vorliegen eines Konzerns an[412]. Aber auch eine sonstige planmäßige Koordinierung der Geschäftspolitik der zusammengefassten Unternehmen, wie beispielsweise in organisatorischen Fragen oder hinsichtlich der Kontrolle der Verwirklichung der einheitlich festgesetzten Unternehmensziele wurde als ausreichend angesehen[413]. Insgesamt folgt die Rechtsprechung daher mehrheitlich dem weiteren Konzernbegriff[414].
Vor dem Hintergrund, dass einheitliche Leitung im Sinne des § 18 Abs. 1 Satz 1 AktG nichts anderes als der aktualisierte beherrschende Einfluss im Sinne des § 17 Abs. 1 AktG ist, und dieser sich hauptsächlich in der Einflussnahme auf die Personalpolitik des abhängigen Unternehmens äußert, die auf eine beständige Koordinierung der Politik der verbundenen Unternehmen ausgerichtet ist, ist dem weiteren Konzernbegriff zu folgen[415].

(b) Beteiligung gemäß § 271 Abs. 1 HGB

Auch wenn die Voraussetzung der einheitlichen Leitung erfüllt ist, muss zusätzlich dem Mutterunternehmen eine Beteiligung gemäß § 271 Abs. 1 HGB an dem oder den anderen unter der einheitlichen Leitung stehenden Unternehmen gehören. Beteiligungen sind Anteile an anderen Unternehmen, die bestimmt sind, dem eigenen Geschäftsbetrieb durch Herstellung einer dauernden Verbindung zu jenen Unternehmen zu dienen[416]. Anteile sind Mitgliedschaftsrechte an Personen- oder Kapitalgesellschaften[417], die Vermögens- und Verwaltungsrechte umfassen[418]. Dabei spielt es keine Rolle, ob die Anteile in Wertpapieren verbrieft

---

411 Vgl. Bayer, in: Münchener Kommentar zum AktG, § 18, Rdnr. 33; Emmerich/Sonnenschein, § 4 II 1; v. Hoyningen-Huene, ZGR 1978, S. 515, 524ff.; Hommelhoff, Konzernleitungspflicht, S. 220ff.

412 Vgl. LG Oldenburg, ZIP 1992, S. 1632, 1636.

413 Vgl. BayObLGZ 1998, 85, 93 = AG 1998, S. 523, 524 = NZA 1998, S. 956; LG Mainz, AG 1991, S. 30, 31.

414 Vgl. BayObLGZ 1998, 85, 90f. = AG 1998, S. 523, 524 = NZA 1998, S. 956; OLG Düsseldorf, AG 1979, S. 318, 319 = WM 1979, S. 956; LG Stuttgart, AG 1989, S. 445, 447.

415 Vgl. Emmerich, in: Emmerich/Habersack, § 18, Rdnr. 13f.

416 Vgl. § 271 Abs. 1 Satz 1 HGB.

417 Denkbar sind beispielsweise Kommanditanteile, GmbH-Geschäftsanteile oder Aktien.

418 Vgl. Marsch-Barner, in: GK zum HGB, § 271, Rdnr. 5.

sind oder nicht[419]. Keine Anteile sind hingegen schuldrechtliche Ansprüche und Rechtsverhältnisse sowie die stille Beteiligung[420]. Die Mitgliedschaft in einer eingetragenen Genossenschaft gilt nicht als Beteiligung[421]. In zeitlicher Hinsicht ist zu fordern, dass die Beteiligung als Daueranlage beabsichtigt sein muss. Die Daueranlageabsicht alleine reicht jedoch nicht aus. Denn § 271 Abs. 1 HGB wäre überflüssig, wenn dessen Anwendungsbereich nicht größer wäre als der des § 247 Abs. 2 HGB[422]. Vielmehr müssen die Anteile über den Zweck als Kapitalanlage hinaus zu unternehmerischen Zwecken[423] gehalten werden[424].
Umstritten ist allerdings, ob die Abgrenzung mehr nach objektiven oder subjektiven Kriterien zu erfolgen hat. Die Rechtsprechung hat diese Frage offengelassen[425]. Nach der Gesetzesbegründung kommt es jedenfalls nicht auf die Absicht einer unternehmerischen Einflussnahme auf die Geschäftsleitung an[426]. Vielmehr genügt die Absicht, den Anteilsbesitz für den eigenen Geschäftsbetrieb zu nutzen. Weiterhin ist das Vorliegen einer Beteiligungsabsicht zu fordern[427]. Ob eine solche Beteiligungsabsicht gegeben ist, erschließt sich aus den objektiven Umständen, also beispielsweise daraus, ob langfristige Lieferverträge, gemeinsame Forschung und Entwicklung oder faktische bzw. rechtlich abgesicherte Mitspracherechte vorliegen[428].
Zur Erleichterung der Entscheidung der Frage, ob eine Beteiligung vorliegt, enthält das Gesetz in § 271 Abs. 1 Satz 3 HGB eine widerlegbare Beteiligungsvermutung. Demnach gelten im Zweifel Anteile an einer Kapitalgesellschaft, die insgesamt 20 Prozent des Nennkapitals dieser Gesellschaft überschreiten, als Beteiligungen. Somit kann es in Einzelfällen gemäß § 30 Abs. 1 Satz 1 Nr. 1 WpÜG zu einer Zurechnung von Stimmrechtsanteilen auf den Bieter kommen, ohne dass der Bieter 50 Prozent des Nennbetrages der anderen Gesellschaft hal-

419 Vgl. § 271 Abs. 1 Satz 2 HGB.

420 Die stille Beteiligung ist einem Mitgliedschaftsrecht nur dann vergleichbar, wenn sie als unternehmerische Beteiligung, also als atypisch stille Beteiligung, ausgestaltet ist, vgl. Biener/Berneke, S. 185f.; Adler/Düring/Schmaltz, § 271 HGB, Rdnr. 5.

421 Vgl. § 271 Abs. 1 Satz 5 HGB.

422 Vgl. Hopt, in: Baumbach/Hopt, § 271, Rdnr. 3; a.A. BFH vom 16.3.1989, BB 1989, S. 1676, 1677.

423 Als unternehmerischer Zweck ist beispielsweise die Zusammenarbeit in Produktion oder Vertrieb zu bezeichnen, u.U. auch die bloße Abgrenzung der Tätigkeitsbereiche.

424 Vgl. Marsch-Barner, in: GK zum HGB, § 271, Rdnr. 7.

425 Vgl. BGH, BB 1979, S. 387, 388; BGH 1987, WM 1987, S. 1065, 1068.

426 Vgl. BT-Drucks. 10/317, S. 81.

427 Vgl. Marsch-Barner, in: GK zum HGB, § 271, Rdnr. 8.

428 Vgl. Adler/Düring/Schmaltz, § 271 HGB, Rdnr. 14.

ten muss[429]. Für die Berechnung der Anteile gilt § 16 Abs. 2 und 4 AktG entsprechend[430]. Hierbei ist insbesondere zu beachten, dass gemäß § 16 Abs. 4 AktG die von abhängigen Unternehmen gehaltenen Anteile dem herrschenden Unternehmen zuzurechnen sind, ein daneben bestehender Eigenanteil des herrschenden Unternehmens für die Annahme einer Beteiligung jedoch nicht Voraussetzung ist[431]. Für die Widerlegung der Beteiligungsvermutung muss das Fehlen der für den Nachweis der Beteiligungsabsicht notwendigen objektiven äußeren Umstände bewiesen werden. Zwar gilt die Beteiligungsvermutung nach dem Gesetzeswortlaut nur für Anteile an einer Kapitalgesellschaft. Dies bedeutet jedoch nicht, dass Anteile an Personengesellschaften strengeren Regeln unterworfen sind. Vielmehr ist der Gesetzgeber für Personengesellschaften davon ausgegangen, dass Anteile an diesen stets als Beteiligungen anzusehen sind[432]. Anteile an Personengesellschaften erfüllen zudem in den meisten Fällen die Voraussetzungen des § 271 Abs. 1 Satz 1 HGB[433]. Der Beteiligungsvermutung kommt insgesamt ein eher geringer Anwendungsbereich zu, da oftmals schon bei einem Anteilsbesitz von weniger als 20 Prozent des Nennkapitals, bei Vorliegen der Voraussetzungen einer einheitlichen Leitung, eine Beteiligung im Sinne des § 271 Abs. 1 Satz 1 HGB bejaht werden kann[434].

(2) Das Control-Konzept gemäß § 290 Abs. 2 HGB

Während § 290 Abs. 1 HGB von der tatsächlichen einheitlichen Leitung des Mutterunternehmens ausgeht, begründet § 290 Abs. 2 HGB ein Mutter-Tochter-Verhältnis entsprechend dem angelsächsischen Control-Konzept bei bestimmten rechtlichen Beherrschungsmöglichkeiten. § 290 Abs. 2 HGB knüpft an drei verschiedene Kontrolltatbestände an.

(a) Mehrheit der Stimmrechte gemäß § 290 Abs. 2 Nr. 1 i.V.m. Abs. 4 HGB

Nach § 290 Abs. 2 Nr. 1 HBG muss dem Mutterunternehmen die Mehrheit der Stimmrechte der Gesellschafter zustehen. Für die Berechnung der Mehrheit findet § 290 Abs. 4 HGB Anwendung. Demnach sind zunächst von der Gesamtzahl aller Stimmrechte die Stimmrechte aus eigenen Anteilen abzuziehen, die dem Tochterunternehmen selbst, einem seiner Tochterunternehmen oder einer ande-

---

429 Vgl. Geibel/Süßmann, BKR 2002, S. 52, 62.

430 Vgl. § 271 Abs. 1 Satz 4 HGB.

431 Vgl. Koppensteiner, in: Kölner Kommentar, § 16, Rdnr. 26.

432 Vgl. Begründung des Rechtsausschusses, BT-Drucks. 10/4268, S. 106.

433 Als Ausnahme sind beispielsweise Kommanditanteile an einer Publikums-KG anzusehen, vgl. Adler/Düring/Schmaltz, § 271 HGB, Rdnr. 19.

434 Vgl. Wiedmann, in: Ebenroth/Boujong/Joost, § 290, Rdnr. 12.

ren Person für Rechnung dieser Unternehmen gehören[435]. Diese Formulierung ist insofern ungenau, als die von einem nachgeordneten Tochterunternehmen gehaltenen Anteile an dem Tochterunternehmen begrifflich keine eigenen Anteile darstellen[436]. In einem zweiten Schritt ist die Zahl der Stimmrechte, die ein Unternehmen aus den ihm gehörenden Anteilen ausüben kann, zur im ersten Schritt berechneten Gesamtzahl der Stimmrechte ins Verhältnis zu setzen[437]. Die Stimmenmehrheit muss jedoch im Verhältnis zu den Gesellschaftern, also in der Gesellschafterversammlung gegeben sein. Eine Stimmrechtsmehrheit in anderen Organen, wie z.B. einem Aufsichtsrat, genügt nicht[438]. Unerheblich ist zudem, ob und in welcher Höhe das Mutterunternehmen kapitalmäßig am Tochterunternehmen beteiligt ist[439] oder ob es die Anteilsmehrheit hält[440]. Optionsrechte bleiben unberücksichtigt, solange sie nicht ausgeübt sind[441]. Die Geltung des Mehrheitsprinzips bedeutet somit, dass eine Beherrschung des Tochterunternehmens dann möglich ist, wenn dem Bieter 50 Prozent plus eine Stimme der Stimmrechte zustehen.

Aus der Berechnung nach § 290 Abs. 4 HGB ergibt sich im übrigen, dass eine bloß faktische Stimmenmehrheit, die sogenannte Präsenzmehrheit, nicht ausreicht[442].

Fraglich ist, ob eine Vereinbarung mit dem Tochterunternehmen, von den Stimmrechten ganz oder teilweise keinen Gebrauch zu machen, beispielsweise im Rahmen eines Entherrschungsvertrages, an dem Verhältnis Mutterunternehmen zu Tochterunternehmen etwas ändert. Dies ist in der Regel nicht der Fall, hängt jedoch vom Einzelfall ab. An der Stimmrechtsmehrheit fehlt es jedenfalls

---

435 Vgl. § 290 Abs. 4 Satz 2 HGB; der diesbezügliche Verweis von Geibel/Süßmann, BKR 2002, S. 52, 63 auf § 290 Abs. 2 HGB geht fehl.

436 Vgl. Marsch-Barner, in: GK zum HGB, § 290, Rdnr. 19.

437 Vgl. § 290 Abs. 4 Satz 1 HGB.

438 Vgl. Marsch-Barner, in: GK zum HGB, § 290, Rdnr. 18.

439 Vgl. Wiedmann, in: Ebenroth/Boujong/Joost, § 290, Rdnr. 15; Marsch-Barner, in: GK zum HGB, § 290, Rdnr. 18.

440 Vgl. Angerer, in: Geibel/Süßmann, § 2, Rdnr. 42.

441 Vgl. LG Mainz vom 16.10.1990, BB 1990, S. 2301, 2304.

442 Vgl. Adler/Düring/Schmaltz, § 290 HGB, Rdnr. 31ff.; Hopt, in: Baumbach/Hopt, § 290 HGB, Rdnr. 8; Maas/Schruff, WPg 1986, S. 201, 203f.; Wiedmann, in: Ebenroth/Boujong/Joost, § 290, Rdnr. 15; Morck, in: Koller/Roth/Morck, § 290, Rdnr. 2; SABI, WPg 1988, S. 340, 341. Die von Schneider, in: Assmann/Schneider, § 22, Rdnr. 56, Bayer, in: Münchener Kommentar zum AktG, § 22 Anh, § 22 WpHG, Rdnr. 18 und Burgard, BB 1995, S. 2069, 2074 zu der mit § 290 Abs. 1 Nr. 1 HGB wortlautgleichen Fassung des alten § 22 Abs. 3 Nr. 1 WpHG vertretene Ansicht, dass eine dauerhafte faktische Präsenzmehrheit ausreicht, ist somit – auch im Rahmen des WpHG – überholt.

nur dann, wenn durch eine Regelung im Gesellschaftsvertrag oder durch eine Umwandlung in stimmrechtslose Geschäftsanteile oder Vorzugsaktien so viele Anteile stimmrechtslos sind, dass das Mutterunternehmen im Ergebnis weniger als die Mehrheit aller Stimmrechte hat[443]. Ansonsten genügt der Besitz der Stimmrechtsmehrheit für die Kontrolle auch dann, wenn ein Entherrschungsvertrag vorliegt, da diesem nur interne Wirkung zukommt.
Zweifelhaft sind auch die Fälle, in denen ein Beherrschungsvertrag abgeschlossen wird, ohne dass das herrschende Unternehmen die formale Stimmrechtsmehrheit innehat. Da sich jedoch in § 290 Abs. 2 Nr. 3 HGB eine spezielle Regelung für Beherrschungsverträge findet, muss diese Frage bezüglich § 290 Abs. 2 Nr. 1 HGB nicht entschieden werden.
Jedoch kann der Abschluss schuldrechtlicher Verträge, etwa durch Stimmbindungsvereinbarungen[444] zwischen den Gesellschaftern, nicht zu einem Verlust der Stimmrechtsmehrheit führen, denn der Gesellschafter behält weiterhin die Möglichkeit, seine Stimmen auszuüben und verletzt nur die vertraglichen Pflichten gegenüber dem Mitgesellschafter[445].

Beispiel 1: Die A-GmbH erwirbt 20 Prozent der Stimmrechte an der börsennotierten Ziel-AG. Außerdem hält die B-GmbH, deren Anteile zu exakt 50 Prozent von der A-GmbH gehalten werden, 70 Prozent der Stimmrechte der Ziel-AG. Obwohl die A-GmbH zusammen mit ihren eigenen Stimmrechten insgesamt über 55 Prozent[446] der Stimmrechte an der Ziel-AG verfügt, hat sie durch den 20-prozentigen Erwerb die Kontrollschwelle des § 29 Abs. 2 WpÜG nicht überschritten, weil ihr nicht die Mehrheit der Stimmrechte an der B-GmbH zusteht und somit die von der B-GmbH gehaltenen Stimmrechte über § 30 Abs. 1 Satz 1 Nr. 1 WpÜG i.V.m. § 2 Abs. 6 WpÜG, § 290 Abs. 2 Nr. 1 HGB nicht zugerechnet werden können. Es besteht keine Veröffentlichungs- und Angebotspflicht gemäß § 35 Abs. 1 Satz 1, Abs. 2 Satz 1 WpÜG.

(b) Recht zur Bestellung der Mehrheit der Gesellschaftsorgane gemäß § 290 Abs. 2 Nr. 2 HGB

Nach der Fassung des § 290 Abs. 2 Nr. 2 HGB liegt ein Mutterunternehmen dann vor, wenn einer Kapitalgesellschaft das Recht zusteht, die Mehrheit der

---

443 Vgl. Marsch-Barner, in: GK zum HGB, § 290, Rdnr. 20.

444 In einem Stimmbindungsvertrag verpflichtet sich in der Regel ein Aktionär, alle oder einen Teil seiner Stimmrechte nicht wahrzunehmen.

445 Vgl. Ulmer, in: Festschrift für Goerdeler, 1987, S. 623, 641; Adler /Düring/Schmaltz, § 290 HGB, Rdnr. 38.

446 20 Prozent unmittelbare Beteiligung plus 35 Prozent (50 Prozent aus 70 Prozent) mittelbare Beteiligung über die B-GmbH.

Mitglieder des Verwaltungs-, Leitungs- oder Aufsichtsorgans zu bestellen oder abzurufen und sie gleichzeitig Gesellschafter ist.
Der allgemein formulierte Begriff des Verwaltungsorgans umfasst alle sonstigen Führungsorgane, insbesondere in ausländischen Gesellschaften, bei denen Leitungs- und Überwachungsaufgaben häufig nicht getrennt sind[447]. Als Leitungsorgan sind vor allem die gesetzlichen Vertreter, wie Geschäftsführer, Vorstand oder persönlich haftender Gesellschafter, anzusehen. Zu den Aufsichtsorganen gehören neben dem aktienrechtlichen Aufsichtsrat auch Beiräte oder Gesellschafterausschüsse mit Überwachungsaufgaben. Diese für das HGB vertretene weite Definition von Aufsichtsorganen erweist sich für die Anwendung im Rahmen des WpÜG nicht als passend. Aufsichtsorgane können unterschiedliche Funktionen haben, die von der einfachen Beratung der geschäftsführenden Organe bis zu deren Bestellung reichen können. Hat der Aufsichtsrat lediglich eine Beratungsfunktion, so mangelt es an der Möglichkeit der Einflussnahme auf die Geschäftspolitik und das Tagesgeschäft des Unternehmens[448]. Auch eine mittelbare Bestimmung der Geschäftspolitik durch die Auswahl der Mitglieder des geschäftsführenden Organs scheidet dann aus. Deswegen muss der Begriff des Aufsichtsorgans im Rahmen des Verweises von § 2 Abs. 6 WpÜG auf § 290 Abs. 2 Nr. 2 HGB restriktiv dahingehend ausgelegt werden, dass davon nur solche Organe umfasst sind, die neben der Beratungs- und Überwachungsfunktion auch entweder die Bestellkompetenz für die Mitglieder des geschäftsführenden Organs haben oder denen erweiterte Zustimmungsbefugnisse im Bereich der Geschäftspolitik und des Tagesgeschäfts zustehen[449]. Ansonsten könnte es zu einer Zurechnung von Stimmrechten gemäß § 30 Abs. 1 Satz 1 Nr. 1 WpÜG kommen, ohne dass eine auch nur mittelbare Kontrolle der Geschäftsführung und somit eine mögliche Einflussnahme des Bieters auf die Ausübung der Stimmrechte vorläge[450]. Die Folge wäre, dass ein Bieter bei Überschreitung der 30-prozentigen Kontrollschwelle des § 29 Abs. 2 WpÜG, die nur oder zumindest zum Teil auf der Zurechnung von Stimmrechten gemäß § 30 Abs. 1 Satz 1 Nr. 1 i.V.m. § 2 Abs. 6 WpÜG und § 290 Abs. 2 Nr. 2 HGB beruht, zur Abgabe eines Angebots gemäß § 35 Abs. 2 Satz 1 WpÜG verpflichtet werden könnte, ohne Einflussnahme auf die Ausübung der Stimmrechte haben zu müssen. Dies entspricht nicht dem Sinn und Zweck der Zurechnungs- und Pflichtangebotsregeln. Es muss somit eine Auslegung gewählt werden, die Benachteiligungen für Gesellschafter, die (noch) keine Kontrollstellung erreicht haben, ausschließt.

---

447 Vgl. Marsch-Barner, in: GK zum HGB, § 290, Rdnr. 22.

448 Vgl. Schneider, in: Assmann/Schneider, § 22, Rdnr. 63.

449 So auch schon zur Rechtslage bei § 22 Abs. 3 Nr. 2 WpHG a.F., der vom Wortlaut her dem § 290 Abs. 2 Nr. 2 HGB entsprach, Schneider, in: Assmann/Schneider, § 22, Rdnr. 63; Arends, S. 62f.

450 Vgl. dazu Arends, S. 62f. für die Rechtslage bei § 22 Abs. 3 Nr. 2 WpHG a.F.

Da über die Besetzung des Aufsichtsrats zumeist die Mehrheit der Gesellschafter entscheidet, liegen gleichzeitig mit der Mehrheit der Stimmrechte gemäß § 290 Abs. 2 Nr. 1 HGB auch die Voraussetzungen des § 290 Abs. 2 Nr. 2 HGB vor. Dies gilt nur dann nicht, wenn der Aufsichtsrat zur Hälfte aus Arbeitnehmervertretern besteht, da das Recht zur Bestellung der Mehrheit der Mitglieder des Aufsichtsrates sich auf alle Mitglieder bezieht und nicht nur die Vertreter der Anteilseigner[451].

Der Gesellschaftsvertrag des Tochterunternehmens kann das Recht zur Bestellung der gesetzlichen Vertreter in Form von Entsendungsrechten vorsehen. Werden derartige Entsendungsrechte für den Aufsichtsrat vorgesehen, werden diese bei Aktiengesellschaften und Kommanditgesellschaften auf Aktien gemäß §§ 101 Abs. 2 Satz 4, 278 Abs. 3 AktG auf höchstens ein Drittel der Mitglieder des Aufsichtsrates beschränkt.

Denkbar sind auch Vereinbarungen mit anderen Gesellschaftern, wobei jedoch bloße Vorschlagsrechte nicht ausreichen[452]. Solche Sonderrechte sind insbesondere bei Personengesellschaften und GmbH denkbar, da gemäß §§ 84 AktG, 31 MitbestG, soweit ein Aufsichtsrat im aktienrechtlichen Sinne besteht, dieser und nicht ein Gesellschafter für die Bestellung der gesetzlichen Vertreter zuständig ist.

Umstritten ist, ob auch der Fall, in dem das Mutterunternehmen selbst als Komplementär einer Personengesellschaft[453] das Leitungsorgan des Tochterunternehmens bildet, von § 290 Abs. 2 Nr. 2 HGB erfasst wird. Teilweise wird dies bejaht[454]. Vom Gesetzeswortlaut wird diese Ansicht jedoch nicht gedeckt und auch eine analoge Anwendung ist verfehlt, da die als Komplementär beteiligte Kapitalgesellschaft nicht das Leitungsorgan bestellt, sondern kraft Gesetzes[455] selbst Vertretungs- und Geschäftsführungsorgan ist[456].

Nachdem die im Referentenentwurf zum Transparenz- und Publizitätsgesetz geplante Abschaffung der Notwendigkeit einer Gesellschafterstellung in diesem Fall nicht Gesetz geworden ist, ist weiterhin für die Begründung der Eigenschaft eines Mutterunternehmens die Gesellschafterstellung notwendig. Auch hier ist jedoch eine kapitalmäßige Beteiligung nicht erforderlich und eine indirekte Gesellschafterstellung als ausreichend anzusehen[457].

---

451 Vgl. SABI, WPg 1988, S. 340, 341.

452 Vgl. Marsch-Barner, in: GK zum HGB, § 290, Rdnr. 23.

453 Beispielsweise bei der GmbH & Co KG.

454 Vgl. Maas/Schruff, WPg 1986, S. 201, 204; Biener/Berneke, S. 287f.

455 Vgl. §§ 114, 125, 161 Abs. 2 HGB.

456 Vgl. Marsch-Barner, in: GK zum HGB, § 290, Rdnr. 24.

457 Vgl. Wiedmann, in: Ebenroth/Boujong/Joost, § 290, Rdnr. 22. Bloße Entsendungsrechte Dritter, wie beispielsweise von Kreditinstituten, reichen somit nicht aus, um ein

(c) Recht zur Ausübung beherrschenden Einflusses gemäß § 290 Abs. 2 Nr. 3 HGB

Ein Unternehmen kann weiterhin dadurch zum Tochterunternehmen werden, dass einem anderen Unternehmen das Recht zusteht, einen beherrschenden Einfluss auf Grund eines mit diesem Unternehmen geschlossenen Beherrschungsvertrags oder auf Grund einer Satzungsbestimmung dieses Unternehmens, auszuüben. Hier muss jedoch im Unterschied zu § 290 Abs. 2 Nr. 2 HGB das herrschende Unternehmen keine Gesellschaftereigenschaft aufweisen. Das Recht, beherrschenden Einfluss auszuüben, ergibt sich bei Vorliegen eines Beherrschungsvertrages aus dem Inhalt dieses Vertrages[458].
Hauptanwendungsfall dieser Vorschrift ist zum einen der Beherrschungsvertrag gemäß § 291 Abs. 1 Satz 1, 1. Alternative AktG, zum anderen der Gewinnabführungsvertrag gemäß § 291 Abs. 1 Satz 1, 2. Alternative AktG. Ein solcher Vertrag kann jedoch auch außerhalb des § 291 AktG, beispielsweise zwischen zwei GmbH, abgeschlossen sein[459]. Ein beherrschender Einfluss auf Grund eines anderen Unternehmensvertrages gemäß § 292 AktG reicht jedoch nicht aus[460].
Selten dürfte der Fall sein, dass beherrschender Einfluss auf Grund einer Satzungsbestimmung oder einem Bestimmung im Gesellschaftsvertrag ausgeübt wird. Der beherrschende Einfluss auf Grund einer solchen Bestimmung muss inhaltlich dem aufgrund eines Beherrschungsvertrages gleichwertig sein und kann beispielsweise in einem Gesellschaftsvertrag einer GmbH zu sehen sein, in dem sie sich der Leitung eines anderen Unternehmens unterstellt[461].

Beispiel 2: Besteht in obigem Beispiel 1 ein Beherrschungsvertrag zwischen der A-GmbH und der B-GmbH und hält die B-GmbH anstelle von 70 Prozent nur 10 Prozent der Stimmrechte der Ziel-AG, können der A-GmbH die Stimmrechte der B-GmbH gemäß § 30 Abs. 1 Satz 1 Nr. 1 WpÜG i.V.m. § 2 Abs. 6 WpÜG, § 290 Abs. 2 Nr. 3 HGB zugerechnet werden. Die A-GmbH hält somit 30 Prozent[462] der Stimmrechte der Ziel-AG und muss ein Pflichtangebot abgeben.

Mutter-Tochter-Verhältnis zu begründen; unklar Kusterer, in: Heidelberger Kommentar, § 290, Rdnr. 4.

458 Vgl. § 308 AktG.

459 Vgl. Wiedmann, in: Ebenroth/Boujong/Joost, § 290, Rdnr. 25.

460 Vgl. Marsch-Barner, in: GK zum HGB, § 290, Rdnr. 26.

461 Vgl. Marsch-Barner, in: GK zum HGB, § 290, Rdnr. 27.

462 Wegen § 30 Abs. 1 Satz 3 WpÜG nicht etwa nur 25 Prozent entsprechend der 50-prozentigen Beteiligungsquote der A-GmbH and der B-GmbH, da die Stimmrechte des Tochterunternehmens dem Bieter in voller Höhe zugerechnet werden.

(3) Zurechnung von Rechten gemäß § 290 Abs. 3 HGB - Bedeutung im Rahmen des WpÜG

§ 290 Abs. 3 HGB enthält Berechnungsvorschriften für die Anwendung von § 290 Abs. 2 HGB. Dabei nimmt § 290 Abs. 3 HGB eine ähnliche Funktion wahr wie § 30 WpÜG im Rahmen der Zurechnung von Stimmrechten bei Übernahme- und Pflichtangeboten. Nach der gesetzlichen Fiktion des § 290 Abs. 3 Satz 1 HGB gelten auch die einem Tochterunternehmen zustehenden Rechte und die den für Rechnung des Mutterunternehmens oder von Tochterunternehmen handelnden Personen zustehenden Rechte als Rechte, die einem Mutterunternehmen nach § 290 Abs. 2 HGB zustehen. Diese Bestimmung ist im wesentlichen § 16 Abs. 4 AktG nachgebildet. Bei der Anwendung des § 290 Abs. 2 HGB kommt es demzufolge auf die der jeweiligen Konzernstufe insgesamt rechtlich und wirtschaftlich zustehenden Rechte an. Zu den Rechten, die dem Mutterunternehmen zustehen, gehören auch die Stimmrechte nach § 290 Abs. 2 Nr. 1 HGB[463].

Nach § 290 Abs. 3 Satz 2 HGB werden den Rechten des Mutterunternehmens außerdem alle Rechte zugerechnet, über die es selbst oder ein Tochterunternehmen auf Grund einer Vereinbarung mit anderen Gesellschaftern des betreffenden Unternehmens verfügen kann. Damit werden alle Stimmbindungsverträge des jeweiligen Konzernbereichs erfasst. Demgegenüber ist in § 16 Abs. 1 und 3 AktG eine derartige Zurechnung nicht vorgesehen.

Zum Abzug kommen gemäß § 290 Abs. 3 Satz 3 HGB Rechte, die mit Anteilen verbunden sind, die von dem Mutterunternehmen oder von Tochterunternehmen für Rechnung einer anderen Person gehalten werden, oder mit Anteilen verbunden sind, die als Sicherheit gehalten werden, sofern diese Rechte nach Weisung des Sicherungsgebers oder, wenn ein Kreditinstitut die Anteile als Sicherheit für ein Darlehen hält, im Interesse des Sicherungsgebers ausgeübt werden. Sinn und Zweck dieser Regelung ist es sicherzustellen, dass die Rechte dem wirtschaftlichen Eigentümer, nicht dem rechtlichen, zugerechnet werden[464]. Als Sicherungsgeber scheiden dabei Tochterunternehmen aus, da deren Rechte schon gemäß § 290 Abs. 3 Satz 1 HGB dem Mutterunternehmen zugeordnet sind[465].

Fraglich ist, ob § 290 Abs. 3 HGB im Rahmen der Zurechnungsvorschriften des WpÜG eine besondere Bedeutung zukommt. Der wichtigste Unterschied zwischen der Zurechnung gemäß § 30 Abs. 1 Satz 1 Nr. 1 WpÜG und der Zurechnung gemäß § 290 Abs. 3 HGB besteht darin, dass sich § 30 Abs. 1 Satz 1 Nr. 1 WpÜG nur auf Stimmrechte bezieht, § 290 Abs. 3 HGB hingegen auf alle Rechte. Keine Bedeutung hat jedoch, dass nach der ersten Norm Stimmrechte

---

463 Vgl. Marsch-Barner, in: GK zum HGB, § 290, Rdnr. 28; zu Unrecht zweifelnd Kropff, DB 1986, S. 364, 368.

464 Vgl. Wiedmann, in: Ebenroth/Boujong/Joost, § 290, Rdnr. 19.

465 Vgl. Marsch-Barner, in: GK zum HGB, § 290, Rdnr. 30.

von Tochterunternehmen dem Bieter, nach letzterer jedoch Stimmrechte von Tochterunternehmen dem Mutterunternehmen zugerechnet werden. Zwar ist ein Mutterunternehmen nicht immer zugleich Bieter, sondern nur, wenn die Voraussetzungen des § 2 Abs. 4 WpÜG vorliegen. Jedoch geht der Anwendungsbereich des § 290 Abs. 3 HGB über den des § 30 Abs. 1 Satz 1 Nr. 1 WpÜG deshalb nicht hinaus, da § 30 WpÜG dahingehend ausgelegt werden muss, dass die Bietereigenschaft nicht eine Voraussetzung der Zurechnung ist, sondern diese auch erst durch die Zurechnung entstehen kann[466].

(4) Voraussetzungen für die Rechtsform des Mutterunternehmens in § 290 HGB

Aus der systematischen Stellung des § 290 HGB ergibt sich, dass als Mutterunternehmen nur eine Kapitalgesellschaft, also eine Aktiengesellschaft, Kommanditgesellschaft auf Aktien oder GmbH, in Betracht kommt[467]. Hingegen ist die Rechtsform, die ein Bieter gemäß § 2 Abs. 4 WpÜG haben kann, nicht auf Kapitalgesellschaften beschränkt, sondern ein Bieter kann auch eine natürliche Person oder Personengesellschaft sein[468].
Fraglich ist, ob sich daraus Folgerungen für die in § 290 HGB festgelegte Definition eines Tochterunternehmens ergeben. Dies ist zu verneinen, da der Verweis in § 2 Abs. 6 WpÜG auf § 290 HGB ausdrücklich nur auf das Tochterunternehmen, nicht jedoch auf Mutterunternehmen bezieht. Entscheidend ist vielmehr, dass es weder nach § 2 Abs. 6 WpÜG noch nach § 290 HGB auf die Rechtsform des Tochterunternehmens ankommt, so dass diesbezüglich keine Differenzierungen gemacht werden müssen und eine einheitliche Auslegung beider Normenkomplexe möglich ist.

b) Tochterunternehmen als Unternehmen, auf die ein beherrschender Einfluss ausgeübt werden kann gemäß § 2 Abs. 6, 2. Alt. WpÜG

Die in § 2 Abs. 6, 2. Alt. WpÜG getroffene Definition von Tochterunternehmen als Unternehmen, auf die ein beherrschender Einfluss ausgeübt werden kann, erweitert den Begriff des Tochterunternehmens für das WpÜG über die von § 290 HGB erfassten Fälle hinaus. Damit kommt es zu einer Erweiterung des Control-Konzeptes um Elemente des Konzern-Konzeptes.
Fraglich ist hier der Unterschied zwischen der in § 2 Abs. 6 WpÜG getroffenen Definition von Tochterunternehmen als Unternehmen, auf die ein beherrschender Einfluss ausgeübt werden kann, und dem Verweis in § 2 Abs. 6 WpÜG auf § 290 Abs. 2 Nr. 3 HGB, in dem Tochterunternehmen dahingehend beschrieben werden, dass auf sie ein beherrschender Einfluss auf Grund eines mit einem an-

---

466 Vgl. dazu oben 3. Kapitel, I. 2.

467 Vgl. Henssler, in: Heymann, § 290, Rdnr. 11.

468 Vgl. dazu oben 4. Kapitel, I. 2.

deren Unternehmen geschlossenen Beherrschungsvertrages ausgeübt werden kann. Der Unterschied zu § 290 Abs. 2 Nr. 3 HGB besteht darin, dass nach den in § 2 Abs. 6 WpÜG genannten Voraussetzungen kein Beherrschungsvertrag für die Ausübung eines beherrschenden Einflusses notwendig ist. Daraus wird deutlich, dass der Anwendungsbereich des Begriffs des Tochterunternehmens in § 2 Abs. 6 WpÜG über den des § 290 Abs. 1 und 2 HGB hinausgeht[469]. Andererseits sind auch Fälle denkbar, in denen eine Abhängigkeit im Sinne des § 2 Abs. 6, 2. Alt. WpÜG zu verneinen ist, aber eine Kontrolle gemäß § 290 Abs. 2 Nr. 1 HGB zu bejahen ist[470].

aa) Anwendung der aktienrechtlichen Grundsätze des § 17 Abs. 1 AktG

Nunmehr stellt sich die Frage, wann von einer solchen Möglichkeit beherrschenden Einflusses ausgegangen werden muss. Nach der Gesetzesbegründung können die zu § 17 AktG entwickelten Grundsätze hier herangezogen werden[471]. Unternehmen, auf die unmittelbar oder mittelbar ein beherrschender Einfluss ausgeübt werden kann, sind als abhängige Unternehmen im Sinne des § 17 AktG zu bezeichnen.

(1) Vorliegen eines beherrschenden Einflusses

(a) Begriffe „Abhängigkeit“ und „Beherrschung“

§ 17 Abs. 1 AktG verwendet die Begriffe der Abhängigkeit und der Beherrschung. Daraus ist zu schließen, dass diese in engem Zusammenhang stehen und die Existenz eines herrschenden Unternehmens auch die eines abhängigen Unternehmens zur Folge hat und umgekehrt. Beide Begriffe sind somit austauschbar, haben die gleiche Bedeutung und unterscheiden sich nur darin, ob man eine Unternehmensbeziehung aus der Blickrichtung des übergeordneten oder untergeordneten Unternehmens beurteilt[472].

(b) Umfang und Dauer der tatsächlichen oder möglichen Einflussnahme

Abhängigkeit setzt nach überwiegender Ansicht voraus, dass die tatsächliche oder mögliche Einflussnahme eines Unternehmens auf eine andere Gesellschaft grundsätzlich den gesamten Tätigkeitsbereich der letzteren erfassen müsse, da

---

469 Die sich daraus ergebende unterschiedliche Definition von „Tochterunternehmen“ im HGB und im WpÜG kann nicht als geglückt bezeichnet werden, da sie in der schon bestehenden Begriffsvielfalt zusätzlich Verwirrung stiftet.

470 Vgl. dazu unten 4. Kapitel, I. 4. a).

471 Vgl. BT-Drucks. 14/7034, S. 35.

472 Vgl. Forum Europaeum Konzernrecht, ZGR 1998, S. 693ff.

eine bloß „punktuelle" Abhängigkeit dem Gesetz fremd sei[473]. Demnach ist ein Einfluss dann als beherrschend anzusehen, wenn er seiner Art nach dem Einflusspotential einer Mehrheitsbeteiligung entspricht[474]. Auch ein maßgeblicher Einfluss auf die personelle Besetzung der Verwaltungsorgane kann für sich allein ausreichen[475].

Nach einer anderen, vorzugswürdigen Ansicht muss aus dem Zusammenhang zwischen § 17 Abs. 1 AktG und der Konzernvermutung des § 18 Abs. 1 Satz 3 AktG geschlossen werden, dass eine Abhängigkeit schon dann vorliegt, wenn ein Gesellschafter in der Lage ist, wenigstens in einem der zentralen Unternehmensbereiche – wie Einkauf, Verkauf, Organisation oder Finanzierung – die Entscheidungen zu beeinflussen[476].

Zu beachten ist jedoch, dass im Rahmen des § 2 Abs. 6, 2. Alt. WpÜG schon nach dessen Gesetzeswortlaut der beherrschende Einfluss nicht tatsächlich ausgeübt werden muss, sondern die Möglichkeit des beherrschenden Einflusses ausreicht, um ein Mutter-Tochter-Verhältnis zu begründen[477]. Diese Möglichkeit muss jedoch beständig, umfassend und gesellschaftsrechtlich fundiert sein[478].

Eine bestimmte Dauer der Einflussmöglichkeit ist zwar nicht erforderlich, da operationale Kriterien zur Abgrenzung der in Betracht kommenden Zeitspanne fehlen[479]. Andererseits muss die Einflussmöglichkeit eine gewisse Beständigkeit im Sinne einer verlässlichen Basis aufweisen, so dass eine momentane Zufallsmehrheit in der Hauptversammlung nicht ausreicht[480]. Sie muss auch für einen überschaubaren Zeitraum gesichert sein, weil nur in diesem Fall die Verwaltung

---

473 Vgl. Hüffer, § 17, Rdnr. 7; Windbichler, in: Großkomm., § 17, Rdnr. 17.

474 Vgl. Hüffer, § 17, Rdnr. 5; Geßler, in: Geßler/Hefermehl, § 17, Rdnr. 26.

475 Vgl. Hüffer, § 17, Rdnr. 5.

476 Vgl. Emmerich, in: Emmerich/Habersack, § 17, Rdnr. 9f.; Koppensteiner, in: Kölner Kommentar, § 17, Rdnr. 17ff.; Dierdorf, S. 32, 41, 66ff.; Werner, S. 30ff.

477 Unrichtig deshalb Geibel/Süßmann, BKR 2002, S. 52, 62, die davon ausgehen, dass für § 2 Abs. 6 WpÜG die tatsächliche Ausübung eines beherrschenden Einflusses notwendig ist.

478 Vgl. Angerer, in: Geibel/Süßmann, § 2, Rdnr. 48; Hüffer, § 17, Rdnr. 4; BT-Drucks. 14/7034, S. 35; in diesem Sinne auch BGHZ 135, 107, 114 = NJW 1997, S. 1855, 1856 = AG 1997, S. 374, nach dem die Möglichkeit der Einflussnahme „beständig", umfassend und gesellschaftsrechtlich vermittelt sein muss.

479 Vgl. Emmerich, in: Emmerich/Habersack, § 17, Rdnr. 11; Koppensteiner, in: Kölner Kommentar, § 17, Rdnr. 23, 33; Hüffer, § 17, Rdnr. 7; Windbichler, in: Großkomm., § 17, Rdnr. 21; Bayer, in: Münchener Kommentar zum AktG, § 17, Rdnr. 62.

480 Vgl. Emmerich, in: Emmerich/Habersack, § 17, Rdnr. 11; Bayer, in: Münchener Kommentar zum AktG, § 17, Rdnr. 62; Adler/Düring/Schmaltz, Rechnungslegung, Band 4, 1997, § 17, Rdnr. 16ff, 33.

der Gesellschaft Anlass hat, im eigenen Interesse auf die Wünsche des betreffenden Gesellschafters Rücksicht zu nehmen[481].

(c) Beherrschungsmittel

(aa) Erfordernis einer gesellschaftsrechtlich vermittelten Einflussmöglichkeit
§ 17 Abs. 1 AktG enthält keinen Hinweis, worauf der beherrschende Einfluss eines Unternehmen beruhen muss, um Abhängigkeit im Sinne des Gesetzes zu begründen. Zunächst bleibt festzuhalten, dass der Einfluss auf eine Gesellschaft gesellschaftsrechtlich fundiert sein muss und eine tatsächliche, externe Abhängigkeit, beispielsweise im Rahmen von Kredit- oder Lieferbeziehungen, demgegenüber nicht ausreicht[482]. Das Konzernrecht schützt die abhängige Gesellschaft nur vor gesellschaftsrechtlichen Einflussnahmen, nicht jedoch vor rein marktwirtschaftlichen Gefahren[483]. Eine ausschließlich wirtschaftliche Abhängigkeit wird vom Anwendungsbereich der Vorschrift somit nicht erfasst[484]. Im Hinblick auf § 17 AktG als spezifisch aktienrechtliche Regelung und die Tatsache, dass §§ 311ff. AktG nicht auf externe Abhängigkeiten zugeschnitten sind, ist dieser Meinung zu folgen[485]. Dieser Auffassung hat sich auch der BGH angeschlossen[486].

(bb) Einflussmöglichkeit kraft Beteiligung
Wichtigste Grundlage der gesellschaftsrechtlich vermittelten Einflussmöglichkeit ist die Stimmenmehrheit in der Haupt- oder Gesellschafterversammlung der abhängigen Gesellschaft.
Deswegen greift auch bei absoluter Stimmenmehrheit die Vermutung der Abhängigkeit gemäß § 17 Abs. 2 AktG ein[487]. Weil es auf die Mitgliedschaft ankommt, ist bei einer Veränderung des Aktionärskreises der Zeitpunkt des dingli-

---

481 Vgl. Emmerich, in: Emmerich/Habersack, § 17, Rdnr. 13.

482 Vgl. BGHZ 90, 381, 395f. = NJW 1984, S. 1893 = AG 1984, S. 181; Emmerich, in: Emmerich/Habersack, § 17, Rdnr. 15; Hüffer, § 17, Rdnr. 8; Koppensteiner, in: Kölner Kommentar, § 17, Rdnr. 50; Geßler, in: Geßler/Hefermehl, § 17, Rdnr. 40, 56; a.A. Dierdorf, S. 152ff.; Werner, S. 140ff.

483 Vgl. Liebscher, ZIP 2002, S. 1005, 1010.

484 Vgl. Henn, Rdnr. 234; Bayer, in: Münchener Kommentar zum AktG, § 17, Rdnr. 21f.

485 Vgl. Hüffer, § 17, Rdnr. 8.

486 Vgl. BGHZ 90, 381, 395f. = NJW 1984, S. 1893 = AG 1984, S. 181 („BuM/WestLB“); BGHZ 121, 137 = NJW 1993, S. 2114 = ZIP 1993, S. 858 („WAZ“).

487 Zur Nichtanwendbarkeit des § 17 Abs. 2 AktG im Rahmen des § 30 WpÜG vgl. unten 4. Kapitel, I. 2. b) bb).

chen Aktienerwerbs maßgeblich und ein schuldrechtlicher Erwerbsanspruch nicht ausreichend[488].
Im Unterschied zu § 290 Abs. 2 Nr. 1 HGB kann sogar eine Minderheitsbeteiligung zur Begründung von Abhängigkeit ausreichen, wenn sie in verlässlicher Art und Weise dem Gesellschafter den nötigen Einfluss auf die Personalpolitik der abhängigen Gesellschaft sichert[489]. Dies ist insbesondere dann der Fall, wenn mit einer Minderheitsbeteiligung eine sichere Hauptversammlungsmehrheit, die sogenannte faktische Hauptversammlungsmehrheit, erreicht werden kann[490]. Bewegt sich die durchschnittliche Hauptversammlungspräsenz über einen gewissen Zeitraum auf einer Höhe, die einem Minderheitsgesellschafter allein eine sichere Hauptversammlungsmehrheit verleiht, so ist von der Abhängigkeit der betreffenden Gesellschaft auszugehen[491]. Das gleiche gilt, wenn der Minderheitsaktionär auf Grund beständiger und gesicherter tatsächlicher oder rechtlicher Umstände mit der Unterstützung durch so viele andere Gesellschafter rechnen kann, dass er über eine Mehrheit in der Haupt- oder Gesellschafterversammlung verfügt und demzufolge sich die Verwaltung der Gesellschaft darauf im eigenen Interesse einrichten muss[492]. Beispielsweise zählen hierzu Stimmbindungsverträge, Stimmrechtskonsortien[493], Treuhandverhältnisse, aber auch

---

488 Vgl. OLG Düsseldorf, AG 1994, S. 36, 38f. („Feldmühle Nobel/Stora"); Adler/Düring/Schmaltz, Rechnungslegung, Band 4, 1997, § 17, Rdnr. 18; Krieger, in: FS für Semler, 1993, S. 503, 507ff.; a.A. Bayer, in: Münchener Kommentar zum AktG, § 17, Rdnr. 53ff., der eine vorwirkende Abhängigkeit bei Abschluss eines schuldrechtlichen Vertrages bejaht.

489 Vgl. BGHZ 69, 334, 347 = NJW 1978, S. 104 („VEBA/Gelsenberg"); BGHZ 135, 107, 114f. = NJW 1997, S. 1855, 1856f. („VW"); OLG Düsseldorf, AG 1994, S. 36, 37 („Feldmühle Nobel/Stora"); OLG München, AG 1995, S. 383; OLG Braunschweig, AG 1996, S. 271, 272f. („VW/Niedersachsen").

490 Vgl. BGHZ 69, 334, 347 = NJW 1978, S. 104 („VEBA/Gelsenberg", Beteiligung von 43,74 Prozent bei 80 Prozent regelmäßiger Hauptversammlungspräsenz); BGHZ 135, 107, 114f. = NJW 1997, S. 1855, 1856f. („VW"); OLG Düsseldorf, AG 1994, S. 36, 37 („Feldmühle Nobel/Stora"); OLG München, AG 1995, S. 383; OLG Braunschweig, AG 1996, S. 271, 273 („VW/Niedersachsen", Beteiligung von 20 Prozent bei 37 Prozent Hauptversammlungspräsenz im mehrjährigen Durchschnitt); Bayer, in: Münchener Kommentar zum AktG, § 17, Rdnr. 35; Emmerich, in: Emmerich/Habersack, § 17, Rdnr. 17; Adler/Düring/Schmaltz, Rechnungslegung, Band 4, 1997, § 17, Rdnr. 35.

491 Vgl. Emmerich, in: Emmerich/Habersack, § 17, Rdnr. 19; Liebscher, ZIP 2002, S. 1005, 1010f.

492 Vgl. Emmerich, in: Emmerich/Habersack, § 17, Rdnr. 19.

493 Vgl. LG Bielefeld, AG 2000, S. 232, 233 („Hucke AG").

beständige familiäre Beziehungen, die zu einer Abstimmung der Familie als einheitliche Gruppe führen[494].

(cc) Sperrminorität
Sperrminoritäten als solche wirken nach ganz herrschender Meinung nicht abhängigkeitsbegründend, weil durch sie Entscheidungen nur blockiert werden können, die Gesellschaft jedoch nicht zu einem bestimmten Handeln veranlasst werden kann[495].

(dd) Depotstimmrecht gemäß § 135 AktG
Die Problematik einer Abhängigkeit aufgrund bloßer Stimmrechtsvollmachten beruht darauf, dass diese gemäß § 135 Abs. 2 Satz 2 AktG grundsätzlich widerruflich erteilt werden und es somit vom Zufall abhängt, ob eine gesicherte Stimmrechtsmehrheit erreicht oder bei einem Widerruf der Vollmacht nicht erreicht werden kann. Zudem unterliegen Banken bei der Ausübung des Depotstimmrechts den Weisungen des Vollmachtgebers[496] und können, auch wenn in der Regel den Abstimmungsvorschlägen der Bank gefolgt wird, keine selbständigen Entscheidungen treffen. Deshalb kann das einer Bank eingeräumte Depotstimmrecht auch in Verbindung mit einer Minderheitsbeteiligung der Bank keinen beherrschenden Einfluss begründen[497].

(ee) Unternehmensmitbestimmung
Die Unternehmensmitbestimmung nach dem MitbestG 1976 hat keine Auswirkungen auf den Abhängigkeitstatbestand, da sich die Vertreter der Anteilseigner im Aufsichtsrat durch die Zweitstimme des Vorsitzenden durchsetzen können und somit die Möglichkeit des beherrschenden Einflusses insbesondere in Personalfragen gewahrt bleibt[498]. Dasselbe muss für die Montanmitbestimmung gelten[499].

---

494 Vgl. Emmerich, in: Emmerich/Habersack, § 17, Rdnr. 19.

495 Vgl. Hüffer, § 17, Rdnr. 10; Koppensteiner, in: Kölner Kommentar, § 17, Rdnr. 38; Adler/Düring/Schmaltz, Rechnungslegung, Band 4, 1997, § 17, Rdnr. 36.

496 Vgl. § 135 Abs. 5 AktG.

497 Vgl. Geßler, in: Geßler/Hefermehl, § 17, Rdnr. 49f.; Hüffer, § 17, Rdnr. 10; a.A. Koppensteiner, in: Kölner Kommentar, § 17, Rdnr. 42; Emmerich, in: Emmerich/Habersack, § 17, Rdnr. 24; Bayer, in: Münchener Kommentar zum AktG, § 17, Rdnr. 49.

498 Vgl. Koppensteiner, in: Kölner Kommentar, § 17, Rdnr. 99; Adler/Düring/Schmaltz, Rechnungslegung, Band 4, 1997, § 17, Rdnr. 56; Hüffer, § 17, Rdnr. 11.

499 Vgl. BAGE 22, 390, 397f. = NJW 1970, S. 1766; Geßler, in: Geßler/Hefermehl, § 17, Rdnr. 51; Hüffer, § 17, Rdnr. 11; a.A. Adler/Düring/Schmaltz, Rechnungslegung, Band 4, 1997, § 17, Rdnr. 55; Koppensteiner, in: Kölner Kommentar, § 17, Rdnr. 98.

(ff) Einflussmöglichkeit kraft Organisationsvertrags
Neben dem Beherrschungsvertrag stellen auch der Gewinnabführungs- und der Betriebsführungsvertrag im Sinne des § 291 Abs. 1 AktG klassische Beherrschungsmittel dar, durch welche die Abhängigkeit des § 17 Abs. 1 AktG begründet wird[500]. Von den anderen Unternehmensverträgen im Sinne des § 292 AktG sind die Gewinngemeinschaft gemäß § 292 Abs. 1 Nr. 1 AktG und der Teilgewinnabführungsvertrag gemäß § 292 Abs. 1 Nr. 2 AktG keine Grundlage für einen beherrschenden Einfluss, weil durch sie die autonome Willensbildung der Gesellschaft nur beschränkt ausgeschaltet wird[501]. Bei Betriebsüberlassungs- und Betriebspachtverträgen im Sinne des § 292 Abs. 1 Nr. 3 AktG kommt es hingegen auf den Inhalt des Vertrages und die sonstigen Umstände des Einzelfalls an, ob sie nur den Betrieb des Unternehmens erfassen oder ob sich aus ihnen auch ein Einfluss auf das Unternehmen, dessen Unternehmenspolitik und Geschäftsführung ergibt, was in der Regel der Fall sein wird[502].

(2) Unmittelbare und mittelbare Abhängigkeit

Unmittelbare und mittelbare Abhängigkeit stehen schon nach dem Wortlaut des § 17 Abs. 1 AktG einander gleich. Unmittelbare Abhängigkeit ist anzunehmen, wenn ein Unternehmen allein dazu in der Lage ist, einen beherrschenden Einfluss auf die abhängige Gesellschaft auszuüben, mittelbare Abhängigkeit hingegen, wenn der beherrschende Einfluss nur durch die Mitwirkung Dritter begründet werden kann[503]. Insofern kommt der mittelbaren Abhängigkeit im Rahmen des § 17 Abs. 1 AktG die gleiche Rolle zu wie der Zurechnung von Rechten gemäß § 290 Abs. 3 HGB beim Kontrollbegriff des § 290 Abs. 2 HGB und der Zurechnung von Stimmrechten gemäß § 30 WpÜG beim Kontrollbegriff des § 29 Abs. 2 WpÜG. Die mittelbare Abhängigkeit kann auf der Mitwirkung von Tochtergesellschaften, von Treuhändern oder von anderen Gesellschaftern, über deren Stimmen aufgrund von Stimmbindungsverträgen oder im Rahmen von Stimmrechtskonsortien verfügt werden kann, beruhen[504].
Bei Treuhandverhältnissen oder Stimmbindungsverträgen kann das herrschende Unternehmen nur zusammen mit dem Dritten einen beherrschenden Einfluss ausüben, wobei es jedoch nicht darauf ankommt, ob es neben dem Dritten auch selbst unmittelbar an der Gesellschaft eine Beteiligung hält oder nicht. In diesen

---

500 Vgl. Geßler, in: Geßler/Hefermehl, § 17, Rdnr. 53.

501 Vgl. Geßler, in: Geßler/Hefermehl, § 17, Rdnr. 53.

502 Vgl. Geßler, in: Geßler/Hefermehl, § 17, Rdnr. 54.

503 Vgl. Emmerich, in: Emmerich/Habersack, § 17, Rdnr. 26.

504 Vgl. Bayer, in: Münchener Kommentar zum AktG, § 17, Rdnr. 72ff.; Koppensteiner, in: Kölner Kommentar, § 17, Rdnr. 27ff.; Windbichler, in: Großkomm., § 17, Rdnr. 57f.

Fällen kann man von mehrfacher einseitiger Abhängigkeit der Beteiligungsgesellschaft sprechen, da diese beispielsweise vom Treugeber und Treuhänder abhängig ist.

(a) Problem der mehrstufigen Abhängigkeit bei Tochterunternehmen

Davon abzugrenzen ist die sogenannte mehrfache oder mehrstufige Abhängigkeit, die dann vorliegt, wenn ein drittes Unternehmen, über das das herrschende Unternehmen seinen Einfluss auf die Beteiligungsgesellschaft ausübt, seinerseits von dem herrschenden Unternehmen abhängig ist[505].
Die Zurechnung von Stimmrechten wird somit dadurch verkompliziert, dass nicht nur Abhängigkeiten im Mutter-Tochter-Verhältnis denkbar sind, sondern auch mehrstufige Abhängigkeiten im Verhältnis Mutter-Tochter-Enkel[506] sowie mit einer Zwischenschaltung von beliebig vielen Mittlern auftreten können. Hier besteht die Frage, welche Voraussetzungen gegeben sein müssen, um eine Zurechnung von Stimmrechten an der Zielgesellschaft vom letzten Glied auf das erste Glied in der Kette bejahen zu können.
Unproblematisch sind die Fälle, in denen Mutter- und Tochterunternehmen an der Enkelgesellschaft mehrheitlich beteiligt sind, so dass dann die Enkelgesellschaft von beiden Unternehmen abhängig ist, mit der Folge, dass alle drei Unternehmen Pflichtangebote abzugeben haben, falls die Enkelgesellschaft gemäß § 29 Abs. 2 WpÜG die Kontrolle an einer Zielgesellschaft erlangt.
Andererseits bleibt festzuhalten, dass die Muttergesellschaft selbst nicht unmittelbar am Tochterunternehmen beteiligt sein muss, um eine Zurechnung bejahen zu können. So reicht beispielsweise ein Beherrschungsvertrag, der ein Abhängigkeitsverhältnis[507] zwischen Mutter und Tochter begründet, aus, um eine Zurechnung von Stimmrechten aus Aktien, die der Tochter gehören, gemäß § 30 Abs. 1 Satz 1 Nr. 1 WpÜG herbeizuführen. Ebenso wenig bedarf es einer unmittelbaren Beteiligung am Enkelunternehmen, da für die Annahme einer Mehrheitsbeteiligung wegen der Zurechnung nach § 16 Abs. 4 AktG bereits eine mehrheitliche Beteiligung allein der Tochtergesellschaft ausreicht[508].

---

505 Vgl. Emmerich, in: Emmerich/Habersack, § 17, Rdnr. 27.

506 Vgl. dazu Pentz, Die Rechtsstellung der Enkel-AG, 1994, S. 21ff.

507 Zudem besteht natürlich auch ein Kontrollrechtsverhältnis gemäß § 290 Abs. 2 Nr. 3 HGB.

508 Vgl. Adler/Düring/Schmaltz, Rechnungslegung, Band 4, 1997, § 16, Rdnr. 24; Hüffer, § 16, Rdnr. 13; Koppensteiner, in: Kölner Kommentar, § 16, Rdnr. 26.

(b) Problem der Häufung von Pflichtangeboten bei mittelbarer Zurechnung

(aa) Mittelbare Kontrollerlangung auf der Seite des Bieters
Die Fallgruppe des mittelbaren Kontrollerwerbs betrifft zum einen Sachverhalte, bei denen der Erwerber unter Einschaltung einer Tochtergesellschaft die Kontrolle über die Zielgesellschaft erlangt. Erwirbt das Tochterunternehmen mehr als 30 Prozent der Stimmrechte der Zielgesellschaft, müssen diese Stimmrechte über § 30 Abs. 1 Satz 1 Nr. 1 WpÜG dem Mutterunternehmen zugerechnet werden, mit der Folge, dass die Veröffentlichungs- und Angebotspflicht nach § 35 WpÜG sowohl das Tochterunternehmen als auch das Mutterunternehmen trifft. So lange der Gesetzgeber keinen Befreiungstatbestand in das WpÜG aufnimmt, kann auch nicht im Wege der teleologischen Reduktion § 35 WpÜG[509] dahingehend ausgelegt werden, dass die Erfüllung der Pflichten aus § 35 WpÜG durch Mutter- oder Tochterunternehmen auf der Erwerberseite dem bzw. den jeweils anderen zugerechnet werden[510]. Allerdings wird diesbezüglich in der Literatur zwischen der Veröffentlichung der Kontrollerlangung nach § 35 Abs. 1 WpÜG und der Veröffentlichung der Angebots nach § 35 Abs. 2 WpÜG unterschieden und § 24 WpHG für entsprechend anwendbar erklärt[511]. Überschreite eine Tochtergesellschaft die Grenze des § 29 Abs. 2 WpÜG, sei zwar grundsätzlich Mutter- und Tochtergesellschaft zur Veröffentlichung verpflichtet, allerdings könne analog § 24 WpHG die Veröffentlichungspflicht des Tochterunternehmens durch die ordnungsgemäße Erfüllung der Verpflichtung durch das Mutterunternehmen ersetzt werden[512]. Da § 35 Abs. 2 WpÜG tatbestandlich nicht auf die Erlangung der Kontrollstellung, sondern auf die Veröffentlichung der Kontrollerlangung abstelle, entstehe somit eine Angebotspflicht ausschließlich beim Mutterunternehmen, wenn dessen Veröffentlichung bei der Tochter befreiende Wirkung entfalte. Somit werde nur ein Pflichtangebot durch das Mutterunternehmen fällig[513]. Dieser Ansicht kann nicht gefolgt werden, da schon keinerlei Anhaltspunkte für eine analoge Anwendung des § 24 WpHG im Rahmen des Veröffentlichungspflicht des § 35 Abs. 1 WpÜG bestehen. Die Veröffentlichungspflicht nach § 35 Abs. 1 WpÜG stellt eine eigenständige Regelung dar, die erheblich von der Mitteilungspflicht nach § 21 WpHG abweicht[514]. Be-

509 So aber Meyer, in: Geibel/Süßmann, § 35, Rdnr. 27.

510 Vgl. dazu auch unten 4. Kapitel, I. 7.

511 Vgl. Ekkenga/Hofschroer, DStR 2002, S. 768, 775.

512 Vgl. Ekkenga/Hofschroer, DStR 2002, S. 768, 776.

513 Vgl. Ekkenga/Hofschroer, DStR 2002, S. 768, 776.

514 So auch Ekkenga/Hofschroer, DStR 2002, S. 768, 776 (Fn. 184), die jedoch nicht klar genug zwischen den Begriffen „Veröffentlichung“ und „Mitteilung“ unterscheiden und sogar bezüglich § 35 Abs. 1 WpÜG fälschlicherweise von einer Mitteilungspflicht sprechen.

freiungen von der Veröffentlichungspflicht sind ausschließlich und abschließend in § 37 WpÜG und § 9 WpÜG-Angebotsverordnung geregelt. Da sich darin keine ausdrückliche Regelung des hier erörterten Problems des doppelten Pflichtangebots bei Konzernlagen findet, die Problematik mehrfacher Pflichtangebote jedoch gesehen wurde[515], kann nicht von einer unbewussten Regelungslücke ausgegangen werden. Somit ist generell von einer doppelten Veröffentlichungs- und Angebotspflicht von Mutter- und Tochterunternehmen auszugehen. In derartigen Fällen kann aber für eine der beiden Gesellschaften eine Befreiung gemäß § 37 Abs. 1 WpÜG im Hinblick auf die Art der Erlangung der Kontrolle in Betracht kommen[516]. Beantragt die Muttergesellschaft eine solche Befreiung, setzt dies allerdings voraus, dass das Tochterunternehmen nach dem Vorbild des § 305 Abs. 2 Nr. 2 AktG eine Barleistung oder Aktien der Muttergesellschaft als Gegenleistung anbietet[517], da ansonsten dem außenstehenden Aktionär bei der Beteiligung an der Tochtergesellschaft als Ersatz für seine Beteiligung an einer kontrollierten Gesellschaft ein Anteil an einer (potentiell) fremdgesteuerten Gesellschaft angeboten werden würde, was nicht mit der Zielsetzung des WpÜG in Einklang steht[518].
Die gleiche Situation entsteht auch dann, wenn ein Unternehmen den Bestand an Aktien der Zielgesellschaft auf mehr als 30 Prozent aufstockt, deshalb ein Pflichtangebot abzugeben hat und dieses Unternehmen erst während des laufenden Pflichtangebotsverfahrens die Stellung eines Tochterunternehmens erlangt, weil ein drittes Unternehmen beispielsweise 50 Prozent und eine Stimme an diesem Unternehmen erwirbt oder mit diesem einen Beherrschungsvertrag abschließt. Selbst in diesem Fall muss der Dritte, da er über die Zurechnungsnorm des § 30 Abs. 1 Satz 1 Nr. 1 WpÜG ebenfalls die Kontrolle an der Zielgesellschaft erlangt hat und damit zum Bieter geworden ist, zum bereits vom Tochterunternehmen abgegebenen Pflichtangebot ein zweites, zusätzliches Pflichtangebot abgeben.

(bb) Mittelbare Kontrollerlangung auf der Seite der Zielgesellschaft
Zum anderen werden aber auch Konstellationen erfasst, bei denen die Zielgesellschaft eine Gesellschaft ist, die ihrerseits eine oder mehrere andere Tochtergesellschaften hat. Erwirbt der Erwerber in diesem Fall die Kontrolle über die Zielgesellschaft, hat er nicht nur ein Pflichtangebot für das Mutterunternehmen, sondern auch für die Tochtergesellschaft(en) abzugeben, sofern es sich bei diesen um börsennotierte Gesellschaften im Sinne des WpÜG handelt. Die Pflicht

---

515 Vgl. nur § 9 Satz 2 Nr. 1 WpÜG-Angebotsverordnung.

516 Vgl. Harbarth, ZIP 2002, S. 321, 323.

517 Vgl. DAV-Handelsrechtsausschuss zum RegE Wertpapiererwerbs- und Übernahmegesetz, ZIP 2001, S. 1736, 1740.

518 Vgl. Harbarth, ZIP 2002, S. 321, 331.

zur Abgabe eines Angebots folgt hier daraus, dass mit der Übernahme der Zielgesellschaft diese zur Tochtergesellschaft des Erwerbers wird und ihre Beteiligungen dem Erwerber nach § 30 Abs. 1 Satz 1 Nr. 1 WpÜG zugerechnet werden. Der Kontrollerwerb kann also die Pflicht zur Abgabe einer Mehrzahl von Pflichtangeboten begründen. Ausnahmsweise kann jedoch bei unbedeutenden Tochtergesellschaften eine Befreiung von der Angebotspflicht nach § 37 Abs. 1 und 2 WpÜG i.V.m. § 9 Satz 2 Nr. 3 WpÜG-Angebotsverordnung erfolgen, wenn auf Grund der Erlangung der Kontrolle über eine Gesellschaft mittelbar die Kontrolle an einer Zielgesellschaft erlangt wurde und der Buchwert der Beteiligung der Gesellschaft an der Zielgesellschaft weniger als 20 Prozent des buchmäßigen Aktivvermögens der Gesellschaft beträgt. Grund für diesen Befreiungstatbestand ist die Gefahr, dass Übernahmen durch diese zwei- oder mehrfache Angebotspflicht erheblich verteuert und unter Umständen sogar völlig unmöglich gemacht werden, was dem Ziel des WpÜG, Übernahmen weder zu fördern noch zu verhindern, widersprechen würde[519]. Ob die Regelung des § 9 Satz 2 Nr. 3 WpÜG-Angebotsverordnung noch durch die Ermächtigungsnorm des § 37 Abs. 2 Satz 1 WpÜG erfasst ist, die das Bundesministerium der Finanzen als Verordnungsgeber zwar ermächtigt, nähere Bestimmungen über die Befreiung von den Verpflichtungen nach § 35 Abs. 1 Satz 1 und Abs. 2 Satz 1 WpÜG zu erlassen, nicht jedoch neue Befreiungstatbestände zu begründen, wird zwar als zweifelhaft angesehen[520]. Jedenfalls lässt sich aber der Fall der mittelbaren Kontrollerlangung auf der Seite der Zielgesellschaft unter die abschließende Aufzählung des § 37 Abs. 1 WpÜG fassen, da die Befreiung im Hinblick auf die mit der Erlangung der Kontrolle beabsichtigte Zielsetzung gerechtfertigt erscheinen kann[521]. Hier bedarf es aber einer besonders eingehenden Prüfung der mit der mittelbaren Kontrollerlangung zusammenhängenden Motive des Bieters durch die BaFin mit der Folge, dass der Befreiungsantrag abgelehnt werden muss, wenn die Ziele des Bieters eine grundsätzliche Neubewertung der Anlageentscheidung der Minderheitsgesellschafter der Zielgesellschaft erwarten lassen[522].

(c) Anwendungsbeispiele

Beispiel 1: Mutterunternehmen M hält 90 Prozent an Unternehmen A, Unternehmen A hält 90 Prozent an Unternehmen B, Unternehmen B hält 30 Prozent der Stimmrechte der Zielgesellschaft. In diesem Fall ist fraglich, ob Unternehmen B nur ein Tochterunternehmen der A oder auch der M ist. B ist in diesem

---

519 Vgl. BT-Drucks. 14/7034, S. 82; Meyer, in: Geibel/Süßmann, § 37, Rdnr. 36; Riehmer/Schröder, BB 2001, Beilage 5, S. 1, 10f.

520 Vgl. Meyer, in: Geibel/Süßmann, § 37, Rdnr. 35.

521 So im Ergebnis auch Meyer, in: Geibel/Süßmann, § 37, Rdnr. 35.

522 Vgl. Meyer, in: Geibel/Süßmann, § 37, Rdnr. 35 a.E., 37.

Fall eine Enkelgesellschaft der M. Diese bedürfen im WpÜG keiner besonderen Erwähnung, da es sich bei diesen aus der Sicht der M zugleich immer um Tochterunternehmen im Sinne des § 2 Abs. 6 WpÜG handelt. Es liegt nämlich gemäß § 290 Abs. 3 Satz 1 HGB eine indirekte Beherrschung und gemäß §§ 17 Abs. 1, 16 Abs. 4 AktG eine mittelbare Abhängigkeit der B gegenüber M vor. Somit ist B als Tochterunternehmen der A und der M zu bezeichnen, deren Stimmrechte an der Zielgesellschaft werden nach § 30 Abs. 1 Satz 1 Nr. 1 WpÜG A und M zugerechnet, so dass M, A und B ein Pflichtangebot abzugeben haben.

Beispiel 2: Mutterunternehmen M hält 90 Prozent an Unternehmen A, Unternehmen A hält 40 Prozent an Unternehmen B, Unternehmen B hält 30 Prozent der Stimmrechte der Zielgesellschaft. In diesem Fall ist die Zurechnungskette unterbrochen. Zwischen A und B liegt kein Mutter-Tochter-Verhältnis, zwischen M und B kein Mutter-Enkel-Verhältnis vor, da M nur ein 40-prozentiger Anteil an B über § 290 Abs. 3 HGB bzw. § 16 Abs. 4 AktG zugerechnet werden kann. Somit ist nur B zur Abgabe eines Angebots verpflichtet ist.

Beispiel 3: Mutterunternehmen M hält 40 Prozent an Unternehmen A, Unternehmen A hält 90 Prozent an Unternehmen B, Unternehmen B hält 30 Prozent der Stimmrechte der Zielgesellschaft. Auch in diesem Fall ist die Zurechnungskette unterbrochen. Zwischen M und A liegt kein Mutter-Tochter-Verhältnis vor, da keine der in § 2 Abs. 6 genannten Voraussetzungen gegeben ist, jedoch ist B ein Tochterunternehmen der A. Somit sind nur A und B zur Abgabe eines Angebots verpflichtet sind.

Beispiel 4: Mutterunternehmen M hat einen Beherrschungsvertrag mit Unternehmen A geschlossen, Unternehmen A hält 90 Prozent an Unternehmen B, Unternehmen B hält 30 Prozent der Stimmrechte der Zielgesellschaft. Fraglich ist, ob B ein Tochterunternehmen der M ist. Zwischen M und B besteht kein Beherrschungsvertrag. Der zwischen M und A abgeschlossene Beherrschungsvertrag gilt nur zwischen diesen beiden, führt zwischen diesen zu einem Mutter-Tochter-Verhältnis über § 290 Abs. 2 Nr. 3 HGB bzw. § 17 Abs. 1 AktG, entfaltet jedoch keine Wirkung gegenüber B. Jedoch ist B gemäß § 2 Abs. 6, 1. Alt. WpÜG i.V.m. § 290 Abs. 2 Nr. 1 HGB bzw. § 2 Abs. 6, 2. Alt. WpÜG i.V.m. § 17 Abs. 1 AktG ein Tochterunternehmen der A. In diesem Fall liegt also eine lückenlose Zurechnungskette vor. B ist somit als Tochterunternehmen der M anzusehen. Die Stimmrechte der B sind A und M gemäß § 30 Abs. 1 Satz 1 Nr. 1 WpÜG zuzurechnen. M, A und B sind zur Abgabe eines Angebots verpflichtet.

Beispiel 5: Mutterunternehmen M kann auf das Unternehmen A einen beherrschenden Einfluss im Sinne des § 2 Abs. 6, 2.Alt. WpÜG ausüben, Unternehmen A hält 90 Prozent an Unternehmen B, Unternehmen B hält 30 Prozent der Stimmrechte der Zielgesellschaft. Fraglich ist wiederum, ob B ein Tochterunternehmen der M ist und M demnach die von B gehaltenen Stimmrechte an der

Zielgesellschaft zugerechnet werden müssen. A ist gemäß § 2 Abs. 6 WpÜG ein Tochterunternehmen der M, B ist gemäß § 2 Abs. 6 WpÜG i.V.m. § 290 Abs. 2 Nr. 1 HGB bzw. § 17 Abs. 1 AktG ein Tochterunternehmen der A. Somit ist B als Enkelgesellschaft der M und somit als deren Tochterunternehmen anzusehen, so dass wiederum § 30 Abs. 1 Satz 1 Nr. 1 WpÜG eingreift und M, A und B zur Abgabe eines Pflichtangebots verpflichtet sind.

Beispiel 6: Fraglich ist, ob auch Fälle denkbar sind, in denen nur M und B, nicht jedoch A, zur Abgabe eines Pflichtangebots verpflichtet sind. B ist sowieso immer zur Abgabe eines Pflichtangebots verpflichtet, da er 30 Prozent der Stimmrechte der Zielgesellschaft hält. Um dieses Ergebnis zu erreichen müsste B zwar ein Tochterunternehmen der M, nicht jedoch der A sein. Solche Fälle sind ohne weiteres vorstellbar. Beispielsweise ist die Fallgestaltung denkbar, dass Mutterunternehmen M 90 Prozent der Stimmrechte der A hält, A jedoch nur 10 Prozent der Stimmrechte der B. Zusätzlich hat M einen Beherrschungsvertrag mit B geschlossen, so dass nur zwischen M und A sowie zwischen M und B ein Mutter-Tochter-Verhältnis besteht, nicht jedoch zwischen A und B. Somit sich nur M und B zur Abgabe eines Pflichtangebots verpflichtet, da nur zwischen diesen eine Zurechnung der Stimmrechte nach § 30 Abs. 1 Satz 1 Nr. 1 WpÜG stattfindet.

Beispiel 7: Genauso liegt der Fall, wenn Mutterunternehmen M 60 Prozent an Unternehmen A und 25 Prozent an Unternehmen B, Unternehmen A 35 Prozent an Unternehmen B und Unternehmen B 30 Prozent der Stimmrechte der Zielgesellschaft hält. Dann kann nämlich M der 35-prozentige Anteil der A an der B über § 290 Abs. 3 HGB oder § 16 Abs. 4 AktG zugerechnet werden, so dass M insgesamt mit 60 Prozent an B beteiligt und B somit ein Tochterunternehmen der M ist.

Beispiel 8: Unternehmen M hält 90 Prozent an Unternehmen A und 15 Prozent der Stimmrechte der Zielgesellschaft, A hält 90 Prozent an Unternehmen B und B hält 15 Prozent der Stimmrechte der Zielgesellschaft. In diesem Fall ist einzig M zur Abgabe eines Angebots verpflichtet. A und B sind Tochterunternehmen der M. B ist ein Tochterunternehmen der A. A und B halten jedoch nur 15 Prozent der Stimmrechte an der Zielgesellschaft, B aus eigenen Anteilen, A über die Zurechnung des § 30 Abs. 1 Satz 1 Nr. 1 WpÜG. M hält insgesamt 30 Prozent der Stimmrechte der Zielgesellschaft, 15 Prozent eigene Anteile und 15 Prozent über die Zurechnung von B nach § 30 Abs. 1 Satz 1 Nr. 1 WpÜG.

Diese kleine Auswahl an Beispielen zeigt, wie komplex die jeweiligen Sachverhalte sein können. Hier bedarf es zunächst einer sorgfältigen Bestimmung, ob und wie viele Tochterunternehmen vorliegen und ob demzufolge eine Zurechnung nach § 30 Abs. 1 Satz 1 Nr. 1 WpÜG erfolgen kann. Zu berücksichtigen sind in einem zweiten Schritt stets die Eigenanteile der Unternehmen an der Zielgesellschaft.

(d) Problem der Mehrmütterherrschaft bei Gemeinschaftsunternehmen

Einen weiteren Anwendungsfall dieser mehrfachen Abhängigkeit bilden die Gemeinschaftsunternehmen, die dann vorliegen, wenn neben einem Unternehmen mehrere andere Unternehmen zum gemeinsamen Nutzen durch Gründung oder Anteilserwerb an einer Tochtergesellschaft beteiligt sind und ihre Einflusspotentiale nicht einzeln, jedoch bei Zusammenrechnung eine Stimmenmehrheit ergeben[523]. In diesem Fall kann bei Vorliegen der erforderlichen Interessenkoordination[524] zwischen den übergeordneten Unternehmen Abhängigkeit des Gemeinschaftsunternehmens gegenüber jedem[525] der beteiligten Unternehmen gegeben sein[526]. Die Folge daraus ist, dass das Gemeinschaftsunternehmen als Tochterunternehmen im Sinne des § 30 Abs. 1 Satz 1 Nr. 1 WpÜG anzusehen ist[527] und dessen Stimmrechte jedem der Mutterunternehmen zuzurechnen sind. Dies bedeutet bei einem Stimmrechtsanteil von mindestens 30 Prozent, die das Gemeinschaftsunternehmen an einer Zielgesellschaft hält, dass nicht nur das Gemeinschaftsunternehmen selbst, sondern auch sämtliche Mutterunternehmen grundsätzlich zur Abgabe eines Pflichtangebots gemäß § 35 Abs. 2 Satz 1 WpÜG verpflichtet sind. Ein Befreiungstatbestand gemäß § 37 Abs. 1 WpÜG i.V.m. § 9 WpÜG-Angebotsverordnung ist in diesem Fall nicht

---

523 Vgl. Hüffer, § 17, Rdnr. 13.

524 Vgl. unter anderem zur ausdrücklichen gesetzlichen Regelung dieses Fragenkreises in der sogenannten „Mehrmütterklausel" des § 36 Abs. 2 Satz 2 GWB BGHZ 81, 56, 60f. = NJW 1981, S. 2699; BGHZ 99, 1, 4 = NJW 1987, 1639; Emmerich, in: Emmerich/Habersack, § 17, Rdnr. 29ff.; Hüffer, § 17, Rdnr. 15f.; Koppensteiner, in: Kölner Kommentar, § 17, Rdnr. 74.

525 Es liegt nicht etwa nur eine Abhängigkeit des Gemeinschaftsunternehmens gegenüber der BGB-Gesellschaft vor, die zwischen den als Einheit auftretenden Mutterunternehmen anzunehmen ist, vgl. BGHZ 62, 193, 196 = NJW 1974, S. 855 („Seitz"); Emmerich, in: Emmerich/Habersack, § 17, Rdnr. 32; Hüffer, § 17, Rdnr. 14; Geßler, in: Geßler/Hefermehl, § 17, Rdnr. 76f.

526 Vgl. BGHZ 62, 193, 196 = NJW 1974, S. 855 („Seitz"); BGHZ 74, 359, 363 = NJW 1979, S. 2401 („WAZ"); Geßler, in: Geßler/Hefermehl, § 17, Rdnr. 73ff.; Koppensteiner, in: Kölner Kommentar, § 17, Rdnr. 70; Emmerich, in: Emmerich/Habersack, § 17, Rdnr. 28.

527 Vgl. Steinmeyer/Häger, § 2, Rdnr. 22. A.A. für Gemeinschaftsunternehmen im Sinne des § 310 HGB sind zu Recht Steinmeyer/Häger, § 30, Rdnr. 4 und § 2, Rdnr. 23, da dies per definitionem nur solche Unternehmen sind, die von zwei oder mehreren Gesellschaftern mit jeweils gleichen Anteilen und Rechten geführt werden. Auf Grund der paritätischen Beteiligung der Gesellschafter kann keiner für sich einen beherrschenden Einfluss auf das Gemeinschaftsunternehmen ausüben.

ersichtlich. Aufgrund der besonderen Situation bei Gemeinschaftsunternehmen, die durch die Interessenkoordination der Mutterunternehmen entsteht, ergibt sich jedoch für diese Folge der mehrfachen Pflichtangebote keine sinnvolle Begründung. Vielmehr wäre eine Regelung zweckmäßig, die in dieser Situation nur das Tochter- bzw. Gemeinschaftsunternehmen verpflichtet, ein einziges Angebot in Bezug auf die Zielgesellschaft abzugeben. Diese würde dem Charakter der besonderen Situation bei Gemeinschaftsunternehmen gerecht werden, da nicht nur das Tochterunternehmen, sondern auch die Zielgesellschaft einem gemeinsamen Nutzen der übergeordneten Unternehmen dienen soll und das Tochterunternehmen von mehreren Mutterunternehmen abhängig ist. Insofern wäre die Schaffung eines Befreiungstatbestandes gemäß § 37 Abs. 1 WpÜG wünschenswert. Bestehen bei den Mutterunternehmen unterschiedlich hohe Anteile an der Zielgesellschaft, da einzelne von diesen neben den vom Gemeinschaftsunternehmen über § 30 Abs. 1 Satz 1 Nr. 1 WpÜG zugerechneten Anteilen zusätzliche eigene Anteile an der Zielgesellschaft halten und andere keine oder weniger Anteile, ist schon nach der derzeit gültigen Rechtslage der Befreiungstatbestand des § 37 Abs. 1, 2 WpÜG i.V.m. § 9 Satz 2 Nr. 1 WpÜG-Angebotsverordnung gegeben. Bei paritätischen Beteiligungsverhältnissen kann nicht davon ausgegangen werden, dass wegen des faktischen Einigungszwangs der Mutterunternehmen stets ein Abhängigkeitsverhältnis gegenüber beiden zu 50 Prozent beteiligten Gesellschaftern gegeben oder tatsächlich zu vermuten ist[528]. Nur dann, wenn einer der Gesellschafter die Führung übernimmt, indem er durch vertragliche Absprachen auf die Einflusspotentiale anderer Gesellschafter zugreifen kann, ist das Gemeinschaftsunternehmen allein von dieser Mutter abhängig[529]. Dabei sind die Anforderungen an einen solchen Mehrmütterkonzern deutlich höher als die Anforderungen, die nach dem Zurechnungstatbestand des § 30 Abs. 2 WpÜG an ein Acting in Concert[530] gestellt werden, da unverbindliche Absprachen wie Gentlemen´s Agreements und rein moralische Verpflichtungen nicht als ausreichend anzusehen sind[531].

(e) Die Kommanditgesellschaft als Tochterunternehmen

Praxisrelevante Probleme können sich aus der Frage ergeben, wer eine Kommanditgesellschaft beherrscht. In der Regel müssen aber dem Komplementär die Stimmrechtsanteile, die die Kommanditgesellschaft an der Zielgesellschaft hält, zugerechnet werden, da dieser die Möglichkeit hat, auf das Unternehmen einen beherrschenden Einfluss auszuüben. Dies gilt insbesondere für die Fälle, in de-

528 Vgl. Liebscher, ZIP 2002, S. 1005, 1011.

529 Vgl. Liebscher, ZIP 2002, S. 1005, 1011.

530 Vgl. dazu unten 4. Kapitel, VII. 3. b).

531 Vgl. Liebscher, ZIP 2002, S. 1005, 1011.

nen der Bieter der einzige Komplementär ist und in denen die Kommanditisten entsprechend der in § 164 HGB zum Ausdruck kommenden Grundstruktur einer Kommanditgesellschaft von der Geschäftsführung ausgeschlossen sind[532].

bb) Abhängigkeitsvermutung gemäß § 17 Abs. 2 AktG

Steht eine Aktiengesellschaft im Mehrheitsbesitz eines anderen Unternehmens wird gemäß § 17 Abs. 2 AktG ein beherrschender Einfluss widerlegbar vermutet[533]. Diese Vermutung besteht, weil § 16 Abs. 1 AktG unter dem Begriff der Mehrheitsbeteiligung die Mehrheit der Anteile und die Mehrheit der Stimmrechte erfasst und § 17 Abs. 2 AktG keinen Unterschied macht, sowohl bei einer Stimmenmehrheitsbeteiligung als auch bei einer Kapitalmehrheitsbeteiligung[534]. In der Regel wird beides bei einem Unternehmen zusammenfallen. Ist dies nicht der Fall, hat allein das Unternehmen mit der Stimmenmehrheitsbeteiligung einen beherrschenden Einfluss, da der Einfluss aus der Stimmenmehrheit dem nur kapitalmäßig mehrheitsbeteiligten Unternehmen den beherrschenden Charakter nimmt[535]. Die Widerlegung erfordert den Nachweis durch die Behauptung und den Beweis von Tatsachen, dass ein beherrschender Einfluss aus rechtlichen Gründen trotz einer Mehrheitsbeteiligung nicht ausgeübt werden kann. Umstritten ist hier, ob es für die Widerlegung ausreicht, dass der Mehrheitsaktionär trotz seiner Mehrheit nicht die Zusammensetzung des Aufsichtsrates bestimmen kann[536], oder ob auch das Fehlen sonstiger Beherrschungsmittel unter Beweis gestellt werden muss[537]. Weil § 17 Abs. 2 AktG die bloße Kapitalmehrheit für die Vermutung genügen lässt, diese für sich allein genommen jedoch keine Bestimmung über die Zusammensetzung des Aufsichtsrates ermöglicht, ist der zweiten Ansicht zu folgen[538]. Als taugliches Widerlegungsmittel kommt bei der Stimmrechtsmehrheit nur der Nachweis in Betracht, dass trotz der Mehrheit der beherrschende Einfluss wegen einer Satzung oder eines Vertrages nicht ausgeübt

---

532 Vgl. Nottmeier/Schäfer, AG 1997, S. 87, 93.

533 Diese Vermutung bildet wiederum die Grundlage der Konzernvermutung des § 18 Abs. 1 Satz 3 AktG, so dass eine Mehrheitsbeteiligung im Zweifel zur Abhängigkeit und zur Annahme eines Konzerns führt.

534 Vgl. Hüffer, § 17, Rdnr. 17; Geßler, in: Geßler/Hefermehl, § 17, Rdnr. 89.

535 Vgl. Geßler, in: Geßler/Hefermehl, § 17, Rdnr. 44.

536 Vgl. Koppensteiner, in: Kölner Kommentar, § 17, Rdnr. 82; Werner, Der aktienrechtliche Abhängigkeitstatbestand, S. 171f.

537 Vgl. Geßler, in: Geßler/Hefermehl, § 17, Rdnr. 99; Adler/Düring/Schmaltz, Rechnungslegung, Band 4, 1997, § 17, Rdnr. 98f.; Hüffer, § 17, Rdnr. 19.

538 Vgl. Emmerich, in: Emmerich/Habersack, § 17, Rdnr. 36; Hüffer, § 17, Rdnr. 19.

werden kann. Zum einen kommt ein Entherrschungsvertrag[539] in Betracht. Entherrschungsverträge sind Verträge mit anderen Aktionären oder der abhängigen Gesellschaft, durch die das mehrheitsbeteiligte Unternehmen auf die Ausübung eines Teils seiner Stimmrechte gegenüber der Beteiligungsgesellschaft verzichtet, um zu gewährleisten, dass von dem Mehrheitsbesitz keine abhängigkeitsbegründende Stellung ausgehen kann[540]. Ein Entherrschungsvertrag bedarf der Schriftform, muss eine Laufzeit von mindestens fünf Jahren haben[541], damit die nächste Aufsichtsratswahl nicht dominiert werden kann, und muss das Stimmrecht von mindestens so vielen Aktien ausschließen, dass der Gesellschafter unter Berücksichtigung der durchschnittlichen Hauptversammlungspräsenz in keinem Fall über die Mehrheit der Stimmrechte verfügt[542]. Weiterhin sind Stimmbindungsverträge, nach denen die Stimmrechtsmehrheit nicht ausgeübt werden darf, zur Widerlegung der Abhängigkeit geeignet[543]. Zum anderen kommen Regelungen in der Satzung in Betracht, die Stimmrechtsbeschränkungen[544] oder besondere Beschlussmehrheiten, nach denen die Stimmenzahl des Mehrheitsaktionärs abweichend vom Grundsatz des § 133 AktG nicht genügt, enthalten können[545].

Fraglich ist nunmehr, ob diese Vermutung des § 17 Abs. 2 AktG auch im Rahmen der Zurechnungsnorm des § 30 Abs. 1 Satz 1 Nr. 1 WpÜG i.V.m. § 2 Abs. 6 WpÜG Geltung beanspruchen kann[546]. Dies ist vor dem Hintergrund, dass im Rahmen der übernahmerechtlichen Zurechnungsvorschriften für derartige Vermutungsregeln wegen der Möglichkeit des Entstehens von Ordnungswidrigkeiten kein Raum ist, abzulehnen[547]. Daraus folgt, dass der Abschluss eines Entherrschungsvertrages im Bereich des Übernahmerechts nicht erforderlich ist, um die Vermutung der Abhängigkeit zu widerlegen. Vielmehr obliegt der Nachweis eines Abhängigkeitsverhältnisses auch in den Fällen, in denen Mehr-

---

539 Ein Entherrschungsvertrag kann deswegen auch als Abhängigkeitsausschlussvertrag bezeichnet werden.

540 Vgl. Emmerich, in: Emmerich/Habersack, § 17, Rdnr. 42.

541 Vgl. § 102 AktG.

542 Vgl. Emmerich, in: Emmerich/Habersack, § 17, Rdnr. 43.

543 Vgl. Geßler, in: Geßler/Hefermehl, § 17, Rdnr. 106.

544 Vgl. § 12 Abs. 1 Satz 2, Abs. 2 AktG.

545 Vgl. Hüffer, § 17, Rdnr. 21.

546 Bejahend Angerer, in: Geibel/Süßmann, § 2, Rdnr. 46; Sudmeyer, BB 2002, S. 685, 688; verneinend Liebscher, ZIP 2002, S. 1005, 1011.

547 Vgl. Liebscher, ZIP 2002, S. 1005, 1011.

heitsgesellschafter vorhanden sind, entweder der BaFin oder demjenigen, der sich auf ihm günstige Rechtsfolgen aus dem WpÜG beruft[548].

3. Definition von „Gehören“ im Sinne des § 30 Abs. 1 Satz 1 Nr. 1 WpÜG

Dem Bieter können nur solche Stimmrechte aus Aktien einer Zielgesellschaft zugerechnet werden, die einem Tochterunternehmen „gehören“. Darunter ist zivilrechtliches Eigentum zu verstehen. Der Begriff „gehören“ entspricht somit dem Begriff „Halten“ in § 29 Abs. 2 WpÜG[549]. Es geht um die vermögensmäßige Zuordnung von Mitgliedschaftsrechten, deren formale Grundlage die an die tatsächliche Innehabung anknüpfende dingliche Rechtslage ist[550]. Die Aktien gehören somit dem Tochterunternehmen, wenn dieses Inhaber der Mitgliedschaft, also Aktionär ist[551]. Zu beachten ist, dass diese Voraussetzung auch dann erfüllt ist, wenn das Tochterunternehmen nur Sicherungseigentümer ist, da der Zweck, dem die Inhaberposition zu dienen bestimmt ist, ihre Existenz ebenso unberührt lässt wie die dingliche Belastung der Anteile mit einem Pfandrecht oder Nießbrauch[552]. Es reicht mithin nicht für die Erfüllung des Zurechnungstatbestandes des § 30 Abs. 1 Satz 1 Nr. 1 WpÜG aus, wenn dem Tochterunternehmen selbst Stimmrechte nur gemäß § 30 WpÜG zugerechnet werden. Für diese Fälle findet jedoch § 30 Abs. 1 Satz 2 WpÜG Anwendung. Dieser stellt klar, dass Tochterunternehmen des Bieters Stimmrechte nach § 30 Abs. 1 Satz 1 Nr. 2 bis 6 WpÜG zugerechnet und diese der Tochtergesellschaft zugerechneten Stimmrechte wiederum dem Bieter in voller Höhe zugerechnet werden[553].

---

548 Vgl. Liebscher, ZIP 2002, S. 1005, 1011.

549 Vgl. von Bülow, in: Hirte/von Bülow, § 30, Rdnr. 45; insofern kann hinsichtlich der Berechnung des Stimmrechtsanteils des Tochterunternehmens auf die Ausführungen unter 2. Kapitel, IV. verwiesen werden.

550 Vgl. Vedder, S. 129.

551 Vgl. Koppensteiner, in: Kölner Kommentar, § 16, Rdnr. 20; Hüffer, § 16, Rdnr. 6; Geßler, in: Geßler/Hefermehl, § 16, Rdnr. 16.

552 Vgl. Koppensteiner, in: Kölner Kommentar, § 16, Rdnr. 20; Hüffer, § 16, Rdnr. 7; Geßler, in: Geßler/Hefermehl, § 16, Rdnr. 17f.

553 Vgl. Süßmann, in: Geibel/Süßmann, § 30, Rdnr. 29.

4. Gesamtkonzept von Kontrolle, Beherrschung und Abhängigkeit in WpÜG, HGB und AktG

a) Unterschied zwischen Kontrolle nach § 29 Abs. 2 WpÜG, Kontrolle nach § 290 HGB und Abhängigkeit nach § 17 AktG

Aus den bisher gemachten Ausführungen wird deutlich, was für ein zunächst als recht verwirrend zu bezeichnendes, unterschiedliches System an Begrifflichkeiten und Abgrenzungskriterien im Bereich von Über- und Unterordnungsverhältnissen im WpÜG, AktG und HGB besteht. Kontrolle im Sinne von § 29 Abs. 2 WpÜG besteht immer beim Halten von mindestens 30 Prozent der Stimmrechte an einer Zielgesellschaft. Kontrolle im Sinne einer rechtlichen Beherrschungsmöglichkeit besteht nach § 2 Abs. 6, 1. Alt. WpÜG i.V.m. § 290 Abs. 2 HGB, wenn ein Gesellschafter die Stimmrechtsmehrheit, mithin mehr als 50 Prozent der Stimmrechte, zusteht, dieser das Recht zur Beherrschung der Mehrheit der Gesellschaftsorgane hat oder einen beherrschenden Einfluss aufgrund eines Beherrschungsvertrages ausüben kann. Zudem besteht gemäß § 2 Abs. 6, 2. Alt. WpÜG i.V.m. § 17 AktG der Begriff des beherrschenden Einflusses, der mit dem der Abhängigkeit gleichgesetzt werden kann.
Die Konzepte der Abhängigkeit gemäß § 17 AktG und der Kontrolle gemäß § 290 Abs. 2 HGB weisen zwar eine enge Verwandtschaft auf und der Anwendungsbereich beider Normen deckt sich weitgehend. Deren Unterschiede bestehen hauptsächlich hinsichtlich des Kreises der Umstände, die als mögliche Ursachen von Abhängigkeit und Kontrolle bei der Prüfung in Betracht gezogen werden[554].
Der Begriff der Abhängigkeit geht über den der Kontrolle hinaus, wenn die Muttergesellschaft zwar weniger als 50 Prozent der Stimmen hält, aber nach Lage der Dinge, beispielsweise wegen geringer Hauptversammlungspräsenzen, faktisch über die Mehrheit verfügt. Denn in diesem Fall ist zwar Abhängigkeit, jedoch keine Kontrolle anzunehmen. Andererseits bleibt der Begriff der Abhängigkeit hinter dem der Kontrolle zurück, wenn von der Möglichkeit der Herrschaft kein Gebrauch gemacht wird und es gelingt, die gegenläufige Vermutung zu widerlegen. Dann kann es dazu kommen, dass zwar Kontrolle, nicht aber Abhängigkeit zu bejahen ist.
Jedoch passt die Annahme einer starren 30-prozentigen Kontrollschwelle in § 29 Abs. 2 WpÜG nicht in dieses Konzept. Deshalb ist für die Anwendung von § 29 Abs. 2 WpÜG im Rahmen des Zurechnungstatbestandes des § 30 Abs. 1 Satz 1 Nr. 1 WpÜG kein Raum. Da das Gesetz zu Zurechnungszwecken eindeutig auf das Control- und Konzernkonzept abstellt, ist eine generalisierende Betrachtung im Sinne der Regelung des § 29 Abs. 2 WpÜG und damit die Annahme der Stellung eines Tochterunternehmens immer dann, wenn 30 Prozent der Stimmrechte gehalten werden, nicht möglich. Vielmehr muss bei der Prüfung der Frage, ob

554 Vgl. Emmerich, in: Emmerich/Habersack, § 17, Rdnr. 3.

ein Tochterunternehmen vorliegt, eine echte Kontrollstellung bestehen. Diese kann, je nachdem ob von niedrigen oder hohen Hauptversammlungspräsenzen auszugehen ist, deutlich unter oder über der 30-prozentigen Kontrollschwelle des § 29 Abs. 2 WpÜG liegen[555]. Somit sind sowohl Fälle denkbar, in denen ein Tochterunternehmen vorliegt, die Kontrollschwelle jedoch nicht überschritten wurde, als auch solche, in denen kein Tochterunternehmen vorliegt, über diese aber Kontrolle wegen des Erreichens oder Überschreitens der Schwelle des § 29 Abs. 2 WpÜG ausgeübt wird.

b) Kritik des Handelsrechtsausschusses des Deutschen Anwaltvereins e.V. am Begriff des Tochterunternehmens in § 2 Abs. 6 WpÜG

Die Gesetzesbegründung verweist zur Rechtfertigung der Definition des Tochterunternehmens in § 2 Abs. 6 WpÜG auf die Übereinstimmung mit der in § 1 Abs. 7 KWG verwandten Definition. Daran übt der Handelsrechtsausschuss des Deutschen Anwaltvereins Kritik. Eine gleichlautende Formulierung überzeuge deshalb nicht, weil die Schutzzwecke der Konzernrechnungslegung nach § 290 HGB und der bankaufsichtsrechtlichen Vorschriften des KWG sich nicht mit den Schutzzwecken des WpÜG decken[556]. Während es im Rahmen der Vorschriften des HGB und des KWG um die Transparenz der Vermögens- und Finanzlage gehe, spiele das Tochterunternehmen im Rahmen des WpÜG ausschließlich bezüglich des Maßes des Einflusspotentials eine Rolle[557]. Dem ist zuzustimmen, da die Hauptbedeutung der Definition des Tochterunternehmens in § 2 Abs. 6 WpÜG darin besteht, den Anwendungsbereich des § 30 Abs. 1 Satz 1 Nr. 1 WpÜG festzulegen und damit zu bestimmen, in welchem Maße der Bieter auf ein Tochterunternehmen Einfluss nehmen können muss, damit es zu einer Zurechnung von Stimmrechten kommen kann.
Zum anderen wird bemängelt, dass § 2 Abs. 6, 2. Alt. WpÜG zwar die materielle Definition der Abhängigkeit im Sinne von § 17 AktG verwendet und auch in der Gesetzesbegründung auf die zu § 17 AktG entwickelten Grundsätze verweist,

---

555 Vgl. Liebscher, ZIP 2002, S. 1005, 1011; Meyer, in: Geibel/Süßmann, § 35, Rdnr. 28ff.; Harbarth, ZIP 2002, S. 321, 323 (Fn. 20). A.A. Ekkenga/Hofschroer, DStR 2002, S. 768, 775, die davon ausgehen, dass mit der Möglichkeit der Ausübung eines beherrschenden Einflusses im Sinne des § 2 Abs. 6, 2. Alt. WpÜG wiederum der Schwellenwert des § 29 Abs. 2 WpÜG gemeint ist. Letzterer Ansicht ist nicht zu folgen, da weder der Gesetzeswortlaut noch die Gesetzesbegründung einen Hinweis auf diese Auslegung enthalten. Nach derzeitiger Gesetzeslage reicht das Halten von 30 Prozent der Stimmrechte gerade nicht für die Begründung der Position eines Tochterunternehmens aus, wenn die Hauptversammlungspräsenzen über 60 Prozent liegen.

556 Vgl. Stellungnahme des Handelsrechtsausschusses zum RefE des WÜG, NZG 2001, S. 420.

557 Vgl. Stellungnahme des Handelsrechtsausschusses zum RefE des WÜG, NZG 2001, S. 420f.

aber ein ausdrücklicher Verweis auf § 17 AktG im Gesetzestext fehlt[558]. Demnach sollte § 17 AktG ausdrücklich im Gesetz genannt werden.
Es sollte somit ausschließlich auf den Abhängigkeitsbegriff des § 17 AktG abgestellt werden und der Verweis auf § 290 HGB aus dem Gesetzestext herausgenommen werden, da eine zusätzliche Bezugnahme auf § 290 HGB im Rahmen des WpÜG zu weit geht. Nach § 290 Abs. 2 Nr. 1 HGB genügt nämlich der Besitz der Stimmrechtsmehrheit auch dann für eine Kontrolle, wenn die Stimmrechtsmehrheit wegen eines Poolvertrages mit anderen Aktionären oder wegen eines Entherrschungsvertrages mit der Gesellschaft nicht ausgeübt werden darf[559]. Diese Einbeziehung wird jedoch dem Sinn und Zweck der Zurechnungsvorschrift des § 30 Abs. 1 Satz 1 Nr. 1 WpÜG nicht gerecht, da es danach nur in Fällen, in denen der Bieter auf Grund einer Abhängigkeitsbeziehung tatsächlichen Einfluss auf ein anderes Unternehmen ausüben kann, zu einer Zurechnung von Stimmrechten kommen soll. Ansonsten würde es zu einer unangemessenen Benachteiligung des Bieters kommen, den bei Überschreiten der Kontrollschwelle die Pflicht zur Abgabe eines Pflichtangebots nur wegen der Zurechnung von Stimmrechten treffen kann, obwohl ihm der zuzurechnende Teil der Stimmrechte an der Zielgesellschaft wegen eines bestehenden Entherrschungs- oder Poolvertrages gar nicht wirtschaftlich zuzuordnen ist. Hingegen werden durch das Merkmal der Abhängigkeit alle Tatbestände, die eine Zurechnung von Stimmrechten vom Tochterunternehmen auf den Bieter rechtfertigen, erfasst[560]. Zudem wird durch die Streichung des § 290 HGB in § 2 Abs. 6 WpÜG die derzeit vorliegende gleichzeitig mögliche Anwendung von § 290 HGB und § 17 AktG vermieden und so zur Vereinfachung der Norm beigetragen. Derzeit kann beispielsweise, wenn einem Unternehmen die Mehrheit der Stimmrechte an einem anderen Unternehmen zusteht, ein Mutter-Tochter-Verhältnis sowohl über § 2 Abs. 6, 1. Alt. WpÜG i.V.m. § 290 Abs. 2 Nr. 1 HGB als auch über § 2 Abs. 6, 2. Alt. WpÜG i.V.m. § 17 Abs. 1 AktG herbeigeführt werden. Zudem wird bei einem Beherrschungsvertrag sowohl über § 2 Abs. 6, 1. Alt. WpÜG i.V.m. § 290 Abs. 2 Nr. 3 HGB als auch über § 2 Abs. 6, 2. Alt. WpÜG i.V.m. § 17 Abs. 1 AktG ein Tochterunternehmen begründet. Ein weiterer Vorteil der Streichung des § 290 HGB in § 2 Abs. 6 WpÜG liegt darin, dass es bei einer entsprechenden Angleichung in § 22 Abs. 3 WpHG, der eine mit § 2 Abs. 6 WpÜG wortlautgleiche Definition für Tochterunternehmen enthält, zu einer Abstimmung der übernahme-, kapitalmarkt- und auch aktienrecht-

---

558 Vgl. Stellungnahme des Handelsrechtsausschusses zum RefE des WÜG, NZG 2001, S. 420.

559 Vgl. dazu oben 4. Kapitel, I. 2. a) cc) (2) (a).

560 Vgl. Stellungnahme des Handelsrechtsausschusses zum RegE des WpÜG, NZG 2001, S. 1003.

lichen Zurechnungsvorschriften kommen würde[561]. Denn auch § 20 Abs. 2 AktG enthält einen Zurechnungstatbestand, der an die „Abhängigkeit" anknüpft. Zudem könnten so die oben beschriebenen Probleme bei der Auslegung des Begriffs „Aufsichtsorgan" umgangen werden.

Insgesamt wird somit die folgende Fassung des § 2 Abs. 6 WpÜG vorgeschlagen:

„Tochterunternehmen sind Unternehmen, auf die ein beherrschender Einfluss ausgeübt werden kann (§ 17 Abs. 1 AktG), ohne dass es auf die Rechtsform oder den Sitz ankommt."

Solange es nicht zu einer solchen Gesetzeskorrektur gekommen ist, muss weiterhin dem Verweis auf § 290 HGB Rechnung getragen werden. Abhängige Unternehmen sind somit immer Tochterunternehmen im Sinne des § 2 Abs. 6 WpÜG. Jedoch ist nicht jedes Tochterunternehmen zugleich auch ein abhängiges Unternehmen.
Für den erwähnten Fall, in dem zwar Kontrolle im Sinne des § 290 HGB, jedoch keine Abhängigkeit nach § 17 AktG gegeben ist, sollte nach Ansicht des Handelsrechtsausschusses des DAV zumindest durch einen Befreiungstatbestand gewährleistet werden, dass die Qualifikation als Tochterunternehmen nicht unausweichlich zur Zurechnung des von diesem gehaltenen Stimmrechtsanteils nach § 30 Abs. 1 Satz 1 Nr. 1 WpÜG und damit gegebenenfalls zur Begründung einer Angebotspflicht führt.[562] Unklar ist hingegen, warum dieser Befreiungstatbestand von der Zurechnung der Stimmrechte in der Begründung zu § 2 Abs. 6 WpÜG oder zu § 37 WpÜG erwähnt werden soll[563]. Zum einen hat weder § 2 Abs. 6 WpÜG noch § 37 WpÜG etwas mit der Zurechnung von Stimmrechten zu tun, zum anderen sieht das WpÜG generell keine Ausnahmen von der Zurechnungsvorschrift des § 30 WpÜG vor, um klare Regelungen zu gewährleisten. Vielmehr muss es derzeit zu einer Zurechnung der Stimmrechte kommen und es kann im Falle der Überschreitung der 30-prozentigen Kontrollschwelle nur gemäß § 37 Abs. 1 WpÜG ein Antrag auf Befreiung von den Verpflichtungen aus § 35 Abs. 1 Satz 1 und Abs. 2 Satz 1 WpÜG gestellt werden. Dieser Antrag hat unter dem Gesichtspunkt der fehlenden tatsächlichen Möglichkeit der Ausübung der Kontrolle sicherlich gute Erfolgsaussichten.

561 Kritisch zur nicht vorhandenen Abstimmung der aktien- und kapitalmarktrechtlichen Zurechnungsvorschriften vor Inkrafttreten des WpÜG auch schon Schneider, in: FS für Brandner, 1996, S. 565, 569; Hopt, in: WM-Festgabe für Hellner, WM 1994, S. 29, 34; Hopt, ZHR 159 (1995), S. 135, 139.

562 Vgl. Stellungnahme des Handelsrechtsausschusses zum RegE des WpÜG, NZG 2001, S. 1003.

563 Vgl. Stellungnahme des Handelsrechtsausschusses zum RegE des WpÜG, NZG 2001, S. 1003.

5. Der Grundsatz der Zurechnung der Stimmrechte in voller Höhe gemäß § 30 Abs. 1 Satz 3 WpÜG

Gemäß § 30 Abs. 1 Satz 3 WpÜG werden dem Bieter die Stimmrechte des Tochterunternehmens in voller Höhe zugerechnet, also nicht etwa nur anteilig in Höhe des durchgerechneten Beteiligungsbesitzes. Die voll umfängliche Zurechnung ist deshalb gerechtfertigt, weil sich der Einfluss des Bieters bei Bestehen eines Mutter-Tochter-Verhältnisses auf sämtliche Stimmrechte des Tochterunternehmens erstreckt und sich nicht nur auf den der Beteiligungshöhe am Tochterunternehmen entsprechenden Teil beschränkt[564]. Hält beispielsweise ein Mutterunternehmen 20 Prozent der Anteile eines Tochterunternehmens[565] und hält dieses wiederum 30 Prozent der Stimmrechte an der Zielgesellschaft, hat das Mutterunternehmen grundsätzlich nur 6 Prozent[566] Anteil an der Zielgesellschaft, muss aber trotzdem ein Pflichtangebot abgeben, da nach § 30 Abs. 1 Satz 1 Nr. 1 WpÜG i.V.m. § 30 Abs. 1 Satz 3 WpÜG dem Mutterunternehmen 30 Prozent der Stimmrechte der Zielgesellschaft zugerechnet werden müssen. Der Grundsatz der Stimmrechtszurechnung in voller Höhe gilt auch für Stimmrechte der Zielgesellschaft, die dem Tochterunternehmen nur zugerechnet werden[567]. Dies ergibt sich zwar nicht aus dem Wortlaut des § 30 Abs. 1 Satz 3 WpÜG, aber aus seiner systematischen Stellung hinter § 30 Abs. 1 Satz 2 WpÜG, in dem die Kettenzurechnung angeordnet wird.

6. Ausnahmeregelung bei Kapitalanlagegesellschaften gemäß § 10 Abs. 1a Satz 1 KAGG und ausländischen Investmentgesellschaften gemäß § 15 b Abs. 2 Satz 1 AuslInvestmG

Keine Tochterunternehmen im Sinne des § 2 Abs. 6 WpÜG und § 22 Abs. 3 WpHG sind gemäß § 10 Abs. 1a Satz 1 KAGG hinsichtlich der von ihnen verwalteten Sondervermögen die Kapitalanlagegesellschaften. Somit findet hinsichtlich der von einer Kapitalanlagegesellschaft im Sondervermögen gehaltenen Stimmrechte einer Zielgesellschaft keine Zurechnung auf die Muttergesellschaft

---

564 Vgl. BT-Drucks. 14/7034, S. 53. Der dort erwähnte Hinweis auf das Bestehen einer Kontrollsituation nach § 29 Abs. 2 WpÜG geht fehl, da es vielmehr auf die Stellung des formellen Rechtsinhabers der Aktien als Tochterunternehmen des Bieters im Sinne des § 2 Abs. 6 WpÜG ankommt, vgl. von Bülow, in: Hirte/von Bülow, § 30, Rdnr. 48.

565 Beispielsweise reicht bei der Volkswagen-AG ein 20-prozentiger Stimmrechtsanteil auf Grund der geringen Hauptversammlungspräsenzen aus, um die Stellung der Volkswagen-AG als Tochterunternehmen zu begründen.

566 20/100 multipliziert mit 30/100 ergibt einen Anteil von 600/10000, also 6/100 oder 6 Prozent.

567 Vgl. von Bülow, in: Hirte/von Bülow, § 30, Rdnr. 47.

gemäß § 30 Abs. 1 Satz 1 Nr. 1 WpÜG statt[568]. Dies gilt jedoch nur für die zum Sondervermögen gehörenden Wertpapierbestände. Für die von der Kapitalanlagegesellschaft gehaltenen Eigenbestände verbleibt es bei den allgemeinen Zurechnungsvorschriften.
Ebenso handelt es sich gemäß § 15 b Abs. 2 Satz 1 AuslInvestmG bei einer Investmentgesellschaft hinsichtlich der von ihr verwalteten ausländischen Investmentvermögen nicht um ein Tochterunternehmen. Dies gilt allerdings nur dann, wenn die ausländische Investmentgesellschaft ihren Sitz im EU/EWR-Ausland hat[569].

7. Probleme der Zurechnungsnorm des § 30 Abs. 1 Satz 1 Nr. 1 WpÜG im Zusammenhang mit Pflichtangeboten

Erreicht oder überschreitet ein Tochterunternehmen die 30-prozentige Kontrollschwelle, hat somit auch das Mutterunternehmen wegen der Zurechnung der Stimmrechte gemäß § 30 Abs. 1 Satz 1 Nr. 1 WpÜG die Kontrolle über die Zielgesellschaft inne. In diesem Fall stellt sich die Frage, ob Mutter- und Tochterunternehmen gemäß § 35 Abs. 1 Satz 1 WpÜG ihre Kontrollstellung veröffentlichen und ein Pflichtangebot gemäß § 35 Abs. 2 Satz 1 WpÜG abgeben müssen, oder ob eine Veröffentlichung oder eines der Pflichtangebote befreiend für das jeweils andere Unternehmen wirkt. Im Gegensatz zum Referentenentwurf stellt § 35 Abs. 1 Satz 1 WpÜG nunmehr klar, dass die Kontrolle nicht nur unmittelbar, sondern auf Grund der in § 30 WpÜG enthaltenen Zurechnungsvorschriften auch mittelbar erlangt werden kann[570]. Demzufolge müssten bei wortlautgetreuer Auslegung des Gesetzes sowohl das Mutter- als auch das Tochterunternehmen veröffentlichen und ein Pflichtangebot abgeben. Nach einer Meinung in der Literatur soll § 35 WpÜG jedoch im Wege der teleologischen Reduktion dahingehend auszulegen sein, dass eine Zurechnung der Erfüllung der Pflichten aus § 35 WpÜG vom Mutter- auf das Tochterunternehmen und umgekehrt stattfindet, so dass die Pflichterfüllung durch eines der beiden Unternehmen ausreiche[571]. Das Ziel des Anlegerschutzes verlange nur die Abgabe eines Pflichtangebotes und nicht eine Vielzahl derselben[572].

---

568 Vgl. Süßmann, in: Geibel/Süßmann, Art. 3, Rdnr. 10; von Bülow, in: Hirte/von Bülow, § 30, Rdnr. 37.

569 Vgl. von Bülow, in: Hirte/von Bülow, § 30, Rdnr. 40; Opitz, in: Schäfer, § 22, Rdnr. 22f.

570 Vgl. Meyer, in: Geibel/Süßmann, § 35, Rdnr. 27; Möller/Pötzsch, ZIP 2001, S. 1256, 1260f.; Land, DB 2001, S. 1707, 1712.

571 Vgl. Meyer, in: Geibel/Süßmann, § 35, Rdnr. 27; vgl. dazu auch oben 4. Kapitel, I. 2. b) aa) (2) (b).

572 Vgl. Meyer, in: Geibel/Süßmann, § 35, Rdnr. 27.

Dem ist im Ergebnis weder hinsichtlich der Pflicht zur Abgabe eines Angebots noch hinsichtlich der Pflicht zur Veröffentlichung der Erlangung der Kontrollstellung zu folgen. In diesem Fall ist nur die Befreiung von diesen Verpflichtungen auf schriftlichen Antrag bei der BaFin möglich. Dieses Verfahren dient der Rechtssicherheit aller am Übernahmeverfahren Beteiligten und stellt die Befreiung in das Ermessen der BaFin, wodurch den Besonderheiten von Einzelfällen besser Rechnung getragen werden kann. Da sich für diesen Sonderfall jedoch kein Befreiungstatbestand in § 9 WpÜG-Angebotsverordnung finden lässt, bleibt nach derzeitiger Rechtslage nur ein Rückgriff auf die Generalklausel des § 37 Abs. 1 WpÜG, die in der Alternative der „Beteiligungsverhältnisse an der Zielgesellschaft" einschlägig ist. Eine Einfügung dieses Sonderfalls in einem neu zu schaffenden § 9 Satz 3 WpÜG-Angebotsverordnung ist jedoch zur Klarstellung empfehlenswert.
Fraglich ist jedoch, ob ebenso wie für die Verpflichtung zur Abgabe eines Angebots auch hinsichtlich der Pflicht zur Veröffentlichung der Erlangung der Kontrollstellung gemäß § 35 Abs. 1 Satz 1 WpÜG eine Befreiungserteilung durch die BaFin in der Regel erfolgen soll. Dies ist nach der Regelung des § 37 Abs. 1 WpÜG der Fall, die einen Gleichlauf der Befreiungstatbestände für die Veröffentlichungs- und die Angebotspflicht vorsieht. Eine generelle Erteilung einer solchen Befreiung erscheint in diesem Sonderfall jedoch nicht sinnvoll. Denn die Veröffentlichung hat nicht nur die Funktion, die Aktionäre der Zielgesellschaft selbst über das Erlangen der Kontrolle zu informieren, sondern auch alle anderen Teilnehmer am Kapitalmarkt, insbesondere natürlich solche, die sich für eine Investition in Aktien der Zielgesellschaft interessieren. Würde nur das Tochterunternehmen den Erwerb der Kontrolle veröffentlichen, wäre es für den Anleger mit erheblichen Schwierigkeiten verbunden, herauszufinden, ob es sich überhaupt um ein Tochterunternehmen handelt und wenn ja, welches Unternehmen die Funktion des Mutterunternehmens übernimmt. Dies würde nicht mit dem Ziel des WpÜG in Einklang stehen, Information und Transparenz am Kapitalmarkt zu verbessern. Insbesondere besteht bei der Erlangung der Kontrollstellung auch keine Mitteilungspflicht gemäß § 21 WpHG, die zur Veröffentlichung der Kontrollstellung führen würde. Zudem ist für §§ 21ff. WpHG anerkannt, dass bei einem Erreichen, Über- oder Unterschreiten der Meldeschwellen, unabhängig davon, ob dies unmittelbar oder mittelbar durch eine Zurechnung von Stimmrechten gemäß § 22 WpHG geschieht, alle Betroffenen der Meldepflicht nachkommen müssen, sog. Prinzip der doppelten oder mehrfachen Mitteilungspflicht[573]. Hier empfiehlt sich eine entsprechende Auslegung der Veröffentlichungspflicht und eine Beschränkung der Befreiungsmöglichkeit gemäß § 37 Abs. 1 WpÜG auf das Pflichtangebot.

573 Vgl. Opitz, in: Schäfer, § 22, Rdnr. 82; Schneider, in: Assmann/Schneider, § 22, Rdnr. 126.

Somit wird folgende Formulierung für § 9 Satz 3 WpÜG-Angebotsverordnung vorgeschlagen:

Eine Befreiung von der Pflicht zur Abgabe eines Angebots nach § 35 Abs. 2 Satz 1 des Wertpapiererwerbs- und Übernahmegesetzes kann ferner entweder für ein Mutter- oder für ein Tochterunternehmen erteilt werden, wenn das Tochterunternehmen die Kontrolle über die Zielgesellschaft erlangt.

8. Konzernsachverhalte beim Handelsbestand gemäß § 20 WpÜG

Problematisch ist, ob eine gemäß § 20 WpÜG erteilte Befreiung auch im Rahmen der Zurechnung nach § 30 Abs. 1 Satz 1 Nr. 1 WpÜG zu berücksichtigen ist.
Wurde die Befreiung einem Mutterunternehmen erteilt, so gilt diese auch nur für dieses Unternehmen, ohne dass es zu irgendwelchen Auswirkungen auf des Tochterunternehmen kommt.
Liegt hingegen eine Befreiung bei einem Tochterunternehmen vor, stellt sich die Frage, ob diese Befreiung auch beim Mutterunternehmen zu berücksichtigen ist, falls dem Mutterunternehmen diesbezüglich keine eigenständige Befreiung erteilt worden ist.

Beispiel: Hält das Tochterunternehmen T 5 Prozent der Stimmrechte der Zielgesellschaft Z und erlangt für diesen gesamten Bestand eine Befreiung gemäß § 20 WpÜG, stellt sich die Frage, ob diese Befreiung auch für die Muttergesellschaft M Wirkung entfaltet, mit der Folge, dass M, die 25 Prozent der Stimmrechte der Z hält, mangels Zurechnung gemäß § 30 Abs. 1 Satz 1 Nr. 1 WpÜG kein Pflichtangebot abzugeben hat.

Denkbar sind drei Möglichkeiten[574]. Erstens könnte man argumentieren, dass eine Befreiung nur für das Unternehmen gilt, dem sie auch tatsächlich erteilt wurde. In diesem Fall wären die entsprechenden Bestände der Tochtergesellschaft dem Mutterunternehmen gemäß § 30 Abs. 1 Satz 1 Nr. 1 WpÜG zuzurechnen und dort zu etwaigen eigenen Stimmrechten zu addieren. Die Zurechnung kann nur durch die Beantragung und Erteilung einer Befreiung hinsichtlich der vom Tochterunternehmen gehaltenen Anteile an der Zielgesellschaft für das Mutterunternehmen selbst verhindert werden. Eine eigenständige Befreiung für das Mutterunternehmen bezüglich der von einem Tochterunternehmen an einer Zielgesellschaft gehaltenen Wertpapiere ist bei Erfüllung der Voraussetzungen des § 20 Abs. 2 WpÜG möglich, wenn das Mutterunternehmen die Bietereigenschaft erfüllt. Im Wortlaut des § 20 Abs. 1 WpÜG sind die Zurechnungstatbestände des § 30 WpÜG nicht ausdrücklich erwähnt, sondern es wird nur auf die

574 Vgl. Cahn, AG 1997, S. 502, 510f.

Berechnung des Stimmrechtsanteils gemäß § 29 Abs. 2 WpÜG abgestellt. Somit kann man argumentieren, dass ein Befreiungsantrag für ein Tochterunternehmen keine Wirkung für das Mutterunternehmen entfaltet. Erwirbt etwa eine Tochtergesellschaft, die 25 Prozent der Aktien einer Zielgesellschaft als Anlagebestand hält, 10 Prozent Handelsbestand hinzu und erhält dafür eine Befreiung gemäß § 20 WpHG, müsste das Mutterunternehmen ebenfalls eine solche Befreiung für sich selbst beantragen, um die Pflicht zur Abgabe eines Angebots nach § 35 Abs. 2 Satz 1 WpÜG zu vermeiden.

Zweitens könnte man vertreten, dass die beim Tochterunternehmen unberücksichtigten Anteile zwar nach § 30 Abs. 1 Satz 1 Nr. 1 WpÜG zugerechnet werden, die dem Tochterunternehmen erteilte Befreiung aber auch zugunsten der Konzernspitze wirkt. In obigem Beispiel blieben die 5 Prozent Handelsbestand des Tochterunternehmens trotz Zurechnung auch beim Mutterunternehmen gemäß § 20 WpÜG unberücksichtigt. Hierfür kann man auch den Wortlaut des § 30 WpÜG heranziehen und von einer Gleichstellung der Stimmrechte des Bieters mit den Stimmrechten aus Aktien der Zielgesellschaft, die einem Tochterunternehmen des Bieters gehören, ausgehen. Dies hätte zur Folge, dass der Zurechnungstatbestand des § 30 WpÜG vollumfänglich vom Kontrolltatbestand des § 29 Abs. 2 WpÜG umfasst wird, und somit die Befreiung für das Tochterunternehmen sich auch auf das Mutterunternehmen erstreckt.

Zum dritten könnte man davon ausgehen, dass befreite Stimmrechte eines Tochterunternehmens dem Mutterunternehmen überhaupt nicht zugerechnet werden[575]. Nach dieser Ansicht verdrängt der Befreiungstatbestand des § 20 WpÜG den Zurechnungstatbestand des § 30 Abs. 1 Satz 1 Nr. 1 WpÜG. Demnach müsste wie im zweiten Fall das Mutterunternehmen kein Pflichtangebot abgeben und die beiden letzteren Ansichten kommen – anders als im Rahmen des WpHG[576] – zum gleichen Ergebnis. Ein völliges Unterbleiben der Zurechnung der Handelsbestände ist jedoch weder vom Wortlaut des § 20 WpÜG noch von der Gesetzessystematik gedeckt. § 20 Abs. 1 WpÜG betrifft nach dessen eindeutigem Wortlaut die Berechnung des Stimmrechtsanteils nach § 29 Abs. 2 WpÜG. Eine generelle Verhinderung der Zurechnung von Stimmrechten ist mit dieser Regelung nicht beabsichtigt. Insbesondere ist ein Ausschluss der Anwendbarkeit des § 30 WpÜG in allen Fälle des § 20 WpÜG abzulehnen. Vielmehr ist für die einzelnen Zurechnungstatbestände des § 30 WpÜG nach Sinn und Zweck von § 20 WpÜG und § 30 WpÜG zu differenzieren.

Im Rahmen des gleichen Problems bei § 23 WpHG i.V.m. § 22 Abs. 1 Nr. 2 WpHG a.F. war die Frage, welcher dieser drei Ansichten zu folgen ist, umstritten. Hierzu ging die herrschende Ansicht davon aus, dass man aus praktischen Gesichtspunkten für die Zurechnung im Konzern zu dem Ergebnis kommen müsse, dass Befreiungen des Tochterunternehmens sich auch auf die Zurechnung

---

575 So offenbar von Bülow, in: Hirte/von Bülow, § 30, Rdnr. 32.

576 Vgl. Cahn, AG 1997, S. 502, 510.

zum Mutterunternehmen erstrecken. Da Änderungen im befreiten Bestand der Tochter stets auch zu Änderungen im Bestand der Mutter führen, müsste die Mutter sich anderenfalls entweder für den Handels- bzw. Spekulationsbestand der Tochter befreien lassen oder, falls sie selbst nicht antragsbefugt ist, ständig die Veränderungen mitteilen, ohne den Vorteil des Befreiungstatbestandes des § 23 WpHG nutzen zu können[577]. Die Befreiung ginge ins Leere, wenn allein das Tochterunternehmen befreit würde, das Mutterunternehmen jedoch die Stimmrechte berücksichtigen müsste.
Andererseits wurde argumentiert, dass ein solches Verständnis des § 23 WpHG dem Zweck der Mitteilungspflichten nicht gerecht werde und der ersteren Ansicht zu folgen sei[578]. Diese Ansicht erweist sich auch im Rahmen des WpÜG als die zutreffende, wie folgendes Beispiel zeigen soll.

Beispiel: Ein Mutterunternehmen besitzt keine Stimmrechte, ihre beiden Tochterunternehmen jeweils 10 Prozent der Stimmrechte der Zielgesellschaft. Beide Tochterunternehmen erwerben jeweils 20 Prozent der Anteile an der Zielgesellschaft als Handelsbestand hinzu und erhalten auf ihre Anträge jeweils Befreiungen gemäß § 20 WpÜG. Mag es den beiden Tochterunternehmen noch gelingen nachzuweisen, dass sie ihre Handelsbestände nicht zur Einflussnahme auf die Geschäftsführung der Zielgesellschaft gebrauchen wollen, verfügt der Konzern insgesamt über eine Beteiligungsquote von 60 Prozent, die eine viel weitergehende Einflussnahme ermöglicht als die einzelnen Beteiligungen der Tochterunternehmen für sich genommen. Und diese gebündelte Einflussmöglichkeit steht allein der Konzernspitze zur Verfügung. Tritt nunmehr das Mutterunternehmen mit Wünschen und Anregungen an die Zielgesellschaft heran, ist ihr das deshalb möglich, weil von ihr gerade keine Erklärung im Sinne des § 20 Abs. 2 Nr. 2 WpÜG abgegeben worden ist. Die Erklärungen der Tochterunternehmen bezüglich der nichtbeabsichtigten Einflussnahme entfalten keine Bindungswirkung für das Mutterunternehmen. Gerade in einem solchen Fall sollen jedoch die Aktionäre der Zielgesellschaft durch die Veröffentlichungs- und Angebotspflicht gemäß § 35 WpÜG geschützt werden. Bejaht man die Wirkung der einem Tochterunternehmen erteilten Befreiung automatisch auch für das Mutterunternehmen, könnte über diese Konstruktion ein Pflichtangebot des Mutterunternehmens umgangen werden und ein erheblicher Einfluss auf die Zielgesellschaft gesichert werden. Dieses Ergebnis stünde nicht in Einklang mit dem Sinn und Zweck der im WpÜG aufgestellten Regeln. Zudem ist kein Grund ersichtlich, warum das Mutterunternehmen nicht auch einen Befreiungsantrag stellen soll, da es im Rahmen des WpÜG mit der 30-prozentigen Kontrollschwelle anders als im

---

577 Vgl. Bayer, in: Münchener Kommentar zum AktG, § 22 Anh, § 23 WpHG, Rdnr. 18; Burgard, BB 1995, S. 2069, 2078; Schneider, in: FS für Brandner, 1996, S. 565, 571f.; Schneider, in: Assmann/Schneider, § 23, Rdnr. 81.

578 Vgl. Cahn, AG 1997, S. 502, 510.

WpHG nur einen einzigen und zudem recht hohen Schwellenwert gibt, so dass unverhältnismäßige Belastungen für das Mutterunternehmen ausgeschlossen werden können.
Somit ist davon auszugehen, dass entsprechend der ersten Ansicht eine Befreiung auch im Konzern nur zugunsten des Unternehmens wirkt, dem sie erteilt worden ist. Es obliegt somit dem Mutterunternehmen, einen eigenen Befreiungsantrag zu stellen. Die für die Befreiung erforderlichen Erklärungen gemäß § 20 Abs. 2 WpÜG sind allerdings vom Tochterunternehmen abzugeben. Für die Nichtberücksichtigung von Stimmrechten beim Bieter ist es aber nicht notwendig, dass auch das Tochterunternehmen, dessen Stimmrechte zugerechnet werden, die Befreiung beantragt[579]. Zum einen ist es denkbar, dass das Tochterunternehmen die Bietereigenschaft gerade nicht erfüllt und somit nicht antragsberechtigt ist. Der völlige Ausschluss einer Befreiung auf Seiten des Mutterunternehmens in diesem Fall erscheint nicht gerechtfertigt. Zum anderen kann der Ansicht, dass eine Befreiung grundsätzlich nur für Stimmrechte aus Aktien beantragt werden kann, die dem Bieter gehören oder zu seinem Eigentum erworben werden sollen, nicht gefolgt werden[580]. Schon der Wortlaut des § 20 Abs. 2 Nr. 1 WpÜG lässt erkennen, dass ein Befreiungsantrag von einem Bieter auch dann gestellt werden kann, wenn mit ihm gemeinsam handelnde Personen oder deren Tochterunternehmen die betreffenden Aktien halten oder zu halten beabsichtigen. Durch die Befreiungsverfügung greift die BaFin auch nicht in die Rechte des Tochterunternehmens ein[581], da die Befreiung nur für den jeweiligen Antragsteller erteilt werden kann und keine Wirkung für das Tochterunternehmen entfaltet, wenn dieses keinen Befreiungsantrag stellt.

II. Zurechnung von Stimmrechten aus Aktien, die einem Dritten gehören und von ihm für Rechnung des Bieters gehalten werden gemäß § 30 Abs. 1 Satz 1 Nr. 2 WpÜG

Weiterhin werden dem Bieter oder einem Tochterunternehmen des Bieters gemäß § 30 Abs. 1 Satz 1 Nr. 2 i.V.m. Satz 2 WpÜG Stimmrechte aus Aktien der Zielgesellschaft zugerechnet, die einem Dritten gehören und von diesem Dritten für Rechnung des Bieters oder eines Tochterunternehmens des Bieters gehalten werden.

---

579 So aber Steinmeyer/Häger, § 20, Rdnr. 9.

580 So aber Steinmeyer/Häger, § 20, Rdnr. 9.

581 So aber Steinmeyer/Häger, § 20, Rdnr. 9.

1. Begriffsdefinitionen

a) Definition „Gehören"

„Gehören" ist im Rahmen des § 30 Abs. 1 Satz 1 Nr. 2 WpÜG genauso wie bei § 30 Abs. 1 Satz 1 Nr. 1 WpÜG zu verstehen[582]. Der Dritte[583] muss demzufolge Eigentümer der Aktien der Zielgesellschaft sein.
Deshalb kann es dazu kommen, dass bei Überschreiten der Kontrollschwelle sowohl der Dritte als der Eigentümer der Aktien als auch der Bieter als derjenige, dem Stimmrechte zugerechnet werden müssen, zur Veröffentlichung der Kontrollerlangung gemäß § 35 Abs. 1 Satz 1 WpÜG und zur Abgabe eine Angebots gemäß § 35 Abs. 2 Satz 1 WpÜG verpflichtet ist. Denkbar ist aber auch, dass nur einer von beiden diesen Verpflichtungen unterliegt. Dies ist dann der Fall, wenn der Zurechnungsanteil der für Rechnung des Bieters gehaltenen Aktien unter 30 Prozent liegt und nur entweder der Bieter oder der Dritte einen entsprechenden Eigenanteil an Aktien der Zielgesellschaft hält, der zur Erlangung der Kontrollstellung führt.

b) Definition „Gehalten"

Der Begriff des „Haltens" wird ebenso wenig definiert wie bei § 29 Abs. 2 WpÜG. Jedoch ist auch im Rahmen des § 30 Abs. 1 Satz 1 Nr. 2 WpÜG das Halten einer Aktie im Sinne eines originären Zustehens von Stimmrechten kraft Eigentums an einer Aktie zu verstehen[584]. Dem steht nicht entgegen, dass im Rahmen des § 29 Abs. 2 WpÜG von einem „Halten...der Stimmrechte", hingegen bei § 30 Abs. 1 Satz 1 Nr. 2 WpÜG von „Aktien..., die gehalten werden" gesprochen wird. Darin ist nur eine sprachliche Differenzierung zu sehen, die keine materiell-rechtlichen Unterschiede zur Folge hat. Um einen Gleichlauf mit § 29 Abs. 2 WpÜG herbeizuführen, muss eine entsprechende Haltedauer beim Dritten vorliegen. Hält dieser die Aktien für Rechnung des Bieters nicht über das Ende eines Tages hinaus, kann somit dieser Aktienbestand weder für die Berechnung des eigenen Kontrollanteils des Dritten herangezogen werden noch eine Zurechnung dieses Anteils beim Bieter vorgenommen werden, ohne dass es eines Antrags auf Befreiung des Handelsbestands gemäß § 20 WpÜG für diese Stimmrechte bedarf.

---

582 Vgl. dazu oben 4. Kapitel, I. 3.

583 Vgl. dazu oben 2. Kapitel, II. 2. b) bb).

584 Vgl. dazu oben 2. Kapitel, II. 1. a).

c) Definition „für Rechnung des Bieters“

aa) Allgemeines

Der Begriff „für Rechnung“ findet sich sowohl in zahlreichen Regelungen des AktG[585] als auch in vielen anderen Gesetzen[586]. Da sich jedoch nirgends eine Legaldefinition dieses Begriffes findet, bleibt als Ausgangspunkt für eine allgemeine Begriffsbestimmung nur der Wortlaut und der Sinn und Zweck der jeweiligen Norm. Als Abgrenzungskriterium kann dabei herangezogen werden, welcher Beteiligte die wirtschaftlichen Folgen einer Handlung trägt. Hat jemand bei der Vornahme einer Handlung für die sich daraus ergebenden Folgen selbst einzustehen, handelt er für eigene Rechnung. Treffen die wirtschaftlichen Folgen hingegen jemand anders, so liegt ein Handeln für fremde Rechnung vor. Die Person des anderen wird von der jeweiligen Norm bestimmt. Bei § 30 Abs. 1 Satz 1 Nr. 2 WpÜG kann ein Zurechnung der Stimmrechte nur erfolgen, wenn es sich bei demjenigen, für dessen Rechnung gehandelt wird, um einen Bieter handelt. Untersucht man den Zusammenhang der Regelungen, in denen der Begriff „für Rechnung“ vorkommt, wird deutlich, dass auch bei der Verwendung für verschiedene Gestaltungsformen das Auseinanderfallen der rechtlichen und wirtschaftlichen Zuordnung eine wichtige Rolle spielt. Entscheidend ist hierbei die wirtschaftliche Zuordnung unabhängig von der dahinter stehenden formal zivilrechtlichen Konstruktion, also das Innen- und nicht das Außenverhältnis[587]. Als Anhaltspunkt für eine Zurechnung der Stimmrechte beim Bieter ist dessen Bilanz anzusehen[588]. Muss der Bieter die Aktien des Dritten in seiner Bilanz ausweisen, ist in der Regel auch eine Zurechnung der Stimmrechte zu bejahen.

bb) Besonderheiten bei § 30 Abs. 1 Satz 1 Nr. 2 WpÜG

Der Grundgedanke der zu untersuchenden Vorschrift ist darin zu sehen, dass eine Zurechnung immer dann zu erfolgen hat, wenn der Bieter im Verhältnis zu einem Dritten die wirtschaftlichen Chancen und die wirtschaftlichen Risiken aus den stimmrechtsvermittelnden Anteilen trägt. Da es jedoch Sinn und Zweck des

---

585 Vgl. §§ 16 Abs. 2 Satz 3 und Abs. 4; 20 Abs. 2 und 7; 32 Abs. 2 Nr. 2, Abs. 3, Abs. 5 Satz 2; 46 Abs. 5; 47 Satz1; 56 Abs. 3; 71a Abs. 2; 71d; 71e i.V.m. 71 a Abs. 2 und 71d; 88 Abs. 1 Satz 1 und Abs. 2 Satz 2; 89 Abs. 3 Satz 2; 115 Abs. 2; 134 Abs. 1 Satz 3 und 4; 160 Abs. 1 Nr. 1 und 2; 214 Abs. 1 Satz 4 und Abs. 3 Satz 1; 226 Abs. 3 Satz 1; 291 Abs. 1 Satz 2; 320 Abs. 1 Satz 2 AktG.

586 Vgl. §§ 783 BGB; 290 Abs. 3 Satz 3 Nr. 1 und Abs. 4 Satz 2 HGB; 383 HGB; 23 Abs. 2 Nr. 2 Satz 2 GWB; 38 Abs. 3 Satz 1 EStG; 74 Abs. 1 VVG; 5 Abs. 1 Nr. 6 UmwG. Eine entsprechende Regelung findet sich natürlich nach der Angleichung der Zurechnungstatbestände nunmehr auch in § 22 Abs. 1 Satz 1 Nr. 2 WpHG.

587 Vgl. Opitz, in: Schäfer, § 22, Rdnr. 11.

588 Vgl. Opitz, in: Schäfer, § 22, Rdnr. 12.

§ 30 WpÜG entspricht, mögliche Umgehungen der Stimmrechtsinnehabung, die zu einer unerwünschten Kontrollstellung mit der Folge des Pflichtangebots führen kann, zu verhindern, muss neben dieser Zuordnung von wirtschaftlichen Chancen und Risiken die Möglichkeit des Stimmrechtseinflusses durch den Bieter vorliegen, welche die Fremdbestimmtheit der Stimmrechtsausübung zum Ausdruck bringt. Die wirtschaftliche Zurechnung muss somit im Rahmen des § 30 Abs. 1 Satz 1 Nr. 2 WpÜG mit einem möglichen Einfluss auf die Stimmrechtsausübung verbunden sein[589], da ansonsten eine Zurechnung von Stimmrechten widersinnig wäre. Die Bilanzierung der Aktien führt deshalb nur in den wohl seltenen Fällen, in denen die wirtschaftliche Zuordnung nicht auch mit einem Stimmrechtseinfluss verbunden ist, nicht zu einer Zurechnung der sich daraus ergebenden Stimmrechte[590].
Es lässt sich zudem kein Umkehrschluss aus § 30 Abs. 1 Satz 1 Nr. 3 WpÜG[591] dahingehend ziehen, dass eine Ausnahme von dem Grundsatz der Zurechnung von Stimmrechten, wenn die Voraussetzungen des für Rechnung Haltens im Sinne des Tragens des wirtschaftlichen Risikos durch den Bieter vorliegen, nicht in Betracht kommt. Dort ist zwar ausdrücklich eine Ausnahme von der Zurechnung der Stimmrechte für den Fall geregelt, dass der Dritte zur Ausübung der Stimmrechte aus diesen Aktien befugt ist und die Absicht bekundet, die Stimmrechte unabhängig von den Weisungen des Bieters auszuüben. Dies bedeutet jedoch nicht im Umkehrschluss, dass bei Vorliegen derselben Voraussetzungen im Rahmen des Zurechnungstatbestandes des § 30 Abs. 1 Satz 1 Nr. 2 WpÜG trotzdem eine Zurechnung der Stimmrechte des Dritten zu erfolgen hat, nur weil keine solche Ausnahmebestimmung vorhanden ist. Im Gegenteil ist nicht einmal die ausdrückliche Bekundung der Absicht durch den Dritten, die Stimmrechte weisungsunabhängig auszuüben, nötig, um eine Zurechnung der Stimmrechte auf den Bieter zu verneinen. Es reicht schon aus, dass dem Bieter keine Möglichkeit zusteht, den stimmrechtsausübungsbefugten Dritten zu beeinflussen.

cc) Wirtschaftliche Chancen und wirtschaftliche Risiken

Zu den wirtschaftlichen Chancen sind insbesondere das Dividenden- und das Bezugsrecht als Rechte zur Fruchtziehung zu zählen. Wirtschaftliche Risiken sind in der Gefahr der Insolvenz des Unternehmens an dem die Beteiligung besteht (Bestandsrisiko) und in dem Kursrisiko (Marktrisiko) zu sehen. Darüber

---

589 Vgl. Steinmeyer/Häger, § 30, Rdnr. 6f.; von Bülow, in: Hirte/von Bülow, § 30, Rdnr. 54.

590 Eine Ausnahme von diesem Grundsatz besteht bei der Wertpapierleihe und echten Pensionsgeschäften. Hier hat zwar der Verleiher oder Pensionsgeber die Wertpapiere in seiner Bilanz aufzuführen, eine Zurechnung von Stimmrechten erfolgt jedoch nicht, vgl. unten 4. Kapitel, II. 2. k) und l) (1).

591 Vgl. dazu unten 4. Kapitel, III.

hinaus sind das Dividendenrisiko, das Bezugsrisiko und das Risiko, Abfindungs- oder Ausgleichszahlungen zu erhalten, anzuführen[592]. Dabei ist es für die Erfüllung des Merkmals „für Rechnung" nicht notwendig, dass der Bieter das gesamte Risiko alleine trägt. Eine Risikoteilung mit dem Dritten kann ausreichen[593]. Eine allgemeingültige Abgrenzung für Fälle der nur teilweisen Tragung des wirtschaftlichen Risikos durch den Bieter zu finden, ist auf Grund der Vielgestaltigkeit denkbarer Fallgestaltungen nicht möglich. Entscheidend ist vielmehr, dass das vom Bieter übernommene Risiko so wesentlich ist, dass er rechtlich oder tatsächlich wesentlichen Einfluss auf die Ausübung der Stimmrechte hat[594]. Allein das Vorhandensein einer Kurs- oder Dividendengarantie ist aber nicht ausreichend, wenn nicht ein zusätzlicher Stimmrechtseinfluss vorliegt[595]. Die bloße Vermutung, dass bei Vorliegen einer Kurs- oder Dividendengarantie dem Bieter ein wesentlicher Einfluss auf die Stimmrechtsausübung zukommt, kann nicht genügen[596], da mit der Zurechnung von Stimmrechten schwerwiegende Folgerungen für den Bieter verbunden sein können, die nur dann nach Sinn und Zweck des WpÜG eingreifen sollen, wenn der Stimmrechtseinfluss des Bieters auch tatsächlich vorliegt oder zumindest möglich ist und nur nicht ausgeübt wird, nicht aber, wenn dieser nur auf einer Vermutung beruht.

dd) Art und Weise der Erlangung der Aktien durch den Dritten

Unbeachtlich für die Zurechnung auf den Bieter ist es, auf welche Weise der Dritte die für Rechung des Bieters gehaltenen Aktien erlangt hat. Es ist somit nicht entscheidend, ob der Dritte die Aktien vom Bieter erhalten hat oder ob ihm die Aktien von einer anderen Person übereignet worden sind und der Dritte die von einem Außenstehenden übertragenen Aktien für Rechnung des Bieters hält[597]. Zu beachten ist jedoch, dass für Aktien, die der Bieter dem Dritten als Sicherheit übertragen hat, die Sonderregelung des § 30 Abs. 1 Satz 1 Nr.

---

592 Vgl. Schneider, in: Assmann/Schneider, § 22, Rdnr. 24.

593 Vgl. Süßmann, in: Geibel/Süßmann, § 30, Rdnr. 6.

594 Vgl. Süßmann, in: Geibel/Süßmann, § 30, Rdnr. 6; Burgard, BB 1995, S. 2069, 2072; Schneider, in: Assmann/Schneider, § 22, Rdnr. 26; a.A. Koppensteiner, in: FS für Rowedder, S. 213, 218, der eine nur teilweise Übernahme von Risiken und Chancen einer Beteiligung nicht für die Bejahung des Haltens „für Rechnung" ausreichen lasen will.

595 Vgl. Opitz, in: Schäfer, § 22, Rdnr. 12; Steinmeyer/Häger, § 30, Rdnr. 8. A.A. Süßmann, in: Geibel/Süßmann, § 30, Rdnr. 6; Schneider, in: Assmann/Schneider, § 22, Rdnr. 26; Burgard, BB 1995, S. 2069, 2072.

596 So aber Süßmann, in: Geibel/Süßmann, § 30, Rdnr. 6.

597 Vgl. Süßmann, in: Geibel/Süßmann, § 30, Rdnr. 4; von Bülow, in: Hirte/von Bülow, § 30, Rdnr. 53.

3 WpÜG eingreift, während bei Sicherungsübereignungen von anderen als dem Bieter an den Dritten, die Zurechnungsnorm des § 30 Abs. 1 Satz 1 Nr. 2 WpÜG einschlägig sein kann.

ee) Ausübung der Stimmrechte durch den Dritten

Zu beachten ist, dass die Ausübung der Stimmrechte dem Dritten als Eigentümer der Aktien obliegt. Demzufolge muss es, damit eine Zurechnung der Stimmrechte auf den Bieter erfolgen kann, dem Bieter möglich sein, auf die Ausübung der Stimmrechte durch den Dritten Einfluss zu nehmen, also beispielsweise besondere Weisungen für die Ausübung der Stimmrechte zu erteilen. Hierfür reicht es bereits aus, wenn der Bieter die Möglichkeit der Einflussnahme auf die Stimmrechtsausübung hat, nicht erforderlich ist hingegen, dass der Bieter auch tatsächlich von seinem Weisungsrecht Gebrauch macht[598]. Solange zumindest faktisch die Möglichkeit der Einflussnahme besteht, ist es nicht erforderlich, dass dem Bieter ein ausdrückliches Weisungsrecht hinsichtlich der Stimmrechtsausübung zusteht oder den betreffenden Aktionär eine Pflicht trifft, das Stimmrecht im Interesse des Bieters auszuüben[599].

ff) Wirksamkeit des Vertrages im Innenverhältnis

Da es für die Frage, ob jemand Aktien für Rechnung des Bieters hält, ausnahmslos auf die im Innenverhältnis getroffene Vereinbarung zwischen dem Bieter und dem Dritten ankommt, stellt sich das Problem, ob die Zurechnung und damit möglicherweise auch die Pflicht des Bieters zur Abgabe eines Vollangebots für die Aktien der Zielgesellschaft entfällt, wenn sich die Vereinbarung als unwirksam herausstellt. Die Zurechnung der Stimmrechte setzt jedoch nicht voraus, dass das Treuhandverhältnis wirksam zustande gekommen ist[600]. Es sind dabei zwei Fallgruppen der Unwirksamkeit des Treuhandverhältnisses zu unterscheiden, die auf der Trennung des schuldrechtlichen vom dinglichen Rechtsgeschäft beruhen. Liegen Mängel in der Übereignung der Aktien auf den Dritten vor, so wird dieser nicht Eigentümer der Aktien und ihn treffen auch keine Pflichten zur Wahrnehmung der Vermögensinteressen des Bieters. Damit liegt schon die erste Voraussetzung des § 30 Abs. 1 Satz 1 Nr. 2 WpÜG nicht vor, da dem Dritten die Aktien nicht gehören, vielmehr der Bieter immer noch Eigentümer der Aktien ist. Einer Zurechnung bedarf es in diesem Fall schon deshalb nicht, weil der Bie-

598 Vgl. Steinmeyer/Häger, § 30, Rdnr. 8; Süßmann, in: Geibel/Süßmann, § 30, Rdnr. 5.

599 Vgl. von Bülow, in: Hirte/von Bülow, § 30, Rdnr. 54; a.A. Riehmer, in: Haarmann/Riehmer/ Schüppen, § 30, Rdnr. 27.

600 Vgl. Schneider, in: Assmann/Schneider, § 22, Rdnr. 32; Koppensteiner, in: FS für Rowedder, S. 213, 224; a.A. LG Berlin, WM 1990, S. 978, 980, wonach eine Zurechnung von Stimmrechten im Rahmen des § 20 AktG nur dann erfolgen kann, wenn ein rechtlich verbindlicher Tatbestand vorliegt.

ter selbst die Stimmrechte an der Zielgesellschaft hält. Ist hingegen die Übereignung der Aktien wirksam und scheitert die Wirksamkeit des Treuhandverhältnisses zwischen Bieter und Drittem an der Unwirksamkeit oder Verbotswidrigkeit der schuldrechtlich als Geschäftsbesorgungsvertrag oder Auftrag zu qualifizierenden Treuhandabrede, so sind die Stimmrechte aus den Aktien der Zielgesellschaft trotzdem dem Bieter zuzurechnen. Ansonsten könnte sich der Bieter immer auf die Unwirksamkeit der Treuhandabrede berufen und dadurch eine Zurechnung der Stimmrechte aus den ihm nach der Übereignung an den Dritten nicht mehr gehörenden Aktien umgehen. Dadurch könnte sich der Bieter der Verpflichtung entziehen, ein Pflichtangebot abgeben zu müssen. Würde man die Wirksamkeit der Treuhandabrede als entscheidendes Kriterium der Zurechnung ansehen, wäre es dem Bieter möglich, sich durch die bewusste Vereinbarung einer rechtlich unverbindlichen Abrede derjenigen Stimmrechte zu entledigen, die bei ihm zu einer Kontrollstellung gemäß § 29 Abs. 2 WpÜG führen. Dies entspricht nicht dem Regelungsziel des WpÜG. Zudem steht nicht entgegen, dass bei der Anwendung des § 30 WpÜG die Notwendigkeit besteht, auf die rechtssichere Abgrenzung der Tatbestandsmerkmale zu achten. Denn es besteht für die Zuordnung unwirksamer Verträge zur Bestimmung des § 30 WpÜG nicht eine geringere Sicherheit, als dies für wirksame zutrifft[601].

2. Anwendungsfälle für § 30 Abs. 1 Satz 1 Nr. 2 WpÜG

a) Auftrag gemäß §§ 662ff. BGB, Geschäftsbesorgungsvertrag gemäß § 675 BGB und Kommissionsvertrag gemäß §§ 383ff. HGB

Solange es zu einer Verlagerung der wirtschaftlichen Folgen des Haltens der Aktien vom Dritten auf den Bieter kommt, ist unerheblich welches konkrete Rechtsverhältnis dieser Beziehung zugrunde liegt. In Betracht kommen Aufträge gemäß §§ 662ff. BGB, Geschäftsbesorgungsverträge gemäß § 675 BGB oder Kommissionsverträge gemäß §§ 383ff. HGB, je nachdem ob der Dritte unentgeltlich, entgeltlich oder bei Erfüllung der handelsrechtlichen Voraussetzungen als Kommissionär tätig wird. Gemeinsam ist diesen Verträgen, dass es nach deren gesetzlichem Leitbild zu einer Verlagerung sämtlicher wirtschaftlicher Folgen kommt. Solche Rechtsverhältnisse werden im Kontext des WpÜG häufig dann vorliegen, wenn dem Dritten die Aktien der Zielgesellschaft nicht vom Bieter selbst, sondern von einer anderen Person übereignet werden. Dann umfasst der dem Halten der Aktien zugrundeliegende Vertrag auch den Erwerb der Aktien. Bei Kommissionsgeschäften sind jedoch zwei Gestaltungsvarianten zu unterscheiden. In der Regel wird bei Wertpapiergeschäften, die von einem Kommissionär vorgenommen werden, der Eigentumserwerb unmittelbar in der Person des Bieters und Kommittenten erfolgen, da dieser als Erwerb für den, den es angeht,

---

601 In diesem Sinne auch Koppensteiner, in: FS für Rowedder, S. 213, 224 für die Zurechnung von Stimmrechten gemäß § 20 AktG.

ausgestaltet ist[602]. In dieser Variante ist eine Zurechnung der Stimmrechte über § 30 Abs. 1 Satz 1 Nr. 2 WpÜG weder möglich noch erforderlich. Der Kommissionär wird zu keinem Zeitpunkt des Erwerbsvorgangs Eigentümer der Aktien. Ist das Kommissionsgeschäft aber so ausgestaltet, dass die Aktien in das Eigentum des Kommissionärs übergehen und erst in einem zweiten Übereignungsvorgang auf den Bieter übertragen werden, ist der Zurechnungstatbestand für den zwischen diesen beiden Erwerbsvorgängen liegenden Zeitraum erfüllt, da die Aktien für Rechnung des Kommittenten und Bieters im Eigentum des Kommissionärs gehalten werden[603]. Zu beachten ist hierbei, dass das Halten der Aktien durch den Kommissionär eine gewisse Dauer voraussetzt, die den für die übliche technische Abwicklung erforderlichen Zeitraum überschreitet[604]. Geht die Haltedauer des Kommissionärs über einen Tag hinaus, ist eine Zurechnung der Stimmrechte mit der möglichen Folge der Pflicht zur Abgabe eines Angebots durch den Kommittenten zu bejahen[605]. Da der Kommissionär Eigentum an den Aktien erworben hat, unterfällt er bei Erreichen oder Überschreiten der 30-prozentigen Kontrollschwelle den Veröffentlichungs- und Angebotspflichten des § 35 WpÜG. Dies stellt für den Kommissionär eine ungewollte Rechtsfolge seiner Kommissionstätigkeit dar. Ein Befreiungsantrag auf Grundlage des § 37 Abs. 1 und 2 WpÜG in Verbindung mit § 9 Satz 1 Nr. 6 WpÜG-Angebotsverordnung verspricht keinen Erfolg, da der Erwerbsvorgang vom Kommissionär beabsichtigt war. Jedoch erscheint ein Befreiungsantrag auf Grundlage des § 37 Abs. 1 WpÜG gerechtfertigt, da sowohl die Alternative des Unterschreitens der Kontrollschwelle nach der Erlangung der Kontrolle, als auch die Alternative der tatsächlichen Möglichkeit der Ausübung der Kontrolle unter Berücksichtigung der Interessen des Antragstellers erfüllt ist. Aus der Sicht des Anlegerschutzes, der hinter dem Zweck des Pflichtangebots steht, muss sichergestellt sein, dass in dem Zeitraum, in dem der Antragsteller die Schwelle von 30 Prozent der Stimmrechte erreicht, keine Einflussnahme auf die Geschäftsführung der Zielgesellschaft erfolgt[606]. Dies ist dann der Fall, wenn der Zeitraum, in dem der Kommissionär die Kontrollschwelle erreicht oder überschreitet, ein überschaubarer bleibt und er alsbald das Aktienpaket an den Kommittenten weiterübereignet.

---

602 Vgl. Opitz, in: Schäfer, § 22, Rdnr. 17; Riehmer, in: Haarmann/Riehmer/Schüppen, § 30, Rdnr. 35.

603 Vgl. von Bülow, in: Hirte/von Bülow, § 30, Rdnr. 66; Opitz, in: Schäfer, § 22, Rdnr. 18.

604 Vgl. dazu 2. Kapitel, II. 1. a) cc).

605 Neben dem Zurechnungstatbestand des § 30 Abs. 1 Satz 1 Nr. 2 WpÜG ist dann auch der des § 30 Abs. 1 Satz 1 Nr. 5 WpÜG erfüllt, da der Bieter die Aktien durch eine Willenserklärung vom Kommissionär erwerben kann; vgl. dazu unten 4. Kapitel, V.

606 Vgl. Meyer, in: Geibel/Süßmann, § 37, Rdnr. 31.

b) Verwaltungstreuhand

Hauptanwendungsfall des § 30 Abs. 1 Satz 1 Nr. 2 WpÜG ist die Verwaltungstreuhand[607]. Dabei überträgt in der Regel der Bieter als Treugeber das Vollrecht an den Aktien der Zielgesellschaft auf einen Treuhänder, der die Vermögensinteressen des Bieters wahrnimmt. Der Bieter trägt dabei die wirtschaftlichen Risiken, dem Dritten obliegen im Gegenzug in der Regel eine Interessenwahrungspflicht, die Pflicht zur Rechnungslegung und die Gewinnabführungspflicht an den Bieter[608]. Denkbar sind aber auch Fallgestaltungen bei denen sich die Aktien bereits im Eigentum des Dritten befinden oder bei denen die Treuhandabrede vorsieht, dass die Aktien erst noch mit Mitteln des Bieters oder eigenen Mitteln vom Dritten beschafft werden müssen[609]. In Betracht kommen zwei Arten von Treuhandverhältnissen, die rechtsgeschäftliche und die gesetzliche Treuhand.

aa) Rechtsgeschäftliche Treuhandverhältnisse

Für rechtsgeschäftliche Treuhandverhältnisse gibt es keine gesonderte gesetzliche Regelung. Grundlage eines jeden Treuhandverhältnisses ist die sogenannte Treuhandabrede, welche die Verpflichtung des Treuhänders beinhaltet, bestimmte Vermögensgegenstände, hier also die Aktien der Zielgesellschaft, für den Bieter, der zugleich der Treugeber ist, zu halten und zu verwalten[610]. Da es jedoch auf die Rechtsnatur der rechtlichen Beziehungen zwischen dem Bieter und dem Dritten nicht ankommt, sind im Rahmen der rechtsgeschäftlichen Treuhand unterschiedliche Formen der Vermögensverwaltung denkbar. Die Treuhandabrede kann beispielsweise auf einem Auftrag oder einem Geschäftsbesorgungsvertrag beruhen. Von den beiden denkbaren Formen von Treuhandverhältnissen, der Treuhand und der Ermächtigungstreuhand, kann nur erstere zu einer Zurechnung von Stimmrechten führen, da bei letzterer der Treuhänder kein Eigentum an der Aktien der Zielgesellschaft erlangt, sondern nur gemäß § 185 BGB die Befugnis, ein fremdes Recht im eigenen Namen auszuüben[611]. Auch das „Parken" von Aktien bei der Hausbank des Bieters ist als treuhänderische Verwahrung anzusehen und führt ebenfalls zu einer Zurechnung von Stimmrechten[612]. Entscheidend ist

---

607 Vgl. Steinmeyer/Häger, § 30, Rdnr. 11; Riehmer, in: Haarmann/Riehmer/Schüppen, § 30, Rdnr. 29.

608 Vgl. Schneider, in: Assmann/Schneider, § 22, Rdnr. 24.

609 Vgl. Vedder, S. 18.

610 Vgl. Vedder, S. 16

611 Vgl. Vedder, S. 18.

612 Vgl. Bayer, in: Münchener Kommentar zum AktG, § 22 Anh, § 22 WpHG, Rdnr. 9; Nottmeier/Schäfer, AG 1997, S. 87, 93.

hierbei aber die Ausgestaltung der zugrundeliegenden Vereinbarung im Einzelfall.

bb) Gesetzliche Treuhandverhältnisse

Eine interessante Fallgruppe im Rahmen der Zurechnungsvorschrift des § 30 WpÜG bilden die gesetzlich begründeten Treuhandverhältnisse. Dazu sind die Konkursverwaltung, Insolvenzverwaltung, Nachlassverwaltung und Testamentsvollstreckung zu zählen. Für alle diese Treuhandverhältnisse gilt, dass der jeweilige Treuhänder zwar voll verfügungsberechtigt ist und somit also auch stimmrechtsausübungsbefugt ist, nicht jedoch eine Eigentümerposition an den Aktien innehat[613]. Es liegt also gewissermaßen der umgekehrte Fall im Verhältnis zur rechtsgeschäftlich begründeten Treuhand vor. Während der Treuhänder bei der rechtsgeschäftlichen Treuhand Eigentümer der Aktien ist, jedoch hinsichtlich der Stimmrechtsausübung den Weisungen des Treugebers unterliegt, kann der Treuhänder, dessen Stellung auf einem gesetzlichen Treuhandverhältnis beruht, weisungsfrei über die Ausübung der Stimmrechte entscheiden, ohne jedoch Rechtsinhaber der Aktien zu sein. Als Konsequenz folgt daraus, dass der Zurechnungstatbestand des § 30 Abs. 1 Satz 1 Nr. 2 WpÜG für gesetzliche Treuhandverhältnisse nicht einschlägig ist und dessen Anwendung nicht erforderlich ist[614]. Denn es mangelt schon an der ersten Voraussetzung, dass der Treuhänder als Dritter Eigentümer der Aktien ist. Vielmehr tritt bei der Einsetzung eines Konkurs-, Insolvenz- oder Nachlassverwalters oder Testamentsvollstreckers keine Rechtsänderung ein und der Eigentümer der Aktien behält seine Rechtsposition. Schon auf Grund dieses originären Eigentums muss dieser Aktienanteil in die Berechnung dessen Gesamtstimmrechtsanteils an der Zielgesellschaft einbezogen werden. Eine Zurechnungsmöglichkeit kann sich nur dann ergeben, wenn die Begründung eines gesetzlichen Treuhandverhältnisses nach ausländischen Rechtsordnungen zum Übergang des zivilrechtlichen Eigentums auf den Treuhänder führt[615].

c) Vermögensverwaltung

Für die Vermögensverwaltung gelten die gleichen Grundsätze wie bei den gesetzlich begründeten Treuhandverhältnissen. Der Zurechnungstatbestand des § 30 Abs. 1 Satz 1 Nr. 2 WpÜG ist nicht erfüllt. Solange dem Vermögensverwal-

---

613 Vgl. Opitz, in: Schäfer, § 22, Rdnr. 14; von Bülow, in: Hirte/von Bülow, § 30, Rdnr. 61.

614 Vgl. Steinmeyer/Häger, § 30, Rdnr. 12; Riehmer, in: Haarmann/Riehmer/Schüppen, § 30, Rdnr. 32. Davon unberührt bleibt die Zurechnung der Stimmrechte auf die gesetzlichen Treuhänder gemäß § 30 Abs. 1 Satz 1 Nr. 6 WpÜG.

615 Vgl. von Bülow, in: Hirte/von Bülow, § 30, Rdnr. 62.

ter die Aktien nicht anvertraut sind[616], besteht mangels Eigentümerstellung und trotz Stimmrechtskonzentration[617] bei ihm keine Pflicht zur Abgabe eines Pflichtangebots.

d) Mehrgliedriges Treuhandverhältnis

Unproblematisch sind die Fälle in denen der Dritte als Treuhänder unterschiedliche Aktienpakete für personenverschiedene Treugeber hält. Wenn die einzelnen Treuhandverhältnisse unabhängig voneinander bestehen, sind die Stimmrechte den jeweiligen Treugebern zuzurechnen[618].

Denkbar sind aber auch Konstellationen, bei denen der Dritte dieselben Aktien nicht nur für Rechnung des Bieters, sondern zugleich für Rechnung anderer Personen hält (sogenanntes mehrgliedriges Treuhandverhältnis)[619]. Dabei kann entweder ein einziges Treuhandverhältnis mit mehreren Treugebern bestehen oder es liegen mehrere Treuhandverhältnisse vor, die miteinander verbunden sind. Auch hierfür gilt, dass der Bieter ein wesentliches Risiko tragen muss und ihm die Einflussnahme auf die Stimmrechtsausübung möglich sein muss. Gibt es wie in diesem Fall mehr als einen Beteiligten, für dessen Rechnung Stimmrechte gehalten werden, so wird in der Regel nur eine einzige Zurechnung der Stimmrechte an einen der Beteiligten stattfinden, da eine doppelte oder mehrfache Stimmrechtsbeeinflussung auf Grund der denkbaren Interessensverschiedenheiten ausscheidet. Auch eine Quotelung der zuzurechnenden Stimmrechtsanteile kommt schon aus praktischen Erwägungen nur in Ausnahmefällen in Betracht. Zwar mag eine Aufteilung der wirtschaftlichen Risiken auf die beteiligten Treugeber möglich sein, die Vornahme einer prozentualen Aufteilung je nach der Möglichkeit der Einflussnahme auf die Stimmrechte ist jedoch bei Ausbleiben einer ausdrücklichen Abrede ausgeschlossen. Eine prozentuale Aufteilung ist nur dann möglich, wenn das Recht zur Erteilung von Weisungen bei der Ausübung des Stimmrechts jedem Treugeber anteilig zusteht und Einigkeit unter den Treugebern über diese anteilige Ausübung besteht[620]. Eine Zurechnung hat somit nur bei dem Beteiligten zu erfolgen, der tatsächlich zur wesentlichen Stimmrechtsbeeinflussung in der Lage ist[621]. Dies ist erst recht der Fall, wenn zwischen den

---

616 In diesem Fall ist der Zurechnungstatbestand des § 30 Abs. 1 Satz 1 Nr. 6 WpÜG einschlägig, vgl. dazu unten 4. Kapitel, VI.

617 Vgl. Opitz, in: Schäfer, § 22, Rdnr. 16.

618 Vgl. von Bülow, in: Hirte/von Bülow, § 30, Rdnr. 59.

619 Vgl. Schneider, in: Assmann/Schneider, § 22, Rdnr. 31; Opitz, in: Schäfer, § 22, Rdnr. 14.

620 Vgl. von Bülow, in: Hirte/von Bülow, § 30, Rdnr. 60.

621 A.A. Riehmer, in: Haarmann/Riehmer/Schüppen, § 30, Rdnr. 33; Schneider, in: Assmann/Schneider, § 22, Rdnr. 31 und Opitz, in: Schäfer, § 22, Rdnr. 14, die sich für

Treugebern eine Poolvereinbarung geschlossen wurde, die einem der Treugeber, dem sogenannten Poolführer, die Befugnis zur Beeinflussung der Stimmrechtsabgabe des Dritten überträgt[622]. Hier findet eine Zurechnung der Stimmrechte gemäß § 30 Abs. 1 Satz 1 Nr. 2 WpÜG nur beim Poolführer statt. Zu beachten ist jedoch, dass die Poolvereinbarung als abgestimmtes Verhalten im Sinne des § 30 Abs. 2 WpÜG gewertet werden kann, mit der Folge, dass alle Stimmen allen Poolmitgliedern wechselseitig zugerechnet werden[623].

e) Kettentreuhand

Fälle der Kettentreuhand liegen dann vor, wenn der Dritte seinerseits als Treugeber ein weiteres Treuhandverhältnis begründet[624]. Der Dritte nimmt in diesem Fall zugleich die Aufgabe des Treuhänders für den Bieter und die des Treugebers wahr. Diese Kette an Treuhandverhältnissen lässt sich durch die Zwischenschaltung beliebig vieler Treuhänder noch verlängern. In diesem Fall befindet sich am Anfang der Kette der Treugeber und am Ende der Kette der Treunehmer. Dazwischen werden von einer oder mehreren Personen gleichzeitig die Aufgaben eines Treuhänders und eines Treugebers wahrgenommen. Da alle diese Mittelspersonen nicht Eigentümer der Aktien an der Zielgesellschaft im Sinne des § 30 Abs. 1 Satz 1 Nr. 2 WpÜG sind, scheidet eine Zurechnung der Stimmrechte aus den betreffenden Aktien im Verhältnis zum ersten Treugeber aus.

Zu unterscheiden ist im Folgenden zwischen dem Verhältnis des alleinigen Treuhänders zu seinem direkten Treugeber und zu allen Treugebern in der Kette davor. Im Verhältnis zum direkten Treugeber ist eine Stimmrechtszurechnung regelmäßig zu bejahen, da dieser Treugeber die wirtschaftlichen Chancen und Risiken trägt und hinsichtlich der Ausübung der Stimmrechte weisungsberechtigt ist[625].

Aber auch im Verhältnis zu den Treugebern in der Kette vor dem direkten Treugeber ist eine Stimmrechtszurechnung möglich, wenn der letzte Treuhänder die Aktien wirtschaftlich auch für deren Rechnung hält. Eine Zurechnung ist allerdings nur dann zu bejahen, wenn eine lückenlose Kette von Treuhandabreden vom Bieter bis zum Eigentümer der Aktien vorliegt, der jeweilige Bieter letztlich

---

eine quotale Zurechnung der Stimmrechte aussprechen, soweit sowohl das wirtschaftliche Risiko, das der jeweilige Treugeber anteilsmäßig trägt, als auch sein Einfluss auf die Ausübung der Stimmrechte wesentlich sind. Eine nähere Erläuterung, wie diese Quotelung in der Praxis durchgeführt werden soll, findet sich jedoch nicht.

622 So auch Opitz, in: Schäfer, § 22, Rdnr. 14.

623 Vgl. dazu unten 4. Kapitel, VII. 3. a) cc) und 4. Kapitel, VII. 10.; von Bülow, in: Hirte/von Bülow, § 30, Rdnr. 60.

624 Vgl. Schneider, in: Assmann/Schneider, § 22, Rdnr. 33; von Bülow, in: Hirte/von Bülow, § 30, Rdnr. 58.

625 Vgl. von Bülow, in: Hirte/von Bülow, § 30, Rdnr. 58.

das wirtschaftliche Risiko der Aktien übernimmt und wesentlichen Einfluss auf die Ausübung der Stimmrechte ausüben kann[626]. Dabei kommt es jedoch maßgeblich auf die jeweilige Ausgestaltung der einzelnen Treuhandverhältnisse im Einzelfall an und es muss untersucht werden, ob der Treuhänder die Aktien für Rechnung des ihm unmittelbar übereignenden Treugebers, für alle Treugeber in der Kette oder aber auch nur für den Bieter als den ersten in der Treuhandkette hält. In der Regel wird bei gleichartiger Gestaltung der hintereinandergeschalteten Treuhandverhältnisse eine Zurechnung der Stimmrechte auf die Mittelsmänner nicht anzunehmen sein, da der Treuhänder die Aktien nicht für deren Rechnung, sondern nur für die Rechnung des ersten und letzten Treugebers in der Kette halten wird. Eine solche mehrfache Zurechnung von Stimmrechten ist nicht systemwidrig und § 30 WpÜG nicht fremd wie ein Vergleich mit § 30 Abs. 1 Satz 1 Nr. 1 WpÜG zeigt[627].
Noch komplizierter werden Sachverhalte, in denen Treugeber nicht der Bieter, sondern ein Tochterunternehmen des Bieters ist.

Beispiel: Das Tochterunternehmen T des Bieters B übereignet ein ihr gehörendes Aktienpaket an der Zielgesellschaft Z an Treuhänder 1 und schließt mit diesem eine Treuhandabrede, nach der Treuhänder 1 die Pflicht hat, die Vermögensinteressen der T wahrzunehmen. Treuhänder 1 schließt einen weiteren Treuhandvertrag mit Treuhänder 2 und übereignet das gesamte Aktienpaket an diesen weiter. In diesem Fall sind T nach § 30 Abs. 1 Satz 1 Nr. 2 WpÜG die Stimmrechte zuzurechnen, da T der erste Treugeber in der lückenlosen Treuhandkette ist und die Aktien von Treuhänder 2 für Rechnung der T und für Rechnung des Treuhänders 1 gehalten werden. Die Stimmrechte aus den Aktien der Zielgesellschaft sind aber auch gemäß § 30 Abs. 1 Satz 1 Nr. 2 i.V.m. § 30 Abs. 1 Satz 2 WpÜG dem B zuzurechnen, da die Kette von Treuhandverhältnissen ohne Unterbrechung zwischen T, Treuhänder 1 und Treuhänder 2 besteht und T ein Tochterunternehmen der B darstellt. Eine Zurechnung der Stimmrechte auf Treuhänder 1 erfolgt nur dann, wenn dieser das wirtschaftliche Risiko trägt, dass T mit ihrem Erstattungsanspruch ausfällt, dies dann mit der eigenen Haftung des Treuhänders 1 und dieses wirtschaftliche Risiko mit einem möglichen Stimmrechtseinfluss auf Treuhänder 2 verbunden ist und dieser Einfluss nicht allein von T ausgeübt werden kann.

f) Fremdnützige Treuhand

Besteht ein fremdnütziges Treuhandverhältnis, hält also der Treuhänder die Aktien der Zielgesellschaft zum Nutzen des Treugebers, ohne dessen direkten Wei-

---

626 Vgl. Riehmer, in: Haarmann/Riehmer/Schüppen, § 30, Rdnr. 34; Steinmeyer/Häger, § 30, Rdnr. 13; von Bülow, in: Hirte/von Bülow, § 30, Rdnr. 58.

627 Vgl. von Bülow, in: Hirte/von Bülow, § 30, Rdnr. 58.

sungen bezüglich der Stimmrechtsausübung zu unterliegen, ist trotzdem von einer Zurechnung nach § 30 Abs. 1 Satz 1 Nr. 2 WpÜG auszugehen, da der Treuhänder bei der Stimmrechtsausübung die Interessen des Treugebers zu wahren hat[628]. Beispiele hierfür bilden zum einen die treuhänderische Tätigkeit für eine Erbengemeinschaft oder für Minderjährige, wenn der Treuhänder die Eigentumsposition an den Aktien erlangt hat und, etwa wegen des Alters des Minderjährigen, keine Weisungen von diesem erteilt werden können, zum anderen ausländische Investmentgesellschaften, die nicht unter das entsprechende Ausnahmeprivileg des § 15b Abs. 2 AuslInvestmG fallen[629].

g) Holdings, Zwischenholdings und Vermögensverwaltungsgesellschaften/Vorschaltgesellschaften

Wird eine Beteiligung an einer Zielgesellschaft von einer Holding, Zwischenholding oder Vermögensverwaltungsgesellschaft gehalten, hängt die Frage, ob die Stimmrechte an der Zielgesellschaft deren Gesellschaftern zugerechnet werden müssen, wiederum von der Möglichkeit der Gesellschafter ab, die Stimmrechtsausübung zu beeinflussen. Eine einheitliche Beantwortung dieser Frage scheitert wiederum an der Vielgestaltigkeit der möglichen Zwecke dieser Gesellschaften.
Unzweifelhaft ist, dass die genannten Gesellschaften selbst als Eigentümer der Aktien der Zielgesellschaft deren Kontrollinhaber im Sinne des § 29 Abs. 2 WpÜG sein können.
Zu unterscheiden sind einerseits Holdingstrukturen, die häufig in Industriekonzernen vorkommen, und Vermögensverwaltungsgesellschaften bzw. Vorschaltgesellschaften, die beispielsweise zur Ausnutzung des steuerlichen Schachtelprivilegs, zur Umgehung kartellrechtlicher Auswirkungen, zur Verhinderung von feindlichen Übernahmen, zur Risikostreuung oder zur Verschleierung der Beteiligungsverhältnisse gegründet werden[630]. Bei Verwaltungsgesellschaften handelt es sich zumeist um Gesellschaften, die bedeutende Beteiligungen insbesondere an großen Publikumsgesellschaften halten und deren Gesellschafter oft ebenfalls große Publikumsgesellschaften darstellen[631].

---

628 Vgl. Opitz, in: Schäfer, § 22, Rdnr. 15.

629 Vgl. Opitz, in: Schäfer, § 22, Rdnr. 15.

630 Vgl. Schneider, in: Assmann/Schneider, § 22, Rdnr. 34; Burgard, BB 1995, S. 2069, 2072; Steinmeyer/Häger, § 30, Rdnr. 17.

631 Vgl. Burgard, BB 1995, S. 2069, 2072f.; ein eindrucksvolles Beispiel dafür, wie komplex und kompliziert diese Beteiligungsstrukturen sein können, bildet das Wenger'sche Schaubild bei Adams, AG 1994, S. 148, 150.

aa) Vermögensverwaltungsgesellschaften als Tochterunternehmen

Zunächst sind die Konstellationen unproblematisch, in denen eine Gesellschaft ein Tochterunternehmen im Sinne des § 2 Abs. 6 WpÜG ist. Hält beispielsweise die Allianz insgesamt ungefähr 70 Prozent der mit 10 Prozent an der Veba beteiligten Lambda-Vermögensverwaltungs-GmbH, stellt die Vermögensverwaltungsgesellschaft ein Tochterunternehmen dar und der 10-prozentige Anteil an der Veba kann der Allianz über § 30 Abs. 1 Satz 1 Nr. 1 WpÜG zugerechnet werden[632].

bb) Rechtsform als Abgrenzungskriterium

Als weiteres Abgrenzungskriterium ist die Rechtsform der Holding, Zwischenholding und Vermögensverwaltungsgesellschaft heranzuziehen. Handelt es sich dabei um eine Aktiengesellschaft, die nicht zugleich ein Tochterunternehmen ist, so besteht keine unmittelbare Weisungsbefugnis der Aktionäre bezüglich der von dieser Aktiengesellschaft gehaltenen Aktien an einer Zielgesellschaft und es kann demnach nicht zu einer Zurechnung von Stimmrechten kommen[633].

cc) Gesellschaft als Treuhänder

Hält eine Gesellschaft die Aktien als Treuhänder für ihre Gesellschafter, sind diese berechtigt, der Gesellschaft Weisungen bezüglich der Stimmrechtsausübung zu erteilen. In der Regel wird dann von der Vermögensverwaltungsgesellschaft hinsichtlich der Beteiligungen ausdrücklich ein Treuhandvertrag mit einem oder mehreren Gesellschaftern geschlossen. Insofern liegt ein normales Treuhandverhältnis vor, mit der Folge, dass die Stimmrechte den Gesellschaftern gemäß § 30 Abs. 1 Satz 1 Nr. 2 WpÜG entsprechend deren Kapitalanteil zuzurechnen sind[634].

dd) Holding, Zwischenholding und Kreditinstitute mit Beteiligungsbesitz als Sonderfall

Ein solches Treuhandverhältnis zwischen Gesellschaft und Gesellschaftern ist bei Vorliegen einer Holding, Zwischenholding oder bei Kreditinstituten mit Beteiligungsbesitz nicht anzunehmen. Hier hält zwar das Unternehmen neben einer anderweitigen unternehmerischen Tätigkeit Beteiligungen, deren Chancen und Risiken auch den Gesellschaftern zukommen. Dies reicht jedoch nicht dafür aus, ein Halten der Beteiligung für Rechnung der Gesellschafter zu bejahen, denn die

---

632 Vgl. Beispiel bei Burgard, BB 1995, S. 2069, 2073.

633 Vgl. Opitz, in: Schäfer, § 22, Rdnr. 19.

634 Vgl. Schneider, in: Assmann/Schneider, § 22, Rdnr. 37; Burgard, BB 1995, S. 2069, 2073.

Beteiligungs-verwaltung erfolgt hauptsächlich im Interesse der Gesellschaft und nur mittelbar im Interesse der Gesellschafter[635].

ee) Gesellschaftszweck als Abgrenzungskriterium

Fehlt ein besonderer Treuhandvertrag zwischen der Gesellschaft und den Gesellschaftern und ist die Gesellschaft auch kein Tochterunternehmen eines Gesellschafters im Sinne des § 30 Abs. 1 Satz 1 Nr. 1 WpÜG kommt es auf den Gesellschaftszweck der Vorschaltgesellschaft an. Nur wenn der ausschließliche Gesellschaftszweck darin liegt, eine oder mehrere Beteiligungen für die Gesellschafter zu halten, ohne dass die Gesellschaft eine andersartige unternehmerische Tätigkeit entfaltet[636], ist eine Zurechnung der Stimmrechte denkbar[637]. Nicht entscheidend ist hierbei, ob dieser alleinige treuhänderische Zweck ausdrücklich in die Satzung der Gesellschaft aufgenommen worden ist, da die Chancen und Risiken der Beteiligung den Gesellschaftern schon über deren Mitgliedschaft[638] an der Vermögensverwaltungsgesellschaft vermittelt werden und sich daraus auch die Einflussmöglichkeit auf die Ausübung der Stimmrechte ergibt[639]. Hier tritt somit die Vereinbarung eines treuhänderischen Gesellschaftszwecks an die Stelle einer ausdrücklichen Treuhandvereinbarung[640]. Zu beachten gilt jedoch weiterhin, dass auch hier der einzelne Gesellschafter die Möglichkeit haben muss, auf die Stimmrechtsausübung durch die Vermögensverwaltungsgesell-

---

635 Vgl. Schneider, in: Assmann/Schneider, § 22, Rdnr. 35.

636 Als Indiz dafür, dass eine Gesellschaft sich nicht wirtschaftlich planend und gestaltend betätigt, sondern sich auf die bloße Wahrnehmung der Beteiligungsrechte beschränkt, kann das Fehlen einer Betriebsorganisation, insbesondere von eigenen Personal- und Sachmitteln, die für eine aktive unternehmerische Tätigkeit erforderlich wären, angesehen werden, vgl. Burgard, BB 1995, S. 2069, 2073.

637 Vgl. Riehmer, in: Haarmann/Riehmer/Schüppen, § 30, Rdnr. 37; Steinmeyer/Häger, § 30, Rdnr. 17; Schneider, in: Assmann/Schneider, § 22, Rdnr. 38ff.; Schneider, AG 1997, S. 81, 84; Burgard, BB 1995, S. 2069, 2073; BGH, WM 1991, S. 1166, 1168 für die Zurechnung nach § 20 AktG. A.A. von Bülow, in: Hirte/von Bülow, § 30, Rdnr. 64; Falkenhagen, WM 1995, S. 1005, 1007, die generell bei Vermögensverwaltungsgesellschaften eine Zurechnung von Stimmrechten ablehnen, da deren Gesellschafter keinen direkten Zugriff auf das angelegte Vermögen haben und die Chancen und Risiken einer Anlage nur die Vermögensverwaltungsgesellschaft unmittelbar trifft.

638 Dies bedeutet jedoch nicht, dass jede Mitgliedschaft das Tatbestandsmerkmal „für Rechnung" erfüllt. Im Gegenteil ist dies nur in dieser besonderen Situation anzunehmen, vgl. Burgard, BB 1995, S. 2069, 2073.

639 Vgl. Schneider, in: Assmann/Schneider, § 22, Rdnr. 41; Burgard, BB 1995, S. 2069, 2073.

640 Vgl. Burgard, BB 1995, S. 2069, 2073.

schaft Einfluss zu nehmen[641]. Dies hängt von den vertraglichen Vereinbarungen im Einzelfall ab, wird aber im Regelfall zu verneinen sein, da die Geschäftsführung der Vermögensverwaltungsgesellschaft ausschließlich den Weisungen der Gesellschafterversammlung unterliegt[642].

ff) Zurechnung von Stimmrechten bei mehreren Gesellschaftern

Bei mehreren Gesellschaftern stellt sich nunmehr wiederum die Frage, ob die Stimmrechte aus den Aktien der Zielgesellschaft den Gesellschaftern quotal nach ihrem Anteil an der Beteiligung zugerechnet werden müssen[643]. Voraussetzung für jede Zurechnung ist aber, dass jedem einzelnen Gesellschafter wesentlicher Einfluss auf das Stimmrechtsverhalten der Vermögensverwaltungsgesellschaft zukommt[644], die ihr Stimmrecht an der Zielgesellschaft in der Regel einheitlich ausüben wird. Bei einer Minderheitsbeteiligung eines Gesellschafters ist dieser Einfluss somit nur dann zu bejahen, wenn Entscheidungen durch ein Veto blockiert werden können[645], das Konsensprinzip in der Gesellschafterversammlung faktisch praktiziert wird oder die Stimmrechtsausübung der Gesellschaft hinsichtlich der Zielgesellschaft ausnahmsweise quotal durch die Gesellschafter bestimmt wird[646]. Entscheidend ist somit die Ausgestaltung des Abstimmungsverhaltens im Einzelfall und eine generelle quotale Zurechnung der Stimmrechte auf die Gesellschafter ist abzulehnen.

h) Gemeinschaftsunternehmen

Bei einem Gemeinschaftsunternehmen gehen die von diesem selbst gehaltenen Aktien unproblematisch in die Berechnung der Kontrollschwelle des § 29

---

641 Vgl. von Bülow, in: Hirte/von Bülow, § 30, Rdnr. 64; Bayer, in: Münchener Kommentar zum AktG, § 22 Anh, § 22 WpHG, Rdnr. 25. A.A. Riehmer, in: Haarmann/Riehmer/Schüppen, § 30, Rdnr. 37, nach dem schon allein das Bestehen eines Vetorechts genügen können soll.

642 Vgl. von Bülow, in: Hirte/von Bülow, § 30, Rdnr. 64.

643 Für eine quotale Zurechnung ist Schneider, AG 1997, S. 81, 84.

644 Vgl. Schneider, in: Assmann/Schneider, § 22, Rdnr. 42; a.A. Burgard, BB 1995, S. 2069, 2073, der genügen lassen will, dass der Dritte gehalten ist, bei der Stimmrechtsausübung die Interessen des Meldpflichtigen zu wahren.

645 Vgl. Riehmer, in: Haarmann/Riehmer/Schüppen, § 30, Rdnr. 37. Eine andere Frage ist, ob die sogenannte „negative Beherrschung" Abhängigkeit im Sinne des § 17 AktG begründet. Dies wird von der herrschenden Meinung zu Recht abgelehnt, vgl. Hüffer, § 17, Rdnr. 10; Koppensteiner, in: Kölner Kommentar, § 17, Rdnr. 38; Adler/Düring/Schmaltz, Rechnungslegung, Band 4, 1997, § 17, Rdnr. 36.

646 Vgl. Schneider, in: Assmann/Schneider, § 22, Rdnr. 42; Bayer, in: Münchener Kommentar zum AktG, § 22 Anh, § 22, Rdnr. 11; Burgard, BB 1995, S. 2069, 2073.

Abs. 2 WpÜG ein. Im Regelfall wird sich aber die Funktion der Tochter nicht im Halten von Beteiligungen für die Muttergesellschaft erschöpfen, so dass eine quotale Zurechnung der Beteiligungen der Tochter nach § 30 Abs. 1 Satz 1 Nr. 2 WpÜG auf die verschiedenen Mütter ausscheidet[647]. Eine Zurechnung der Stimmrechte der Tochtergesellschaft auf die Muttergesellschaften entfällt deshalb jedoch nicht, weil eine Stimmrechtzurechnung nach § 30 Abs. 1 Satz 1 Nr. 1 WpÜG erfolgen kann[648].

i) Kapitalanlagegesellschaften und Fondsgesellschaften gemäß § 10 Abs. 1a Satz 2 KAGG und § 15 b Abs. 2 Satz 2 AuslInvestmG

aa) Kapitalanlagegesellschaften gemäß § 10 Abs. 1a Satz 2 KAGG

Gemäß § 10 Abs. 1a Satz 2 KAGG gelten Stimmrechte aus Aktien, die zu einem von der Kapitalanlagegesellschaft verwalteten Sondervermögen gehören, das kein Spezialfonds ist und dessen Vermögensgegenstände im Miteigentum der Anteilsinhaber stehen, für die Anwendung des § 29 Abs. 2 WpÜG als Stimmrechte der Kapitalanlagegesellschaft. Das Sondervermögen wird bei einer Kapitalanlagegesellschaft durch das gegen Ausgabe von Anteilscheinen eingelegte Geld und die damit angeschafften Vermögensgegenstände gebildet[649]. Die Beteiligung der Anteilsinhaber am Sondervermögen kann dabei entweder in der Form einer Treuhandlösung oder in Form einer Miteigentumslösung erfolgen, je nachdem, ob die zum Sondervermögen gehörenden Gegenstände im Eigentum der Kapitalanlagegesellschaft oder im Miteigentum der Anteilsinhaber stehen[650]. Nur für die Miteigentumslösung gilt, dass die im Miteigentum gehaltenen Stimmrechte als Stimmrechte der Kapitalanlagegesellschaft gelten. Hinsichtlich der Treuhandlösung regelt § 10 Abs. 1a Satz 2, 2. Hs. KAGG, dass die Stimmrechte nicht nach § 30 Abs. 1 Satz 1 Nr. 2 WpÜG den Inhabern von Publikumsfonds zugerechnet werden[651]. Dies gilt auf Grund der eindeutigen gesetzlichen Regelung selbst dann, wenn die Kapitalanlagegesellschaft im Einzelfall hinsichtlich der Stimmrechtsausübung den Weisungen der Anteilsinhaber unterliegen sollte. Warum allerdings jegliche andere Stimmrechtszurechnung aus § 30 Abs. 1 WpÜG ausgeschlossen werden soll, erscheint fraglich. So leuchtet es nicht ein, warum eine Stimmrechtszurechnung nach § 30 Abs. 1 Satz 1 Nr. 5 WpÜG entfallen soll, wenn eine Kapitalanlagegesellschaft einem Dritten für

---

647 Vgl. Bayer, in: Münchener Kommentar zum AktG, § 22 Anh, § 22, Rdnr. 12.

648 Vgl. oben 4. Kapitel, I. 2. b) aa) (2) (d).

649 Vgl. § 6 Abs. 1 Satz 1 KAGG.

650 Vgl. Süßmann, in: Geibel/Süßmann, Art. 3, Rdnr. 1f.

651 Vgl. von Bülow, in: Hirte/von Bülow, § 30, Rdnr. 39; Riehmer, in: Haarmann/Riehmer/Schüppen, § 30, Rdnr. 40.

Aktien in einem Sondervermögen ein Erwerbsrecht gewährt. Der insofern missglückte Wortlaut des § 10 Abs. 1a Satz 2, 2. Hs. KAGG ist insofern teleologisch dahingehend zu reduzieren, dass nur der Fall des § 30 Abs. 1 Satz 1 Nr. 2 WpÜG erfasst wird, da nur dann eine Zurechnung allein auf Grund der Stellung als Anteilinhaber erfolgen würde[652]. Spezialfonds[653] sind von der Regelung, dass die in einem Sondervermögen gehaltenen Stimmrechtsanteile nicht den Anteilsinhabern zugerechnet werden, ausgenommen. Inhabern von Spezialfonds werden somit gemäß § 30 Abs. 1 Satz 1 Nr. 2 WpÜG die Stimmrechte anteilig entsprechend den Eigentumsverhältnissen an den Fondsanteilen zugerechnet[654]. Sinn und Zweck dieser Regelung ist es, zu verhindern, dass Spezialfonds zum Anschleichen an die Kontrollschwelle benutzt werden, was nach dem alten Recht möglich war, da keine Mitteilungspflichten daraus folgten[655]. Da jedoch auch die Spezialfonds den Anlagegrenzen des § 8 a KAGG unterliegen und deshalb dessen Inhaber 90 Prozent des Fondsvermögens in andere Wertpapiere investieren müsste, ist ein Anschleichen in der Praxis sicherlich sehr selten vorgekommen[656].

bb) Investmentgesellschaften gemäß § 15 b Abs. 2 Satz 2 AuslInvestmG

Gemäß § 15 b Abs. 2 Satz 2 AuslInvestmG gelten Stimmrechte aus Aktien, die zu einem von der Investmentgesellschaft verwalteten Investmentvermögen gehören, dessen Vermögensgegenstände im Miteigentum der Anteilinhaber stehen, für die Anwendung des § 29 Abs. 2 WpÜG als Stimmrechte der Investmentgesellschaft, wenn der Anteilinhaber im Regelfall keine Weisungen für die Ausübung der Stimmrechte erteilen kann. Wiederum gilt diese Regelung, dass die Stimmrechte der Investmentgesellschaft zustehen, nur für die Miteigentumslösung. Für die Treuhandlösung ergibt sich dies schon daraus, dass die Investmentgesellschaft selbst als Eigentümerin auch Inhaber der Stimmrechte ist. Gemäß § 15 b Abs. 2 Satz 2, 2. Hs. AuslInvestmG ist auf die Stimmrechte, die von der Investmentgesellschaft als Treuhänderin gehalten werden, die Zurechnungs-

652 Vgl. von Bülow, in: Hirte/von Bülow, § 30, Rdnr. 39.

653 Spezialfonds sind nach § 1 Abs. 2 Satz 1 KAGG solche Fonds, die auf Grund schriftlicher Vereinbarungen mit der Investmentgesellschaft einem bestimmten Erwerberkreis von jeweils nicht mehr als zehn Anteilsinhabern, die keine natürlichen Personen sein dürfen, vorbehalten sind.

654 Vgl. Süßmann, in: Geibel/Süßmann, Art. 3, Rdnr. 15f.

655 Vgl. Süßmann, in: Geibel/Süßmann, Art. 3, Rdnr. 17; Schneider, in: Assmann/Schneider, Anh. 1 zu § 22, Rdnr. 11; Steinmeyer/Häger, § 30, Rdnr. 24; von Bülow, in: Hirte/von Bülow, § 30, Rdnr. 38.

656 Vgl. Süßmann, in: Geibel/Süßmann, Art. 3, Rdnr. 17.

vorschrift des § 30 Abs. 1 Satz 1 Nr. 2 WpÜG[657] nicht anwendbar, so dass den Anteilinhabern bei der Treuhandlösung keine Stimmrechte zugerechnet werden können. Auch hier ist in gleicher Weise wie bei § 10 Abs. 1a Satz 2, 2. Hs. KAGG eine teleologische Reduktion vorzunehmen[658]. Somit sind nunmehr Investmentgesellschaften, die auf Grund eigener und der in den Sondervermögen gehaltenen Anteile die 30-prozentige Kontrollschwelle erreichen oder überschreiten, zur Abgabe eines Pflichtangebots gemäß § 35 Abs. 2 Satz 1 WpÜG verpflichtet. Auch hier wird dahingehend argumentiert, dass lediglich eine Mitteilungspflicht nach dem WpHG entsteht, die Pflicht zur Abgabe eines Angebots jedoch deshalb entfalle, weil die Investmentgesellschaft als Open-End-Fonds[659] weiteres Investmentvermögen nur erwerben kann, wenn gleichzeitig neue Anleger gewonnen werden[660].

k) Wertpapierleihe gemäß § 607 BGB

aa) Rechtliche Ausgestaltung der Wertpapierleihe

Im Effektenterminhandel hat sich die sogenannte Wertpapierleihe in Deutschland in der Praxis als beliebtes Instrument durchgesetzt[661]. Hauptsächlich werden die Wertpapiere hierbei Kreditinstituten von ihren Kunden zur Verfügung gestellt[662]. Entgegen dem anderslautenden Sprachgebrauch[663] handelt es sich jedoch bei der Wertpapierleihe nicht um eine Leihe im Sinne der §§ 598ff. BGB, sondern in der Regel um ein Wertpapierdarlehensgeschäft nach §§ 607ff. BGB[664]. Im Rahmen der Durchführung des Wertpapierleihgeschäftes übereignet der Bieter als Verleiher seine an der Zielgesellschaft gehaltenen Aktien an den Entleiher, die dieser nach Ablauf der Leihfrist oder entsprechend den besonderen

---

657 Vgl. Süßmann, in: Geibel/Süßmann, Art. 4, Rdnr. 5, der jedoch versehentlich von einer Nichtanwendbarkeit des § 30 Abs. 1 Satz 1 Nr. 1 WpÜG spricht.

658 Vgl. von Bülow, in: Hirte/von Bülow, § 30, Rdnr. 42.

659 Vgl. § 2 Abs. 1 Nr. 4 AuslInvestmG.

660 Vgl. Süßmann, in: Geibel/Süßmann, Art. 4, Rdnr. 8.

661 Inländische Kreditinstitute betreiben seit 1990 das Wertpapierleihgeschäft, vgl. Grimm, S. 6.

662 Vgl. Kümpel/Peters, AG 1994, S. 525.

663 In der Praxis hat sich die Bezeichnung Wertpapierleihe gegenüber dem Begriff des Wertpapierdarlehens durchgesetzt und wird deshalb im folgenden verwendet.

664 Vgl. Süßmann, in: Geibel/Süßmann, § 30, Rdnr. 11; Opitz, in: Schäfer, § 22, Rdnr. 29; Schneider, in: Assmann/Schneider, § 22, Rdnr. 44; Kümpel, WM 1990, S. 909, 910; Kümpel, Kapitalmarktrecht, S. 52; Schmid/Mühlhäuser, BB 2001, S. 2609. Andere rechtliche Gestaltungsmöglichkeiten sind aber ebenfalls möglich, vgl. Dörge, S. 37ff.

vertraglichen Abreden an den Bieter zurückübertragen muss[665]. Die Verpflichtung zur Rückübertragung muss sich nicht auf identische, sondern nur auf Aktien gleicher Art und Menge beziehen[666], so dass sich der Entleiher gegebenenfalls im Markt neu mit Aktien eindecken muss[667]. Der Entleiher ist somit auch berechtigt, die Aktien weiterzuveräußern oder zu verleihen[668]. Während der Entleihdauer ist der Entleiher demnach der Aktionär[669], solange es nicht zu einer solchen Weiterübertragung gekommen ist. Der Entleiher muss für die Nutzung der entliehenen Wertpapiere dem Verleiher ein Entgelt zahlen[670]. Er hat jedoch die Verfügungsbefugnis über die Aktien und kann sie sowohl weiterveräußern als auch weiterverleihen[671]. Da der Entleiher die Wertpapiere regelmäßig zur Erfüllung einer eigenen Lieferverpflichtung benötigt, kommt es meistens zu einem sofortigen Leerverkauf (short sale) der Wertpapiere im Rahmen eines Sicherungsgeschäftes (hedge)[672]. In diesem Fall der Weitergabe der Aktien durch den Entleiher spricht man von der sogenannten Ketten-Wertpapierleihe[673].

bb) Person des wirtschaftlichen Eigentümers

Umstritten ist, ob der Entleiher mit dem Erwerb des rechtlichen Eigentums an den Aktien auch wirtschaftlicher Eigentümer wird. Die Klärung dieser Frage ist deshalb wichtig, weil die Möglichkeit der Zurechnung der Stimmrechte vom Entleiher auf den Verleiher davon abhängt, ob das wirtschaftliche Risiko beim Verleiher verblieben ist und somit ein Halten für Rechnung des Verleihers beim Entleiher vorliegt. Es ist somit wie schon im Rahmen der Treuhandverhältnisse

---

665 Vgl. Kienle, in: Bankrechts-Handbuch, § 105, Rdnr. 39.

666 Vgl. Süßmann, in: Geibel/Süßmann, § 30, Rdnr. 11; die Nennung von Aktien gleicher Güte in diesem Zusammenhang erscheint jedoch als nicht passend, da Aktien keinen unterschiedlichen Qualitätsansprüchen unterliegen wie beispielsweise andere bewegliche Sachen und es somit eine mittlere Güte nicht gibt. Bei Wertpapieren kommt es somit nicht auf den Zustand der Papiersubstanz an, sondern auf das verbriefte Recht, und Wertpapiere, die das gleiche Recht verbriefen, sind von ein und derselben Art, vgl. Dörge, S. 39, Fn. 83.

667 Vgl. Kienle, in: Bankrechts-Handbuch, § 105, Rdnr. 43.

668 Vgl. Süßmann, in: Geibel/Süßmann, § 30, Rdnr. 11.

669 Vgl. Schneider, in: Assmann/Schneider, § 22, Rdnr. 45.

670 Vgl. Nr. 11 der Bedingungen für Wertpapier-Leihgeschäfte der Deutscher Kassenverein Aktiengesellschaft, Frankfurt am Main, WM 1990, S. 949, 951.

671 Vgl. Kümpel, WM 1990, S. 909, 910; Kümpel, Wertpapierhandelsgesetz, S. 137.

672 Vgl. Schmid/Mühlhäuser, BB 2001, S. 2609, Fn. 12.

673 Vgl. Bayer, in: Münchener Kommentar zum AktG, § 22 Anh, § 22 WpHG, Rdnr. 14; Schneider, in: Assmann/Schneider, § 22, Rdnr. 45.

zunächst zu fragen, wen die wirtschaftlichen Chancen und Risiken der Wertpapierleihe treffen.

(1) Nach der bisher herrschenden Meinung ist der Entleiher als rechtlicher und wirtschaftlicher Eigentümer anzusehen[674]. Für diese Annahme eines Übergangs des wirtschaftlichen Eigentums auf den Entleiher spricht die dem Entleiher zur Verfügung stehende uneingeschränkte Verfügungsmacht über die ihm zivilrechtlich übereigneten Wertpapiere während der Laufzeit der Wertpapierleihe. Zudem trägt der Entleiher Kursrisiken, wenn er sich vor der Rückübereignung wegen eines gestiegenen Aktienkurses Aktien zu einem höheren Preis neu beschaffen muss. Als rechtlicher und wirtschaftlicher Eigentümer der übertragenen Aktien hat er diese auch in seiner Bilanz zu berücksichtigen[675]. Dem Verleiher kommt die Pflicht zu, in seiner Bilanz eine entsprechende Darlehensforderung zu aktivieren[676]. Nach dieser Ansicht scheidet eine Zurechnung von Stimmrechten vom Entleiher auf den Verleiher nach § 30 Abs. 1 Satz 1 Nr. 2 WpÜG schon deshalb aus, weil die Aktien nicht für Rechnung des Verleihers gehalten werden.

(2) Hingegen ist zu bedenken, dass dem Verleiher die Rechte auf Zinsen, Dividenden, sonstige Ausschüttungen und Bezugsrechte auch während der laufenden Wertpapierleihe zustehen[677]. Darüber hinaus mag es zwar richtig sein, dass dem Entleiher das Vollrecht an den Aktien übertragen wurde. Jedoch ist die Wertpapierleihe dabei unter wirtschaftlicher Betrachtungsweise nicht auf die endgültige Übertragung der Chancen und Risiken aus den verliehenen Wertpapieren gerichtet, da der Verleiher Wertpapiere gleicher Art und Menge bei Fälligkeit der Wertpapierleihe zurückerhält, ohne von dem Entleiher einen Wertausgleich für möglicherweise in der Zwischenzeit erlittene Kursverluste aus den Wertpapieren verlangen zu können[678]. Es handelt sich somit um eine Nutzungsüberlassung[679] der Wertpapiere vom Verleiher an den Entleiher. Auch nach der Ausgestaltung der Wertpapierleihe durch die Sonderbedingungen für Wertpapier-Leihgeschäfte hat der Verleiher eine wirtschaftlich vergleichbare Rechtsstellung wie beim Abschluss eines Leihvertrages im rechtlichen Sinne, bei dem der überlassene Gegenstand nicht aus dem Vermögen des Verleihers ausscheidet. Den Verleiher

674 Vgl. Förschle, in: Beck'scher Bilanz-Kommentar, § 246, Rdnr. 150; Grimm, S. 190f.

675 Vgl. Förschle, in: Beck'scher Bilanz-Kommentar, § 246, Rdnr. 150; Schmid/Mühlhäuser, BB 2001, S. 2609, 2613.

676 Vgl. Süßmann, in: Geibel/Süßmann, § 30, Rdnr. 12.

677 Vgl. Schmid/Mühlhäuser, BB 2001, S. 2609, 2612f.; Schneider, in: Assmann/Schneider, § 22, Rdnr. 49.

678 Vgl. Schmid/Mühlhäuser, BB 2001, S. 2609, 2611.

679 Nutzungsüberlassungsverträge wie Miete, Pacht oder Leihe, aber auch der Nießbrauch an Wirtschaftsgütern begründen im Allgemeinen kein wirtschaftliches Eigentum.

trifft das Risiko der Kursverluste der Aktie, da er vom Entleiher nach Rückerhalt der Aktie keinen Wertausgleich für diese Kursverluste verlangen kann[680]. Der Entleiher ist nicht in der Lage, den Verleiher endgültig für die gewöhnliche Nutzungsdauer[681] der Wertpapiere von dessen Einwirkung auf das Wirtschaftsgut wirtschaftlich auszuschließen, da die Wertpapierleihe in der Regel für eine zeitlich begrenzte Laufzeit eingegangen wird. Damit hängt zusammen, dass der Entleiher keine auf den endgültigen Erwerb der Wertpapiere gerichtete rechtlich geschützte Rechtsposition erlangt, die ihm nicht mehr gegen seinen Willen entzogen werden kann. Vielmehr steht dem Verleiher bei Fälligkeit ein schuldrechtlicher Rückübertragungsanspruch zu, der auf der dem dinglichen Übereignungsgeschäft zugrunde liegenden schuldrechtlichen Darlehensvereinbarung beruht[682]. Zuletzt kommt es auch nicht zu einem umfassenden Übergang des Insolvenzrisikos vom Verleiher auf den Entleiher, da bei der Insolvenz des Entleihers der Rückübereignungsanspruch des Verleihers hinsichtlich der Wertpapiere entfällt[683]. Die besseren Argumente sprechen somit gegen eine Übertragung des wirtschaftlichen Eigentums auf den Entleiher[684].

(3) Letztendlich treffen somit den Verleiher während der Laufzeit der Wertpapierleihe sämtliche wirtschaftliche Chancen und Risiken aus den Wertpapieren. Wirtschaftlicher Eigentümer der Aktien bleibt somit nach dem Gesamtbild der Verhältnisse[685] ungeachtet des Verlustes seines Eigentums der Verleiher[686].

---

680 Vgl. Schmid/Mühlhäuser, BB 2001, S. 2609, 2611.

681 Da Wertpapiere keiner Abnutzung unterliegen, ist die Bestimmung einer gewöhnlichen Nutzungsdauer von Wertpapieren nicht möglich und es ist von einer unendlichen Nutzungsdauer auszugehen.

682 Vgl. Schmid/Mühlhäuser, BB 2001, S. 2609, 2612.

683 Vgl. Schmid/Mühlhäuser, BB 2001, S. 2609, 2612.

684 Vgl. Kümpel/Peters, AG 1994, S. 525, 530; Kümpel, Wertpapierhandelsgesetz, S. 139f.; Prahl/Neumann, WM 1992, S. 1173, 1178; Schmid/Mühlhäuser, BB 2001, S. 2609, 2613; Schneider, in: Assmann/Schneider, § 22, Rdnr. 49, der jedoch aus dieser Tragung des wirtschaftlichen Risikos sogleich die Zurechnung der Stimmrechte ableitet, ohne auf die Beeinflussung der Stimmrechtsausübung einzugehen.

685 Vgl. BFH, DStR 2000, S. 462, 463 = BB 2000, S. 701 m.w.N.

686 Vgl. Kümpel/Peters, AG 1994, S. 525, 530; Prahl/Neumann, WM 1992, S. 1173, 1178; Schmid/Mühlhäuser, BB 2001, S. 2609, 2613; Schneider, in: Assmann/Schneider, § 22, Rdnr. 49; Burgard, BB 1995, S. 2069, 2073. Unklar insoweit Süßmann, in: Geibel/Süßmann, § 30, Rdnr. 12, der dort vom Entleiher als rechtlichem und wirtschaftlichem Eigentümer spricht, in Rdnr. 11 hingegen noch von einem Auseinanderfallen der rechtlichen und wirtschaftlichen Zuordnung zwischen Verleiher und Entleiher ausgeht. Widersprüchlich auch Opitz, in: Schäfer, § 22, Rdnr. 30, der den Entleiher als den wirtschaftlichen Eigentümer bezeichnet und dem Verleiher das Kursrisiko und das wirtschaftliche Risiko auferlegt. A.A. die noch herrschende Mei-

Nunmehr kommt es also auf die Beantwortung der Frage an, ob dem Verleiher auch die Möglichkeit der Einflussnahme auf die Stimmrechtsausübung zukommt. Nur wenn dies bejaht werden kann, ist eine Zurechnung der Stimmrechte auf den Verleiher gemäß § 30 Abs. 1 Satz 1 Nr. 2 WpÜG vorzunehmen.

cc) Berechtigung zur Ausübung der Stimmrechte durch den Entleiher

(1) Berechtigung zur Ausübung im Außenverhältnis

Unstreitig ist, dass der Entleiher rechtlich dazu in der Lage ist, die Stimmrechte aus den Aktien auszuüben, da die Befugnis zur Stimmrechtsausübung aktienrechtlich lediglich das Eigentum an den Wertpapierurkunden voraussetzt, in denen das Mitgliedschaftsrecht verbrieft ist[687].

(2) Berechtigung zur Ausübung im Innenverhältnis

Fraglich ist jedoch, ob der Entleiher auch das Stimmrecht ausüben darf oder ob darin ein interner Pflichtverstoß der Beziehung Verleiher-Entleiher zu sehen ist.

(a) Nach einer Ansicht muss unter Berücksichtigung des Zwecks der Wertpapierleihe und der berechtigten Interessen des Verleihers die Ausübung der Stimmrechte aus den entliehenen Wertpapieren als vertragswidrig und damit als unzulässig angesehen werden[688]. Begründet wird dies damit, dass durch die Stimmrechtsausübung des Entleihers in die Rechtsstellung des Verleihers eingegriffen werde und dies den berechtigten Interessen des Verleihers als wirtschaftlichem Eigentümer zuwiderlaufe[689]. Es sei ordnungspolitisch unerwünscht, wenn der Entleiher die für die Durchsetzung eigener Zwecke erforderliche Hauptversammlungsmehrheit mittels des Stimmrechts aus den entliehenen Aktien herbeiführen könnte und damit die Erlangung der Kontrolle über ein Unternehmen mit geringerem Mitteleinsatz möglich sei[690]. Zudem handele es sich bei der Stimmrechtsausübung durch den Entleiher um eine Ordnungswidrigkeit nach § 405 Abs. 3 Nr. 2 AktG [691], da dieser zur Ausübung von Rechten in der Hauptversammlung Aktien eines anderen benutzt, die er sich zu diesem Zweck durch

---

nung, die den Entleiher als zivilrechtlichen und wirtschaftlichen Eigentümer bezeichnet, vgl. Förschle, in: Beck'scher Bilanz-Kommentar, § 246, Rdnr. 150; Grimm, S. 190f.

687 Vgl. Kümpel/Peters, AG 1994, S. 525, 530.

688 Vgl. Kümpel, Bank- und Kapitalmarktrecht, Rdnr. 13.32; Kümpel/Peters, AG 1994, S. 525, 529.

689 Vgl. Kümpel/Peters, AG 1994, S. 525, 530.

690 Vgl. Kümpel/Peters, AG 1994, S. 525, 529.

691 Vgl. Geilen, in: Kölner Kommentar zum AktG, § 405, Rdnr. 143ff.

Gewähren besonderer Vorteile, hier das an den Verleiher für die Überlassung der Aktien gezahlte Entgelt, verschafft hat[692]. Dies sei ein Indiz für einen internen Pflichtverstoß. Außerdem verletze die Ausübung der Stimmrechte durch den Entleiher eine vertragliche Nebenpflicht, da dadurch das Instrument der Wertpapierleihe zweckwidrig eingesetzt würde[693]. Trotz dieses internen Pflichtverstoßes ist der Entleiher nach dieser Ansicht jedoch berechtigt, die Stimmrechte aus den Aktien selbst auszuüben, und darauf beruhende Beschlüsse sind wirksam[694].

(b) Dieser Ansicht ist aber nicht zu folgen. Eine Ordnungswidrigkeit ist deshalb nicht gegeben, weil § 405 Abs. 3 Nr. 2 AktG tatbestandlich voraussetzt, dass fremde Aktien benutzt werden[695]. Dies richtet sich nach einer rein zivilrechtlichen Beurteilung[696]. Der Entleiher benutzt aber bei der Stimmrechtsausübung eigene Aktien. Der Ordnungswidrigkeitstatbestand des § 405 Abs. 3 Nr. 2 AktG unterliegt im übrigen gemäß § 3 OWiG dem Analogieverbot, so dass auch eine analoge Anwendung dieser Vorschrift ausscheidet. Außerdem ist der Entleiher nicht auf Grund einer vertraglichen Nebenpflicht zur Nicht-Ausübung des Stimmrechts verpflichtet, da dies dazu führen würde, dass die Stimmrechte aus entliehenen Aktien überhaupt nicht ausgeübt werden könnten. Dies führt schon deshalb in der Praxis zu nicht brauchbaren Ergebnissen, weil der Entleiher in der Regel sofort die Aktien an einen Dritten weiter überträgt, ohne dass dieser die Wertpapierleihe zwischen Verleiher und seinem Vertragspartner kennen muss[697].

(c) Somit ist der Entleiher sowohl im Innen- als auch im Außenverhältnis zur Stimmrechtsausübung berechtigt.

dd) Einflussnahme des Verleihers auf die Stimmrechtsausübung des Entleihers

Weiterhin ist für die Entscheidung der Frage, ob es zu einer Zurechnung der Stimmrechte auf den Verleiher kommt, wichtig festzustellen, wer letztendlich die Entscheidung über die Ausübung der Stimmrechte trifft. Da der Entleiher befugt ist, die Stimmrechte auszuüben, ist problematisch, ob der Verleiher in der

---

692 Vgl. Kümpel, Bank- und Kapitalmarktrecht, Rdnr. 13.33.

693 Vgl. Kümpel, Bank- und Kapitalmarktrecht, Rdnr. 13.38.

694 Vgl. Kümpel, Bank- und Kapitalmarktrecht, Rdnr. 13.40.

695 Vgl. Opitz, in: Schäfer, § 22, Rdnr. 30; a.A. Kümpel, Bank- und Kapitalmarktrecht, Rdnr. 13.33.

696 Vgl. Fuhrmann, in: Geßler/Hefermehl, § 405, Rdnr. 29.

697 Vgl. Opitz, in: Schäfer, § 22, Rdnr. 30.

Lage ist, Einfluss auf die Ausübung der Stimmrechte durch den Entleiher zu nehmen.

(1) Möglichkeit der Beeinflussung der Stimmrechtsausübung des Entleihers

(a) Nach einer Ansicht hat der Verleiher wegen der Übertragung des Vollrechts an den Aktien auf den Entleiher in keinem Fall die Berechtigung, Einfluss auf die Stimmrechtsausübung durch den Entleiher auszuüben[698]. Dafür sprechen auch die Sonderbedingungen für Wertpapier-Leihgeschäfte, die festlegen, dass der Verleiher, solange die Wertpapiere verliehen sind, über diese Wertpapiere nicht verfügen und insbesondere keine Stimmrechte ausüben kann[699]. Nach dieser Ansicht findet eine Zurechnung der Stimmrechte gemäß § 30 Abs. 1 Satz 1 Nr. 2 WpÜG mangels der Möglichkeit der Stimmrechtsbeeinflussung des Entleihers generell nicht statt[700].

(b) Eine andere Ansicht will danach unterscheiden, ob der Entleiher seinerseits die Aktien weiterveräußert oder weiterverliehen hat[701]. Hat der Entleiher eine solche Übertragung an einen Dritten vorgenommen, liegt also ein Fall der sogenannten Ketten-Wertpapierleihe vor, könne der Verleiher mangels Kenntnis des Käufers oder weiteren Entleihers keinen Einfluss auf dessen Stimmrechtsausübung nehmen und eine Zurechnung nach § 30 Abs. 1 Satz 1 Nr. 2 WpÜG scheide aus[702]. Eine Zurechnung sei aber zu bejahen, wenn und solange der Entleiher selbst die Aktien in seinem Eigentum hält[703].

(c) Die letztere Ansicht kommt nicht zu stimmigen Ergebnissen, da sie konsequenterweise dann wieder ein Aufleben der Zurechnung annehmen müsste, wenn

---

698 Vgl. Süßmann, in: Geibel/Süßmann, § 30, Rdnr. 12.

699 Vgl. II. 2. (3) Satz 1 der Sonderbedingungen für Wertpapier-Leihgeschäfte im Wertpapier-Leihsystem der Deutscher Kassenverein Aktiengesellschaft, Frankfurt am Main, WM 1990, S. 951, 952.

700 Vgl. Süßmann, in: Geibel/Süßmann, § 30, Rdnr. 12; Opitz, in: Schäfer, § 22, Rdnr. 30; Kümpel, WpHG, S. 139f.

701 Vgl. Schneider, in: Assmann/Schneider, § 22, Rdnr. 49; Nottmeier/Schäfer, AG 1997, S. 87, 93; Burgard, BB 1995, S. 2069, 2073; Bayer, in: Münchener Kommentar zum AktG, § 22 Anh, § 22 WpHG, Rdnr. 14; Kienle, in: Bankrechts-Handbuch, § 105, Rdnr. 81.

702 Vgl. Schneider, in: Assmann/Schneider, § 22, Rdnr. 50. Zur Frage, ob in diesem Fall wegen des schuldrechtlichen Anspruchs des Verleiher gegen den Entleiher auf Rückübertragung der Aktien der Zielgesellschaft eine Zurechnung der Stimmrechte nach § 30 Abs. 1 Satz 1 Nr. 5 WpÜG erfolgen kann, vgl. unten 4. Kapitel, V. 4. d).

703 Vgl. Schneider, in: Assmann/Schneider, § 22, Rdnr. 49; Nottmeier/Schäfer, AG 1997, S. 87, 93.

der Entleiher die zwischenzeitlich an einen Dritten weiterveräußerten Aktien zum Zwecke der Rückführung der Aktien an den Verleiher im Markt wieder zukauft[704]. Es besteht jedoch für den Verleiher keinerlei Möglichkeit, Informationen darüber zu erlangen, ob und wann der Entleiher eine Weiterveräußerung oder einen Aktienzukauf vorgenommen hat[705]. Dem Verleiher eine diesbezügliche Informationseinholungspflicht aufzuerlegen, würde die ihm zumutbaren Pflichten überschreiten.

(2) Stimmrechtsvollmacht und Stimmrechtsermächtigung für Verleiher

Ausnahmsweise kann der Verleiher das Aktienstimmrecht selbst ausüben, wenn er sich vom Entleiher eine offene Stimmrechtsvollmacht gemäß §§ 134 Abs. 3, 129 Abs. 1 AktG erteilen lässt, die als Zusatzklausel in den Wertpapierleihvertrag aufgenommen werden kann[706]. Dem Verleiher kann auch eine Stimmrechtsermächtigung nach § 129 Abs. 3 AktG vom Entleiher erteilt werden. Fraglich ist, ob dies dazu führt, dass dem Verleiher die Stimmrechte der Zielgesellschaft zugerechnet werden können. Dies ist zu bejahen, da in diesen Fällen der Verleiher wirtschaftlicher Eigentümer und Stimmrechtsausübungsbefugter ist. Zwar wurde im Rahmen der Erörterung des Kontrollbegriffs festgestellt, dass weder der Stellvertreter noch der Legitimationsaktionär eine Kontrollstellung erlangen können[707]. Dies gilt jedoch nur für die Berechnung der Kontrollposition aus eigenen Aktien nach § 29 Abs. 2 WpÜG, nicht hingegen für die Zurechnung von Stimmrechten gemäß § 30 WpÜG, da hier gerade die Besonderheit besteht, dass die Aktien nicht dem Bieter, sondern einem Dritten gehören. Somit kommt es in den erwähnten Fällen zu einer Zurechnung von Stimmrechten auf den Verleiher gemäß § 30 Abs. 1 Satz 1 Nr. 2 WpÜG.

(3) Stimmbindungsvertrag zwischen Verleiher und Entleiher

Zudem hat der Verleiher noch die Möglichkeit, auf die Stimmrechtsausübung des Entleihers durch den Abschluss eines Stimmbindungsvertrages Einfluss zu nehmen. Auch in diesem Fall ist grundsätzlich der Zurechnungstatbestand des § 30 Abs. 1 Satz 1 Nr. 2 WpÜG erfüllt. Jedoch ist bei Stimmbindungsverträgen die Zurechnungsnorm des § 30 Abs. 2 WpÜG als lex specialis anzusehen, so dass eine Zurechnung von Stimmrechten nur nach dieser Norm erfolgt[708].

---

704 Vgl. Süßmann, in: Geibel/Süßmann, § 30, Rdnr. 13.

705 Vgl. Süßmann, in: Geibel/Süßmann, § 30, Rdnr. 13.

706 Vgl. Gesell, S. 130.

707 Vgl. oben 2. Kapitel II. 1. a) aa).

708 Vgl. näheres dazu unten 4. Kapitel, VII.

ee) Folgerungen für Übernahme- und Pflichtangebote bei Vorliegen einer Wertpapierleihe

(1) Da es nach der hier vertretenen Ansicht bei einer Wertpapierleihe nicht zu einer Zurechnung von Stimmrechten auf den Verleiher kommt, ergeben sich nachfolgende Probleme, wenn der Verleiher aus einer nach § 29 Abs. 2 WpÜG bestehenden Kontrollstellung heraus die Aktien an den Entleiher veräußert. Durch die Wertpapierleihe kann es nämlich dazu kommen, dass der Verleiher seine Kontrollposition wegen Unterschreitung der 30-Prozentschwelle verliert. Mit dem nachfolgenden Rückerwerb der Aktien vom Entleiher wird die Kontrollschwelle dann jedoch wieder überschritten, mit der Folge, dass der Entleiher der Veröffentlichungspflicht aus § 35 Abs. 1 Satz 1 WpÜG und der Angebotspflicht aus § 35 Abs. 2 Satz 1 WpÜG unterliegt. Dies wäre eine ungewollte Folge des durchgeführten Wertpapierleihgeschäftes und sollte schon frühzeitig erkannt und verhindert werden. Die sicherste Möglichkeit, die Gefahr eines Pflichtangebots zu umgehen, ist sicherlich, darauf zu achten, dass sich der Umfang der Wertpapierleihe nur auf Wertpapiere oberhalb der Kontrollschwelle erstreckt[709]. Dies ist jedoch insbesondere dann unbefriedigend, wenn der Aktionär nur über eine geringfügig oberhalb der 30-prozentigen Kontrollschwelle liegende Beteiligung verfügt, da dann die Vorteile[710] der Wertpapierleihgeschäfte nicht für den gesamten Aktienanteil ausgenutzt werden können.

(2) Zu einer Verhinderung des Verlustes der Kontrollposition bei Wertpapierleihverträgen würde es auch durch die Erteilung einer Stimmrechtsvollmacht oder den Abschluss eines Stimmbindungsvertrages mit dem Entleiher kommen, da dann die Stimmrechte dem Verleiher zugerechnet werden können. Dies ist jedoch auf Grund der zumeist sofortigen Weiterveräußerung der Wertpapiere vom Entleiher an einen Dritten nicht die praktikabelste Lösung. Zudem ist die Person des Dritten in der Regel dem Verleiher nicht bekannt, so dass Vereinbarungen im Verhältnis zwischen Verleiher und Drittem nur schwer durchführbar sind. Außerdem besteht für den Entleiher die Möglichkeit der Weiterveräußerung der Aktien an mehrere Dritte. Dies führt zu einer weiteren Erschwerung des Abschlusses von Vereinbarungen im Verhältnis zwischen dem Verleiher und den Dritten.

709 Dies bedeutet, dass beispielsweise ein Aktionär, der 38 Prozent der Aktien einer Zielgesellschaft hält, nur maximal 8 Prozent dieser Aktien im Rahmen von Wertpapierleihgeschäften einsetzen darf.

710 Zu den Vorteilen für den Verleiher von Wertpapieren sind insbesondere die Renditeverbesserung des Portfolios durch das Erheben einer Nutzungsgebühr vom Entleiher, die Ersparnis von Depotgebühren sowie die Vereinbarung mit dem Entleiher, dass dieser Zinsen, Dividenden und sonstige Erträge herausgeben muss, zu zählen, vgl. Dörge, S. 30f.; Gesell, S. 10f.; Grimm, S. 7f.; Kienle, in: Bankrechts-Handbuch, § 105, Rdnr. 33.

(3) Deshalb bietet es sich an, schon vor Abschluss des Wertpapierleihgeschäftes einen Befreiungsantrag gemäß § 37 WpÜG bei der BaFin zu stellen, um die sich aus dem Geschäft ergebenden Risiken abschätzen zu können. Auf die sich aus § 9 WpÜG-Angebotsverordnung ergebenden Befreiungstatbestände kann dabei jedoch nicht zurückgegriffen werden, da Wertpapierleihgeschäfte von keiner der dort aufgezählten Fallvarianten umfasst sind. Ob ein solcher Antrag nach § 37 WpÜG bei Wertpapierleihgeschäften erfolgversprechend ist, hängt von der Praxis der BaFin ab, die derzeit mangels einer ausreichenden Zahl von Anwendungsfällen noch nicht absehbar ist[711]. Untersucht man jedoch den Charakter der Wertpapierleihe und vergleicht diesen mit den in § 37 Abs. 1 WpÜG geregelten Konstellationen, erscheint die Erteilung einer Befreiung als möglich. Dabei kommt es jedoch auf den Einzelfall und insbesondere auf den zwischen der Veräußerung und dem Rückerwerb der Aktien liegenden Zeitraum an. Je länger dieser Zeitraum andauert, desto unwahrscheinlicher ist die Befreiungserteilung. Zu beachten ist außerdem, dass § 37 Abs. 1 WpÜG einen abschließenden Katalog[712] an Befreiungstatbeständen enthält und somit ein Fall gefunden werden muss, unter den die Wertpapierleihe gefasst werden kann. Zumindest liegt der genau umgekehrte Fall zu dem „nach der Erlangung der Kontrolle erfolgenden Unterschreiten der Kontrollschwelle“ vor, da es bei der Wertpapierleihe zu einem dem Verlust der Kontrolle nachfolgenden Überschreiten der Kontrollschwelle kommen kann. Vom Sinn und Zweck her sind jedoch beide Fälle gleich zu behandeln, da in keinem dieser Fälle aus Sicht des Anlegers eine Veränderung der Person des Kontrollinhabers vorgenommen wird, die ein Überdenken der Anlageentscheidung rechtfertigen könnte.

(4) In der Praxis wird der Fall der Ketten-Wertpapierleihe die Regel darstellen, da der Entleiher die vom Verleiher erhaltenen Wertpapiere baldmöglichst für Durchführung von Leerverkäufen[713] oder zur Erfüllung eigener Verpflichtungen nutzen wird. Veräußert oder verleiht der Entleiher die erlangten Wertpapiere sofort, spätestens am gleichen Tag, weiter, führt dies bei ihm auch bei kurzzeitiger Überschreitung der 30-prozentigen Kontrollschwelle des § 29 Abs. 2 WpÜG nicht zu einer Angebotspflicht nach § 35 Abs. 2 Satz 1 WpÜG, da die für das Halten von Stimmrechten erforderliche Dauer nicht erreicht wird[714]. Hält hinge-

---

711 Ersten Erfahrungen nach scheint jedoch die BaFin solchen Anträgen im Vorfeld eines Kontrollerwerbs äußerst zurückhaltend gegenüberzustehen.

712 Vgl. Meyer, in: Geibel/Süßmann, § 37, Rdnr. 24.

713 Vgl. Dörge, S. 27f., 32ff., 62ff.

714 Im Gegensatz dazu kennen die Mitteilungspflichten nach §§ 21ff. WpHG, die an das Erreichen, Über- oder Unterschreiten der Schwellenwerte anknüpfen, keine Mindestdauer für die Aktien gehalten werden müssen, vgl. Schneider, in: Assmann/Schneider, § 21, Rdnr. 11 und § 22, Rdnr. 45; Schneider, AG 1997, S. 81, 84; Süßmann, in: Gei-

gen der Entleiher die Aktien über das Ende eines Tages hinaus und überschreitet dabei die Kontrollschwelle, unterliegt er den sich aus § 35 WpÜG ergebenden Pflichten. Es empfiehlt sich daher für den Entleiher rechtzeitig einen Befreiungsantrag nach § 37 Abs. 1 WpÜG bei der BaFin zu stellen und diesen mit dem nach der Erlangung der Kontrolle erfolgenden Unterschreiten der Kontrollschwelle zu begründen. Alternativ ist auch ein Antrag nach § 20 WpÜG denkbar, da die im Rahmen der Wertpapierleihe vom Entleiher gehaltenen Wertpapiere in der Regel die Voraussetzungen des Handelsbestandes erfüllen und somit die Stimmrechte aus den entsprechenden Aktien bei der Berechnung des Stimmrechtsanteils nach § 29 Abs. 2 WpÜG unberücksichtigt bleiben.

ff) Zusammenfassung

Zusammenfassend führt also die Verpflichtung des Entleihers, dem Verleiher nach Ablauf der Leihzeit die Wertpapiere zurückzuübertragen, nicht dazu, dass dieser die Wertpapiere für Rechnung des Verleihers hält. Der Verleiher bleibt zwar wirtschaftlicher Eigentümer der Aktien, er ist jedoch nicht berechtigt, den zur Ausübung der Stimmrechte berechtigten Entleiher oder im Falle der Ketten-Wertpapierleihe den Dritten bei der Stimmrechtsausübung zu beeinflussen. Im Rahmen der Wertpapierleihe können somit dem Verleiher die dem Entleiher oder einem Dritten gehörenden Stimmrechte aus Aktien der Zielgesellschaft nicht gemäß § 30 Abs. 1 Satz 1 Nr. 2 WpÜG zugerechnet werden.

l) Pensionsgeschäfte

Pensionsgeschäfte sind Geschäfte, durch die eine natürliche oder juristische Person (Pensionsgeber) Vermögensgegenstände, wie beispielsweise Forderungen, Wechsel oder Wertpapiere, gegen Zahlung eines Betrages mit der Verpflichtung zur Rücknahme auf einen anderen (Pensionsnehmer) überträgt[715].
Die umstrittene Frage, ob das Pensionsgeschäft mit der herrschenden Meinung als Kaufvertrag mit gleichzeitiger Rückkaufvereinbarung angesehen werden muss[716] oder ob mit der Mindermeinung darin ein Darlehensvertrag mit der Übertragung der Vollrechte am Pensionsgegenstand auf Zeit als Sicherungsgeschäft zu sehen ist[717], kann dabei für die Frage der Zurechnung von Stimmrech-

---

bel/Süßmann, § 29, Rdnr. 17. Deshalb kann es für den Entleiher zu einer Mitteilungspflicht nach § 21 WpHG kommen.

715 Vgl. die Definition in § 340b Abs. 1 HGB, die sich jedoch enger nur auf Kreditinstitute und Kunden eines Kreditinstitutes als Pensionsgeber oder Pensionsnehmer bezieht.

716 Vgl. Putzo, in: Palandt, Einf. v. § 607, Rdnr. 23; Lohner, S. 11f.; Kienle, in: Bankrechts-Handbuch, § 105, Rdnr. 12; Grimm, S. 191.

717 Vgl. Acker, S. 74; Wittkämpfer, DB 1966, S. 1957, 1959ff.; Merkert, DB 1973, S. 1614; anders Gesell, S. 165, der von einem Schuldverhältnis eigener Art ausgeht.

ten dahingestellt bleiben. Zu unterscheiden sind echte und unechte Pensionsgeschäfte.

aa) Echtes Pensionsgeschäft gemäß § 340 b Abs. 1 und 2 HGB

Auch das echte Pensionsgeschäft ist ähnlich der Wertpapierleihe auf die Hin- und Rückübertragung von Wertpapieren gerichtet, weist aber gewisse Unterschiede auf. Bei einem echten Pensionsgeschäft übernimmt der Pensionsnehmer die Verpflichtung, die Vermögensgegenstände zu einem bestimmten oder vom Pensionsgeber zu bestimmenden Zeitpunkt zurückzuübertragen[718]. Wertpapierleihgeschäfte sind nicht als Pensionsgeschäfte zu bezeichnen, da beim Pensionsgeschäft der Pensionsnehmer den Gegenwert der Wertpapiere an den Pensionsgeber zu zahlen hat und er diesem dadurch Liquidität verschafft[719]. Hingegen erhält der Verleiher bei der Wertpapierleihe für die Überlassung der Wertpapiere nur eine Leihprovision, die insoweit dem vereinbarten Zins beim Gelddarlehen entspricht[720].
Wie der Verleiher bei der Wertpapierleihe trägt der Pensionsgeber beim echten Pensionsgeschäft als wirtschaftlicher Eigentümer alle wirtschaftlichen Chancen und Risiken des Geschäftes[721]. Entsprechend erfolgt die bilanzielle Behandlung der Aktien. Im Rahmen des echten Pensionsgeschäftes sind die Aktien beim Pensionsgeber als wirtschaftlichem Eigentümer auszuweisen[722], obwohl das zivilrechtliche Eigentum sowie die Mitgliedschafts- und Vermögensrechte während der Laufzeit des echten Pensionsgeschäftes dem Pensionsnehmer zustehen.
Mit dem Übergang des rechtlichen Eigentums auf den Pensionsnehmer gehen auch die Stimmrechte auf diesen über und können nur von diesem ausgeübt werden[723]. Genauso wie bei der Wertpapierleihe ist auch beim echten Pensionsgeschäft streitig, ob der Pensionsnehmer im Innenverhältnis zur Ausübung der Stimmrechte befugt sein soll[724]. Dies wird zum Teil mit den gleichen Argumenten verneint wie bei der Wertpapierleihe[725]. Jedoch ist bei echten Pensionsge-

---

718 Vgl. § 340b Abs. 2 HGB.

719 Vgl. Kümpel, Bank- und Kapitalmarktrecht, Rdnr. 13.9; Kienle, in: Bankrechts-Handbuch, § 105, Rdnr. 13; Hartung, BB 1993, S. 1175, 1176.

720 Vgl. Kümpel, Bank- und Kapitalmarktrecht, Rdnr. 13.9.

721 Vgl. Süßmann, in: Geibel/Süßmann, § 30, Rdnr. 9; a.A. Lohner, S. 28ff.

722 Vgl. für Kreditinstitute § 340b Abs. 4 Satz 1 HGB; Opitz, in: Schäfer, § 22, Rdnr. 25; von Bülow, in: Hirte/von Bülow, § 30, Rdnr. 68; Budde/Karig, in: Beck'scher Bilanz-Kommentar, § 246, Rdnr. 22; Grimm, S. 189.

723 Vgl. Steinmeyer/Häger, § 30, Rdnr. 28; Opitz, in: Schäfer, § 22, Rdnr. 25.

724 Vgl. oben 4. Kapitel, II. 2. k) cc) (2).

725 Vgl. Kümpel/Peters, AG 1994, S. 525, 529.

schäften wie bei der Wertpapierleihe von der Stimmrechtsausübungsbefugnis des Pensionsnehmers auszugehen[726].

Der Pensionsgeber hat keinerlei Einfluss auf die Stimmrechtsausübung des Pensionsnehmers[727]. Da die Aktien nicht mehr in seinem Eigentum stehen, kann er nicht an der Hauptversammlung teilnehmen und dem Pensionsnehmer auch keine Weisungen bezüglich der Stimmrechtsausübung erteilen[728]. Vielmehr hat der Pensionsnehmer das Recht, die Stimmrechte aus den verpensionierten Aktien nach eigenem Ermessen auszuüben[729]. Häufig werden die Aktien vom Pensionsnehmer an Dritte weiterveräußert, so dass dem Pensionsgeber, dem die Person des Dritten in der Regel nicht bekannt sein wird, gar keine Möglichkeit zusteht, hinsichtlich der Stimmrechtsausübung Einfluss auszuüben oder Weisungen zu erteilen[730]. Somit scheidet grundsätzlich eine Zurechnung von Stimmrechten gemäß § 30 Abs. 1 Satz 1 Nr. 2 WpÜG bei echten Pensionsgeschäften aus[731]. Nur wenn sich aus der Gestaltung des Geschäftes ergibt, dass dem Pensionsgeber das Recht zusteht, auf die Stimmrechtsausübung des Pensionsnehmers oder des Dritten Einfluss zu nehmen, kann eine Zurechnung der Stimmrechte erfolgen.

bb) Unechtes Pensionsgeschäft gemäß § 340 b Abs. 1 und 3 HGB

Während der Entleiher im Rahmen von Wertpapierleihgeschäften und der Pensionsnehmer im Rahmen von echten Pensionsgeschäften stets zur Rückgabe von Wertpapieren gleicher Art und Menge verpflichtet ist, hat der Pensionsnehmer bei einem unechten Wertpapierpensionsgeschäft lediglich das Recht, nicht jedoch die Pflicht zur Rückgabe der Wertpapiere[732]. Es besteht somit für den Pensionsgeber keine Sicherheit, ob ihm die Aktien vom Pensionsnehmer zurückübereignet werden. Die Wertpapiere sind beim Pensionsnehmer zu bilanzieren[733]. Da den Pensionsgeber eine Abnahmeverpflichtung trifft, wenn der Pensionsnehmer von seinem Recht zur Rückübertragung der Aktien Gebrauch

---

726 Vgl. oben 4. Kapitel, II. 2. k) cc) (2).

727 Vgl. Riehmer, in: Haarmann/Riehmer/Schüppen, § 30, Rdnr. 38.

728 Vgl. Süßmann, in: Geibel/Süßmann, § 30, Rdnr. 9.

729 Vgl. Steinmeyer/Häger, § 30, Rdnr. 28; Opitz, in: Schäfer, § 22, Rdnr. 26; Schneider, in: Assmann/Schneider, § 22, Rdnr. 45. Unrichtig somit Süßmann, in: Geibel/Süßmann, § 30, Rdnr. 9 a.E., der dort entgegen seiner eigenen zuvor dargelegten Ansicht vom Pensionsgeber als Stimmrechtsausübungsbefugtem spricht.

730 Vgl. Opitz, in: Schäfer, § 22, Rdnr. 27.

731 Vgl. Süßmann, in: Geibel/Süßmann, § 30, Rdnr. 9; Steinmeyer/Häger, § 30, Rdnr. 28; Mielke, in: Beckmann/Kersting/Mielke, Rdnr. B 18.

732 Vgl. Schmid/Mühlhäuser, BB 2001, S. 2609; Gesell, S. 157.

733 Vgl. für Kreditinstitute § 340b Abs. 5 Satz 1 HGB; Grimm, S. 189.

macht, trägt er ebenso wie beim echten Pensionsgeschäft das wirtschaftliche Risiko[734]. Es mangelt jedoch auch hier an der für die Zurechnung von Stimmrechten notwendigen Möglichkeit der Beeinflussung der Stimmrechtsausübung durch den Pensionsnehmer[735]. Dem Pensionsgeber sind somit bei einem unechten Pensionsgeschäft nach § 30 Abs. 1 Satz 1 Nr. 2 WpÜG keine Stimmrechte des Pensionsnehmers zuzurechnen[736].

m) Repurchase-Agreements

Repurchase-Agreements oder Repo-Geschäfte (Repos)[737] sind in der Regel wie echte Pensionsgeschäfte zu behandeln[738], da sie wie diese als Verkauf mit gleichzeitigem Rückkauf per Termin vereinbart werden[739]. Im Rahmen eines Repos verkauft und übereignet die eine Vertragspartei der anderen ein bestimmtes Kontingent an Wertpapieren einer bestimmten Gattung und gleichzeitig schließen die Parteien einen Vertrag über den Rückkauf dieser Wertpapiere ab, der aber erst zu einem späteren Zeitpunkt zu erfüllen ist[740]. Gebräuchlich ist dabei die Bezeichnung Verkäufer und Käufer für die Vertragsparteien[741]. Auch wenn die Begriffe Repurchase-Agreement und Wertpapierpensionsgeschäft in der Praxis häufig für die Bezeichnung gleicher Sachverhalte verwendet werden, sind diese nicht völlig deckungsgleich. Denn im Einzelfall ist es möglich, bei Pensionsgeschäften zu vereinbaren, dass der Pensionsnehmer zur Rückübereignung der identischen Wertpapiere verpflichtet ist, die er in Pension genommen

---

734 A.A. Steinmeyer/Häger, § 30, Rdnr. 29, die beim unechten Pensionsgeschäft den Pensionsnehmer als rechtlichen und wirtschaftlichen Eigentümer ansehen, aber inkonsequenterweise eine Stimmrechtszurechnung beim Pensionsgeber bejahen wollen, wenn dieser ausnahmsweise Einfluss auf die Stimmrechtsausübung besitzt.

735 Vgl. von Bülow, in: Hirte/von Bülow, § 30, Rdnr. 69; Süßmann, in: Geibel/Süßmann, § 30, Rdnr. 10; Opitz, in: Schäfer, § 22, Rdnr. 28.

736 Vgl. Süßmann, in: Geibel/Süßmann, § 30, Rdnr. 10.

737 Vgl. dazu Gesell, S. 135ff. Handelt eine Bank oder ein Wertpapierhändler als Verkäufer, wird das Geschäft als Repurchase-Agreement oder Repo bezeichnet; handeln sie als Käufer, spricht man von einem Reverse Repo, Gesell, S. 136. Dieser Sprachgebrauch hat sich nunmehr für alle Geschäfte durchgesetzt, je nachdem, ob man auf die Sicht des Kassaverkäufers oder Kassakäufers Abstellt, vgl. Kümpel, Bank- und Kapitalmarktrecht, Rdnr. 13.12; Kienle, in: Bankrechts-Handbuch, § 105, Rdnr. 27; Dörge, S. 44, Fn. 100; Grimm, S. 193.

738 Vgl. Krumnow, Rechnungslegung der Kreditinstitute, 1994, § 340b, Rdnr. 54.

739 Vgl. Opitz, in: Schäfer, § 22, Rdnr. 31; Schneider, in: Assmann/Schneider, § 22, Rdnr. 44.

740 Vgl. Gesell, S. 135.

741 Vgl. Kienle, in: Bankrechts-Handbuch, § 105, Rdnr. 12.

hat[742]. Streng zu unterscheiden ist jedoch in rechtlicher Hinsicht zwischen Repurchase-Agreements und Wertpapierleihgeschäften, da ersteren Kaufverträge und letzteren Darlehensverträge zugrunde liegen[743].
Im Hinblick auf die Zurechnung von Stimmrechten im Rahmen von Repo-Geschäften gelten die gleichen Grundsätze wie bei echten Pensionsgeschäften. Der Verkäufer bei einem Repo-Geschäft hat die gleiche Stellung wie der Pensionsgeber. Obwohl er die wirtschaftlichen Chancen und Risiken des Geschäfts trägt, sind ihm keine Stimmrechte aus den Aktien der Zielgesellschaft gemäß § 30 Abs. 1 Satz 1 Nr. 2 WpÜG zuzurechnen, da der Käufer allein die Befugnis zur Stimmrechtsausübung hat und der Verkäufer keinen Einfluss darauf nehmen kann, wenn keine anderweitige Vereinbarung getroffen wurde. Die Aktien werden bei Repo-Geschäften also nicht vom Käufer für Rechnung des Verkäufers im Sinne des § 30 Abs. 1 Satz 1 Nr. 2 WpÜG gehalten.

n) American Depositary Receipts

Hält der Bieter sogenannte American Depositary Receipts (ADR), ist eine Zurechnung der von einem Dritten gehaltenen Stimmrechte auf den Bieter gemäß § 30 Abs. 1 Satz 1 Nr. 2 WpÜG zu bejahen.
Im Konzept der ADR verbrieft ein ADR-Zertifikat einen Anteil an einem Pool von Aktien einer ausländischen (beispielsweise deutschen) Kapitalgesellschaft, welche bei einem sogenannten depositary, nämlich einer US-amerikanischen commercial bank, oder dessen im Ausland ansässigen Vertreter (custodian) hinterlegt wurde[744]. In der Praxis wird in einem Hinterlegungsvertrag (deposit agreement) zwischen Kapitalgesellschaft, Depositärbank und ADR-Inhaber vereinbart, dass das Eigentum an den hinterlegten Aktien bei Einlieferung treuhänderisch auf die US-amerikanische Depositärbank nach § 929 BGB übergeht, für welche der deutsche custodian im Wege des Besitzmittlungsverhältnisses gemäß § 868 BGB den Besitz ausübt[745]. Die Depositärbank stellt anschließend das ADR aus, das ein schuldrechtliches Recht an der eingelieferten Aktie verbrieft. Der ADR-Inhaber wird also nicht Eigentümer der deutschen Aktien, ist aber wirtschaftlich betrachtet deren Eigentümer, da die Depositärbank ihre Eigentümerstellung nur treuhänderisch für ihn ausübt[746].

---

742 Vgl. Kümpel, Bank- und Kapitalmarktrecht, Rdnr. 13.13; Kienle, in: Bankrechts-Handbuch, § 105, Rdnr. 15, 31.

743 Vgl. Kienle, in: Bankrechts-Handbuch, § 105, Rdnr. 32.

744 Vgl. Bungert/Paschos, DZWiR 1995, S. 221f.; Roquette/Stanger, WM 1994, S. 137, 138f.; Zachert, AG 1994, S. 207, 217; Zachert, ZIP 1994, S. 1426, 1427f.; Wieneke, AG 2001, S. 504, 505.

745 Vgl. Bungert/Paschos, DZWiR 1995, S. 221, 229.

746 Vgl. Bungert/Paschos, DZWiR 1995, S. 221, 229.

Die Besonderheit der ADR liegt somit darin, dass eine Depositärbank, die Aktien der Zielgesellschaft hält, auf diesen Aktienbestand Depositary Receipts ausgibt, die anstelle der Inhaberaktien an den US-amerikanischen Börsen gehandelt werden[747]. Der Inhaber der ADR ist wirtschaftlich Berechtigter an dem von der Depositärbank gehaltenen Aktienbestand, die Depositärbank hingegen übernimmt die Funktion des Treuhänders[748]. Der ADR-Inhaber ist auch berechtigt, der Depositärbank Weisungen hinsichtlich der Stimmrechtsausübung zu erteilen[749]. Erfolgt keine Weisungserteilung, verpflichtet sich die Depositärbank, ihre Stimmrechte nicht auszuüben[750]. Zudem kann der Inhaber der ADR jederzeit von der Depositärbank die Übertragung der Aktien gegen Einlieferung der Depositary Receipts verlangen[751]. Demzufolge sind die Stimmrechte aus diesen von der Depositärbank gehaltenen Aktien dem ADR-Inhaber zuzurechnen[752]. Die Konstruktion des ADR entspricht also einem Treuhandverhältnis, das unter die Zurechnungsnorm des § 30 Abs. 1 Satz 1 Nr. 2 WpÜG fällt.

o) Vollmachtstreuhand

Kein Fall der Zurechnung nach § 30 Abs. 1 Satz 1 Nr. 2 WpÜG liegt bei der sogenannten Vollmachtstreuhand vor[753]. In diesem Fall wird dem Dritten lediglich eine Vollmacht ausgestellt, so dass es nicht zu einem Eigentumsübergang an den Aktien vom Bieter auf den Dritten kommt. Der Bieter bleibt somit selbst unmittelbarer Eigentümer der Stimmrechte. Einer Zurechnung der Stimmrechte auf den Bieter bedarf es somit auch gar nicht.

747 Vgl. Süßmann, in: Geibel/Süßmann, § 30, Rdnr. 8.

748 Vgl. Bungert/Paschos, DZWiR 1995, S. 221, 229; Schneider, in: Assmann/Schneider, § 22, Rdnr. 25a; Opitz, in: Schäfer, § 22, Rdnr. 21.

749 Vgl. Zachert, DB 1993, S. 1985, 1987.

750 Darin liegt eine Abweichung von dem in § 8 Abs. 3 AktG verankerten Grundsatz, dass die Abtrennung des Stimmrechts von der Mitgliedschaft nichtig ist. In der bei ADR-Programmen vorliegenden Treuhandsituation, nach der die Depositärbank Treuhänder, Aktionär und damit Inhaber der Mitgliedschaftsrechte und der ADR-Inhaber als Treugeber wirtschaftlicher Eigentümer ist, ist jedoch nach vorzugswürdiger Ansicht kein Verstoß gegen § 8 Abs. 3 AktG anzunehmen, wenn auf Grund einer schuldrechtlichen Abrede zwischen Treuhänder und Treugeber das Stimmrecht beim Treugeber verbleibt, vgl. Bungert/Paschos, DZWiR 1995, S. 221, 234f.

751 Vgl. Böckenhoff/Ross, WM 1993, S. 1781, 1783.

752 Vgl. von Bülow, in: Hirte/von Bülow, § 30, Rdnr. 65; Süßmann, in: Geibel/Süßmann, § 30, Rdnr. 8; von Lingelsheim, in: Heidel, Anwaltkommentar, § 30 WpÜG, Rdnr. 4. A.A. Steinmeyer/Häger, § 29, Rdnr. 33 und § 30, Rdnr. 14, die davon ausgehen, dass eine Zurechnung von Stimmrechten nicht erforderlich ist, weil diese Stimmrechte vom Bieter als Inhaber des ADR bereits im Sinne des § 29 Abs. 2 WpÜG gehalten werden.

753 Vgl. Süßmann, in: Geibel/Süßmann, § 30, Rdnr. 7; Steinmeyer/Häger, § 30, Rdnr. 12; von Bülow, in: Hirte/von Bülow, § 30, Rdnr. 57.

den Bieter bedarf es somit auch gar nicht. Denkbar ist jedoch umgekehrt eine Zurechnung der Stimmrechte auf den Vollmachtstreuhänder gemäß § 30 Abs. 1 Satz 1 Nr. 6 WpÜG[754].

3. Berücksichtigung der Stimmrechte beim Dritten

Zwar ist im Rahmen von Treuhandverhältnissen der Dritte, wenn er Eigentümer der Aktien der Zielgesellschaft geworden ist, für die Ausübung der sich daraus ergebenden Stimmrechte zuständig. Dem Bieter ist es aber auf Grund des Treuhandverhältnisses möglich, auf die Ausübung der Stimmrechte durch den Dritten Einfluss zu nehmen, also beispielsweise besondere Weisungen für die Ausübung der Stimmrechte zu erteilen. Dadurch wird dem Dritten die Möglichkeit genommen, selbst auf Unternehmensentscheidungen der Zielgesellschaft durch ein am eigenen Interesse ausgerichtetes Abstimmungsverhalten einzuwirken. Somit liegt der Schluss nahe, dass dies nicht dafür ausreicht, das Halten von Stimmrechten im Sinne von § 29 Abs. 2 WpÜG beim Dritten zu bejahen[755]. Eine Absorption der Stimmrechte des Treuhänders wäre die Folge. Allerdings ist ein solcher endgültiger Ausschluss vom Stimmrecht aus eigenen Aktien zu Gunsten eines Dritten wegen des Abspaltungsverbots rechtlich nicht möglich[756]. Daher ist im Ergebnis eine Absorption der Stimmrechte des Dritten im Rahmen des § 30 Abs. 1 Satz 1 Nr. 2 WpÜG zu verneinen. Dadurch wird der Dritte auch nicht unangemessen benachteiligt, da derjenige, der nicht über die erforderliche faktische Einflussmöglichkeit auf die Zielgesellschaft verfügt, gemäß § 37 Abs. 1 WpÜG eine Befreiung von der Pflicht zur Abgabe eines Angebots nach § 35 Abs. 2 WpÜG beantragen kann. Der Dritte kann also nicht seine Angebotspflicht mit dem Argument verneinen, dass die Stimmrechte aus ihm gehörenden Aktien an der Zielgesellschaft bei der Berechnung seines Stimmrechtsanteils nicht zu berücksichtigen seien, weil die Stimmrechte aus diesen Aktien einem Dritten nach § 30 WpÜG zuzurechnen sind[757]. Möglich ist zudem, dass dem Dritten aus anderen Zurechnungstatbeständen des § 30 WpÜG Stimmrechte der Zielgesellschaft zugerechnet werden und diese deshalb bei ihm Berücksichtigung finden müssen. Diese sind dann aber nicht wiederum dem Bieter über § 30 Abs. 1 Satz 1 Nr. 2 WpÜG zurechenbar, da sich dieser ausschließlich auf die vom Dritten für Rechnung des Bieters gehaltenen Aktien bezieht. Eine derartige Kettenzurechnung wurde vom Gesetzgeber nicht vorgesehen[758]. Schutzlücken treten dadurch aber nicht auf, da dem Bieter keinerlei Einflussmöglichkeit auf die

754 Vgl. dazu unten 4. Kapitel, VI.

755 In diesem Sinne auch Steinmeyer/Häger, § 30, Rdnr. 43.

756 Vgl. Steinmeyer/Häger, § 30, Rdnr. 43.

757 Vgl. Steinmeyer/Häger, § 30, Rdnr. 43.

758 Vgl. Liebscher, ZIP 2002, S. 1005, 1010.

Stimmrechtsausübung hinsichtlich der dem Dritten zuzurechnenden Stimmrechte zusteht und somit eine Stimmrechtszurechnung beim Bieter nicht gerechtfertigt wäre[759].

4. Anwendbarkeit auf den Handelsbestand gemäß § 20 WpÜG

Im Rahmen der Regelung des § 22 Abs. 1 Nr. 1 WpHG a.F., der eine dem § 30 Abs. 1 Satz 1 Nr. 2 WpÜG entsprechende Regelung enthielt, war anerkannt, dass im Falle der Treuhandzurechnung die Stimmrechte aus befreiten Aktien des Treuhänders nach wie vor dem Treugeber zugerechnet werden müssen und die Befreiung keine Wirkung bei diesem entfaltet, weil anderenfalls die Gefahr besteht, dass der Normzweck der Mitteilungsvorschriften durch Umgehung vereitelt wird[760]. Dies muss auch für die Regelung im Rahmen des WpÜG gelten. Würde man beispielsweise Stimmrechte aus Aktien, die von einem Kreditinstitut treuhänderisch für einen Bieter gehalten werden, dem Bieter nicht zurechnen, weil dem Kreditinstitut eine Befreiung nach § 20 WpÜG gewährt wurde, oder würde man dieser dem Kreditinstitut erteilten Befreiung automatische Wirkung auch für den Treugeber zuerkennen, so würde dies dem Zweck der Zurechnungsvorschriften und des Pflichtangebots widersprechen. Andernfalls könnte nämlich der Treugeber jederzeit das Treuhandverhältnis auflösen und bis zu diesem Zeitpunkt der Veröffentlichung und der Abgabe eines Pflichtangebots gemäß § 35 WpÜG entgehen. Es besteht somit für den Treugeber nur die Möglichkeit einen eigenen Befreiungsantrag für die vom Treuhänder gehaltenen Wertpapiere zu stellen. Dabei ist zu beachten, dass die von § 20 Abs. 2 Nr. 1, 1. Alt. WpÜG festgelegten Voraussetzungen für einen Befreiungsantrag vorliegen, da die betreffenden Wertpapiere von dem Kreditinstitut als mit dem Bieter gemeinsam handelnder Person im Sinne des § 2 Abs. 5 WpÜG gehalten werden. Das Kreditinstitut erfüllt in der Regel die von § 2 Abs. 5 WpÜG geforderten Voraussetzungen, da der Bieter auf die Stimmrechtsausübung des Kreditinstituts einwirken wird oder direkte Anweisungen gibt, in welcher Weise die Stimmrechte ausgeübt werden sollen.

---

759 A.A. Liebscher, ZIP 2002, S. 1005, 1010, der von einer Schutzlücke ausgeht, die aus verfassungsrechtlichen Gründen hinzunehmen ist.

760 Vgl. Bayer, in: Münchener Kommentar zum AktG, § 22 Anh, § 23 WpHG, Rdnr. 18; Burgard, BB 1995, S. 2069, 2078; Schneider, in: FS für Brandner, 1996, S. 565, 571f.; Schneider, in: Assmann/Schneider, § 23, Rdnr. 82.

III. Zurechnung von Stimmrechten aus Aktien, die der Bieter einem Dritten als Sicherheit übertragen hat gemäß § 30 Abs. 1 Satz 1 Nr. 3 WpÜG

Dem Bieter oder einem Tochterunternehmen des Bieters werden gemäß § 30 Abs. 1 Satz 1 Nr. 3 i.V.m. Satz 2 WpÜG Stimmrechte aus Aktien der Zielgesellschaft zugerechnet, die der Bieter oder ein Tochterunternehmen des Bieters einem Dritten als Sicherheit übertragen hat, es sei denn, der Dritte ist zur Ausübung der Stimmrechte aus diesen Aktien befugt und bekundet die Absicht, die Stimmrechte unabhängig von den Weisungen des Bieters auszuüben.
Dieser Zurechnungstatbestand orientiert sich an der alten Fassung des § 22 Abs. 1 Nr. 4 WpHG, verschärft diese aber dahingehend, dass für einen Ausschluss der Zurechnung nicht mehr nur die Absichtserklärung des Dritten ausreicht, die Stimmrechte auszuüben, sondern zudem dessen Erklärung vorliegen muss, die Stimmrechte unabhängig von den Weisungen des Bieters auszuüben[761]. Somit kommt es insgesamt zu einer Erweiterung[762] des Anwendungsbereiches der Norm des § 30 Abs. 1 Satz 1 Nr. 3 WpÜG[763] im Vergleich zur bisherigen Regelung im Rahmen der Mitteilungsvorschriften, da die Formulierung der Ausnahmebestimmung („es sei denn...") enger gefasst wurde[764].

1. Definition des Begriffs „als Sicherheit übertragen"

Die Formulierung „als Sicherheit übertragen" erfasst sowohl die Sicherungsübereignung als auch die Verpfändung[765].
Nicht erfasst werden Fälle, in denen ein anderer als der Bieter selbst die Aktien dem Dritten als Sicherheit übertragen hat. Einzige Ausnahme ist der in § 30 Abs. 1 Satz 2 WpÜG geregelte Fall, dass ein Tochterunternehmen des Bieters die Aktien einem Dritten als Sicherheit überträgt. In diesem Fall werden die Stimmrechte des Dritten an der Zielgesellschaft dem Tochterunternehmen über § 30 Abs. 1 Satz 1 Nr. 3 WpÜG i.V.m. § 30 Abs. 1 Satz 2 WpÜG zugerechnet. Gleichzeitig kommt es über die Anwendung der gleichen Vorschriften zu einer Zurechnung auf den Bieter. Es bedarf somit keines Rückgriffs auf die Zurechnungsnorm des § 30 Abs. 1 Satz 1 Nr. 1 WpÜG nach der normalerweise die Stimmrechte der Tochtergesellschaft dem Bieter zurechnet werden. Diese Vor-

761 Vgl. BT-Drucks. 14/7034, S. 54.

762 Vgl. BT-Drucks. 14/7034, S. 54.

763 Das gleiche gilt natürlich auch für den Zurechnungstatbestand des § 22 Abs. 1 Satz 1 Nr. 3 WpHG.

764 Vgl. Witt, AG 2001, S. 233, 237.

765 Vgl. Süßmann, in: Geibel/Süßmann, § 30, Rdnr. 16; Steinmeyer/Häger, § 30, Rdnr. 31; Schneider, in: Assmann/Schneider, § 22, Rdnr. 89; Opitz, in: Schäfer, § 22, Rdnr. 55.

schrift ist aber schon deshalb dem Wortlaut nach nicht einschlägig, weil die Stimmrechte dem Tochterunternehmen gerade nicht gehören, sondern ihm auch nur zugerechnet werden.

a) Sicherungsübereignung

Übereignet der Bieter ihm gehörende Aktien zur Sicherheit an einen Dritten, steht formal dem Sicherungsnehmer als Eigentümer der Aktien das Stimmrecht zu[766]. Allerdings liegt bei einer Sicherungsübereignung eine besondere Beziehung zwischen den Parteien vor, bei der es sich um ein Treuhandverhältnis handelt[767], bei dem der Sicherungsnehmer für den Bieter die Aktien hält und genauso wie ein Treuhänder die Interessen des Bieters zu wahren, also die Stimmrechte nach dem Willen des Sicherungsgebers auszuüben hat. In der Praxis wird der Sicherungsnehmer also entweder vor seiner Stimmrechtsausübung Rücksprache mit dem Sicherungsgeber halten und dessen Weisungen folgen oder zur Vereinfachung diesem eine Vollmacht zur Stimmrechtsausübung erteilen oder ihn zur Stimmrechtsausübung ermächtigen. Der Grund für die Zurechnung der formal fremden Stimmrechte auf den Bieter ist zudem darin zu sehen, dass der Sicherungsgeber die Rückübertragung der Aktien verlangen kann, sobald der Sicherungszweck weggefallen ist[768].
Die Bedeutung der Vorschrift des § 30 Abs. 1 Satz 1 Nr. 3 WpÜG liegt deshalb allein in ihrem zweiten Halbsatz begründet, weil bei einer Sicherungsübereignung das Stimmrecht dem Sicherungsgeber grundsätzlich schon auf Grund des Treuhandverhältnisses nach § 30 Abs. 1 Satz 1 Nr. 2 WpÜG zuzurechnen wäre. Insofern ist § 30 Abs. 1 Satz 1 Nr. 3 WpÜG für Sicherungsübereignungen aber als lex specialis gegenüber dem Zurechnungstatbestand des § 30 Abs. 1 Satz 1 Nr. 2 WpÜG anzusehen.
Die Regelung entspricht darüber hinaus der regelmäßigen bilanziellen Zuordnung beim Sicherungsgeber gemäß § 246 Abs. 1 Satz 5 HGB und steht mit der Grundsatz des § 30 WpÜG im Einklang, dass auf die faktische Stimmrechtskontrolle bei wirtschaftlicher Betrachtungsweise abgestellt wird[769].

b) Verpfändung

Noch deutlicher als bei der Sicherungsübereignung wird bei der Verpfändung, dass es im Rahmen der Prüfung des § 30 Abs. 1 Satz 1 Nr. 3 WpÜG nicht auf

---

766 Vgl. BGHZ 104, 66, 74; Hüffer, AktG, § 20, Rdnr. 7; Bayer, in: Münchener Kommentar zum AktG, § 22 Anh, § 22 WpHG, Rdnr. 30.

767 Vgl. Burgard, BB 1995, S. 2069, 2075; Schneider, in: Assmann/Schneider, § 22, Rdnr. 89; Arends, S. 66.

768 Vgl. Bayer, in: Münchener Kommentar zum AktG, § 22 Anh, § 22 WpHG, Rdnr. 30.

769 Vgl. Opitz, in: Schäfer, § 22, Rdnr. 55.

den Zurechnungstatbestand, sondern auf den Ausnahmetatbestand ankommt. Denn im Falle der Verpfändung der Aktien durch den Bieter bleibt dieser der Inhaber der Stimmrechte[770], so dass es einer Zurechnung der Stimmrechte nach § 30 Abs. 1 Satz 1 Nr. 3, 1. Halbsatz WpÜG überhaupt nicht bedarf. Bei der Verpfändung wird nämlich vom Bieter nur der Besitz an den Aktien auf den Dritten übertragen, der Bieter selbst bleibt jedoch Eigentümer und als solcher ist er auch derjenige, der die Aktien hält im Sinne von § 29 Abs. 2 WpÜG.

2. Ausnahme von der Stimmrechtszurechnung bei Befugnis des Dritten zur Stimmrechtsausübung und dessen Bekundung der Absicht, Stimmrechte unabhängig von Weisungen des Bieters auszuüben

a) Befugnis des Dritten zur Stimmrechtsausübung

Ob der Sicherungs- bzw. Pfandnehmer zur Ausübung der Stimmrechte aus den Aktien der Zielgesellschaft unabhängig von Weisungen des Sicherungs- bzw. Pfandgebers befugt ist, ergibt sich in der Regel aus dem Wortlaut der Sicherungsvereinbarungen oder aus deren Auslegung[771].

aa) Sicherungsübereignung

Bei einer Sicherungsübereignung der Aktien der Zielgesellschaft vom Bieter an einen Dritten erwirbt der Dritte das Eigentum an den Aktien und ist somit zur Ausübung der Stimmrechte befugt. Er bedarf somit nicht einer besonderen Befugnis zur Stimmrechtsausübung. Soweit sich nichts Gegenteiliges aus der Sicherungsvereinbarung ergibt, verliert der Bieter seine Befugnis zur Stimmrechtsausübung. Der Bieter kann sich aber nach § 134 Abs. 3 AktG eine Vollmacht zur Stimmrechtsausübung vom Dritten einräumen lassen oder die Sicherungsübereignung der Aktien mit einer Legitimationsübertragung hinsichtlich der Stimmrechtsausübung nach § 129 Abs. 3 AktG verbinden. Zu beachten ist, dass der Sicherungsnehmer die Stimmrechte nicht nach den eigenen Interessen ausüben kann. Vielmehr ist er grundsätzlich, soweit sich nichts Gegenteiliges aus der Sicherungsvereinbarung ergibt, den Weisungen des Bieters unterworfen.

bb) Verpfändung

Genau umgekehrt ist die Lage bei der Verpfändung, da der Bieter als Eigentümer der Aktien die Stimmrechtsausübungsbefugnis bezüglich der verpfändeten Akti-

---

770 Vgl. Burgard, BB 1995, S. 2069, 2075 (Fn. 87); Schneider, in: Assmann/Schneider, § 22, Rdnr. 89; Bayer, in: Münchener Kommentar zum AktG, § 22 Anh, § 22 WpHG, Rdnr. 30; Hüffer, § 16, Rdnr. 7; Wiedemann, S. 428; Zöllner, in: Kölner Kommentar, AktG, § 134, Rdnr. 14 m.w.N.

771 Vgl. Süßmann, in: Geibel/Süßmann, § 30, Rdnr. 16.

en behält. Dem Dritten steht somit in der Regel keine Befugnis zur Stimmrechtsausübung zu. Denkbar ist jedoch auch hier sowohl eine Legitimationsübertragung nach § 129 Abs. 3 AktG als auch eine Vollmacht nach § 134 Abs. 3 AktG. Beide Möglichkeiten führen zur Befugnis der Stimmrechtsausübung durch den Dritten[772]. Für Kreditinstitute gilt hingegen die Sonderregelung des § 135 AktG.

Bis vor kurzem wurde sogar empfohlen, dass sich der Pfandgläubiger bereits bei der Pfandbestellung zur Stimmrechtsausübung bevollmächtigen lasse[773]. Der Wortlaut des Sicherungsbestellungsformulars kann dabei die Formulierung enthalten, dass der Pfandgläubiger jederzeit zur tatsächlichen Stimmrechtsausübung berechtigt ist oder nur dann, wenn bestimmte Tatbestände, wie beispielsweise Zahlungsverzug, Vermögensverfall oder andere Gründe für eine vorzeitige Fälligstellung des Kredits, vorliegen, die auf eine Gefährdung des besicherten Kredits hindeuteten[774].

Bei Vorliegen eines Pfandrechts[775] stehen dem Pfandgläubiger als Sicherungsnehmer häufig Rechte zur Verfügung, die zu seiner Quasi-Gesellschafterstellung führen. Diese zusätzlichen Befugnisse des Pfandgläubigers sind jedoch seit der Entscheidung des BGH zur Quasi-Gesellschafterstellung des Pfandgläubigers problematisch geworden, da diese Rechte auch negative Auswirkungen nach sich ziehen können, wenn der Pfandgläubiger de facto zum Gesellschafter wird[776]. Beispielsweise führt dies dazu, dass ein Darlehen des Pfandgläubigers an die Gesellschaft, deren Anteile an der Zielgesellschaft ihm verpfändet worden sind, zu einem Gesellschafterdarlehen[777] mit den nachteiligen Folgen im Fall des Eigenkapitalersatzes[778] wird. Diese für die GmbH entwickelten Grundsätze gelten ebenso für die Aktiengesellschaft, zumindest dann, wenn der betreffende Aktionär über mindestens 25 Prozent des Kapitals verfügt[779]. Diese Gefahr und die mit

---

772 Hingegen wird damit nicht die Voraussetzung für das Halten von Stimmrechten im Sinne von § 29 Abs. 2 WpÜG erfüllt, vgl. dazu oben 2. Kapitel, II. 1 a) aa).

773 Vgl. Lwowski, S. 521, Rdnr. 621.

774 Vgl. Opitz, in: Schäfer, § 22, Rdnr. 56.

775 Bis zur Abschaffung der Börsenumsatzsteuer im Jahr 1990 war das Pfandrecht in Deutschland aus Kostengründen die einzige Form der Sicherheitenbestellung an Gesellschaftsanteilen, vgl. Opitz, in: Schäfer, § 22, Rdnr. 56.

776 Vgl. Opitz, in: Schäfer, § 22, Rdnr. 56.

777 Vgl. BGH NJW 1992, S. 3035, 3036.

778 Vgl. §§ 32a ff. GmbHG.

779 Vgl. Hüffer, AktG, § 57, Rdnr. 18; Lutter, in: Kölner Kommentar zum AktG, § 57, Rdnr. 93. Nach Hüffer, AktG, § 57, Rdnr. 18, kommt sogar eine Gleichstellung bei einem Kapitalanteil von unter 25 Prozent in Betracht, wenn noch weitere Kriterien, wie beispielsweise Aufsichtsratsmandate, hinzukommen.

der Quasi-Gesellschafterstellung verbundenen Verantwortlichkeiten des Pfandgläubigers werden in der Praxis zu einem geringeren Umfang von Sicherungsübereignungen führen, in denen dem Pfandgläubiger die Stimmrechtsausübung als zusätzliches Recht eingeräumt wird[780].

b) Bekundung der Absicht, die Stimmrechte unabhängig von Weisungen des Bieters auszuüben

Notwendig für ein Entfallen der Zurechnung ist es, dass der Sicherungs- bzw. Pfandnehmer die Absicht bekundet, seine Stimmrechte an den Aktien der Zielgesellschaft unabhängig von den Weisungen des Sicherungs- bzw. Pfandgebers auszuüben.

aa) Anwendungsfälle

(1) Sicherungsübereignung

Der Dritte als Sicherungsnehmer hat zwar grundsätzlich das Recht, die Stimmrechte der ihm vom Bieter zur Sicherheit übereigneten Aktien auszuüben. Dies bedeutet jedoch nicht, dass die Art und Weise der Ausübung der Stimmrechte im freien Belieben des Dritten steht. Der Dritte muss sich auf Grund der besonderen vertraglichen Beziehung zu dem Bieter grundsätzlich dessen Weisungen unterwerfen. Er kann aber auch die Absicht bekunden, die Stimmrechte unabhängig von den Weisungen des Bieters auszuüben. Diese Äußerung kann entweder auf einer Vereinbarung mit dem Bieter beruhen, der sich dadurch seiner Stimmrechte aus den Aktien der Zielgesellschaft entledigen will. Dies stellt eine vom Gesetzeswortlaut des § 30 Abs. 1 Satz 1 Nr. 3, 2. Hs. WpÜG ausdrücklich erlaubte Umgehungsmöglichkeit des Zurechnungstatbestandes dar. Die Bekundung kann aber auch auf einem eigenen Entschluss des Dritten beruhen. Dabei handelt es sich dann aber in der Regel um eine Pflichtverletzung der Sicherungsvereinbarung durch den Dritten, die Unterlassungsansprüche des Bieters auslösen kann. Diese Pflichtverletzung ist jedoch für die Zurechnung von Stimmrechten völlig unerheblich, denn die Zurechnung auf den Bieter entfällt nach dem Gesetzeswortlaut des § 30 Abs. 1 Satz 1 Nr. 3, 2. Hs. WpÜG immer dann, wenn eine derartige Absichtsbekundung des Dritten erfolgt, unabhängig davon, welche Gründe der Erklärung zugrunde liegen.

(2) Verpfändung

Eine solche Absichtserklärung des Dritten ist bei der Verpfändung nur dann möglich, wenn ihm zuvor das Recht zur Stimmrechtsausübung vom Bieter eingeräumt wurde. In diesem Fall besteht ebenfalls eine Verpflichtung des Dritten,

---

780 Vgl. Opitz, in: Schäfer, § 22, Rdnr. 56.

den Weisungen des Bieters bei der Stimmrechtsausübung zu folgen, falls die Entscheidung nicht in das Ermessen des Dritten gestellt wurde.
Erfolgt eine Absichtserklärung des Dritten, entfällt nach dem Gesetzeswortlaut des § 30 Abs. 1 Satz 1 Nr. 3 WpÜG die Zurechnung von Stimmrechten auf den Bieter. Dies ist für die Fälle der Sicherungsübereignung einsichtig, da dem Bieter nur über den Zurechnungstatbestand Stimmrechte zugeordnet werden können. Beim Pfandrecht ist die Lage jedoch anders, da der Bieter als Eigentümer der verpfändeten Aktien schon derjenige ist, der die Stimmrechte im Sinne von § 29 Abs. 2 WpÜG hält, und der Zurechnungstatbestand nur in überflüssiger Weise eine Wiederholung der tatsächlichen rechtlichen Verhältnisse darstellt.
Deshalb ist nunmehr zu prüfen, ob durch den Ausnahmetatbestand des § 30 Abs. 1 Satz 1 Nr. 3, 2. Hs. WpÜG über den Ausschluss der Zurechnung von Stimmrechten hinaus auch Stimmrechte des Bieters nicht berücksichtigt werden dürfen, die auf seinem Eigentum an den Aktien der Zielgesellschaft beruhen. Dies ist abzulehnen. Denn der Ausnahmetatbestand ist ersichtlich nur für die Fälle der Zurechnung von Stimmrechten einschlägig. Dafür spricht schon die systematische Stellung in § 30 WpÜG. Eine Erweiterung der Anwendung auf Aktien, die im Eigentum des Bieters stehen, lässt sich keinesfalls rechtfertigen. Insofern bietet die Regelung des § 30 Abs. 1 Satz 1 Nr. 3 WpÜG keine überzeugende Lösung für die Fälle der Verpfändung. Vielmehr lassen sich die Fälle der Verpfändung schon mit den allgemeinen Grundsätzen des Haltens von Aktien im Sinne des § 29 Abs. 2 WpÜG lösen[781].

bb) Form der Absichtsbekundung

Eine besondere Form bei der Abgabe der Absichtsbekundung ist nicht zu verlangen. Sowohl die schriftliche als auch die mündliche Erklärung erfüllen die formalen Voraussetzungen.

cc) Inhalt der Absichtsbekundung

Weiterhin stellt sich die Frage, welchen Inhalt diese Absichtbekundung des Dritten haben muss. An den Inhalt sind keine besonderen Anforderungen zu stellen. Es muss nur ersichtlich sein, dass der Dritte die Absicht hat, die Stimmrechte unabhängig von den Weisungen des Bieters auszuüben. Diese Erklärung muss nicht mit dem Wortlaut des Gesetzestextes übereinstimmen. Es muss allerdings unmissverständlich daraus die gleiche Schlussfolgerung zu ziehen sein. Die Vorgabe, dass die Stimmrechte vom Dritten unabhängig von den Weisungen des Bieters ausgeübt werden, bedeutet somit, dass die Absichtsbekundung vom Inhalt her so gefasst sein muss, dass der Dritte beabsichtigt, die Stimmrechte auch gegebenenfalls gegen ausdrückliche Weisungen des Bieters auszuüben[782].

781 Vgl. unten 3. Kapitel, III. 3. g).

782 Vgl. Süßmann, in: Geibel/Süßmann, § 30, Rdnr. 16.

dd) Erkennbarkeit der Absichtsbekundung

Erforderlich ist, dass die Absichtsbekundung nach außen erkennbar ist. Ein nur innerhalb der Sphäre des Dritten gefasster Entschluss reicht hierfür nicht aus. Fraglich ist aber in diesem Zusammenhang, wer der Adressat dieser Erklärung sein kann und ob überhaupt ein bestimmter Adressat vorhanden sein muss oder beispielsweise eine Veröffentlichung in den Medien ausreichend ist. Möglich ist zum einen eine direkte Mitteilung an den Sicherungs- oder Pfandgeber[783]. Dieser Weg wird in der Regel vom Dritten gewählt werden. Fraglich ist, ob auch die bloße Anmeldung des Sicherungs- bzw. Pfandnehmers zur Teilnahme an der Hauptversammlung als ausreichend angesehen werden kann. Dies wurde bereits für die alte Fassung des § 22 Abs. 1 Nr. 4 WpHG richtigerweise bejaht[784], wird aber auch für die neu formulierte Fassung des § 30 Abs. 1 Satz 1 Nr. 3 WpÜG angenommen[785]. Dem ist jedoch nicht zu folgen[786], da die bloße Anmeldung zur Teilnahme an der Hauptversammlung nur die Erklärung beinhaltet, die Stimmrechte überhaupt ausüben zu wollen, jedoch keine Auskunft darüber gibt, ob die Stimmrechte auch unabhängig von den Weisungen des Bieters ausgeübt werden sollen. Nach dem Einfügen der Worte „unabhängig von den Weisungen des Bieters“ in den Zurechnungstatbestand sind höhere Anforderungen an die Absichtsbekundung zu stellen. Es ist jedoch dem Dritten möglich, die Absichtserklärung mit der Anmeldung zur Teilnahme an der Hauptversammlung zu verbinden, wenn er in der Anmeldung erklärt, eventuelle Weisungen des Bieters bei der Stimmabgabe nicht berücksichtigen zu wollen. Insofern muss die Absichterklärung nicht einem bestimmten Adressaten gegenüber erfolgen, sondern kann auch beispielsweise der Zielgesellschaft, einem Mitaktionär oder einem sonstigen neutralen Dritten, wie beispielsweise der BaFin, gegenüber abgegeben werden[787]. Eine Veröffentlichung in den Printmedien oder auf der Website des Dritten genügt.

ee) Zeitpunkt der Absichtsbekundung

Der Zurechnungstatbestand des § 30 Abs. 1 Satz 1 Nr. 3 WpÜG entfällt immer dann, wenn der stimmrechtsausübungsbefugte Dritte die Absichtsbekundung abgibt. Einzige Voraussetzung dafür ist, dass der Dritte im Zeitpunkt der Absichts-

---

783 Vgl. Süßmann, in: Geibel/Süßmann, § 30, Rdnr. 17.

784 Vgl. Opitz, in: Schäfer, § 22, Rdnr. 58.

785 Vgl. von Bülow, in: Hirte/von Bülow, § 30, Rdnr. 77; Süßmann, in: Geibel/Süßmann, § 30, Rdnr. 17.

786 So auch Riehmer in: Haarmann/Riehmer/Schüppen, § 30, Rdnr. 43; von Lingelsheim, in Heidel, Anwaltkommentar, § 30 WpÜG, Rdnr. 5.

787 Vgl. von Bülow, in: Hirte/von Bülow, § 30, Rdnr. 77.

bekundung schon stimmrechtsausübungsbefugt war. Ansonsten sind an den genauen Zeitpunkt der Abgabe der Erklärung keine weiteren Anforderungen zu stellen. Insbesondere gibt es keine zeitliche Grenze bis zu welcher die Erklärung abgegeben werden müsste. Somit kann der Dritte bei einer Sicherungsübereignung von Aktien die Erklärung von dem Zeitpunkt an abgeben, ab dem er Eigentümer der Aktien geworden ist. Bei der Verpfändung muss ihm zunächst vom Bieter die Befugnis zur Stimmrechtsausübung übertragen worden sein, bevor er die Absichtserklärung abgeben kann.

ff) Ersetzung der Absichtsbekundung durch anderweitige Ereignisse

Ist in der Sicherungsvereinbarung die Regelung getroffen, dass der Sicherungsnehmer im Falle der Gefährdung des besicherten Kredits die tatsächliche Stimmrechtsausübung unabhängig von Weisungen des Bieters an sich ziehen kann, reicht der Eintritt dieser bestimmten Tatbestände, wie beispielsweise Zahlungsverzug oder Vermögensverfall des Bieters, nicht dafür aus, die Absichtsbekundung zu ersetzen. Daraus wird nämlich allein noch nicht erkennbar, ob er auch tatsächlich die Stimmrechte weisungsunabhängig ausüben will[788]. Es ist also immer eine besondere Absichtsbekundung vom Dritten abzugeben und eine Ersetzung durch den Eintritt anderweitiger Ereignisse ist nicht möglich. Dies trägt auch zur Rechtssicherheit bei, da ansonsten Streitigkeiten daraus entstehen könnten, zu welchem genauen Zeitpunkt nun eine Gefährdung des Kredits eingetreten ist.

gg) Weisungen durch einen anderen als den Bieter

Nach dem Gesetzeswortlaut entfällt der Zurechnungstatbestand nur dann, wenn der Dritte die Stimmrechte unabhängig von Weisungen allein des Bieters abgeben will. Damit ist jedoch noch nicht geklärt, ob dies bedeutet, dass der Dritte die Absicht haben muss, selbständig und ohne Einflussnahme irgendeines anderen die Stimmrechte auszuüben, oder ob der Dritte auch die Absicht haben kann, sich den Weisungen einer anderen Person als der des Bieters zu unterwerfen. Letzterer Ansicht ist zu folgen. Der Gesetzeswortlaut schließt nicht aus, dass der Dritte bei der Stimmrechtsabgabe den Weisungen einer unabhängigen, weiteren Person folgen will. Zudem liegt der Sinn und Zweck des Entfallens des Zurechnungstatbestandes allein darin begründet, dass der Bieter als derjenige, der nicht stimmrechtsausübungsbefugt ist, auch keine Möglichkeiten mehr hat, dem Dritten Weisungen hinsichtlich des Abstimmungsverhaltens zu erteilen. Dies ist jedoch unabhängig davon, ob nunmehr der Dritte selbst oder eine andere Person darüber bestimmen kann.

Problematisch könnte dies nur dann sein, wenn es sich bei dieser anderen Person nicht um den Bieter selbst, aber um eine diesem nahestehende Person, beispiels-

788 Vgl. Opitz, in: Schäfer, § 22, Rdnr. 58.

weise ein Tochterunternehmen des Bieters, handelt. Aber auch dann kann auf Grund der Personenverschiedenheit von Bieter und Tochterunternehmen nichts anderes gelten. Dadurch werden auch keine Umgehungsmöglichkeiten des Zurechnungstatbestandes dahingehend eröffnet, dass die Zurechnung beim Bieter entfällt, er aber immer noch indirekt über das Tochterunternehmen Weisungen hinsichtlich der Stimmrechtsausübung erteilen kann. Denn der Dritte kann nicht dazu gezwungen werden, sich den Weisungen anderer Personen als des Bieters selbst zu unterwerfen.

hh) Befolgung der Absichtsbekundung durch den Dritten

Fraglich ist, ob die reine Absichtsbekundung für das Entfallen der Stimmrechtszurechnung ausreicht, oder ob es auch tatsächlich zu einer unabhängigen Stimmrechtsausübung durch den Dritten kommen muss. Nach dem Gesetzeswortlaut reicht jede Absichtsbekundung für sich alleine genommen aus. Es ist jedoch zweifelhaft, ob das mit dem Sinn und Zweck des Gesetzes zu vereinbaren ist. Denn Ziel des § 30 WpÜG ist es, einem Nichteigentümer von stimmrechtsvermittelnden Aktien der Zielgesellschaft die Stimmrechte trotzdem zuzurechnen, weil er auf die Art und Weise der Stimmrechtsausübung bestimmenden Einfluss nehmen kann.
Wird vom Dritten die Absicht bekundet, die Stimmrechte unabhängig von den Weisungen des Bieters auszuüben und folgt er trotzdem den Weisungen des Bieters, ist ein Entfallen der Stimmrechtszurechnung auf den Bieter nicht mehr zu rechtfertigen. Natürlich ist es schwer nachprüfbar, ob der Dritte, im Falle der Stimmrechtsausübung im Sinne einer vom Bieter gegebenen Weisung, der Weisung Folge leistet oder ob die Entscheidung nur zufällig mit der des Bieters übereinstimmt. Zudem muss der Möglichkeit der Umgehung des Zurechnungstatbestandes durch fingierte Absichtsbekundungen vorgebeugt werden. Sonst könnte sich der Bieter auf einfache Weise seiner Stimmrechte dadurch entledigen, dass er Sicherungsübereignungen an Dritte vornimmt und mit diesem vereinbart, dass dieser eine Absichtsbekundung abgibt. Der Bieter wäre in der Lage, auf Grund der relativ einfachen und schnellen Abwicklung einer Sicherungsübereignung, in kürzester Zeit Aktienbestände vorübergehend abzubauen, um sie nur wenig später wieder zurückzuerwerben. Dadurch könnte beispielsweise ein anderweitiger Erwerb verschleiert oder verdeckt vorgenommen werden. Dies widerspräche somit auch dem Gedanken der größtmöglichen Transparenz am Kapitalmarkt. Zudem könnte die Pflicht zur Abgabe eines Pflichtangebots nach § 35 Abs. 2 Satz 1 WpÜG zumindest hinausgezögert, wenn nicht sogar umgangen werden.
Deswegen muss im Ergebnis verlangt werden, dass der Dritte über die Bekundung der Absicht, die Stimmrechte unabhängig von den Weisungen des Bieters auszuüben, hinaus auch tatsächlich den Weisungen des Bieters – falls vorhanden – keine Beachtung schenken darf.

3. Ausnahme von der Stimmrechtszurechnung aus anderen Gründen

a) Sicherungsübereignung

Problematisch ist in diesem Zusammenhang, ob die Zurechnung bei berechtigter oder unberechtigter Weiterübereignung der Aktien durch den Dritten an einen Vierten zur Sicherung einer Forderung entfällt oder ob der Zurechnungstatbestand aufrecht erhalten bleibt. Schon der Wortlaut des § 30 Abs. 1 Satz 1 Nr. 3 WpÜG spricht für ein Entfallen des Zurechnungstatbestandes, da dort nur von einer Sicherungsübereignung des Bieters selbst gesprochen wird, nicht hingegen von einer Sicherungsübereignung des Dritten. Zudem würde eine Zurechnung nicht dem mit § 30 WpÜG verfolgten Sinn und Zweck entsprechen, nach dem es zu einer Stimmrechtszurechnung nur dann kommen soll, wenn der Bieter zwar nicht Eigentümer der Aktien ist, aber seine Stellung wegen der Möglichkeit, auf die Stimmrechtsausübung einzuwirken, der eines Eigentümers vergleichbar ist. Diese Möglichkeit hat der Bieter gerade nicht, wenn er im Zweifel die Person des Vierten gar nicht kennt und umgekehrt der Vierte sich in Unkenntnis der Existenz des Bieters sich nur den Weisungen des Dritten unterworfen sieht. Aber auch wenn der Dritte die Sicherungsübereignung an den Vierten berechtigt und mit Kenntnis des Bieters durchführt, besteht zwischen dem Bieter und dem Vierten kein direktes Vertragsverhältnis, welches eine Stimmrechtszurechnung rechtfertigen könnte. Selbst wenn die Weiterübereignung unberechtigt sein sollte, erwirbt der Vierte trotzdem das Eigentum an den Aktien, da sich das Verbot der Weiterübereignung nur auf das Innenverhältnis bezieht und dem Vierten vom Dritten als Eigentümer die Aktien übereignet werden. Natürlich ist es möglich, dem Dritten, der die vom Bieter erhaltenen Aktien an einen Vierten als Sicherheit übertragen hat, die Stimmrechte über § 30 Abs. 1 Satz 1 Nr. 3 WpÜG zuzurechnen, wenn er selbst die Voraussetzungen eines Bieters erfüllt. Eine weitere Zurechnung an den Bieter im Sinne einer Kettenzurechnung scheidet dann aber aus.

b) Verpfändung

Ebenso stellt sich im Rahmen der Verpfändung die Frage, ob es über den ausdrücklich geregelten Ausnahmefall hinaus zu einem Entfallen der Zurechnung von Stimmrechten bei der Weiterverpfändung durch den Dritten kommt. Dies ist im Unterschied zu der Sicherungsübereignung zu verneinen. Denn der Bieter bleibt bei der Verpfändung Eigentümer der Aktien und somit stimmrechtsausübungsbefugt. Daran ändert eine weitere Verpfändung der Aktien nichts. Somit sind die Aktien weiterhin dem Bieter zuzurechnen.

c) Kombination aus Sicherungsübereignung und Verpfändung

Werden die Aktien vom Bieter an den Dritten zur Sicherheit übereignet und beim Dritten mit einem Pfandrecht belastet, müssen die Stimmrechte weiterhin dem Bieter zugerechnet werden.

4. Probleme der Zurechnungsnorm des § 30 Abs. 1 Satz 1 Nr. 3 WpÜG im Zusammenhang mit Pflichtangeboten

Die Problematik der Zurechnungsnorm des § 30 Abs. 1 Satz 1 Nr. 3 WpÜG im Zusammenhang mit Pflichtangeboten soll an Hand des nachfolgenden Beispiels deutlich gemacht werden.

Beispiel: Der Bieter B hält 30 Prozent der Stimmrechte an der Zielgesellschaft. Er übereignet ein Aktienpaket von 5 Prozent dieses Anteils an den Dritten D zur Sicherung einer Forderung, die dieser gegen den Bieter hat. Durch diesen Vorgang der Sicherungsübereignung ändert sich an der Kontrollposition des B zunächst nichts. B war zuvor Kontrollinhaber an der Zielgesellschaft nach § 29 Abs. 2 WpÜG, da er einen Eigenanteil von 30 Prozent der Stimmrechte hielt. Danach hat er zwar nur noch einen Eigenanteil in Höhe von 25 Prozent, jedoch können ihm über § 30 Abs. 1 Satz 1 Nr. 3 WpÜG die 5 Prozent Stimmrechte des Dritten zugerechnet werden, so dass sein Stimmrechtsanteil in Höhe von 30 Prozent genau gleich bleibt. Nunmehr kann es aber dazu kommen, dass der Ausnahmetatbestand des Zurechnungstatbestandes dadurch erfüllt wird, dass der als Eigentümer der Aktien stimmrechtsausübungsbefugte Dritte die Absicht bekundet, die Stimmrechte unabhängig von den Weisungen des Bieters auszuüben. Dadurch entfällt – unabhängig davon, ob sich D durch diese Verhaltensweise im Innenverhältnis gegenüber B einer Pflichtverletzung schuldig macht oder nicht – der Zurechnungstatbestand des § 30 Abs. 1 Satz 1 Nr. 3 WpÜG und B hält somit nur noch 25 Prozent der Stimmrechte der Zielgesellschaft. Dadurch verliert er seine Position als Kontrollinhaber. Nimmt D anschließend diese Absichtsbekundung wieder zurück oder erklärt ausdrücklich, sich wiederum den Weisungen des B zu unterwerfen, lebt aber der Zurechnungstatbestand wieder auf. Dies hat zur Folge, dass von diesem Zeitpunkt ab der 5-prozentige Stimmrechtsanteil des D dem B zuzurechnen ist und deshalb B wiederum 30 Prozent der Stimmrechte an der Zielgesellschaft hält. B erlangt also durch diese einfache Aussage des D die Kontrolle an der Zielgesellschaft, was auf Seiten des B zur Verpflichtung zur Veröffentlichung der Erlangung der Kontrollposition nach § 35 Abs. 1 Satz 1 WpÜG sowie zur Verpflichtung zur Abgabe eines Angebots gemäß § 35 Abs. 2 Satz 1 WpÜG führt. Daraus ergibt sich das Problem, dass der Bieter durch die Absichtserklärungen eines Dritten, ohne irgendwelchen Einfluss nehmen zu können, zur Abgabe eines Pflichtangebots verpflichtet werden kann. Zwar knüpft die Abgabe eines Pflichtangebots allein an die Kontrollposition an und diese wird in dem vorhergehenden Beispiel erlangt. Jedoch ist es in diesem

Fall fraglich, ob eine solche Folge auch ohne Zutun des Bieters eintreten kann. Das WpÜG selbst und auch die Gesetzesbegründung dazu bieten für diesen Fall keine Regelung an. Nach einer streng wortlautorientierten Auslegung der einschlägigen Vorschriften führt jegliche Kontrollposition unabhängig davon, ob sie durch einen Eigenanteil an Aktien der Zielgesellschaft oder über einen Zurechnungstatbestand oder ob sie durch eine Handlung des Bieters selbst oder eines Dritten erlangt wird, zu einer Veröffentlichungs- und Angebotspflicht nach § 35 WpÜG. In Betracht kommt aber für diese Konstellation ein Befreiungsantrag des Bieters gemäß § 37 Abs. 1 WpÜG. Ein Befreiungstatbestand nach § 9 WpÜG-Angebotsverordnung ist für diesen Fall nicht vorgesehen. Hintergrund eines Befreiungstatbestandes ist dabei die Tatsache, dass eine außerhalb jeglichen Einflussbereiches des Bieters liegende Erlangung der Kontrollstellung schwerlich die schwerwiegenden Pflichten aus § 35 Abs. 2 Satz 1 WpÜG auslösen kann. Auch wenn der in § 37 Abs. 1 WpÜG erwähnte Fall der Art der Erlangung der Kontrollstellung eher auf Erbschafts- und Schenkungsfälle[789] zugeschnitten ist, kann er im Rahmen einer weiten Auslegung dieser Norm[790] auch für diesen Sonderfall herangezogen werden. Die Art der Erlangung erfasst nach dem Sprachgebrauch auch die Fälle in denen das alleinige Handeln eines Dritten die Kontrollerlangung herbeiführt. Sicherlich ist jedoch von der BaFin eine genaue Einzelfallprüfung vorzunehmen und das Ermessen bei der Entscheidung über den Antrag auf Befreiung pflichtgemäß auszuüben. Entscheidend wird in diesem Zusammenhang auch die Zeitdauer sein, die zwischen den Erklärungen hinsichtlich der Absicht der weisungs(un)abhängigen Ausübung der Stimmrechte des Dritten liegt. Je kürzer dieser Zeitraum ist, desto wahrscheinlicher wird die Möglichkeit einer Befreiungserteilung sein.

5. Absorption der Stimmrechte des Dritten

a) Absorption bei Verneinung des Zurechnungstatbestandes

aa) Sicherungsübereignung

Zu einer Berücksichtigung der Stimmrechte beim Sicherungsnehmer kommt es im Rahmen der Sicherungsübereignung unproblematisch dann, wenn er stimmrechtsausübungsbefugt ist und die Absicht bekundet, die Stimmrechte unabhängig von den Weisungen des Bieters auszuüben[791]. Denn in diesem Fall scheidet eine Zurechnung der Stimmrechte auf den Sicherungsgeber nach § 30 Abs. 1 Satz 1 Nr. 3 WpÜG ausnahmsweise aus und der Sicherungsnehmer als Eigentü-

789 Vgl. Meyer, in: Geibel/Süßmann, § 37, Rdnr. 26.

790 Vgl. Meyer, in: Geibel/Süßmann, § 37, Rdnr. 24.

791 Vgl. Riehmer, in: Haarmann/Riehmer/Schüppen, § 29, Rdnr. 34, der jedoch unter § 30, Rdnr. 42 ungenau von einer „Zurechnung" von Stimmrechten beim Sicherungsnehmer spricht, obwohl kein Zurechnungstatbestand erfüllt ist.

mer und Stimmrechtsausübungsbefugter ist auch derjenige, der die Aktien im Sinne von § 29 Abs. 2 WpÜG hält. Anderenfalls würden die Stimmrechte aus den Aktien der Zielgesellschaft weder beim Sicherungsgeber noch beim Sicherungsnehmer Berücksichtigung finden. Eine Absorption der Stimmrechte des Dritten ist somit nicht möglich.

bb) Verpfändung

Fraglich ist, ob dieses Ergebnis nur bei der Sicherungsübereignung oder auch bei der Verpfändung denkbar ist, da der Pfandgläubiger nicht Eigentümer der Aktien wird. Gegen eine Berücksichtigung der Stimmrechte beim Pfandgläubiger spricht die Tatsache, dass dieser nicht Eigentümer ist und seine Stimmrechtsausübungsbefugnis nur auf einer Vollmacht oder Ermächtigung beruhen kann, was für ein Halten von Stimmrechten im Sinne des § 29 Abs. 2 WpÜG nicht ausreicht. Für eine Berücksichtigung beim Sicherungsnehmer spricht aber, dass anderenfalls die Stimmrechte keinerlei Berücksichtigung finden. Nach derzeitiger Gesetzeslage ist aber von einer gänzlichen Nichtberücksichtigung der Stimmrechte aus verpfändeten Aktien auszugehen, auch wenn dies sicherlich kein wünschenswertes Ergebnis ist und den Beteiligten Umgehungsmöglichkeiten zur Vermeidung der Überschreitung der Kontrollschwelle eröffnet[792]. Von einer Absorption kann in diesem Fall jedoch nicht gesprochen werden, da die Stimmrechte beim Pfandgläubiger schon grundsätzlich keine Berücksichtigung finden. Allein die Stimmrechtsausübungsbefugnis des Pfandgläubigers und dessen Absichterklärung, die Stimmrechte unabhängig von den Weisungen des Bieters auszuüben, kann nicht dazu führen, dass die Stimmrechte aus den verpfändeten Aktien beim Pfandgläubiger zu berücksichtigen oder ihm zuzurechnen sind. Eine Zurechnungstatbestand für einen derartigen Fall existiert in § 30 WpÜG nicht. Die Ausnahmebestimmung in § 30 Abs. 1 Satz 1 Nr. 3, 2. Hs. WpÜG stellt keinen eigenständigen Zurechnungstatbestand für den Sicherungsnehmer und Dritten dar, sondern eine reine Ausnahme von der Zurechnung der Stimmrechte auf den Sicherungsgeber und Bieter. Somit bleibt festzuhalten, dass für den Fall der Bevollmächtigung des Pfandgläubigers zur Stimmrechtsausübung aus den verpfändeten Aktien und der Erklärung des Pfandgläubigers, diese unabhängig von den Weisungen des Bieters auszuüben, nicht nur eine Zurechnung auf den Bieter entfällt, sondern auch beim Pfandgläubiger die Stimmrechte keine Berücksichtigung finden können.

---

792 Deshalb wird unter 4. Kapitel, III. 7. die Herausnahme der Verpfändung aus dem Zurechnungstatbestand des § 30 Abs. 1 Satz 1 Nr. 3 WpÜG vorgeschlagen.

b) Absorption bei Bejahung des Zurechnungstatbestandes

Problematisch ist auch die Rechtslage, wenn der Zurechnungstatbestand zu bejahen ist, weil der Ausnahmetatbestand nicht eingreift[793]. Denkbar ist zum einen der Fall, dass der Dritte nicht zur Ausübung der Stimmrechte aus den Aktien der Zielgesellschaft befugt ist. Dann scheidet auch schon denknotwendig die zweite Voraussetzung des Ausnahmetatbestandes aus, da jemand, der gar nicht stimmrechtsausübungsbefugt ist, schon nicht die Absicht bekunden kann, die Stimmrechte unabhängig von den Weisungen des Bieters auszuüben. Dies ist die Standardkonstellation bei Verpfändungen, wenn dem Pfandgläubiger keine Stimmrechtsvollmacht vom Pfandgeber eingeräumt wurde. Dies kommt aber auch bei Sicherungsübereignungen vor, bei denen der Sicherungsnehmer dem Sicherungsgeber eine Vollmacht oder Ermächtigung zur Stimmrechtsausübung erteilt hat. Zum anderen kann die Konstellation entstehen, dass der Sicherungsnehmer zwar stimmrechtsausübungsbefugt ist, aber nicht die Absicht bekundet, die Stimmrechte unabhängig von den Weisungen des Bieters auszuüben. Dies stellt den Standardfall der Sicherungsübereignung dar, kann aber auch bei Verpfändungen vorkommen, wenn sich der Pfandgläubiger zur Stimmrechtsausübung bevollmächtigen lässt.

aa) Verpfändung

Liegt eine Verpfändung vor, ist in beiden Fällen keine Berücksichtigung der Stimmrechte beim Sicherungsnehmer vorzunehmen. Im ersten Fall ist der Pfandgläubiger weder Eigentümer noch stimmrechtsausübungsbefugt. Im zweiten Fall ist der Pfandgläubiger ebenfalls nicht Eigentümer und eine bloße Vollmacht oder Ermächtigung zur Stimmrechtsausübung kann nicht als ausreichend für das Halten von Aktien im Sinne des § 29 Abs. 2 WpÜG angesehen werden. Von einer Absorption kann in diesem Fall jedoch nicht gesprochen werden, da die Stimmrechte beim Pfandgläubiger schon grundsätzlich keine Berücksichtigung finden.

bb) Sicherungsübereignung

Für die Sicherungsübereignung ist in beiden Alternativen zu untersuchen, ob es zu einer Absorption der Stimmrechte des Sicherungsnehmers kommt, mit der Folge, dass diese wegen der Zurechnung zum Sicherungsgeber beim Sicherungsnehmer nicht zu berücksichtigen sind, obwohl er Eigentümer der Aktien geworden ist.
Für die Regelung des § 22 Abs. 1 Nr. 4 WpHG a.F. wurde die Auffassung vertreten, dass dann ein Fall der ausschließlichen Zuordnung vorliege, mit der Folge, dass die Stimmrechte zwar dem Sicherungsgeber zuzurechnen sind, diese je-

---

793 Vgl. dazu ausführlich Meyer/Bundschuh, WM 2003, S. 960, 962ff.

doch nicht auch beim Sicherungsnehmer als dem Inhaber der Mitgliedschaft zu berücksichtigen sind[794]. Nach der Regierungsbegründung zur alten Fassung des § 22 Abs. 1 Nr. 4 WpHG liegt dies darin begründet, dass die Aktien und die damit verbundenen Stimmrechte nach Erfüllung der Verbindlichkeit dem ursprünglichen Aktionär wieder zufallen[795]. Zudem wird argumentiert, dass der Sicherungsnehmer grundsätzlich bei der Ausübung des Stimmrechts an die Weisungen des Sicherungsgebers gebunden ist, wenn diese Weisungen nicht seinem Sicherungsinteresse zuwiderlaufen[796]. Nach dieser Ansicht können Stimmrechte beim Sicherungsnehmer nur dann berücksichtigt[797] werden, wenn er befugt ist, das Stimmrecht auszuüben und er erklärt, die Absicht zu haben, die Stimmrechte unabhängig von den Weisungen des Bieters auszuüben. Grundsätzlich würde diese Ansicht im Rahmen des WpÜG dazu führen, dass im Falle der Bejahung des Zurechnungstatbestandes des § 30 Abs. 1 Satz 1 Nr. 3 WpÜG der Erwerb durch den Sicherungseigentümer bei einer Sicherungsübereignung nicht die Merkmale des Haltens von Stimmrechten nach § 29 Abs. 2 WpÜG erfüllt, obwohl das zivilrechtliche Eigentum auf ihn übergeht.

Dieser Auslegung ist im Rahmen des § 30 Abs. 1 Satz 1 Nr. 3 WpÜG nicht zu folgen[798]. Hierbei kann man sich insbesondere auf § 9 Satz 1 Nr. 4 WpÜG-Angebotsverordnung berufen[799], der für die Fälle der Erlangung der Kontrolle über die Zielgesellschaft zum Zwecke der Forderungssicherung eine Befreiungsmöglichkeit von den Pflichten aus § 35 Abs. 1 Satz 1 und Abs. 2 Satz 1 WpÜG vorsieht. Eine fehlende Absorption stellt deshalb keine Unbilligkeit dar[800]. Der Sicherungsnehmer als Eigentümer der Aktien der Zielgesell-

---

794 Vgl. Burgard, BB 1995, S. 2069, 2075; Schneider, in: Assmann/Schneider, § 22, Rdnr. 90; Arends, S. 66. Diese Regelung einer ausschließlichen Zuordnung geht auch aus der Begründung des Wortlautes des Art. 7 UnterAbs. 1 Anstr. 5 Transparenz-Richtlinie und der Begründung des Regierungsentwurfs für § 22 Abs. 1 Nr. 4 WpHG a.F. hervor.

795 Vgl. BT-Drucks. 12/6679, S. 53.

796 Vgl. Burgard, BB 1995, S. 2069, 2075 (Fn. 90); Schneider, in: Assmann/Schneider, § 22, Rdnr. 90.

797 Burgard, BB 1995, S. 2069, 2075 und Schneider, in: Assmann/Schneider, § 22, Rdnr. 90 sprechen von einer „Zurechnung" von Stimmrechten beim Sicherungsnehmer. Dies ist nicht zutreffend, da es für diesen Fall keines Zurechnungstatbestandes bedarf, da der Sicherungsnehmer originärer Eigentümer der Aktien ist und sich schon daraus sein Stimmrecht ergibt.

798 Vgl. Steinmeyer/Häger, § 30, Rdnr. 32; a.A. Meyer/Bundschuh, WM 2003, S. 960, 963ff.; Riehmer, in: Haarmann/Riehmer/Schüppen, § 30, Rdnr. 42; von Lingelsheim, in: Heidel, Anwaltkommentar, § 30, Rdnr. 5.

799 A.A. Meyer/Bundschuh, WM 2003, S. 960, 965f.

800 Vgl. Steinmeyer/Häger, § 30, Rdnr. 32.

schaft ist derjenige, der die Stimmrechte im Sinne von § 29 Abs. 2 WpÜG hält, auch wenn er nicht zugleich stimmrechtsausübungsbefugt ist. Aber auch dann, wenn der Dritte, wie in der zweiten Konstellation, zwar stimmrechtsausübungsbefugt ist, er jedoch nicht die Absicht bekundet, die Stimmrechte unabhängig von den Weisungen des Bieters auszuüben[801], entfällt eine Berücksichtigung der Stimmrechte beim Dritten nicht. Zudem ist eine andere Auslegung deshalb nicht gerechtfertigt, da ansonsten eine Ungleichbehandlung zwischen Treuhändern und Sicherungseigentümern vorliegen würde, die nicht einsichtig wäre, da beide eine vergleichbare Stellung zum Bieter haben. Sowohl Treuhänder als auch Sicherungseigentümer stehen in einem besonderen Vertrauensverhältnis zum Bieter. Auch beim Treuhänder sind Stimmrechte aus ihm gehörenden Aktien zu berücksichtigen, obwohl er den Weisungen des Treugebers bei der Stimmrechtsausübung unterworfen ist[802]. Es ist im Rahmen anderer Zurechnungstatbestände des § 30 Abs. 1 Satz 1 WpÜG nicht ungewöhnlich, dass dieselben Stimmrechte bei mehreren Parteien berücksichtigt werden müssen. Schon im Rahmen des Zurechnungstatbestandes des § 30 Abs. 1 Satz 1 Nr. 1 WpÜG wurde festgestellt, dass neben dem Bieter auch Tochter- und sogar Enkelunternehmen die Stimmrechte zu berücksichtigen haben. Somit ist im Falle der Bejahung des Zurechnungstatbestandes des § 30 Abs. 1 Satz 1 Nr. 3 WpÜG bei Vorliegen einer Sicherungsübereignung nicht von einer Absorption der Stimmrechte des Dritten auszugehen.

6. Anwendbarkeit auf den Handelsbestand gemäß § 20 WpÜG

Hat die BaFin einem Antrag des Bieters gemäß § 20 WpÜG auf Nichtberücksichtigung der Wertpapiere der Zielgesellschaft bei der Berechnung des Stimmrechtsanteils nach § 29 Abs. 2 WpÜG stattgegeben, können diese zur kurzfristigen Nutzung von Preisunterschieden gehaltenen Aktien bei der Berechnung des Prozentanteils des Bieters an der Zielgesellschaft und somit bei der Berechnung der Kontrollschwelle nicht herangezogen werden. Fraglich ist jedoch, was mit diesem Handelsbestand geschieht, wenn der Bieter diesen ganz oder teilweise an einen Dritten zur Sicherheit übereignet oder verpfändet. Dabei ist auch zu untersuchen, welche Auswirkungen der Handelsbestand für den Dritten hat.

a) Sicherungsübereignung

aa) Berücksichtigung beim Bieter

Findet eine Sicherungsübereignung des Handelsbestandes statt und greift die Zurechnungsnorm des § 30 Abs. 1 Satz 1 Nr. 3 WpÜG ein, gilt die Befreiung für

---

801 Dies wird die Standardkonstellation bei Sicherungsübereignungen sein.

802 Vgl. dazu oben 4. Kapitel, II. 3.

den Bieter weiter[803]. Es würde einen unangemessenen Verwaltungsaufwand bedeuten, müsste der Bieter für genau denselben Aktienanteil einen erneuten Befreiungsantrag nur deshalb stellen, weil es sich statt eines Eigenbestandes an Aktien um einen Bestand handelt, der ihm zugerechnet werden kann. Scheidet hingegen die Zurechnungsnorm wegen des Vorliegens der Voraussetzungen des Ausnahmetatbestandes des § 30 Abs. 1 Satz 1 Nr. 3, 2. Hs. WpÜG aus, hat die Befreiungserteilung gemäß § 20 WpÜG keine weitere Bedeutung für den Bieter, da er nach der Sicherungsübereignung nicht mehr Eigentümer der Aktien ist und ihm die Stimmrechte daraus auch nicht zugerechnet werden können. Die Erklärung der BaFin, mit der die Nichtberücksichtigung der Stimmrechte beim Bieter zugelassen wird, bleibt aber bestehen, so dass der Bieter nach der Rückübereignung der selben Aktien vom Dritten keinen neuen Antrag nach § 20 WpÜG stellen muss, sondern der alte Bescheid der BaFin weiterhin Wirkung entfaltet.

bb) Berücksichtigung beim Dritten

Der Dritte wird durch die Sicherungsübereignung der im Handelsbestand des Bieters gehaltenen Aktien deren Eigentümer. Entfällt eine Zurechnung der Stimmrechte aus diesen Aktien auf den Bieter, weil der Dritte zur Ausübung der Stimmrechte aus diesen Aktien befugt ist und die Absicht bekundet hat, die Stimmrechte unabhängig von den Weisungen des Bieters auszuüben, sind die Stimmrechte beim Dritten zu berücksichtigen. Die dem Bieter erteilte Befreiung entfaltet keine Wirkung für den Dritten[804]. Grund hierfür ist, dass die BaFin die Befreiung nach § 20 WpÜG nur unter individualrechtlichen Gesichtspunkten erteilen kann. Denn ihr liegen die Erklärungen nach § 20 Abs. 2 Nr. 1 und 2 WpÜG nur von Seiten des Bieters vor, nicht hingegen vom Dritten. Die BaFin hatte somit im Zeitpunkt der Befreiungserteilung keine Möglichkeit zu überprüfen, ob die Voraussetzungen für die Befreiung bei einer anderen Person als dem Bieter selbst vorliegen. Der Dritte hat aber die Möglichkeit, selbst einen Antrag nach § 20 WpÜG zu stellen, wenn er die Bietereigenschaft des § 2 Abs. 4 WpÜG erfüllt und die entsprechenden weiteren Befreiungsvoraussetzungen vorliegen. Sind die Stimmrechte nach der Sicherungsübereignung an den Dritten dem Bieter zuzurechnen, ist der Dritte nicht derjenige, der die Stimmrechte an den Aktien hält. Eine dem Bieter erteilte Befreiung hat deshalb keine Bedeutung für den Dritten.

---

803 Vgl. Opitz, in: Schäfer, § 23 Rdnr. 30.

804 Vgl. Opitz, in: Schäfer, § 23 Rdnr. 30.

b) Verpfändung

aa) Berücksichtigung beim Bieter

Verpfändet der Bieter ihm gehörende Aktien der Zielgesellschaft, bleibt er deren Eigentümer. Eine zuvor erteilte Befreiung nach § 20 WpÜG wirkt somit grundsätzlich fort. Dass es gleichzeitig zu einer Zurechnung der Stimmrechte nach § 30 Abs. 1 Satz 1 Nr. 3 WpÜG kommt, spielt insoweit keine Rolle. Greift jedoch die Ausnahmebestimmung des § 30 Abs. 1 Satz 1 Nr. 3, 2. Hs. WpÜG, entfallen die Stimmrechte beim Bieter und die Befreiung kann solange keine Wirkung mehr entfalten bis die Voraussetzungen der Ausnahmebestimmung nicht mehr vorliegen.

bb) Berücksichtigung beim Dritten

Der Dritte erwirbt bei einer Verpfändung niemals Eigentum an den verpfändeten Aktien und er kann deshalb nie als derjenige bezeichnet werden, der Aktien hält im Sinne des § 29 Abs. 2 WpÜG. Ob ein Aktienbestand des Bieters in dessen Handelsbestand gehalten wird oder nicht ist somit für den Dritten unerheblich.

7. Zusammenfassung

Während die Fassung des § 30 Abs. 1 Satz 1 Nr. 3 WpÜG für die Sicherungsübereignung zu überzeugenden Ergebnissen kommt, ist die Zurechnungsvorschrift für die Fälle der Verpfändung verfehlt. Zum einen bedarf es keiner Zurechnungsvorschrift, da der Bieter bei der Verpfändung seiner Aktien nicht das Eigentum daran verliert. Insofern ist die Regelung für Verpfändungen überflüssig. Zum anderen ist die Ausnahmevorschrift nicht auf Verpfändungen anwendbar, da diese ersichtlich nur auf Zurechnungstatbestände zugeschnitten ist, nicht aber auf Fälle, in denen der Bieter originäres Eigentum an den Aktien hat.
Nach hier vertretener Ansicht bedarf es gar keiner Regelung der Verpfändung im Rahmen des Zurechnungstatbestandes des § 30 WpÜG, da sich die Rechtsfolgen schon aus den allgemeinen Grundsätzen hinsichtlich des Haltens von Aktien im Sinne des § 29 Abs. 2 WpÜG ergeben. Grundsätzlich ist der Bieter nach der Verpfändung der Aktien immer noch deren Eigentümer und deshalb auch stimmrechtsausübungsbefugt. Er ist somit derjenige, der die Aktien hält im Sinne des § 29 Abs. 2 WpÜG. Bevollmächtigt er ausnahmsweise den Dritten zur Stimmrechtsausübung oder kommt es zu einer Legitimationsübertragung und beabsichtigt der Dritte, die Stimmrechte unabhängig von den Weisungen des Bieters auszuüben, ist er ebenfalls derjenige, der die Stimmrechte hält. Dies widerspricht der derzeitigen Regelung im Ausnahmetatbestand des § 30 Abs. 1 Satz 1 Nr. 3, 2. Hs. WpÜG und vermeidet deshalb die Situation der gänzlichen Nichtberück-

sichtigung der Stimmrechte aus verpfändeten Aktien für den Fall der Verneinung des Zurechnungstatbestandes[805].
Insofern bietet sich der folgende Formulierungsvorschlag für § 30 Abs. 1 Satz 1 Nr. 3 WpÜG an, der sich allein auf die Sicherungsübereignung beschränkt:

... 3. die der Bieter einem Dritten *zur Sicherung einer Forderung übereignet* hat, es sei denn, der Dritte ist zur Ausübung der Stimmrechte aus diesen Aktien befugt und bekundet die Absicht, die Stimmrechte unabhängig von Weisungen des Bieters auszuüben, ...

IV. Zurechnung von Stimmrechten aus Aktien, an denen zugunsten des Bieters ein Nießbrauch bestellt ist gemäß § 30 Abs. 1 Satz 1 Nr. 4 WpÜG

1. Bestehen eines Nießbrauchs zugunsten des Bieters

Auf Grund von § 30 Abs. 1 Satz 1 Nr. 4 i.V.m. Satz 2 WpÜG stehen Stimmrechte aus Aktien der Zielgesellschaft, an denen zugunsten des Bieters oder eines Tochterunternehmens des Bieters ein Nießbrauch besteht, den Stimmrechten des Bieters selbst gleich.
Obwohl nach der herrschenden Meinung im Aktienrecht dem Nießbrauchsberechtigten das Stimmrecht nicht zusteht, muss sich dieser im Rahmen des WpÜG nach dem klaren Gesetzeswortlaut das Stimmrecht zurechnen lassen. Es erübrigt sich somit im Rahmen der Zurechnung von Stimmrechten auf den Bieter die Beantwortung der Streitfrage, ob bei Bestellung eines Nießbrauchs an Aktien gemäß §§ 1068, 1030 BGB zugunsten des Bieters diesem auch tatsächlich Stimmrechte zustehen. Bestehende Unklarheiten bezüglich der Zuweisung der Stimmrechtsausübungsbefugnis auf den Eigentümer der Aktien oder auf den nießbrauchsberechtigten Bieter werden gar nicht erst auf die vom WpÜG umfassten Sachverhalte übertragen. Der Regelung kann allerdings keine Indizwirkung für die Stimmrechtsbefugnis des Eigentümers der Aktien entnommen werden, da der Zurechnungsnorm auch dann ein Anwendungsbereich zufällt, wenn man mit der Mindermeinung von einer Stimmrechtsausübungsbefugnis des Nießbrauchers ausgehen will. Denn der Nießbraucher wird nicht Eigentümer der Aktien, so dass der vom Nießbrauch umfasste Aktienbestand nicht vom Nießbraucher gehalten wird im Sinne von § 29 Abs. 2 WpÜG[806]. Der Anwendungsbereich der Zurechnungsnorm des § 30 Abs. 1 Satz 1 Nr. 4 WpÜG erstreckt sich somit auf alle Nießbrauchsfälle unabhängig von dem Streit, wem bei Bestellung eines Nießbrauchs an Aktien das Stimmrecht zusteht. Auch hier ist allerdings zu beachten, dass der Nießbraucher entweder durch die Nießbrauchsbestellung zur Ausübung

---

805 Vgl. dazu oben 4. Kapitel, III. 5. a) bb).

806 A.A. von Bülow, in: Hirte/von Bülow, § 30, Rdnr. 79; vgl. dazu auch 2. Kapitel, II. 1. a).

des Stimmrechts bevollmächtigt worden ist oder ihm eine faktische Möglichkeit zusteht, auf die Ausübung des Stimmrechts durch den Eigentümer der nießbrauchsbelasteten Aktie Einfluss zu nehmen[807]. Ansonsten ist vor dem Hintergrund des Schutzzweckes des § 30 WpÜG, Fälle materieller Stimmrechtsherrschaft zu erfassen, eine Zurechnung von Stimmrechten beim Nießbraucher ausgeschlossen.
Bei der Bestellung eines Nießbrauchs an Aktien ist zwischen Inhaber- und Namensaktien zu unterscheiden. Für Inhaberaktien und solche Namensaktien, die mit einem Blankoindossament versehen sind, gelten die §§ 1081ff. BGB, so dass statt der Übergabe die Einräumung des Mitbesitzes genügt[808]. Der Nießbrauch wird an der Inhaberaktie durch Einigung und Übergabe[809], an der Namensaktie durch Vertrag und Übergabe des indossierten[810] oder nicht indossierten[811] Papiers bestellt[812]. Bei vinkulierten Namensaktien ist die Übertragbarkeit eingeschränkt, so dass zur Nießbrauchsbestellung die Zustimmung der Gesellschaft nötig ist[813]. Die Eintragung in das Aktienbuch[814] ist bei der Bestellung eines Nießbrauchs an einer Namensaktie nicht erforderlich, doch ist dies angebracht, wenn keine Gewinnanteilscheine ausgegeben sind[815].
Eine vor dem 1. Januar 2002 durchgeführte Nießbrauchsbestellung war ein probates Mittel, Pflichtangebote zu umgehen, falls der Erwerb eines Aktienpaketes ein Pflichtangebot nach Art. 16 Übernahmekodex zur Folge gehabt hätte oder einer zeitaufwändigen kartellrechtlichen Freigabe bedurft hätte[816]. Wurde nämlich vor Inkrafttreten des WpÜG zu Gunsten eines zukünftigen Erwerbers eines Aktienpaketes, das diesem eine Kontrollstellung vermittelt, ein Nießbrauch an den Aktien dieses Aktienpaketes bestellt, ist dieser bei einem späteren Erwerb des Paketes nicht zur Abgabe eines Pflichtangebots gemäß § 35 Abs. 2 Satz 1 WpÜG verpflichtet[817].

---

807 Vgl. von Bülow, in: Hirte/von Bülow, § 30, Rdnr. 79.

808 Vgl. § 1081 Abs. 2 BGB.

809 Vgl. §§ 929ff. BGB.

810 Vgl. § 68 Abs. 1 AktG.

811 Vgl. §§ 413, 398 BGB.

812 Vgl. Stürner, in: Soergel, § 1068, Rdnr. 9.

813 Vgl. § 68 Abs. 2 AktG, § 1069 Abs. 2 BGB.

814 Vgl. § 68 Abs. 3 AktG.

815 Vgl. Stürner, in: Soergel, § 1068, Rdnr. 9.

816 Vgl. Thoma, NZG 2002, S. 105, 112.

817 Vgl. Thoma, NZG 2002, S. 105, 112.

2. Anwendbarkeit auf Tochterunternehmen des Bieters gemäß § 30 Abs. 1 Satz 2 WpÜG

Dem Bieter sind auch die Stimmrechte eines Tochterunternehmens zuzurechnen, zu dessen Gunsten ein Nießbrauch an Aktien der Zielgesellschaft bestellt ist. Für diesen Fall gelten keine Besonderheiten. Zu beachten ist aber, dass es bei Überschreitung der Kontrollschwelle bei Aktionär, Tochterunternehmen und Mutterunternehmen zu einer dreifachen Verpflichtung zur Abgabe eines Pflichtangebots kommen kann.

3. Absorption der Stimmrechte des Dritten

Die Zurechnungsnorm des § 30 Abs. 1 Satz 1 Nr. 4 WpÜG klärt zwar eindeutig, dass dem Bieter als Inhaber eines Nießbrauchs an den Aktien der Zielgesellschaft diese Stimmrechte zuzurechnen sind. Es geht jedoch nicht daraus hervor, ob die Stimmrechte auch weiterhin beim Eigentümer der Aktien zu berücksichtigen sind mit der Folge, dass es zu einer doppelten Pflicht zur Abgabe von Pflichtangeboten kommen kann, oder ob es zu einer Absorption der Stimmrechte des Dritten kommt, so dass bei diesem, obwohl er Eigentümer der Aktien ist, keine Stimmrechte anzusetzen sind.

a) Stimmrechtsausübungsbefugnis des Dritten

Eine diesbezüglich vorgelagerte Frage ist, ob dem Dritten als Eigentümer der nießbrauchsbelasteten Aktien überhaupt noch ein Stimmrecht daran zusteht. Ist dies nicht der Fall, kommt es auf die Frage der Absorption seiner Stimmrechte gar nicht mehr an. Denn würde dem Aktionär kein Stimmrecht mehr zustehen, würde es ihm an dem für die Kontrollposition nach § 29 Abs. 2 WpÜG erforderlichen Halten von Stimmrechten mangeln und sein Aktienanteil könnte im Rahmen des WpÜG keine Berücksichtigung finden.
Im Aktienrecht ist umstritten, wem bei Bestellung eines Nießbrauchs an Aktien das Stimmrecht zusteht[818]. Insgesamt werden vier Meinungen vertreten[819]. Nach einer Ansicht hat der Nießbraucher das Stimmrecht auszuüben. Einer anderen Ansicht nach sollen Nießbraucher und Aktionär das Stimmrecht gemeinsam ausüben. Eine dritte Ansicht geht von einer Aufteilung des Stimmrechts zwischen Gesellschafter und Nießbraucher aus. Die vierte und herrschende Ansicht will hingegen allein dem Aktionär das Stimmrecht zugestehen[820].

---

818 Vgl. Zöllner, in: Kölner Kommentar zum AktG, § 134, Rdnr. 15; Teichmann, ZGR 1972, S. 1, 10.

819 Vgl. dazu ausführlich Meyer, S. 179ff., 188ff.

820 Vgl. Bayer, in: Münchener Kommentar zum AktG, § 16, Rdnr. 28; Teichmann, ZGR 1972, S. 1, 10f.; Wiedemann, S. 408ff. 413; Hüffer, § 16, Rdnr. 7.

aa) Alleiniges Stimmrecht des Nießbrauchers

Die Vertreter der Auffassung, dass der Nießbraucher in der Hauptversammlung zur alleinigen Stimmrechtsausübung berechtigt ist, stützen ihre Begründung dafür zum Teil auf die Qualifikation des Stimmrechts als Gebrauchsvorteil im Sinne des § 100 BGB und ordnen das Stimmrecht demgemäss als Nutzung des belasteten Rechts[821] dem Nießbraucher zu[822]. Andere argumentieren damit, dass dem Nießbraucher das Stimmrecht als Mitverwaltungsrecht zugeordnet werden müsse, da nach den Nießbrauchsvorschriften des BGB dem Nießbraucher nicht nur die Nutzung, sondern auch die Verwaltung des Nießbrauchsobjekts zugewiesen ist[823].

bb) Gemeinsames Stimmrecht von Nießbraucher und Aktionär

Eine andere Ansicht spricht sich für ein gemeinsames Stimmrecht von Nießbraucher und Aktionär aus und stützt sich auf die gemäß § 1068 Abs. 2 BGB gebotene entsprechende Anwendung der Vorschriften des Sachnießbrauchs. Da dort sowohl der Nießbraucher als auch der Aktionär Verwaltungsbefugnisse habe, müsse dies auch für den Rechtsnießbrauch gelten[824]. Für die Ausübung des gemeinsamen Stimmrechts wird entweder die Bestellung eines gemeinschaftlichen Vertreters entsprechend § 63 AktG verlangt, der sowohl vom Aktionär als auch vom Nießbraucher zu bevollmächtigen sei[825], oder es wird die gemeinsame Ausübung des Stimmrechts vorgeschlagen, wobei der von den Interessen des jeweiligen Beschlusses Betroffene die Zustimmung des anderen zur Ausübung des Stimmrechts nach seinem Willen verlangen könne[826].

cc) Aufteilung des Stimmrechts zwischen Nießbraucher und Aktionär

Um sowohl dem Aktionär, als auch dem Nießbraucher die jeweils eigene Wahrnehmung seiner Interessen in der Hauptversammlung zu ermöglichen, schlagen die Vertreter der dritten Auffassung vor, das Stimmrecht je nach Inhalt des zu fassenden Beschlusses entweder dem Gesellschafter oder dem Nießbraucher zu-

---

821 Vgl. §§ 1068 Abs. 2, 1030, 100 BGB.

822 Vgl. RGZ 118, 266, 268f.

823 Vgl. Schmidt-Rimpler, NJW 1953, S. 1503; Sudhoff, NJW 1974, S. 2205, 2207; Peters, S. 17ff.; weitere Nachweise bei Supercczynski, S. 33, Fn. 2 und bei Wiedemann, S. 413, Fn. 1.

824 Vgl. Peters, S. 18ff.; Zöllner, in: Kölner Kommentar, § 134, Rdnr. 15; Baumbach/Hueck, § 134, Rdnr. 4; weitere Nachweise bei Wiedemann, S. 413, Fn. 2.

825 Vgl. Peters, S. 26.

826 Vgl. Baumbach/Hueck, § 134, Rdnr. 4.

zuweisen[827]. Der Nießbraucher sei bei allen Beschlüssen stimmrechtsbefugt, die auf die Nutzung und Verwaltung des Anteils abzielen, ansonsten, also bei allen die Substanz des Mitgliedschaftsrechts berührenden Beschlüssen, der Aktionär[828].

dd) Alleiniges Stimmrecht des Aktionärs

Die wohl herrschende Meinung im Schrifttum weist das Stimmrecht allein dem Inhaber des belasteten Aktienrechts zu[829]. Zur Begründung wird entweder ausschließlich auf eine wertende Betrachtung abgestellt[830] oder dahingehend argumentiert, dass das Stimmrecht zwangsläufig beim Gesellschafter verbleiben müsse, da sonst eine Einzelbefugnis vom Mitgliedschaftsrecht abgespalten werde und dies unzulässig sei[831]. Zudem wird angeführt, dass die Interessen des Aktionärs nur bei einem eigenen Stimmrecht wirksam geschützt sind, die Interessen des Nießbrauchers hingegen auch bei einem Stimmrecht des Aktionärs noch hinreichend gewahrt werden können[832].

ee) Stellungnahme

Zu folgen ist mit der herrschenden Meinung der letzteren Ansicht.

---

827 Vgl. KG, OLGE 37, 8, 9; Bayer, in: Münchener Kommentar zum AktG, § 16, Rdnr. 28; Fleck, in: FS für Fischer, S. 107, 125ff. (zur GmbH).

828 Vgl. Jansen/Jansen, Rdnr. 65; Bayer, in: Münchener Kommentar zum AktG, § 16, Rdnr. 28.

829 Vgl. Meyer, S. 179ff.; Scharff, S. 100ff.; Teichmann, ZGR 1972, S. 1, 10ff.; Wiedemann, S. 412ff.; Bassenge, in: Palandt, § 1068, Rdnr. 3; Stürner, in: Soergel, § 1068, Rdnr. 9a; OLG Koblenz, NJW 1992, S. 2163; weitere Nachweise bei Wiedemann, S. 414, Fn. 1. Nach BGH, NJW 1999, S. 571ff. ist die Kompetenz des Gesellschafters, bei Beschlüssen, welche die Grundlagen der Gesellschaft betreffen, selber abzustimmen, durch die Einräumung eines Nießbrauchs an seinem Gesellschaftsanteil grundsätzlich nicht angetastet. Dabei handelt es sich jedoch nicht um eine Grundsatzentscheidung, sondern um die Entscheidung des konkreten Falls der Mitwirkung beim RechnungsAbschluss, der vom BGH als Grundlagenbeschluss angesehen wird, für den dem Gesellschafter das Stimmrecht zustehe; kritisch bezüglich der Begründung Schmidt, ZGR 1999, S. 601, 605ff. Nach OLG Koblenz, NJW 1992, S. 2163 kann eine als nichtig anzusehende Übertragung des Stimmrechts auf den Nießbraucher in eine widerrufliche Stimmrechtsvollmacht für den Nießbraucher umgedeutet werden. Nach dem Beschluss des BGH vom 07.03.2002, NJW 2002, S. 1647ff. gilt auch für die Belastung des Wohnungseigentums mit einem Nießbrauch, dass das Stimmrecht allein dem Wohnungseigentümer zusteht.

830 Vgl. Wiedemann, S. 412ff.

831 Vgl. Hesselmann, GmbH-Rundschau 1959, S. 21, 22.

832 Vgl. Scharff, S. 105.

Eine Aufteilung der Stimmbefugnisse scheidet wegen der Schwierigkeit der Abgrenzung und der daraus resultierenden Rechtsunsicherheit aus[833]. Das Gesellschaftsrecht verlangt eine klare, vorherbestimmte Zuordnung der Stimmrechte und dies steht einer eventuellen Ermittlung des Ausübungsberechtigten erst nach langwierigen, gerichtlichen Streitigkeiten entgegen[834]. Zudem müsste die Hauptversammlung vor Eintreten in die Tagesordnung zunächst hinsichtlich jedes Tagesordnungspunktes klären, wem im konkreten Fall die Stimmrechtsausübungsbefugnis zusteht. Dies steht jedoch im Widerspruch zu den Aufgaben der Hauptversammlung, die sich mit den Belangen der Aktiengesellschaft, nicht aber mit Rechtsstreitigkeiten zwischen Aktionären und Dritten, befassen soll[835].
Aber auch die Auffassung vom gemeinsamen Stimmrecht muss auf Grund der bei einem Mitgliedschaftsrecht wie der Aktie undurchführbaren Abgrenzung der nutzungs- von der substanzbezogenen Verwaltungssphäre scheitern[836]. Die Schwierigkeit liegt hier darin, dass im Innenverhältnis immer wieder neu geklärt werden muss, wer bei dem jeweils konkret in Frage stehenden Beschluss gegenüber dem gemeinschaftlichen Vertreter weisungsbefugt ist[837]. Außerdem wird es auf Grund widerstreitender Interessen schwierig sein, zwischen Aktionär und Nießbraucher eine Einigung über die Person des Vertreters herbeizuführen[838].
Zuletzt führt auch die Ansicht vom alleinigen Stimmrecht des Nießbrauchers nicht zu überzeugenden Ergebnissen. Denn es ist abzulehnen, dass ein Nichtgesellschafter wie der Nießbraucher überhaupt mit einem Stimmrecht versehen werden kann, da dem Stimmrecht nicht allein die Funktion eines Verwaltungsinstrumentes für den Gesellschafter zukommt, sondern die abgegebene Stimme ein objektives Element im Willensbildungsprozess der Gesellschaft selbst darstellt[839]. Zudem kann die Ausübung von unselbständigen Rechten, die dem Hauptrecht entspringen und an dieses gebunden bleiben, kein Gebrauchsvorteil im Sinne des § 100 BGB sein, weshalb auch die Ausübung des Stimmrechts bei Mitgliedschaftsrechten nicht als Nutzung angesehen werden kann[840]. Darüber hinaus kann dem Nießbraucher auch kein alleiniges Stimmrecht als Teil seines Verwaltungsrechts zuerkannt werden, da die aus dem Stimmrecht abzuleitende Verwaltungsbefugnis nicht ausschließlich Geschäfte der laufenden oder gewöhn-

---

833 Vgl. Peters, S. 26; Scharff, S. 97f.

834 Vgl. Stürner, in: Soergel, § 1068, Rdnr. 9a.

835 Vgl. Scharff, S. 97; Peters, S. 11; Superczynski, S. 50.

836 Vgl. Scharff, S. 99; Stürner, in: Soergel, § 1068, Rdnr. 9a.

837 Vgl. Scharff, S. 99; Stürner, in: Soergel, § 1068, Rdnr. 9a.

838 Vgl. Scharff, S. 99; Wiedemann, S. 415.

839 Vgl. Teichmann, ZGR 1972, S. 10f.

840 Vgl. Peters, S. 17; Scharff, S. 91f.

lichen Verwaltung betrifft[841]. Für den Nießbrauch an Sachen ist nämlich anerkannt, dass der Sachnießbraucher zwar Verwaltungshandlungen vornehmen kann, diese Befugnis sich allerdings auf Handlungen beschränkt, die zu der laufenden oder gewöhnlichen Verwaltung des Nießbrauchsobjekts zählen[842]. Dies müsste wegen des Verweises des § 1068 Abs. 2 BGB auf die Vorschriften über den Nießbrauch an Sachen auch für den Nießbrauch an Aktien gelten. Eine solche Beschränkung kann aber für Stimmrechte nicht angenommen werden, da davon auch solche Sachverhalte umfasst sind, bei denen der Untergang des Nießbrauchsobjektes[843] in Frage steht[844].

b) Berücksichtigung der Stimmrechte beim Dritten

Somit ist der Eigentümer der Aktien berechtigt, die Stimmrechte aus den Aktien auszuüben. Auf Grund des Nießbrauchsverhältnisses ist er bei der Stimmabgabe jedoch nicht völlig frei, sondern er hat die Interessen des Nießbrauchers zu achten und zu wahren[845]. Auf diese Interessenwahrungspflicht des Aktionärs stützt sich auch der Zurechnungstatbestand des § 30 Abs. 1 Satz 1 Nr. 4 WpÜG. Denn ohne eine gewisse Einflussmöglichkeit des nießbrauchsberechtigten Bieters auf die Art und Weise der Stimmrechtsausübung durch den Aktionär ließe sich die Zurechnungsnorm nicht rechtfertigen. Denn Sinn und Zweck der Zurechnungsnorm allgemein ist es, Sachverhalte zu erfassen, in denen derjenige, der maßgeblichen Einfluss auf die Stimmrechtsausübung nehmen kann, nicht Eigentümer der stimmrechtsvermittelnden Aktien ist. Dies ist somit bei Aktien, an denen zugunsten des Bieters ein Nießbrauch bestellt ist, der Fall.
Die Zurechnung der Stimmrechte zum Bieter führt allerdings nicht dazu, dass die Stimmrechte beim Aktionär und Nießbrauchsbesteller unberücksichtigt blei-

---

841 Vgl. Scharff, S. 93.

842 Vgl. dazu die Regelungen der §§ 1030, 1036 Abs. 1 und 2, 1037 Abs. 1, 1041, 1066 Abs. 1 BGB, die erkennen lassen, dass das Gesetz von einer beschränkten Verwaltungsbefugnis des Nießbrauchers ausgeht.

843 Beispielsweise bei dem Beschluss über die Umwandlung oder Auflösung der Gesellschaft.

844 Vgl. Scharff, S. 93.

845 Vgl. Scharff, S. 104, 115. Der BGH leitet im Beschluss vom 07.03.2002, NJW 2002, S. 1647 für die Belastung des Wohnungseigentums mit einem Nießbrauch aus dem zwischen Eigentümer und Nießbraucher bestehenden Begleitschuldverhältnis eine im Einzelfall bestehende Pflicht des Eigentümers gegenüber dem Nießbraucher ab, bei der Stimmabgabe dessen Interessen zu berücksichtigen, nach dessen Weisung zu handeln oder ihm eine Stimmrechtsvollmacht zu erteilen. Diese Grundsätze können auch auf den Nießbrauch an Aktien übertragen werden.

ben[846]. Es ist nämlich unstreitig, dass der Nießbrauchsbesteller Eigentümer der Aktien bleibt, an denen er einen Nießbrauch bestellt hat[847]. Nach der hier vertretenen Ansicht ist der Aktionär außerdem derjenige, der berechtigt ist, die Stimmrechte auszuüben. Somit ist der Aktionär derjenige, der die Stimmrechte an der Zielgesellschaft hält im Sinne des § 29 Abs. 2 WpÜG[848]. Einzig problematisch ist hier, dass der Aktionär bei der Ausübung seiner Stimmrechte auf die Interessen des Nießbrauchers Rücksicht nehmen muss. Dies führt jedoch nicht dazu, dass der Aktionär seine Position als derjenige, der die Stimmrechte an der Zielgesellschaft hält, verliert. Denn es ist für alle Zurechnungstatbestände des § 30 WpÜG charakteristisch, dass derjenige, dem Stimmrechte zugerechnet werden müssen, auch einen gewissen Stimmrechtseinfluss ausüben kann. Aufgabe des § 30 WpÜG ist es aber nur, Stimmrechte zuzurechnen, nicht bestehende Stimmrechte zu entziehen. Für eine Absorption der Stimmrechte des Aktionärs in diesem Fall gibt es somit keine Anhaltspunkte im Gesetz. Vielmehr ist von einer doppelten Berücksichtigung der Stimmrechte beim Aktionär und beim Bieter auszugehen[849].

c) Zusammenfassung

Zusammenfassend lässt sich feststellen, dass durch die Regelung der Zurechnungsnorm keine Entscheidung in Bezug auf die tatsächliche Stimmrechtszuordnung getroffen wurde. Hierbei ist weiterhin der herrschenden Meinung zu folgen und die Ausübung des Stimmrechts allein dem Aktionär zuzuordnen. Eine Absorption der Stimmrechte des Aktionärs als Nießbrauchsbesteller findet nicht statt. Von der Regelung unberührt bleibt somit die Veröffentlichungs- und Angebotspflicht des Aktionärs, falls dieser die Kontrollstellung innehat.

4. Anwendbarkeit auf den Handelsbestand gemäß § 20 WpÜG

Hat der Aktionär vor der Nießbrauchsbestellung an den Aktien eine Befreiung nach § 20 WpÜG erwirkt, stellt sich die Frage, ob trotzdem eine Zurechnung der Stimmrechte auf den Bieter erfolgen kann. Dies ist aus den gleichen Erwägungen

---

846 Vgl. Bayer, in: Münchener Kommentar zum AktG, § 22 Anh, § 22 WpHG, Rdnr. 31 und § 16, Rdnr. 28; Schneider, in: Assmann/Schneider, § 22, Rdnr. 91.

847 Vgl. Bayer, in: Münchener Kommentar zum AktG, § 16, Rdnr. 28; Hüffer, AktG, § 16, Rdnr. 7; Koppensteiner, in: Kölner Kommentar zum AktG, § 16, Rdnr. 20.

848 Zu einem anderen Ergebnis müssen konsequenterweise die Vertreter der Ansicht eines alleinigen Stimmrechts des Nießbrauchers kommen, da dann der Aktionär nicht mehr derjenige sein kann, der Stimmrechte nach § 29 Abs. 2 WpÜG hält. Dann kann aber schon nicht von einer Absorption der Stimmrechte des Aktionärs gesprochen werden, da dieser während der Dauer des Nießbrauches nicht stimmrechtsausübungsbefugt ist.

849 Vgl. Steinmeyer/Häger, § 30, Rdnr. 33.

wie schon im Rahmen der Zurechnungstatbestände des § 30 Abs. 1 Satz 1 Nr. 2 und 3 zu bejahen[850]. Auch hier lassen sich die Gefahr der Umgehung des Zweckes des § 20 WpÜG und die Einzelprüfung der BaFin nur hinsichtlich des Aktionärs als Argumente dafür anführen, dass die im Handelsbestand des Aktionärs gehaltenen Aktien trotzdem dem Bieter zuzurechnen sind. Für den nießbrauchsberechtigten Bieter ist es schon begrifflich ausgeschlossen, dass er die entsprechenden Aktien im eigenen Handelsbestand halten kann[851]. Dies gilt aber nur so lange bis der Bieter sich dafür entscheidet, den vom Nießbrauch umfassten Aktienbestand zu Spekulationszwecken zu erwerben. Dann ist es bei Erfüllung der von § 20 Abs. 2 WpÜG geforderten Voraussetzungen für den Bieter möglich, für sich selbst eine Befreiung zu beantragen.

V. Zurechnung von Stimmrechten aus Aktien, die der Bieter durch eine Willenserklärung erwerben kann gemäß § 30 Abs. 1 Satz 1 Nr. 5 WpÜG

Dem Bieter oder einem Tochterunternehmen des Bieters werden gemäß § 30 Abs. 1 Satz 1 Nr. 5 i.V.m. Satz 2 WpÜG Stimmrechte aus Aktien der Zielgesellschaft zugerechnet, die der Bieter oder ein Tochterunternehmen des Bieters durch eine Willenserklärung erwerben kann.
Der Zurechnungstatbestand des § 30 Abs. 1 Satz 1 Nr. 5 WpÜG geht auf den in § 22 Abs. 1 Nr. 6 WpHG a.F. enthaltenen Rechtsgedanken zurück, modifiziert dessen Fassung jedoch in sprachlicher Hinsicht dahingehend, dass nicht mehr auf eine „einseitige" Willenserklärung abgestellt wird. Diese Veränderung der sprachlichen Fassung hat keine materielle Änderung zur Folge, da eine Willenserklärung schon definitionsgemäß eine nur einseitige Erklärung sein kann[852]. In der Gesetzesbegründung wird auf diese Veränderung überhaupt nicht eingegangen.

1. Anwendung auf dingliche Verträge

Der Anwendungsbereich des § 30 Abs. 1 Satz 1 Nr. 5 WpÜG beschränkt sich eindeutig auf Situationen im Vorfeld des vollendeten Eigentumserwerbs, da ansonsten schon die Norm des § 29 Abs. 2 WpÜG eine Zurechnung von Stimmrechten entbehrlich macht. Unstreitig werden von § 30 Abs. 1 Satz 1 Nr. 5 WpÜG auf Übereignung gerichtete bindende Angebote erfasst, die der Bieter jederzeit durch eine entsprechende Erklärung gegenüber seinem Vertragspartner annehmen kann. Durch diese Annahmeerklärung der Bieters wird der Eigen-

---

850 Vgl. dazu oben 4. Kapitel, II. 4. und III. 6.

851 Vgl. Opitz, in: Schäfer, § 23, Rdnr. 31.

852 Vgl. Witt, AG 2001, S. 233, 237; Cahn, AG 1997, S. 502, 507f.; Heinsius, WM 1996, S. 421, 423; Kümpel, Bank- und Kapitalmarktrecht, Rdnr. 16.387ff.

tumserwerb herbeigeführt. Dies führt dazu, dass der Bieter bereits zu diesem Zeitpunkt in der Lage ist, Einfluss auf die Zielgesellschaft zu nehmen[853]. Als rechtliche Gestaltungsmöglichkeit ist beispielsweise denkbar, dass der Bieter sich bereits im Besitz der Aktien befindet[854] und die Übereignung der betreffenden Aktien durch die Annahme einer antizipierten Übereignungserklärung wirksam herbeiführt[855]. Sinn und Zweck dieser Regelung ist es, zu verhindern, dass vom Bieter Aktienbestände derart auf einen Dritten übertragen werden, dass ihm jederzeit nach eigenem Ermessen der Rückerwerb der Aktien möglich ist. Ansonsten wäre eine Umgehung der Veröffentlichungs- und Angebotspflicht nach § 35 Abs. 1 und 2 WpÜG auf einfachem Wege zu erreichen.

2. Anwendung auf bindende schuldrechtliche Verträge

a) Rechtslage zur alten Fassung des § 22 Abs. 1 Nr. 6 WpHG

Im Rahmen des § 22 Abs. 1 Nr. 6 WpHG a.F. war umstritten, ob von der Zurechnungsnorm auch schuldrechtlich bindende Verträge erfasst werden.
Nach einer Ansicht war dies zu bejahen[856]. Argumentiert wurde damit, dass nur so Umgehungsmöglichkeiten hinsichtlich der Mitteilungspflicht verhindert werden können[857]. Zudem verlange eine richtlinienkonforme Auslegung[858], den Begriff des Erwerbs einer Beteiligung weit auszulegen. Zudem müsse eine dynamische Auslegung erfolgen, da die Offenlegung neben der Information der Anleger und der Gesellschaft über die gegenwärtigen Stimmrechtsverhältnisse auch dazu dient, die Anleger frühzeitig über eine mögliche Paketbildung zu unterrichten[859].

853 Vgl. Süßmann, in: Geibel/Süßmann, § 30, Rdnr. 22.

854 Bei verbrieften Inhaberaktien muss die Besitzübertragung entweder bereits erfolgt sein oder gleichzeitig mit der Annahmeerklärung erfolgen.

855 Vgl. Bayer, in: Münchener Kommentar zum AktG, § 22 Anh, § 22 WpHG, Rdnr. 32.

856 Vgl. Schneider, in: Assmann/Schneider, § 22, Rdnr. 95ff.; Arends, S. 64ff.; Burgard, BB 1995, S. 2069, 2076; Burgard, WM 2000, S. 611, 613; Bayer, in: Münchener Kommentar zum AktG, Anh § 22, § 22 WpHG, Rndr. 33ff.; Happ, JZ 1994, S. 240, 244; Diekmann, DZWiR 1994, S. 13, 18; Hüffer, AktG, 4. Aufl., Anh § 22, § 22 WpHG, Rdnr. 5.

857 Vgl. Burgard, BB 1995, S. 2069, 2076; Schneider, in: Assmann/Schneider, § 22, Rdnr. 100, 103.

858 Art. 2 der Transparenz-Richtlinie lautet: „Erwerb einer Beteiligung . . . ist nicht nur der Kauf einer solchen Beteiligung, sondern auch jeder sonstige Erwerb einer Beteiligung ungeachtet seines Rechtsgrundes oder des angewandten Verfahrens . . .“. In der englischen Fassung der Transparenz-Richtlinie heißt es: „ is entitled to acquire, on his own initiative alone“.

859 Vgl. Schneider, in: Assmann/Schneider, § 22, Rdnr. 99a.

Nach einer anderen Ansicht sollte der Zurechnungstatbestand bei nur schuldrechtlichen Verträgen oder Angeboten keine Anwendung finden[860]. Der Wortlaut der Transparenz-Richtlinie handle lediglich davon, dass das Eigentum aufgrund einer förmlichen Vereinbarung durch einseitige Willenserklärungen erworben werden kann. Hingewiesen wird auf die Begründung[861] zum Regierungsentwurf des § 22 Abs. 1 Nr. 6 WpHG[862]. Zudem wird angeführt, dass vor der Übertragung des Eigentums kein Stimmrechtseinfluss bestehe[863]. Ziel der Mitteilungspflicht sei gerade nicht die Offenlegung der einzelnen Schritte eines sukzessiven Aufbaus einer Beteiligung. Insiderrechtlich bestehe kein Grund dafür, von Erwerbswilligen die Offenlegung eines Planes oder darauf hindeutender Indizien zu verlangen[864].
Eine Entscheidung dieses Streits kann jedoch im Rahmen des WpÜG dahinstehen, da eine nunmehr eindeutige Regelung geschaffen wurde, die sich systematisch in den Regelungskomplex einfügt und vom Sinn und Zweck der Zurechnungsnorm her nur in eine Richtung ausgelegt werden kann. Dies unterstreicht auch die Gesetzesbegründung.

b) Vergleich zu § 20 Abs. 2 AktG

Nach § 20 Abs. 2 AktG sind zu den Aktien, die dem Unternehmen gehören, auch diejenigen Aktien zu zählen, deren Übereignung das Unternehmen verlangen kann oder zu deren Abnahme das Unternehmen verpflichtet ist. Demzufolge werden durch § 20 AktG Aktien, die dem Unternehmen gehören, solchen Aktien gleichgestellt, die bislang lediglich Gegenstand eines schuldrechtlichen Anspruches auf Übereignung sind[865]. Hier lässt schon die zu § 30 Abs. 1 Satz 1 Nr. 5 WpÜG unterschiedliche Formulierung erkennen, dass die aktienrechtlichen Grundsätze nicht auf das WpÜG übertragen werden können. Zudem sind hier die viel weitreichenderen Rechtsfolgen des WpÜG zu beachten, die bei einem Über-

---

860 Vgl. Witt, S. 152, Fn. 80; Witt, AG 1998, S. 171, 176; Cahn, AG 1997, S. 502, 507f.; Opitz, in: Schäfer, § 22, Rdnr. 61ff.; Hüffer, AktG, Anh § 22, § 22 WpHG Rdnr. 5; Weber, NJW 1994, S. 2849, 2855f.; Heinsius, WM 1996, S. 421, 423; Steuer/Baur, WM 1996, S. 1477, 1480f.; Kümpel, Wertpapierhandelsgesetz, S. 147ff.

861 Dort heißt es, dass mit der Regelung des § 22 Abs. 1 Nr. 6 WpHG a.F. verhindert werden solle, „dass Aktienbestände zur Umgehung der Meldepflicht einem Dritten derart übertragen werden, dass dem Aktionär der einseitige Rückerwerb jederzeit möglich ist".

862 Vgl. Cahn, AG 1997, S. 502, 507.

863 Vgl. Hüffer, AktG, 3. Aufl., Anh § 22, § 22 WpHG, Rdnr. 5.

864 Vgl. Cahn, AG 1997, S. 502, 508.

865 Vgl. Schneider, in: Assmann/Schneider, § 22, Rdnr. 98; Steuer/Baur, WM 1996, S. 1477, 1481.

schreiten der Kontrollschwelle die Pflicht zur Abgabe eines Vollangebots auf Erwerb aller Aktien der Zielgesellschaft nach sich ziehen können. Insofern bringt die Regelung des § 20 AktG keine Erkenntnisse, die zur Auslegung der Stimmrechtszurechnungsnorm des § 30 Abs. 1 Satz 1 Nr. 5 WpÜG herangezogen werden könnten.

c) Nichtberücksichtigung eines bloß schuldrechtlichen Vertrages im Rahmen des § 30 Abs. 1 Satz 1 Nr. 5 WpÜG

Problematisch ist nunmehr die Frage, ob das WpÜG den Begriff des Erwerbs immer im engen Sinn der dinglichen Erlangung des Eigentums verwendet, oder ob auch schuldrechtliche Verträge mitumfasst sind.

aa) Auslegung der Zurechnungsvorschrift

Der Gesetzeswortlaut ist insoweit nicht eindeutig. Üblicherweise hat die Verwendung des Wortes „Erwerb" im juristischen Sprachgebrauch dingliche Bedeutung[866] wie eine Heranziehung der Normen der §§ 433 und 929 BGB zeigt. Für das WpÜG gilt nichts anderes. Das WpÜG verwendet den Begriff des Erwerbs grundsätzlich im engen Sinn, also im Sinne der Erlangung des Eigentums[867]. Dies zeigt sich schon daran, dass das Gesetz an den Stellen, an denen schuldrechtliche Grundgeschäfte dem Eigentumserwerb gleichgestellt werden, dies im Gesetz ausdrücklich angeordnet wird[868]. Beispiele hierfür finden sich in § 31 Abs. 6 WpÜG sowie in § 23 Abs. 1 Satz 2, Abs. 2 Satz 2 WpÜG. Sinn und Zweck der Regelung des § 31 Abs. 6 WpÜG ist es, durch die Gleichstellung von sogenannten erwerbsgleichen Vereinbarungen, also Vereinbarungen, auf Grund derer die Übereignung von Aktien verlangt werden kann, mit den dinglichen Erwerbsvorgängen des § 31 Abs. 3 bis 5 WpÜG, Umgehungsfälle der Mindestpreisregelungen, wie etwa Kaufverträge mit herausgeschobenem Erfüllungszeitpunkt, zu verhindern[869]. Durch den Verweis auf § 31 Abs. 6 WpÜG in § 23 Abs. 1 Satz 2 und Abs. 2 Satz 2 WpÜG wird klargestellt, dass in die Veröffentlichung nach Abgabe des Angebots auch die diejenigen Wertpapiere einzubeziehen sind, die der Bieter oder mit ihm gemeinsam handelnde Personen oder deren Tochterunternehmen zwar noch nicht erworben hat, für die aber schuldrechtliche Vereinbarungen vorliegen, auf Grund derer die Übereignung der Wertpapiere

866 Vgl. Arends, S. 67; Cahn, AG 1997, S. 502, 506.

867 Vgl. BT-Drucks. 14/7034, S. 54; Steinmeyer/Häger, § 30, Rdnr. 34.

868 Vgl. BT-Drucks. 14/7034, S. 54.

869 Vgl. Thun, in: Geibel/Süßmann, § 31, Rdnr. 40, 65.

verlangt werden kann[870]. Eine solche Ausnahmeregelung findet sich jedoch in § 30 WpÜG nicht.
Diese enge Auslegung des Zurechnungstatbestandes ist vor dem Hintergrund geboten, dass eine Zurechnung von Stimmrechten auf den Bieter nur dann gerechtfertigt sein kann, wenn der Bieter über eine gesicherte Position verfügt, die die Ausübung der Stimmrechte nicht von Unwägbarkeiten abhängig macht, die der Bieter nicht beeinflussen kann[871]. Hier ist immer zu beachten, dass die Zurechnung von Stimmrechten die gravierende Folge der Pflicht zur Abgabe eines Pflichtangebots nach § 35 Abs. 2 WpÜG nach sich ziehen kann. Es wäre unangemessen, den Bieter bereits zu einem Zeitpunkt zu der Abgabe eines solchen Angebots zu verpflichten, zu dem der Verkäufer der Aktien noch Einwendungen oder Rücktrittsrechte geltend machen kann oder seine Lieferverpflichtungen nicht erfüllen kann oder will[872]. Vor diesem Hintergrund lässt sich auch nicht argumentieren, dass zur Vermeidung von Umgehungsmöglichkeiten schuldrechtliche Verpflichtungen in den Zurechnungstatbestand einzubeziehen sind. Denn eine für den Bieter so einschneidende Folge wie die des Pflichtangebots darf nicht schon dann eingreifen, wenn der dingliche Erwerb der Aktien noch nicht gesichert ist, sondern von unkalkulierbaren Faktoren außerhalb der Sphäre des Bieters abhängt. Die Aussagekraft über die tatsächlichen Machtverhältnisse an einer Zielgesellschaft wird umso geringer, je weiter sich der Anwendungsbereich des § 30 Abs. 1 Satz 1 Nr. 5 WpÜG von der Eigentümerstellung oder einer vergleichbaren Rechtsstellung mit der Möglichkeit der unmittelbaren Einflussnahme auf die Zielgesellschaft entfernt[873]. Außerdem ist zu berücksichtigen, dass es in vielen Fällen gar nicht zu Problemen wegen der Verzögerung der Veröffentlichungspflichten kommen wird, da bei einem üblichen Kaufvertrag über Aktien der Abschluss des Verpflichtungsgeschäftes und die Lieferung der Aktien innerhalb der börsenüblichen Frist als Erfüllungsgeschäft zeitlich in engstem Zusammenhang stehen. Insofern wird in der Regel der Erwerb des Eigentums an den Aktien innerhalb der von § 35 Abs. 1 WpÜG als äußerste zeitliche Grenze für die Veröffentlichung der Erlangung der Kontrolle vorgesehenen Frist von sieben Kalendertagen liegen. Zwar läuft diese Frist nicht ab dem Zeitpunkt des nicht unter § 30 Abs. 1 Satz 1 Nr. 5 WpÜG fallenden Abschlusses eines Kaufvertrages, sondern erst ab dem Erwerb des Eigentums an den Aktien. Aber es wird nur zu einer kurzzeitigen Verzögerung kommen. Die Ausdehnung der nach § 35 Abs. 1 WpÜG grundsätzlich unverzüglich zu machenden Veröffentlichung auf

---

870 Vgl. Thun, in: Geibel/Süßmann, § 23, Rdnr. 15.

871 Vgl. BT-Drucks. 14/7034, S. 54.

872 Vgl. BT-Drucks. 14/7034, S. 54; Süßmann, in: Geibel/Süßmann, § 30, Rdnr. 20; von Bülow, in: Hirte/von Bülow, § 30, Rdnr. 83.

873 Vgl. Steuer/Baur, WM 1996, S. 1477, 1479.

maximal sieben Kalendertage[874] zeigt schon, dass ein gewisser zeitlicher Spielraum zwischen Erlangung der Kontrolle und Veröffentlichung vorhanden sein kann. Zudem besteht im Unterschied zu § 21 WpHG im Rahmen des WpÜG nur ein Schwellenwert bei einem relativ hohen Stimmrechtsanteil von 30 Prozent, so dass für die Kontrollschwelle des § 29 Abs. 2 WpÜG relevante Fälle deutlich seltener sein werden als Fälle, die eine Mitteilungspflicht nach § 21 WpHG auslösen.

bb) Abgrenzung bezüglich der Veröffentlichungs- und Angebotspflicht gemäß § 35 WpÜG

Problematisch erscheint in diesem Zusammenhang nur, dass das Erlangen der Kontrolle über die Zielgesellschaft zwei Pflichten nach sich zieht: Zum einen die Veröffentlichungspflicht nach § 35 Abs. 1 WpÜG, zum anderen die Angebotspflicht nach § 35 Abs. 2 WpÜG. Nur die letztere Pflicht kann als gravierende Rechtsfolge bezeichnet werden, hingegen nicht die erstere, die einen deutlich geringeren Eingriffscharakter hat, da sich daraus nur eine Pflicht zur unverzüglichen Anzeige der Höhe des Stimmrechtsanteils ergibt. Somit ließe sich argumentieren, dass beim Zurechnungstatbestand schuldrechtliche Erwerbsvereinbarungen nur für die Berechnung des Stimmrechtsanteils im Rahmen der Frage, ob ein Pflichtangebot abzugeben ist, unberücksichtigt bleiben müssen, jedoch für die Frage der Veröffentlichungspflicht mit in die Berechnung einzubeziehen sind. Einer solchen Aufspaltung des Zurechnungstatbestandes ist jedoch aus mehreren Gründen nicht zu folgen. Zum einen gibt der Gesetzestext keinerlei Anhaltspunkte für eine solche uneinheitliche Auslegung des Tatbestandsmerkmals des Erwerbes beim Zurechnungstatbestand des § 30 Abs. 1 Satz 1 Nr. 5 WpÜG. Zum anderen geht die Gesetzesbegründung eindeutig von einer einheitlichen Nichtberücksichtigung schuldrechtlicher Vereinbarungen aus. Zudem wäre eine solche uneinheitliche Auslegung der Rechtssicherheit und Rechtsklarheit abträglich, da es dann zu einer Veröffentlichung des Erreichens der Kontrollschwelle kommen könnte, ohne dass ein Pflichtangebot die zwingende Folge wäre. Genau dies würde zu Unsicherheiten der Marktteilnehmer führen und würde die vom Gesetzeszweck her gewünschte Transparenz der Beteiligungsverhältnisse eher verschleiern als eindeutig klar machen. Zwar ist zuzugeben, dass sehr wohl Fälle denkbar sind, in denen die Erlangung der Kontrolle veröffentlicht wird, die Abgabe eines Pflichtangebots aber ausbleibt[875]. Dies ist aber immer nur dann mög-

---

874 Eine Ausschöpfung der siebentägigen Frist zur Veröffentlichung der Kontrollerlangung wird wohl nur in komplizierten Fällen zulässig sein. In der Regel ist von einer zwei- bis dreitägigen Veröffentlichungsfrist auszugehen; vgl. Meyer, in: Geibel/Süßmann, § 35, Rdnr. 34.

875 Dies ist beispielsweise möglich, wenn vom Bieter die Kontrollstellung erreicht wird und eine Veröffentlichung der Erlangung der Kontrolle deshalb erfolgt, jedoch kurze Zeit später die 30-prozentige Schwelle wieder unterschritten wird. Dann macht es kei-

lich, wenn die BaFin die Befreiung von der Pflicht zur Abgabe eines Angebots als gerechtfertigt ansieht. Insofern ist eine Kontrollinstanz vorhanden, die die Einhaltung der Pflichten aus § 35 WpÜG überwacht. Dies wäre jedoch in dem beschriebenen Fall der unterschiedlichen Auslegung eines Tatbestandsmerkmals des Zurechnungstatbestandes nicht gewährleistet. Somit muss der Zurechnungstatbestand des § 30 Abs. 1 Satz 1 Nr. 5 WpÜG für die Pflichten aus § 35 WpÜG und bei jeder Berechnung des Stimmrechtsanteils des Bieters einheitlich dahingehend ausgelegt werden, dass schuldrechtliche Vereinbarungen immer unberücksichtigt bleiben.
Zu beachten ist aber, dass der Zurechnungstatbestand dann erfüllt wird, wenn in der schuldrechtlichen Erwerbsvereinbarung vom Verkäufer bereits ein Übereignungsangebot abgegeben wurde, das nur noch der Annahme durch den Bieter bedarf.

3. Optionen

a) Schuldrechtliche Optionen

Der Begriff der Option hat keinen eindeutigen rechtlichen Bedeutungsgehalt. Er umschreibt in der Regel das Recht, durch eine einseitige Erklärung einen schuldrechtlichen Vertrag zustande zu bringen[876], dem die dingliche Erfüllung nachfolgt[877]. Für schuldrechtliche Optionsrechte, die ein Ankaufsrecht einräumen, sind verschiedene rechtliche Gestaltungen denkbar. Es kann ein Angebotsvertrag, ein aufschiebend bedingter Kaufvertrag, ein Kaufvorvertrag oder ein Optionsvertrag geschlossen werden[878]. Allen diesen Verträgen ist gemeinsam, dass durch eine Willenserklärung des Bieters ein Kaufvertrag mit dem vorher festgelegten Inhalt zustande kommt. Das Optionsrecht kann aber auch zum Abschluss eines Zeichnungsvertrages berechtigen[879]. Eine gesicherte Rechtsposition hinsichtlich des Eigentumserwerbs an diesen Aktien wird aber dadurch nicht geschaffen. Deshalb ist in diesem Stadium eine Zurechnung von Stimmrechte beim Bieter nicht zumutbar, da zu viele, vom Bieter nicht beeinflussbare Unwägbarkeiten auftreten können, die den Eigentumserwerb letztendlich verhindern. Besonders deutlich wird dies bei der Option zum Abschluss eines Erwerbsgeschäftes über vinkulierte Namensaktien. Hier ist die Erlangung der Eigentumsposition an den Aktien von der Zustimmung der Zielgesellschaft abhängig und führt des-

---

nen Sinn mehr, den Bieter zur Abgabe eines Pflichtangebots zu verpflichten. Deshalb sieht § 37 Abs. 1 WpÜG für diesen Fall eine Befreiungsmöglichkeit vor.

876 Vgl. Heinrichs, in: Palandt, Vor § 145, Rdnr. 23.

877 Vgl. Steuer/Baur, WM 1996, S. 1477, 1481.

878 Vgl. Putzo, in: Palandt, Vor § 504, Rdnr. 10ff.

879 Vgl. Hüffer, § 198, Rdnr. 2, 4.

halb nicht zu einer Zurechnung der Stimmrechte gemäß § 30 Abs. 1 Satz 1 Nr. 5 WpÜG, da der Bieter das Eigentum nicht durch die Abgabe einer Willenserklärung erwerben kann[880]. Das gleiche gilt auch für Befristungen für die Ausübung der schuldrechtlichen Option, die Vereinbarung eines bestimmten Zeitraumes oder die Bestimmung eines genauen Zeitpunktes, in dem die Option ausgeübt werden kann, oder die Vereinbarung eines bestimmten Ereignisses, welches die Option in Kraft treten lässt.
Schuldrechtliche Optionen, die das Recht zum Abschluss eines Kaufvertrages einräumen, fallen somit ebenso wenig unter den Zurechnungstatbestand des § 30 Abs. 1 Satz 1 Nr. 5 WpÜG wie schuldrechtlich bindende Verträge[881].

aa) OTC-Optionen

Bei OTC-Optionen[882] handelt es sich um außerbörslich, im sogenannten Telefonverkehr gehandelte Optionen, die auch auf Aktien lauten können[883]. Hierbei werden die Vertragsbedingungen individuell vereinbart, da dieser Handel noch keine Standardisierung erfahren hat[884]. Soweit in diesen Vertragsbedingungen keine anderweitige Regelung enthalten ist, muss eine Zurechnung von Stimmrechten aus den genannten Gründen ausscheiden.

bb) Rechte aus börsengängigen Optionen

Auch bei Rechten aus börsengängigen Kaufoptionen[885] war im Rahmen des § 22 Abs. 1 Nr. 4 WpHG a.F. umstritten, ob eine Zurechnung von Stimmrechten stattzufinden hat. Dies wurde zum Teil aus Gründen des Anlegerschutzes und der Transparenz bejaht[886]. Ansonsten könnten auf diesem Wege große Positio-

---

880 Vgl. Süßmann, in: Geibel /Süßmann, § 29, Rdnr. 28; in diesem Fall bejaht jedoch Schneider, in: Assmann/Schneider, § 21, Rdnr. 31 eine Zurechnung gemäß § 22 Abs. 1 Nr. 6 WpHG a.F. im Rahmen der Mitteilungspflichten gemäß §§ 21ff. WpHG.

881 Vgl. Süßmann, in: Geibel/Süßmann, § 30, Rdnr. 20.

882 Over the counter-Optionen.

883 Vgl. Steuer/Baur, WM 1996, S. 1477, 1481.

884 Vgl. Steuer/Baur, WM 1996, S. 1477, 1481.

885 Zum rechtlichen Hintergrund bei Optionsgeschäften über Aktien und festverzinsliche Wertpapiere im Börsenterminhandel vgl. die Sonderbedingungen für Optionsgeschäfte, WM 1986, S. 506f., die Besonderen Bedingungen für Optionsgeschäfte an den deutschen Wertpapierbörsen, WM 1986, S. 507f. sowie die Sonderbedingungen für Börsentermingeschäfte, WM 1990, S. 486ff.

886 Vgl. Austmann, WiB 1994, S. 143, 146; Happ, JZ 1994, S. 240, 244; Burgard, BB 1995, S. 2069, 2076; Schneider, in: Assmann/Schneider, § 22 WpHG, Rdnr. 111f.

nen aufgebaut werden, ohne dass dies veröffentlicht werden müsste[887]. Andererseits wurde eine Stimmrechtszurechnung auch abgelehnt[888], weil bei den meisten Optionsgeschäften der Anspruch auf Lieferung der versprochenen Aktien überhaupt nicht geltend gemacht, sondern allein auf den Kursgewinn spekuliert wird[889]. Zu unterscheiden sind zwei Gruppen von Beteiligten im Rahmen von Geschäften mit börsengehandelten Optionen bei denen die Zurechnungsnorm des § 30 Abs. 1 Satz 1 Nr. 5 WpÜG Bedeutung erlangen kann.

(1) Stillhalter einer Verkaufsoption (Put)

Der Stillhalter einer Verkaufsoption verpflichtet sich, den vereinbarten Preis für die Lieferung der Aktien im Falle der Ausübung der Option zu zahlen. Umgekehrt erwirbt der Käufer einer Verkaufsoption das Recht, innerhalb der Laufzeit der Option jederzeit vom Verkäufer die Abnahme bestimmter, zum Optionsgeschäft zugelassener Aktien zu dem vereinbarten Basispreis zu fordern[890]. Er spekuliert also auf fallende Kurse. Nach § 20 Abs. 2 Nr. 2 AktG führt eine Abnahme- oder Stillhalteverpflichtung zur Zurechnung von Stimmrechten. Dem ist für den Zurechnungstatbestand des § 30 Abs. 1 Satz 1 Nr. 5 WpÜG nicht zu folgen, wenn die Verpflichtung durch eine Maßnahme des Berechtigten ausgelöst wird. Da der aus einer Abnahmeverpflichtung verpflichtete Bieter bei einer Put-Option selbst dann nicht den dinglichen Erwerb der Aktien durch eine Willenserklärung herbeiführen kann, wenn er den Kaufpreis bereits bezahlt oder hinterlegt hat, können ihm Stimmrechte nicht zugerechnet werden[891]. Während der Laufzeit der Verkaufsoption ist der Stillhalter nicht in der Lage, über die Aktien zu disponieren und hat keinerlei Einflussmöglichkeit auf die Aktiengesellschaft[892]. Er hat auch keinerlei Möglichkeit, auf die Ausübung der Option einzuwirken. Solange die Option nicht ausgeübt wird, kann er nicht Eigentümer der Aktien werden. Eine Stimmrechtszurechnung beim Stillhalter einer Verkaufsoption ist somit abzulehnen. Zu denken ist in diesem Fall jedoch an eine Zurech-

---

887 Vgl. Burgard, BB 1995, S. 2069, 2076; Schneider, in: Assmann/Schneider, § 22 WpHG, Rdnr. 112.

888 Vgl. Falkenhagen, WM 1995, S. 1005, 1007; Steuer/Baur, WM 1996, S. 1477, 1481; Weber, NJW 1994, S. 2849, 2856; offengelassen von Bayer, in: Münchener Kommentar zum AktG, Anh § 22, § 22 WpHG, Rndr. 35.

889 Vgl. Bayer, in: Münchener Kommentar zum AktG, Anh § 22, § 22 WpHG, Rndr. 35

890 Vgl. § 3 Abs. 2 der Besonderen Bedingungen für Optionsgeschäfte an den deutschen Wertpapierbörsen, WM 1986, S. 507.

891 Vgl. von Bülow, in: Hirte/von Bülow, § 30, Rdnr. 87; Opitz, in: Schäfer, § 22, Rdnr. 68.

892 Vgl. Steuer/Baur, WM 1996, S. 1477, 1481.

nung gemäß § 30 Abs. 1 Satz 1 Nr. 2 WpÜG, falls dem Stillhalter bereits das Recht zusteht, auf die Stimmrechtsausübung Einfluss zu nehmen und die Beziehung zwischen den Parteien der eines Treuhandverhältnisses gleichzusetzen ist.

(2) Käufer einer Kaufoption (Call)

Der Käufer einer Kaufoption hat das Recht, innerhalb der Laufzeit der Option jederzeit vom Verkäufer die Lieferung bestimmter, zum Optionsgeschäft zugelassener Aktien zum vereinbarten Basispreis zu fordern[893]. Er spekuliert also auf steigende Kurse. Umgekehrt ausgedrückt verpflichtet sich der Stillhalter einer Kaufoption, im Falle der Ausübung der Option durch den Inhaber, die der Option zugrundeliegenden Aktien zum vereinbarten Basispreis zu liefern.
Für das WpÜG ist aus der Sicht des Bieters zu argumentieren und festzustellen, dass es ihm nicht zumutbar sein kann, schon bei Erlangung einer börsengängigen Kaufoption, diesen Aktienanteil mit in seinen gesamten Aktienbestand einzubeziehen und bei Überschreiten der 30-prozentigen Kontrollschwelle zur Abgabe eines Pflichtangebots zu verpflichten. Zudem hat der Inhaber einer börsengängigen Kaufoption, anders als dies bei der Vereinbarung einer individualvertraglichen Kaufoption denkbar ist, keinerlei Möglichkeiten, auf die Ausübung der Stimmrechte Einfluss zu nehmen[894]. Bei Call-Optionen muss zunächst die Option ausgeübt, dann von Seiten des Käufers gezahlt und von Seiten des Verkäufers geliefert werden. Dieser Vorgang ist derartig komplex und der Aktienerwerb im Ergebnis so ungewiss, dass er nicht dem Zurechnungstatbestand des § 30 Abs. 1 Satz 1 Nr. 5 WpÜG unterfallen kann. Dies gilt unabhängig davon, wie man eine Kaufoption rechtsdogmatisch einordnen will[895]. Denn allen Konstruktionen ist gemeinsam, dass durch die Ausübung des Optionsrechts nur Lieferverpflichtungen des Stillhalters begründet werden. Konsequenterweise muss dies aber, wenn schon bei schuldrechtlich bindenden Verträgen die Stimmrechtszurechnung ab-

---

893 Vgl. § 3 Abs. 1 der Besonderen Bedingungen für Optionsgeschäfte an den deutschen Wertpapierbörsen, WM 1986, S. 507.

894 So auch Burgard, BB 1995, S. 2069, 2076.

895 Nach einer Ansicht handelt es sich bei der Kaufoption um eine einseitige Dauerofferte, also um die Einräumung der Möglichkeit, während der Optionszeit das bindende Angebot des Stillhalters zum Abschluss eines Kaufvertrages anzunehmen. Eine andere Auffassung sieht in der Kaufoption den Abschluss eines Angebotsvertrages, wieder andere einen aufschiebend bedingten Kaufvertrag, der durch die Optionserklärung endgültige Wirksamkeit erlangt. Eine vierte Ansicht bezeichnet das Kaufoptionsrecht als einseitiges Gestaltungsrecht, mit dessen Ausübung der Optionskäufer den bereits im einzelnen ausgehandelten Hauptvertrag in Kraft setzt. Vgl. Steuer/Baur, WM 1996, S. 1477, 1481; Schneider, in: Assmann/Schneider, § 22 WpHG, Rdnr. 112; Hartung, S. 82ff.; Schwark, BörsenG, Einl. §§ 50–70, Rdnr. 13 m.w.N.

gelehnt wird, erst recht gelten, wenn noch nicht einmal die Lieferverpflichtung begründet ist[896].

cc) Rechte aus Optionsscheinen

Am deutschen Optionsscheinmarkt führen die nicht von der Gesellschaft selbst ausgegebenen Optionsscheine überwiegend nur zu einem Anspruch auf Zahlung eines Differenzbetrages, nicht hingegen auf Lieferung oder gar Übereignung der Aktien[897]. Aber auch für den Fall, dass die Lieferung von Aktien verlangt werden kann, führt dies nicht dazu, dass die Aktien durch eine Willenserklärung des Bieters erworben werden können. Vielmehr muss zunächst die Option gegenüber der Optionsstelle ausgeübt werden und der Kaufpreis bezahlt werden. Erst anschließend müssen die Aktien geliefert und übereignet werden[898]. Dies sind zu viele Zwischenschritte als dass eine Zurechnung der Stimmrechte allein durch das Recht aus einem Optionsschein ausgelöst werden könnte. Zu Problemen kann es auch deshalb kommen, weil der Stillhalter häufig selbst nicht über die Aktien verfügt, bezüglich derer ein Optionsschein ausgestellt wurde, sondern dieser nur seine offene Position durch Hedge-Geschäfte absichert[899]. Dann entfällt auch jegliche Möglichkeit des Bieters, auf die Art und Weise der Stimmrechtsausübung Einfluss zu nehmen.

dd) Zusammenfassung

Somit bleibt festzuhalten, dass Rechte aus börsengängigen Optionen und Optionsscheinen nicht zu einer Stimmrechtszurechnung gemäß § 30 Abs. 1 Satz 1 Nr. 5 WpÜG führen. Die Geltung des Analogieverbotes für § 30 WpÜG[900] verhindert auch eine analoge Anwendung der Norm. Zudem dienen diese als standardisierte Finanzinstrumente ganz überwiegend der Kursabsicherung oder der Spekulation und werden in der Regel nicht ausgeübt[901].

Eine andere Frage ist es, ob eine solche Regelung vom Gesetzgeber geschaffen werden sollte. Eine diesbezügliche Erweiterung der Stimmrechtszurechnungstatbestände erscheint jedoch vor dem Hintergrund der für den Bieter belastenden Folge eines Pflichtangebotes nicht erstrebenswert und würde sich auch nicht in das Gesamtkonzept der anderen Zurechnungstatbestände einfügen. Nach diesen ist nämlich eine Zurechnung nur dann zu bejahen, wenn der Bieter eine Möglichkeit hat, den Eigentümer der Aktien bei dessen Stimmrechtsausübung zu be-

896 Vgl. Steuer/Baur, WM 1996, S. 1477, 1482.

897 Vgl. Opitz, in: Schäfer, § 22, Rdnr. 67.

898 Vgl. Opitz, in: Schäfer, § 22, Rdnr. 67.

899 Vgl. Opitz, in: Schäfer, § 22, Rdnr. 67.

900 Vgl. dazu oben 3. Kapitel, II. 5.

901 Vgl. Steuer/Baur, WM 1996, S. 1477, 1482.

einflussen. Die Argumentation, dass der Bieter in vielen Fällen die Möglichkeit hätte, eine Befreiung nach § 20 WpÜG für die Aktien zu erhalten, an denen er Rechte aus einer börsengängigen Kaufoption hat, führt zu keinem anderen Ergebnis. Zwar könnte dadurch die Gefahr vermindert werden, dass der Bieter ein Pflichtangebot abzugeben hat, jedoch erscheint die Schaffung eines Zurechnungstatbestandes, der in der praktischen Anwendung wegen der häufig gemäß § 20 WpÜG eingreifenden Ausnahmeregelung so gut wie nie eingreift, nutzlos. Die Einbeziehung von Optionsgeschäften in den Zurechnungstatbestand hätte zudem zur Folge, dass der Abschluss dieser börsentypischen Handelstransaktionen behindert würde[902]. Denn jeder Bieter, der eigene oder zurechenbare Stimmrechtsanteile in der Nähe der 30-prozentigen Kontrollschwelle besitzt, wäre der Gefahr ausgeliefert, bei Abschluss eines Optionsgeschäftes die Kontrollschwelle zu überschreiten. Dies hätte dann die Pflicht zur Abgabe eines Vollangebots nach § 35 Abs. 2 WpÜG zur Folge, was natürlich zur Abstandnahme von Optionsgeschäften führen würde. Eine solche Behinderung von Optionsgeschäften soll jedoch durch die Zurechnungsvorschriften gerade nicht herbeigeführt werden.

b) Dingliche Optionen

In einem Fall, in dem die dingliche Übereignung nur noch von einer Willenserklärung des Bieters abhängt, nicht aber von einem Verhalten der anderen Vertragspartei, spricht man von einer Potestativbedingung[903]. Eine Zurechnung von Stimmrechten nach § 30 Abs. 1 Satz 1 Nr. 5 WpÜG ist dann ohne weiteres zu bejahen, da es allein von der Entscheidung des Bieters abhängt, ob er das Eigentum an den Aktien der Zielgesellschaft erwerben will oder nicht[904].
Für die Fälle, in denen die Übertragung des Eigentums an Aktien von einer anderen als der reinen Potestativbedingung abhängig ist, stellt sich die Frage, ob eine Stimmrechtszurechnung zu rechtfertigen ist. Dingliche Optionen können verschiedene Inhalte haben. In Betracht kommen beispielsweise Befristungen für die Ausübung der Option, die Vereinbarung eines bestimmten Zeitraumes oder die Bestimmung eines genauen Zeitpunktes, in dem die Option ausgeübt werden kann, oder die Vereinbarung eines bestimmten Ereignisses, welches die Option in Kraft treten lässt. In allen diesen Fällen spricht man von einer dinglichen Option[905].

---

902 Vgl. Steuer/Baur, WM 1996, S. 1477, 1482.

903 Vgl. Heinrichs, in: Palandt, Einf. v. § 158, Rdnr. 10. Das Setzen einer Potestativbedingung ist als Ausnahme vom Grundsatz der Bedingungsfeindlichkeit von Gestaltungsrechten anzusehen, weil deren Erfüllung allein vom Willen des Erklärungsempfängers abhängt, vgl. Heinrichs, in: Palandt, Einf. v. § 158, Rdnr. 13.

904 Vgl. Süßmann, in: Geibel/Süßmann, § 30, Rdnr. 22; Witt, AG 2001, S. 233, 237.

905 Zu pauschal insofern Süßmann, in: Geibel/Süßmann, § 30, Rdnr. 22.

aa) Befristung

Denkbar ist eine Befristung, also die Vereinbarung eines Zeitpunktes, von dem ab die Option vom Bieter jederzeit ausgeübt werden kann. Der Zeitraum der Befristung kann dabei beliebig lange sein. In diesem Fall ist eine Stimmrechtszurechnung erst nach Ablauf der Befristung, also ab dem Zeitpunkt der Möglichkeit des Bieters, von seiner Option Gebrauch zu machen, vorzunehmen. Zuvor besteht für den Bieter keinerlei Möglichkeit, eine Willenserklärung abzugeben, die zu einem Eigentumserwerb an den Aktien der Zielgesellschaft führt[906].

bb) Vereinbarung eines bestimmten Zeitraumes

Denkbar ist die Vereinbarung einer bestimmten Zeitperiode, innerhalb derer die Option vom Bieter jederzeit ausgeübt werden kann. Der Zeitraum kann dabei entweder sofort mit der Vereinbarung der Option oder erst zu einem späteren Zeitpunkt beginnen. Die Dauer des vereinbarten Zeitraumes ist unerheblich und kann von wenigen Tagen bis zu mehreren Jahren reichen. In diesem Fall ist eine Stimmrechtszurechnung für den gesamten Zeitraum, in dem der Bieter die Möglichkeit hat, von seiner Option Gebrauch zu machen, vorzunehmen. Hingegen ist die Zeit vor Beginn und nach Ende der Möglichkeit der Ausübung der Option vom Zurechnungstatbestand auszunehmen. Übt er die Option innerhalb des Zeitraums aus, entfällt zwar der Zurechnungstatbestand, der Aktienanteil des Bieters bleibt allerdings gleich, da der Aktienanteil, der ihm zuvor zugerechnet wurde, ihm von diesem Zeitpunkt an gehört. Wird die Option vom Bieter während des Laufes der Ausübungsfrist nicht ausgeübt, entfällt mit dem Ablauf der Zeitperiode gleichzeitig mit der Option auch der Zurechnungstatbestand.

cc) Vereinbarung eines bestimmten Zeitpunktes

Möglich ist aber auch eine dingliche Kaufoption, die nur zu einem bestimmten Zeitpunkt ausgeübt werden kann. In diesem Fall ist es schwieriger zu entscheiden, ob und wann der Zurechnungstatbestand eingreifen soll. Denkbar ist zum einen, dass eine Zurechnung schon ab Vereinbarung der Kaufoption vorzunehmen ist. Zum anderen könnte man argumentieren, dass der Bieter bis zum Eintritt des vorgegebenen Zeitpunktes keine Möglichkeit hat, seine Option auszuüben, so dass es zu überhaupt keiner Zurechnung der Stimmrechte kommen kann, da der Bieter im Falle der Ausübung der Option sofort das Eigentum an den Aktien erwirbt und im Falle der Nichtausübung der Option, der Zurechnungstatbestand gar nicht mehr zur Entstehung kommen kann, weil der Bieter die Aktien nicht mehr durch eine Willenserklärung erwerben kann. Der letzteren Ansicht ist zu folgen, da der Zurechnungstatbestand des § 30 Abs. 1 Satz 1 Nr. 5 WpÜG voraussetzt, dass der Bieter die Möglichkeit hat, die Aktien durch die

906 Vgl. Steuer/Baur, WM 1996, S. 1477, 1480.

Abgabe einer Willenserklärung zu erwerben, ohne dass es vom Willen des Verkäufers oder vom Eintritt eines nicht vom Bieter beeinflussbaren Ereignisses abhängt, ob der Bieter die Übertragung des Eigentums an den Aktien bewirkt. Ist aber die Ausübung der Option nur auf einen bestimmten Zeitpunkt bezogen, kann der Bieter eine solche Willenserklärung vor oder nach diesem Zeitpunkt gerade nicht abgeben. Genau zu dem bestimmten Zeitpunkt ist je nach der Verhaltensweise des Bieters eine Stimmrechtszurechnung nicht nötig oder nicht möglich.

dd) Aufschiebend bedingte Übereignung

Bei der vierten Fallgruppe der dinglichen Option handelt es sich um eine Vereinbarung zwischen Verkäufer und Bieter bei welcher der Eigentumsübergang[907] oder der Beginn der Ausübungsbefugnis der Option durch den Bieter vom Eintritt eines Ereignisses abhängt, also eine Bedingung eintreten muss.
Wird vom Verkäufer ein Übereignungsangebot unter einer aufschiebenden Bedingung abgegeben, ist zu unterscheiden, ob der Eintritt der Bedingung ausschließlich vom Bieter selbst herbeigeführt werden kann, ob der Eintritt der Bedingung vom Verkäufer oder einem Dritten[908] abhängt, oder ob gar der Eintritt der Bedingung in dem Eintritt eines Ereignisses zu sehen ist, welches nicht beeinflusst werden kann[909]. Nur in der ersten Variante kann eine Zurechnung der Stimmrechte des Verkäufers auf den Bieter angenommen werden, da dieser nur in diesem Fall den Eintritt des Ereignisses selbst herbeiführen kann, in den anderen drei Varianten es jedoch nicht mehr vom Willen des Bieters abhängt, ob die Bedingung eintritt oder nicht[910]. Zudem ist nur dann vor dem Hintergrund eines

907 Als Beispiel hierfür kann das Umtauschangebot von Vodafone im Übernahmeverfahren Vodafone-Mannesmann herangezogen werden. Dort hieß es in Anhang I Teil B Nr. 4 b) Satz 1: „Mit Annahme des Angebots einigen sich der jeweilige Mannesmann-Aktionär und Vodafone AirTouch gleichzeitig über den Übergang des Eigentums an den betreffenden Mannesmann-Aktien an Vodafone AirTouch bei Eintritt der [in Anhang I Teil A genannten] Aufschiebenden Bedingungen." Vgl. näher hierzu Burgard WM 2000, S. 611, 613.

908 Ein Beispiel dafür, dass der Eintritt einer Bedingung von einem Dritten abhängt, ist beispielsweise in der Notwendigkeit der kartellrechtlichen Freigabe einer Transaktion durch die Kartellbehörde zu sehen.

909 Ein nicht beeinflussbares Ereignis kann beispielsweise darin gesehen werden, dass die Ausübungsbefugnis der Option durch den Bieter vom Erreichen eines bestimmten Aktienkurses der Zielgesellschaft abhängig gemacht wird.

910 Das Umtauschangebot im Übernahmeverfahren Vodafone-Mannesmann enthielt die Bedingung, dass die Gesamtzahl der Mannesmann-Aktien für die eine Annahme des Umtauschangebots erklärt wird, 50 Prozent aller Mannesmann-Aktien übersteigen muss. Dies deutet zunächst auf eine Bedingung hin, die nicht von Vodafone als Bieter beeinflusst werden könnte. Jedoch bestimmte der vorletzte Satz von Anhang I Teil A des Umtauschangebots ausdrücklich, dass Vodafone auf diese Bedingung ganz oder

drohenden Pflichtangebots eine Stimmrechtszurechnung auf den Bieter als zumutbar anzusehen.
Fraglich ist jedoch, ab welchem Zeitpunkt in diesem Fall die Zurechnung angenommen werden kann. Es kann nämlich vorkommen, dass der Bieter, bevor er die Aktien durch eine Willenserklärung erwerben kann, erst den Bedingungseintritt herbeiführen muss[911], der ihm die Möglichkeit zur Ausübung der Option erst ermöglicht. Einerseits kann man argumentieren, dass der Bieter jederzeit den Bedingungseintritt herbeiführen und sofort anschließend durch die Abgabe einer Willenserklärung seinen Eigentumserwerb vollenden kann. Dies würde dafür sprechen, dem Bieter auch schon vor Bedingungseintritt die Stimmrechte zuzurechnen, denn sonst würde eine Umgehungsmöglichkeit des Zurechnungstatbestandes dadurch geschaffen, dass der Bieter neben der dinglichen Kaufoption eine von ihm beeinflussbare Bedingung vereinbart und somit eine Zurechnung zunächst bis zum Eintritt dieser Bedingung ausscheidet. Dies würde den Anwendungsbereich der Zurechnungsnorm des § 30 Abs. 1 Satz 1 Nr. 5 WpÜG unangemessen einschränken. Andererseits hat der Bieter auch die Möglichkeit, zunächst den in seinem Ermessen liegenden Bedingungseintritt hinauszuzögern. Er muss auch nach Bedingungseintritt nicht sofort seinen Eigentumserwerb durch die Abgabe einer Willenserklärung vollenden. Somit ist der Bedingungseintritt als notwendige Zwischenstufe zur Auslösung des Optionsrechts anzusehen. Vor Eintritt dieser Bedingung besteht eben gerade keine Möglichkeit für den Bieter, die Aktien, wie es der Wortlaut des § 30 Abs. 1 Satz 1 Nr. 5 WpÜG vorschreibt, durch eine Willenserklärung zu erwerben. Deshalb erscheint es möglich anzunehmen, dass bevor diese Zwischenstufe nicht erreicht ist, eine Zurechnung von Stimmrechten nicht angenommen werden kann.
Jedoch ist aus den erwähnten Gründen der Gefahr der Umgehung des Zurechnungstatbestandes und der Beeinflussung des Bedingungseintritts allein durch den Bieter eine Zurechnung der Stimmrechte schon dann zu bejahen, wenn eine Bedingung vereinbart wurde, die der Bieter beeinflussen kann und deren Eintritt entweder direkt zum Eigentumserwerb oder zur Berechtigung des Bieters führt, eine dingliche Kaufoption auszuüben. Das durch die bedingte Übereignung geschaffene Anwartschaftsrecht, dessen Erstarken zum Vollrecht nur noch von der Abgabe einer Willenserklärung durch den Bieter abhängt, schafft eine unmittel-

---

teilweise verzichten kann. Dies bedeutet, dass selbst für den Fall, dass weniger als 50 Prozent der Aktien umgetauscht worden wären, Vodafone lediglich hätte erklären müssen, auf die Einhaltung dieser Bedingung verzichten zu wollen, um den Eigentumsübergang trotzdem herbeizuführen. Dieser Verzicht führte somit dazu, dass der Eintritt der Bedingung von Vodafone herbeigeführt werden kann. Vgl. Burgard WM 2000, S. 611, 614.

911 Dies ist natürlich nur dann anzunehmen, wenn die Möglichkeit der Abgabe der Willenserklärung an ein vom Bieter beeinflussbares Ereignis geknüpft ist, beispielsweise an die Bezahlung des Kaufpreises für die zu erwerbenden Aktien. In anderen Fällen wird aber der Bieter bei der aufschiebend bedingten Übereignung jederzeit die Möglichkeit haben, die zum Erwerb der Aktien führende Willenserklärung abzugeben.

bare Vorstufe zur Rechtsposition eines Aktionärs, lässt den Bieter schon als wirtschaftlichen Eigentümer erscheinen und gewährt einen Einfluss auf die Art und Weise der Stimmrechtsausübung durch den Verkäufer der Aktien[912].

ee) Mischformen aus Befristung und Bedingung

Werden Befristungen und Bedingungen bei der Vereinbarung einer dinglichen Kaufoption gleichzeitig verwendet[913], gelten keine Besonderheiten. Vielmehr sind die oben dargestellten Grundsätze auch auf alle Mischformen anwendbar.

4. Sonstige Verträge und Konstellationen

a) Termingeschäfte und Geschäfte mit herausgeschobenen Lieferfristen

Denkbar sind auch Fälle, bei denen mit Abschluss des Kaufvertrages der Anspruch auf Übereignung der Aktien begründet wird. Dies kann beispielsweise bei Termingeschäften oder Geschäften mit herausgeschobenen Lieferfristen vorkommen. In diesen Fällen bedarf es nicht einmal mehr einer weiteren Erklärung des Bieters, um das Eigentum an den Aktien der Zielgesellschaft zu erwerben. Vielmehr tritt der Eigentumserwerb am Tag der Lieferung der Aktien ein.
Im Rahmen des § 22 Abs. 1 Nr. 6 WpHG a.F. wurde hier die Auffassung vertreten, dass dann, wenn ein Tatbestand, bei dem der Erwerb noch von einer Erklärung des Berechtigten abhängt, die Zurechnungsnorm erfüllt, dies erst recht anzunehmen ist, wenn es keiner weiteren Erklärung bedarf[914]. Dieses argumentum a fortiori wurde jedoch auch als angreifbar und nicht mit dem Gesetzestext des § 22 Abs. 1 Nr. 6 WpHG a.F. vereinbar bezeichnet[915].
Letzterer Ansicht ist auch für die Fassung des § 30 Abs. 1 Satz 1 Nr. 5 WpÜG zu folgen[916]. Es kommt allein auf den dinglichen Eigentumserwerb durch eine Willenserklärung des Bieters an[917]. Betrachtet man den Wortlaut des § 30 Abs. 1

---

912 Vgl. Opitz, in: Schäfer, § 22, Rdnr. 66.

913 Möglich erscheint beispielsweise die Vereinbarung von Klauseln des Inhalts „mit Eintritt der Bedingung x, spätestens jedoch am 30.06.“ oder „ab dem 01.07., wenn nicht zuvor die Bedingung x eintritt“ in Bezug auf das Entstehen einer dinglichen Kaufoption.

914 Vgl. Burgard, BB 1995, S. 2069, 2076; Schneider, in: Assmann/Schneider, § 22 WpHG, Rdnr. 100.

915 Vgl. Opitz, in: Schäfer, § 22, Rdnr. 65; Witt, S. 152, Fn. 80; Steuer/Baur, WM 1996, S. 1477, 1479.

916 Vgl. Riehmer, in: Haarmann/Riehmer/Schüppen, § 30, Rdnr. 50.

917 Hier ist wiederum der Unterschied zu § 20 Abs. 2 Nr. 1 AktG zu beachten, nach dem es für die Zurechnung von Stimmrechten ausreicht, wenn die Übereignung verlangt werden kann.

Satz 1 Nr. 5 WpÜG, so stellt man fest, dass dieser bei Termingeschäften und Geschäften mit herausgeschobenen Lieferfristen nicht erfüllt wird, da der Bieter die Aktien nicht durch die Abgabe einer Willenserklärung erwerben kann. Er muss nur auf den Tag der Lieferung der Aktien warten, ohne selbst tätig werden zu müssen. Der Zurechnungstatbestand setzt aber voraus, dass der Bieter die Aktien durch seine Willenserklärung erwerben kann, also ohne eine weitere Mitwirkungshandlung des Veräußerers[918]. Die Berechtigung des Käufers, die Erfüllung des Kaufvertrages durch die Lieferung der Aktien zu verlangen und durch geeignete Maßnahmen durchzusetzen, kann nicht mit dem Erwerb durch die Abgabe einer Willenserklärung gleichgesetzt werden[919]. Denn es besteht nicht die Sicherheit, dass der Bieter auch tatsächlich seinen Anspruch durchsetzen kann, sei es, weil der Verkäufer die Aktien in der Zwischenzeit an eine andere Person veräußert hat, sei es, dass er von seiner Lieferpflicht durch die Ausübung eines Rücktrittsrechts befreit ist, oder er Einwendungen gegen den Lieferanspruch geltend machen kann.

b) Vorkaufsrechte und Vorhandrechte

Hat der Bieter ein Vorkaufsrecht oder Vorhandrecht[920] an Aktien, steht ihm also das Recht zu, dass ein Dritter, wenn er die Aktien verkaufen will, die Aktien zuerst dem vorkaufsberechtigten Bieter zum Kauf anbieten muss, besteht für den Bieter ebenfalls keine Möglichkeit, die Aktien durch die Abgabe einer Willenserklärung zu erwerben[921]. Es bedarf zunächst schon einmal der Verkaufsabsicht durch den Dritten. Da diese nicht vom Bieter beeinflussbar ist, ist diesem zu einem solch frühen Zeitpunkt eine Zurechnung der Stimmrechte gemäß § 30 Abs. 1 Satz 1 Nr. 5 WpÜG nicht zumutbar. Auch nach Auslösung eines Vorkaufs- oder Vorhandrechts gilt dasselbe, da in diesen Fällen in der Regel keine aufschiebend bedingte dingliche Übertragung des Eigentums an der Aktie vereinbart wird[922].

---

918 Zu den Mitwirkungshandlungen des Veräußerers sind zum einen Willenserklärungen wie Übereignungserklärungen, zum anderen tatsächlichen Handlungen wie Besitzübertragung durch Lieferung oder sonstige Erfüllung zu zählen.

919 Vgl. Opitz, in: Schäfer, § 22, Rdnr. 65.

920 Vorhandrechte geben das sogenannte „right of first refusal“.

921 Vgl. von Bülow, in: Hirte/von Bülow, § 30, Rdnr. 98; Opitz, in: Schäfer, § 22, Rdnr. 65.

922 Vgl. von Bülow, in: Hirte/von Bülow, § 30, Rdnr. 98.

c) Bezugsrechte

Auch durch den Erwerb von Bezugsrechten wird der Zurechnungstatbestand des § 30 Abs. 1 Satz 1 Nr. 5 WpÜG nicht verwirklicht. Erhält ein Aktionär auf seinen bereits vorhandenen Bestand entfallende Bezugsrechte, und bezieht man den sich aus den Bezugsrechten ergebenden Anspruch auf Aktien hypothetisch mit in seine Gesamtstimmenzahl der Aktien ein, verändert sich dadurch seine Beteiligungsquote nicht, da die Anzahl der vom Aktionär nach der Ausübung des Bezugsrechts gehaltenen Stimmrechte im gleichen Verhältnis ansteigt wie die Gesamtzahl der Stimmrechte[923]. Schon deshalb ist es nicht möglich, die sich aus Bezugsrechten zukünftig ergebenden Stimmrechte dem Aktionär zuzurechnen. Aber auch der Erwerb von Bezugsrechten über die vorhandene Beteiligungsquote hinaus oder ohne selbst zuvor einen Aktienanteil zu besitzen, führt nicht zu einer Stimmrechtszurechnung, weil es dem Bezugsrechtsinhaber nicht möglich ist, das Eigentum an den neuen Aktien durch die Abgabe einer Willenserklärung zu erwerben, sondern eine Vielzahl von Tatbestandsverwirklichungen notwendig ist[924]. Zudem hat der Inhaber eines Bezugsrechts keinerlei Möglichkeit, Einfluss auf die Stimmrechte der sich aus dem Bezugsrecht entstehenden neuen Aktien zu nehmen. Zu bedenken ist nämlich, dass die Bezugsrechte selbst noch gar keine Stimmrechte geben. Die Stimmrechte entstehen erst mit Zuteilung der Aktien an die Bezugsrechtsinhaber. Insofern erscheint es schon denknotwendig unmöglich, Stimmrechte zuzurechnen, die noch gar nicht existent sind. Charakteristisches Merkmal aller anderen Zurechnungstatbestände des § 30 WpÜG ist es, dass die bestehenden Stimmrechte eines Dritten dem Bieter zugerechnet werden, weil er in einer besonderen Beziehung zu dem Dritten und damit zu dessen Aktien steht. Zwar könnte für Bezugsrechte, die sich auf erst aus Kapitalerhöhungen entstehende Aktien beziehen, hypothetisch auf das nach der Durchführung der Kapitalerhöhung entstehende insgesamt erhöhte Kapital abgestellt werden[925]. Insgesamt scheitert jedoch eine Zurechnung der Stimmrechte nach § 30 Abs. 1 Satz 1 Nr. 5 WpÜG in diesem Fall schon am Wortlaut und Gesetzeszweck der Norm.

---

923 Werden beispielsweise bei einem Gesamtbestand an Aktien in Höhe von 100000, Bezugsrechte für 10000 neue Aktien ausgegeben und hält der Aktionär 400 Aktien, hat der Aktionär Bezugsrechte für 40 neue Aktien, da in beiden Fällen ein Steigerung von 10 Prozent vorgenommen werden musS. Die Beteiligungsquote des Aktionärs bleibt konstant bei 0,4 Prozent, nämlich 400/100000 bzw. 440/110000.

924 Vgl. von Bülow, in: Hirte/von Bülow, § 30, Rdnr. 96; Opitz, in: Schäfer, § 22, Rdnr. 67. In der Praxis zeichnet in der Regel ein Bankenkonsortium die Aktien und stellt diese anschließend den Aktionären zur Verfügung. In diesem Fall spricht man von einem mittelbaren Bezugsrecht gemäß § 186 Abs. 5 AktG. Das Kreditinstitut ist verpflichtet, den bezugsberechtigten Aktionären die jungen Aktien zum Kauf anzubieten, vgl. Steuer/Baur, WM 1996, S. 1477, 1483.

925 Vgl. Opitz, in: Schäfer, § 22, Rdnr. 67.

d) Wertpapierleihe

Fraglich ist, ob im Rahmen der Wertpapierleihe wegen des Anspruchs des Verleihers gegen den Entleiher auf Rückübertragung der Aktien der Zielgesellschaft eine Zurechnung der Stimmrechte nach § 30 Abs. 1 Satz 1 Nr. 5 WpÜG erfolgen kann. Im Rahmen des § 22 Abs. 1 Nr. 6 WpHG a.F. wurde dies von den Vertretern der Auffassung, dass ein schuldrechtlicher Anspruch für die Zurechnung beim Meldepflichtigen genügt, konsequenterweise bejaht[926]. Dies ist aber für die Zurechnungsvorschrift nach dem WpÜG[927] gerade deshalb abzulehnen, weil es sich bei diesem Anspruch nur um einen schuldrechtlichen Anspruch handelt[928]. Der Verleiher ist nicht in der Lage, durch die Abgabe einer Willenserklärung das Eigentum an den Aktien zurückzuerwerben. In der Regel sind mehrere Tatbestände zu erfüllen, bevor der Verleiher die Aktien wieder in seinem Eigentum hat. Auch wenn von den Vertragsparteien eine Rückübertragung per Termin vereinbart wurde, hat der Verleiher kein Recht, den Rückerwerb durch eine Willenserklärung herbeizuführen[929].

e) Echtes und unechtes Pensionsgeschäft

Die zur Wertpapierleihe gemachten Ausführungen können auch für echte und unechte Pensionsgeschäfte herangezogen werden[930]. Beim echten Pensionsgeschäft vereinbaren die Vertragsparteien einen Kauf von Wertpapieren mit gleichzeitigem Rückkauf nach einer bestimmten oder vom Pensionsgeber noch zu bestimmenden Zeit[931]. Auch die Vereinbarung einer Rückkaufoption des Pensionsgebers ist im Rahmen eines echten Pensionsgeschäftes denkbar[932]. Beim unechten Pensionsgeschäft ist der Pensionsnehmer berechtigt, aber nicht verpflich-

---

926 Vgl. Schneider, in: Assmann/Schneider, § 22, Rdnr. 50, 100; Burgard, BB 1995, S. 2069, 2074, die § 22 Abs. 1 Nr. 6 WpHG a.F. für alle Fälle anwenden wollten, in denen der Entleiher das Eigentum an den Aktien bereits an einen Dritten übertragen hat. Ist der Entleiher noch im Eigentum der Aktien sollte nach deren Ansicht § 22 Abs. 1 Nr. 1 WpHG a.F. eingreifen.

927 Ebenso für § 22 Abs. 1 Nr. 6 WpHG a.F. Steuer/Baur, WM 1996, S. 1477, 1483.

928 Vgl. Süßmann, in: Geibel/Süßmann, § 30, Rdnr. 14.

929 Vgl. dazu oben 4. Kapitel, II. 2. k).

930 Vgl. Steuer/Baur, WM 1996, S. 1477, 1484.

931 Auch hier ist die exakte dogmatische Einordnung umstritten. Vertreten wird die Theorie des doppelten Kaufvertrages, des Darlehensvertrages, des atypisch, kaufähnlichen Vertrages, der auflösend befristeten Schenkung und des Schuldverhältnisses eigener Art, vgl. dazu Gesell, S. 158ff. Für die Problematik der Stimmrechtszurechnung spielt dies jedoch keine Rolle.

932 Vgl. Budde/Karig, in Beck'scher Bilanzkommentar, § 246 HGB, Rdnr. 21.

tet, die Wertpapiere an den Pensionsgeber zurückzuübertragen. Allen diesen Fällen ist gemeinsam, dass es dem Pensionsgeber nicht möglich ist, durch eine Willenserklärung das Eigentum an den Aktien zurückzuerwerben. Nur dann, wenn eine spezialvertragliche Regelung[933] in diesem Sinne getroffen wurde, kann eine Zurechnung nach § 30 Abs. 1 Satz 1 Nr. 5 WpÜG bejaht werden.

f) Repurchase-Agreements (Repos)

Für Repurchase-Agreements[934] gelten die gleichen Grundsätze wie für echte Pensionsgeschäfte, so dass auch hier eine Stimmrechtszurechnung nicht möglich ist.

5. Gefahr der Umgehung des Zurechnungstatbestandes durch bestimmte Transaktionsgestaltungen

Die Gefahr der Umgehung des Zurechnungstatbestandes des § 30 Abs. 1 Satz 1 Nr. 5 WpÜG erscheint bei einer den obigen Grundsätzen entsprechenden Auslegung als sehr gering. Somit ist nicht davon auszugehen, dass durch eine besondere Transaktionsgestaltung die Abgabe eines Pflichtangebots verhindert werden kann.
Zu denken ist an die Umgehungsmöglichkeit durch Veräußerung der Aktien durch den Bieter an einen Dritten mit der gleichzeitigen Vereinbarung, dass dem Bieter der einseitige Rückerwerb jederzeit möglich ist. Dies wäre für einen Bieter naheliegend, der bereits nahe an die Kontrollschwelle herangekommen ist und weitere Aktien hinzuerwerben will, ohne sich einem Pflichtangebot auszusetzen. Auch hier ist konsequenterweise davon auszugehen, dass eine Zurechnung auf den Bieter nur dann möglich ist, wenn es sich um eine dingliche Rückerwerbsklausel handelt, also der dingliche Rückerwerb allein durch eine Willenserklärung des Bieters möglich ist. Dies bedeutet, dass der Dritte bereits in der Rückerwerbsvereinbarung ein dingliches Veräußerungsangebot machen muss, das vom Bieter nach dessen Ermessen nur noch angenommen zu werden braucht, ohne dass eine Verhinderungsmöglichkeit des Dritten besteht. Eine solche vertragliche Gestaltung scheidet somit aus der Sicht des Bieters aus, da er anschließend immer noch den gleichen Aktienanteil besitzt. Handelt es sich aber um eine schuldrechtliche Rückerwerbsklausel, die nicht zu einer Stimmrechtszurechnung führt, wird diese in der Regel auch nicht den Interessen des Bieters entsprechen. Denn dies würde zu einem vollständigen Verlust der Rechte aus

933 Eine solche Regelung wird in der Praxis wegen der Nachteile für den Pensionsnehmer sehr selten sein. Sie ist auch nur für das echte Pensionsgeschäft denkbar, da sie beim unechten Pensionsgeschäft dem diesem zugrundeliegenden Gedanken der Nichtverpflichtung des Pensionsnehmers zur Rückübertragung widersprechen würde.

934 Vgl. dazu oben 4. Kapitel, II. 2. m).

den Aktien und damit der Möglichkeit der Einflussnahme auf die Zielgesellschaft führen, was gerade nicht beabsichtigt ist.

6. Möglichkeit des Erwerbes durch den Bieter

Nach dem eindeutigen Wortlaut des § 30 Abs. 1 Satz 1 Nr. 5 WpÜG („erwerben kann“) muss es letztendlich nicht zu einem Erwerb des Eigentums an den Aktien der Zielgesellschaft durch den Bieter kommen. Vielmehr reicht schon die Möglichkeit des Erwerbes des Eigentums für die Erfüllung des Zurechnungstatbestandes aus. Die Zurechnung der Stimmrechte bleibt so lange erhalten wie der Bieter die Möglichkeit zur Abgabe einer auf den Eigentumserwerb gerichteten Willenserklärung hat. Gibt der Bieter diese Willenserklärung tatsächlich ab, entfällt in diesem Augenblick der Zurechnungstatbestand. Eine Änderung des Stimmrechtsanteils des Bieters hat dies allerdings nicht zur Folge, da der Bieter in identischer Höhe Eigentümer der Aktien der Zielgesellschaft geworden ist. Er ist nunmehr derjenige, der die Stimmrechte an der Zielgesellschaft im Sinne von § 29 Abs. 2 WpÜG hält.

7. Absorption der Stimmrechte des Verkäufers

Zu beachten ist jedoch, dass auf Seiten des Verkäufers eine Änderung dessen Stimmrechtsanteils erst mit dem Eigentumserwerb durch den Bieter eintritt. Während des Bestehens des Zurechnungstatbestandes des § 30 Abs. 1 Satz 1 Nr. 5 WpÜG ist der Verkäufer als Noch-Eigentümer der Aktien derjenige, der die Stimmrechte an der Zielgesellschaft hält. Bei ihm sind somit diese Stimmrechte beispielsweise bei der Prüfung der Frage, ob er eine Kontrollstellung an der Zielgesellschaft innehat oder nicht, zu berücksichtigen. Eine Absorption der Stimmrechte des Verkäufers ist abzulehnen. Hierfür gibt es keine Anhaltspunkte im Gesetz und würde auch dem Charakter des § 30 WpÜG als Stimmrechtszurechnungsnorm widersprechen, da diese Regelung nur zu einer zusätzlichen Berücksichtigung von Stimmrechten bei einer Person, die nicht Eigentümer der Aktien ist, führen soll, nicht aber zum Entfallen bereits bestehender Stimmrechte beitragen soll. Somit kann es während des Vorliegens des Zurechnungstatbestandes dazu kommen, dass sowohl der Bieter als auch der Verkäufer zur Abgabe eines Pflichtangebots verpflichtet sind, weil beide eine Kontrollstellung an der Zielgesellschaft innehaben. In der Praxis werden diese Fälle aber sehr selten sein, da der Bieter in der Regel die auf den Erwerb des Eigentums an den Aktien gerichtete Willenserklärung abgeben wird und damit der Verkäufer seinen Aktienanteil verliert. Stimmrechte sind ab diesem Zeitpunkt nur noch beim Bieter, nicht mehr jedoch beim Verkäufer anzusetzen.

8. Anwendbarkeit auf den Handelsbestand gemäß § 20 WpÜG

Zu unterscheiden ist hier wiederum die Rechtslage aus der Sicht des Noch-Eigentümers der Aktien und der Sicht des Bieters, der die Aktien durch eine Willenserklärung erwerben kann.
Hält der Eigentümer die Aktien in seinem Handelsbestand und schließt einen Kaufvertrag mit dem Bieter, der eine dingliche Option für den Bieter enthält, die die Übereignung nur noch von der Willenserklärung des Bieters abhängig macht, behält der Handelsbestand für den Verkäufer seine Wirkung, da eine Absorption seiner Stimmrechte auf Grund des Zurechnungstatbestandes entfällt. Erst wenn der Bieter von seiner dinglichen Option Gebrauch macht und damit Eigentümer der Aktien der Zielgesellschaft wird, verliert die dem vormaligen Eigentümer erteilte Befreiung nach § 20 WpÜG ihre Wirkungskraft, da beim Verkäufer nach Wegfall des Eigentums keine Stimmrechte mehr vorhanden sind, die durch die Befreiung unberücksichtigt bleiben müssten.
Dem Bieter sind hingegen auch dann die Stimmrechte des Eigentümers der Aktien der Zielgesellschaft nach § 30 Abs. 1 Satz 1 Nr. 5 WpÜG zuzurechnen, wenn diese im Handelsbestand des Eigentümers gehalten werden[935]. Dafür spricht schon, dass die BaFin nur individualisiert prüfen kann, ob beim Antragsteller die Voraussetzungen für eine Befreiung vorliegen. Antragsteller war aber bisher nur der Eigentümer. Es besteht jedoch die Möglichkeit für den Bieter, selbst einen Befreiungsantrag nach § 20 WpÜG zu stellen[936]. Damit muss auch nicht bis zum Zeitpunkt des Ausübens der dinglichen Option gewartet werden. Ein Antrag ist schon vorher möglich, wie sich aus dem insofern klaren Wortlaut (...„zu halten beabsichtigen"... und ... „mit dem Erwerb der Wertpapiere...nicht beabsichtigt") des § 20 Abs. 2 Nr. 1 und 2 WpÜG ergibt. Bei Nachweis der für die Befreiungserteilung geforderten Voraussetzungen erscheint diese unproblematisch als möglich. Grund hierfür ist, dass der Zurechnungstatbestand des § 30 Abs. 1 Satz 1 Nr. 5 WpÜG als einziger im Rahmen des § 30 WpÜG gerade auf den geplanten Eigentumserwerb der Aktien durch den Bieter ausgerichtet ist und § 20 WpÜG in die gleiche Richtung geht, indem er den Sachverhalt des Eigentumserwerbs zu Spekulationszwecken regelt.

VI. Zurechnung von Stimmrechten aus Aktien, die dem Bieter anvertraut sind, sofern dieser die Stimmrechte aus diesen Aktien nach eigenem Ermessen ausüben kann, wenn keine besonderen Weisungen des Aktionärs vorliegen gemäß § 30 Abs. 1 Satz 1 Nr. 6 WpÜG

Als weiteren Zurechnungstatbestand führt das Gesetz schließlich noch in § 30 Abs. 1 Satz 1 Nr. 6 i.V.m. Satz 2 WpÜG das Anvertrauen von Aktien an, sofern

935 Vgl. Opitz, in: Schäfer, § 23, Rdnr. 32.

936 Vgl. Opitz, in: Schäfer, § 23, Rdnr. 32.

der Bieter oder dessen Tochterunternehmen die Stimmrechte aus diesen Aktien nach eigenem Ermessen ausüben kann, wenn keine besonderen Weisungen des Aktionärs vorliegen.
Anknüpfungspunkt dieser Regelung ist der vormals in § 22 Abs. 1 Nr. 7 WpHG a.F. enthaltene Zurechnungstatbestand. Neu in Bezug auf die Fassung des Wortlautes ist jedoch, dass es nicht mehr auf ein besonderes Verwahrverhältnis zwischen den beteiligten Parteien ankommt[937]. Insofern kommt es auf den ersten Blick zu einer Erweiterung des Zurechnungstatbestandes. Jedoch wurde nach einer im Schrifttum vertretenen Auffassung schon bisher ein Verwahrverhältnis zwischen den Parteien als entbehrlich angesehen[938]. Jedoch steht nunmehr fest, dass eine Stimmrechtzurechnung auch dann zu bejahen ist, wenn der Bieter die Stimmrechte aus Aktien der Zielgesellschaft nach eigenem Ermessen ausüben kann, die Aktien jedoch nicht bei dem Bieter selbst, sondern bei einem Dritten verwahrt werden[939].

1. Bedeutung der Vorschrift

Die Stimmrechtszurechnungsvorschrift des § 30 Abs. 1 Satz 1 Nr. 6 WpÜG hat im Zusammenhang mit Übernahmeversuchen eine nicht zu unterschätzende Bedeutung. Zwar ist zuzugeben, dass es sehr selten zu einer Konstellation kommen mag, in der ein Eigentümer einem Dritten seine Aktien zur Verwahrung anvertraut und ihm die Befugnis einräumt, das sich daraus ergebende Stimmrecht nach eigenem Ermessen auszuüben. Im Vorfeld von Übernahmeversuchen ist es aber wohl mehrfach zu einer derartigen Konstellation gekommen, um Beteiligungen unbemerkt aufzubauen[940]. Insofern hat diese Bestimmung im Übernahmerecht ihre Berechtigung. Ansonsten wäre es für Bieter auf einfache Art und Weise möglich, die Kontrolle an einer Zielgesellschaft zu erlangen, ohne zur Abgabe eines Pflichtangebotes nach § 35 Abs. 2 WpÜG verpflichtet zu sein.

---

937 Vgl. Süßmann, in: Geibel/Süßmann, § 30, Rdnr. 23; Riehmer, in: Haarmann/Riehmer/Schüppen, § 30, Rdnr. 51.

938 Vgl. Schneider, in: Assmann/Schneider, § 22, Rdnr. 113 unter Hinweis darauf, dass ansonsten die Vorschrift nur dann zur Anwendung käme, wenn eine Einzelverbriefung erfolgt ist und der unmittelbare Besitz an der Aktienurkunde übertragen worden wäre. Eine solche Auslegung kann nicht gewollt sein. Insbesondere würde die Vorschrift leer laufen, wenn die Einzelverbriefung der Aktien nach § 10 Abs. 5 AktG ausgeschlossen oder eingeschränkt wäre oder eine dritte Person als Verwahrer dazwischengeschaltet wäre. Opitz, in: Schäfer, § 22, Rdnr. 77ff.; Bayer, in: Münchener Kommentar zum AktG, Anh § 22, § 22 WpHG, Rdnr. 37; Burgard, BB 1995, S. 2069, 2076.

939 Vgl. BT-Drucks. 14/7034, S. 54; Süßmann, in: Geibel/Süßmann, § 30, Rdnr. 23; von Bülow, in: Hirte/von Bülow, § 30, Rdnr. 100f.

940 Vgl. Opitz, in: Schäfer, § 22, Rdnr. 70.

2. Vertragliche und gesetzliche Verwahrungsverhältnisse als Grundlage des Anvertrauens von Aktien

Grundlage des Anvertrauens von Aktien kann ein schuldrechtliches Geschäft, aber auch eine gesetzliche Pflicht zur Vermögensverwaltung sein. Wichtig ist dabei, dass zwischen Bieter und Drittem ein besonderes Vertrauensverhältnis im Sinne eines Pflichtenverhältnisses zur Wahrnehmung von Vermögensinteressen vorliegt, welches letztendlich auch den Zurechnungstatbestand rechtfertigt. Dabei besteht kein Erfordernis eines besonderen Verwahrungsverhältnisses. Auch wenn der Begriff der Verwahrung nicht im Gesetzestext auftaucht, bilden Verwahrungsverhältnisse jedoch die Hauptanwendungsfälle der Zurechnungsnorm. Zu unterscheiden sind hierbei vertragliche und gesetzliche Verwahrungsverhältnisse.

a) Vertragliche Verwahrungsverhältnisse

Als vertragliche Verwahrungsverhältnisse kommen insbesondere der Verwahrungsvertrag[941] oder der Depotvertrag[942] in Betracht[943]. In der Praxis ist die Drittverwahrung über Girosammeldepot der häufigste Fall[944]. Auch dieser Fall des nur mittelbaren Besitzes der Aktien durch den Bieter fällt unter den Zurechnungstatbestand.

Zu denken ist auch an den Fall der Verpfändung von Aktien[945]. Bei dieser werden die verpfändeten Aktien beim Bieter als Pfandnehmer verwahrt. Während beim Zurechnungstatbestand des § 30 Abs. 1 Satz 1 Nr. 3 WpÜG eine Stimmrechtszurechnung beim Bieter und Pfandgeber schon deshalb nicht nötig ist, weil der Verpfänder Inhaber der Stimmrechte bleibt, ist beim umgekehrten Fall, in dem der Bieter als Forderungsgläubiger der Pfandnehmer ist, generell der Anvertrauenstatbestand des § 30 Abs. 1 Satz 1 Nr. 6 WpÜG erfüllt. Allerdings wird der Pfandnehmer nur in den seltensten Fällen befugt sein, das dem Pfandgeber zustehende Stimmrecht nach eigenem Ermessen auszuüben. Insofern scheidet eine Stimmrechtszurechnung bei der Verpfändung aus, solange sich nichts gegenteiliges aus der Sicherungsvereinbarung ergibt.

---

941 Vgl. §§ 688ff. BGB.

942 Vgl. §§ 1ff. DepotG.

943 Vgl. Burgard, BB 1995, S. 2069, 2076.

944 Vgl. Opitz, in: Schäfer, § 22, Rdnr. 78.

945 Vgl. §§ 1204ff. BGB.

b) Gesetzliche Verwahrungsverhältnisse

Gesetzliche Pflichten zur Vermögensverwaltung können sich etwa auf Grund des elterlichen Sorgerechts, einer Vormundschaft, einer Pflegschaft, einer Betreuung oder aus der Rechtsstellung als Testamentsvollstrecker, Vermögensverwalter, Insolvenz- oder Konkursverwalter ergeben[946]. Allen diesen Rechtsverhältnissen ist gemeinsam, dass eine Person aus unterschiedlichen Gründen, wie beispielsweise Kindesalter, verminderter geistiger Reife oder insolventer Finanzsituation, nicht mehr in der Lage ist, selbst die eigene Vermögensverwaltung wahrzunehmen. Deshalb muss ein Dritter diese Aufgabe übernehmen. Aufgrund der wichtigen Pflichten, die mit der Vermögensverwaltung verbunden sind, besteht für den Inhaber des Vermögens ein großes Bedürfnis, vor einem Missbrauch der Rechtsstellung durch den Vermögensverwalter geschützt zu werden. Daraus leitet sich das besondere Vertrauensverhältnis ab, das zwischen dem jeweiligen Inhaber des Vermögens und dem Verwalter besteht. Damit besteht in jedem dieser gesetzlichen Verwahrungsverhältnisse der Tatbestand des Anvertrauens im Sinne des § 30 Abs. 1 Satz 1 Nr. 6 WpÜG. Selbstverständlich kann es in allen diesen Verhältnissen auch zu einer Verwahrung von Aktien kommen, wenn diese im Gesamtbestand der Vermögensgegenstände des jeweiligen Vermögensinhabers vorhanden sind. Zudem können gemäß § 2 Abs. 4 WpÜG sowohl natürliche Personen, als auch juristische Personen oder Personengesellschaften die Bietereigenschaft erfüllen.
Fraglich ist jedoch, ob dazu auch die Fälle der Vermögensverwaltung zu zählen sind, bei denen der Verwalter nur eine Vollmacht über das Depot hat, in dem sich die betreffenden Aktien befinden. Unproblematisch wäre eine Stimmrechtszurechnung zu bejahen, wenn das Depotkonto auf den Namen des Vermögensverwalters lauten würde und dieser berechtigt wäre, die Stimmrechte nach seinem Ermessen auszuüben, die Aktien aber seinen Kunden gehören würden[947]. Hat der Vermögensverwalter nur eine Vollmacht über das Depot seiner Kunden und ist zur Stimmrechtsausübung befugt, kann jedoch nichts anderes gelten. Aus dem der Vollmacht zugrundeliegenden Geschäftsbesorgungsvertrag ergibt sich nämlich ein besonderes Vertrauensverhältnis zwischen dem Vermögensverwalter und seinem Kunden, welches den Tatbestand des „Anvertrauens" erfüllt[948]. Entsprechendes muss für die Verwaltung von Aktien durch Anlageberater oder ausländische Investment Adviser gelten, die eine Berechtigung zur Stimmrechtsausübung haben.

---

946 Vgl. von Bülow, in: Hirte/von Bülow, § 30, Rdnr. 101; Schneider, in: Assmann/Schneider, § 22, Rdnr. 113; Burgard, BB 1995, S. 2069, 2076.

947 Nach Opitz, in: Schäfer, § 22, Rdnr. 78 dürfte eine solche rechtlich komplizierte Konstruktion nur sehr selten vorkommen.

948 A.A. für § 22 Abs. 1 Nr. 7 WpHG a.F. Opitz, in: Schäfer, § 22, Rdnr. 78, da in diesem Fall kein Verwahrungsverhältnis bestehe kraft dessen der Besitz vermittelt wird.

3. Verwahrung bei Dritten

Liegt der Anvertrauenstatbestand in Form einer Verwahrung vor, ist hierfür nicht Voraussetzung, dass der Bieter als Verwahrer der Aktien diese in seinem Besitz hat. Vorausgesetzt der Bieter kann die Stimmrechte aus den Aktien nach eigenem Ermessen ausüben, führt auch das Verwahren der Aktien bei einem Dritten zur Erfüllung des Zurechnungstatbestandes[949]. Grund hierfür ist, dass für das Anvertrauen von Aktien nicht die Gewährung von Raum, sondern nur die Übernahme der Obhut über fremde Vermögensinteressen ausschlaggebend ist[950]. Der Zurechnungstatbestand ist deshalb beispielsweise auch dann erfüllt, wenn eine Vermögensverwaltungsgesellschaft Stimmrechte aus den verwalteten Aktien nach eigenem Ermessen ausüben kann, unabhängig davon, ob die Aktien von der Vermögensverwaltungsgesellschaft selbst[951] oder aber bei einer Depotbank im Sinne einer Vollmachtstreuhand[952] verwahrt werden[953]. Gleiches gilt für alle anderen gesetzlichen Verwahrungsverhältnisse, bei denen sogar die Verwahrung der Aktien bei Dritten den Regelfall darstellen wird, da diese sich zumeist in einem Depotkonto des Vermögensinhabers befinden. Somit kann es zu Sachverhalten mit doppelten Anvertrauensverhältnissen hinsichtlich derselben Aktien kommen, wenn beispielsweise die einem Kind gehörenden Aktien dessen Eltern im Rahmen der elterlichen Sorge anvertraut sind und durch den Depotvertrag zudem ein Anvertrauensverhältnis zwischen dem Kind und der Depotbank besteht. Allerdings kann es in einer solchen Situation nicht zu einer doppelten Zurechnung von Stimmrechten kommen, da die zusätzliche Voraussetzung der Ausübung der Stimmrechte nach eigenem Ermessen nur bei einer Person vorliegen kann. Da die Depotbank kein eigenes Ermessen bei der Stimmrechtsausübung hat[954], kommt nur eine Stimmrechtszurechnung bei den Eltern in Betracht.

4. Verwahrungsverhältnis zwischen Bieter und Nichtaktionär

Liegt ein Verwahrungsverhältnis vor, muss dieses nicht zwischen dem Aktionär und dem Bieter bestehen. Denkbar sind auch Fälle, in denen ein Bieter Aktien für eine andere Person verwahrt, der die Stimmrechte selbst nur gemäß

949 Vgl. BT-Drucks. 14/7034, S. 54; Süßmann, in: Geibel/Süßmann, § 30, Rdnr. 23; Riehmer, in: Haarmann/Riehmer/Schüppen, § 30, Rdnr. 51.

950 Vgl. Thomas, in: Palandt, Einf. v. § 688, Rdnr. 2; Burgard, BB 1995, S. 2069, 2076.

951 Vgl. aber § 1 Abs. 1 Satz 2 Nr. 5 KWG. Demnach ist die Verwahrung und die Verwaltung von Wertpapieren für andere (Depotgeschäft) als Bankgeschäft anzusehen.

952 Vgl. Schneider, in: Assmann/Schneider, § 22, Rdnr. 114c.

953 Vgl. Süßmann, in: Geibel/Süßmann, § 30, Rdnr. 24.

954 Vgl. dazu unten 4. Kapitel, VI. 8. d).

§ 30 WpÜG zugerechnet werden. Dies ist insbesondere im Zusammenhang mit dem Zurechnungstatbestand des § 30 Abs. 1 Satz 1 Nr. 3 WpÜG denkbar. Übereignet ein Aktionär seine Aktien zur Sicherheit an einen Dritten, gibt die Aktien aber bei dem Bieter in Verwahrung, kann es allerdings ebenfalls nicht zu einer doppelten Zurechnung von Stimmrechten kommen. Die bei dem Dritten als Eigentümer der Aktien zu erfassenden Stimmrechte sind bei Vorliegen der jeweiligen Voraussetzungen entweder demjenigen, der die Aktien sicherungsübereignet hat, nach § 30 Abs. 1 Satz 1 Nr. 3 WpÜG oder dem Verwahrer nach § 30 Abs. 1 Satz 1 Nr. 6 WpÜG zuzurechnen. Beides zugleich ist nicht möglich, da die Ausübung der Stimmrechte nur entweder dem Sicherungsgeber oder dem Verwahrer zustehen kann. Ist ersterer zur Ausübung der Stimmrechte befugt, entfällt der Zurechnungstatbestand des § 30 Abs. 1 Satz 1 Nr. 6 WpÜG. Ist der Verwahrer zur Ausübung der Stimmrechte nach seinem eigenen Ermessen befugt, entfällt der Zurechnungstatbestand des § 30 Abs. 1 Satz 1 Nr. 3 WpÜG. Insofern kann es nur zu einer doppelten Pflicht zur Abgabe von Pflichtangeboten kommen, falls bei dem Sicherungseigentümer und demjenigen, dem die Stimmrechte zugerechnet werden, die 30-prozentige Kontrollschwelle überschritten wird.

5. Befugnis zur Stimmrechtsausübung

Als weitere Voraussetzung für eine Stimmrechtszurechnung nach § 30 Abs. 1 Satz 1 Nr. 6 WpÜG muss derjenige, dem die Aktien anvertraut worden sind, zur Ausübung der Stimmrechte aus diesen Aktien befugt sein. Hierfür gelten keine Besonderheiten. Da der Bieter nicht Eigentümer der Aktien ist, muss ihm die Stimmrechtsausübungsbefugnis übertragen werden. Auf die Art und Weise der Stimmrechtsübertragung kommt es dabei nicht an. Diese kann zum einen auf einer Vollmacht nach § 164 BGB oder Ermächtigung nach § 185 BGB beruhen, zum anderen ist die Übertragung kraft Amtes des Bieters oder auf Grund seiner Stellung als im Aktienbuch Eingetragener nach § 67 Abs. 2 AktG möglich[955]. Somit sind im Rahmen der gesetzlich geregelten Verwahrungsverhältnisse Eltern, Vormund, Pfleger, Testamentsvollstrecker, Vermögensverwalter und Insolvenzverwalter, falls sich nichts anderes in besonderen Fällen ergibt, zur Stimmrechtsausübung befugt.

Weiterhin kommt es nicht darauf an, ob der Bieter im Wege der offenen Stellvertretung handelt, also mit Vertretungsmacht des Eigentümers eine eigene Willenserklärung im fremden Namen abgibt, oder als Stellvertreter für den, den es angeht, nach außen auftritt[956]. Maßgeblich ist nämlich das Innenverhältnis zwischen dem Bieter und dem Aktionär.

---

955 Vgl. Opitz, in: Schäfer, § 22, Rdnr. 79.

956 Vgl. Schneider, in: Assmann/Schneider, § 22, Rdnr. 114.

6. Ausübung der Stimmrechte nach eigenem Ermessen

Sind die Aktien dem Bieter anvertraut und ist dieser zur Stimmrechtsausübung befugt, muss als dritte Voraussetzung für eine Stimmrechtszurechnung hinzukommen, dass er die Stimmrechte nach eigenem Ermessen ausüben kann. Damit ist § 30 Abs. 1 Satz 1 Nr. 6 WpÜG die einzige Zurechnungsnorm, die verlangt, dass der Bieter als derjenige, dem Stimmrechte zugerechnet werden, auch der Stimmrechtsausübungsbefugte sein muss und bei der Ausübung des Stimmrechts weder den Weisungen des Eigentümers der Aktien noch sonstiger Personen unterliegen darf. Dies wird von den anderen Zurechnungstatbeständen nicht gefordert, dort genügt schon ein gewisses Maß an Einflussmöglichkeit auf die Stimmrechtsausübung durch den Dritten.

a) Ermächtigung zur Ausübung des Stimmrechts nach eigenem Ermessen

Im Innenverhältnis zwischen Bieter und Drittem muss eine Einigung erzielt werden, dass dem Bieter bei der Ausübung des Stimmrechts ein eigener Entscheidungsspielraum zukommt[957]. An einem solchen Entscheidungsspielraum fehlt es zweifellos dann, wenn der Bieter verpflichtet ist, den Vorschlägen der Verwaltung der Gesellschaft zuzustimmen, da dann eine Bindung an diese Vorschläge besteht[958]. Fraglich ist jedoch, ob es einen Unterschied macht, ob der Bieter berechtigt ist, die Stimmrechte eigennützig auszuüben, oder eine Verpflichtung besteht, im Interesse des Aktionärs zu handeln. In letzterem Fall ist unklar, ob dann noch von einem Entscheidungsspielraum gesprochen werden kann. Dagegen würde sprechen, dass jemand, der sich den Interessen einer anderen Person unterwerfen muss, nicht mehr frei in seiner Entscheidung ist. Er kann die Stimmrechte nicht mehr nach „eigenem" Ermessen ausüben. Jedoch ist auch in diesem Fall im Ergebnis eine Zurechnung von Stimmrechten vorzunehmen[959]. Zum einen werden dem Bieter keine ausdrücklichen Vorschriften gemacht, wie er abzustimmen hat. Das heißt, dass es letztendlich seiner Entscheidung unterliegt, mit welchem Abstimmungsverhalten den Interessen des Aktionärs am besten gedient ist. Er hat eine Abwägung vorzunehmen, deren Richtigkeit im Nachhinein nur schwer überprüfbar ist. Es ist gerade nicht erforderlich, dass der Bieter die Stimmrechte nach seinem „freien" Ermessen ausüben kann[960]. Vielmehr reicht das Vorhandensein eines eigenen Ermessensspielraumes aus[961]. Zum anderen

957 Vgl. Steinmeyer/Häger, § 30, Rdnr. 39; Schneider, in: Assmann/Schneider, § 22, Rdnr. 114.

958 Vgl. Schneider, in: Assmann/Schneider, § 22, Rdnr. 114.

959 Vgl. Schneider, in: Assmann/Schneider, § 22, Rdnr. 114; Burgard, BB 1995, S. 2069, 2076.

960 Vgl. von Bülow, in: Hirte/von Bülow, § 30, Rdnr. 103.

961 Vgl. Opitz, in: Schäfer, § 22, Rdnr. 79.

wird der Aktionär, der seine Aktien dem Bieter anvertraut, in der Mehrzahl der Fälle nicht bereit sein, auf den Wert seiner Stimmrechte zu verzichten. Würde man somit diesen Sachverhalt nicht unter die Zurechnungsnorm des § 30 Abs. 1 Satz 1 Nr. 6 WpÜG fassen, wäre deren Anwendungsbereich sehr gering und würde wiederum Umgehungen von Pflichtangeboten ermöglichen, die gerade durch die Zurechnungstatbestände verhindert werden sollen.
Eine solche Auslegung des Zurechnungstatbestandes ist dabei deshalb als bedenklich anzusehen, weil sich für den Bieter aus der Zurechnung von Stimmrechten, über deren Ausübung er nicht frei entscheiden kann, die Gefahr eines Pflichtangebots nach § 35 Abs. 2 Satz 1 WpÜG ergeben kann[962]. Dies gilt insbesondere dann, wenn das Interesse des Bieters dem Interesse des Aktionärs zuwiderläuft. Deshalb wird vertreten, § 30 Abs. 1 Satz 1 Nr. 6 WpÜG einschränkend dahin gehend auszulegen, dass in den Fällen, in denen der Bieter die Stimmrechte aus den ihm anvertrauten Aktien tatsächlich nicht ausübt, eine Stimmrechtszurechnung nicht erfolgt[963]. Eine solche Auslegung widerspricht jedoch dem klaren Gesetzeswortlaut, da für die Zurechnung die Ausübung der Stimmrechte durch den Bieter gerade nicht vorausgesetzt wird, sondern die Möglichkeit, die Stimmrechte nach eigenem Ermessen auszuüben, ausreicht. Hier bleibt nur die Möglichkeit, einen Befreiungsantrag nach § 37 Abs. 1 WpÜG bei der BaFin zu stellen.

b) Ausübung der Stimmrechte nach eigenem Ermessen bei gesetzlichen Treuhändern

Ohne die Zurechnung von Stimmrechten könnte der gesetzliche Treuhänder niemals eine Kontrollstellung im Sinne des § 29 Abs. 2 WpÜG erreichen, da er keine eigenen Stimmrechte an den Aktien der Zielgesellschaft hält. Somit könnte es dazu kommen, dass beispielsweise ein Testamentsvollstrecker, ohne Weisungen von anderen zu unterliegen, mehr als 30 Prozent der Stimmrechte der Zielgesellschaft ausüben kann, und er trotzdem nicht den sich aus § 35 Abs. 1 Satz 1 und Abs. 2 Satz 1 WpÜG ergebenden Folgerungen der Veröffentlichungs- und Angebotspflicht unterliegt. Dieses Ergebnis würde jedoch dem Sinn und Zweck der §§ 29ff. WpÜG widersprechen und könnte auch nicht mit der besonderen rechtlichen Ausgestaltung und Funktion der gesetzlichen Treuhandverhältnisse begründet werden. Denn auch die Pflicht zur Abgabe eines Vollangebots durch den gesetzlichen Treuhänder erscheint gerechtfertigt[964]. Zwar kommt in fast al-

962 Vgl. Steinmeyer/Häger, § 30, Rdnr. 39.

963 Vgl. Steinmeyer/Häger, § 30, Rdnr. 39.

964 A.A. Riehmer, in: Haarmann/Riehmer/Schüppen, § 30, Rdnr. 52f., der den Zurechnungstatbestand restriktiv dahingehend auslegen will, dass eine Weisungsbefugnis des Inhabers der Aktien erforderlich ist, um so die Fälle der gesetzlichen Verfügungsbefugnis vom Anwendungsbereich der Norm auszuschließen.

len Fällen dem gesetzlichen Treuhänder letzten Endes nur die zeitlich begrenzte Abwicklung von Vermögensverhältnissen Dritter im Rahmen der Verwaltung und Verteilung der Insolvenz- oder Erbmasse zu, ohne dass ihm ein gewisses Eigeninteresse an den Aktien zusteht[965]. Jedoch steht ihm für einen nicht nur unerheblichen Zeitraum das Recht zu, die Stimmrechte an der Zielgesellschaft weisungsunabhängig auszuüben und so die Geschäftsführung der Zielgesellschaft zu kontrollieren. Aus der Sicht des Anlegerschutzes muss dies deshalb zu der Möglichkeit der Aktionäre der Zielgesellschaft führen, ihre Anlageentscheidung neu überdenken zu können und sich im Falle der aus ihrer Sicht nicht zu erwartenden positiven Beeinflussung der Geschäftsentwicklung der Zielgesellschaft von ihren Aktien zu trennen. Auf dieser Grundlage beruht der Sinn und Zweck der Zurechnungsnorm des § 30 Abs. 1 Satz 1 Nr. 6 WpÜG.

c) Möglichkeit der Stimmrechtsausübung nach eigenem Ermessen

Zu beachten ist ferner, dass die Möglichkeit[966] der Stimmrechtsausübung nach eigenem Ermessen des Bieters ausreicht, um ihm Stimmrechte zuzurechnen. Der Bieter muss die Stimmrechte nicht auch tatsächlich ausüben.

7. Vollmachtstreuhand

Von Bedeutung für den Zurechnungstatbestand des § 30 Abs. 1 Satz 1 Nr. 6 WpÜG sind zudem die Fälle der Vollmachtstreuhand. Im Unterschied zur Verwaltungstreuhand wird dabei nicht das Vollrecht an den Aktien auf den Treuhänder übertragen, sondern diesem nur eine Vollmacht zur Wahrung der Vermögensinteressen des Treugebers eingeräumt[967]. Zur Vermögensverwaltung gehört die Vornahme der Anlageentscheidungen und die Wahrnehmung der Rechte aus den Aktien als Vertreter des Aktionärs. Insofern spricht man auch von dem sogenannten „Vertreter-Modell"[968].
Während die Verwaltungstreuhand von § 30 Abs. 1 Satz 1 Nr. 2 WpÜG erfasst wird und demnach die Stimmrechte des Treuhänders dem Treugeber und Bieter zugerechnet werden[969], stellt sich bei der Vollmachtstreuhand die umgekehrte Frage, ob die Stimmrechte des Treugebers dem Treuhänder, der zugleich Bieter ist oder werden kann, über § 30 Abs. 1 Satz 1 Nr. 6 WpÜG zugerechnet werden

965 Vgl. Leverenz, ZBB 1995, S. 156, 159 für die Testamentsvollstreckung durch Banken.

966 Vgl. dazu den Wortlaut des § 30 Abs. 1 Satz 1 Nr. 6 WpÜG: „...nach eigenem Ermessen ausüben *kann*".

967 Vgl. Schneider, in: Assmann/Schneider, § 22, Rdnr. 29, 114a; BGH, WM 1994, S. 896, 900.

968 Vgl. Schneider, in: Assmann/Schneider, § 22, Rdnr. 114a.

969 Vgl. dazu oben 4. Kapitel, II. 2. b) aa).

können. Der Treugeber als Aktionär muss die Stimmrechte aus den Aktien der Zielgesellschaft ohnehin berücksichtigen.
Bei einem derartigen Treuhandverhältnis ist von der Erfüllung des Tatbestandsmerkmals des Anvertrauens auszugehen. Charakteristisch für den Treuhänder ist auch, dass er die Stimmrechte aus den ihm anvertrauten Aktien selbst und nach eigenem Ermessen ausüben kann. Zwar mag es dem Treugeber möglich sein, Weisungen hinsichtlich der Stimmrechtsausübung zu geben. Auf das Bestehen eines solchen Weisungsrechts kommt es jedoch gar nicht an. Vielmehr ist entscheidend, ob der Treugeber auch tatsächlich von seinem Weisungsrecht Gebrauch macht[970]. Ist dies nicht der Fall, gibt es keinen Grund, von einer Stimmrechtszurechnung abzusehen. Der Treuhänder muss dabei nicht zwingend von seinem Stimmrecht Gebrauch machen, da die Möglichkeit der Stimmrechtausübung für die Erfüllung des Zurechnungstatbestandes ausreicht[971].
Den wichtigsten Anwendungsfall der Vollmachtstreuhand bilden in der Praxis die ausländischen, vor allem U.S.-amerikanischen Investment-Management-Gesellschaften. Deren Aufgabe ist es, die von rechtlich selbständigen Fondsgesellschaften[972] gehaltenen Aktien zu verwalten[973]. Häufig haben sie auf Grund eines besonderen Verwaltungsvertrages die Verpflichtung, neben der Übernahme der Verantwortung für Anlageentscheidungen auch die Rechte aus den Beteiligungen wahrzunehmen[974]. Eine Zurechnung der Stimmrechte der Fondsgesellschaften bei der Investment-Management-Gesellschaft nach § 30 Abs. 1 Satz 1 Nr. 1 WpÜG scheitert regelmäßig an der fehlenden Beteiligung und dem fehlenden beherrschenden Einfluss, so dass zwischen diesen kein Mutter-Tochter-Verhältnis vorliegt. Jedoch liegen unabhängig davon, ob die Aktien von der Investment-Management-Gesellschaft selbst oder von einer Depotbank verwahrt werden, die Voraussetzungen einer Stimmrechtzurechnung nach § 30 Abs. 1 Satz 1 Nr. 6 WpÜG vor, wenn die Aktien der Investment-Management-Gesellschaft anvertraut wurden und diese die Stimmrechte nach eigenem Ermessen ausüben kann[975]. Nur dann, wenn die Aktionäre regelmäßig Weisungen hin-

---

970 Vgl. Steinmeyer/Häger, § 30, Rdnr. 40; Schneider, in: Assmann/Schneider, § 22, Rdnr. 114b.

971 A.A. Steinmeyer/Häger, § 30, Rdnr. 40.

972 Gesellschaften dieser Fondsgesellschaften sind in der Regel institutionelle Anleger, also beispielsweise Investmentgesellschaften, Pensionsfonds und Versicherungsunternehmen.

973 Vgl. Steinmeyer/Häger, § 30, Rdnr. 41.

974 Vgl. Schneider, in: Assmann/Schneider, § 22, Rdnr. 29, 114c.

975 Vgl. Süßmann, in: Geibel/Süßmann, § 30, Rdnr. 24.

sichtlich der Stimmrechtsausübung erteilen, ist der Zurechnungstatbestand abzulehnen[976].

Somit obliegt es den Investment-Management-Gesellschaften, sorgfältig zu überwachen, dass sie an keiner Zielgesellschaft die 30-prozentige Kontrollschwelle erreichen oder überschreiten, denn dies hätte die Veröffentlichungs- und Angebotspflicht nach § 35 WpÜG zur Folge, die natürlich in keiner Weise mit deren Interessen in Einklang zu bringen wäre. Denn die Vollübernahme einer Zielgesellschaft deckt sich nicht mit dem Zweck der auf bloße Verwaltungsaufgaben und Vermögensbetreuung spezialisierten Investment-Management-Gesellschaften.

8. Vollmachtsstimmrechte der Kreditinstitute gemäß § 135 AktG

a) Bedeutung der Vollmachtsstimmrechte von Kreditinstituten

Durch das Absinken der Hauptversammlungspräsenzen steigt die Bedeutung der von den Banken ausgeübten Vollmachtsstimmrechte[977]. Im Jahre 1992 wurden in den Hauptversammlungen der 24 größten deutschen Aktiengesellschaften 84 Prozent der anwesenden Stimmen von Kreditinstituten repräsentiert[978]. Zu fast 75 Prozent basierte dabei der Stimmenanteil der Banken auf Vollmachtsstimmrechten ihrer Depotkunden[979]. Durch die vielfältigen Funktionen der Banken als Anteilseigner, Kreditgeber und Emissionshäuser der kontrollierten Unternehmen kann es natürliche zu Interessenskonflikten kommen, da die Banken diese Konflikte bei der Ausübung von Vollmachtsstimmrechten zugunsten der eigenen und zu Lasten der von ihnen vertretenen Aktionäre auflösen könnten[980].

Seit 1998 ist es gemäß § 135 Abs. 1 Satz 3 AktG den Banken nicht mehr möglich, das Stimmrecht ihrer Depotkunden auszuüben, sofern sie am Grundkapital der betreffenden Aktiengesellschaft unmittelbar oder über eine Mehrheitsbeteiligung mittelbar mit mehr als fünf Prozent beteiligt sind, es sei denn, sie verzichten auf die Ausübung ihrer eigenen Stimmrechte und der Aktionär hat eine aus-

---

976 Vgl. Steinmeyer/Häger, § 30, Rdnr. 41. Eine andere Frage ist es, ob die Stimmrechte der Fondsgesellschaften untereinander zugerechnet werden und ob die Stimmrechte der Fondsgesellschaften auch deren Gesellschaftern zuzurechnen sind. Ersteres ist, solange die Voraussetzungen des § 30 Abs. 2 WpÜG zwischen den Fondsgesellschaften nicht vorliegen, abzulehnen. Hinsichtlich der zweiten Frage kommt es darauf an, ob zwischen dem Gesellschafter und der Fondsgesellschaft ein Mutter-Tochter-Verhältnis oder ein Treuhandverhältnis vorliegt. Ist dies der Fall, können die Zurechnungstatbestände des § 30 Abs. 1 Satz 1 Nr. 1 oder Nr. 2 WpÜG bejaht werden.

977 Vgl. allgemein zur Ausgestaltung der Stimmrechtsvertretung Hoffmann, S. 73ff.

978 Vgl. Baums/Fraune, AG 1995, S. 97, 101.

979 Vgl. Baums/Fraune, AG 1995, S. 97, 103.

980 Vgl. Baums/v. Randow, AG 1995, S. 145.

drückliche Weisung zu den einzelnen Gegenständen der Tagesordnung erteilt. Die Begründung von Herrschaftsmacht durch Kumulation der Stimmrechte aus einer wesentlichen Eigenbeteiligung und im Depot gehaltener Aktien ist somit nicht mehr möglich[981].

b) Die Ausübung der Stimmrechte durch Kreditinstitute

Jedes Kreditinstitut, das die Aufgabe einer Depotbank im Sinne des § 128 Abs. 1 AktG wahrnimmt, hat vor einer Hauptversammlung die Einladung dazu mit den Tagesordnungspunkten an die Aktionäre weiterzuleiten und, falls es beabsichtigt, in der Hauptversammlung das Stimmrecht für die Aktionäre auszuüben oder ausüben zu lassen, den Aktionären eigene Vorschläge für die Ausübung des Stimmrechts zu den einzelnen Gegenständen der Tagesordnung mitzuteilen[982]. Bei den Vorschlägen hat sich das Kreditinstitut vom Interesse des Aktionärs leiten zu lassen[983]. Gleichzeitig hat es die Aktionäre um die Erteilung von Weisungen für die Ausübung der Stimmrechte zu bitten und darauf hinzuweisen, dass es, wenn der Aktionär nicht rechtzeitig eine andere Weisung erteilt, das Stimmrecht entsprechend seinen zuvor mitgeteilten Vorschlägen ausüben werde[984]. Wird eine Weisung erteilt, muss das Kreditinstitut dieser Weisung im Regelfall folgen. Erfolgt keine Weisung besteht im Regelfall eine Bindung an seine eigenen, dem Aktionär nach § 128 Abs. 2 AktG mitgeteilten Abstimmungsvorschläge. Regelmäßig wird von den Depotbanken eine schriftliche, jederzeit widerrufliche Vollmacht über 15 Monate von den Depotinhabern eingeholt[985].

c) Rechtslage im Rahmen des § 22 Abs. 1 Nr. 7 WpHG a.F.

Schon im Rahmen des § 22 Abs. 1 Nr. 7 WpHG a.F. war umstritten, ob Kreditinstitute, die Aktien in Verwahrung nehmen und in Vollmacht für ihre Kunden deren Stimmrechte ausüben, vom Zurechnungstatbestand erfasst werden. Zum Teil wurde diese Frage bejaht[986]. Dabei berufen sich die Vertreter dieser Ansicht

---

981 Vgl. Bayer, in: Münchener Kommentar zum AktG, § 17, Rdnr. 48; kritisch dazu Hoffmann, S. 237f.

982 Vgl. § 128 Abs. 1, Abs. 2 Satz 1 AktG.

983 Vgl. § 128 Abs. 2 Satz 3 AktG; näheres hierzu bei Schmidt, S. 51ff.; Körber, S. 238ff.

984 Vgl. § 128 Abs. 2 Satz 4 AktG.

985 Vgl. § 135 Abs. 1, Abs. 2 Satz 1 und 2 AktG.

986 Vgl. Burgard, S. 188; Burgard, BB 1995, S. 2069, 2076f.; Junge, in: FS für Semler, S. 473, 481; Otto, AG 1994, S. 167, 171; Witt, AG 1998, S. 171, 176f.; Arends, S. 70f.; für eine ausdrückliche Einbeziehung des Vollmachtsstimmrechts in die Berechnung des Stimmrechtsanteils der Kreditinstitute im Gesetzestext sind Schneider/Burgard DB 1996, S. 1761, 1766.

darauf, dass wegen des Einflusspotentials der Banken eine Zurechnung nötig sei und nur so Umgehungsmöglichkeiten vorgebeugt werden könne. Zudem seien die Kreditinstitute bei Nichtvorliegen besonderer Weisungen berechtigt, das Stimmrecht nach ihren eigenen Vorstellungen auszuüben[987]. Auch Wortlaut und Sinn und Zweck der Transparenz-Richtlinie sollen für eine Einbeziehung der Depotstimmrechte in den Zurechnungstatbestand sprechen[988]. Erst durch die Berücksichtigung dieser Stimmrechte werde die wahre Stimmrechtskumulation der Kreditinstitute sichtbar und für die Offenlegung dieser Kumulation bestehe seitens der Anleger ein Informationsbedürfnis[989]. Die herrschende Meinung in der Literatur ging allerdings davon aus, dass Kreditinstituten, die die Stimmrechte ihrer Kunden ausüben, keine Stimmrechte zuzurechnen sind[990]. Auch nach der Gesetzesbegründung zum WpHG sollten solche Depotstimmrechte von dieser Zurechnungsnorm nicht erfasst werden[991]. Ausschlaggebend hierfür sei, dass die Kreditinstitute auf Grund der aktienrechtlichen Regelungen zur Ausübung der Stimmrechte durch Kreditinstitute nicht in der Lage sind, die Stimmrechte nach eigenem Ermessen auszuüben. Ein Ermessen folge gerade nicht daraus, dass hinsichtlich der Vorschläge für die Ausübung des Stimmrechts die Kreditinstitute einen durch das Interesse der Aktionäre eingeschränkten Ermessensspielraum haben. Vielmehr liege eine Bindung an die Weisungen des Aktionärs oder die eigenen Vorschläge vor[992]. Dem Aktionär komme bei der Stimmrechtsausübung die Rolle als Herr des Verfahrens zu, da die Vorschläge zu einem Zeitpunkt mitgeteilt werden, in dem es dem Aktionär immer noch freisteht, Weisungen zu erteilen, das Stimmrecht selbst auszuüben oder durch Nichtstun das Kreditinstitut entsprechend den mitgeteilten Vorschlägen für sich abstimmen zu lassen[993]. Zudem dürfe das Einflusspotential der Banken auf Grund des schon seit langem diskutierten Depotstimmrechts nicht überschätzt werden[994].

---

987 Vgl. Burgard, BB 1995, S. 2069, 2076.

988 Vgl. Burgard, BB 1995, S. 2069, 2076f.

989 Vgl. Burgard, BB 1995, S. 2069, 2077; Körber, S. 184f.

990 Vgl. Schneider, in: Assmann/Schneider, § 22, Rdnr. 118ff.; Opitz, in: Schäfer, § 22, Rdnr. 71ff.; Hüffer, 4. Aufl., Anh § 22, § 22 WpHG, Rdnr. 5; Bayer, in: Münchener Kommentar zum AktG, § 22 Anh, § 22 WpHG, Rdnr. 38ff.; Hopt, ZHR 159 (1995), S. 135, 139; Diekmann, DZWiR 1994, S. 13, 18; Falkenhagen, WM 1995, S. 1005, 1007; zweifelnd Happ, JZ 1994, S. 240, 244; Weber, NJW 1994, S. 2849, 2856.

991 Vgl. BT-Drucks. 12/6679, S. 54.

992 Vgl. Opitz, in: Schäfer, § 22, Rdnr. 74; Schneider, in: Assmann/Schneider, § 22, Rdnr. 122.

993 Vgl. Opitz, in: Schäfer, § 22, Rdnr. 74.

994 Vgl. Opitz, in: Schäfer, § 22, Rdnr. 76.

d) Zurechnung von Stimmrechten im Rahmen des § 30 Abs. 1 Satz 1 Nr. 6 WpÜG

aa) Allgemeines

Der letzteren Meinung ist vom Grundsatz her auch für den Zurechnungstatbestand des § 30 Abs. 1 Satz 1 Nr. 6 WpÜG zu folgen. Eine richtlinienkonforme Auslegung des § 30 WpÜG ist dabei nicht vorzunehmen, da das WpÜG (noch) nicht auf einer europarechtlichen Richtlinie beruht. Dabei ist eine für die verschiedenen möglichen Konstellationen getrennte Untersuchung vorzunehmen.

(1) Keine Zurechnung von Stimmrechten bei Erteilung einer Weisung

Unstreitig ist zunächst, dass eine Zurechnung dann nicht erfolgen kann, wenn der Aktionär eine ausdrückliche Weisung[995] nach §§ 128 Abs. 2 und 3, 135 Abs. 1 Satz 3 AktG erteilt hat[996]. Dabei geht die Regelung zum Depotstimmrecht von Grundsatz her davon aus, dass eine Ausübung des Stimmrechts auf Grund ausdrücklicher Weisungen des Aktionärs erfolgt[997]. Gemäß § 128 Abs. 2 Satz 4 AktG ist das Kreditinstitut verpflichtet, den Aktionär um die Erteilung einer Weisung für die Ausübung des Stimmrechts zu bitten. Erfolgt eine solche Weisung, ist das Kreditinstitut an diese gebunden, falls nicht Voraussetzungen vorliegen, die eine ausnahmsweise Abweichung hiervon rechtfertigen[998].
Folgt das Kreditinstitut der Weisung des Aktionärs, ist eine Ausübung des Stimmrechts nach eigenem Ermessen des Kreditinstituts und somit eine Stimmrechtszurechnung ausgeschlossen.

(2) Keine Zurechnung von Stimmrechten bei unterbliebener Weisung

Im Falle der unterbliebenen Weisung darf das Kreditinstitut oder der geschäftsmäßig Handelnde das Stimmrecht entsprechend den eigenen, nach § 128 Abs. 2 Satz 1 AktG dem betreffenden Aktionär mitgeteilten Vorschlägen für die Stimmrechtsausübung ausüben. Hier kann man argumentieren, dass der Aktionär, dem die Vorschläge des Kreditinstituts bekannt gemacht worden sind, sich die Vor-

---

995 Vgl. Körber, S. 245ff.

996 Vgl. Schneider, in: Assmann/Schneider, § 22, Rdnr. 116; Bayer, in: Münchener Kommentar zum AktG, § 22 Anh, § 22 WpHG, Rdnr. 39.

997 Vgl. § 135 Abs. 5 AktG.

998 Die von den Weisungen des Aktionärs abweichende Ausübung des Stimmrechts ist nach Maßgabe des § 665 Satz 1 BGB zulässig, also dann, wenn das Kreditinstitut nach den Umständen annehmen darf, dass der Aktionär bei entsprechender Kenntnis die Abweichung billigen würde, Hüffer, § 135, Rdnr. 20. Auch § 135 Abs. 8 AktG geht von der Möglichkeit des Abweichens von einer Weisung des Aktionärs aus und verpflichtet das Kreditinstitut zur Mitteilung davon und zur Angabe von Gründen.

schläge zu eigen macht, da er ansonsten eine anderweitige Weisung erteilt hätte[999]. Es ist somit auch in diesem Fall von einer nicht weisungsunabhängigen Ausübung der Stimmrechte durch das Kreditinstitut auszugehen. Das Ermessen des Kreditinstituts erstreckt sich nur auf die Ausformulierung der Vorschläge, nicht aber auf die Ausübung der Stimmrechte[1000]. Ein Ausüben der Stimmrechte nach dem eigenen Ermessen des Kreditinstituts ist somit auch bei Nichtvorliegen einer Weisung zu verneinen[1001].

(3) Keine Zurechnung von Stimmrechten bei Abweichung von einer Weisung oder von einem Abstimmungsvorschlag

Eine von den mitgeteilten Vorschlägen abweichende Ausübung des Stimmrechts ist durch § 135 Abs. 5 AktG nur dann gestattet, wenn das Kreditinstitut den Umständen nach annehmen darf, dass der Aktionär bei Kenntnis der Sachlage die abweichende Ausübung der Stimmrechte billigen würde[1002]. Entsprechendes gilt auf der Grundlage von § 665 Satz 1 BGB für das Abweichen von ausdrücklichen Weisungen des Aktionärs[1003].
In den beiden Fällen der Abweichung von einer Weisung und der Abweichung von den mitgeteilten Abstimmungsvorschlägen erscheint es problematischer, ob von einem eigenen Ermessen des Kreditinstituts ausgegangen werden kann. Hier könnte man nämlich argumentieren, dass bei dem Kreditinstitut ein Ermessensspielraum bei der Art und Weise der Stimmrechtsausübung vorliegt, der für die Erfüllung der Zurechnungsnorm als ausreichend anzusehen ist. Dies würde jedoch dem Gesamtkonzept des § 135 AktG widersprechen, der davon ausgeht, dass das Kreditinstitut die Stimmrechte auf Weisung des Aktionärs und gerade nicht nach eigenem Ermessen ausübt[1004]. Sowohl das Abweichen von den besonderen Weisungen des Aktionärs als auch das Abweichen von den vom Aktionär zu eigen gemachten Abstimmungsvorschlägen ist als Ausnahme anzusehen und zieht besondere Mitteilungs- und Begründungspflichten nach § 135 Abs. 8 AktG nach sich. Insofern liegt ein bedeutsamer Unterschied zu dem Fall vor, in dem der Bieter die Stimmrechte aus den ihm anvertrauten Aktien im Interesse

---

999 Vgl. Süßmann, in: Geibel/Süßmann, § 30, Rdnr. 25; Schneider, in: Assmann/Schneider, § 22, Rdnr. 123.

1000 Vgl. Schneider, in: Assmann/Schneider, § 22, Rdnr. 123.

1001 Vgl. Süßmann, in: Geibel/Süßmann, § 30, Rdnr. 25; Riehmer, in: Haamann/Riehmer/Schüppen, § 30, Rdnr. 56; Hüffer, § 22 Anh, § 22 WpHG, Rdnr. 5.

1002 Hier gilt das für eine möglichen Abweichung von den Weisungen des Aktionärs aus § 665 Satz 1 BGB Geltende entsprechend, Hüffer, § 135, Rdnr. 21. Näheres hierzu bei Körber, S. 242ff.

1003 Vgl. Körber, S. 253f.

1004 Vgl. Süßmann, in: Geibel/Süßmann, § 30, Rdnr. 25.

des Aktionärs ausüben muss. Das Kreditinstitut ist nämlich durch die zuvor erteilte Weisung und den zuvor abgegebenen Abstimmungsvorschlag im Regelfall gebunden und muss nur dann davon abweichen, wenn ein entsprechendes Abstimmungsverhalten erkennbar interessenwidrig wäre[1005]. Zudem führt die Regelung des § 135 Abs. 5 AktG, dass ein Abweichen nur dann möglich ist, wenn das Kreditinstitut annehmen darf, dass der Aktionär bei Kenntnis der Sachlage die abweichende Ausübung des Stimmrechts billigen würde, zu einer zusätzlichen Voraussetzung zu der ansonsten nur nach pflichtgemäßem Ermessen im Interesse des Aktionärs auszuübenden Abstimmung. Dieser Fall stellt eine ausnahmsweise Abweichung von der Bindung an die Weisung oder den Abstimmungsvorschlag wegen veränderter Umstände dar, keineswegs aber die Herbeiführung eines Ermessens bei der Stimmrechtsausübung mangels Weisung des Aktionärs[1006].
Wegen der Mitteilung des Abstimmungsvorschlages an die Aktionäre, beruht das Depotstimmrecht auf einer Vollmacht mit gebundener Marschroute, wovon nur dann abgewichen werden darf, wenn die Voraussetzungen des § 135 Abs. 5 AktG erfüllt sind[1007].

(4) Zusammenfassung

Grundsätzlich kann somit das Depotstimmrecht nach § 135 AktG nicht zur Zurechnung von Stimmrechten beim Kreditinstitut oder beim geschäftsmäßig Handelnden nach § 30 Abs. 1 Satz 1 Nr. 6 WpÜG führen[1008].

bb) Besondere Fallkonstellationen im Rahmen des WpÜG

(1) Hauptversammlungen nach § 16 Abs. 3 und 4 WpÜG

In besonderen Fallkonstellationen im Rahmen des WpÜG ist es jedoch möglich, dass Stimmrechte von Kreditinstituten tatsächlich ausnahmsweise weisungsunabhängig ausgeübt werden können. Dies ist insbesondere denkbar bei einer nach § 16 Abs. 3 und 4 WpÜG einberufenen Hauptversammlung der Zielgesellschaft. § 16 Abs. 4 WpÜG beinhaltet verfahrensrechtliche Besonderheiten für die Einberufung und Vorbereitung der Hauptversammlung und diesbezüglich

---

1005 Vgl. Hüffer, § 135, Rdnr. 20; Henssler, ZHR 157 (1993), S. 91, 103ff.

1006 Vgl. Opitz, in: Schäfer, § 22, Rdnr. 75; a.A. Kümpel, Rdnr. 14.48 und 14.49; Witt, S. 154, Rdnr. 83.

1007 Vgl. Schneider, in: Assmann/Schneider, § 22, Rdnr. 123; Bayer, in: Münchener Kommentar zum AktG, § 22 Anh, § 22 WpHG, Rdnr. 40.

1008 Vgl. von Bülow, in: Hirte/von Bülow, § 30, Rdnr. 105; Riehmer, in: Haarmann/Riehmer/ Schüppen, § 30, Rdnr. 56; Süßmann, in: Geibel/Süßmann, § 30, Rdnr. 25.

wesentliche Erleichterungen von den aktienrechtlichen Bestimmungen[1009]. Liegt ein Angebot im Sinne des § 2 Abs. 1 WpÜG vor, kann die Zielgesellschaft im Zusammenhang mit dem Angebot nach der Veröffentlichung der Angebotsunterlage eine Hauptversammlung einberufen. Dabei hat der Vorstand der Zielgesellschaft die Einberufung der Hauptversammlung der Zielgesellschaft unverzüglich dem Bieter und dem BaFin mitzuteilen[1010]. Durch die Einberufung dieser Hauptversammlung wird die Frist für die Annahme des Angebots von vier Wochen auf zehn Wochen ab der Veröffentlichung der Angebotsunterlage verlängert[1011].

(2) Anwendung der Norm des § 16 Abs. 4 Satz 7 WpÜG

Bedeutsam für die hier zu untersuchende Fragestellung ist § 16 Abs. 4 Satz 7 WpÜG, der für Abstimmungsvorschläge auch bei Inhaberaktien die Vorschrift des § 128 Abs. 2 Satz 2 AktG für anwendbar erklärt. Die für Namensaktien durch das NaStraG[1012] geschaffene Regelung des § 128 Abs. 2 Satz 2 AktG gestattet einem Kreditinstitut, das in der Hauptversammlung Stimmrechte für Aktionäre auszuüben beabsichtigt und für die Namensaktien nicht im Aktienregister der Gesellschaft eingetragen ist, von der Mitteilung eigener Vorschläge für die Ausübung des Stimmrechts zu den einzelnen Gegenständen der Tagesordnung abzusehen, wenn es nicht von den nach § 124 Abs. 3 Satz 1 AktG bekannt gemachten Vorschlägen abweichen will. Hierin liegt eine Erleichterung für Kreditinstitute im Rahmen der Verwahrung von Namensaktien, da dadurch Mitteilungspflichten entfallen. Diese Regelung beruht auf der Überlegung, dass der Aktionär die Abstimmungsvorschläge bei Namensaktien von der Verwaltung erfährt[1013] und daher eine Mitteilungspflicht durch die Kreditinstitute entbehrlich erscheint, wenn diese für den Verwaltungsvorschlag stimmen möchten. Allerdings müssen die Abstimmungsvorschläge dem jeweiligen Aktionär zugänglich gemacht werden. Dies kann nach der Gesetzesbegründung zum NaStraG im Wege des electronic banking oder durch Einstellen auf der Webseite des Kreditinstitutes geschehen[1014].
Hintergrund der Erweiterung dieser Regelung von Namens- auf Inhaberaktien für Sachverhalte nach dem WpÜG ist, dass durch die Verkürzung der Einberu-

1009 Vgl. Geibel, in: Geibel/Süßmann, § 16, Rdnr. 1, 71ff. Von den Erleichterungen umfasst werden die Einberufungs-, Anmelde-, Hinterlegungs- und Mitteilungsfristen.

1010 Vgl. § 16 Abs. 3 Satz 2 WpÜG.

1011 Vgl. § 16 Abs. 1, Abs. 3 Satz 1 WpÜG.

1012 Vgl. BGBl. I 2001, S. 123ff.

1013 Vgl. § 125 Abs. 2 Nr. 3 AktG.

1014 Vgl. BT-Drucks. 14/4051, S. 13.

fungsfrist für Hauptversammlungen von einem Monat[1015] auf zwei Wochen[1016] die Abstimmungsvorschläge von Kreditinstituten aus Zeitgründen häufig nicht mehr rechtzeitig unterbreitet werden können[1017]. Um den Ausfall der Stimmen der Kleinaktionäre zu vermeiden, soll die Regelung ausnahmsweise auch für Inhaberaktien gelten[1018]. Nicht entbehrlich sind in diesem Fall allerdings die Pflichten aus § 128 Abs. 2 Satz 4 AktG, nämlich dass das Kreditinstitut den Aktionär um Weisungen für die Ausübung des Stimmrechts bittet und darauf hinweist, dass es in Ermangelung anderer Weisungen das Stimmrecht entsprechend den eigenen Vorschlägen ausüben wird. Dabei darf die Form der Bitte und des Hinweises aber keinen strengeren Anforderungen unterliegen als die Form der Abstimmungsvorschläge. Es genügt also, wenn in diesem Fall die Bitte und der Hinweis entsprechend § 128 Abs. 2 Satz 4 AktG nur zugänglich gemacht werden[1019].

Unverständlicherweise ist die Regelung des § 16 Abs. 4 Satz 7 WpÜG unvollständig, da sich weder in § 128 Abs. 2 Satz 2 AktG noch in § 16 Abs. 4 Satz 7 WpÜG eine Regelung findet, die dem Kreditinstitut nicht gehörende Namensaktien, für die es als Legitimationsaktionär im Aktienregister eingetragen ist, behandelt. Diesbezüglich sind nämlich vom Kreditinstitut Abstimmungsvorschläge zu unterbreiten[1020]. In diesem besonderen Fall ist somit von einer bestehenden Mitteilungspflicht hinsichtlich der Abstimmungsvorschläge auszugehen. Das Kreditinstitut darf demnach bei Unterlassen der Mitteilung die sich aus den Aktien ergebenden Stimmrechte nicht ausüben[1021]. Eine Unterscheidung von § 16 Abs. 4 Satz 7 WpÜG je nachdem, ob Namensaktien vorliegen für die das Kreditinstitut im Aktienregister der Gesellschaft eingetragen ist oder nicht, erscheint nicht sinnvoll. Allein für das AktG macht diese Regelung Sinn, da im Falle der Eintragung des Kreditinstituts im Aktienregister eine unmittelbare Unterrichtung der Aktionäre durch die Gesellschaft gerade nicht möglich ist. Insofern liegt in diesem Fall der Namensaktien mit Eintragung des Kreditinstituts im Aktienregister eine zur Inhaberaktie vergleichbare Lage vor. Eine unterschiedliche Behandlung von Inhaberaktien und Namensaktien mit Eintragung des Kre-

---

1015 So die Grundsatznorm des § 123 Abs. 1 AktG.

1016 Vgl. § 16 Abs. 4 Satz 1 WpÜG.

1017 Vgl. Geibel, in: Geibel/Süßmann, § 16, Rdnr. 104.

1018 Vgl. BT-Drucks. 14/7034, S. 47.

1019 Vgl. BT-Drucks. 14/4051, S. 14.

1020 Vgl. § 128 Abs. 2 Satz 1 i.V.m. Abs. 1, 2. Alt. AktG.

1021 Vgl. Hüffer, § 128, Rdnr. 16; Lommatzsch, NZG 2001, S. 1017, 1021; Geibel, in: Geibel/Süßmann, § 16, Rdnr. 105; a.A. Eckardt, in: Geßler/Hefermehl, § 128, Rdnr. 86.

ditinstituts im Aktienregister in diesem besonderen Fall ist folglich bei § 16 Abs. 4 Satz 7 WpÜG nicht zu rechtfertigen.
Wird eine Hauptversammlung gemäß § 16 Abs. 3 WpÜG einberufen, kann zudem die Zusendung von Mitteilungen unterbleiben, wenn zur Überzeugung des Vorstands mit Zustimmung des Aufsichtsrats der rechtzeitige Eingang bei den Aktionären nicht wahrscheinlich ist[1022]. Zu diesen Mitteilungen ist auch die aktienrechtliche Mitteilungspflicht hinsichtlich der Einberufung der Hauptversammlung zu zählen. Es kann somit unter zusätzlicher Berücksichtigung der aus § 16 Abs. 4 Satz 7 WpÜG folgenden Erleichterungen bei der Mitteilung der Abstimmungsvorschläge dazu kommen, dass die Aktionäre weder von der Einberufung der Hauptversammlung selbst noch von den Abstimmungsvorschlägen der Kreditinstitute etwas erfahren. Trotzdem ist das Kreditinstitut unter diesen Umständen berechtigt, die Stimmrechte aus den von ihm verwahrten Aktien auszuüben. Deshalb wird an dieser Regelung Kritik geübt und diese als rechtspolitisch bedenklich bezeichnet[1023]. Vielmehr hätte es im Rahmen von Hauptversammlungen im Zusammenhang mit einem öffentlichen Angebot nahegelegen, § 128 Abs. 2 Satz 2 AktG für insgesamt nicht anwendbar zu erklären anstelle den Anwendungsbereich dieser Vorschrift noch zu erweitern[1024]. Dieser Kritik ist beizupflichten. § 128 Abs. 2 Satz 2 AktG ist ersichtlich nur auf Namensaktien mit Eintragung des Aktionärs im Aktienregister zugeschnitten. Bei Namensaktien ist nämlich gewährleistet, dass der Aktionär kein Informationsdefizit erleidet, weil er die Vorschläge der Verwaltung kennt, da er sie unmittelbar von der Gesellschaft erhält[1025]. Dies ist bei Inhaberaktien mangels Kenntnis der Gesellschaft von der Person des Aktionärs nicht möglich.

(3) Ausübung der Stimmrechte nach eigenem Ermessen der Kreditinstitute in Fällen des § 16 Abs. 3, 4 WpÜG

In diesem Zusammenhang ist somit fraglich, ob das Vorliegen dieser besonderen Konstellation dazu führt, dass Stimmrechte nach § 30 Abs. 1 Satz 1 Nr. 6 WpÜG dem Kreditinstitut zuzurechnen sind. Besondere Bedeutung kommt wiederum dem Merkmal der Ausübung der Stimmrechte nach eigenem Ermessen der Kreditinstitute zu. Dabei ist eine Unterscheidung zwischen Inhaberaktien, Namensaktien mit und Namensaktien ohne Eintragung des Kreditinstituts im Aktienregister vorzunehmen.

1022 Vgl. § 16 Abs. 4 Satz 6 WpÜG.

1023 Vgl. Geibel, in: Geibel/Süßmann, § 16, Rdnr. 106.

1024 Vgl. Geibel, in: Geibel/Süßmann, § 16, Rdnr. 106.

1025 Vgl. BT-Drucks. 14/4051, S. 13; Geibel, in: Geibel/Süßmann, § 16, Rdnr. 106.

(a) Inhaberaktien

Bei Inhaberaktien erhält der Aktionär keine gesonderte Mitteilung von der Verwaltung der Gesellschaft. Wegen der Regelung des § 16 Abs. 4 Satz 7 WpÜG unterbleibt in der Regel auch die Mitteilung von Abstimmungsvorschlägen durch das Kreditinstitut. Der Aktionär wird somit nicht von außen von dem Stattfinden einer Hauptversammlung in Kenntnis gesetzt und kennt auch nicht die Abstimmungsvorschläge des Kreditinstituts. Insofern erscheint es fraglich, ob in diesem Fall noch gesagt werden kann, das Kreditinstitut handele auf Weisung des Aktionärs, oder umgekehrt ausgedrückt, das Kreditinstitut übe die Stimmrechte aus den Aktien der Depotkunden nicht nach eigenem Ermessen aus. Eine ausdrückliche Weisung durch den Aktionär liegt in diesem Fall nicht vor. Problematisch ist, ob für den Aktionär eine Möglichkeit besteht, sich die Vorschläge des Kreditinstituts zu eigen zu machen. Hier ist zu untersuchen, welcher Maßstab für dieses „Zu-eigen- machen" der Vorschläge anzulegen ist. Anzunehmen ist dies jedenfalls unproblematisch nur dann, wenn positive Kenntnis des Aktionärs von den Abstimmungsvorschlägen des Kreditinstituts vorliegt. Man könnte jedoch darüber hinaus gehend argumentieren, dass auch eine Möglichkeit des Kennens der Abstimmungsvorschläge für ein „Zu-eigen-machen" ausreicht. Denn das Kreditinstitut ist nur von der Mitteilung der eigenen Vorschläge an die einzelnen Depotkunden befreit, nicht jedoch von der Pflicht, die Abstimmungsvorschläge dem jeweiligen Aktionär zugänglich zu machen. Dieses Zugänglichmachen kann im Wege des electronic banking oder durch Einstellen auf der Webseite des Kreditinstitutes geschehen[1026]. Hat sich demnach der Aktionär die zugänglich gemachten Vorschläge des Kreditinstituts zu eigen gemacht, schließt dies das eigene Ermessen des Kreditinstituts bei der Stimmrechtsausübung aus. Die Frage ist dann nur, ob ein Zugänglichmachen auch dann anzunehmen ist, wenn der Aktionär selbst die Webseite des Kreditinstituts nicht aufgerufen hat, etwa weil er nicht über die technischen Zugangsmöglichkeiten eines Internetanschlusses verfügt oder einfach kein Interesse an der Art und Weise der Abstimmung hat. Dies ist zu bejahen. Denn auch bei der Mitteilung der Abstimmungsvorschläge wird für den Fall, dass der Aktionär keine andere Weisung erteilt, unterstellt, dass der Aktionär sich die Vorschläge des Kreditinstituts zu eigen macht, unabhängig davon, ob der Aktionär bewusst oder unbewusst von einer anderweitigen Weisung abgesehen hat. Beispielsweise kann dabei die Urlaubsabwesenheit des Aktionärs als Argument dafür herangezogen werden, dass eine positive Kenntnis von den Abstimmungsvorschlägen nicht vorhanden sein muss. Auf Grund des Zugangs

1026 Zwar ist auch die Gesellschaft nach § 16 Abs. 4 Satz 5 WpÜG verpflichtet, Mitteilungen an die Aktionäre zugänglich zu machen. Für den Zurechnungstatbestand des § 30 Abs. 1 Satz 1 Nr. 6 WpÜG ist jedoch ausschließlich auf das Verhältnis des Aktionärs zum Kreditinstitut, nicht aber des Aktionärs zur Zielgesellschaft abzustellen. Dies zeigt sich schon an der Formulierung des § 30 Abs. 1 Satz 1 Nr. 6 WpÜG. Es kommt allein auf die Ausübung der Stimmrechte nach eigenem Ermessen des Kreditinstituts an.

der Mitteilung, wofür ausreicht, dass diese derartig in den Herrschaftsbereich des Aktionärs gelangt ist, dass dieser die Möglichkeit der Kenntnisnahme hat, wird somit unabhängig von der tatsächlichen Kenntnisnahme davon auszugehen sein, dass sich der Aktionär die darin enthaltenen Vorschläge zu eigen gemacht hat. Dies muss auch für das Zugänglichmachen gelten. Zwar ist zuzugeben, dass die Möglichkeit der Kenntnisnahme in diesem Fall für den Aktionär schwieriger zu erreichen ist als bei der Mitteilung, da er nicht direkt angeschrieben wird, sondern dieser Eigeninitiative ergreifen muss, um an Informationen zu gelangen. Allerdings ändert dies nichts an der generellen Möglichkeit der Kenntnisnahme. Somit bleibt festzuhalten, dass bei Inhaberaktien die Stimmrechte von Kreditinstituten nicht nach deren eigenem Ermessen ausgeübt werden können und demzufolge eine Zurechnung von Stimmrechten gemäß § 30 Abs. 1 Satz 1 Nr. 6 WpÜG ausscheidet.

(b) Namensaktien ohne Eintragung des Kreditinstituts im Aktienregister

Hält der Aktionär Namensaktien und ist selbst im Aktienregister der Zielgesellschaft eingetragen, kann es dazu kommen, dass der Aktionär gemäß § 16 Abs. 4 Satz 6 WpÜG keine Mitteilung von der Gesellschaft bezüglich der Hauptversammlung bekommt und gemäß § 16 Abs. 4 Satz 7 WpÜG die Mitteilung von den Abstimmungsvorschlägen des Kreditinstituts unterbleibt. In diesem Fall ergibt sich das gleiche Ergebnis wie für Inhaberaktien. Eine Zurechnung von Stimmrechten scheidet aus.
Bei Namensaktien kann es allerdings dazu kommen, dass der Aktionär eine Mitteilung von der Gesellschaft bekommt[1027] und nur die Mitteilung des Kreditinstituts unterbleibt. Dann stellt sich die Frage, ob dies am Ergebnis etwas ändert. Dies ist zu verneinen, weil zum einen eine Mitteilung durch die Gesellschaft keine Auswirkungen auf die Ermessensausübung des Kreditinstituts bei der Stimmrechtsabgabe haben kann. Zum anderen ist auch in diesem Fall das Kreditinstitut zumindest zur Zugänglichmachung der Abstimmungsvorschläge verpflichtet, so dass sich auch hier die Aktionäre die Vorschläge zu eigen machen. Eine Stimmrechtzurechnung ist nicht anzunehmen.

(c) Namensaktien mit Eintragung des Kreditinstituts im Aktienregister

Für den Fall der Namensaktien mit Eintragung des Kreditinstituts als Legitimationsaktionär im Aktienregister findet § 16 Abs. 4 Satz 7 AktG keine Anwendung. Somit gilt auch § 128 Abs. 2 Satz 2 AktG nicht. Das Kreditinstitut ist verpflichtet, selbst dann den Depotinhabern und Aktionären die eigenen Vorschläge für

---

1027 Dies ergibt sich daraus, dass die Vorschrift des § 16 Abs. 4 Satz 6 WpÜG als Kann-Bestimmung ausgestaltet ist und zudem die Mitteilung nur dann unterbleiben kann, wenn zur Überzeugung des Vorstands mit Zustimmung des Aufsichtsrats der rechtzeitige Eingang bei den Aktionären nicht wahrscheinlich ist.

die Ausübung des Stimmrechts zu den einzelnen Gegenständen der Tagesordnung mitzuteilen, wenn es nicht von den bereits von der Verwaltung der Zielgesellschaft gemachten Vorschlägen abweichen will. Insoweit können keine Probleme auftreten, da es durch die Mitteilung immer am eigenen Ermessen des Kreditinstituts mangeln wird. Eine Zurechnung von Stimmrechten kommt somit nicht in Betracht.

(d) Zusammenfassung

Auch die sich aus § 16 Abs. 3 und 4 WpÜG ergebenden besonderen Fallkonstellationen im Rahmen von öffentlichen Angeboten führen in keinem Fall zu einer Zurechnung von Stimmrechten nach § 30 Abs. 1 Satz 1 Nr. 6 WpÜG bei Kreditinstituten.

e) Ausübung von Stimmrechten durch ausländische Kreditinstitute

Werden Aktien von einem Aktionär einem Kreditinstitut mit Sitz im Ausland anvertraut, bedarf es einer genauen Untersuchung der Ausgestaltung der Stimmrechtsvollmacht im ausländischen Recht[1028].
Führt diese zu dem Ergebnis, dass das ausländische Kreditinstitut die Depotstimmrechte nach eigenem Ermessen ausüben kann, ist eine Stimmrechtszurechnung auf der Grundlage des § 30 Abs. 1 Satz 1 Nr. 6 WpÜG vorzunehmen.

f) Zurechnung von Depotstimmrechten nach § 30 Abs. 1 Satz 1 Nr. 1 WpÜG

Eine andere Frage ist es, ob das Depotstimmrecht zusammen mit anderen Einflussmöglichkeiten abhängigkeitsbegründend im Sinne des § 17 AktG wirkt, mit der Folge, dass der Aktionär als Tochterunternehmen nach § 2 Abs. 6 WpÜG anzusehen ist und eine Zurechnung seiner Stimmrechte beim Kreditinstitut nach § 30 Abs. 1 Satz 1 Nr. 1 WpÜG erfolgen kann. Die Frage der Abhängigkeitsbegründung durch Depotstimmrechte ist dabei umstritten. Zum Teil wird dies bejaht[1029]. Im Ergebnis ist dies jedoch abzulehnen[1030]. Ansonsten würden die eben gefundenen Ergebnisse der Ablehnung des Zurechnungstatbestandes des § 30 Abs. 1 Satz 1 Nr. 6 WpÜG über eine andere Zurechnungsnorm unterlaufen. § 30 Abs. 1 Satz 1 Nr. 6 WpÜG ist aber für Fälle des Anvertrauens von Aktien als lex specialis anzusehen. Da der zwischen dem Kreditinstitut und dem Kunden

---

1028 Vgl. Schneider, in: Assmann/Schneider, § 22, Rdnr. 124.

1029 Vgl. Burgard, BB 1995, S. 2069, 2077; Hoffmann, S. 123ff.; Körber, S. 183, m.w.N. bei Fn. 35; Bayer, in: Münchener Kommentar zum AktG, § 22 Anh, § 22 WpHG, Rdnr. 41 und § 17, Rdnr. 45ff.; Koppensteiner, in: Kölner Kommentar, § 17, Rdnr. 42; Püttner, S. 127; Götz, S. 55ff.

1030 Vgl. Hüffer, AktG, § 17, Rdnr. 10; Geßler, in: Geßler/Hefermehl, § 17, Rdnr. 49; Bausch, S. 172f.

abgeschlossene Depotvertrag als vertragliches Verwahrungsverhältnis in dessen Anwendungsbereich fällt, im Ergebnis jedoch eine Stimmrechtszurechnung ausscheidet, würde eine anderweitige Zurechnung dem Gesetzeszweck widersprechen.

9. Fehlen einer besonderen Weisung des Aktionärs

Zuletzt ist zu untersuchen, welche Bedeutung die weitere Voraussetzung des Fehlens einer besonderen Weisung des Aktionärs hat. Nach dem Wortlaut ist davon auszugehen, dass eine Zurechnung von Stimmrechten beim Bieter dann ausscheidet, wenn der Aktionär bezüglich der Art und Weise der Stimmrechtsausübung eine besondere Weisung gibt. Dies erscheint zunächst einleuchtend, da es in diesem Fall dem Bieter nicht mehr möglich ist, auf die Geschäftsführung der Zielgesellschaft Einfluss zu nehmen. Aufgabe des Zurechnungstatbestandes kann es nur sein, Stimmrechte demjenigen zuzurechnen, der diese Einflussmöglichkeit hat. Jedoch kann bei Vorliegen einer besonderen Weisung des Aktionärs davon ausgegangen werden, dass der Bieter die Stimmrechte aus den ihm anvertrauten Aktien nicht mehr nach eigenem Ermessen ausüben kann. Insofern bringt die Regelung des Nichtvorhandenseins einer besonderen Weisung keine neuen Erkenntnisse und ist überflüssig, weil die Zurechnung schon wegen des fehlenden eigenen Ermessens entfällt.
Im Gegenteil stiftet die Regelung Verwirrung, denn es stellt sich die Frage, ob auch die Fälle erfasst werden, in denen der Aktionär überhaupt nicht weisungsbefugt ist[1031]. Die Formulierung, dass keine „besonderen“ Weisungen des Aktionärs vorliegen dürfen, lässt den Schluss zu, dass eine generelle Weisungsbefugnis des Aktionärs gegeben sein muss[1032]. Beispielsweise im Rahmen der Vormundschaft und ähnlicher Verhältnisse, in denen die Geschäftsfähigkeit des Aktionärs eingeschränkt oder ausgeschlossen ist, besteht aber für den Aktionär keinerlei Möglichkeit, dem Vormund Weisungen zu erteilen. Hier ist vom Sinn und Zweck der Regelung zu argumentieren. Es sind keine Gründe ersichtlich, warum eine Stimmrechtszurechnung bei einem Bieter, dem Aktien anvertraut wurden und der die sich daraus ergebenden Stimmrechte nach eigenem Ermessen ausüben kann, nur deshalb nicht möglich sein soll, weil der Aktionär aus irgendwelchen Gründen keine Weisungsbefugnis hat[1033]. Eine Besserstellung des Bieters in solchen Fällen kann vom Gesetzgeber nicht gewollt sein. Somit ist dem letzten Satzteil des § 30 Abs. 1 Satz 1 Nr. 6 WpÜG eine nur erläuternde Funktion zuzusprechen[1034]. Sind Weisungen ausdrücklich ausgeschlossen oder tatsächlich

---

1031 So auch Opitz, in: Schäfer, § 22, Rdnr. 80.

1032 So auch Riehmer, in: Haarmann/Riehmer/Schüppen, § 30, Rdnr. 53.

1033 Vgl. Opitz, in: Schäfer, § 22, Rdnr. 80.

1034 Vgl. Opitz, in: Schäfer, § 22, Rdnr. 80.

oder rechtlich unmöglich, verhindert dies nicht eine Zurechnung von Stimmrechten[1035]. Der Zurechnungstatbestand ist somit vereinfachend so zu lesen, dass es für eine Stimmrechtszurechnung ausreicht, dass die Aktien dem Bieter anvertraut sind und dieser die Stimmrechte aus diesen Aktien nach eigenem Ermessen ausüben kann. Es empfiehlt sich eine Streichung des letzten Satzteils des § 30 Abs. 1 Satz 1 Nr. 6 WpÜG.

Für eine Streichung spricht zuletzt noch, dass dort ausdrücklich nur von „Weisungen des Aktionärs" gesprochen wird. Daraus den Schluss zu ziehen, bei Vorliegen von Weisungen eines Dritten sei eine Stimmrechtszurechnung trotzdem möglich, wäre falsch. Denn ist der Bieter an konkrete Weisungen dritter Personen gebunden, scheidet eine Zurechnung schon deshalb aus, weil er das Stimmrecht nicht nach eigenem Ermessen ausüben kann[1036]. Denkbar sind solche Fälle, in denen ein Dritter dem Bieter Weisungen erteilen darf insbesondere dann, wenn ein Bieter Aktien für eine andere Person verwahrt, der die Stimmrechte selbst nur gemäß § 30 WpÜG zugerechnet werden. Dies ist insbesondere im Zusammenhang mit den bereits erwähnten Kombinationen aus § 30 Abs. 1 Satz 1 Nr. 6 WpÜG und § 30 Abs. 1 Satz 1 Nr. 3 WpÜG denkbar. Derjenige, der Aktien zur Sicherheit übereignet und diese, statt sie dem Sicherungsnehmer zu übergeben, dem Bieter anvertraut, kann sich dem Bieter gegenüber ein Weisungsrecht hinsichtlich der Stimmrechtsausübung vorbehalten. Dies bedeutet, dass der Bieter nicht mehr in der Lage ist, die Stimmrechte nach seinem eigenen Ermessen auszuüben und eine Stimmrechtszurechnung entfällt. Eine Ergänzung des letzten Halbsatzes des § 30 Abs. 1 Satz 1 Nr. 6 WpÜG dahingehend, dass „keine besonderen Weisungen des Aktionärs *oder eines Dritten*" vorliegen dürfen, würde nur eine Klarstellung bezüglich des letzteren Problems bedeuten und kann somit nicht empfohlen werden. Eine Streichung erscheint hier vorzugswürdig, um Klarheit bezüglich der Auslegung der Norm zu schaffen.

10. Vergleich zwischen § 30 Abs. 1 Satz 1 Nr. 6 WpÜG und § 30 Abs. 1 Satz 1 Nr. 3 WpÜG

Interessant ist zudem ein Vergleich der Zurechnungsnormen des § 30 Abs. 1 Satz 1 Nr. 6 WpÜG und des § 30 Abs. 1 Satz 1 Nr. 3 WpÜG. Während bei ersterer ein Dritter seine Aktien dem Bieter anvertraut und die Stimmrechtsausübung in dessen Ermessen legt, ist bei letzterer umgekehrt von einer Sicherungsübereignung des Bieters an einen Dritten auszugehen, bei welcher sich der Bieter zumindest die Einflussnahme auf die Stimmrechtsausübung durch den Dritten vorbehält. Insofern ist der Unterschied im Wortlaut und der Gestaltung der Normen auffällig. Während bei der Nr. 3 im 2. Halbsatzeine Ausnahmeregelung enthalten ist, regelt Nr. 6 im 2. Halbsatz zusätzliche Erfordernisse für die Stimm-

---

1035 Vgl. von Bülow, in: Hirte/von Bülow, § 30, Rdnr. 101.

1036 Vgl. Opitz, in: Schäfer, § 22, Rdnr. 80.

rechtszurechnung. Dies ist dadurch bedingt, dass im ersteren Fall der Bieter die Stimmrechte als Eigentümer zunächst hat und diese durch die Sicherungsübereignung verliert, in letzterem Fall hingegen umgekehrt ein Dritter Eigentümer der Aktien ist und dieser Dritte dem Bieter die Aktien anvertraut, welche die Stimmrechte vermitteln. Während bei der Nr. 6 von einem „Ausüben nach eigenem Ermessen“ des Bieters, „wenn keine besonderen Weisungen des Aktionärs vorliegen“ gesprochen wird, darf es bei der Nr. 3 nicht zu einer Absichtsbekundung des Dritten hinsichtlich des „Ausübens unabhängig von Weisungen des Bieters“ kommen. Ein bedeutsamer Unterschied liegt weiterhin darin, dass im Rahmen des § 30 Abs. 1 Satz 1 Nr. 3 WpÜG eine Zurechnung auch dann stattfinden kann, wenn der Bieter nicht stimmrechtsausübungsbefugt ist, aber Einfluss auf die Stimmrechtsausübung durch den Dritten nehmen kann. Im Rahmen des § 30 Abs. 1 Satz 1 Nr. 6 WpÜG muss hingegen der Bieter Stimmrechtsausübungsbefugter sein, damit es zu einer Stimmrechtszurechnung kommen kann.

11. Verwaltung von Aktien durch Kapitalanlagegesellschaften

Werden Aktien, die im Miteigentum der Anteilinhaber stehen, von einer Kapitalanlagegesellschaft lediglich verwaltet, findet nunmehr auch eine Stimmrechtszurechnung auf die Kapitalanlagegesellschaft gemäß § 30 Abs. 1 Satz 1 Nr. 6 WpÜG statt[1037]. Da es nicht mehr auf das Vorliegen eines Verwahrungsverhältnisses ankommt, sondern darauf, ob die Stimmrechte anvertraut sind und nach eigenem Ermessen ausgeübt werden können, ist eine Zurechnung auch dann zu bejahen, wenn die Aktien von einem Dritten, also beispielsweise von der Depotbank im Sinne des § 12 KAGG, verwahrt werden[1038]. Zudem regelt § 10 Abs. 1 Satz 3 KAGG, dass die Kapitalanlagegesellschaft die Stimmrechte selbst wahrnehmen soll. Gemäß § 35 Abs. 1 Satz 1 WpÜG und § 35 Abs. 2 Satz 1 WpÜG ist die Kapitalanlagegesellschaft somit bei Erreichen oder Überschreiten der 30-prozentigen Kontrollschwelle zur Veröffentlichung der Erlangung der Kontrollstellung und zur Abgabe eines Angebots verpflichtet. Hieran wird in der Literatur Kritik geübt, da es gerade Aufgabe einer Kapitalanlagegesellschaft sei, auf Grund ihrer Größe zahlreiche Sondervermögen zu verwalten, der Kapitalanlagegesellschaft darüber hinaus in vielen Fällen die finanziellen Mittel zu einem Vollerwerb fehlen dürften und bei einem Erwerb auf Grund eines Pflichtangebots für die von ihnen verwalteten Sondervermögen die Anlagegrenze des § 8 Abs. 2 KAGG überschritten werden würde[1039]. Ob auf der Basis des § 37 Abs. 1 WpÜG eine Befreiung von den Pflichten aus § 35 WpÜG möglich ist, erscheint fraglich. Hierfür bleibt abzuwarten, wie die BaFin in diesem besonderen Fall ihr Ermessen ausüben wird und ob sich dieser Fall unter einen

1037 Vgl. Süßmann, in: Geibel/Süßmann, Art. 3, Rdnr. 20.

1038 Vgl. Süßmann, in: Geibel/Süßmann, Art. 3, Rdnr. 20.

1039 Vgl. Süßmann, in: Geibel/Süßmann, Art. 3, Rdnr. 22.

der genannten, abschließend[1040] aufgezählten Befreiungstatbestände subsumieren lässt. Solange der Gesetzgeber keine ausdrückliche Korrektur vorgenommen hat, wird deshalb zum einen vorgeschlagen, dass Kapitalanlagegesellschaften darauf achten sollen, dass sie unter Berücksichtigung des Eigenbestandes in sämtlichen von ihr verwalteten Sondervermögen Aktien einer Zielgesellschaft in einem Umfang von nicht mehr als 30 Prozent minus eine Aktie halten[1041]. Zum anderen könnten die Kapitalanlagegesellschaften ihre Pflicht zur Abgabe eines Angebots dann vermeiden, wenn die von ihr in den Sondervermögen verwalteten Aktien zum Handelsbestand gemäß § 20 WpÜG gerechnet werden könnten[1042]. Dies ist jedoch abzulehnen. Zwar sind Kapitalanlagegesellschaften gemäß § 1 Abs. 1 KAGG Unternehmen, deren Geschäftsbereich darauf gerichtet ist, bei ihnen eingelegtes Geld im eigenen Namen für gemeinschaftliche Rechnung der Anteilinhaber nach dem Grundsatz der Risikomischung in zugelassenen Vermögensgegenständen anzulegen. Somit dürften die in § 20 Abs. 2 Nr. 1 WpÜG genannten Voraussetzungen erfüllt sein, da bei der Anlageform des Management Trust[1043] die Vermögensanlagen des Fonds je nach der wirtschaftlichen Situation sowie Veränderungen durch den Wechsel der Konjunktur, die Wandlungen auf dem Kapitalmarkt und insbesondere die Entwicklung der einzelnen Unternehmen, ausgewechselt werden[1044]. Jedoch ist es gemäß § 10 Abs. 1 Satz 3, 4 KAGG Aufgabe der Kapitalanlagegesellschaft, die Stimmrechte bei den Hauptversammlungen im Interesse der Anteilinhaber wahrzunehmen, so dass die Voraussetzungen des § 20 Abs. 2 Nr. 2 WpÜG, der vorschreibt, dass nicht beabsichtigt sein darf, durch den Erwerb der Wertpapiere auf die Geschäftsführung der Gesellschaft Einfluss zu nehmen, nicht erfüllt sind[1045].

12. Verwaltung von Aktien durch Investmentgesellschaften mit Sitz außerhalb der EWR-Staaten

Stimmrechte, die im Sondervermögen von Investmentgesellschaften mit Sitz außerhalb der EWR-Staaten gehalten werden[1046], fallen nicht unter den Anwendungsbereich des § 15 b Abs. 2 AuslInvestmG. Es erfolgt somit in diesen Fällen eine Zurechnung von Stimmrechten nach § 30 Abs. 1 Satz 1 Nr. 1 WpÜG, falls

---

1040 Vgl. Meyer, in: Geibel/Süßmann, § 37, Rdnr. 24.

1041 Vgl. Süßmann, in: Geibel/Süßmann, Art. 3, Rdnr. 23, der jedoch ungenau von einem Anteil von „nicht mehr als 29,99 Prozent" spricht.

1042 Vgl. Süßmann, in: Geibel/Süßmann, Art. 3, Rdnr. 24.

1043 Vgl. dazu Baur, Einl. I, Rdnr. 57.

1044 Vgl. Süßmann, in: Geibel/Süßmann, Art. 3, Rdnr. 25.

1045 Vgl. Süßmann, in: Geibel/Süßmann, Art. 3, Rdnr. 26.

1046 Vgl. § 15 Abs. 1 AuslInvestmG.

die Investmentgesellschaft ein Tochterunternehmen im Sinne des § 2 Abs. 6 WpÜG ist. Ausnahmsweise scheidet eine Zurechnung dann aus, wenn die im Investmentvermögen befindlichen Aktien im Eigentum der Anteilinhaber stehen, da dann diese Aktien im Sinne des zivilrechtlichen Eigentums den Fondsinhabern und nicht mehr der Investmentgesellschaft gehören[1047].
Jedoch werden dann bei Vorliegen der Miteigentumslösung Stimmrechte aus Aktien, die im Miteigentum der Anteilinhaber stehen und von einer Investmentgesellschaft lediglich verwaltet werden, der Investmentgesellschaft und bei Vorliegen der Voraussetzung auch deren Muttergesellschaft[1048] gemäß § 30 Abs. 1 Satz 1 Nr. 6 WpÜG zugerechnet[1049]. Zwar besteht für die Investmentgesellschaft bei der Ausübung der Stimmrechte eine Pflicht, sich an den Interessen der Anteilinhaber zu orientieren. Dies ändert jedoch nichts an der Ausübung der Stimmrechte nach eigenem Ermessen[1050]. Demnach sind nunmehr auch Investmentgesellschaften, die auf Grund eigener und der in den Sondervermögen gehaltenen Anteile die 30-prozentige Kontrollschwelle erreichen oder überschreiten zur Abgabe eines Pflichtangebots gemäß § 35 Abs. 2 Satz 1 WpÜG verpflichtet. Auch hier wird aber dahingehend argumentiert, dass lediglich eine Mitteilungspflicht nach dem WpHG entsteht, die Pflicht zur Abgabe eines Angebots jedoch deshalb entfalle, weil die Investmentgesellschaft als Open-End-Fonds[1051] weiteres Investmentvermögen nur erwerben kann, wenn gleichzeitig neue Anleger gewonnen werden[1052].

13. Absorption der Stimmrechte des Eigentümers

Stimmrechte des Eigentümers werden, nachdem er die Aktien einem Bieter anvertraut hat, weder dann absorbiert, wenn der Zurechnungstatbestand des § 30 Abs. 1 Satz 1 Nr. 6 WpÜG eingreift noch wenn der Zurechnungstatbestand scheitert, weil der Eigentümer die Stimmrechte aus den dem Bieter anvertrauten Aktien weiterhin selbst ausüben will. Der Eigentümer ist derjenige, der die Stimmrechte nach § 29 Abs. 2 WpÜG hält. Ein Ausschluss des Stimmrechts des Eigentümers ist schon wegen des Abspaltungsverbots rechtlich nicht möglich.

1047 Vgl. Süßmann, in: Geibel/Süßmann, Art. 4, Rdnr. 9.

1048 Vgl. § 30 Abs. 1 Satz 1 Nr. 1, Satz 2 WpÜG.

1049 Vgl. Süßmann, in: Geibel/Süßmann, Art. 4, Rdnr. 11.

1050 Vgl. Süßmann, in: Geibel/Süßmann, Art. 4, Rdnr. 11.

1051 Vgl. § 2 Abs. 1 Nr. 4 AuslInvestmG.

1052 Vgl. Süßmann, in: Geibel/Süßmann, Art. 4, Rdnr. 8.

14. Anwendbarkeit auf den Handelsbestand gemäß § 20 WpÜG

Zur Rechtslage bei § 22 Abs. 1 Nr. 7 WpHG wurde die Auffassung vertreten, dass zur Verwahrung anvertraute Aktien bereits begrifflich nicht zum befreiten Bestand gehören können[1053]. Hier ist jedoch weiter zu differenzieren und die jeweilige Position des Eigentümers und Bieters getrennt zu untersuchen.
Zunächst bleibt festzuhalten, dass dem Eigentümer der Aktien sehr wohl eine Befreiung nach § 20 WpÜG erteilt werden kann, wenn er die für die Befreiungserteilung erforderlichen Voraussetzungen erfüllt. Vertraut er anschließend die Aktien dem Bieter an, so wirkt die Befreiung für ihn fort, so dass er nach Entfallen des Anvertrauenstatbestandes nicht einen erneuten Befreiungsantrag stellen muss. Ist der Zurechnungstatbestand zu bejahen, kommt es somit nicht zu einer Absorption der Stimmrechte des Eigentümers, da diese schon gemäß § 20 WpÜG bei diesem nicht zu berücksichtigen waren. Scheitert hingegen der Zurechnungstatbestand, ist der Eigentümer weiterhin stimmrechtsausübungsbefugt, konnte jedoch den zur Erteilung der Befreiung gemäß § 20 Abs. 2 Nr. 2 WpÜG erforderlichen Nachweis erbringen, dass er nicht beabsichtigt, auf die Geschäftsführung der Gesellschaft Einfluss zu nehmen. Somit ändert sich für den Eigentümer weder durch das Anvertrauen der Aktien noch durch das anschließende Entfallen etwas in dessen Position.
Aus der Sicht des Bieters hat eine Befreiungserteilung für den Eigentümer keinerlei Bedeutung. Werden die vom Eigentümer im Handelsbestand gehaltenen Aktien dem Bieter anvertraut, sind die Stimmrechte aus diesen Aktien bei Vorliegen der Voraussetzungen des § 30 Abs. 1 Satz 1 Nr. 6 WpÜG dem Bieter zuzurechnen. Die Befreiungserteilung kann schon deshalb keine Berücksichtigung beim Bieter finden, da die BaFin nur eine individualisierte Prüfung für den jeweiligen Antragsteller vornehmen kann. Eine andere Frage ist es, ob der Bieter selbst einen Befreiungsantrag nach § 20 WpÜG stellen kann. Hier tritt wiederum das Problem auf, dass § 30 WpÜG nicht im Katalog der in § 20 Abs. 1 WpÜG aufgezählten Normen enthalten ist. Unabhängig davon müsste der Bieter aber in seinem Befreiungsantrag nachweisen, dass er die betreffenden Wertpapiere zu halten beabsichtigt, um bestehende oder erwartete Unterschiede zwischen dem Erwerbspreis und dem Veräußerungspreis kurzfristig zu nutzen. Dies bedeutet, dass der Bieter die Absicht haben muss, die ihm anvertrauten Aktien auch zu erwerben. Die Durchführung dieser rechtlich möglichen Gestaltung des dem Anvertrauen nachfolgenden Kaufs der Aktien durch den Bieter erscheint jedoch in der Praxis, insbesondere unter dem Gesichtspunkt der kurzfristigen Nutzung von Kursgewinnen, eher als unwahrscheinlich. Zudem ist zu berücksichtigen, dass ein Befreiungsantrag nur dann notwendig ist, wenn der Bieter die Stimmrechte aus diesen Aktien nach eigenem Ermessen ausüben kann, da nur in diesem Fall der Zurechnungstatbestand eingreift. Hinzukommen muss dann die Erklärung des Bieters, nach dem Erwerb der Aktien nicht auf die Geschäftsführung der Ge-

1053 Vgl. Opitz, in: Schäfer, § 23, Rdnr. 33.

sellschaft Einfluss nehmen zu wollen. Insgesamt besteht somit für den Bieter die Möglichkeit, einen Befreiungsantrag zu stellen, wobei jedoch eine besonders genaue Prüfung der Voraussetzungen durch die BaFin vorzunehmen ist.

VII. Zurechnung von Stimmrechten aus Aktien eines Dritten, mit dem der Bieter oder sein Tochterunternehmen sein Verhalten in Bezug auf die Zielgesellschaft auf Grund einer Vereinbarung oder in sonstiger Weise abstimmt gemäß § 30 Abs. 2 WpÜG

Nach § 30 Abs. 2 WpÜG werden dem Bieter auch Stimmrechte eines Dritten aus Aktien der Zielgesellschaft in voller Höhe zugerechnet, mit dem der Bieter oder sein Tochterunternehmen sein Verhalten in Bezug auf die Zielgesellschaft auf Grund einer Vereinbarung oder in sonstiger Weise abstimmt. Ausnahmsweise sind jedoch davon Vereinbarungen über die Ausübung von Stimmrechten in Einzelfällen ausgenommen.

Damit nimmt der siebte und letzte Zurechnungstatbestand des § 30 WpÜG eine Sonderstellung ein. Dies wird schon daran deutlich, dass ein eigener Absatz 2 in § 30 WpÜG geschaffen wurde. In der Gesetzesbegründung findet sich jedoch keine Erklärung, warum eine gesonderte Regelung in einem weiteren Absatz 2 und nicht eine Anfügung einer weiteren Nummer 7 in § 30 Abs. 1 Satz 1 WpÜG erfolgt ist. Dies hätte auch deshalb nahegelegen, weil dieser Zurechnungstatbestand auf die Fassung des § 22 Abs. 1 Nr. 3 WpHG a.F. zurückgeht und somit dort zu einem Bestandteil der sieben in § 22 Abs. 1 WpHG a.F. aufgezählten Zurechnungstatbestände wurde. Eine Regelung in § 30 Abs. 1 Satz 1 WpÜG wäre somit grundsätzlich möglich gewesen, wurde wohl aber deshalb unterlassen, weil die komplizierte Formulierung des § 30 Abs. 2 WpÜG die Regelung des § 30 Abs. 1 Satz 1 WpÜG noch unübersichtlicher gestaltet hätte und die Regelungen des § 30 Abs. 1 Satz 2 und 3 WpÜG angepasst hätten werden müssen. Zudem nimmt § 30 Abs. 2 WpÜG insofern eine gesonderte Stellung innerhalb der sieben Zurechnungstatbestände ein, weil hier die geringste Verbindung des Bieters mit den sich aus den Aktien der Zielgesellschaft ergebenden Stimmrechten eines Dritten besteht. Während im Rahmen des § 30 Abs. 1 Satz 1 WpÜG die Aktien entweder dem Bieter einmal selbst gehört haben und dieser sie nur zur Sicherheit übertragen hat, die Aktien vom Bieter durch die Abgabe einer Willenserklärung erworben werden können, an den Aktien zugunsten des Bieters ein Nießbrauch bestellt ist oder diese dem Bieter anvertraut sind oder für dessen Rechnung gehalten werden, hat der Bieter im Rahmen des § 30 Abs. 2 WpÜG kein solches Näheverhältnis zu den Aktien. Hier liegt lediglich ein in Bezug auf die Zielgesellschaft abgestimmtes Verhalten zwischen dem Bieter und einem Dritten vor.

Obwohl der Zurechnungstatbestand des § 30 Abs. 2 WpÜG auf die in § 22 Abs. 1 Nr. 3 WpHG a.F. enthaltene Regelung zurückgeht, wurden beim Wortlaut einige bedeutsame Änderungen vorgenommen. Durch die geänderte Formulierung sollten auch bestehende Unklarheiten beseitigt werden. Dies führt insgesamt zu einer Ausweitung des Anwendungsbereiches dieses Zurechnungstatbestandes[1054], die allerdings die Gefahr mit sich bringt, dass Verhaltensweisen erfasst werden, bei denen eine Stimmrechtszurechnung unter Berücksichtigung der Auslegungsgrundsätze und des Schutzzwecks des § 30 WpÜG nicht mehr gerechtfertigt erscheint[1055]. Trotzdem bleibt diese Norm eine der in rechtlicher Hinsicht kompliziertesten Zurechnungsvorschriften[1056], aber auch nicht zuletzt eine der in der Praxis am relevantesten Vorschriften[1057].

1. Sinn und Zweck der Zurechnungsnorm des § 30 Abs. 2 WpÜG

Wie bei allen anderen Zurechnungsvorschriften ist der Hintergrund des § 30 Abs. 2 WpÜG in der Möglichkeit des Bieter zu sehen, auf die Stimmrechtsausübung eines Dritten Einfluss nehmen zu können. Dies wird bei einer Stimmbindungsvereinbarung besonders deutlich, weil diese einzig und allein darauf ausgerichtet ist, eine gemeinsame Stimmrechtsausübung des Bieters und des Dritten herbeizuführen. Eine Interessenkoordinierung bei der Stimmrechtsausübung ist durch die verschiedenen Formen der Poolbildung möglich[1058]. Um zu verhindern, dass Stimmrechte, die auf diese Weise gleichgerichtet ausgeübt werden, nur bei dem jeweiligen Aktieninhaber anzusetzen sind, ordnet § 30 Abs. 2 WpÜG eine wechselseitige Stimmrechtszurechnung an, auch wenn dies aus dem Wortlaut der Vorschrift nicht unmittelbar deutlich wird, da demnach nur Stimmrechte des Dritten dem Bieter zugerechnet werden dürfen.
Bei der Zurechnung nach § 30 Abs. 2 Satz 1 WpÜG werden dem Bieter die Stimmrechte des Dritten in voller Höhe zugerechnet. Das Gesetz enthält weder ein Rangverhältnis für die Zurechnung von Stimmrechten in dem Sinne, dass allein bei demjenigen die Zurechnung zu erfolgen hat, der ohne die Stimmbindungsvereinbarung die größere Zahl der Stimmrechte hält, noch schreibt es eine Quotelung der zuzurechnenden Stimmrechte vor.
Wird eine Stimmbindungsvereinbarung oder eine sonstige Abstimmung des Verhaltens in Bezug auf die Zielgesellschaft schon vor Erwerb der Aktien der Zielgesellschaft durch Bieter oder Dritten getroffen, entfaltet diese mangels der Möglichkeit einer Zurechnung der noch nicht vorhandenen Stimmrechte keine

1054 Vgl. Süßmann, in: Geibel/Süßmann, § 30, Rdnr. 27.

1055 Vgl. Liebscher, ZIP 2002, S. 1005, 1006; kritisch zu § 30 Abs. 2 WpÜG-E auch schon Schüppen, WPg 2001, S. 958, 966, der diese Vorschrift auf Grund der damit verbundenen Gestaltungsphantasie als streitanfällig bezeichnet.

1056 Kritisch auch wegen der durch die komplexen Qualifizierungen eingeschränkten Effizienz der Zurechnungsnorm des § 22 Abs. 1 Nr. 3 WpHG a.F. Opitz, in: Schäfer, § 22, Rdnr. 37.

1057 Vgl. Liebscher, ZIP 2002, S. 1005, 1006; Harbarth, ZIP 2002, S. 321, 325; Krause, AG 2002, S. 705, 713; Fleischer, in: Fleischer/Kalss, S. 115.

1058 Vgl. Opitz, in: Schäfer, § 22, Rdnr. 37.

Wirkung. Die Wirkung entsteht jedoch mit dem dinglichen Erwerb der Aktien, so dass ab diesem Zeitpunkt eine Stimmrechtszurechnung nach § 30 Abs. 2 WpÜG bejaht werden muss.

2. Abgrenzung zu § 2 Abs. 5 Satz 1 WpÜG

Bei der Formulierung des Zurechnungstatbestandes des § 30 Abs. 2 Satz 1 WpÜG orientiert sich der Gesetzgeber an der in § 2 Abs. 5 Satz 1 WpÜG enthaltenen Regelung von gemeinsam handelnden Personen[1059]. Allerdings ist der Wortlaut im Detail unterschiedlich, so dass sich eine einheitliche Auslegung verbietet[1060]. Zudem unterscheiden sich die Schutzzwecke von § 30 Abs. 2 WpÜG und denjenigen Normen, in denen auf gemeinsam handelnde Personen im Sinne des § 2 Abs. 5 WpÜG verwiesen wird[1061].

a) Abstimmung über die Ausübung von Stimmrechten aus Aktien der Zielgesellschaft

Insbesondere ist der Wortlaut des § 30 Abs. 2 Satz 1 WpÜG einerseits weiter formuliert, da dort der Bieter nur sein Verhalten im Hinblick auf die Zielgesellschaft mit einem Dritten abstimmen muss, während gemäß § 2 Abs. 5 Satz 1 WpÜG gemeinsam handelnde Personen ihr Verhalten im Hinblick auf ihre Ausübung von Stimmrechten aus Aktien der Zielgesellschaft mit dem Bieter abstimmen müssen.

b) Abstimmung über den Erwerb von Wertpapieren der Zielgesellschaft

Andererseits ist die Formulierung enger als bei § 2 Abs. 5 Satz 1 WpÜG, da dort eine Abstimmung des Verhaltens der gemeinsam handelnden Personen im Hinblick auf ihren Erwerb von Wertpapieren der Zielgesellschaft ausreicht. Dass ein solches Verhalten nicht für eine Zurechnung von Stimmrechten ausreichen kann, leuchtet ein. Denn einigen sich zwei Personen darauf, zeitgleich Aktien einer bestimmten Zielgesellschaft zu erwerben, existieren beim Dritten diesbezüglich noch gar keine Stimmrechte, die dem Bieter zugerechnet werden könnten. Dem Bieter werden nach dem eindeutigen Gesetzeswortlaut des § 30 Abs. 2 Satz 1,

---

1059 Zur Bedeutung des Begriffs der gemeinsam handelnden Person im Rahmen der Zurechnungstatbestände für die entsprechende Regelung in Artikel 2 des gemeinsamen Standpunktes des Rates zur 13. Richtlinie vgl. auch Neye, AG 2000, S. 289, 290f.

1060 Vgl. von Bülow, in: Hirte/von Bülow, § 30, Rdnr. 135; Riehmer, in: Haarmann/Riehmer/Schüp-pen, § 30, Rdnr. 58. A.A. Süßmann, in: Geibel/Süßmann, § 30, Rdnr. 26 und Steinmeyer/Häger, § 30, Rdnr. 44, die für die Einzelheiten zu § 30 Abs. 2 WpÜG gänzlich auf § 2 Abs. 5 WpÜG verweisen. Unklar Wegen/Fröhlich, in: Blättchen/Wegen, S. 143.

1061 Vgl. von Bülow, in: Hirte/von Bülow, § 30, Rdnr. 135.

1. Hs. und Satz 2 WpÜG nur Stimmrechte aus Aktien zugerechnet, die vom Dritten selbst gehalten werden oder ihm zugerechnet werden. Es würde dem in § 30 WpÜG verankerten Konzept der Stimmrechtszurechnung widersprechen, wenn weder von einem Dritten selbst gehaltene Stimmrechte, noch diesem zuzurechnende Stimmrechte einem Bieter zugerechnet werden könnten. Eine Ausnahme besteht nur dann, wenn dem Dritten an den Aktien der Zielgesellschaft bereits eine dingliche Option zusteht, so dass dem Dritten die Stimmrechte über § 30 Abs. 1 Satz 1 Nr. 5 WpÜG und dem Bieter diese Stimmrechte über § 30 Abs. 2 Satz 1 und 2 i.V.m. § 30 Abs. 1 Satz 1 Nr. 5 WpÜG zugerechnet werden können. Ein bloß schuldrechtlicher Anspruch des Dritten auf Erwerb der Wertpapiere reicht hingegen nicht aus. Eine Abrede darüber, wer wann wie viele von der Zielgesellschaft emittierte Wertpapiere erwirbt ist somit zwar genügend für die Erfüllung der Voraussetzungen gemeinsam handelnder Personen[1062], nicht aber für eine Stimmrechtszurechnung[1063].
Problematisch ist allerdings der Fall, in dem sowohl Bieter als auch Dritter bereits Aktien an der Zielgesellschaft besitzen und diese eine Vereinbarung über den Erwerb weiterer Aktien an der Zielgesellschaft abschließen, um unternehmensbezogene Ziele gemeinsam durchsetzen zu können. Hier ist zu erwägen, ob die bereits vom Dritten gehaltenen Stimmrechte dem Bieter schon vor dem Neuerwerb der Aktien zugerechnet werden müssen. Einerseits könnte man § 30 Abs. 2 Satz 1, 1. Hs. WpÜG weit in dem Sinne auslegen, dass für den Fall einer Verhaltensabstimmung in Bezug auf eine Zielgesellschaft alle Stimmrechte des Dritten zugerechnet werden, unabhängig davon, ob sich die Koordination auch auf diese Stimmrechte bezieht oder nicht. Andererseits könnte man eine Stimmrechtszurechnung auch nur für die Stimmrechte befürworten, in Bezug auf welche eine Verhaltensabstimmung getroffen worden ist. Die letztere Ansicht hat zwar zur Folge, dass bei der Abstimmung des Verhaltens über den Erwerb weiterer Aktien generell keine Stimmrechte zugerechnet werden könnten[1064]. Die besseren Argumente sprechen aber für diese konkret auf die Verhaltensabstimmung bezogene Ansicht. Denn wird beispielsweise eine Stimmbindungsvereinbarung nur auf einen Teil der Aktien von Bieter und Drittem oder eine Vereinbarung im Rahmen eines Familienpools nur auf einen Bruchteil des Aktienanteils

1062 Vgl. Angerer, in: Geibel/Süßmann, § 2, Rdnr. 23.

1063 Vgl. von Bülow, in: Hirte/von Bülow, § 30, Rdnr. 135; a.A. offenbar Süßmann, in: Geibel/Süßmann, § 30, Rdnr. 26 mit Verweis auf Angerer, in: Geibel/Süßmann, § 2, Rdnr. 23.

1064 Dies setzt natürlich voraus, dass hinsichtlich der schon bestehenden Stimmrechte zwischen Bieter und Drittem noch keine VerhaltensAbstimmung vorgenommen wurde. Liegt ein Fall des sogenannten „Warehousing“ vor, geht es Bieter und Drittem beim Erwerb von Wertpapieren im Vorfeld eines Angebots also um die Verringerung der zu erwerbenden Wertpapiere und damit vor allem um die Sicherung des Erfolgs eines Übernahmeangebots, ist in der Regel von einer solchen VerhaltensAbstimmung auszugehen, vgl. auch Steinmeyer/Häger, § 2, Rdnr. 15.

von allen oder einem Teil der Familienmitglieder beschränkt, findet nur in dieser Höhe eine Verhaltenskoordination statt und auch die Einflussnahme des Bieters auf die Stimmrechtsausübung durch den Dritten erstreckt sich nur auf genau diesen Teil. Eine weitere Zurechnung der nicht von der Verhaltensabstimmung umfassten Stimmrechte aus Aktien lässt sich nicht rechtfertigen, da der Dritte diesbezüglich frei in seiner Abstimmungsentscheidung in der Hauptversammlung ist. Somit kann es im Rahmen der Zurechnungsnorm des § 30 Abs. 2 WpÜG nur zu einer Stimmrechtszurechnung in Bezug auf die Stimmrechte kommen, die von der Verhaltensabstimmung umfasst werden.

3. Art und Weise der Abstimmung des Verhaltens in Bezug auf die Zielgesellschaft

Gleich ist allerdings bei § 30 Abs. 2 WpÜG und § 2 Abs. 5 WpÜG, dass für die Art und Weise der Abstimmung des Verhaltens zwei Möglichkeiten in Betracht kommen. Bieter und Dritter können ihr Verhalten entweder auf Grund einer Vereinbarung oder in sonstiger Weise abstimmen. Zu beachten ist dabei, dass entgegen dem Wortlaut des § 30 Abs. 2 Satz 1 WpÜG dieser erweiternd dahingehend ausgelegt werden muss, dass nicht nur eine Verhaltensabstimmung des Bieters, sondern auch diejenige eines Dritten, zu einer Stimmrechtszurechnung führt[1065]. Nur eine solche Auslegung entspricht dem Regelungszweck dieser Zurechnungsnorm, die darauf abzielt, auch diejenigen Fälle zu erfassen, in denen ein Dritter sein Verhalten mit dem Bieter abstimmt und nicht nur die Fälle, in denen der Bieter sein Verhalten mit dem Dritten abstimmt[1066]. Bei der Verhaltensabstimmung kommt es darauf an, dass Bieter und Dritter bewusst mit dem Ziel zusammenarbeiten, die jeweils zustehenden Mitgliedschaftsrechte koordiniert auszuüben[1067]. Ob es dann später in der Praxis tatsächlich zu einer mit der Verhaltensabstimmung übereinstimmenden Vorgehensweise kommt oder nicht, ist – wie im Rahmen der Zurechnungstatbestände des § 30 Abs. 1 WpÜG im Hinblick auf die Stimmrechtsbeeinflussung – irrelevant[1068].

a) Der Begriff der Vereinbarung im Sinne des § 30 Abs. 2 Satz 1, 1. Hs. WpÜG

Der Begriff der Vereinbarung in § 30 Abs. 2 Satz 1, 1. Hs. WpÜG ist weit auszulegen. Unter einer Vereinbarung ist demzufolge jede förmliche oder formlose, ausdrückliche oder stillschweigende Willenseinigung zwischen zwei oder meh-

---

1065 Vgl. von Bülow, in: Hirte/von Bülow, § 30, Rdnr. 107.

1066 Vgl. von Bülow, in: Hirte/von Bülow, § 30, Rdnr. 107.

1067 Vgl. Liebscher, ZIP 2002, S. 1005, 1007; von Bülow, in: Hirte/von Bülow, § 30, Rdnr. 108.

1068 Vgl. von Bülow, in: Hirte/von Bülow, § 30, Rdnr. 110.

reren Rechtssubjekten zu verstehen[1069]. Umfasst werden Vereinbarungen aller Art, insbesondere Stimmrechtsbindungsverträge[1070] und Poolverträge, aber auch Gesellschaftsverträge. Da für die Vereinbarung keine Formbedürftigkeit besteht, entfalten auch mündliche oder konkludent abgeschlossene Verträge Wirkung für die Stimmrechtszurechnung nach § 30 Abs. 2 WpÜG. Eine rechtliche Bindung muss allerdings für die Vereinbarung vorliegen. Dies bedeutet jedoch nicht, dass nur rechtlich bindende Vereinbarungen zu einer Stimmrechtszurechnung führen. Vielmehr können Vereinbarungen ohne rechtliche Bindungswirkung unter den Auffangtatbestand der Verhaltensabstimmung „in sonstiger Weise" subsumiert werden[1071].

aa) Stimmbindungsverträge als Hauptanwendungsfälle einer Vereinbarung

(1) Stimmbindungsverträge zwischen Bieter und Drittem

In Stimmbindungsverträgen[1072] verpflichten sich Gesellschafter, ihr Stimmrecht nicht frei, sondern in einer bestimmten Art und Weise auszuüben, sei es, dass die Stimmabgabe bereits im Vertrag inhaltlich festgelegt wird, sei es, dass die Stimmabgabe nach Weisung oder nach dem Beispiel bestimmter Personen erfolgt oder auf sonstige Weise zu einem späteren Zeitpunkt jeweils näher konkretisiert werden soll[1073]. Wesentliche Zwecke sind die Einflusssicherung in Familiengesellschaften, die Einflussnahme auf die Ausübung des Stimmrechts durch Treuhänder oder Verpfänder sowie die Durchsetzung von gleichgerichteten wirtschaftlichen Interessen[1074]. Stimmbindungsverträge haben schuldrechtlichen, nicht organisationsrechtlichen Charakter und können demzufolge keine Außenwirkung entfalten[1075]. Von der grundsätzlichen Wirksamkeit von Stimmbindungsverträgen ist auszugehen[1076]. Abgesehen von der Problematik, ob die

---

1069 Vgl. Angerer, in: Geibel/Süßmann, § 2, Rdnr. 22.

1070 Auch im Rahmen der Zurechnung nach § 16 Abs. 4 AktG sind die einem Unternehmen kraft Stimmbindungsvertrages zustehenden Stimmrechte für die Berechnung seiner Beteiligung zu berücksichtigen, vgl. Mertens, in: Festschrift für Beusch, 1993, S. 583, 589ff. A.A. Koppensteiner, in: Kölner Kommentar zum AktG, § 16, Rdnr. 33; Geßler, in: Geßler/Hefermehl, § 16, Rdnr. 37.

1071 Vgl. dazu unten 4. Kapitel, VII. 3. b).

1072 Die Begriffe Stimmbindungsvertrag, Stimmrechtsbindungsvertrag und Stimmbindungsvereinbarung haben in diesem Zusammenhang die gleiche Bedeutung.

1073 Vgl. Zöllner, ZHR 155 (1991), S. 168 (Fn. 1).

1074 Vgl. Hüffer, § 133, Rdnr. 25.

1075 Vgl. Hüffer, § 133, Rdnr. 26.

1076 Vgl. BGHZ 48, 163, 166ff.; BGH, NJW 1987, S. 1890, 1892; OLG Köln, WM 1988, S. 974; Baumann/Reiss, ZGR 1989, S. 157, 184; Zöllner, ZHR 155 (1991), S. 168,

rechtliche Beurteilung der Stimmbindungsverträge im Grundsatz unabhängig von der gesellschaftsrechtlichen Zulässigkeit der Stimmabgabe im Innenverhältnis der betroffenen Gesellschaft erfolgt oder nicht[1077], sieht § 136 Abs. 2 AktG die Nichtigkeit von Stimmbindungsverträgen vor, bei denen die Stimmabgabe inhaltlich nicht konkretisiert ist und die Konkretisierung der Gesellschaft oder einem ihrer Organe überlassen ist. Gemäß § 405 Abs. 3 Nr. 6 und 7 AktG ist der sogenannte Stimmenkauf verboten und führt ebenso wie ein Verstoß gegen die Regelung des § 1 GWB zur Unwirksamkeit der Stimmbindungsvereinbarung[1078].

(2) Stimmbindungsverträge des Bieters mit der Zielgesellschaft

Stimmbindungsverträge des Bieters mit der Zielgesellschaft selbst werden nicht von § 30 Abs. 2 WpÜG erfasst. Abgesehen von der möglichen Nichtigkeit eines solchen Vertrages nach § 136 Abs. 2 AktG, die allein nicht zur Nichtberücksichtigung im Rahmen der Stimmrechtszurechnung führt, unterscheidet § 30 WpÜG strikt zwischen den Begriffen Dritter und Zielgesellschaft, so dass ein Zusammenfallen nicht möglich ist. Es werden nur solche Stimmbindungsvereinbarungen erfasst, die zwischen Bieter und Dritten oder Tochterunternehmen des Bieters und Dritten abgeschlossen werden.

(3) Stimmbindungsverträge im Rahmen der Wertpapierleihe

Im Rahmen der Wertpapierleihe kann der Verleiher, der Kontrollinhaber einer Zielgesellschaft ist, durch die Einräumung einer Stimmrechtsvollmacht oder Stimmrechtsermächtigung seine Stimmrechte behalten und läuft somit nicht die Gefahr, seine Kontrollposition zu verlieren[1079]. Diese Möglichkeit besteht jedoch nur, solange die Satzung der betroffenen Zielgesellschaft nicht die persönliche Ausübung des Stimmrechts durch die Aktionäre vorschreibt[1080]. Um somit nicht die Ausübung der Stimmrechte aus den verliehenen Wertpapieren dem Entleiher zu überlassen, kann sich der Verleiher dadurch behelfen, dass er in den Wertpapierleihvertrag eine Stimmbindungsklausel aufnimmt und so den Entlei-

---

170 m.w.N. in Fn. 6 bis 9; Martens, AG 1993, S. 495, 497; Hüffer, § 133, Rdnr. 27. A.A. Schneider, AG 1990, S. 56, 60; Timm, WM 1991, S. 481, 494; Baums, AG 1990, 221, 223. Diese meinen, dass dauerhafte Stimmbindungsverträge den Sinn und Zweck von Stimmrechtsbeschränkungen und den damit zugleich beAbsichtigten Schutz aller anderen Aktionäre verletzen.

1077 Vgl. Wittkowski, ZHR 155 (1991), S. 209f.

1078 Vgl. Hüffer, § 133, Rdnr. 28.

1079 Vgl. oben 4. Kapitel, II. 2. k) dd) (2).

1080 Eine derartige Beschränkung der Stimmrechtsausübung ist nach herrschender Meinung zulässig; vgl. RGZ 55, 41, 42; Eckardt, in: Geßler/Hefermehl, § 134, Rdnr. 39.

her zur Ausübung des Stimmrechts in seinem Sinne verpflichtet[1081]. Solange dem Entleiher dafür keine besonderen Vorteile als Gegenleistung gewährt werden[1082], ist ein solcher Stimmbindungsvertrag mit einem Nichtaktionär grundsätzlich zulässig[1083]. Der Abschluss eines solchen Stimmbindungsvertrages führt somit zu einer Zurechnung der Stimmrechte des Entleihers auf den Verleiher gemäß § 30 Abs. 2 WpÜG. In der Praxis wird jedoch der Entleiher die Aktien nur für eine kurze Zeit halten, um sie sogleich weiterzuveräußern oder weiterzuverleihen. In diesem Fall ist es dem Verleiher grundsätzlich möglich, mit dem Dritten einen Stimmbindungsvertrag abzuschließen. Dies hat dann ebenfalls die Zurechnung der Stimmrechte zur Folge. Erschwert wird dies dadurch, dass dem Verleiher die Person des Dritten oftmals nicht bekannt ist und zudem der Entleiher an mehrere Dritte weiterveräußern kann, so dass mehrere Stimmbindungsverträge geschlossen werden müssen.

bb) Abgestimmter Parallelerwerb

Bei einem abgestimmten Parallelerwerb handelt es sich um abgestimmte Verhaltensweisen, die nicht unternehmensbezogene Zielsetzungen, sondern nur den Erwerb einer Beteiligung zur Erzielung eines kurzfristigen Veräußerungsgewinns zum Gegenstand haben[1084]. In diesem Fall ist problematisch, ob eine wechselseitige Stimmrechtszurechnung bezüglich der Beteiligten am abgestimmten Parallelerwerb erfolgen kann. Zunächst ist wiederum problematisch, ab welchem Zeitpunkt eine Stimmrechtszurechnung in Betracht kommen könnte.
Bereits im ersten Anwendungsfall, wenn beide Beteiligte bereits Aktionäre der Zielgesellschaft sind und ihren Aktienanteil aufstocken wollen, ergeben sich Probleme. Eine Stimmrechtszurechnung ist grundsätzlich dann vorzunehmen, wenn eine Abstimmung des Verhaltens in Bezug auf die Zielgesellschaft vorliegt. Allerdings ist zu beachten, dass die Abstimmung des Verhaltens in diesem Fall nur den Parallelerwerb erfasst und mit Abschluss des Erwerbs eine weitere Abstimmung des Verhaltens in vielen Fällen nicht mehr erfolgen wird. Somit könnte in einem solchen Fall eine Stimmrechtszurechnung in zeitlicher Hinsicht nur von der Vereinbarung des abgestimmten Parallelerwerbs bis zum Abschluss des Erwerbs stattfinden. Zugerechnet werden könnten dem Bieter aber vom Umfang her nur die schon vor dem Erwerbszeitpunkt bestehenden eigenen Aktienbestände des Dritten sowie die dem Dritten über § 30 Abs. 2 Satz 2 WpÜG i.V.m. § 30 Abs. 1 WpÜG zuzurechnenden Stimmrechte, da die erst noch zu er-

1081 Vgl. Gesell, S. 131.

1082 Ein entgeltlicher Stimmbindungsvertrag wäre nach § 134 BGB in Verbindung mit § 405 Abs. 3 Nr. 6, 7 AktG nichtig, vgl. Hüffer, § 133, Rdnr. 28; Zöllner, in: Kölner Kommentar zum AktG, § 136, Rdnr. 93f.

1083 Vgl. BGHZ 48, 163, 166ff.; Hüffer, § 133, Rdnr. 27; Gesell, S. 131.

1084 Vgl. Burgard, BB 1995, S. 2069, 2074f.

werbenden Aktien beim Dritten noch nicht existieren. Allerdings bezieht sich der abgestimmte Parallelerwerb gerade nicht auf die schon existierenden, sondern allein auf die zu erwerbenden Aktien. Somit lässt sich eine Stimmrechtszurechnung der schon existierenden Stimmrechte nicht rechtfertigen. Hinsichtlich der zu erwerbenden Stimmrechte scheidet zudem eine Stimmrechtszurechnung deshalb aus, weil ansonsten entgegen der in § 30 Abs. 1 Satz 1 Nr. 5 WpÜG ausdrücklich enthaltenen gesetzgeberischen Entscheidung auch eine lediglich schuldrechtliche Erwerbsposition zur Zurechnung der veroptionierten Stimmrechte führen würde[1085]. Wird über den Zeitpunkt des Erwerbes hinaus beispielsweise eine Stimmbindungsvereinbarung getroffen, finden natürlich die dafür geltenden Grundsätze Anwendung und eine Zurechnung nach § 30 Abs. 2 WpÜG kann bejaht werden. Planen zweitens beide Beteiligte einen Ersterwerb von Aktien der Zielgesellschaft, ist eine Stimmrechtszurechnung nach § 30 Abs. 2 WpÜG ausgeschlossen, da bis zum Zeitpunkt des Erwerbs keine Stimmrechte bestehen, die zugerechnet werden könnten. Im Zeitpunkt des Erwerbs entfällt wiederum die Abstimmung des Verhaltens, falls nicht weitergehende Absprachen getroffen wurden. Liegen Mischfälle aus den obigen beiden Anwendungsfällen vor, ist also einer der Beteiligten bereits Aktionär der Zielgesellschaft, der andere hingegen nicht, kommt es ebenfalls zu keiner Stimmrechtszurechnung beim Bieter.

Für alle drei Fälle des abgestimmten Parallelerwerbs ist aber immer eine Stimmrechtszurechnung nach § 30 Abs. 1 Satz 1 Nr. 5 WpÜG zu beachten[1086]. Kann der Dritte durch die Abgabe einer Willenserklärung das Eigentum an den Aktien der Zielgesellschaft erwerben, sind ihm die Stimmrechte aus diesen Aktien einer anderen Person zuzurechnen. Über § 30 Abs. 2 Satz 1, 1. Hs. WpÜG i.V.m. § 30 Abs. 2 Satz 2 WpÜG i.V.m. § 30 Abs. 1 Satz 1 Nr. 5 WpÜG werden diese Stimmrechte auch dem Bieter zugerechnet. Dies gilt unabhängig davon, ob der Bieter bereits Aktionär der Zielgesellschaft ist oder ihm Stimmrechte anderweitig zugerechnet werden. Denn hier bezieht sich die Abstimmung des Verhaltens zwischen Bieter und Drittem genau auf diese Aktien und diese sind bei der Berechnung des Stimmrechtsanteils des Dritten zu berücksichtigen.

cc) Poolverträge

In der Praxis kommen sogenannte Konsortial- oder Poolverträge[1087] vor[1088], in denen mehrere Gesellschafter gegenseitig vereinbaren, ihre Stimmrechte in allen

---

1085 Vgl. von Bülow, in: Hirte/von Bülow, § 30, Rdnr. 122.

1086 In diesem Sinne vgl. auch von Bülow, in: Hirte/von Bülow, § 30, Rdnr. 122.

1087 Ein Muster eines Vertrags für ein Gesellschafterkonsortium findet sich im Anhang bei Noack, S. 333ff.

oder in bestimmten Angelegenheiten[1089] stets in einheitlichem Sinn auszuüben[1090]. In der Regel werden vor der Hauptversammlung der Zielgesellschaft durch Mehrheitsbeschlüsse der Vertragsbeteiligten nähere Festlegungen hinsichtlich der Stimmrechtsausübung herbeigeführt[1091]. Neben einer solchen Poolung von Stimmrechten ist in der Praxis auch eine Poolung der Aktien, die Einrichtung von ein- oder mehrstufigen Familienpools, bis hin zu ganz unterschiedlichen Formen von Vereinbarungen über die Entscheidungsfindung beim Abstimmungsverhalten und zur Sanktionierung bei abweichender Stimmabgabe denkbar[1092].

Auf die Wirksamkeit der Poolverträge kommt es dabei nicht an[1093]. Würde die Unwirksamkeit eines Poolvertrages die Stimmrechtszurechnung nach § 30 Abs. 2 WpÜG verhindern, käme es zum einen zu großen Rechtsunsicherheiten, da sich der Bieter zunächst immer darauf berufen und bis zur Feststellung der Wirksamkeit des Poolvertrages die Pflichten aus § 35 WpÜG hinauszögern könnte. Denn Beweisvermutungen zugunsten der Wirksamkeit eines Poolvertrages sind unzulässig[1094]. Zum anderen würden die Minderheitsaktionäre dadurch unangemessen benachteiligt. Denn liegt faktisch zwischen Bieter und Drittem ein abgestimmtes Verhalten vor und gehen diese sogar selbst in Unkenntnis der Unwirksamkeit des Poolvertrages davon aus, dass sie zu einem bestimmten Abstimmungsverhalten in der Hauptversammlung verpflichtet sind, liegen alle Voraussetzungen vor, die eine Stimmrechtszurechnung rechtfertigen. Ein Unterlassen der Abgabe eines Pflichtangebotes trotz des Vorliegens einer Kontrollstellung in diesem Fall entspricht somit nicht dem Gesetzeszweck.

Fraglich ist noch, ob eine Zurechnung von Stimmrechten beim Bieter erfolgen kann, obwohl dieser beispielsweise im Rahmen einer Abstimmung einer Pool-BGB-Gesellschaft bei einem zuvor erfolgten Mehrheitsbeschluss überstimmt

---

1088 Solche Konsortien sind zulässig und stellen Innengesellschaften bürgerlichen Rechts ohne Gesamthandsvermögen dar, vgl. Hüffer, Anh § 22, § 22 WpHG, Rdnr. 8; § 133, Rdnr. 26ff.

1089 Als Beispiel für eine solche bestimmte Angelegenheit kommt die Wahl von Organpersonen in Betracht.

1090 Vgl. Zöllner, ZHR 155 (1991), S. 168 (Fn. 1).

1091 Vgl. Zöllner, ZHR 155 (1991), S. 168 (Fn. 1).

1092 Vgl. Schneider, in: Assmann/Schneider, § 22, Rdnr. 80.

1093 Vgl. Koppensteiner, in: FS für Rowedder, S. 213, 224; a.A. LG Berlin, WM 1990, S. 978, 980, wonach eine Zurechnung von Stimmrechten im Rahmen des § 20 AktG nur dann erfolgen kann, wenn ein rechtlich verbindlicher Tatbestand vorliegt.

1094 Vgl. dazu unten 4. Kapitel, VII. 13.

wurde[1095]. Auch in diesem Fall ist von einem abgestimmten Verhalten von Bieter und Drittem auszugehen, da für die maßgebliche Vereinbarung eine irgendwie koordinierte Abstimmung ausreicht. Zwar ist nach dem Wortlaut des § 30 Abs. 2 WpÜG von einer Abstimmung des Verhaltens des Bieters mit einem Dritten die Rede. Daraus darf jedoch nicht der Schluss gezogen werden, dass jeder Bieter mit dem Abstimmungsverhalten einverstanden sein muss. Relativ häufig werden im Rahmen von Familienpools mehrere Familienmitglieder unterschiedliche Interessen haben. Das Abstimmungsverhalten richtet sich deshalb in der Regel nach einem Mehrheitsbeschluss der Mitglieder des Pools. Jedes einzelne Poolmitglied muss sich dann dieses Abstimmungsverhalten der Pool-BGB-Gesellschaft unabhängig davon, ob es mit der Mehrheit abgestimmt hat oder überstimmt worden ist, zurechnen lassen, da die Vereinbarung in diesem Fall zu einer Abstimmung des Verhaltens führt. Dasselbe gilt, wenn einer der Poolmitglieder dem oder den anderen gegenüber ein Weisungsrecht hat[1096]. Ist ein solches Weisungsrecht in der Vereinbarung enthalten, führt dies nicht dazu, dass das Vorliegen einer Abstimmung des Verhaltens verneint werden muss.

(1) Familienpools

Wie schon im Rahmen des § 22 Abs. 1 Nr. 3 WpHG a.F.[1097] bereiten auch bei der Stimmrechtszurechnung gemäß § 30 Abs. 2 WpÜG insbesondere Familienpools[1098] Probleme. Anders als im englischen Recht[1099] werden Stimmrechte aus Aktien, die Mitgliedern einer Familie gehören, nicht ohne weiteres kraft Gesetzes zugerechnet[1100]. Familienpools entstehen in Deutschland insbesondere dadurch, dass bei kleinen oder mittelständischen Familienunternehmen in den Erbengenerationen, die zur Gewinnung von Kapital an den Kapitalmarkt oder die Börse herantreten, der Zusammenhalt der Familie im Unternehmen durch eine Poolung der Aktien der einzelnen Familienmitglieder erreicht[1101] und der

1095 Dieser Fall ist vom sogenannten Durchstimmrecht bei Familienpools abzugrenzen, bei dem eine Befugnis zur abweichenden Stimmrechtsausübung besteht, vgl. dazu unten 4. Kapitel, VII. 3. b) cc).

1096 Vgl. Opitz, in: Schäfer, § 22, Rdnr. 45.

1097 Vgl. Burgard, BB 1995, S. 2069, 2075; Falkenhagen, WM 1995, S. 1005, 1008; Schneider, in: Assmann/Schneider, § 22, Rdnr. 85ff.; Opitz, in: Schäfer, § 22, Rdnr. 50ff.

1098 Vgl. dazu insbesondere Hopt, ZGR 1997, S. 1ff.

1099 Vgl. Sec. 203 para. 1 Companies Act 1985: "For purposes of sections 198 to 202, a person is taken to be interested in any shares in which his spouse or any infant child or step-child of his is interested; and ‚infant' means, in relation to Scotland, person under the age of 18 years."

1100 Vgl. Schneider, in: Assmann/Schneider, § 22, Rdnr. 79.

1101 Vgl. Hopt, ZGR 1997, S. 1, 2.

Familiencharakter des Unternehmens bewahrt werden soll[1102]. Die Poolverträge von Familienaktiengesellschaften sollen somit der Bündelung der Interessen einer größeren Zahl von Familienmitgliedern dienen[1103]. Dabei kann die Größe solcher Familienpools von einer Handvoll Mitglieder der Gründerfamilie bis zu einer Zahl von vielen Dutzenden naher oder weiter Verwandter und Angeheirateter reichen[1104]. Familienpools können unter Ehegatten unabhängig davon, ob sie im Güterstand der Zugewinngemeinschaft, Gütergemeinschaft oder Gütertrennung leben, sowie zwischen Eltern und Kindern oder unter Geschwistern geschlossen werden.
Dem Verbund der Familienmitglieder liegt ein Poolvertrag zugrunde, der häufig auch Schutzgemeinschaftsvertrag genannt wird. Dieser regelt die gesellschaftsrechtliche Organisation des Pools, wie beispielsweise die Bildung von Poolorganen wie Poolverwalter oder Poolausschuss mit Ausschussvorsitzendem und Stellvertreter, und die Rechte und Pflichten der Poolmitglieder[1105]. Durch die Einrichtung eines Familienpools soll zudem die Willensbildung in der Aktiengesellschaft koordiniert werden. Dies geschieht in der Regel durch Stimmbindungsverträge[1106], aber auch durch andere Erzwingungsmechanismen, wie beispielsweise Hinterlegung und Übertragung von Aktien, Stimmrechtsvollmachten oder Vertragsstrafen[1107]. Somit ist davon auszugehen, dass alle Mitglieder eines Familienpools ihr Verhalten in Bezug auf die Zielgesellschaft abstimmen und eine wechselseitige Stimmrechtszurechnung nach § 30 Abs. 2 WpÜG vorgenommen werden muss.
Die größte Schwierigkeit liegt dabei darin, dass es bei einer Poolung von Familieninteressen zu einer wechselseitige Stimmrechtszurechnung bei einer Vielzahl von Personen mit zumeist sehr kleinen Anteilen kommt. Dies führt bei einer Überschreitung der 30-prozentigen Kontrollschwelle zu einer unpraktikablen Häufung der Pflicht zur Veröffentlichung der Erlangung der Kontrollstellung nach § 35 Abs. 1 WpÜG sowie der Pflicht zur Abgabe eines Angebots nach § 35 Abs. 2 WpÜG[1108]. Dadurch kommt es zu einer erheblichen Beeinträchtigung der Rechtsstellung der Poolmitglieder, da mit den Veröffentlichungs- und Angebotspflichten zeitlicher Aufwand und Kosten sowie ein Verlust der Privatsphäre

---

1102 Vgl. Hopt, ZGR 1997, S. 1, 4.

1103 Vgl. Jäger, WM 1996, S. 1356, 1357.

1104 Vgl. Hopt, ZGR 1997, S. 1, 2.

1105 Vgl. Hopt, ZGR 1997, S. 1, 3.

1106 Vgl. Falkenhagen, WM 1995, S. 1005, 1007 (Fn. 18).

1107 Vgl. Hopt, ZGR 1997, S. 1, 4.

1108 Vgl. dazu unten 4. Kapitel, VII. 9.

einhergehen, ohne dass damit ein vernünftiger Informationsgewinn[1109] oder ein weitergehender Schutz der Minderheitsaktionäre verbunden wäre.

(2) Sonstige Pools

Neben den Familienpools gibt es zum einen gemischte Pools, in denen sich neben Familienmitgliedern auch befreundete Unternehmer, leitende Angestellte, Mitarbeiter und sonstige Personen mit einer gleichen Interessenrichtung ohne jede weitere Familienbeziehung befinden, zum anderen reine Aktionärs- oder Unternehmerpools, in denen nicht weiter miteinander verbundene Gruppen von Aktionären gemeinsam unternehmerische Interessen in der Zielgesellschaft wahrnehmen wollen[1110].
Die Zahl der Mitglieder solcher Pools kann stark variieren und zwischen einigen wenigen und mehreren Hunderten liegen. Ebenso kann der Umfang des vom Pool umfassten Aktienkapitals bei nur einigen Prozent liegen, aber auch den Anteil von 75 Prozent übersteigen, um die satzungsändernde Mehrheit zu sichern[1111]. Im Vergleich zu Familienpools ergeben sich in Bezug auf die Stimmrechtszurechnung nach § 30 Abs. 2 WpÜG keine Veränderungen, so dass die dort aufgestellten Grundsätze auch hier Anwendung finden.

dd) Aktionärsvereinigungen

Oftmals werden Aktionärsvereinigungen, die selbst nicht Aktionär der Zielgesellschaft sind, von Aktionären mit der Stimmrechtsausübung beauftragt. In diesem Fall kann man von einer Koordinierung der Stimmrechte sprechen, wenn die Aktionäre sich mit den anderen Aktionären der Aktionärsvereinigung auf eine einheitliche Stimmrechtsausübung geeinigt haben und somit eine gemeinsame Zielsetzung verfolgen. Wie sich schon aus dem Wortlaut des § 30 Abs. 2 Satz 1, 1. Hs. WpÜG ergibt, ist es nicht erforderlich, dass konkrete Ziele hinsichtlich der Zielgesellschaft verfolgt werden, da eine Verhaltensabstimmung in Bezug auf die Zielgesellschaft als ausreichend anzusehen ist. Wird der Leitung der Aktionärsvereinigung Stimmrechtsvollmacht erteilt und diese angewiesen, beispielsweise Druck auf die Zielgesellschaft hinsichtlich der Offenlegung stiller Reserven, der Dividendenpolitik und ähnlicher oder anderer Ziele auszuüben, ist dies für eine Abstimmung des Verhaltens unter den Aktionären als ausreichend anzusehen[1112]. Demnach kommt es unter den Aktionären, die sich zu einer Aktionärsvereinigung zusammengeschlossen haben, zu einer wechselseitigen Zurech-

1109 Vgl. Hopt, ZGR 1997, S. 1, 27; Arends, S. 65; Nottmeier/Schäfer, AG 1997, S. 87, 94f.

1110 Vgl. Hopt, ZGR 1997, S. 1, 2.

1111 Vgl. Hopt, ZGR 1997, S. 1, 2.

1112 Vgl. Opitz, in: Schäfer, § 22, Rdnr. 53.

nung von Stimmrechten nach § 30 Abs. 2 WpÜG. Eine andere Frage ist es, ob die Aktionäre solcher Aktionärsvereinigungen über Stimmrechtsquoten verfügen, die in dem für Pflichtangebote kritischen Bereich von 30 Prozent liegen. Diese erscheint zumindest vor dem Hintergrund der Abstimmungsergebnisse von Hauptversammlungen zweifelhaft[1113]. Da die Fälle von Aktionärsvereinigungen mit einer Vielzahl von Kleinaktionären mit der Konstellation im Rahmen von Familienpools vergleichbar sind, bietet sich eine entsprechende Behandlung an. Gleiches muss im übrigen für sonstige Fälle der sogenannten Stimmrechtsbündelung[1114] gelten, wenn die Politik gegenüber der Geschäftsführung der Zielgesellschaft koordiniert betrieben wird[1115]. Soweit allerdings vertreten wird, dass auch der Aktionärsvereinigung selbst Stimmrechte zugerechnet werden können[1116], kann dem nicht gefolgt werden[1117]. Dies scheitert in der Regel nämlich schon daran, dass die Aktionärsvereinigung keine Aktionärsstellung hat und ihr auch keine Stimmrechte nach § 30 Abs. 1 WpÜG zugerechnet werden können.

ee) Vermögensverwalter

Eine weitere Möglichkeit für Aktionäre ihre Interessen an einer Zielgesellschaft zu koordinieren, ist die Einsetzung eines Vermögensverwalters, der die ihm eingeräumten Stimmrechtsvollmachten gleichförmig ausübt[1118]. Auch in diesem Fall kommt es zu einer Stimmrechtszurechnung nach § 30 Abs. 2 WpÜG nur dann, wenn die Aktionäre Kenntnis voneinander haben, da es ansonsten an einer Abstimmung des Verhaltens mangelt.

b) Abstimmung des Verhaltens „in sonstiger Weise“ (Gentlemen´s Agreement)

Durch die Aufnahme der Möglichkeit der Abstimmung des Verhaltens von Bieter und Drittem in sonstiger Weise wurde eine erhebliche Erweiterung des Anwendungsbereiches der Zurechnungsnorm des § 30 Abs. 2 WpÜG im Vergleich zu § 22 Abs. 1 Nr. 3 WpHG a.F. herbeigeführt. Dort wurde eine Stimmrechtszurechnung allein bei Vorliegen einer verpflichtenden, rechtlich bindenden Vereinbarung bejaht[1119]. Von diesem Erfordernis wurde nunmehr Abstand genommen.

1113 Vgl. Opitz, in: Schäfer, § 22, Rdnr. 53.

1114 Vgl. Hüffer, § 53a, Rdnr. 20af.

1115 Vgl. Opitz, in: Schäfer, § 22, Rdnr. 53.

1116 Vgl. Opitz, in: Schäfer, § 22, Rdnr. 53.

1117 Vgl. Arends, S. 64 (Fn. 364).

1118 Vgl. Opitz, in: Schäfer, § 22, Rdnr. 54.

1119 Vgl. Opitz, in: Schäfer, § 22, Rdnr. 44; a.A. schon zu § 22 Abs. 1 Nr. 3 WpHG a.F. Schneider, in: Assmann/Schneider, § 22, Rdnr. 73f.

Ein einvernehmliches Handeln von Bieter und Drittem reicht für die Erfüllung des § 30 Abs. 2 WpÜG aus. Für ein solches einvernehmliches Handeln hat sich international der Begriff des „acting in concert"[1120] herausgebildet[1121], wobei jedoch erhebliche Unterschiede hinsichtlich des Anwendungsbereiches dieses Begriffes bestehen[1122]. Diese Erweiterung bedeutet somit, dass nicht nur „harte" Poolvereinbarungen, also solche die bei absprachewidrigem Verhalten bei der Stimmrechtsausübung rechtliche Sanktionen[1123] vorsehen, sondern auch „weiche" Poolvereinbarungen, bei denen an ein vereinbarungswidriges Abstimmungsverhalten keine rechtlichen Sanktionen geknüpft werden, zu einer Stimmrechtszurechnung nach § 30 Abs. 2 WpÜG führen. Absprachen, bei denen im Fall der Nichteinhaltung keine rechtlichen, aber moralische, wirtschaftliche oder gesellschaftliche Sanktionen drohen, werden international als sogenannte „Gentlemen's Agreements"[1124] bezeichnet[1125]. Diese Sanktionen rechtfertigen ebenso eine Stimmrechtzurechnung nach § 30 Abs. 2 WpÜG, weil die Parteien bei ihrer Stimmabgabe nicht mehr frei sind. Allerdings wird man in Anlehnung an die für die Auslegung des Begriffs „aufeinander abgestimmte Verhaltensweisen" geltenden Grundsätze des § 1 GWB eine bewusste praktische Zusammenarbeit von

---

1120 Regel 9.1 des englischen Übernahmekodex (City Code) lautet: „Persons acting in concert comprise persons who, pursuant to an agreement or understanding (whether formal or informal), actively co-operate, through the acquisition by any of them of shares in a company, to obtain or consolidate control (as defined below) of that company." Aus dieser Formulierung wird klar, dass insofern wenig Gemeinsamkeiten mit dem Tatbestand des § 30 Abs. 2 WpÜG bestehen. Beispielsweise wird nach englischem Recht nicht auf Stimmbindungsabreden, sondern nur den abgestimmten Erwerb von Aktien der Zielgesellschaft abgestellt, und Ziel des Zusammenwirkens muss das Erreichen oder die Verstärkung von Kontrolle über eine Zielgesellschaft sein. Insofern besteht auch ein Unterschied zur Definition von gemeinsam handelnden Personen in § 2 Abs. 5 Satz 1 WpÜG.

1121 Vgl. Geibel/Süßmann, BKR 2002, S. 52, 63; Süßmann, in: Geibel/Süßmann, § 30, Rdnr. 27; Schneider, in: Assmann/Schneider, § 22, Rdnr. 71.

1122 Vgl. von Bülow, in: Hirte/von Bülow, § 30, Rdnr. 106.

1123 Als Sanktionen kommen in einem solchen Fall insbesondere Vertragsstrafen in Betracht.

1124 Das englische Recht dazu enthält eine sehr weite Definition in Sec. 204 para. 5 Companies Act 1985: „In this section, and also in references elsewhere in this Part to an agreement to which this section applies, ‚agreement' includes any agreement or arrangement; and references in this section to provisions of an agreement (a) accordingly include undertakings, expectations or understandings operative under any arrangement, and (b) (without prejudice to the above) also include any provisions, whether express or implied and whether absolute or not."

1125 Vgl. Angerer, in: Geibel/Süßmann, § 2, Rdnr. 28; Riehmer, in: Haarmann/Riehmer/Schüppen, § 30, Rdnr. 62; Burgard, BB 1995, S. 2069, 2075; Noack, S. 35f.

Bieter und Drittem fordern müssen[1126]. Dazu gehört zum einen gegenseitiger Kontakt, zum anderen, dass jeder seine Absichten dem anderen gegenüber bewusst zu erkennen gibt, so dass beide in Kenntnis und mit Rücksicht auf die übereinstimmende Absicht des anderen handeln[1127]. Dabei kommt es aber nicht darauf an, ob die Beteiligten dabei gleichgerichtete Interessen verfolgen oder nicht[1128]. Liegt eine solche Verhaltenskoordination vor, kommt es auf deren Form und Zeitpunkt nicht mehr an. Die Erstreckung der Zurechnung auf Gentlemen´s Agreements kann zudem nur dann erfolgen, wenn diese eine nachhaltige konzertierte Einflussausübung gewährleisten, da es ansonsten zu einer uferlosen Anwendbarkeit des Zurechnungstatbestandes kommen würde[1129]. Unter diesen Umständen sind damit – auch außerhalb von Familienpools – Verabredungen in einem Familienrat und Abstimmungen über das Stimmrechtsverhalten von Teilnehmern eines Council of Institutional Investors erfasst, ohne dass eine rechtsgeschäftliche Grundlage vorhanden sein müsste[1130].

aa) Rechtsvergleich zum amerikanischen „voting-group-concept"

In den USA wurde von der Securities and Exchange Commission (SEC)[1131] in diesem Zusammenhang die Theorie einer „voting group" aufgestellt, deren Voraussetzungen ohne formale Voraussetzungen wie schriftliche Vereinbarungen oder Dokumentationen, sondern durch das Vorliegen von Indizien bewiesen werden können[1132]. Zu diesen Indizien zählt der Beweis von gemeinsamen Plänen oder Zielen unter den Aktionären einer Gesellschaft, die sowohl das Abstimmungsverhalten als auch Investitionsentscheidungen betreffen können. Diese Schlüsse können aus abgestimmtem Verhalten in Zusammenhang mit einer Koordination von Aktionären, deren Aktivitäten und Kommunikation, gezogen werden[1133]. Dieses „voting-group-concept" findet aber nicht nur auf eine Gruppe von Aktionären Anwendung, die die Kontrolle an einer Zielgesellschaft in einem Übernahmeverfahren erlangen wollen, sondern auch auf Aktionäre, die bei-

1126 Vgl. Liebscher, ZIP 2002, S. 1005, 1007; Angerer, in: Geibel/Süßmann, § 2, Rdnr. 26; Bechtold, § 1, Rdnr. 13; Bunte, in: Langen/Bunte, § 1, Rdnr. 62.

1127 Vgl. Liebscher, ZIP 2002, S. 1005, 1007; Angerer, in: Geibel/Süßmann, § 2, Rdnr. 27; Bechtold, § 1, Rdnr. 13; Bunte, in: Langen/Bunte, § 1, Rdnr. 62.

1128 Vgl. von Bülow, in: Hirte/von Bülow, § 30, Rdnr. 108; a.A. Liebscher, ZIP 2002, S. 1005, 1007.

1129 Vgl. Liebscher, ZIP 2002, S. 1005, 1007.

1130 Vgl. Schneider, in: Assmann/Schneider, § 22, Rdnr. 73a.

1131 US-Wertpapieraufsichtsbehörde.

1132 Vgl. Coffee, Cardozo Law Review 15 (1994), S. 837, 879.

1133 Vgl. Coffee, Cardozo Law Review 15 (1994), S. 837, 879.

spielsweise eine Ergänzung des Gesellschaftsvertrages um die Regelung, dass das Abstimmungsverhalten in Hauptversammlungen in der Zukunft geheim sein soll, erreichen wollen[1134]. Hier stellt sich die Frage, ob zwischen diesem Konzept einer „voting group" und dem in § 30 Abs. 2 WpÜG verankerten Konzept der Zurechnung von Stimmrechten bei abgestimmtem Verhalten eine Vergleichbarkeit besteht. Dies ist im Ergebnis abzulehnen. Zwar mag es in vielen Fällen zu einer Überschneidung kommen, dennoch kann nicht von einer Deckungsgleichheit ausgegangen werden. Denn das „voting-group-concept" erfasst auch Sachverhalte, die wenig oder nichts mit der Kontrolle eines Unternehmens zu tun haben[1135]. § 30 Abs. 2 WpÜG hat aber seine systematische Stellung im vierten Abschnitt des WpÜG, der Übernahmeangebote regelt, und Übernahmeangebote sind nach der Definition in § 29 Abs. 1 WpÜG untrennbar mit dem Kontrollerwerb verknüpft. Dies lässt den Schluss zu, dass eine Stimmrechtszurechnung auf der Grundlage eines Tatbestandes, der mit der Kontrolle über die Zielgesellschaft in keinem Zusammenhang steht, nicht möglich ist. Somit liegt § 30 Abs. 2 WpÜG ein enger gefasstes Konzept zugrunde, als das der uferlosen „voting group".

bb) Gleichgerichtetes Abstimmungsverhalten in der Hauptversammlung

Problematisch ist in diesem Zusammenhang der Extremfall des gleichgerichteten Abstimmungsverhaltens in der Hauptversammlung. Nach der Gesetzesbegründung reicht dies als Voraussetzung für gemeinsam handelnde Personen und damit auch für eine Stimmrechtszurechnung aus, ohne dass es hierzu eines Stimmbindungsvertrages oder einer ausdrücklichen Absprache zwischen Bieter und dem Dritten bedarf[1136]. Diese Bemerkung darf jedoch nicht dahingehend missverstanden werden, dass jegliches gleichgerichtete Abstimmungsverhalten sofort zur Erfüllung des Zurechnungstatbestandes des § 30 Abs. 2 WpÜG führt[1137]. Dies würde den Anwendungsbereich der Norm zu sehr ausufern lassen und damit in der Praxis zu nicht tragbaren und insbesondere von § 30 Abs. 2 WpÜG gar nicht gewollten Konsequenzen führen. Denn ansonsten müssten sich all diejenigen, die in der Hauptversammlung gleich abstimmen, wechselseitig die Stimmrechte zurechnen lassen, ohne dass sie bis dahin in irgendeinem Kontakt stehen müssten. Dies würde zu vom Gesetzeszweck nicht vorgesehenen Stimmrechtszurechnungen ohne die Möglichkeit der Stimmrechtsbeeinflussung führen und bloße Zufallsmehrheiten ausreichen lassen. Unter Berücksichtigung des

---

1134 Vgl. Coffee, Cardozo Law Review 15 (1994), S. 837, 879.

1135 Vgl. Coffee, Cardozo Law Review 15 (1994), S. 837, 879.

1136 Vgl. BT-Drucks. 14/7034, S. 34.

1137 Vgl. Angerer, in: Geibel/Süßmann, § 2, Rdnr. 25; von Bülow, in: Hirte/von Bülow, § 30, Rdnr. 108.

Umstandes, dass Beschlüsse der Hauptversammlung börsennotierter Aktiengesellschaften üblicherweise von breiten Mehrheiten getragen werden und die Großaktionäre regelmäßig für die Verwaltungsvorschläge stimmen, gäbe es praktisch keine Gesellschaft, in der nicht von einem abgestimmten Verhalten der Aktionäre ausgegangen werden könnte[1138]. Zudem würden sich unüberwindbare Hindernisse aus der Frage ergeben, wann überhaupt von einem gleichgerichteten Abstimmungsverhalten gesprochen werden kann. In der Regel wird nämlich im Rahmen einer Hauptversammlung über eine Vielzahl von Tagesordnungspunkten abgestimmt, so dass es eines enormen organisatorischen Aufwands bedürfte, um all diejenigen Aktionäre, die exakt gleich abstimmen, in unterschiedliche Gruppen einzuordnen. Zudem steht der Wortlaut des § 30 Abs. 2 Satz 1, 1. Hs. WpÜG der Ansicht entgegen, dass schon allein jedes gleichgerichtete Abstimmungsverhalten zu einer Stimmrechtszurechnung führt, da eine Abstimmung des Verhaltens zwischen Bieter und Drittem vorliegen muss. Dies ist natürlich dann nicht möglich, wenn sich diese beiden Parteien nicht einmal kennen. Somit ist als Mindestvoraussetzung für ein abgestimmtes Verhalten zu fordern, dass sich Bieter und Dritter im Vorfeld der Hauptversammlung der Zielgesellschaft gegenseitig über ihre Absichten hinsichtlich des Abstimmungsverhaltens in der Hauptversammlung informieren und dann gerade in Kenntnis und mit Rücksicht auf diese übereinstimmenden wechselseitigen Absichten abstimmen[1139]. Für die Herstellung eines solchen Minimums an gegenseitigem Kontakt ist dabei keine unmittelbare Verbindung zwischen Bieter und Drittem erforderlich. Vielmehr kann eine Abstimmung des Verhaltens in Bezug auf die Zielgesellschaft durch die Einschaltung eines Mittelsmannes herbeigeführt werden[1140].

cc) Durchstimmrecht bei Familienpools

Dieses für Familienpools gefundene Ergebnis der wechselseitigen Stimmrechtszurechnung unter den Poolmitgliedern erscheint jedoch fraglich, wenn im Falle einer nicht zustande gekommenen gemeinsamen Entscheidung jeder einzelne befugt ist, allein und anders als andere Poolmitglieder zu stimmen. In diesem Fall spricht man von einem Durchstimmrecht[1141] oder von einem Poolvertrag mit Öffnungsklausel[1142].

Von einem abgestimmten Verhalten auf Grund einer Vereinbarung kann nicht gesprochen werden. Die grundsätzlich mit der Stimmbindungsvereinbarung ver-

---

1138 Vgl. Liebscher, ZIP 2002, S. 1005, 1007.

1139 Vgl. Angerer, in: Geibel/Süßmann, § 2, Rdnr. 27.

1140 Vgl. Angerer, in: Geibel/Süßmann, § 2, Rdnr. 27.

1141 Vgl. Jäger, WM 1996, S. 1356, 1357.

1142 Vgl. Schneider, in: Assmann/Schneider, § 22, Rdnr. 73.

bundene rechtlich bindende Wirkung wird durch die Befugnis zur Abweichung bei der Abstimmung aufgehoben.
In Betracht kommt aber die Abstimmung des Verhaltens in sonstiger Weise. Distanziert sich ein Familienmitglied bei der Stimmrechtsausübung in der Hauptversammlung der Zielgesellschaft vom Abstimmungsverhalten des Poolführers oder der Mehrheit der anderen Familienmitglieder, ist davon auszugehen, dass diesem Familienmitglied wirtschaftliche, gesellschaftliche oder moralische Sanktionen drohen können. Trotzdem ist in diesem Fall nicht von einer Abstimmung in sonstiger Weise auszugehen und somit eine Stimmrechtszurechnung nach § 30 Abs. 2 WpÜG abzulehnen[1143]. Denn zum einen ist es für die Machtverhältnisse und die damit verbundenen Einflussmöglichkeiten der außenstehenden Aktionäre im Verhältnis zu den Poolmitgliedern von erheblicher Bedeutung, ob ein Abweichen eines Teils der Poolmitglieder bei der Stimmrechtsausübung möglich ist oder nicht[1144]. Deshalb ist eine Stimmrechtszurechnung, die das Ziel verfolgt, Minderheitsaktionäre zu schützen, nicht erforderlich, wenn ein abweichendes Abstimmungsverhalten der Poolmitglieder möglich ist. Denn die wechselseitige Zurechnung hat gerade den Sinn, Außenstehenden offen zu legen, welchen Machtverhältnissen sie gegenüberstehen. Bei Poolverträgen mit Öffnungsklauseln besteht aber eine Bündelung der Machtverhältnisse bei den Familienmitgliedern gerade nicht. Zum anderen besteht bei Durchstimmrechten die Besonderheit, dass im Poolvertrag gerade das Recht zur Abweichung von einer einvernehmlichen Ausübung der Stimmrechte vorgesehen ist. Insofern ist von vornherein nicht von einem abgestimmten Verhalten der Mitglieder des Familienpools in Bezug auf die Zielgesellschaft auszugehen. Es liegt eine andere Situation vor als in den Fällen, in denen eine einvernehmliche Ausübung der Stimmrechte fest vereinbart wurde und nur unter Verstoß gegen diese Vereinbarung ein Abweichen davon möglich ist[1145]. Bei Durchstimmrechten macht der Aktionär hingegen von seinem im Stimmbindungsvertrag festgesetzten Recht zur individuellen Stimmrechtsausübung Gebrauch. Alle Verhaltensweisen, die ein Rechtssubjekt für sich selbständig und unabhängig von anderen festlegt, scheiden somit sowohl aus dem Anwendungsbereich des § 2 Abs. 5 WpÜG[1146] als auch des § 30 Abs. 2 WpÜG aus.

1143 A.A. für § 22 Abs. 1 Nr. 3 WpHG a.F. sind Schneider, in: Assmann/Schneider, § 22, Rdnr. 73 und Nottmeier/Schäfer, AG 1997, S. 87, 95.

1144 Vgl. Jäger, WM 1996, S. 1356, 1357.

1145 Vgl. dazu oben 4. Kapitel, VII. 3. a) cc).

1146 Vgl. Angerer, in: Geibel/Süßmann, § 2, Rdnr. 28.

dd) Zivilrechtliche Unwirksamkeit von Vereinbarungen

Wie ein weiterer Vergleich zu § 1 GWB zeigt, muss nicht gefordert werden, dass das abgestimmte Verhalten auch zivilrechtlich wirksam ist[1147]. Deshalb erfüllen Syndikatsverträge oder Verträge über gebundene Aktien[1148], bei denen sich Aktionäre untereinander verpflichten, für die Vorschläge der Verwaltung zu stimmen, trotz Nichtigkeit nach § 136 Abs. 2 AktG den Zurechnungstatbestand des § 30 Abs. 2 WpÜG. Derartige Vereinbarungen können wegen ihrer Nichtigkeit als gentlemen´s agreements, also als nicht verbindliche Übereinkunft, verstanden werden[1149].

c) Dauer des abgestimmten Verhaltens

Nach dem Entfallen des noch in § 22 Abs. 1 Nr. 3 WpHG a.F. enthaltenen Begriffs „langfristig" in Bezug auf die Verfolgung gemeinschaftlicher Ziele bezüglich der Geschäftsführung der Gesellschaft, ist eine bestimmte Mindestlaufzeit im Hinblick auf ein abgestimmtes Verhalten nicht mehr erforderlich. An dem unbestimmten Begriff „langfristig" wurde Kritik geübt, weil zum einen nicht klar war, ob es auf die Gesamt- oder auf die aktuelle Restlaufzeit der Vereinbarung ankam[1150], und zum anderen nicht zu erkennen war, ob die Verabredung auf eine Periode von zwei Hauptversammlungen als ausreichend anzusehen war[1151].

4. Beteiligte der Vereinbarung

Beteiligte der in § 30 Abs. 2 WpÜG erwähnten Vereinbarung sind der Bieter und ein Dritter[1152]. In einem solchen Zwei-Personen-Verhältnis ist die Erfüllung des Zurechnungstatbestandes bei Vorliegen aller weiteren Voraussetzungen unproblematisch. Fraglich ist hingegen, was geschieht, wenn zum einen mehr als zwei Personen an einer einzigen Stimmbindungsvereinbarung beteiligt sind, zum an-

---

1147 Vgl. Opitz, in: Schäfer, § 22, Rdnr. 44; Burgard, BB 1995, S. 2069, 2075; Schneider, in: Assmann/Schneider, § 22, Rdnr. 74.

1148 Vgl. dazu Boesebeck, NJW 1960, S. 7, 9.

1149 Vgl. Opitz, in: Schäfer, § 22, Rdnr. 44.

1150 Vgl. Witt, AG 2001, S. 233, 238; Witt, S. 152 (Fn. 79); Happ, JZ 1994, S. 240, 244; Becker, S. 90; Süßmann, in: Geibel/Süßmann, § 30, Rdnr. 27.

1151 Bejahend Schneider, in: Assmann/Schneider, § 22, Rdnr. 78; Bayer, in: Münchener Kommentar zum AktG, § 22 Anh, § 22 WpHG, Rdnr. 24; skeptisch Opitz, in: Schäfer, § 22, Rdnr. 47f.

1152 Vgl. von Bülow, in: Hirte/von Bülow, § 30, Rdnr. 108; a.A. Riehmer, in: Haarmann/Riehmer/Schüppen, § 30, Rdnr. 64, der auch von der Möglichkeit einer Verständigung „in einer Person" ausgeht.

deren mehrere Stimmbindungsvereinbarungen vorliegen. Zudem ist problematisch, ob Stimmbindungsverträge auch mit Nichtaktionären abgeschlossen werden können, ob die gegenseitige Verständigung auch in einer Person begründet werden kann und ob Vereinbarungen des Bieters mit der Zielgesellschaft selbst zur Stimmrechtszurechnung führen.

a) Beteiligung von mindestens drei Personen an einer einzigen Stimmbindungsvereinbarung

Schließen drei oder mehr Personen eine Stimmbindungsvereinbarung ab, ergeben sich keine Besonderheiten[1153]. In diesem Fall sind alle Stimmrechte jeweils wechselseitig gemäß § 30 Abs. 2 WpÜG zuzurechnen. Zwar geht der Wortlaut des § 30 Abs. 2 Satz 1, 1. Hs. WpÜG von der klassischen Situation eines Zwei-Personen-Verhältnisses aus. Aber bei drei- und mehrseitigen Vereinbarungen ergibt sich keine grundlegende Änderung. Es würde dem Sinn und Zweck des Zurechnungstatbestandes widersprechen, solche Situationen nicht mit einzubeziehen, da es sich dabei um einen Anwendungsfall der Interessenkoordinierung handelt. Zudem würden ansonsten Umgehungsmöglichkeiten geschaffen, da durch die einfache Einbeziehung einer dritten Partei in die Stimmrechtsvereinbarung zwischen Bieter und Drittem die Stimmrechtszurechnung entfallen würde. Erfüllt somit eine Vereinbarung die Kriterien des § 30 Abs. 2 WpÜG, so sind alle Stimmrechte aller Beteiligten dieser Vereinbarung jedem Beteiligten zuzurechnen. Dies beruht auch auf dem Gedanken, der der Interessengemeinschaft der Beteiligten der Vereinbarung zugrunde liegt, nämlich dass jeder Rechte in Bezug auf alle Stimmen hat[1154].

b) Vorliegen von mehreren Stimmbindungsvereinbarungen

Beim Vorliegen von mehreren Stimmbindungsvereinbarungen sind zwei mögliche Konstellationen zu unterscheiden.

aa) Mehrere Stimmbindungsvereinbarungen des Dritten mit anderen Aktionären

Zum einen ist denkbar, dass der Bieter mit zwei oder mehr Dritten voneinander unabhängige Stimmbindungsvereinbarungen geschlossen hat. In diesem Fall haben die Stimmbindungsvereinbarungen regelmäßig den gleichen Inhalt, da der Bieter ansonsten der Pflicht aus einer der beiden Vereinbarungen nicht nachkommen könnte. Hierfür gelten dann keine Besonderheiten und der Bieter muss

---

1153 Dasselbe gilt natürlich auch für Poolverträge, für die eine Vielzahl von Poolmitgliedern charakteristisch ist.

1154 Vgl. Opitz, in: Schäfer, § 22, Rdnr. 49. Ein ähnlicher Gedanke liegt auch dem Miteigentum gemäß § 1011 BGB und der Mehrmütterschaft im Zusammenhang mit § 17 AktG zugrunde.

sich die Stimmrechte beider oder aller Personen, mit denen er die Stimmbindungsvereinbarungen geschlossen hat, zurechnen lassen.

bb) Kettenstimmbindungsvereinbarungen

Zum anderen ist es aber auch möglich, dass eine Stimmbindungsvereinbarung des Bieters mit einem Dritten vorliegt und dieser Dritte mit einem Vierten eine gleichlautende Stimmbindungsvereinbarung abgeschlossen hat. In diesem Fall von Kettenstimmbindungsvereinbarungen ist fraglich, ob auch die Stimmrechte des Vierten dem Bieter zugerechnet werden können. Dies ist natürlich dann nicht der Fall, wenn die Stimmbindungsvereinbarung des Dritten mit dem Vierten einen anderen Inhalt hat als die des Bieters mit dem Dritten. Dann kann nämlich nicht von einem Fall der Interessenkoordinierung zwischen dem Bieter und dem Vierten gesprochen werden, der eine Stimmrechtszurechnung rechtfertigen würde. Abgesehen von diesem in der Praxis wohl kaum vorkommenden Fall lässt sich aber auch bei gleichlautenden Stimmbindungsvereinbarungen eine Zurechnung der Stimmrechte des Vierten beim Bieter nach § 30 Abs. 2 WpÜG nicht rechtfertigen[1155]. Denn in diesem Fall hat der Bieter nicht mit dem Vierten sein Verhalten auf Grund einer Vereinbarung abgestimmt. Vielmehr liegt zwischen dem Bieter und dem Vierten überhaupt keine Vereinbarung vor. Auch hier mangelt es auf Grund des fehlenden Kontakts zwischen Bieter und Viertem an einer Stimmrechtskoordinierung. Zwar sind die Stimmrechte des Vierten dem Dritten nach § 30 Abs. 2 Satz 1 WpÜG zuzurechnen. Für die Berechnung des Stimmrechtsanteils des Dritten für die Zurechnung seiner Stimmrechte beim Bieter gilt aber gemäß § 30 Abs. 2 Satz 2 WpÜG nur § 30 Abs. 1 WpÜG, nicht hingegen § 30 Abs. 2 Satz 1 WpÜG entsprechend. Somit können die dem Dritten über § 30 Abs. 2 Satz 1 WpÜG zurechenbaren Stimmrechte des Vierten nicht dem Bieter zugerechnet werden. In § 30 Abs. 2 WpÜG ist gerade keine Kettenzurechnung für Situationen vorgesehen, in denen Fälle abgestimmten Verhaltens hintereinander geschaltet werden[1156]. Auch eine analoge Anwendung des § 30 Abs. 2 Satz 1 WpÜG im Rahmen des § 30 Abs. 2 Satz 2 WpÜG scheidet aus, da die Strafbewehrung der durch die Zurechnungstatbestände ausgelösten Pflichten

---

1155 Entsprechendes gilt auch für den Fall, dass ein Mitglied eines Aktienpools sein Verhalten mit weiteren Aktionären der Zielgesellschaft auf Grund eines Gentlemen's Agreements Abstimmt. Diese Stimmrechte sind den anderen Poolmitgliedern nicht zuzurechnen, vgl. Liebscher, ZIP 2002, S. 1005, 1010.

1156 Vgl. Liebscher, ZIP 2002, S. 1005, 1009. Einschränkend von Bülow, in: Hirte/von Bülow, § 30, Rdnr. 143, der von einer indirekten VerhaltensAbstimmung zwischen dem Bieter und den weiteren Gliedern der Kette „in sonstiger Weise" ausgeht, sofern deren Verhalten auf Veranlassung des Bieters erfolgt oder jedenfalls der Sphäre des Zurechnungssubjekts zuzurechnen ist. In diesem Fall sollen die von allen Gliedern der Zurechnungskette gehaltenen Stimmrechte der Zielgesellschaft dem Bieter zuzurechnen sein.

ein Analogieverbot nach sich zieht[1157]. Sachgerecht ist ein solches Ergebnis in den Fällen, in denen ein Poolmitglied keinen Einfluss auf die Stimmrechte derjenigen hat, mit denen sich sein Vertragspartner abstimmt. Zu unbefriedigenden Ergebnissen führt ein solches Analogieverbot jedoch dann, wenn etwa bei zwei nebeneinander stehenden, durch Stimmbindungsverträge koordinierten Gesellschafterblöcken sich die jeweiligen Wortführer ohne Kenntnis der übrigen Partner ihres jeweiligen Pools miteinander abstimmen[1158]. Erst recht scheidet eine Stimmrechtszurechnung nach derzeitiger Gesetzeslage aus, wenn der Bieter überhaupt keine Kenntnis von der Stimmbindungsvereinbarung zwischen dem Dritten und dem Vierten hat.

cc) Verhinderung von Missbrauchsmöglichkeiten

Hierdurch wird aber deutlich, dass Missbrauchsmöglichkeiten eröffnet werden[1159]. Wollen der Bieter und ein Dritter eine Stimmbindungsvereinbarung abschließen, ohne dass es zu einer Stimmrechtszurechnung kommt, können diese eine weitere Person dazwischen schalten und jeweils zwei getrennte, gleichlautende Stimmbindungsverträge mit dieser schließen. Die Mittelperson muss dabei nur eine einzige Aktie an der Zielgesellschaft halten, wobei sich dann Bieter und Dritter die sich hieraus ergebenden Stimmrechte nach § 30 Abs. 2 WpÜG zurechnen lassen müssen. Eine weitere wechselseitige Zurechnung von Stimmrechten zwischen Bieter und Drittem scheidet nach dem zuvor Gesagten aus. Solche Umgehungsmöglichkeiten durch Zwischenschaltung einer Mittelperson, die nur eine Aktie an der Zielgesellschaft halten muss, verhindern natürlich die Zielerreichung der Transparenz der Beteiligungsverhältnisse und der Pflicht zur Abgabe eines Vollangebots bei Erreichen oder Überschreiten der 30-prozentigen Kontrollschwelle. Nach § 30 Abs. 2 Satz 2 WpÜG gilt nur § 30 Abs. 1 WpÜG für die Berechnung des Stimmrechtsanteils des Dritten entsprechend. Insofern würde sich eine Erweiterung des Verweises des § 30 Abs. 2 Satz 2 WpÜG auch auf die Fälle des § 30 Abs. 2 Satz 1 WpÜG anbieten[1160]. Dann nämlich würden auch die Fälle erfasst, in denen dem Dritten Stimmrechte wegen einer Stimmbindungsvereinbarung mit einer anderen Person über § 30 Abs. 2 WpÜG zugerechnet werden. Dem steht auch nicht entgegen, dass das Fehlen einer Kettenzurechnung in hintereinander geschalteten Abstimmungssituationen deshalb sinnvoll ist, weil der Poolpartner keinen Einfluss auf die Stimmrechte derjenigen hat, mit denen sich sein Vertragspartner abstimmt. Denn die Möglichkeit des Bieters zur Einflussnahme ist auch bei den derzeitig in § 30 Abs. 2 Satz 2 WpÜG geregelten

---

1157 In diesem Sinne auch von Bülow, in: Hirte/von Bülow, § 30, Rdnr. 143.

1158 Vgl. Liebscher, ZIP 2002, S. 1005, 1010.

1159 So auch von Bülow, in: Hirte/von Bülow, § 30, Rdnr. 19, 143.

1160 So auch von Bülow, in: Hirte/von Bülow, § 30, Rdnr. 19.

Fällen der Stimmrechtszurechnung beim Dritten gemäß § 30 Abs. 1 WpÜG nicht gegeben, so dass insofern keine Wertungswidersprüche entstehen. Im Gegenteil werden die bisher vorhandenen Wertungswidersprüche dadurch beseitigt.

Insofern bietet sich der folgende Formulierungsvorschlag für § 30 Abs. 2 Satz 2 WpÜG an:

Für die Berechnung des Stimmrechtsanteils des Dritten gilt Absatz 1 *und Absatz 2 Satz 1* entsprechend.

Trotz der schwerwiegenden Folgen, die eine Stimmrechtszurechnung durch die Verpflichtung zur Abgabe eines Pflichtangebots nach § 35 Abs. 2 WpÜG haben kann, lässt sich eine Stimmrechtszurechnung auch bei fehlender Kenntnis des Bieters von einer weiteren Stimmbindungsvereinbarung des Dritten rechtfertigen. Denn auch § 30 Abs. 2 Satz 2 WpÜG in seiner derzeit gültigen Fassung ist so formuliert, dass eine Stimmrechtszurechnung beim Bieter stattfindet, auch wenn er keine Kenntnis von Stimmrechten hat, die dem Dritten und Partner der Stimmbindungsvereinbarung nur zugerechnet werden. Nur so lassen sich auch die Umgehungsmöglichkeiten wirksam verhindern.
Um der Veröffentlichungspflicht des § 35 Abs. 1 Satz 1 WpÜG bei Erlangung der unmittelbaren oder mittelbaren Kontrolle über eine Zielgesellschaft genügen zu können, unterliegt somit der Bieter im Falle des Zurechnungstatbestandes des § 30 Abs. 2 WpÜG einer Informationspflicht, welche Stimmrechte dem Dritten über § 30 Abs. 1 WpÜG zuzurechnen sind, da auch diese Stimmrechte dem Bieter über § 30 Abs. 2 Satz 1 WpÜG zugerechnet werden müssen. Insofern wird der Bieter diesbezüglich immer dann, wenn er eine Stimmbindungsvereinbarung mit einem Dritten abschließt, sorgfältige Erkundigungen einholen. Nur so kann er der Gefahr einer Geldbuße wegen des Begehens einer Ordnungswidrigkeit gemäß § 60 Abs. 1 Nr. 1 Buchst. a WpÜG sowie der Gefahr einer Verzinsungspflicht nach § 38 Nr. 1 WpÜG entgehen.

c) Stimmbindungsvereinbarung zwischen einem Bieter und dessen Tochterunternehmen

aa) Tochterunternehmen als Dritter im Sinne des § 30 Abs. 2 WpÜG

Dritter im Sinne des § 30 Abs. 2 WpÜG ist jeder vom Bieter Verschiedene. Somit kann auch ein Tochterunternehmen des Bieters die Eigenschaft eines Dritten erfüllen, wenn der Bieter mit seinem Tochterunternehmen eine Stimmbindungsvereinbarung abschließt. Ein Hinweis darauf ergibt sich auch aus der Regelung des § 2 Abs. 5 Satz 2 WpÜG, der eine unwiderlegliche Vermutung enthält, dass Tochterunternehmen des Bieters mit diesem gemeinsam handelnde Personen sind. Dadurch werden die von § 2 Abs. 5 Satz 1 WpÜG festgelegten Voraussetzungen unterstellt, nämlich dass Bieter und Tochterunternehmen ihr Verhalten

im Hinblick auf ihren Erwerb von Wertpapieren der Zielgesellschaft oder ihre Ausübung von Stimmrechten aus Aktien der Zielgesellschaft auf Grund einer Vereinbarung oder in sonstiger Weise abstimmen.
Zwar ist bei solchen unter § 30 Abs. 2 WpÜG fallenden Vereinbarungen mit Tochterunternehmen immer zugleich auch der Zurechnungstatbestand des § 30 Abs. 1 Satz 1 Nr. 1 WpÜG erfüllt. Dies bedeutet, dass der Zurechnungstatbestand des § 30 Abs. 2 WpÜG für den Bieter nicht zu weiteren Stimmrechtszurechnungen führen kann als sie sich nicht schon aus § 30 Abs. 1 Satz 1 Nr. 1 WpÜG ergeben. Dies gilt wegen § 30 Abs. 2 Satz 2 WpÜG auch für Stimmrechte, die dem Tochterunternehmen nur zugerechnet werden, da dieser auch § 30 Abs. 1 Satz 2 WpÜG erfasst. Für die Veröffentlichung des Bieters nach § 35 Abs. 1 WpÜG ist darauf zu achten, dass beide Zurechnungstatbestände angegeben werden, da beide erfüllt sind. Jedoch ist hier eine besondere Kennzeichnung vorzunehmen, dass die Zurechnung derselben Stimmrechte auf zwei unterschiedlichen Zurechnungstatbeständen beruhen, da ansonsten eine doppelte Zählung erfolgen könnte, die mehr Verwirrung als Klarheit hinsichtlich der tatsächlichen Stimmrechtsanteile bringen würde. Trotzdem behält § 30 Abs. 2 WpÜG in dem Fall einer Stimmbindungsvereinbarung zwischen Bieter und dessen Tochterunternehmen seine besondere Bedeutung. Denn eine Zurechnung der Stimmrechte des Bieters beim Tochterunternehmen findet über § 30 Abs. 1 Satz 1 Nr. 1 WpÜG gerade nicht statt. Diese Aufgabe übernimmt alleine § 30 Abs. 2 WpÜG.

bb) Vergleich mit dem Begriff des Dritten bei § 30 Abs. 1 Satz 1 Nr. 2 und 3 WpÜG

Da somit bei § 30 Abs. 2 WpÜG auch Tochterunternehmen die Stellung eines Dritten einnehmen können, ist fraglich, ob ein Unterschied zu dem in § 30 Abs. 1 Satz 1 Nr. 2 und 3 WpÜG verwendeten Begriff des Dritten besteht. Dies ist zu verneinen. Es ist sowohl denkbar, dass Aktien einem Tochterunternehmen des Bieters gehören und dieses die Aktien für Rechnung des Bieters hält, als auch, dass der Bieter einem Tochterunternehmen seine Aktien an der Zielgesellschaft als Sicherheit überträgt[1161]. In beiden Fällen ist jedoch gleichzeitig auch der Zurechnungstatbestand des § 30 Abs. 1 Satz 1 Nr. 1 WpÜG erfüllt, da die Aktien einem Tochterunternehmen des Bieters gehören. Somit können Tochterunternehmen auch Dritte im Sinne des § 30 Abs. 1 Satz 1 Nr. 2 und 3 WpÜG sein, eine besondere Bedeutung kommt diesen beiden Zurechnungstatbeständen dann aber nicht mehr zu. Einzig eine Nennung dieser Zurechnungsvorschriften im Rahmen der Veröffentlichung nach § 35 Abs. 1 Satz 1 i.V.m. Satz 3 WpÜG

1161 Bei diesen Fällen wird also das Wort „Dritter“ durch das Wort „Tochterunternehmen“ ersetzt. Davon ist streng der Fall des § 30 Abs. 1 Satz 2 WpÜG zu unterscheiden, dessen Anwendung zur Ersetzung des Wortes „Bieter“ durch das Wort „Tochterunternehmen“ führt.

ist erforderlich. Insbesondere findet nicht wie im Fall des § 30 Abs. 2 WpÜG eine Stimmrechtszurechnung der Stimmrechte des Bieters bei dem Tochterunternehmen statt, da nur § 30 Abs. 2 WpÜG eine wechselseitige Stimmrechtszurechnung der an einer Stimmbindungsvereinbarung Beteiligten vorschreibt.

d) Stimmbindungsvereinbarung zwischen einem Tochterunternehmen des Bieters und einem Dritten

Neben dem Bieter selbst kann auch ein Tochterunternehmen des Bieters eine Stimmbindungsvereinbarung mit einem Dritten treffen. Auch dies führt zu einer Zurechnung von Stimmrechten nach § 30 Abs. 2 WpÜG beim Bieter, aber natürlich auch beim Tochterunternehmen als unmittelbar an der Stimmbindungsvereinbarung Beteiligtem selbst.

e) Stimmbindungsvereinbarungen mit Nichtaktionären

Für den Begriff des Stimmbindungsvertrages ist unerheblich, ob die Verpflichtung gegenüber einem Mitgesellschafter oder einem Nichtaktionär eingegangen wird[1162]. Trotz des bestehenden Abspaltungsverbots für Stimmrechte braucht eine durch den Gesellschafter selbst vermittelte Stimmrechtsausübung, auch wenn der Inhalt der Ausübung durch einen Nichtaktionär bestimmt wird, nicht notwendigerweise verboten zu sein[1163]. Jedoch kommen Vereinbarungen, die Gesellschafter bei der Stimmrechtsausübung von Weisungen eines Nichtgesellschafters abhängig machen oder die auch nur einem Dritten einen Anspruch auf eine bestimmte Stimmrechtsausübung eines Gesellschafters geben, in der Praxis eher selten vor[1164].

aa) Zurechnung von Stimmrechten gemäß § 30 Abs. 2 WpÜG

Fraglich ist allerdings – die Zulässigkeit von Stimmbindungsvereinbarungen mit Nichtaktionären vorausgesetzt –, ob Stimmbindungsverträge mit Nichtaktionären auch im Rahmen von § 30 Abs. 2 WpÜG Anwendung finden, ob also einerseits

---

1162 Vgl. Zöllner, ZHR 155 (1991), S. 168 (Fn. 1), 179ff. Kritisch Hüffer, § 133, Rdnr. 27, der bei Stimmbindungsverträgen mit Nichtaktionären, wenn sie als klagbare und vollstreckbare Erfüllungspflichten verstanden werden, durchgreifende Bedenken sieht, weil sie mit dem Abspaltungsverbot (kein Stimmrecht ohne Aktie) in Konflikt geraten und sie den notwendigen Zusammenhang von Ausübung des Stimmrechts und Treupflicht des Aktionärs gegenüber der Aktiengesellschaft auflösen. A.A. Flume, S. 240ff., der Stimmrechtsbindungen gegenüber Dritten mit Ausnahme von Treuhandverhältnissen, wo der sogenannte Dritte in Wahrheit der echte Gesellschafter sei, schlechthin für unzulässig erklärt.

1163 Vgl. Zöllner, ZHR 155 (1991), S. 168, 181.

1164 Vgl. Zutt, ZHR 155 (1991), S. 213.

auch Nichtaktionären Stimmrechte des Vertragspartners des Stimmbindungsvertrages zugerechnet werden können und andererseits ob Stimmrechte, die dem Nichtaktionär selbst nur zugerechnet werden, dem Bieter zugerechnet werden können.

(1) Bieter als Nichtaktionär

Im ersteren Fall würde der Nichtaktionär die Rolle des Bieters übernehmen. Hier stellt sich die Frage, ob der Bieter im Sinne des § 30 Abs. 2 WpÜG Aktionär der Zielgesellschaft sein muss, damit ihm Stimmrechte zugerechnet werden können. Nach der Definition des Bieters in § 2 Abs. 4 WpÜG ist nicht zwingend davon auszugehen. Bieter kann auch derjenige sein, der keinen einzigen Stimmrechtsanteil an der Zielgesellschaft hält, aber ein Angebot abgeben will. Zudem kann derjenige Bieter, der zur Abgabe eines Pflichtangebots verpflichtet ist, die mittelbare Kontrolle an der Zielgesellschaft allein über die Zurechnung von Stimmrechten erreichen, ohne selbst Anteilseigner sein zu müssen. Darüber hinaus spricht der Wortlaut des § 30 Abs. 2 WpÜG, dass der Bieter „sein Verhalten" in Bezug auf die Zielgesellschaft mit dem Dritten abstimmen muss, ebenfalls nicht zwingend für eine Aktionärsstellung des Bieters. Denn der Bieter hat dann, wenn er Einflussmöglichkeiten auf die Stimmrechtsausübung durch Dritte hat und ihm deshalb Stimmrechte zugerechnet werden, ebenfalls die Möglichkeit, auf die Zielgesellschaft einzuwirken.
Dies ist allerdings nicht der Fall, wenn er Nichtaktionär ist und ihm auch keine Stimmrechte der Zielgesellschaft zugerechnet werden. Dann ist es dem Bieter denknotwendig unmöglich, „sein Verhalten" in Bezug auf die Zielgesellschaft abzustimmen, weil er gar keine Einwirkungsmöglichkeit auf die Zielgesellschaft hat. Somit bleibt festzuhalten, dass ein Bieter, der Nichtaktionär ist und dem auch keine Stimmrechte über § 30 Abs. 1 WpÜG zugerechnet werden, zwar Partei einer Stimmbindungsvereinbarung sein kann, ihm daraus aber keine Stimmrechte eines Dritten über § 30 Abs. 2 WpÜG zugerechnet werden dürfen. Ist der Bieter Nichtaktionär, hat er aber Entscheidungsbefugnis über die Ausübung von Stimmrechten sonstiger Dritter, findet jedoch umgekehrt über § 30 Abs. 2 Satz 1 WpÜG i.V.m. § 30 Abs. 2 Satz 2 WpÜG i.V.m. § 30 Abs. 1 WpÜG eine Zurechnung von Stimmrechten aus diesen Aktien auf einen Dritten statt, mit dem der Bieter eine Stimmbindungsvereinbarung abgeschlossen hat[1165].

1165 Darin liegt eine weitere wichtige Neuerung im Vergleich zur Rechtslage bei § 22 Abs. 1 Nr. 3 WpHG a.F. Dort kam es nach dem Gesetzeswortlaut auf die Aktionärseigenschaft beider Beteiligter einer Stimmbindungsvereinbarung an. Dieses Ergebnis wurde von Opitz, in: Schäfer, § 22, Rdnr. 43 zu Recht als unbefriedigend kritisiert, ist aber nunmehr durch die Gesetzesfassung in § 30 Abs. 2 WpÜG und § 22 Abs. 2 WpHG behoben. Dabei steht dieses Ergebnis der Zurechnung von Stimmrechten des Bieters auf den Dritten nur scheinbar mit dem insofern missverständlichen Wortlaut des § 30 Abs. 2 WpÜG in Widerspruch, da von einer wechselseitigen Stimmrechtszurechnung auszugehen ist.

(2) Dritter als Nichtaktionär

Im letzteren Fall übernimmt der Nichtaktionär die Rolle des Dritten, dessen Stimmrechte dem Bieter zugerechnet werden sollen. Unproblematisch ist der Fall, in dem der Dritte Nichtaktionär ist und ihm auch keine Stimmrechte zugerechnet werden. Denn dann sind keine Stimmrechte vorhanden, die dem Bieter zugerechnet werden könnten. Ein solcher Fall wird also von § 30 Abs. 2 WpÜG nicht erfasst.
Ist hingegen der Dritte Nichtaktionär, werden ihm aber Stimmrechte eines anderen zugerechnet, findet eine Stimmrechtszurechnung nach § 30 Abs. 2 WpÜG beim Bieter statt. Hier zeigt schon § 30 Abs. 2 Satz 2 WpÜG, dass im Rahmen der Prüfung dieses Zurechnungstatbestandes für die Berechnung des Stimmrechtsanteils des Dritten § 30 Abs. 1 WpÜG Anwendung findet. Zwar ergibt sich daraus nicht zwingend, dass es für den Dritten ausreicht, dass diesem Stimmrechte zugerechnet werden, ohne zusätzlich Aktionär sein zu müssen. Dieser Schluss liegt jedoch deshalb nahe, da ansonsten eine Änderung des Wortlautes im Vergleich zu § 22 Abs. 1 Nr. 3 WpHG a.F. nicht erforderlich gewesen wäre. Dort wurde nämlich noch ausdrücklich geregelt, dass die Aktien dem Dritten gehören müssen.

bb) Zurechnung von Stimmrechten nach anderen Zurechnungstatbeständen

Ist der Bieter Nichtaktionär und werden ihm auch keine Stimmrechte zugerechnet, scheiden neben § 30 Abs. 2 WpÜG in der Regel auch andere Zurechnungstatbestände aus. § 30 Abs. 1 Satz 1 Nr. 2 WpÜG scheidet aus, weil bei Vorliegen eines Stimmbindungsvertrages der Dritte kaum die Aktien für Rechnung des Bieters halten wird, mithin dieser nicht die wirtschaftlichen Chancen und Risiken für den Bieter tragen wird. § 30 Abs. 1 Satz 1 Nr. 6 WpÜG kann nicht eingreifen, weil die Stimmbindungsvereinbarung sich nicht mit dem Recht des Bieters verträgt, die Stimmrechte aus den ihm anvertrauten Aktien nach eigenem Ermessen ausüben zu können.

f) Abstimmung des Verhaltens in einer Person

Die Abstimmung des Verhaltens kann nicht auch in einer Person begründet werden[1166]. Dadurch würde die Erkennbarkeit des Vorliegens eines Zurechnungstatbestandes erheblich erschwert. Ein solches „In-sich-Geschäft“ ist aber schon nach dem Wortlaut des § 30 Abs. 2 Satz 1 WpÜG, der von einer Personenverschiedenheit von Bieter und Drittem ausgeht, nicht möglich. Übt beispielsweise ein Testamentsvollstrecker, der selbst Aktionär der Zielgesellschaft ist, die eige-

---

1166 Vgl. aber § 181 BGB.

nen Stimmrechte in gleicher Weise aus wie die Stimmrechte aus den Aktien des Nachlasses, sind ihm letztere nicht zuzurechnen[1167].

g) Vereinbarung des Bieters mit der Zielgesellschaft

Fraglich ist, ob es zu einer Stimmrechtszurechnung kommt, wenn zwischen dem Bieter und der Zielgesellschaft selbst ein Verhalten in Bezug auf die Zielgesellschaft abgestimmt wird. Eine solche Verhaltensabstimmung ist insbesondere bei einem Vertrag[1168] gegeben, in dem der potentielle Übernehmer mit der Zielgesellschaft Vereinbarungen hinsichtlich des Übernahmeverfahrens sowie die im Anschluss an eine erfolgreiche Übernahme erfolgenden Reorganisationsmaßnahmen trifft[1169]. Dagegen spricht zum einen der Wortlaut des § 30 Abs. 2 WpÜG, nach dem nur Stimmrechte eines „Dritten" aus Aktien der Zielgesellschaft dem Bieter zurechenbar sind. Eine Gleichsetzung der Begriffe „Dritter" und „Zielgesellschaft" gemäß § 2 Abs. 3 WpÜG entspricht nicht dem Regelungszusammenhang des WpÜG. Zum anderen widerspricht eine Zurechnung von eigenen Aktien der Zielgesellschaft beim Bieter dem Schutzzweck des § 30 Abs. 2 WpÜG, da demnach die Einflussmöglichkeit gesellschaftsrechtlich fundiert sein muss. Dies ist jedoch hier nicht der Fall, da das Verhalten der Zielgesellschaft nicht Ausfluss einer gesellschaftsrechtlich vermittelten Einflussmöglichkeit ist, sondern ausschließlich auf der faktischen Möglichkeit der Zielgesellschaft zur Erfüllung der mit dem zukünftigen Übernehmer getroffenen vertraglichen Vereinbarung beruht[1170].

5. Berechnung des Stimmrechtsanteils des Dritten gemäß § 30 Abs. 2 Satz 2 i.V.m. Abs. 1 WpÜG

Durch die Regelung des § 30 Abs. 2 Satz 2 WpÜG und die darin enthaltene Bezugnahme auf § 30 Abs. 1 WpÜG hinsichtlich der Berechnung des Stimmrechtsanteils des Dritten wird klargestellt, dass nicht nur die Stimmrechte aus den dem Dritten gehörenden Aktien dem Bieter nach § 30 Abs. 2 WpÜG zugerechnet werden können, sondern auch Stimmrechte, die dem Dritten selbst nur über einen der in § 30 Abs. 1 Satz 1 WpÜG geregelten Zurechnungstatbestände zugerechnet werden[1171]. Insofern kann von einer Zurechnungskette auf Seiten des Dritten gesprochen werden, da zwei Zurechnungstatbestände erfüllt sein müssen, um zu einer Stimmrechtszurechnung beim Bieter zu führen.

1167 Vgl. von Bülow, in: Hirte/von Bülow, § 30, Rdnr. 108; a.A. Riehmer, in: Haarmann/Riehmer/ Schüppen, § 30, Rdnr. 53, 64.

1168 Sog. Business Combination Agreement.

1169 Vgl. von Bülow, in: Hirte/von Bülow, § 30, Rdnr. 126.

1170 Vgl. von Bülow, in: Hirte/von Bülow, § 30, Rdnr. 127.

1171 Vgl. BT-Drucks. 14/7034, S. 54; Süßmann, in: Geibel/Süßmann, § 30, Rdnr. 28.

In dieser Regelung ist eine weitere Neuerung und deutliche Ausweitung des Zurechnungstatbestandes des § 22 Abs. 1 Nr. 3 WpHG a.F. zu sehen, nach dem eine Zurechnung nur dann vorzunehmen war, wenn die Aktien einem Dritten gehört haben. Dies wird auch durch die zu § 30 Abs. 1 Satz 1 Nr. 2 WpÜG unterschiedliche Formulierung klar. Dort ist nämlich von Aktien die „einem Dritten gehören" die Rede. Wegen der Nichtnennung von „einem Dritten gehören" müssen in diesem Fall die Aktien nicht dem Dritten gehören, sondern eine Stimmrechtszurechnung ist als ausreichend anzusehen.

Da § 30 Abs. 2 Satz 2 WpÜG auch auf § 30 Abs. 1 Satz 2 WpÜG verweist, ist sogar eine Erweiterung auf einen dritten Zurechnungstatbestand möglich. Zur Veranschaulichung soll das nachfolgende Beispiel dienen.

Beispiel: Bieter B schließt eine Stimmbindungsvereinbarung mit dem Dritten D hinsichtlich der Zielgesellschaft Z. B hält einen sechsprozentigen, D einen vierprozentigen Aktienanteil an der Z. Dem Tochterunternehmen T des D, das zwölf Prozent der Stimmrechte an der Z hält, ist es möglich, durch die Abgabe einer Willenserklärung ein achtprozentiges Aktienpaket der Z vom Veräußerer V zu erwerben. Über § 30 Abs. 2 Satz 1, 1. Hs. WpÜG ist dem B zunächst der vierprozentige Aktienanteil des D zuzurechnen. Da gemäß § 30 Abs. 2 Satz 2 WpÜG für die Berechnung des Stimmrechtsanteils des D auch § 30 Abs. 1 Satz 1 Nr. 1 i.V.m. Satz 3 WpÜG entsprechende Anwendung findet, ist dem D der zwölfprozentige Stimmrechtsanteil des T in voller Höhe zuzurechnen. Darüber hinaus erklärt § 30 Abs. 2 Satz 2 WpÜG auch § 30 Abs. 1 Satz 2 WpÜG für anwendbar. Dies bedeutet, dass bei der Bestimmung des Stimmrechtsanteils des D für die Zurechnung nach § 30 Abs. 1 Satz 1 Nr. 2 bis 6 WpÜG dem Dritten Tochterunternehmen des Dritten gleichstehen. Daraus ergibt sich, dass über § 30 Abs. 1 Satz 1 Nr. 5 WpÜG der von V gehaltene achtprozentige Aktienanteil dem T zuzurechnen ist und über § 30 Abs. 2 Satz 2 i.V.m. Abs. 1 Satz 2 i.V.m. Abs. 1 Satz 1 Nr. 5 WpÜG auch eine Zurechnung bei D stattfindet, die für den Zurechnungstatbestand des § 30 Abs. 2 WpÜG Berücksichtigung finden muss.
Somit ergeben sich folgende Ergebnisse für die bei B, D, T und V zu berücksichtigenden Stimmrechte. V hält acht Prozent der Stimmrechte aus Aktien der Z. T hält insgesamt 20 Prozent der Stimmrechte aus Aktien der Z, zwölf Prozent Eigenanteil und acht Prozent Zurechnungsanteil aus den von V gehaltenen Aktien. D hält insgesamt 30 Prozent der Stimmrechte aus Aktien der Z, neben dem vierprozentigen Eigenanteil erfolgt eine Zurechnung des zwölfprozentigen Stimmrechtsanteils des T, des achtprozentigen Stimmrechtsanteils des V und über § 30 Abs. 2 WpÜG des sechsprozentigen Stimmrechtsanteils des B. Auch B hält insgesamt 30 Prozent der Stimmrechte aus Aktien der Z, neben dem sechsprozentigen Eigenanteil erfolgt über § 30 Abs. 2 i.V.m. Abs. 1 WpÜG eine Zurechnung des vierprozentigen Stimmrechtsanteils des D, des zwölfprozentigen Stimmrechtsanteils des T und des achtprozentigen Stimmrechtsanteils des V. Sowohl B

als auch D sind somit zur Abgabe eines Pflichtangebots nach § 35 Abs. 2 WpÜG verpflichtet, da beide die Kontrollschwelle erreicht haben.
An diesem Beispiel wird auch deutlich, dass die Höhe des gehaltenen Eigenanteils an Stimmrechten aus Aktien der Zielgesellschaft für den Zurechnungstatbestand des § 30 Abs. 2 WpÜG keine Rolle spielt. Dies bedeutet, dass im vorhergehenden Beispiel ein Eigenanteil des B von zehn Prozent minus einer Aktie und ein Eigenanteil des D von einer einzigen Aktien an der Zielgesellschaft exakt dasselbe Ergebnis zur Folge hätte.

6. Kombinationsfälle von § 30 Abs. 1 WpÜG und § 30 Abs. 2 WpÜG

Ein weiteres interessantes Zurechnungsproblem ergibt sich bei einer Kombination der Zurechnungstatbestände des § 30 Abs. 1 Satz 1 Nr. 2 WpÜG und des § 30 Abs. 2 WpÜG. Hält ein Dritter ihm gehörende Aktien für Rechnung des Bieters, sind die sich daraus ergebenden Stimmrechte dem Bieter zuzurechnen. Schließt nunmehr der Dritte und Treuhänder eine Stimmbindungsvereinbarung mit einem weiteren Aktionär der Zielgesellschaft, sind dessen Stimmrechte ihm über § 30 Abs. 2 WpÜG zuzurechnen. Zu einer wechselseitigen Stimmrechtszurechnung zwischen dem Bieter auf der einen Seite und dem weiteren Aktionär auf der anderen Seite kommt es hingegen nicht. Denn § 30 Abs. 1 WpÜG ordnet nicht an, dass dem Bieter auch die Stimmrechte des Dritten aus den Aktien der Zielgesellschaft zugerechnet werden müssen, die dem Dritten über § 30 Abs. 2 Satz 1 WpÜG zugerechnet werden. Eine solche Kettenzurechnung ist von § 30 Abs. 1 Satz 2 WpÜG nur für die Zurechnungstatbestände des § 30 Abs. 1 Satz 1 Nr. 2 bis 6 WpÜG vorgesehen, in denen ein Tochterunternehmen die Rolle des Bieters in dem jeweiligen Zurechnungstatbestand übernimmt. Auch umgekehrt ist dem weiteren Aktionär allein der vom Dritten gehaltene Stimmrechtsanteil zuzurechnen, ohne dass es auf die Person des Bieters ankommt. Es besteht mithin weder eine Beziehung zwischen dem Bieter und dem weiteren Aktionär, noch findet eine Stimmrechtszurechnung statt[1172].

7. Abgrenzung der Anwendungsbereiche des § 30 Abs. 2 WpÜG und des § 30 Abs. 1 Satz 1 Nr. 1 WpÜG

a) Zwischengesellschaften als Anwendungsbeispiele

Probleme bei der Abgrenzung der Anwendungsbereiche des § 30 Abs. 2 WpÜG und des § 30 Abs. 1 Satz 1 Nr. 1 WpÜG ergeben sich insbesondere bei Zwischengesellschaften. Hier stellt sich die Frage, ob ein schlicht abgestimmtes Verhalten auf der Ebene der Zwischengesellschaft, das nicht den Anforderungen genügt, die an die Rechtsfigur der Mehrmütterherrschaft zu stellen sind, trotz-

1172 Nach Liebscher, ZIP 2002, S. 1005, 1010 müssen derartige Schutzlücken aus verfassungsrechtlichen Gründen hingenommen werden.

dem zu einer Stimmrechtszurechnung führt. Zur Verdeutlichung soll folgendes Beispiel dienen:

Beispiel 1: Die Zwischengesellschaft Z hält 20 Prozent der Stimmrechtsanteile an einer börsennotierten Zielgesellschaft. Unternehmen X und Unternehmen Y sind jeweils zu 30 Prozent an Z beteiligt. X und Y haben unverbindliche Absprachen (Gentlemen's Agreements) in Bezug auf Z getroffen, ohne dass eine Einflusskoordination zwecks gemeinsamer Beherrschung der Z oder eine dauerhafte Sicherstellung des Zusammenwirkens auf Grundlage einer vertraglichen Vereinbarung vorliegt.

Zwar ist anerkannt, dass der Abhängigkeitstatbestand des § 17 AktG auch im Zusammenwirken mit anderen verwirklicht und Herrschaft gemeinsam ausgeübt werden kann[1173]. In dem Beispielsfall liegt allerdings keine ausreichend sichere Grundlage für die Beherrschung vor, da es an einer bewussten, gewollten und zielgerichteten Zusammenarbeit mit einer hinreichenden Stabilität und Kontinuität[1174] zwischen X und Y in Bezug auf Z mangelt. Eine Zurechnung des 20-prozentigen Stimmrechtsanteils, den Z an der Zielgesellschaft hält, bei X oder Y nach § 30 Abs. 1 Satz 1 Nr. 1 WpÜG scheidet aus, da es sich somit bei Z nicht um ein Tochterunternehmen von X und Y handelt.
Um Schutzlücken zu verhindern, ist unter diesen Umständen an eine Stimmrechtszurechnung nach § 30 Abs. 2 WpÜG zu denken. Insbesondere in den Fällen, in denen eine Zwischengesellschaft die Funktion einer reinen Holding wahrnimmt, also sich auf das Halten und Verwalten von Beteiligungen beschränkt und sich vielleicht sogar ausschließlich auf die Zielgesellschaft konzentriert, liegt es nahe, die Gesellschafterabsprachen auf der Ebene dieser Zwischengesellschaft nicht anders zu behandeln als unter unmittelbaren Gesellschaftern der Zielgesellschaft[1175]. Ansonsten besteht die Gefahr der Umgehung von Stimmrechtszurechnungen, da durch die einfache Zwischenschaltung einer Holdinggesellschaft deren Gesellschafter sich keine Stimmrechte an der Zielgesellschaft zurechnen lassen müssten. Eine solche Erstreckung des Anwendungsbereiches der Regeln über abgestimmtes Verhalten auf vorgelagerte Konzernebenen ist jedoch aus mehreren Gründen abzulehnen[1176]. Zum einen werden solche Konstellationen schon vom Wortlaut des § 30 Abs. 2 Satz 1, 1. Hs. WpÜG nicht erfasst. Denn in dem vorhergehenden Beispiel liegt eine unmittelbare Abstimmung des

1173 Vgl. BGHZ 62, 193, 196 („Seitz"); BGHZ 74, 359, 363 („WAZ"); Hüffer, § 17, Rdnr. 13ff.; Noack, S. 92.

1174 Vgl. BGHZ 62, 193, 199ff. („Seitz"); BGHZ 74, 359, 368ff. („WAZ").

1175 Vgl. Liebscher, ZIP 2002, S. 1005, 1012.

1176 Vgl. Liebscher, ZIP 2002, S. 1005, 1012; von Bülow, in: Hirte/von Bülow, § 30, Rdnr. 120; a.A. Riehmer, in: Haarmann/Riehmer/Schüppen, § 30, Rdnr. 65.

Verhaltens von X und Y nur in Bezug auf Z vor, nicht hingegen in Bezug auf die Zielgesellschaft. Insofern können nur die Stimmrechte an der Z wechselseitig X und Y zugerechnet werden, nicht aber diejenigen, die Z an der Zielgesellschaft hält. Es geht mithin nicht um die Abstimmung des Verhaltens „in Bezug auf die Zielgesellschaft", sondern „in Bezug auf einen Gesellschafter der Zielgesellschaft"[1177]. Weiterhin ist die Regelung des § 30 Abs. 1 Satz 1 Nr. 1 WpÜG für Konzernzurechnungstatbestände als lex specialis anzusehen. Demnach können durch Zwischengesellschaften vermittelte Einflussmöglichkeiten auf eine Zielgesellschaft nur dann dem Gesellschafter zugerechnet werden, wenn die Holdinggesellschaft ein Tochterunternehmen des jeweiligen Gesellschafters ist[1178]. Dies kann nicht durch eine erweiternde Auslegung des § 30 Abs. 2 WpÜG, der ohnehin keinen allgemeinen Auffangtatbestand darstellt, umgangen werden[1179]. Zudem kann die reine Ausübung von Gesellschafterrechten in einer Personenvereinigung, wie beispielsweise bei der Bündelung von Anteilsbesitz in einer Zwischen(holding)gesellschaft, nicht zurechnungsbegründend wirken[1180]. Auch für den Fall, dass die Beteiligten nur einen Teil ihres Anteilsbesitzes in einer Zwischengesellschaft bündeln, scheidet eine Anwendung des Zurechnungstatbestandes des § 30 Abs. 2 WpÜG aus.

Beispiel 2[1181]: Unternehmen X und Unternehmen Y halten jeweils 12 Prozent der Stimmrechte an der Zielgesellschaft unmittelbar und weitere 10 Prozent über die Zwischengesellschaft Z.

Drei Konstellationen sind in diesem Beispielsfall zu unterscheiden. Zum einen sind im Falle einer beherrschenden Stellung des X an der Z diesem die von Z gehaltenen Stimmrechte an der Zielgesellschaft über § 30 Abs. 1 Satz 1 Nr. 1 WpÜG zuzurechnen, so dass er insgesamt über 22 Prozent der Stimmrechte an der Zielgesellschaft verfügen würde. Das gleiche Ergebnis würde sich in einer zweiten Konstellation dann ergeben, wenn X und Y nach den Grundsätzen der Mehrmütterherrschaft die Z gemeinsam beherrschen. Sowohl X als auch Y würden dann über den Konzernzurechnungstatbestand des § 30 Abs. 1 Satz 1 Nr. 1 WpÜG über 22 Prozent der Stimmrechte an der Zielgesellschaft verfügen. Würden sich hingegen drittens X und Y in der Zwischengesellschaft Z mit einem Dritten D zusammenschließen und X und Y zur Verhinderung wechselnder Mehrheiten ein Gentlemen´s Agreement treffen, betreffend Z zur Verhinderung

1177 Vgl. Liebscher, ZIP 2002, S. 1005, 1012; von Bülow, in: Hirte/von Bülow, § 30, Rdnr. 120.

1178 Vgl. von Bülow, in: Hirte/von Bülow, § 30, Rdnr. 120.

1179 Vgl. Liebscher, ZIP 2002, S. 1005, 1012.

1180 Vgl. Liebscher, ZIP 2002, S. 1005, 1012.

1181 Beispiel nach Liebscher, ZIP 2002, S. 1005, 1013.

wechselnder Mehrheiten immer gemeinsam abzustimmen, würde eine Stimmrechtszurechnung nach § 30 Abs. 2 WpÜG auf der Ebene der Z zu einer wechselseitigen Zurechnung aller von X und Y gehaltenen Stimmrechtsanteile führen, so dass X und Y jeweils über 34 Prozent der Stimmrechte an der Zielgesellschaft verfügen würden und somit zur Abgabe eines Pflichtangebots nach § 35 Abs. 2 WpÜG verpflichtet wären. Hierbei wird ersichtlich, dass dieses Ergebnis nicht richtig sein kann, da ansonsten eine mildere Form der Zusammenarbeit zu einer schärferen Zurechnung führen würde[1182]. Bei gemeinsamen Zwischen(holding)gesellschaften sind somit allein die konzernrechtlichen Grundsätze der Mehrmütterherrschaft maßgebend und eine Zurechnung nach § 30 Abs. 2 WpÜG scheidet aus.

b) Angebotspflicht nach § 35 Abs. 2 WpÜG bei Wechsel zwischen Mehrmütterherrschaft und Acting in Concert

Bei einem Wechsel zwischen Mehrmütterherrschaft und Acting in Concert kommt es in der Regel nicht zu einer Angebotspflicht nach § 35 Abs. 2 WpÜG, da sich zum einen nur der Zurechnungstatbestand zwischen § 30 Abs. 1 Satz 1 Nr. 1 WpÜG und § 30 Abs. 2 WpÜG verändert und zum anderen eine Umwandlung zwischen gemeinsamem und eigenem Aktienbesitz vorliegt[1183].
Bündeln mehrere Beteiligte ihre Aktien in einer gemeinsamen Holding, die sie nach den Grundsätzen der Mehrmütterherrschaft beherrschen[1184], überführen nunmehr ihre Anteile auf sich selbst und ersetzen die gemeinsame Holding durch Stimmbindungsvereinbarungen[1185], ändert sich an der Höhe des Stimmrechtsanteils[1186] und damit an der Kontrollposition des Einzelnen nichts[1187].

1182 Vgl. Liebscher, ZIP 2002, S. 1005, 1013.

1183 Vgl. dazu oben 2. Kapitel II. 4. g).

1184 Dies führt dazu, dass jedem einzelnen Beteiligten nach § 30 Abs. 1 Satz 1 Nr. 1 WpÜG die in der Holding gebündelten Anteile insgesamt zugerechnet werden.

1185 Dies führt dazu, dass jeder an der Stimmbindungsvereinbarung Beteiligte nach § 30 Abs. 2 WpÜG den vollen Aktienbesitz seiner Partner nach den Grundsätzen des Acting in Concert zugerechnet bekommt.

1186 Eine Änderung der Höhe des Stimmrechtsanteils liegt nur dann vor, wenn nach § 30 Abs. 2 Satz 2 WpÜG im Wege der Kettenzurechnung einem der Partner der Stimmbindungsvereinbarung weitere Stimmrechte nach § 30 Abs. 1 WpÜG zugerechnet werden. Dies ändert jedoch nichts am Ergebnis, da der Ausbau einer bereits bestehenden Kontrollbeteiligung keinen Kontrollwechseltatbestand darstellt, vgl. Liebscher, ZIP 2002, S. 1005, 1015.

1187 Vgl. Liebscher, ZIP 2002, S. 1005, 1015.

c) Angebotspflicht nach § 35 Abs. 2 WpÜG bei Übergang von gemeinsamer zu alleiniger Kontrolle

Fraglich ist allerdings, ob gleiches für die Fälle gilt, in denen die ursprünglich bei dem gemeinsamen Tochterunternehmen gebündelten Anteile an der Zielgesellschaft nicht anteilig auf alle früheren Gesellschafter übertragen werden, sondern nur auf einen von diesen, oder wenn alle Anteile am Tochterunternehmen selbst von einem Gesellschafter erworben werden[1188]. Es handelt sich hier ebenso um einen Übergang von gemeinsamer zu alleiniger Kontrolle wie in Konstellationen, in denen die Parteien einer Stimmbindungsvereinbarung, die gemeinsam über eine Kontrollbeteiligung verfügen, diese auf einen von ihnen übertragen. Es findet also eine Verminderung der Zahl der Kontrollinhaber statt. In diesem Fall kann man argumentieren, dass für die Minderheitsaktionäre keine Neubewertung ihrer Investitionsentscheidung geboten erscheint, da diese weiterhin einem der bisherigen Herrschaftsinhaber gegenüberstehen und die Gefahr der Anteilsverschiebung innerhalb der Gruppe der herrschenden Unternehmen der Herrschaftssituation immanent war[1189]. Allerdings erscheinen die Minderheitsaktionäre in einer solchen Situation in gleicher Weise schutzbedürftig, wie in Fällen, in denen ein außenstehender Dritter die Kontrollbeteiligung übernimmt, weil Personen wegfallen, die zuvor Kontrolle ausgeübt haben und somit eine Machtkonzentration bei nur einem der ehemaligen Kontrollinhaber eintritt. Anleger müssen nicht zwingend mit den Unternehmensentscheidungen und Plänen dieses einzelnen Kontrollinhabers einverstanden sein. Dass sich aus dem Blickwinkel des verbleibenden Kontrollinhabers nichts ändert, spielt hierfür keine Rolle[1190], da die Regelungen über das Pflichtangebot dem Minderheitenschutz zu dienen bestimmt sind[1191] und dieses Ziel nur dann erreicht werden kann, wenn ein möglichst lückenloser Schutz der Minderheitsaktionäre gewährleistet ist. Dem steht auch nicht entgegen, dass der neue Kontrollinhaber schon zuvor einer der Kontrollinhaber war und von § 35 Abs. 1 Satz 1 WpÜG personenbezogen auf die Kontrollerlangung abgestellt wird. Denn es gibt keine weitere Person, die zur Abgabe eines Pflichtangebots verpflichtet werden könnte, und die Minderheitsaktionäre dürfen dadurch nicht schutzlos gestellt werden. Vertrauensschutzgesichtspunkte des neuen Kontrollinhabers müssen hier zurücktreten. Eine solche Angebotspflicht beruht auch nicht auf einer analogen Anwendung des § 35 WpÜG, die gegen das ordnungswidrigkeitenrechtliche Analogieverbot verstoßen würde. Vielmehr handelt es sich um eine erweiternde Auslegung des § 35 WpÜG in dem Sinne, dass der Übergang von gemeinsamer zu alleiniger

---

1188 So Liebscher, ZIP 2002, S. 1005, 1015.

1189 So Liebscher, ZIP 2002, S. 1005, 1015.

1190 A.A. Liebscher, ZIP 2002, S. 1005, 1015.

1191 Vgl. Meyer, in: Geibel/Süßmann, § 35, Rdnr. 1.

Kontrolle einen Kontrollwechsel auf Grund des Wegfalls der übrigen ehemaligen Kontrollinhaber darstellt. Zudem besteht für den Kontrollinhaber immer noch die Möglichkeit, einen Befreiungsantrag nach § 37 WpÜG zu stellen, so dass für diesen keine unangemessene Benachteiligung in Fällen entsteht, in denen eine Ausnahme von der Angebotspflicht gerechtfertigt erscheint.

d) Angebotspflicht nach § 35 Abs. 2 WpÜG bei Übergang von alleiniger zu gemeinsamer Kontrolle

Fraglich ist, was für den umgekehrten Fall gilt, wenn also ein einziges Unternehmen eine Kontrollbeteiligung an der Zielgesellschaft hält und dieser Anteil ganz auf ein nach den Regeln der Mehrmütterherrschaft beherrschtes Gemeinschaftsunternehmen oder zum Teil auf Dritte unter Abschluss einer Stimmbindungsvereinbarung übertragen wird[1192]. Hier kommt es zu einer Vermehrung der Zahl der Kontrollinhaber, so dass wegen des Wechsels der an der Kontrolle beteiligten Personen aus Sicht der Minderheitsaktionäre die Abgabe eines Pflichtangebots als zwingend erscheint. Problematisch ist dann nur, ob die Person des bisherigen Kontrollinhabers ebenfalls die Pflicht zur Abgabe eines Vollangebots trifft. Dies ist zum einen deshalb abzulehnen[1193], weil dieser schon zuvor Kontrollinhaber war, und zum anderen in dieser Konstellation auch Schutzgesichtspunkte der Minderheitsaktionäre keine Rolle mehr spielen, da zumindest ein weiterer Kontrollinhaber zur Abgabe eines Pflichtangebots verpflichtet ist. Zu denken ist unter diesen Umständen wiederum an einen Befreiungsantrag nach § 37 WpÜG.

e) Angebotspflicht nach § 35 Abs. 2 WpÜG bei schrittweisem Austausch der Poolmitglieder

Probleme treten auch bei einem schrittweisen Auswechseln der Poolmitglieder auf. Zur Erläuterung dient das nachfolgende Beispiel.

Beispiel: A, B und C halten jeweils 12 Prozent der Stimmrechte an einer Zielgesellschaft und haben diese Stimmrechte in einen Pool eingebracht. Mit einem zeitlichen Abstand von jeweils einem Monat übertragen A, B und C ihren gesamten Aktienanteil an D, E und F. Auch hier stellt sich die Frage, ab wann und von wem ein Pflichtangebot abgegeben werden muss. Einerseits könnte man argumentieren, dass erst ab der Übertragung von B an E ein Kontrollwechsel im Pool stattfindet. Zum Zeitpunkt der Übertragung von A an D liegt noch keine Änderung der Mehrheitsverhältnisse im Pool vor, da B und C mit 24 Prozent der Stimmrechte weiterhin die Mehrheit halten. Diese Ansicht würde dazu führen, dass D im Zeitpunkt des Erwerbes des Stimmrechtsanteils kein Pflichtangebot

1192 Vgl. Liebscher, ZIP 2002, S. 1005, 1015.

1193 So auch Liebscher, ZIP 2002, S. 1005, 1016.

abgeben müsste, weil er noch keine Kontrollstellung an der Zielgesellschaft erlangt hat. Dieses Ergebnis könnte man über eine restriktive Auslegung des § 30 Abs. 2 Satz 1, 1. Hs. WpÜG erreichen, mit der Folge, dass dem D nicht die Stimmrechte des B und C zugerechnet werden könnten, weil eine Stimmrechtzurechnung nur dann erfolgen kann, wenn von der Person, der die Stimmrechte zugerechnet werden sollen, Kontrolle an der Zielgesellschaft ausgeübt werden kann. Somit könnten erst ab dem Erwerb der Aktien durch E die neuen Aktionäre D und E zur Abgabe eines Pflichtangebots verpflichtet werden. Für diese Auffassung spricht zwar, dass aus der Sicht der Minderheitsaktionäre der Zielgesellschaft eine Neubewertung der Anlageentscheidung tatsächlich nicht geboten ist, da es effektiv keinen Kontrollwechsel gegeben hat, sondern nach wie vor letztlich die selben Personen – nämlich B und C – über die Ausübung der Kontrolle über die Zielgesellschaft entscheiden.

Diese Auffassung lässt sich jedoch mit der derzeitigen Gesetzeslage nicht vereinbaren. Vielmehr müssen bereits dem D die Stimmrechte des B und C über § 30 Abs. 2 WpÜG zugerechnet werden, mit der Folge, dass er grundsätzlich zur Abgabe eines Pflichtangebots verpflichtet ist. Hierfür ist nämlich nicht entscheidend, ob das neue Poolmitglied den Pool und damit auch mittelbar die Zielgesellschaft kontrolliert oder nicht[1194]. Unbenommen ist ihm natürlich die Möglichkeit, einen Befreiungsantrag nach § 37 Abs. 1 WpÜG zu stellen, der in vielen Fällen auch erfolgreich sein wird[1195]. Der Unterschied zur ersten Ansicht besteht jedoch darin, dass Sanktionen gegen D nach §§ 38, 59 und 60 WpÜG ausgesprochen werden können, falls er dem Pflichtangebot nicht nachkommt oder keinen erfolgreichen Befreiungsantrag stellt. Derzeit findet sich im WpÜG keine Regelung, die eine Bagatellgrenze bei einem Beitritt zu einem kontrollierenden Pool vorsieht. Eine solche starre Bagatellgrenze könnte vorsehen, dass ein Stimmrechtsanteil unter einer bestimmten Prozentgrenze im Rahmen einer Poolvereinbarung keine Angebotspflicht nach sich zieht.

Eine andere Möglichkeit wäre es, in diesen Fällen generell von der Abgabe eines Pflichtangebots zu befreien, aber Ausnahmen dafür vorzusehen, wenn der Beitretende das Verhalten des Pools und damit mittelbar auch das Verhalten der Zielgesellschaft beherrscht[1196]. Diese Möglichkeit hätte gegenüber der Bagatellgrenze den Vorteil, flexibler auf die unterschiedlichen Verhältnisse bei Poolsachverhalten eingehen zu können. Solche Regelungen erscheinen jedoch nur dann notwendig, wenn über die Befreiungsmöglichkeit nach § 37 Abs. 1 WpÜG nicht die Fälle ausgesondert werden können, in denen die Abgabe eines Pflichtangebots für den Beitretenden eine unangemessene Belastung darstellt. Solange

---

1194 Vgl. Lenz/Linke, AG 2002, S. 361, 368.

1195 Vgl. Lenz/Linke, AG 2002, S. 361, 369.

1196 Dies wäre in obigem Beispiel dann der Fall, wenn der Beitretende mehr als 18 Prozent der Stimmrechte des Pools halten würde und damit unmittelbar das Verhalten des Pools und mittelbar auch die Zielgesellschaft beherrscht.

jedoch durch die BaFin sachgerechte Entscheidungen getroffen werden und damit der Einzelfallgerechtigkeit Rechnung getragen wird, kann darauf verzichtet werden.

8. Pflichtangebote in sonstigen Fällen des § 30 Abs. 2 WpÜG

a) Pflichtangebot nach § 35 Abs. 2 WpÜG bei Übergang zwischen den beiden Alternativen des § 30 Abs. 2 WpÜG

Unproblematisch sind die Fälle, in denen ein Übergang zwischen Stimmbindungsvereinbarungen und der bloßen Vereinbarung eines Acting in Concert vorliegt, ohne dass sich eine personelle Veränderung der Beteiligten ergibt. Hier ist die Abgabe eines Pflichtangebots nicht erforderlich, da sich die Person des Zurechnungssubjektes nicht verändert.

b) Pflichtangebot nach § 35 Abs. 2 WpÜG bei Veränderung der personellen Zusammensetzung der Beteiligten einer Stimmbindungsvereinbarung oder eines Gentlemen´s Agreements

Schwieriger ist die Lage bei Veränderung der personellen Zusammensetzung der Beteiligten einer Stimmbindungsvereinbarung, eines Familienpools oder eines Gentlemen´s Agreements, die eine Kontrollposition innehaben, da neue Kontrollinhaber hinzukommen. Grundsätzlich sind diese neuen Kontrollinhaber zur Abgabe eines Pflichtangebots verpflichtet, da sie wegen der Stimmrechtszurechnung gemäß § 30 Abs. 2 WpÜG die mittelbare Kontrolle über eine Zielgesellschaft erlangt haben[1197]. Insbesondere bei Kleinstbeteiligungen liegt jedoch die Erteilung einer Befreiung nach § 37 WpÜG nahe.

c) Erwerbsvorgänge außerhalb eines Pools

Probleme ergeben sich, falls Erwerbsvorgänge außerhalb eines Pools zur Überschreitung der Kontrollschwelle führen.

Beispiel: Zwei in einem Pool zusammengeschlossene Aktionäre halten jeweils 14,5 Prozent der Stimmrechte an der Zielgesellschaft. Einer der beiden erwirbt weitere zwei Prozent außerhalb des Pools, so dass er unter Hinzurechnung der Poolstimmen über 31 Prozent der Stimmrechte verfügt. Hier ist eindeutig, dass dieser Aktionär zur Abgabe eines Angebots nach § 35 Abs. 2 Satz 1 WpÜG verpflichtet ist. Fraglich ist aber, ob er sein Pflichtangebot nur an die Minderheitsaktionäre oder auch gegenüber seinem Poolpartner, der nach wie vor nur über 29 Prozent der Stimmrechte verfügt, abgeben muss[1198]. Da die gesetzliche Rege-

1197 Vgl. Liebscher, ZIP 2002, S. 1005, 1016.

1198 Vgl. Weisgerber, ZHR 161 (1997), S. 421, 430, der dieses Problem für Fälle nach dem Übernahmekodex aufwirft, ohne einen Lösungsvorschlag dafür anzubieten.

lung von der Abgabe eines Vollangebotes ausgeht und für diesen Fall keine ausdrückliche Ausnahmeregelung in § 35 Abs. 2 Satz 3 WpÜG geschaffen wurde, muss sich das Angebot auf alle Aktien erstrecken, also auch auf die des Poolpartners.
Bringt der Aktionär die neu erworbenen zwei Prozent in den Pool ein, wird auch der Poolpartner zur Abgabe eines Pflichtangebots verpflichtet. Dieser kann jedoch einen Befreiungsantrag nach § 37 Abs. 1 WpÜG stellen oder den Poolvertrag aus wichtigem Grund kündigen, wenn er mit der angestrebten Übernahme nicht einverstanden ist. In letzterem Fall kann es dazu kommen, dass der Bieter die Kontrollschwelle überschreitet, nachfolgend die Veröffentlichung nach § 35 Abs. 1 WpÜG vornimmt, jedoch vor Beginn des Angebots die Kontrollschwelle wegen des Entfallens des Zurechnungstatbestandes des § 30 Abs. 2 WpÜG wieder unterschreitet. Vom Bieter kann dann nicht die Abgabe und Durchführung eines Pflichtangebots verlangt werden. Daher muss § 35 Abs. 2 WpÜG in verfassungskonformer Auslegung, insbesondere zur Beachtung der Eigentumsrechte des Bieters aus Art. 14 GG, so ausgelegt werden, dass die Kontrollstellung im Sinne des § 29 Abs. 2 WpÜG mindestens noch mit Beginn der Annahmefrist des Pflichtangebots bestehen muss, um ein Pflichtangebot zu rechtfertigen[1199]. Ist dies nicht der Fall, sind die verbliebenen außenstehenden Aktionäre nicht schutzwürdig, da kein Aktionär mehr die Kontrolle über die Zielgesellschaft hat.

9. Pflicht zur Veröffentlichung der Erlangung der Kontrolle und zur Abgabe eines Angebots nach § 35 WpÜG für die Parteien einer Stimmbindungsvereinbarung oder die Mitglieder eines Familienpools

a) Grundsatz der Angebotspflicht für alle Beteiligten einer Stimmbindungsvereinbarung

Die Tatsache, dass in vielen Fällen der Stimmbindungsvereinbarungen eine wechselseitige Zurechnung von Stimmrechten möglich ist, kann zum Erreichen oder Überschreiten der Kontrollschwelle führen, obwohl keine der Parteien des Stimmbindungsvertrages für sich alleine die Kontrollschwelle erreicht oder überschreitet[1200]. Schließen beispielsweise 30 Aktionäre, die jeweils ein Prozent der Stimmrechte an einer Zielgesellschaft halten, einen Stimmbindungsvertrag, führt dies über den Zurechnungstatbestand des § 30 Abs. 2 WpÜG dazu, dass alle 30 Aktionäre Kontrollinhaber der Zielgesellschaft sind. Daraus ergibt sich die Zweifelsfrage, wer von den Aktionären zur Abgabe eines Pflichtangebots nach § 35

1199 Vgl. Geibel/Süßmann, BKR 2002, S. 52, 64; Süßmann, in: Geibel/Süßmann, § 29, Rdnr. 19.

1200 Vgl. von Bülow, in: Hirte/von Bülow, § 30, Rdnr. 141.

Abs. 2 WpÜG verpflichtet ist, oder ob alle, und wenn ja, in welchem Verhältnis untereinander und gegenüber den Aktionären[1201], hierzu verpflichtet sind[1202]. Das Gesetz enthält diesbezüglich keine ausdrückliche Regelung. Deshalb ist davon auszugehen, dass die allgemeinen Grundsätze Anwendung finden und jeder Kontrollinhaber zur Abgabe eines eigenen Pflichtangebots verpflichtet ist[1203]. Denkbar ist allerdings auch, dass sich die betroffenen Aktionäre zu einer Bietergemeinschaft zusammenschließen und gemeinsam das Angebot auf Vollerwerb der Zielgesellschaft abgeben[1204].

Wie problematisch dies ist, zeigt sich in dem obigen Beispiel mit den 30 Aktionären, die alle ein Pflichtangebot abzugeben haben. Schließt ein Aktionär, der 29,9 Prozent der Stimmrechte der Zielgesellschaft hält, einen Stimmbindungsvertrag mit einem Aktionär, der 0,1 Prozent der Stimmrechte hält, führt dies ebenfalls zu einer Veröffentlichungs- und Angebotspflicht nach § 35 Abs. 1 und 2 WpÜG für beide Parteien.

Hier stellt sich die Frage, ob es nicht sinnvoller wäre, im Rahmen einer teleologischen Reduktion der Abgabe eines Pflichtangebots durch einen Beteiligten befreiende Wirkung von der Abgabe eines Pflichtangebots durch einen oder mehrere andere Beteiligte zuzusprechen. Die Vorstellung, dass jemand, der nur ein Prozent der Stimmrechte oder gar nur eine einzige Aktie einer Zielgesellschaft hält, zur Abgabe eines Pflichtangebots gezwungen wird, erscheint im Zusammenhang mit Stimmbindungsvereinbarungen als besonders missglückt. Zudem erscheint es als verfehlt, ein Poolmitglied, das einen Eigenanteil von 0,1 Prozent der Stimmrechte an der Zielgesellschaft hält und nur über die Stimmrechtszurechnungsnorm des § 30 Abs. 2 WpÜG zu einer Kontrollstellung kommt, zur Abgabe eines Pflichtangebots zu zwingen, einen Aktionär, der einen Eigenanteil von 29,9 Prozent der Stimmrechte an der Zielgesellschaft hält, hingegen nicht. Die Regelung, dass ein Poolmitglied mit nur einer Aktie grundsätzlich ein eigenständiges Pflichtangebot an andere Aktionäre mit einem Altbestand von beispielsweise 40 Prozent der Stimmrechte machen muss, kann nicht als geglückt bezeichnet werden.

Die Problematik von mehrfachen Pflichtangeboten gibt es zwar bei allen Zurechnungstatbeständen des § 30 WpÜG. Jedoch ergeben sich besonders gravierende Konsequenzen im Rahmen des Zurechnungstatbestandes des § 30 Abs. 2 WpÜG, wenn man von einer wechselseitigen Zurechnung der Stimmrechte der Beteiligten eines Stimmenpools ausgeht. Denn dadurch wird jeder Wechsel von Poolmitgliedern entweder erschwert oder gar unmöglich gemacht.

1201 Denkbar ist hier insbesondere das Vorliegen eines Gesamtschuldverhältnisses unter allen Parteien der Stimmbindungsvereinbarung.

1202 Vgl. Süßmann, in: Geibel/Süßmann, § 29, Rdnr. 31.

1203 Vgl. Süßmann, in: Geibel/Süßmann, § 29, Rdnr. 31.

1204 Vgl. Süßmann, in: Geibel/Süßmann, § 29, Rdnr. 31.

Beispiel: Ein Familienpool mit fünf Mitgliedern hält eine Beteiligung von 25 Prozent an der Zielgesellschaft Z. Jedes Familienmitglied hält dabei fünf Prozent der Stimmrechte der Z. A, ein weiteres Familienmitglied, der ebenfalls fünf Prozent der Stimmrechte der Z hält, hat die Absicht, dem Pool beizutreten. Die Regelung des § 30 Abs. 2 WpÜG hat bei einem Beitritt des A zum Pool zur Folge, dass die jeweiligen Stimmrechte wechselseitig zugerechnet werden, so dass jedes Poolmitglied 30 Prozent der Stimmrechte an der Z hält. Also müsste jeder von ihnen die Kontrollstellung veröffentlichen und ein Pflichtangebot abgeben. Daran wird deutlich, dass es sowohl von Seiten der schon bestehenden Poolmitglieder als auch von Seiten des A zu Problemen beim Beitritt des A kommen kann. Denn zum einen werden die bestehenden Poolmitglieder die Aufnahme des A ablehnen, falls sie nicht in der Lage sind, ein solches Pflichtangebot abzugeben. Zum anderen wird A ein Angebot zum Beitritt zum bestehenden Pool ausschlagen müssen, wenn er selbst nicht gewillt ist, ein Pflichtangebot abzugeben. Dadurch wird deutlich, dass bei einem Wechsel von Poolmitgliedern immer die 30-prozentige Kontrollschwelle im Auge behalten werden muss.

b) Erlangung oder Überschreitung der Kontrollschwelle durch ein einzelnes Poolmitglied

Hat bereits eines der Poolmitglieder einen Eigenanteil von 30 Prozent der Stimmrechte der Zielgesellschaft nach Inkrafttreten des WpÜG erlangt und bringt diesen Anteil in einen Familienpool ein, stellt sich ebenso die Frage nach der Pflicht zur Abgabe eines Vollangebots. Unstreitig ist, dass der Kontrollinhaber ein Pflichtangebot abzugeben hat[1205]. Fraglich ist aber, ob mit der Einbringung dieses Anteils in einen Familienpool wegen des schon laufenden Pflichtangebotsverfahrens ein Pflichtangebot durch die übrigen Poolmitglieder entbehrlich ist. Nach derzeitiger Gesetzeslage ist dies zu verneinen, da die übrigen Poolmitglieder wegen der Stimmrechtszurechnung nach § 30 Abs. 2 WpÜG erstmalig die Kontrollstellung an der Zielgesellschaft erlangen.

c) Möglichkeiten der Umgehung der Pflichten aus § 35 WpÜG

aa) Befreiungsmöglichkeit nach § 37 WpÜG i.V.m. § 9 WpÜG-Angebotsverordnung

Zu denken ist auch hier wie bei allen Fällen der mehrfachen Pflicht zur Abgabe von Pflichtangeboten an eine Befreiungsmöglichkeit nach § 37 WpÜG i.V.m. § 9 WpÜG-Angebotsverordnung. Auch wenn es an einer ausdrücklichen Rege-

---

1205 Anders ist dies natürlich für Altfälle, in denen die Kontrollstellung vor dem 01. Januar 2002 erlangt wurde. Bringt ein Aktionär diesen Kontrollanteil nach dem 01. Januar 2002 in einen Familienpool ein, entfällt für ihn die Pflicht zur Abgabe eines Angebots, da es sich nur um einen Übergang von unmittelbarer zu mittelbarer Kontrolle handelt und nicht um die Erlangung einer Kontrollstellung.

lung des Falles von Stimmbindungsvereinbarungen fehlt, kommen bei einer Erbschaft oder einer Schenkung, wenn Erblasser oder Schenker einerseits und Bieter andererseits nicht verwandt im Sinne des § 36 Nr. 1 WpÜG sind, die Befreiungstatbestände des § 9 Satz 1 Nr. 1 und 2 WpÜG-Angebotsverordnung in Betracht, wobei natürlich bei rechtlich entfernten Verwandten oder Nichtverwandten das Vorliegen einer Erbschaft oder einer Schenkung eher selten anzutreffen sein wird. § 9 Satz 2 Nr. 1 WpÜG-Angebotsverordnung scheidet allerdings wegen der wechselseitigen Stimmrechtszurechnung als Befreiungstatbestand aus. Ansonsten kann auf den in § 37 Abs. 1 WpÜG enthaltenen Katalog an Ausnahmefällen zurückgegriffen werden. In der Praxis wird eine solche Befreiung in der Zukunft eine bedeutende Rolle spielen.

bb) Nichtberücksichtigung von Stimmrechten gemäß § 36 Nr. 1 WpÜG

In Betracht kommt zudem bei Familienpools die Nichtberücksichtigung von Stimmrechten gemäß § 36 Nr. 1 WpÜG, falls die Aktien der Poolmitglieder durch Erbgang oder Schenkung erlangt wurden und das erforderliche verwandtschaftliche Näheverhältnis besteht.

cc) Einbringung der Aktien in eine BGB-Gesellschaft

Eine weitere Möglichkeit der Umgehung einer mehrfachen Angebotspflicht Einzelner ist darin zu sehen, dass eine rechtliche Gestaltung gewählt wird, bei der die stimmrechtsvermittelnden Aktien nicht direkt von den Poolmitgliedern gehalten werden. Dies ist dann der Fall, wenn die Aktien beispielsweise von den Poolmitgliedern in eine BGB-Gesellschaft oder GmbH[1206] eingebracht werden und hinsichtlich dieser Anteile keine Stimmbindungsvereinbarung abgeschlossen wird[1207]. Somit gehören die Stimmrechte der Gesellschaft und nicht mehr den Poolmitgliedern. Den einzelnen Poolmitgliedern dürften dann die Stimmrechte aus den von der Vermögensverwaltungsgesellschaft gehaltenen Anteilen nach § 30 Abs. 1 Satz 1 Nr. 2 WpÜG nur anteilig im Verhältnis ihrer Beteiligung an der BGB-Gesellschaft oder GmbH zugerechnet werden, wenn der ausschließliche Gesellschaftszweck in der Verwaltung der Beteiligung im Interesse der Gesellschafter besteht und jedes einzelne Poolmitglied als Gesellschafter wesentlichen Einfluss auf die Stimmrechtsausübung der Gesellschaft hat[1208]. Eine wechselseitige Zurechnung von Stimmrechten aus Aktien, die von anderen Poolmitgliedern gehalten werden, ist somit ausgeschlossen.

1206 Diese Gesellschaften nehmen dann die Aufgabe einer Vorschalt- oder Vermögensverwaltungs-gesellschaft wahr.

1207 Vgl. von Bülow, in: Hirte/von Bülow, § 30, Rdnr. 141; Opitz, in: Schäfer, § 22, Rdnr. 50; Schneider, in: Assmann/Schneider, § 22, Rdnr. 81f., 87; Hopt, ZGR 1997, S. 1, 27; Arends, S. 65.

1208 Vgl. Schneider, in: Assmann/Schneider, § 22, Rdnr. 82.

dd) Bevollmächtigung des Poolleiters zur Erfüllung der Pflichten aus § 35 WpÜG

Weiterhin ist an die Möglichkeit der Bevollmächtigung des Poolleiters zur Erfüllung der Pflichten aus § 35 WpÜG an Stelle der Poolmitglieder zu denken[1209].

ee) Periodische Abgabe von Veröffentlichungen

Der Vorschlag einer Beschränkung der Meldungen auf die periodische, etwa einmal jährliche Abgabe von Meldungen über den Poolbestand[1210] ist für das WpÜG nicht praktikabel, da sich im Verlauf eines Jahres vielfältige Veränderungen im Poolbestand ergeben können, die ein so langes Zuwarten insbesondere mit der Abgabe eines Pflichtangebots im Interesse des Schutzes der Minderheitsaktionäre nicht rechtfertigen.

ff) Einschränkung der Pflichten aus § 35 WpÜG für Poolmitglieder mit einem Stimmrechtsanteil von unter 30 Prozent

Der für § 22 Abs. 1 Nr. 3 WpHG a.F. gemachte Vorschlag, die Mitteilung auf die Aufstellung einer Liste mit den Namen der Aktionäre, die Summe der im Pool gehaltenen Stimmrechte und den Sitz der Poolleitung zu beschränken, nicht aber auf die unter fünf Prozent liegenden Beteiligungsquoten der einzelnen Aktionäre zu erstrecken[1211], führt im Rahmen des WpÜG weder bei der Pflicht zur Veröffentlichung der Erlangung der Kontrollstellung, noch bei der Pflicht zur Abgabe eines Angebots weiter. Denn die Kontrollschwelle des § 29 Abs. 2 WpÜG liegt mit 30 Prozent der Stimmrechte an der Zielgesellschaft so hoch, dass in den wenigsten Fällen ein Mitglied eines Familienpools einen solchen Anteil erreichen wird. In der Praxis würde somit eine solche Einschränkung faktisch zu einem fast völligen Ausschluss der Pflichten aus § 35 WpÜG führen.

gg) Teleologische Reduktion des § 35 WpÜG

Als Alternative zum Konzept der Befreiung im Einzelfall kommt eine teleologische Reduktion des § 35 WpÜG in Betracht. Diese hätte die Per-se-Freistellung von der Veröffentlichungs- und Angebotspflicht zur Folge[1212]. Dieser Weg ist allerdings derzeit nur dann gangbar, wenn die als abschließend aufzufassende

---

1209 Vgl. Hopt, ZHR 159 (1995), S. 135, 139; Jäger, WM 1996, S. 1356, 1357; Schneider, in: Assmann/Schneider, § 22, Rdnr. 87; Kümpel, Wertpapierhandelsgesetz, S. 144.

1210 Vgl. Falkenhagen, WM 1995, S. 1005, 1008.

1211 Vgl. Falkenhagen, WM 1995, S. 1005, 1008; Hopt, ZGR 1997, S. 1, 27; Jäger, WM 1996, S. 1356, 1358.

1212 Vgl. Ekkenga/Hofschroer, DStR 2002, S. 768, 772.

Aufzählung der Befreiungstatbestände in § 37 Abs. 1 WpÜG versagt, weil dadurch diejenigen Fälle nicht berücksichtigt werden, in denen Drittinteressen durch das Pflichtangebot negativ betroffen sind[1213]. Da der in § 37 Abs. 1 WpÜG enthaltene Katalog bei weiter Auslegung der Tatbestandsmerkmale[1214] ausreichend Möglichkeiten für eine Befreiung von den Pflichten aus § 35 WpÜG in den hier angesprochenen Fällen bietet, entfällt jedoch eine solche teleologische Reduktion.

hh) Trennung zwischen den Pflichten aus § 35 Abs. 1 WpÜG und § 35 Abs. 2 WpÜG als Lösungsansatz

Ein weiterer Ansatz wäre die Möglichkeit, zwischen den Pflichten aus § 35 Abs. 1 WpÜG und § 35 Abs. 2 WpÜG zu trennen und unterschiedliche Maßstäbe bei der Umsetzung der Pflichten anzulegen[1215]. Eine solche Unterscheidung entspricht allerdings nicht dem derzeitigen Konzept des § 35 WpÜG, das von einem Gleichlauf der beiden Pflichten ausgeht[1216]. Hier müsste zur Klarstellung eine Änderung des Gesetzestextes erfolgen. Hierbei würde sich eine Ergänzung der Ausnahmeregelung des § 35 Abs. 2 Satz 3 WpÜG um die Fälle der Familienpools anbieten. Die Idee hinter diesem Ansatz ist, dass für das einzelne Poolmitglied mit einem geringen eigenen Stimmrechtsanteil, das aber über die Zurechnungsnorm des § 30 Abs. 2 WpÜG die Kontrollschwelle erreicht oder überschreitet, die Angebotspflicht aus § 35 Abs. 2 WpÜG die deutlich einschneidenderen Folgen nach sich zieht als die Veröffentlichungspflicht aus § 35 Abs. 1 WpÜG.
Auf Grund der Vergleichbarkeit der Veröffentlichungspflicht aus § 35 Abs. 1 WpÜG mit der Mitteilungspflicht aus § 21 WpHG und der hinsichtlich der Art und Weise der Veröffentlichungspflicht ähnlichen Regelung des § 25 WpHG muss eine Untersuchung der Gemeinsamkeiten und Unterschiede dieser Regelungen erfolgen. Während eine Mitteilung bei Erreichen, Über- oder Unterschreiten der Meldeschwellen von 5, 10, 25, 50, und 75 Prozent erforderlich ist,

---

1213 Vgl. Ekkenga/Hofschroer, DStR 2002, S. 768, 772.

1214 Insbesondere die Tatbestandsmerkmale der Art der Erlangung der Kontrolle, der mit der Erlangung der Kontrolle beAbsichtigten Zielsetzung, der Beteiligungsverhältnisse an der Zielgesellschaft sowie der tatsächlichen Möglichkeit zur Ausübung der Kontrolle unter Berücksichtigung der Interessen des Antragstellers können eine Befreiung rechtfertigen.

1215 Ein Ansatz der Unterscheidung zwischen § 35 Abs. 1 WpÜG und § 35 Abs. 2 WpÜG für die Häufung von Pflichtangeboten bei Stimmrechtszurechnungen gemäß § 30 Abs. 1 Satz 1Nr. 1 WpÜG findet sich auch bei Ekkenga/Hofschroer, DStR 2002, S. 768, 775f.

1216 Auch aus § 37 Abs. 1 und Abs. 2 Satz 1 WpÜG wird deutlich, dass die Pflichten aus § 35 Abs. 1 Satz 1 und Abs. 2 Satz 1 WpÜG einheitlich auszulegen sind.

muss eine Veröffentlichung bei Erreichen oder Überschreiten der 30-prozentigen Kontrollschwelle erfolgen. Während der Meldepflichtige im Rahmen des § 21 Abs. 1 WpHG der Gesellschaft und der BaFin Mitteilung machen muss, muss der Bieter im Rahmen des § 35 Abs. 1 WpÜG seine Kontrollstellung nach Maßgabe des § 10 Abs. 3 Satz 1 und 2 WpÜG veröffentlichen. Insoweit entspricht die Art und Weise der Veröffentlichung des Bieters nach § 35 Abs. 1 WpÜG den Veröffentlichungspflichten der börsennotierten Gesellschaft nach § 25 WpHG[1217], wobei Inhalt der Veröffentlichung des § 25 Abs. 1 WpHG die Mitteilung nach § 21 WpHG ist. Der BaFin sind nach § 21 WpHG alle im Pool gebundenen Aktionäre einschließlich deren Anschrift und der Zurechnungstatbestände nach Maßgabe der gesetzlichen Vorschriften mitzuteilen[1218]. Die Veröffentlichung nach § 25 WpHG erstreckt sich auf die Existenz des Pools, die Gesamtzahl der im Pool gebundenen Stimmrechte, die Anzahl der Poolmitglieder, die repräsentierte Familiengruppe und den Namen sowie Sitz oder Wohnort des Poolleiters[1219]. Da der Bieter nur seine Kontrollerlangung veröffentlichen muss und nicht die Pflichten der Gesellschaft übernehmen kann, ist eine so weitreichende Veröffentlichung bei § 35 Abs. 1 WpÜG nicht notwendig. Die darüber hinausgehenden Pflichten des Bieters nach § 35 Abs. 1 Satz 3 WpÜG i.V.m. § 10 Abs. 2, 4 und 5 WpÜG spielen insofern keine besondere Rolle. Somit bleibt festzuhalten, dass jeder Bieter, der als Mitglied eines Pools unter Berücksichtigung der Zurechnungsnorm des § 30 Abs. 2 WpÜG die Kontrolle an der Zielgesellschaft erlangt, dies veröffentlichen muss[1220].
Eine Pflicht zur Abgabe eines Vollangebots gemäß § 35 Abs. 2 WpÜG für jedes Mitglied des Familienpools sollte aber entfallen, da zum einen die Belastungen für den einzelnen Aktionär als unverhältnismäßig anzusehen sind[1221] und zum anderen die Aktionäre außerhalb des Pools weder ein schutzwürdiges Interesse an der Abgabe mehrfacher Pflichtangebote haben, noch besondere Vorteile dar-

---

1217 § 10 Abs. 3 Satz 1 Nr. 2 WpÜG sieht allerdings als Alternative zur Veröffentlichung in einem überregionalen Börsenpflichtblatt die Veröffentlichung über ein elektronisch betriebenes Informationsverarbeitungssystem vor.

1218 Vgl. Opitz, in: Schäfer, § 22, Rdnr. 50.

1219 Vgl. Opitz, in: Schäfer, § 22, Rdnr. 50.

1220 Zu denken wäre hinsichtlich der Veröffentlichungspflicht aller Poolmitglieder an die Schaffung einer dem § 24 WpHG entsprechenden Regelung. Dies hätte die Möglichkeit zur Folge, dass nur eines der Poolmitglieder der Veröffentlichungspflicht nachkommen müsste und dies befreiende Wirkung für die anderen Poolmitglieder hätte.

1221 Neben den finanziellen Aufwendungen, die mit der Abgabe eines Pflichtangebots verbunden sind, ist insbesondere an die in § 60 WpÜG geregelten Sanktionen zu denken, die Bußgeldzahlungen nach sich ziehen. Zudem besteht die Gefahr des Verlustes der Rechte aus den über § 30 Abs. 2 WpÜG zugerechneten Aktien nach § 59 WpÜG, wenn der Dritte die Voraussetzungen einer gemeinsam handelnden Person nach § 2 Abs. 5 Satz 1 WpÜG erfüllt.

aus ziehen. Solange gewährleistet ist, dass überhaupt die Abgabe eines Pflichtangebots erfolgt, ist eine Benachteiligung der Minderheitsaktionäre auszuschließen.

10. Der Begriff des Bieters und die wechselseitige Stimmrechtszurechnung

Bei der Formulierung des § 30 Abs. 2 WpÜG wird wiederum deutlich, dass die Verwendung des in § 2 Abs. 4 WpÜG legaldefinierten Begriffs des Bieters missglückt ist. Denn der Anwendungsbereich des § 30 Abs.2 WpÜG würde erheblich eingeschränkt, wenn an die Person des Bieters im Sinne des § 30 Abs. 2 WpÜG die gleichen Voraussetzungen anknüpfen würden wie bei § 2 Abs. 4 WpÜG. Es könnte nämlich nur dann eine Zurechnung stattfinden, wenn diese Person bereits allein oder gemeinsam mit anderen Personen ein Angebot abgegeben hat, ein solches beabsichtigt oder zur Abgabe verpflichtet ist. In vielen Fällen wird diese Voraussetzung bei einer der beiden Parteien einer Stimmbindungsvereinbarung nicht vorliegen. Insofern wird eine Klarstellung dahingehend vorgeschlagen, dass durch den Zurechnungstatbestand des § 30 Abs. 2 WpÜG eine Person auch erst zum Bieter werden kann, nämlich durch das Erreichen oder Überschreiten der Kontrollschwelle des § 29 Abs. 2 WpÜG[1222]. Der Zurechnungstatbestand des § 30 Abs. 2 WpÜG führt somit entgegen dem Wortlaut zu einer wechselseitigen Stimmrechtszurechnung. Denn die an der Verhaltensabstimmung beteiligten Personen können sowohl die Funktion des Bieters, als auch die des Dritten wahrnehmen. Beide Personen sind somit austauschbar, und es können gleichzeitig einer Person Stimmrechte als Bieter zugerechnet werden und Stimmrechte, die von derselben Person gehalten oder ihr zugerechnet werden, einer dritten Person zugerechnet werden.

11. Verhalten von Bieter und Drittem in Bezug auf die Zielgesellschaft

Nach dem Gesetzeswortlaut des § 30 Abs. 2 WpÜG müssen Bieter und Dritter ihr Verhalten in Bezug auf die Zielgesellschaft abstimmen. In diesem Zusammenhang stellt sich die Frage, welches „Verhalten" damit gemeint sein kann.

a) Ausübung von Stimmrechten in der Hauptversammlung der Zielgesellschaft

Der klassische Fall eines solchen Verhaltens ist die Abstimmung in der Hauptversammlung der Zielgesellschaft. Wie schon im Rahmen des § 30 Abs. 1 WpÜG geht es auch hier ausschließlich um das Erfassen von Einfluss auf die Ausübung von Stimmrechten an der Zielgesellschaft[1223]. Dies wird auch aus § 30 Abs. 2 Satz 1, 2. Hs. WpÜG deutlich, der Vereinbarungen über die Ausübung von Stimmrechten in Einzelfällen ausnimmt. Daraus lässt sich der Um-

---

1222 Vgl. dazu auch oben 3. Kapitel, I. 2.

1223 Vgl. von Bülow, in: Hirte/von Bülow, § 30, Rdnr. 115.

kehrschluss ziehen, dass Vereinbarungen über die Ausübung von Stimmrechten, soweit sie gerade nicht für Einzelfälle abgeschlossen werden, vom Zurechnungstatbestand umfasst werden sollen. Enthält die Vereinbarung über die Verhaltensabstimmung in Bezug auf die Zielgesellschaft keinen solchen gesellschaftsrechtlichen Bezug, entfällt eine Stimmrechtszurechnung[1224]. Zudem erwähnt auch § 2 Abs. 5 Satz 1 WpÜG die Ausübung von Stimmrechten als einen Fall der Verhaltensabstimmung. In der Regel sind Bieter und Dritter nur dann berechtigt, Stimmrechte in der Hauptversammlung auszuüben, wenn sie selbst Aktionäre der Zielgesellschaft sind. Diese Fälle führen unproblematisch zu einer wechselseitigen Stimmrechtszurechnung, wenn das Abstimmungsverhalten zwischen den beiden Aktionären abgestimmt wurde. Problematischer sind hingegen die Fälle, in denen beide an einer Stimmbindungsvereinbarung Beteiligte nicht Aktionäre der Zielgesellschaft sind, sondern ihnen nur entweder eine Vollmacht zur Stimmrechtsausübung erteilt wurde oder ihnen Stimmrechte über einen der Zurechnungstatbestände des § 30 Abs. 1 WpÜG zugerechnet werden. Im ersteren Fall der Vollmachtserteilung sind die Bevollmächtigten zwar nicht Aktionäre, aber Stimmrechtsausübungsbefugte. Eine Stimmrechtszurechnung scheidet mangels zurechenbarer Stimmrechte aus.
Im letzteren Fall der Stimmrechtszurechnung sind die Beteiligten ebenfalls nicht Aktionäre und darüber hinaus in vielen Fällen nicht stimmrechtsausübungsbefugt. Vom Gesetzeswortlaut wird gefordert, dass der Bieter, also derjenige dem Stimmrechte nach § 30 Abs. 2 WpÜG Stimmrechte zugerechnet werden, „sein Verhalten" in Bezug auf die Zielgesellschaft mit dem Dritten abstimmen muss. Dies deutet darauf hin, dass der Bieter stimmrechtsausübungsbefugt sein muss, damit es zu einer Stimmrechtszurechnung kommt, denn ansonsten wäre ein „Verhalten" des Bieters, nämlich die Stimmrechtsausübung, gar nicht möglich. Diese Interpretation hätte zur Folge, dass nur demjenigen Bieter, der stimmrechtsausübungsbefugt ist, Stimmrechte zugerechnet werden könnten, nicht aber demjenigen, dem selbst nur Stimmrechte zugerechnet werden, ohne stimmrechtsausübungsbefugt zu sein. Dieser Auslegung kann jedoch nicht gefolgt werden, da ein Bieter, dem Stimmrechte zugerechnet werden, die Möglichkeit zur Stimmrechtsbeeinflussung des Aktionärs haben muss und dies für ein Verhalten in Bezug auf die Zielgesellschaft genügt. Die Stimmrechtsausübungsbefugnis spielt somit für sich allein genommen keine Rolle bei § 30 Abs. 2 WpÜG.

b) Nicht von § 30 Abs. 2 WpÜG erfasste Fälle von Verhaltensabstimmungen

aa) Allgemeines

Allgemein ausgedrückt sind für die Stimmrechtszurechnung nach § 30 Abs. 2 WpÜG Vereinbarungen des Bieters mit Dritten unbeachtlich, die nicht

---

1224 Vgl. dazu unten 4. Kapitel, VII. 11. b).

dazu dienen, dem Bieter die Kontrolle über die Zielgesellschaft zu vermitteln, und somit keine unternehmerische Einflussnahme vermitteln[1225].

bb) Anwendungsbeispiele

Die Vereinbarung über den Erwerb oder Weiterverkauf bestimmter Wirtschaftsgüter oder Betriebsabteilungen der Zielgesellschaft für den Fall einer erfolgreichen Übernahme oder über die Erbringung von üblichen Dienstleistungen im Zusammenhang mit dem Angebot, beispielsweise durch beratende Kreditinstitute, fallen nicht in den Anwendungsbereich von Verhaltensabstimmungen nach § 30 Abs. 2 WpÜG[1226]. Ebenso genügt eine allgemeine Abrede zur Durchsetzung bestimmter ordnungs- und industriepolitischer Ziele in bestimmten Industriezweigen oder in einem bestimmten Kapitalmarktsegment nicht, da diese nicht konkret auf eine bestimmte Gesellschaft abzielt und keine Einflussnahme zur Durchsetzung konkreter Ziele oder Motivation zu einem bestimmten Verhalten beinhaltet[1227]. Die Abstimmung des Verhaltens von Bieter und Drittem muss einen finalen Charakter „in Bezug auf die Zielgesellschaft" haben. Gerade dieses Tatbestandsmerkmal verhindert eine zu starke Ausweitung des Anwendungsbereiches der Stimmrechtszurechnungsnorm des § 30 Abs. 2 WpÜG.
Andererseits reicht aber auch die Vereinbarung allgemeiner Planungshorizonte in Bezug auf eine konkrete Zielgesellschaft nicht für eine Zurechnung aus. Insbesondere Vereinbarungen über den Erhalt der Selbständigkeit des Unternehmens, die Zukunftssicherung oder die Aufrechterhaltung oder den Aufbau einer gesicherten Eigenkapitalbasis, sind nicht genügend, solange keine konkreten Einflussnahmen zur Zielverwirklichung beabsichtigt sind[1228]. Die bloße Gestaltung von Geschäftsbeziehungen mit der Zielgesellschaft, wie beispielsweise die Fälligstellung eines Kredits oder die Kündigung eines Liefervertrages, oder Maßnahmen im Rahmen des Wettbewerbs mit der Zielgesellschaft führen ebenfalls nicht zu einer Stimmrechtszurechnung[1229]. Soll ein Aktionärpool nur den bisherigen Aktienbestand außerhalb des Free Floats sichern und nicht der Einflussnahme auf die Geschäftsführung der Zielgesellschaft dienen, mangelt es ebenfalls an der Vermittlung der Kontrolle[1230]. Zudem können rein schuldrechtliche Positionen, die nicht § 30 Abs. 1 Satz 1 Nr. 5 WpÜG unterfallen, nicht über

1225 Vgl. Sudmeyer, BB 2002, S. 685, 688 (Fn. 58).

1226 Vgl. Angerer, in: Geibel/Süßmann, § 2, Rdnr. 23; Riehmer, in: Haarmann/Riehmer/Schüppen, § 30, Rdnr. 66; von Bülow, in: Hirte/von Bülow, § 30, Rdnr. 125, 134.

1227 Vgl. Liebscher, ZIP 2002, S. 1005, 1008.

1228 Vgl. Liebscher, ZIP 2002, S. 1005, 1008.

1229 Vgl. von Bülow, in: Hirte/von Bülow, § 30, Rdnr. 115.

1230 So wohl auch für § 30 Abs. 2 WpÜG Sudmeyer, BB 2002, S. 685, 688 (Fn. 58).

§ 30 Abs. 2 WpÜG doch noch zu einer Stimmrechtszurechnung führen. § 30 Abs. 2 WpÜG hat nämlich nicht die Funktion, als generalklauselartiger Auffangtatbestand sämtliche nicht in anderen Zurechnungstatbeständen geregelten Sachverhalte zu erfassen. Vielmehr muss umgekehrt davon ausgegangen werden, dass in § 30 Abs. 1 WpÜG jeweils abschließende Regelungen getroffen werden sollen. Insofern führt eine gemeinsame Desinvestitionsentscheidung oder die Begründung wechselseitiger Vorerwerbsrechte zwischen Bieter und Drittem nicht zu einer Stimmrechtszurechnung.
Auch die Beratungsleistung in Angelegenheiten, die den Erwerb von Aktien der Zielgesellschaft betreffen, führt nicht zu einer Stimmrechtszurechnung wegen abgestimmten Verhaltens. So sind einem Rechtsanwalt, der einen Bieter hinsichtlich der Gestaltung einer Übernahme der Zielgesellschaft berät, die Stimmrechte des Bieters nicht auf Grund seiner beratenden Tätigkeit zuzurechnen[1231]. Das gleiche gilt für Steuerberater, Wirtschaftsprüfer und PR-Agenturen sowie für den umgekehrten Fall der Zurechnung von Stimmrechten des Beraters beim Bieter[1232]. Da es an der erforderlichen Abstimmung im Hinblick auf die Ausübung von Aktionärsrechten fehlt, können einem Bieter auch nicht Stimmrechte aus Aktien einer Zielgesellschaft zugerechnet werden, die ein Finanzdienstleister hält, der Beratungs- oder sonstige Dienstleistungen für den Bieter im Zusammenhang mit dessen Erwerb von Aktien der Zielgesellschaft erbringt[1233]. Entsprechendes gilt für Wertpapierdienstleistungsunternehmen, die im Rahmen eines öffentlichen Angebots für den Bieter als Einreichungs- oder Umtauschstelle tätig sind, die eine Finanzierungsbestätigung nach § 13 Abs. 1 Satz 2 WpÜG abgeben oder die bei einem öffentlichen Angebot für Aktien der Zielgesellschaft gegen Gewährung von Aktien als emissionsbegleitendes Kreditinstitut auftreten[1234].
Auch eine zwischen dem Bieter und einem Dritten getroffene sogenannte Standstill-Vereinbarung[1235] führt nicht zu einer Stimmrechtszurechnung im Sinne des § 30 Abs. 2 WpÜG. Denn hier fehlt es an dem erforderlichen gesellschaftsrechtlichen Bezug des abgestimmten Verhaltens[1236].

1231 Vgl. Riehmer, in: Haarmann/Riehmer/Schüppen, § 30, Rdnr. 67.

1232 Vgl. von Bülow, in: Hirte/von Bülow, § 30, Rdnr. 125.

1233 Vgl. von Bülow, in: Hirte/von Bülow, § 30, Rdnr. 125; Pötzsch/Möller, WM 2000, Sonderbeilage Nr. 2, S. 1, 19.

1234 Vgl. von Bülow, in: Hirte/von Bülow, § 30, Rdnr. 125.

1235 Eine Standstill-Vereinbarung ist eine Vereinbarung oder ein informelles Verständnis darüber, die von den Beteiligten jeweils an der Zielgesellschaft gehaltenen Beteiligungen weder zu erhöhen noch über diese zu verfügen.

1236 Vgl. von Bülow, in: Hirte/von Bülow, § 30, Rdnr. 124.

12. Ausnahme von der Stimmrechtszurechnung bei einer Vereinbarung über die Ausübung von Stimmrechten in Einzelfällen gemäß § 30 Abs. 2 Satz 1, 2. Hs. WpÜG

a) Tatbestandsvoraussetzungen der Ausnahmeregelung

Eine Ausnahme von der Stimmrechtszurechnung ist gemäß § 30 Abs. 2 Satz 1, 2. Hs. WpÜG bei einer Vereinbarung über die Ausübung von Stimmrechten in Einzelfällen vorgesehen. Zwar ist nach dem Gesetzeswortlaut – wie soeben erörtert – ein auf eine gewisse Dauer angelegtes gleichgerichtetes Abstimmungsverhalten nicht erforderlich. Andererseits ist eine für einen bestimmten Einzelfall getroffene Vereinbarung nicht ausreichend, um eine Zurechnung von Stimmrechten herbeizuführen.
Fraglich ist, ob darin nicht ein Widerspruch zu sehen ist, so dass über die Ausnahmeregelung doch wieder das Vorliegen eines gewissen Zeitelementes gefordert wird. Insofern könnte man wiederum von der Erforderlichkeit eines auf eine gewisse Dauer angelegten, aufeinander abgestimmten Abstimmungsverhaltens ausgehen.
Allerdings ist hier zu beachten, dass nach dem Wortlaut der Norm nur dann eine Zurechnung entfällt, wenn eine Vereinbarung ausdrücklich nur für die Ausübung von Stimmrechten in einem Einzelfall getroffen wurde. Da es der Zweck der Regelung ist, jegliches punktuell abgestimmte Verhalten mit gesellschaftsrechtlichem Bezug von der Zurechnungswirkung des § 30 Abs. 2 Satz 1, 1. Hs. WpÜG auszunehmen[1237], erscheint diese Formulierung zu eng. Es sollten nicht nur Vereinbarungen über Stimmrechtsausübungen in Einzelfällen, sondern auch alle „in sonstiger Weise" im Einzelfall erfolgenden Abstimmungen über die Ausübung von Stimmrechten von der Ausnahmeregelung erfasst werden[1238]. Insofern sollte eine Klarstellung im Rahmen des § 30 Abs. 2 Satz 1, 2. Hs. WpÜG erfolgen.

Folgende Formulierung für § 30 Abs. 2 Satz 1, 2. Hs. WpÜG wird vorgeschlagen:

...ausgenommen ist die auf Grund einer Vereinbarung oder in sonstiger Weise erfolgende Abstimmung über die Ausübung von Stimmrechten in Einzelfällen...

Dies bedeutet, dass aus der Vereinbarung ersichtlich sein muss, dass ein ganz bestimmtes Ziel damit verfolgt werden soll. Denkbar ist beispielsweise, dass zwei Aktionäre vereinbaren, bei einem ganz bestimmten Tagesordnungspunkt im Rahmen der Abstimmung in der Hauptversammlung gleichgerichtet abstimmen

1237 Vgl. von Bülow, in: Hirte/von Bülow, § 30, Rdnr. 140.

1238 So schon von Bülow, in: Hirte/von Bülow, § 30, Rdnr. 140 in weiter Auslegung der derzeitigen gesetzlichen Regelung.

zu wollen. Darin liegt dann ein bestimmter Einzelfallcharakter begründet, der zum Eingreifen der Ausnahmeregelung führt.
Schließen sich Parteien im Vorfeld einer Hauptversammlung zum Zweck einer einheitlichen Willensbildung zusammen, ist dies somit nach der Ausnahmeregelung dann nicht zurechnungsbegründend, wenn keine Wiederholungsabsicht für diesen Zusammenschluss vorliegt oder umgekehrt ausgedrückt der Zusammenschluss nur die Wirkung für einen ganz bestimmten Einzelfall entfaltet. Es darf kein Element der Beständigkeit und Nachhaltigkeit in der Verhaltenskoordination liegen[1239] und keine Kooperation in die Zukunft, also deren Fortsetzung, beabsichtigt sein, wenn die Ausnahmeregelung erfüllt werden soll[1240]. Somit bleibt festzuhalten, dass trotz Entfallens der Voraussetzung der langfristigen Verfolgung gemeinschaftlicher Ziele, die Abstimmung auf eine regelmäßige und nicht lediglich auf eine gelegentliche Interessenkoordination gerichtet sein muss, um den Zurechnungstatbestand zu erfüllen. Darüber hinaus genügt aber selbst ein solcher regelmäßiger Interessenaustausch dann nicht, wenn es um eine untergeordnete Frage der Unternehmenspolitik der Zielgesellschaft geht, da ansonsten kein hinreichender Einfluss auf die Zielgesellschaft vorliegt[1241].
Interessant bleibt somit die Frage, ob eine unter zwei oder mehreren Aktionären abgestimmte Regelung, die eine einheitliche Ausübung der Stimmrechte bei der Wahl der Mitglieder des Aufsichtsrats vorsieht, eine Einzelfallregelung darstellt[1242]. Da eine solche Fragestellung nur alle vier Jahre bei der Neubesetzung des Aufsichtsrates auftritt, liegt trotz der Beständigkeit des wiederkehrenden Ereignisses der Abstimmung ein singulärer Charakter zugrunde. Deshalb ist in diesem Fall von einer Vereinbarung im Einzelfall auszugehen, die nicht zu einer wechselseitigen Stimmrechtszurechnung führt. Eine einmalige abgestimmte Stimmrechtsausübung in einem Zeitraum von vier Jahren reicht nicht dafür aus, die gewichtigen Folgen, die sich aus der Stimmrechtszurechnung ergeben können, zu rechtfertigen. Zudem kann in diesem Fall angeführt werden, dass das für die Stimmrechtszurechnung nach § 30 WpÜG entscheidende Kriterium des Potentials für eine zumindest mittelbare Beeinflussung der Geschäftstätigkeit der Zielgesellschaft bei der Abstimmung über die Besetzung des Aufsichtsrats nicht erfüllt ist.

1239 Vgl. Liebscher, ZIP 2002, S. 1005, 1008; kritisch von Bülow, in: Hirte/von Bülow, § 30, Rdnr. 138.

1240 Vgl. Liebscher, ZIP 2002, S. 1005, 1008.

1241 Vgl. Liebscher, ZIP 2002, S. 1005, 1008.

1242 § 5 Abs. 1 Satz 1 Nr. 3 der österreichischen Ersten Verordnung der Übernahmekommission vom 9. März 1999 zum Übernahmegesetz (1. Übernahmeverordnung) enthält die ausdrückliche Regelung, dass Stimmrechte im Fall einer Vereinbarung, die auf die einheitliche oder abgestimmte Ausübung der vom Dritten gehaltenen Stimmrechte bei der Wahl der Mitglieder des Aufsichtsrats abzielt, zuzurechnen sind.

b) Gefahr der Umgehung des Zurechnungstatbestandes durch Herbeiführung der Ausnahmeregelung

Problematisch ist in diesem Zusammenhang allerdings, dass die Ausnahmeregelung des § 30 Abs. 2 Satz 1, 2. Hs. WpÜG Möglichkeiten eröffnet, den Zurechnungstatbestand des § 30 Abs. 2 WpÜG insgesamt zu umgehen. Denn Bieter und Dritter müssen in ihrer Stimmbindungsvereinbarung nur klarstellen, dass es sich um eine Einzelfallabsprache handelt, und können so einer wechselseitigen Stimmrechtszurechnung entgehen. Durch eine Aneinanderkettung immer wieder neuer, auf den Einzelfall zugeschnittener Vereinbarungen könnte so eine wechselseitige Zurechnung von Stimmrechten unter Beibehaltung der Vorteile der Stimmbindungsvereinbarung vermieden werden. Eine solche missbräuchliche Verwendung des Ausnahmetatbestandes führt zu dessen Nichtanwendbarkeit und somit zur Zurechnung von Stimmrechten.

13. Probleme der Beweislast bei § 30 Abs. 2 WpÜG

Besondere Probleme entstehen im Rahmen der Zurechnungsvorschrift des § 30 Abs. 2 WpÜG bei Fragen der Beweislast. Im Unterschied zu den Tatbeständen des § 30 Abs. 1 WpÜG sind hier nämlich auf Grund der Möglichkeit der mündlichen Vereinbarung sowie der Verhaltensabstimmung in sonstiger Weise Fälle denkbar, die schwer beweisbar, aber auch schwer widerlegbar sind. Aber auch das Problem von Stimmbindungsvereinbarungen liegt in ihrem Nachweis[1243]. Für die Beweislastverteilung sind die allgemeinen Abgrenzungsregeln heranzuziehen. Hierbei ist zwischen Maßnahmen der Eingriffsverwaltung durch die BaFin und den zivilrechtlichen Sanktionen zu unterscheiden.

a) Ordnungswidrigkeitstatbestände des § 60 WpÜG

Ergeht gegen den Bieter ein Bußgeldbescheid der BaFin auf der Grundlage des § 60 WpÜG, obliegt die Beweislast der Aufsichtsbehörde[1244]. Sowohl Vermutungs- und Anscheinsregeln als auch Beweiserleichterungen sind allerdings unzulässig, weil ansonsten der im Bereich des Ordnungswidrigkeitenrechts geltende Grundsatz der freien Beweiswürdigung[1245] eingeschränkt würde. Deshalb obliegt es der BaFin, stets den vollen Nachweis eines Zurechnungstatbestandes zu führen[1246]. Die BaFin kann sich dafür der in § 40 WpÜG geregelten Ermittlungsbefugnisse bedienen und Auskünfte und Vorlage von Unterlagen vom Bie-

---

1243 Vgl. Schneider, AG 1990, S. 56, 60.

1244 Vgl. Liebscher, ZIP 2002, S. 1005, 1008.

1245 Vgl. § 71 OWiG, § 261 StPO.

1246 Vgl. Liebscher, ZIP 2002, S. 1005, 1009.

ter, von mit diesem gemeinsam handelnden Personen sowie dessen Tochterunternehmen verlangen[1247].

b) Zivilrechtliche Sanktionen

Bestehen Meinungsverschiedenheiten bezüglich zivilrechtlicher Sanktionen gegen den Bieter, insbesondere hinsichtlich des Zinsanspruches nach § 38 WpÜG oder des Rechtsverlustes nach § 59 WpÜG[1248], trägt derjenige die Darlegungs- und Beweislast, der sich auf diese Sanktionen beruft und hieraus ihm günstige Rechtsfolgen herleitet[1249]. Auch hier stellt sich die Frage nach der Zulässigkeit von Beweisvermutungen, die zu einer Beweislastumkehr zu Lasten des Bieters führen würde. In der Praxis trat insbesondere in Bezug auf Gesellschaftervereinbarungen, die nicht die Stimmrechtsausübung in der Hauptversammlung der Zielgesellschaft zum Inhalt haben, sondern in denen allgemeine Ziele definiert und beispielsweise einseitige oder wechselseitige Vorkaufs- und Andienungsrechte begründet werden[1250], die Frage auf, ob diese die Grundlage für die Vermutung eines abgestimmten Verhaltens der Vertragspartner bilden können[1251]. Im Ergebnis ist vor dem Hintergrund einer einheitlichen Auslegung der Normen des WpÜG von einer Unzulässigkeit von Beweisvermutungen auszugehen. Durch das Ordnungswidrigkeitenrecht wird der Maßstab vorgegeben, der im Zivilrecht nicht wiederum ausgehöhlt werden darf. Denn sowohl die ordnungswidrigkeitenrechtliche als auch die zivilrechtliche Rechtsfolge haben Sanktionscharakter und sollen ein gesetzmäßiges Verhalten des Bieters sicherstellen, so

---

1247 Gemäß § 40 Abs. 5 Satz 1 WpÜG besteht allerdings ein Auskunftsverweigerungsrecht für den zur Erteilung einer Auskunft verpflichteten, wenn er sich durch die Beantwortung der Fragen der Gefahr strafrechtlicher oder ordnungswidrigkeitenrechtlicher Verfolgung aussetzen würde.

1248 Die pauschale Nennung § 59 WpÜG durch Liebscher, ZIP 2002, S. 1005, 1008 in diesem Zusammenhang geht zu weit, da im Falle einer Stimmrechtszurechnung nach § 30 Abs. 2 WpÜG bei Nichterfüllung der Pflichten aus § 35 Abs. 1 oder 2 WpÜG ein Rechtsverlust nach § 59 WpÜG hinsichtlich der zugerechneten Stimmrechte nur dann eintritt, wenn der Dritte die Eigenschaften einer gemeinsam handelnden Person nach § 2 Abs. 5 Satz 1 WpÜG erfüllt. Dies ist auf Grund des unterschiedlichen Anwendungsbereiches von § 2 Abs. 5 Satz 1 WpÜG und § 30 Abs. 2 WpÜG zwar regelmäßig, nicht aber generell der Fall.

1249 Vgl. Liebscher, ZIP 2002, S. 1005, 1008.

1250 Vgl. allgemein zu den möglichen Regelungsgegenständen in Gesellschaftervereinbarungen Noack, S. 13ff.

1251 Vgl. Liebscher, ZIP 2002, S. 1005, 1009.

dass ein und dasselbe Verhalten nicht zivilrechtlich verboten sein, ordnungswidrigkeitenrechtlich dagegen mit dem Gesetz in Einklang stehen kann[1252].

14. Umfang der Veröffentlichungspflicht gemäß § 35 Abs. 1 Satz 3 WpÜG

§ 35 Abs. 1 Satz 3 WpÜG schreibt vor, dass in der Veröffentlichung der Erlangung der Kontrollstellung über eine Zielgesellschaft die nach § 30 WpÜG zuzurechnenden Stimmrechte für jeden Zurechnungstatbestand getrennt anzugeben sind. Hier stellt sich im Rahmen des Zurechnungstatbestandes des § 30 Abs. 2 WpÜG die Frage, ob es ausreicht, dass der Bieter die ihm vom Dritten zugerechneten Stimmrechte pauschal auf der Grundlage des § 30 Abs. 2 Satz 1 WpÜG angibt, oder ob eine Pflicht besteht, die dem Dritten nur über § 30 Abs. 2 Satz 2 i.V.m. Abs. 1 WpÜG zuzurechnenden Stimmrechte für jeden Zurechnungstatbestand getrennt anzugeben. Da es sich jedoch bei § 30 Abs. 2 Satz 2 WpÜG nicht um einen gesonderten Zurechnungstatbestand handelt, sondern dieser nur die Aufgabe hat, Vorgaben für die Berechnung des Stimmrechtsanteils des Dritten zu geben, ist der ersteren Ansicht zu folgen. Somit sind alle dem Bieter auf Grund einer Stimmbindungsvereinbarung zuzurechnenden Stimmrechte eines Dritten als auf der Grundlage des Zurechnungstatbestandes des § 30 Abs. 2 Satz 1 WpÜG beruhend zu veröffentlichen. Eine Verpflichtung zur namentlichen Benennung der sich aus den einzelnen Zurechnungstatbeständen ergebenden Aktionäre besteht nicht[1253].

15. Anwendbarkeit auf den Handelsbestand gemäß § 20 WpÜG

Für § 30 Abs. 2 WpÜG stellt sich die Frage der Nichtberücksichtigung von Stimmrechten bei der Zurechnung nicht, da diese Zurechnung gerade voraussetzt, dass Vereinbarungen über die Einflussnahme auf die Gesellschaft bestehen und somit schon die Voraussetzungen für eine Befreiungserteilung gemäß § 20 Abs. 2 Nr. 2 WpÜG nicht gegeben sind[1254]. Denkbar ist es jedoch, dass befreite Bestände von der Vereinbarung ausgenommen werden und dann auch bei der wechselseitigen Zurechnung außer Betracht bleiben[1255]. Zudem ist es möglich, eine Umwidmung des Handelsbestandes in Anlagebestand vorzunehmen, mit der

---

1252 Vgl. Liebscher, ZIP 2002, S. 1005, 1009; a.A. Cahn, ZHR 162 (1998), S. 1, 9f., der im Rahmen des WpHG von einem gespaltenen Gesetzesverständnis ausgeht.

1253 Vgl. Witt, AG 2001, S. 233, 238 (Fn. 63).

1254 Vgl. zur ähnlichen Situation bei § 23 WpHG i.V.m. § 22 Abs. 1 Nr. 3 WpHG a.F. Bayer, in: Münchener Kommentar zum AktG, § 22 Anh, § 23 WpHG, Rdnr. 18; Burgard, BB 1995, S. 2069, 2078.

1255 Vgl. Burgard, BB 1995, S. 2069, 2078.

Folge, dass die hiervon erfassten Stimmrechte sowohl beim Aktionär einzurechnen als auch dem Bieter zuzurechnen sind[1256].

1256 Vgl. Burgard, BB 1995, S. 2069, 2078.

5. KAPITEL: SONSTIGE PROBLEME IM ZUSAMMENHANG MIT STIMMRECHTSZURECHNUNGEN

Nachfolgend sollen Probleme im Zusammenhang mit Stimmrechtszurechnungen erörtert werden, die zwar in einem engen Verhältnis zu § 30 WpÜG stehen, jedoch nicht einem einzelnen Zurechnungstatbestand zugeordnet werden können.

I. Die Zurechnung von Stimmrechten bei Wechsel des Zurechnungstatbestandes

Fraglich ist, welche Auswirkungen es hat, wenn der Stimmrechtsanteil des Bieters im Ergebnis unverändert bleibt, sich jedoch lediglich der Zurechnungstatbestand ändert. Denkbar ist beispielsweise der Fall, dass ein Tochterunternehmen des Bieters ein Aktienpaket an der Zielgesellschaft von 5 Prozent an einen Dritten übereignet und dieser an diesem Aktienpaket zugunsten des Bieters einen Nießbrauch bestellt. Hält der Bieter einen Eigenanteil von 25 Prozent der Stimmrechte der Zielgesellschaft, ist er in beiden Konstellationen mit einem Stimmrechtsanteil von 30 Prozent Kontrollinhaber im Sinne des § 29 Abs. 2 WpÜG, da ihm die Stimmrechte der Tochtergesellschaft über § 30 Abs. 1 Satz 1 Nr. 1 WpÜG und der exakt gleiche Anteil an Stimmrechten wegen des ihm eingeräumten Nießbrauchs über § 30 Abs. 1 Satz 1 Nr. 4 WpÜG zugerechnet wird. Entscheidend für die Beantwortung der Frage, ob in diesem Fall des Wechsels des Zurechnungstatbestandes die Pflichten aus § 35 WpÜG vom Bieter zu erfüllen sind, ist die Zeitspanne, die zwischen der Erfüllung der einzelnen Zurechnungstatbestände liegt. Fallen diese Zeitpunkte zusammen, handelt es sich sozusagen um einen fließenden Übergang von einem zum anderen Zurechnungstatbestand, werden keinerlei Pflichten ausgelöst. Dabei ist die Ausdehnung des Zeitraums bis zum Ende eines Tages möglich, ohne irgendwelche Pflichten auszulösen. Wird hingegen die Dauer eines Tages überschritten, führt dies dazu, dass an Tag 1 der erste Zurechnungstatbestand entfällt und an Tag 2 oder jedem späteren Tag ein neuer Zurechnungstatbestand geschaffen wird. An Tag 1 kommt es somit zu einer Unterschreitung, an Tag 2 zu einer Überschreitung der Kontrollschwelle, mit der Folge, dass für den Bieter die Veröffentlichungs- und Angebotspflicht aus § 35 WpÜG ausgelöst wird. In obigem Beispiel müsste somit die Veräußerung des Aktienpaketes durch die Tochtergesellschaft an einen Dritten und die Bestellung eines Nießbrauchs zugunsten des Bieters an einem Tag zusammenfallen, um die aus der Sicht des Bieters negativen Folgen des § 35 WpÜG zu umgehen. Darauf muss in der Praxis bei einem solchen Wechsel der Zurechnungstatbestände geachtet werden. Erfolgt nämlich die Veräußerung an Tag 1 und die Nießbrauchsbestellung an Tag 2 oder noch später, führt die zu einem Kontrollerwerb des Bieters an Tag 2 oder an dem betreffenden späteren Tag und der Pflicht zur Abgabe eines Angebots.

II. Die Zurechnung von Stimmrechten bei Wechsel zwischen unmittelbarer und mittelbarer Kontrolle

Hält der Bieter 30 Prozent oder mehr der Stimmrechte an der Zielgesellschaft und wandelt einen Teil oder den gesamten Bestand durch eine rechtliche Gestaltung dahin gehend um, dass hierfür einer der Zurechungstatbestände des § 30 WpÜG eingreift, bleibt der Stimmrechtsanteil konstant, so dass dadurch die Pflichten aus § 35 WpÜG nicht umgangen werden können. Entsprechendes gilt bei einem Wechsel von mittelbarer zu unmittelbarer Kontrolle[1257]. Schon aus der Formulierung des § 30 Abs. 1 Satz 1 WpÜG („stehen...gleich") wird deutlich, dass einem Bieter zugerechnete Stimmrechte wie vom Bieter selbst gehaltene Stimmrechte zu behandeln sind und die zurechenbaren Stimmrechte bei der Berechnung des Stimmrechtsanteils des Bieters an der Zielgesellschaft so zu berücksichtigen sind, als ob diese vom Bieter selbst und unmittelbar gehalten werden[1258]. Auch hier gilt jedoch ebenso wie bei einem Wechsel des Zurechnungstatbestandes eine zeitliche Begrenzung von einem Tag. Dies ist beispielsweise unproblematisch, wenn ein Mutterunternehmen ein Aktienpaket an ein Tochterunternehmen veräußert, da in diesem Fall der Wechsel von der unmittelbaren zur mittelbaren Kontrollstellung nur eine juristische Sekunde in Anspruch nimmt. Mit dem Verlust des Eigentums durch die Muttergesellschaft wird die Tochtergesellschaft Eigentümerin der Aktien, so dass der Zurechnungstatbestand des § 30 Abs. 1 Satz 1 Nr. 1 WpÜG eingreift. Hingegen ist bei einer Veräußerung von Aktien an einen Dritten zur Erfüllung des Zurechnungstatbestandes des § 30 Abs. 1 Satz 1 Nr. 5 WpÜG darauf zu achten, dass dem Bieter am Tag der Veräußerung eine dingliche Option zum Rückerwerb der Aktien eingeräumt wird, um die Auslösung der Pflicht zur Abgabe eines Angebots zu verhindern. Am Tag der Ausübung dieser dinglichen Option findet wiederum ein folgenloser Wechsel von der mittelbaren zur unmittelbaren Kontrolle statt.

III. Die Nichtberücksichtigung von Stimmrechten gemäß § 36 WpÜG

1. Allgemeines

§ 36 WpÜG macht von dem Grundsatz, dass bei der Berechnung der Kontrollschwelle des § 29 Abs. 2 WpÜG sämtliche Stimmrechte des Bieters selbst und die ihm gemäß § 30 WpÜG zurechenbaren Stimmrechte berücksichtigt werden müssen, eine Ausnahme. Von der Möglichkeit eines Antrages auf Nichtberücksichtigung von Stimmrechten sollen nach der Gesetzesbegründung all diejenigen Fälle erfasst sein, bei denen die Abgabe eines Pflichtangebots nicht sachgerecht

---

1257 Vgl. 2. Kapitel, V. 2. für sogenannte Altfälle.

1258 Vgl. von Bülow, in: Hirte/von Bülow, § 30, Rdnr. 23.

erscheint[1259]. Dabei ist eine teleologische Reduktion des § 36 WpÜG dahingehend vorzunehmen, dass eine Anwendung nur dann in Betracht kommt, wenn der Erwerb nach § 36 WpÜG in einem unmittelbaren zeitlichen Zusammenhang mit der Kontrollerlangung stand und hinreichende Bedingung derselben war[1260]. Zur Geltendmachung der Nichtberücksichtigung von Stimmrechten bedarf es eines schriftlichen Antrages bei der BaFin. Zu beachten ist hier, dass der schriftliche Antrag erst nach der Kontrollerlangung gestellt werden darf. Dafür spricht der Wortlaut des § 36 WpÜG („erlangt wurden") sowie die systematische Stellung im fünften Abschnitt des WpÜG, der Pflichtangebote regelt. Keine Anwendung findet § 36 WpÜG somit auf Übernahmeangebote gemäß § 29 Abs. 1 WpÜG. Zudem ist § 8 WpÜG-Angebotsverordnung, der eine Antragstellung schon vor der Kontrollerlangung erlaubt, nur im Rahmen des § 37 WpÜG, nicht aber bei § 36 WpÜG anwendbar. Liegen die Voraussetzungen einer Ausnahmeerteilung vor, besteht für die BaFin kein Ermessen mehr, die Befreiung zu erteilen. Vielmehr handelt es sich um eine gebundene Entscheidung[1261].

2. Erlangung der Aktien durch Erbgang oder aus familiären Gründen gemäß § 36 Nr. 1 WpÜG

Bei den unter § 36 Nr. 1 WpÜG genannten Fällen handelt es sich um nicht wirtschaftlich motivierte Formen des unentgeltlichen Erwerbs bei erbrechtlichen und familienrechtlichen Sachverhalten[1262]. Erbt beispielsweise jemand den 35-prozentigen Anteil an den Stimmrechten einer Aktiengesellschaft oder Kommanditgesellschaft auf Aktien, erlangt diesen durch Erbauseinandersetzung oder bekommt diesen geschenkt, so wird es sich in vielen Fällen um die Nachfolge bei Familienunternehmen handeln. Nach der Gesetzesbegründung soll in diesen Fällen die Pflicht zur Abgabe eines Angebots gemäß § 35 Abs. 2 Satz 1 WpÜG entfallen, um zu verhindern, dass die durch ein Pflichtangebot entstehenden Kosten eine Fortführung des Unternehmens unmöglich machen[1263]. Aber auch bei erstmaliger Entstehung einer Kontrollstellung bei der Person des Erben[1264] ist von einer Anwendbarkeit des § 36 Nr. 1 WpÜG auszugehen[1265].

1259 Vgl. BT-Drucks. 14/7034, S. 60.

1260 Vgl. Meyer, in: Geibel/Süßmann, § 36, Rdnr. 2.

1261 Vgl. Meyer, in: Geibel/Süßmann, § 36, Rdnr. 1; Zinser, NZG 2001, S. 391, 396; Harbarth, ZIP 2002, S. 321, 327.

1262 Vgl. Meyer, in: Geibel/Süßmann, § 36, Rdnr. 2, 9.

1263 Vgl. BT-Drucks. 14/7034, S. 60.

1264 Dies ist beispielsweise dann der Fall, wenn der Erbe einen Eigenanteil von 10 Prozent der Stimmrechte der Zielgesellschaft hat und 20 Prozent oder mehr an Stimmrechten im Wege des Erbgangs erhält.

1265 Vgl. Harbarth, ZIP 2002, S. 321, 329.

Angesichts des familienrechtlichen Hintergrundes der Regelung ist es sachgerecht, die Personen einzubeziehen, bei denen auf Grund ihres Verwandtschaftsgrades von einem familiären Näheverhältnis ausgegangen werden kann, nämlich Ehegatten, Lebenspartner[1266] oder Verwandte in gerader Linie und bis zum dritten Grade. Dabei ist zwar nach dem Gesetzeswortlaut nicht klar, ob sich dieses familiäre Näheverhältnis nur auf die unentgeltliche Zuwendung beziehen muss oder auch auf den Erbgang und die Erbauseinandersetzung. Jedoch bringt § 9 Satz 1 Nr. 1 WpÜG-Angebotsverordnung Klarheit dahingehend, dass bei einer Erbschaft oder Erbauseinandersetzung im Sinne des § 36 Nr. 1 WpÜG Erblasser und Erbe diese familiäre Beziehung aufweisen müssen. Sofern zwischen den jeweiligen Personen kein derartig enges Verwandtschafts- oder Näheverhältnis gegeben ist, kommt eine auf einer Ermessensentscheidung[1267] der BaFin beruhende Befreiung nach § 37 WpÜG i.V.m. § 9 Satz 1 Nrn. 1 und 2 WpÜG-Angebotsverordnung in Betracht[1268]. Diese Befreiungstatbestände beruhen nach dem Willen des Gesetzgebers[1269] darauf, dass die Nachfolge in kleineren und mittleren Unternehmen, bei denen eine Nachfolgelösung in der Familie nicht in Betracht kommt, beispielsweise aber geeignete Mitarbeiter für die Nachfolge zur Verfügung stehen, ohne Pflichtangebot ermöglicht werden soll[1270]. Gleiches gilt für die Fälle, bei denen zwischen den jeweiligen Personen überhaupt keine verwandtschaftlichen Beziehungen bestehen. Stimmrechte bleiben im Hinblick auf den familienrechtlichen Anknüpfungspunkt nach § 36 Nr. 1 WpÜG auch dann auf Antrag unberücksichtigt, wenn der Ehegatte die Aktien ererbt oder durch unentgeltliche Zuwendung erlangt hat[1271]. Dementsprechend ist auch der Lebenspartner im Sinne des Lebenspartnerschaftsgesetzes vom 16. Februar 2001[1272] einzubeziehen. § 36 Nr. 1 WpÜG erfasst schließlich auch Fälle, in denen Stimmrechte im Rahmen einer Vermögensauseinandersetzung aus Anlass der Auflösung einer Ehe oder Lebenspartnerschaft erlangt werden. Auf eine ausdrückliche Bezugnahme auf die Vorschriften des BGB wird bewusst verzichtet, um auch Auflösungen von Ehen und Lebenspartnerschaften nach ausländischem Recht zu erfassen[1273].

1266 Vgl. § 1 Abs. 1 Satz 1 LPartG.

1267 Vgl. Meyer, in: Geibel/Süßmann, § 37, Rdnr. 21.

1268 Vgl. Harbarth, ZIP 2002, S. 321, 328; Steinmeyer/Häger, § 36, Rdnr. 15; Holzborn/Blank, NZG 2002, S. 948, 949.

1269 Vgl. BT-Drucks. 14/7034, S. 81.

1270 Vgl. Meyer, in: Geibel/Süßmann, § 37, Rdnr. 27.

1271 Vgl. BT-Drucks. 14/7034, S. 60.

1272 Vgl. BGBl. I, S. 266.

1273 Vgl. BT-Drucks. 14/7034, S. 60.

3. Erlangung der Aktien durch Rechtsformwechsel gemäß § 36 Nr. 2 WpÜG

§ 36 Nr. 2 WpÜG erfasst die Fälle des Rechtsformwechsels. Hiervon sind nur die Fälle außerhalb des Anwendungsbereiches des Fünften Buches des Umwandlungsgesetzes[1274] betroffen, da bei den dort geregelten Rechtsformwechseln kein Übertragungsvorgang stattfindet und die rechtliche Identität des Rechtsträgers fortbesteht[1275]. Da sich allein durch den Rechtsformwechsel eines Gesellschafters einer Zielgesellschaft nichts an den Kontrollverhältnissen ändert, bedarf es in diesem Fall keines Schutzes der Minderheitsaktionäre, was diese Regelung gerechtfertigt erscheinen lässt[1276]. Als Rechtsformwechsel kommen neben den Anwendungsfällen der §§ 1 – 189 UmwG alle Fälle in Betracht, bei denen es zwar zu einem Wechsel der Identität des Rechtsträgers kommt, es sich aber an den Kontrollverhältnissen vor und nach dem Rechtsformwechsel nichts geändert hat[1277]. Keine Rolle spielt dabei welche Rechtsformen jeweils vor und nach dem Rechtsformwechsel vorliegen. So ist etwa der Fall denkbar, dass das Vermögen einer GmbH & Co. KG bei der Komplementär-GmbH anwächst und die Beteiligungsverhältnisse an der Komplementär-GmbH und der GmbH & Co. KG identisch sind[1278].

4. Erlangung der Aktien durch Umstrukturierung innerhalb eines Konzerns gemäß § 36 Nr. 3 WpÜG

§ 36 Nr. 3 WpÜG ermöglicht Umstrukturierungen innerhalb eines Konzerns, indem der darauf beruhende Erwerb von Stimmrechtsanteilen unberücksichtigt bleibt. Hierbei ist der aktienrechtliche Konzernbegriff zu Grunde zu legen[1279]. Auch hier darf sich nichts an den tatsächlichen Kontrollverhältnissen der Zielgesellschaft verändern und die Ausübung der Stimmrechte muss weiterhin der selben Person oder den selben Personen obliegen. Auf Grund der einheitlichen Willensbildung im Konzern gibt es mithin keinen Kontrollwechsel, der eine Neubewertung der Anlageentscheidung der Minderheitsaktionäre notwendig erscheinen ließe[1280]. Ist unklar, ob eine Umstrukturierung innerhalb eines Konzerns vorliegt, empfiehlt sich in der Praxis ein kombinierter Antrag nach § 36 Nr.

1274 Vgl. §§ 190 – 304 UmwG.

1275 Vgl. § 190 Abs. 1 UmwG; Harbarth, ZIP 2002, S. 321, 329f.

1276 Vgl. Meyer, in: Geibel/Süßmann, § 36, Rdnr. 12.

1277 Vgl. Meyer, in: Geibel/Süßmann, § 36, Rdnr. 12; a.A. Weber-Rey/Schütz, AG 2001, S. 325ff.

1278 Vgl. Meyer, in: Geibel/Süßmann, § 36, Rdnr. 12.

1279 Vgl. BT-Drucks. 14/7034, S. 60; Harbarth, ZIP 2002, S. 329, 330.

1280 Vgl. Meyer, in: Geibel/Süßmann, § 36, Rdnr. 13.

2 WpÜG und § 37 Abs. 1 WpÜG. Der Befreiungsantrag ist dabei zuerst zu stellen, da nur dieser schon vor Kontrollerlangung möglich ist. Ist dieser Antrag erfolglos, kann nach Erlangung der Kontrolle über die Zielgesellschaft ein Antrag nach § 36 Nr. 3 WpÜG nachgeschoben werden.

5. Zurechnung von nach § 36 WpÜG nicht zu berücksichtigenden Stimmrechten

Obwohl nach dem Wortlaut des § 36 WpÜG die jeweiligen Stimmrechte bei der Berechnung des Stimmrechtsanteils generell unberücksichtigt bleiben, sprechen Sinn und Zweck der Regelung dafür, dass auch eine Gestattung nach § 36 WpÜG ausschließlich zur Nichtberücksichtigung von Stimmrechten bei dem jeweiligen Antragsteller selbst führt[1281]. Stimmrechte, die durch eine Gestattung der BaFin nach § 36 WpÜG bei dem jeweiligen Antragsteller unberücksichtigt bleiben, sind somit einem Zurechnungssubjekt bei Erfüllung der in § 30 WpÜG genannten Voraussetzungen zuzurechnen[1282].

IV. Getrennte Angaben über die Zurechnungstatbestände des § 30 WpÜG gemäß § 35 Abs. 1 Satz 3 WpÜG und § 2 Nr. 5 WpÜG-Angebotsverordnung

1. § 35 Abs. 1 Satz 3 WpÜG

§ 35 Abs. 1 Satz 3 WpÜG sieht vor, dass die nach § 30 WpÜG zuzurechnenden Stimmrechte in der Veröffentlichung für jeden Zurechnungstatbestand getrennt anzugeben sind. Damit entspricht diese Regelung inhaltlich der des § 22 Abs. 4 WpHG. Die etwas unterschiedliche Formulierung[1283] beruht darauf, dass im Rahmen des WpHG die Pflicht zur getrennten Angabe der zuzurechnenden Stimmrechte in der Zurechnungsnorm des § 22 WpHG selbst geregelt ist, hingegen beim WpÜG beides auseinander fällt und in zwei unterschiedlichen Normen geregelt ist. Ein sachlicher Unterschied ergibt sich hieraus nicht.

2. § 2 Nr. 5 WpÜG-Angebotsverordnung

Sinn und Zweck des § 2 Nr. 5 WpÜG-Angebotsverordnung ist es, ein umfassendes Bild über die Eigentumsverhältnisse an der Zielgesellschaft zu vermit-

---

1281 Vgl. von Bülow, in: Hirte/von Bülow, § 30, Rdnr. 33.

1282 Vgl. von Bülow, in: Hirte/von Bülow, § 30, Rdnr. 33.

1283 Nach § 35 Abs. 1 Satz 3 WpÜG sind in der Veröffentlichung „die nach § 30 WpÜG zuzurechnenden Stimmrechte für jeden Zurechnungstatbestand getrennt anzugeben". Nach § 22 Abs. 4 WpHG sind „die zuzurechnenden Stimmrechte...für jede der Nummern in Absatz 1 und für Absatz 2 Satz 1 getrennt anzugeben".

teln[1284]. Deshalb wird für die Angebotsunterlage nach § 11 WpÜG neben der Angabe der Anzahl der vom Bieter und von mit ihm gemeinsam handelnden Personen und deren Tochterunternehmen bereits gehaltenen Wertpapiere zusätzlich die für jeden Zurechnungstatbestand getrennte Angabe der dem Bieter, den gemeinsam mit ihm handelnden Personen und deren Tochterunternehmen jeweils nach § 30 WpÜG zuzurechnenden Stimmrechtsanteile vorgeschrieben. Damit entsprechen die erforderlichen Angaben dem Inhalt der Mitteilungspflichten nach § 21 Abs. 1, 1a i.V.m. § 22 Abs. 4 WpHG bei Erreichen, Überschreiten oder Unterschreiten der Schwellenwerte des § 21 Abs. 1 Satz 1 WpHG[1285] und dem Inhalt der Veröffentlichungspflichten nach § 35 Abs. 1 Satz 1 i.V.m. Satz 3 WpÜG bei mittelbarer Erlangung der Kontrolle über eine Zielgesellschaft.

3. Sinn und Zweck der für jeden Zurechnungstatbestand getrennten Angabe der zuzurechnenden Stimmrechte

Sinn und Zweck der Regelung der für jeden Zurechnungstatbestand getrennten Angabe der zuzurechnenden Stimmrechte ist die Erhöhung der Transparenz der Beteiligungs- und Einflussverhältnisse. Eine pauschale Veröffentlichung oder Mitteilung der nach § 30 WpÜG oder § 22 WpHG zuzurechnenden Stimmrechte ist hierfür nicht ausreichend.

4. Auslegungsprobleme des § 2 Nr. 5 WpÜG-Angebotsverordnung

Zu beachten ist jedoch zum einen, dass nach dem derzeitigen Wortlaut der Norm lediglich eine Aufgliederung nach der Höhe der zuzurechnenden Stimmrechtsanteile erforderlich ist. Die Angabe der prozentualen Quote reicht aus. Eine zusätzliche Angabe der Anzahl der Stimmrechte, die zugerechnet werden müssen, ist entbehrlich, aber unschädlich, und wäre sogar als sinnvoll anzusehen[1286].
Zum anderen ist nicht eindeutig, ob auch bezüglich der Angabe der bereits gehaltenen Wertpapiere eine Aufteilung auf den Bieter, die mit ihm gemeinsam handelnden Personen und deren Tochterunternehmen erfolgen muss. Dies würde nach Sinn und Zweck der Norm nahe liegen, da dies auch für die zuzurechnenden Stimmrechte gilt und die Transparenz der Beteiligungsverhältnisse weiter erhöhen würde. Gegen diese Pflicht zur getrennten Angabe der gehaltenen Wertpapiere spricht aber, dass die Formulierung nur von der Angabe der Gesamtzahl aller bereits gehaltener Wertpapiere ausgeht und sich das Wort „jeweils“ ausdrücklich nur auf die zuzurechnenden Stimmrechtsanteile bezieht[1287]. Hier würde sich zur Klarstellung eine Ergänzung anbieten, dass auch die Anzahl der vom

1284 Vgl. BT-Drucks. 14/7034, S. 78f.

1285 Vgl. Geibel, in: Geibel/Süßmann, § 11, Rdnr. 66.

1286 Vgl. Opitz, in: Schäfer, § 22, Rdnr. 81.

1287 Vgl. Geibel, in: Geibel/Süßmann, § 11, Rdnr. 65.

Bieter und von mit ihm gemeinsam handelnden Personen und deren Tochterunternehmen gehaltenen Wertpapiere jeweils getrennt anzugeben ist.
Zuletzt erscheint es nicht klar, ob § 30 WpÜG im Rahmen des § 2 Nr. 5 WpÜG-Angebotsverordnung nur für die Zurechnung der Stimmrechtsanteile gilt, oder ob er auch bei der Zurechnung der Eigentumsverhältnisse eine Rolle spielen kann. Die Bedeutung wird anhand des folgenden Beispiels deutlich.

Beispiel: Ein Dritter hält treuhänderisch für den Bieter zehn Prozent des Aktienkapitals der Zielgesellschaft in Form von Vorzugsaktien. Der Dritte ist somit Eigentümer der Aktien. Da sich aus Vorzugsaktien keine Stimmrechte ergeben, ist eine Zurechnung gemäß § 30 Abs. 1 Satz 1 Nr. 2 WpÜG beim Bieter nicht möglich.

Legt man § 2 Nr. 5 WpÜG-Angebotsverordnung eng aus, besteht unter der Voraussetzung, dass der Dritte keine gemeinsam handelnde Person im Sinne des § 2 Abs. 5 WpÜG ist, für den Bieter keine Angabepflicht bezüglich dieser Wertpapiere. Denn in Bezug auf die Eigentumsverhältnisse werden die Vorzugsaktien nicht vom Bieter, sondern vom Dritten gehalten, und im Hinblick auf die Stimmkraft wird durch die Vorzugsaktien kein Stimmrecht verkörpert, das dem Bieter zurechenbar wäre. Die Offenlegung dieses vom Dritten als Treuhänder des Bieters gehaltenen Aktienkapitals ist aber für die Aktionäre der Zielgesellschaft von Interesse und kann für diese eine wesentliche Information hinsichtlich der Entscheidung darstellen, auf das Angebot einzugehen oder nicht. Zudem kann durch eine derartige Gestaltung mit der Zwischenschaltung eines Treuhänders eine Angabepflicht vermieden werden und so eine lückenlose Angabe in der Angebotsunterlage umgangen werden[1288]. Der derzeitige Wortlaut der Verordnung spricht allerdings dafür, dass § 30 WpÜG nur für die Stimmkraft, nicht aber für die Eigentumsverhältnisse maßgebend ist. Zudem ist diese Norm allein auf die Zurechnung von Stimmrechten zugeschnitten und die einzelnen Zurechnungstatbestände sind lediglich Ausdruck des Einflussbereichs des Bieters, nicht aber der Eigentumsverhältnisse[1289]. Die uneingeschränkte Anwendung der Zurechnungstatbestände auf Eigentum und Stimmrechte würde nur dann ein unzutreffendes Bild über die Eigentumsverhältnisse an der Zielgesellschaft vermitteln[1290], wenn nicht gekennzeichnet werden müsste, ob sich der Aktienanteil aus vom Bieter selbst gehaltenen Wertpapieren oder zurechenbaren Eigentumsanteilen zusammensetzt. Solange allerdings eine Heranziehung des § 30 WpÜG auch für Eigentumsverhältnisse im Hinblick auf das Informationsinteresse der Aktio-

---

1288 Vgl. Geibel, in: Geibel/Süßmann, § 11, Rdnr. 65.

1289 Vgl. Geibel, in: Geibel/Süßmann, § 11, Rdnr. 65; Opitz, in: Schäfer, § 22, Rdnr. 1; Schneider, in: Assmann/Schneider, § 22, Rdnr. 1.

1290 So Geibel, in: Geibel/Süßmann, § 11, Rdnr. 65.

näre nicht ausdrücklich in § 2 Nr. 5 WpÜG-Angebotsverordnung festgelegt ist, ist eine Anwendung ausgeschlossen.

5. Sanktionsmöglichkeit bei Verstößen

a) § 35 Abs. 1 Satz 3 WpÜG

Ein Verstoß gegen die für jeden Zurechnungstatbestand getrennte Angabe der zuzurechnenden Stimmrechte gemäß § 35 Abs. 1 Satz 3 WpÜG hat keine negativen Konsequenzen.

aa) Ordnungswidrigkeit gemäß § 60 WpÜG

Es handelt sich dabei nämlich nicht um eine Ordnungswidrigkeit im Sinne des § 60 WpÜG. Zwar handelt gemäß § 60 Abs. 1 Nr. 1 Buchst. a WpÜG derjenige ordnungswidrig, der vorsätzlich oder leichtfertig eine Veröffentlichung nicht richtig, nicht vollständig oder nicht in der vorgeschriebenen Weise vornimmt. Jedoch ist ein Verstoß gegen § 35 Abs. 1 Satz 3 WpÜG dort nicht ausdrücklich aufgeführt, sondern nur auf § 35 Abs. 1 Satz 1 und Abs. 2 Satz 1 WpÜG Bezug genommen. Auch eine analoge Heranziehung des § 60 WpÜG für Verstöße gegen § 35 Abs. 1 Satz 3 WpÜG scheidet wegen des Analogieverbotes bei Ordnungswidrigkeitstatbeständen aus.

bb) Rechtsverlust gemäß § 59 WpÜG

Auch ein Rechtsverlust nach § 59 WpÜG kommt bei einem Verstoß gegen § 35 Abs. 1 Satz 3 WpÜG nicht in Betracht. Zwar deutet die Formulierung des § 59 Satz 1 WpÜG auf das gegenteilige Ergebnis hin, da demnach Rechte aus Aktien nicht für die Zeit bestehen, für welche die Pflichten nach § 35 Abs. 1 oder 2 erfüllt werden. Somit unterfällt bei einem ersten Betrachten der Norm auch ein Verstoß gegen die Vorschrift des § 35 Abs. 1 Satz 3 WpÜG unter die Rechtsfolge des Verlustes der Rechte aus Aktien[1291]. Eine erste Einschränkung ergibt sich jedoch schon aus dem Wortlaut des § 59 Satz 1 WpÜG selbst. Denn hier ist die Verbindung von § 35 Abs. 1 Satz 3 WpÜG zu § 30 WpÜG ausschlaggebend. Nach § 59 Satz 1 WpÜG bestehen Rechte aus Aktien, aus denen dem Bieter, mit ihm gemeinsam handelnden Personen oder deren Tochterunternehmen Stimmrechte zugerechnet werden bei einem Pflichtverstoß nur dann nicht, wenn sie gemäß § 30 Abs. 1 Satz 1 Nr. 2 WpÜG zugerechnet werden. Der Rechtsverlust erstreckt sich aber nicht auf Aktien, die dem Bieter nach § 30 Abs. 1 Satz 1 Nr. 3 bis 6 WpÜG[1292] zugerechnet werden. Da von § 35 Abs. 1 Satz 3 WpÜG alle Zu-

---

1291 Vgl. Tschauner, in: Geibel/Süßmann, § 59, Rdnr. 6 in gleicher Weise zur Pflicht aus § 35 Abs. 1 Satz 4 und Abs. 2 Satz 2 WpÜG.

1292 Vgl. Tschauner, in: Geibel/Süßmann, § 59, Rdnr. 2.

rechnungstatbestände des § 30 WpÜG erfasst werden, würde dies den Anwendungsbereich des § 59 Satz 1 WpÜG auf § 30 Abs. 1 Satz 1 Nr. 2 WpÜG beschränken. Doch auch dies ist im Rahmen einer zweiten Einschränkung abzulehnen. Nach der Gesetzesbegründung soll § 59 Satz 1 WpÜG nämlich nur die Rechtsfolge der unterlassenen Veröffentlichung der Erlangung der Kontrolle nach § 35 Abs. 1 Satz 1 WpÜG oder der Nichtabgabe des Pflichtangebots nach § 35 Abs. 2 Satz 1 WpÜG regeln[1293]. Der gleiche Schluss lässt sich aus § 59 Satz 2 WpÜG ziehen, nach dem für den Anspruch auf den Liquidationserlös und den Dividendenanspruch ausdrücklich klargestellt wird, dass bei nicht vorsätzlicher Unterlassung oder Nachholung der Pflichten aus § 35 Abs. 1 Satz 1 oder Abs. 2 Satz 1 WpÜG der Rechtsverlust nicht eintritt. Dies muss auch für einen Verstoß gegen § 35 Abs. 1 Satz 3 WpÜG gelten. Es ist insofern von einem Redaktionsversehen bei § 59 Satz 1 WpÜG auszugehen, soweit insgesamt auf § 35 Abs. 1 und 2 WpÜG verwiesen wird[1294]. Hier sollte vom Gesetzgeber eine Änderung vorgenommen werden und der Rechtsverlust auf einen Verstoß gegen § 35 Abs. 1 Satz 1 und Abs. 2 Satz 1 WpÜG beschränkt werden. Zudem wäre der Verlust der Rechte aus Aktien, die dem Bieter gemäß § 30 Abs. 1 Satz 1 Nr. 2 WpÜG zugerechnet werden, nur wegen eines Verstoßes gegen die Pflicht zur für jeden Zurechnungstatbestand getrennten Angabe der zuzurechnenden Stimmrechte, eine unverhältnismäßige Rechtsfolge[1295]. So lange überhaupt eine ordnungsgemäße Veröffentlichung der Kontrollerlangung erfolgt ist und nur die Aufteilung auf die einzelnen Zurechnungstatbestände fehlt, lässt sich ein so schwerwiegender Eingriff wie der Verlust der Rechte aus diesen Aktien nicht rechtfertigen.

cc) Zusammenfassung

Somit bestehen nach derzeitiger Gesetzeslage keine Sanktionsmöglichkeiten, bei Verstößen gegen die Verpflichtung aus § 35 Abs. 1 Satz 3 WpÜG für jeden Zurechnungstatbestand getrennte Angaben der jeweils zuzurechnenden Stimmrechte zu machen. Eine Einfügung eines Ordnungswidrigkeitstatbestandes für den Fall eines Verstoßes gegen § 35 Abs. 1 Satz 3 WpÜG würde sich aber empfeh-

---

1293 Vgl. BT-Drucks. 14/7034, S. 68.

1294 Vgl. Tschauner, in: Geibel/Süßmann, § 59, Rdnr. 10.

1295 A.A. offenbar Tschauner, in: Geibel/Süßmann, § 59, Rdnr. 13, der bei einem Verstoß gegen § 35 Abs. 1 Satz 3 WpÜG den Rechtsverlust eintreten lassen will. Dabei wird jedoch weder auf die Beschränkung des § 59 Satz 1 WpÜG auf § 30 Abs. 1 Satz 1 Nr. 2 WpÜG noch auf die zuvor noch unter Rdnr. 6ff. in Bezug auf § 35 Abs. 1 Satz 4 und Abs. 2 Satz 2 WpÜG erörterte Problematik eingegangen, ob sich § 59 Satz 1 WpÜG auf § 35 Abs. 1 und 2 WpÜG oder nur auf § 35 Abs. 1 Satz 1 und Abs. 2 Satz 1 WpÜG bezieht. Insofern sind die Ausführungen auch inkonsequent, da bei einem Verstoß gegen § 35 Abs. 1 Satz 4 und Abs. 2 Satz 2 WpÜG ein Rechtsverlust nicht eintreten soll, bei einem Verstoß gegen § 35 Abs. 1 Satz 3 WpÜG hingegen schon.

len, um der Beachtung dieser Vorschrift in der Praxis mehr Nachdruck zu verleihen. Dies könnte durch die Einfügung des § 35 Abs. 1 Satz 3 WpÜG in den Ordnungswidrigkeitstatbestand des § 60 Abs. 1 Nr. 1 Buchst. a WpÜG erfolgen.

b) § 2 Nr. 5 WpÜG-Angebotsverordnung

Dasselbe wie für § 35 Abs. 1 Satz 3 WpÜG gilt auch für die Vorschrift des § 2 Nr. 5 WpÜG-Angebotsverordnung. Hinzu kommt hier nur, dass auch ein Verstoß gegen die jeweils getrennt für Bieter, mit ihm gemeinsam handelnde Personen und deren Tochterunternehmen anzugebenden, zuzurechnenden Stimmrechtsanteile sanktionslos bleibt. Die Einfügung eines Ordnungswidrigkeitstatbestandes ist im Zusammenhang mit den Vorschriften zur Angebotsunterlage jedoch nicht erforderlich. Denn aus § 11 Abs. 3, 1.Hs. WpÜG ergibt sich, dass in der Regel der Bieter als Unterzeichner der Angebotsunterlage[1296] für die Richtigkeit und Vollständigkeit der Angebotsunterlage einzustehen hat und somit die Prospektverantwortung übernimmt[1297].

V. Die Berechnung der Mehrheit von 95 Prozent des Grundkapitals im Rahmen des Squeeze-out gemäß § 327 a AktG

1. Kapitalmehrheit statt Stimmenmehrheit

Nach § 327 a Abs. 1 Satz 1 AktG müssen einem Aktionär einer Aktiengesellschaft oder Kommanditgesellschaft auf Aktien Aktien in Höhe von 95 Prozent des Grundkapitals gehören, um die Voraussetzung für eine Übertragung der Aktien der Minderheitsaktionäre auf den Hauptaktionär gegen Gewährung einer angemessenen Barabfindung zu erfüllen. Demnach ist festzuhalten, dass im Rahmen der Squeeze-out-Regelung allein auf die Kapitalmehrheit abgestellt wird, nicht aber auch auf eine Stimmenmehrheit[1298]. Damit folgt die Regelung des § 327 a AktG derjenigen Ansicht, die von der herrschenden Meinung auch für die Mehrheitseingliederung nach § 320 AktG vertreten wird[1299]. Darin liegt aber ein bedeutsamer Unterschied zur Definition der Kontrolle in § 29 Abs. 2 WpÜG, nach dem allein auf das Halten von mindestens 30 Prozent der Stimmrechte an der Zielgesellschaft abgestellt wird und umgekehrt der Kapitalanteil völlig irrelevant ist.

1296 Vgl. § 11 Abs. 1 Satz 5 WpÜG.

1297 Vgl. Geibel, in: Geibel/Süßmann, § 11, Rdnr. 81ff.

1298 In der Gesetzesbegründung wird von einer „Kapitalbeteiligung" gesprochen, BT-Drucks. 14/7034, S. 72. Vgl. Grzimek, in: Geibel/Süßmann, Art. 7, § 327 a AktG, Rdnr. 41.

1299 Vgl. Hüffer, § 320, Rdnr. 11; Grunewald, in: Münchener Kommentar zum AktG, § 320, Rdnr. 7; a.A. Koppensteiner, in: Kölner Kommentar zum AktG, § 320, Rdnr. 6.

2. Erfordernis einer unmittelbaren Beteiligung des Hauptaktionärs

Da nach dem Wortlaut des § 327 a Abs. 1 Satz 1 AktG das Verlangen eines Aktionärs die Voraussetzung des Squeeze-out bildet, ist dadurch gleichzeitig ausgeschlossen, dass ein Hauptaktionär, der ausschließlich über eine Zurechnung nach § 327 a Abs. 2 AktG i.V.m. § 16 Abs. 2 AktG an der Gesellschaft beteiligt ist, aber keine direkte Beteiligung hält, die Einberufung einer Hauptversammlung zur Beschlussfassung über einen Squeeze-out wirksam verlangen kann[1300]. Andererseits spielt es keine Rolle, wenn nur der geringere Teil der Anteile durch den Hauptaktionär unmittelbar gehalten wird und der größere Teil sich aus zuzurechnenden Anteilen ergibt. So lange der Aktionär nur einen einzigen Anteil an der Gesellschaft selbst hält, ist er als Aktionär bei Überschreiten der 95-prozentigen Schwelle befugt, von seinem Recht auf Squeeze-out Gebrauch zu machen.

3. Abzug von Anteilen gemäß § 327 a Abs. 2 AktG i.V.m. § 16 Abs. 2 Satz 2 und 3 AktG

Gemäß § 327 a Abs. 2 AktG i.V.m. § 16 Abs. 2 Satz 2 und 3 AktG müssen eigene Anteile der Gesellschaft und Anteile, die einem anderen für Rechnung der Gesellschaft gehören, für die Zwecke der Berechnung der Kapitalmehrheit des Hauptaktionärs vom Nennkapital oder, falls eine Gesellschaft mit Stückaktien vorliegt, von der Zahl der Aktien abgesetzt werden. Zu den Anteilen, die nach § 16 Abs. 2 Satz 3 AktG einem anderen für Rechnung der Gesellschaft gehören, sind nach der allgemeinen Definition für Treuhandverhältnisse solche zu zählen, die von einem anderen auf Kosten und Risiko der Gesellschaft gehalten werden. Nicht abzuziehen sind allerdings Anteile, die von einem von der Gesellschaft abhängigen Unternehmen oder auf dessen Rechnung von einem anderen gehalten werden[1301].

4. Hinzurechnung von Anteilen gemäß § 327 a Abs. 2 AktG i.V.m. § 16 Abs. 4 AktG

Nach § 327 a Abs. 2 AktG i.V.m. § 16 Abs. 4 AktG sind den Anteilen des Hauptaktionärs Anteile aus drei unterschiedlichen Fallgruppen zuzurechnen. Dazu zählen erstens die Anteile, die einem vom Hauptaktionär abhängigen Unternehmen gehören, zweitens diejenigen, die einem anderen für Rechnung des Hauptaktionärs oder eines von diesem abhängigen Unternehmen gehören, sowie drittens diejenigen Anteile, die sonstiges Vermögen, also Privatvermögen des Hauptaktionärs sind, für den Fall, dass dieser Einzelkaufmann ist.

1300 Vgl. Grzimek, in: Geibel/Süßmann, Art. 7, § 327 a AktG, Rdnr. 34, 50.

1301 Vgl. Grzimek, in: Geibel/Süßmann, Art. 7, § 327 a AktG, Rdnr. 44.

Hierbei wird ein bedeutsamer Unterschied zur Zurechnungsnorm des alleinigen § 16 Abs. 4 AktG, aber auch zur Zurechnungsnorm des § 30 WpÜG deutlich. Während dort der Umgehungsschutz bezweckt[1302] und zusätzlich bei § 30 WpÜG im Zusammenhang mit der Regelung des Pflichtangebots nach § 35 WpÜG insbesondere der Minderheitenschutz im Vordergrund steht[1303], soll durch die Zurechnungsnorm des § 327 a Abs. 2 AktG i.V.m. § 16 Abs. 4 AktG für den Hauptaktionär die Möglichkeit eines Squeeze-out erleichtert werden[1304]. Nach der Gesetzesbegründung lässt sich dies jedoch dadurch rechtfertigen, dass eine unterschiedliche Behandlung hinsichtlich der Berechnung des 30-prozentigen Schwellenwertes für die Abgabe eines Pflichtangebotes und der Berechnung des 95-prozentigen Schwellenwertes für die Berechtigung zur Durchführung eines Squeeze-out vermieden werden soll[1305]. Eine solche Argumentation geht schon deshalb fehl, weil der Zurechnungstatbestand des § 327 a Abs. 2 AktG i.V.m. § 16 Abs. 4 AktG bei weitem nicht so eine weitreichende Wirkung entfaltet wie § 30 WpÜG. Insbesondere die in § 30 Abs. 1 Satz 1 Nr. 3 bis 6 und Abs. 2 WpÜG geregelten Zurechnungstatbestände fehlen im Rahmen der Squeeze-out-Regelung völlig. Der Bieter, der mit der Verpflichtung zur Abgabe eines Pflichtangebots belastet wird, und durch die Squeeze-out-Regelung dafür wieder entschädigt werden soll, wird somit durch den geringeren Anwendungsbereich von Zurechnungsvorschriften im Rahmen des Squeeze-out schlechter gestellt.
Hintergrund der Zurechnungsvorschrift des § 327 a Abs. 2 AktG i.V.m. § 16 Abs. 4 AktG ist vielmehr, dass das wirtschaftlich unsinnige „Umhängen" von Beteiligungen in vielen Fällen überflüssig gemacht wird[1306]. Denn in allen drei Zurechnungsfällen wäre es dem Hauptaktionär leicht möglich, die nur zuzurechnenden Aktien in seinen ihm selbst gehörenden und deshalb zu berücksichtigenden Aktienbestand zu überführen. Er könnte beispielsweise die Aktien des abhängigen Unternehmens erwerben oder die Anteile, die sich in seinem Privatvermögen befinden, in sein Betriebsvermögen überführen. Es kommt somit auch zur Ersparnis von Transaktionskosten und es wird den organisatorischen und wirtschaftlichen Gegebenheiten in den beteiligten Konzernen Rechnung getragen.

Es stellt sich sogar die Frage, ob nicht eine Ausweitung der Zurechnungstatbestände der Squeeze-out-Regelung auf alle in § 30 WpÜG geregelten Zurechnungstatbestände sinnvoll wäre. Dies kommt nur für diejenigen Zurechnungstatbestände in Betracht, die dem Hauptaktionär eine eindeutige Möglichkeit der Einflussnahme auf die Aktienbestände einräumen und eine mit § 16 Abs. 4 AktG

1302 Vgl. Hüffer, § 16, Rdnr. 13.

1303 Vgl. BT-Drucks. 14/7034, S. 30; Meyer, in: Geibel/Süßmann, § 35, Rdnr. 1.

1304 Vgl. Grzimek, in: Geibel/Süßmann, Art. 7, § 327 a AktG, Rdnr. 46f.

1305 Vgl. BT-Drucks. 14/7034, S. 72.

1306 Vgl. Grzimek, in: Geibel/Süßmann, Art. 7, § 327 a AktG, Rdnr. 46.

vergleichbare Wirkung entfalten. Zudem muss dem unterschiedlichen Charakter des § 30 WpÜG als Stimmrechtszurechnungsnorm im Unterschied zu § 327 a Abs. 2 AktG i.V.m. § 16 Abs. 4 AktG als Kapitalzurechnungsnorm Rechnung getragen werden. Insofern scheidet eine Übernahme der Regelungen des § 30 Abs. 1 Satz 1 Nr. 6 und Abs. 2 WpÜG aus, da hier allein auf die Möglichkeit der Einflussnahme auf die Stimmrechtsausübung abgestellt wird und die Kapitalbeteiligung keine Rolle spielt. Bei § 30 Abs. 2 WpÜG beruht die Zurechnung auf einer Stimmbindungsvereinbarung zwischen zwei Gesellschaftern, die nicht für die Schaffung der Voraussetzungen eines Squeeze-out ausreicht[1307]. Bei § 30 Abs. 1 Satz 1 Nr. 6 WpÜG sind die Aktien dem Bieter in der Regel nur vorübergehend anvertraut, ohne dass dieser eine Möglichkeit hätte, das Eigentum an diesen zu erwerben. Gleiches gilt für § 30 Abs. 1 Satz 1 Nr. 4 WpÜG, der dem Bieter nur ein Nießbrauchsrecht an den Aktien einräumt. Auch bei § 30 Abs. 1 Satz 1 Nr. 3 WpÜG hat der Bieter als Sicherungsgeber keine Aussicht auf eine sofortige Rückübereignung der Aktien, da zunächst die gesicherte Forderung vom Bieter erfüllt werden muss und der Dritte aktiv an der Rückübereignung mitwirken muss. Anders ist dies nur im Falle des § 30 Abs. 1 Satz 1 Nr. 4 WpÜG, da hier der Bieter das Eigentum an den Aktien durch die einfache Abgabe einer Willenserklärung erwerben kann, ohne auf die weitere Mitwirkung des Veräußerers angewiesen zu sein. Hier fragt sich, ob es dem Hauptaktionär zumutbar ist, vor Durchführung des Squeeze-out diese Willenserklärung abzugeben, um das Eigentum an den Aktien zu erwerben und somit die 95-prozentige Schwelle der Kapitalbeteiligung zu erreichen, oder ob dies entbehrlich erscheint. Auf Grund der Tatsache, dass in diesem Fall nur das Recht, aber keine Verpflichtung des potentiellen Hauptaktionärs besteht, die Aktien auch tatsächlich zu erwerben, würde eine Heranziehung dieses Zurechnungstatbestandes im Rahmen des Squeeze-out die Gefahr des Erschleichens des Squeeze-out durch einen schuldrechtlichen Vertragsabschluss mit einem oder mehreren anderen Gesellschaftern über die Veräußerung deren Anteile nach sich ziehen, in dem bereits der Veräußerer eine dingliche Übereignungserklärung abgibt, die der Erwerber nur noch annehmen muss. Eine solche Regelung würde zu einer zu weiten Ausdehnung der Squeeze-out-Regelung führen. Somit bleibt festzuhalten, dass die Heranziehung weiterer als der derzeit bereits im AktG geregelten Zurechnungstatbestände nicht sinnvoll ist.

Dennoch stellt sich die Frage, ob § 16 Abs. 4 AktG bei der Anwendung über die Verweisung des § 327 a Abs. 2 AktG anders auszulegen ist als im Normalfall. Denn es liegt ein genau entgegengesetzter Zweck vor, da Minderheitsaktionäre durch diese Zurechnungsvorschrift belastet und benachteiligt werden und eine Schutz vor Umgehungen nicht mehr dem Ziel der Norm entspricht. Trotz des abweichenden Gesetzeszwecks gibt es dafür aber keinen Anlass[1308], da sich zum

1307 Vgl. Grunewald, ZIP 2002, S. 18; a.A. ohne ersichtlichen Grund und entgegen der derzeitigen Gesetzeslage Baums, WM 2001, S. 1843, 1846.

1308 So auch Grzimek, in: Geibel/Süßmann, Art. 7, § 327 a AktG, Rdnr. 47.

einen weder aus dem Gesetzestext des § 327 a Abs. 2 AktG noch aus der Begründung dazu ein Hinweis auf eine andersartige Auslegung ergibt und zum anderen der Verweis auf die technische Zurechnungsvorschrift des § 16 Abs. 4 AktG nicht zwingend einen gleichen oder ähnlichen Zweck voraussetzt.
Für die beiden ersten der drei einzelnen Zurechnungstatbestände des § 327 a Abs. 2 AktG i.V.m. § 16 Abs. 4 AktG kann auf die Ausführungen zu § 30 WpÜG zurückgegriffen werden. Für den Abhängigkeitstatbestand ist die in § 17 Abs. 1 AktG enthaltene Legaldefinition der Abhängigkeit maßgebend. Auch für § 30 Abs. 1 Satz 1 Nr. 1 WpÜG i.V.m. § 2 Abs. 6 WpÜG kann für Tochterunternehmen neben § 290 HGB die Regelung des § 17 Abs. 1 AktG Anwendung finden[1309]. Abhängige Unternehmen sind nämlich solche, auf die ein beherrschender Einfluss ausgeübt werden kann. Das Halten von Anteilen, die einem anderen für Rechung des Hauptaktionärs oder eines von diesem abhängigen Unternehmens gehören, ist dem Zurechnungstatbestand des § 30 Abs. 1 Satz 1 Nr. 2 i.V.m. Satz 2 WpÜG gleichzusetzen[1310]. Der Dritte Zurechnungstatbestand bereitet keine besonderen Schwierigkeiten, da nur eine Prüfung erfolgen muss, ob der Hauptaktionär, wenn er Einzelkaufmann ist, Anteile in seinem Privatvermögen hält.

5. Keine Absorption von Kapitalanteilen

Nach § 16 Abs. 4 Akt G ist die Zurechnung von Anteilen zu mehreren Inhabern zulässig. Eine Absorption von Anteilen wird nicht angeordnet[1311]. Es ist somit möglich, dass mehrere Aktionäre Hauptaktionär im Sinne des § 327 a Abs. 1 Satz 1, Abs. 2 i.V.m. § 16 Abs. 4 AktG sind, denen also mindestens 95 Prozent der Aktien einer Gesellschaft gehören oder neben einem Eigenanteil zuzurechnen sind. Als Beispiel kann das Halten von 95 Prozent der Anteile einer Gesellschaft durch ein abhängiges Unternehmen und das Halten von 1 Prozent der Anteile an der gleichen Gesellschaft durch das herrschende Unternehmen herangezogen werden[1312]. Da in diesem Fall sowohl das abhängige als auch das herrschende Unternehmen Hauptaktionäre sind[1313], können beide die Übertragung der Aktien der Minderheitsaktionäre gegen Gewährung einer angemessenen Barabfindung verlangen. Allerdings kann die Hauptversammlung einer Aktiengesellschaft oder Kommanditgesellschaft auf Aktien nur auf Verlangen *eines* Akti-

---

1309 Vgl. dazu oben 4. Kapitel, I. 2. b) aa).

1310 Vgl. dazu oben 4. Kapitel, II.

1311 Vgl. Hüffer, § 16, Rdnr. 13.

1312 Vgl. Grzimek, in: Geibel/Süßmann, Art. 7, § 327 a AktG, Rdnr. 51.

1313 Das abhängige Unternehmen ist nach § 327 a Abs. 1 Satz 1 AktG und das herrschende Unternehmen nach § 327 a Abs. 1 Satz 1, Abs. 2 i.V.m. § 16 Abs. 4 AktG Hauptaktionär.

onärs die Übertragung der Aktien beschließen. Hierbei stellt sich die Frage, welchem Verlangen der Vorzug zu geben ist, falls zwei oder mehrere solcher Verlangen vorliegen. In der Regel wird jedoch in der Praxis auf Grund der Beziehung zwischen mehreren Hauptaktionären, wie beispielsweise herrschendem und abhängigem Unternehmen, nur ein einziges Verlangen vorliegen, dem durch Hauptversammlungsbeschluss mit einfacher Mehrheit[1314] stattgegeben wird.

VI. Informationsverschaffungspflicht und Auskunftsrecht des Bieters

Wegen den sich aus der Stimmrechtszurechnung nach § 30 WpÜG für den Bieter ergebenden Konsequenzen[1315] trifft ihn einerseits eine Informationsverschaffungspflicht, damit er die Berechnung der ihm zuzurechnenden Stimmrechte ordnungsgemäß vornehmen kann[1316]. Damit korrespondiert aber auch ein Auskunftsrecht des Bieters, das sich zumeist aus der gesetzlichen oder vertraglichen Beziehung zwischen dem Bieter und dem Dritten ergeben wird[1317]. Eine besondere Bedeutung wird diesem Bereich im Rahmen des § 30 WpÜG allerdings nicht zukommen, da der Bieter bei den meisten Zurechnungstatbeständen unmittelbare Kenntnis von der Höhe des zurechenbaren Stimmrechtsanteils hat[1318].

Dabei ist insbesondere bei freiwilligen Erwerbs- und Übernahmeangeboten sowie bei den Veröffentlichungspflichten aus § 23 WpÜG vom Bieter eine exakte Berechnung seines Stimmrechtsanteils und der ihm zuzurechnenden Stimmrechtsanteile zu verlangen. Im Rahmen von Pflichtangeboten ist zu beachten, dass sich diese Pflicht auch ohne ein Zutun des Bieters allein durch das Handeln einer anderen Person ergeben kann, beispielsweise dann, wenn ein Tochterunternehmen Anteile an der Zielgesellschaft erwirbt und dadurch allein das Mutterunternehmen über den Zurechnungstatbestand des § 30 Abs. 1 Satz 1 Nr. 1 WpÜG die Kontrollstellung an der Zielgesellschaft erlangt. Besteht beim Mutterunternehmen Kenntnis über eine solche Erwerbsabsicht der Tochter, ist von einer Pflicht, sich ständig beim Tochterunternehmen über den aktuellen Aktienbestand zu informieren, auszugehen[1319]. Ansonsten ist ein Informationssystem einzu-

---

1314 Vgl. Grzimek, in: Geibel/Süßmann, Art. 7, § 327 a AktG, Rdnr. 38, 51.

1315 Vgl. dazu 3. Kapitel, I. 3.

1316 Vgl. Steinmeyer/Häger, § 30, Rdnr. 49.

1317 Vgl. Steinmeyer/Häger, § 30, Rdnr. 49, 51; Schneider, in: Assmann/Schneider, § 22, Rdnr. 12ff.

1318 Der Bieter hat beispielsweise Kenntnis davon, wie viele Aktien er einem Dritten als Sicherheit übertragen hat, an wie vielen Aktien zu seinen Gunsten ein Nießbrauch bestellt ist, wie viele Aktien er durch eine Willenserklärung erwerben kann oder wie viele Aktien ihm anvertraut sind.

1319 Vgl. Steinmeyer/Häger, § 30, Rdnr. 50.

richten, welches in Abhängigkeit von der Schnelligkeit der Veränderungen im Aktienbestand in regelmäßigen Abständen den aktuellen Aktienbestand des Tochterunternehmens weiterleitet[1320].

VII. Die Zurechnung von Stimmrechten nach ausländischen Rechtsordnungen

1. Österreich

In Österreich bestehen Zurechnungsregelungen, die einen dem § 30 WpÜG vergleichbaren Inhalt haben. Das österreichische Übernahmegesetz (ÜbG) trat dabei am 01. Januar 1999 in Kraft[1321]. Die Verordnung der Übernahmekommission vom 9. März 1999 zum Übernahmegesetz (1. Übernahmeverordnung – 1.ÜbV)[1322] beinhaltet unter anderem detaillierte Regelungen zur Festlegung einer kontrollierenden Beteiligung. In § 22 Abs. 3 ÜbG wird zunächst geregelt, dass eine kontrollierende Beteiligung auch dann vorliegt, wenn Rechte an einem anderen Rechtsträger als der Zielgesellschaft bestehen, die mittelbar einen beherrschenden Einfluss auf die Zielgesellschaft ermöglichen[1323]. In § 22 Abs. 4 ÜbG wird darüber hinaus auch das Erlangen einer kontrollierenden Beteiligung durch mehrere gemeinsam vorgehende Rechtsträger erfasst. Für die Voraussetzungen des gemeinsamen Vorgehens findet sich eine weit gefasste Definition in § 23 Abs. 1 ÜbG. Demnach kann gemeinsames Vorgehen auf Grund der Zugehörigkeit zu demselben Konzern, auf Grund eines Vertrags oder sonst auf Grund abgestimmten Verhaltens beruhen und sich auf den Erwerb ständig stimmberechtigter Aktien oder die Ausübung von Stimmrechten beziehen. § 9 der 1. ÜbV enthält zudem widerlegliche Vermutungen für das Vorliegen gemeinsamen Vorgehens. Gemäß § 23 Abs. 1 ÜbG bezieht sich die Pflicht zur Stellung eines Übernahmeangebots auf alle Rechtsträger, die gemeinsam vorgehen. In § 5 Abs. 1 und 2 der 1. ÜbV finden sich Zurechnungstatbestände, die in vergleichbarer Weise wie § 30 Abs. 1 Satz 1 Nr. 1 bis 6 und Abs. 2 WpÜG dem Beteiligten Stimmrechte zurechnen. In Details bestehen jedoch nicht unerhebliche Unterschiede. In § 5 Abs. 1 Satz 1 Nr. 3 der 1. ÜbV ist der Fall geregelt, dass dem Beteiligten auch dann Stimmrechte zuzurechnen sind, wenn er mit einem Dritten eine Vereinbarung getroffen hat, die auf die einheitliche oder abgestimmte Ausübung der vom Dritten gehaltenen Stimmrechte bei der Wahl der Mitglieder des Aufsichtsrats oder sonst in wesentlichen Angelegenheiten abzielt. Dieser Fall kann nach der hier vertretenen Auffassung nicht unter § 30 Abs. 2 WpÜG sub-

---

1320 Vgl. Steinmeyer/Häger, § 30, Rdnr. 50.

1321 Vgl. BGBl. I Nr. 127/1998; näheres dazu bei Zinser, S. 44ff.

1322 Vgl. Schärf, S. 253ff.

1323 Vgl. zur mittelbaren Kontrolle, Hausmaninger/Herbst, § 22, Rdnr. 18; Schärf, S. 135.

sumiert werden[1324]. § 5 Abs. 1 Satz 1 Nr. 4 der 1. ÜbV bestimmt, dass Stimmrechte eines Dritten dem Beteiligten zuzurechnen sind, wenn dem Beteiligten die Möglichkeit eingeräumt wird, Stimmrechte aus solchen Aktien des Dritten ohne ausdrückliche Weisung des Dritten auszuüben. Im Rahmen des dem § 30 Abs. 1 Satz 1 Nr. 5 WpÜG entsprechenden Zurechnungstatbestandes des § 5 Abs. 1 Satz 1 Nr. 7 der 1. ÜbV wird ausdrücklich geregelt, dass der Beteiligte, der Aktien eines Dritten durch einseitige Willenserklärung erwerben kann, auch auf die Ausübung des Stimmrechts aus diesen Aktien bei der Wahl der Mitglieder des Aufsichtsrats oder sonst in wesentlichen Angelegenheiten Einfluss nehmen können muss. Im Rahmen des Zurechnungstatbestandes des § 5 Abs. 2 der 1. ÜbV, der vom Regelungscharakter § 30 Abs. 2 WpÜG entspricht, wird bei Widerlegung der Vermutung des § 9 der 1. ÜbV, dass ein Rechtsträger mit dem Bieter gemeinsam vorgeht, die Hinzurechnung der Stimmrechte zu den Stimmrechten des Beteiligten nicht ausgeschlossen. § 5 Abs. 3 der 1. ÜbV legt fest, dass bei Anwendung der Regeln über die Stimmrechtszurechnung Stimmrechte aus denselben Aktien nicht mehrfach hinzuzurechnen sind.
§ 6 der 1. ÜbV stellt klar, dass eine kontrollierende Beteiligung auch ohne den Erwerb von Aktien erlangt werden kann. Damit wird klargestellt, dass eine kontrollierende Beteiligung auch durch Vereinbarungen – wie etwa Stimmbindungsverträge – entstehen kann, ohne dass zusätzliche Aktien erworben werden[1325].

2. Schweiz

In der Schweiz wurde von der Schweizer Bundesversammlung am 24. März 1995 das Bundesgesetz über die Börsen und den Effektenhandel (BEHG)[1326] beschlossen[1327]. Dieses trat am 1. Januar 1997 zusammen mit den ausführenden Verordnungen in Kraft. In Art. 32 Abs. 1 BEHG wird die Pflicht zur Unterbreitung eines Angebots geregelt, welche bei Erreichen des Grenzwertes von 33 1/3 Prozent der Stimmrechte ausgelöst wird. Dabei stellt die Regelung auf den direkten, indirekten und in gemeinsamer Absprache mit Dritten erfolgenden Erwerb von Beteiligungspapieren ab. Gemäß Art. 26 BEHV-EBK in Verbindung mit Art. 9 Abs. 3 BEHV-EBK liegt ein indirekter Erwerb dann vor, wenn der Vorgang im Ergebnis das Stimmrecht vermitteln kann oder der Erwerb über einen im eigenen Namen und auf Rechnung des Erwerbers handelnden Dritten oder durch eine beherrschte juristische Person erfolgt. Wird die Herrschaft über eine juristische Person erlangt, werden deren Beteiligungspapiere zugerechnet. In gemeinsamer Absprache handeln gemäß Art. 27 BEHV-EBK in Verbindung mit

1324 Vgl. dazu oben 4. Kapitel, VII. 12. a).

1325 Vgl. Hausmaninger/Herbst, § 22, Rdnr. 17, 20.

1326 Vgl. Bbl. 1995 II, S. 419.

1327 Vgl. dazu Zinser, S. 47ff.

Art. 15 Abs. 1 und 2 BEHV-EBK diejenigen, die ihre Verhaltensweise im Hinblick auf den Erwerb oder die Veräußerung von Beteiligungspapieren oder die Ausübung von Stimmrechten mit Dritten durch Vertrag oder andere organisatorische Vorkehrungen abstimmen. Hierbei handelt es sich um eine § 30 Abs. 2 WpÜG entsprechende Regelung. Für die gemeinsame Absprache kommen dabei Kaufabsprachen (etwa Optionsvereinbarungen), Stimmrechtsabsprachen (Aktionärbindungs- und Poolverträge) und auf sonstige Weise abgestimmte Verhaltensweisen als alternative Anknüpfungspunkte in Betracht[1328].

3. London City Code

Der im Vereinigten Königreich geltende City Code enthält keine Regelung, die einem Bieter Stimmrechte aus Aktien der Zielgesellschaft in einer der Vorschrift des § 30 WpÜG vergleichbaren Weise zurechnet. Eine Berücksichtigung von Stimmrechten Dritter erfolgt nach der Vorschrift der Rule 9.1 (a) und (b) nur bei Stimmrechten aus Aktien, die von „persons acting in concert“ gehalten oder erworben werden. Da nach der Definition des Acting in concert beispielsweise nur ein abgestimmter Aktienerwerb, nicht aber ein abgestimmtes Stimmverhalten erfasst wird und zudem nur ein abgestimmtes Verhalten relevant ist, das mit dem Ziel des Erwerbs und der Konsolidierung der Kontrolle erfolgt, besteht ein fundamentaler Unterschied zwischen der Zurechnungsvorschrift des § 30 Abs. 2 WpÜG und den Regelungen des City Code[1329]. Zudem werden in der Definition der „persons acting in concert“ zahlreiche Fälle aufgeführt, in denen ein gemeinsames Vorgehen vermutet wird. So wird neben Unternehmenstöchtern und deren Tochtergesellschaften auch bei einer Beteiligung von 20 Prozent ein gemeinsames Vorgehen vermutet[1330]. Zudem werden in personeller Hinsicht Vorstandsmitglieder und deren nahe Angehörige, sowie Fondsmanager und Berater, in materieller Hinsicht auch Stillhalteabkommen erfasst[1331]. Ein gemeinsames Abstimmungsverhalten nur bei bestimmten Beschlüssen stellt jedoch kein gemeinsames Vorgehen dar. Eine Aufdeckung von Personen, die gemeinsam mit dem Bieter vorgehen, wird durch Rule 8.3. erleichtert, die eine Anzeigepflicht für jeden beinhaltet, der mindestens ein Prozent an der Zielgesellschaft hält oder kontrolliert[1332]. Während die Regelung der „persons acting in concert“ ausführlich erfolgt, stellt Nr. 12 der Notes on Rule 9.1 dem Erwerb von Aktien den Erwerb von Stimmrechten und deren Kontrolle gleich.

1328 Vgl. von Bülow, in: Hirte/von Bülow, § 30, Rdnr. 16.

1329 Vgl. von Bülow, in: Hirte/von Bülow, § 30, Rdnr. 14.

1330 Vgl. Riehmer, in: Haarmann/Riehmer/Schüppen, § 30, Rdnr. 14.

1331 Vgl. Riehmer, in: Haarmann/Riehmer/Schüppen, § 30, Rdnr. 14.

1332 Vgl. Riehmer, in: Haarmann/Riehmer/Schüppen, § 30, Rdnr. 15.

4. EU-Übernahmerichtlinie

Die gescheiterte EU-Übernahmerichtlinie in der Fassung von 2001 enthielt keine detaillierten Ausführungen über die Zurechnung von Stimmrechten aus Aktien Dritter. Allein in Art. 5 Abs. 1 EU-Übernahmerichtlinie wurde geregelt, dass bei der Bestimmung der Höhe des jeweiligen Stimmrechtsanteils einer Person auch die Beteiligungen zu berücksichtigen sind, die von gemeinsam handelnden Dritten gehalten werden. Nach Art. 2 Buchst. d) EU-Übernahmerichtlinie waren gemeinsam handelnde Personen insbesondere alle natürlichen oder juristischen Personen, die mit dem Bieter auf der Grundlage einer Vereinbarung, die die Erlangung der Kontrolle über die Zielgesellschaft sichern sollte, zusammenarbeiteten. Insofern bestand eine Annäherung an den nunmehr in § 30 Abs. 2 WpÜG geregelten Zurechnungstatbestand.

6. KAPITEL: DIE ZURECHNUNG VON STIMMRECHTEN GEMÄß § 22 WPHG

I. ENTWICKLUNG DES WERTPAPIERHANDELSGESETZES (WPHG)

1. Historie

a) Das WpHG vom 26. Juli 1994

Mit dem Zweiten Finanzmarktförderungsgesetz[1333] wurde 1994 erstmals in Deutschland ein modernes, den Marktbedürfnissen und dem Anlegerschutz entsprechendes Wertpapierhandelsgesetz (WpHG) geschaffen. Dieses als Artikel 1 des Zweiten Finanzmarktförderungsgesetzes verkündete Gesetz über den Wertpapierhandel vom 26. Juli 1994[1334] trat am 01. Januar 1995 in Kraft. Die §§ 21 – 30 WpHG gehen hierbei auf die EG-Richtlinie vom 12. Dezember 1988 über die bei Erwerb und Veräußerung einer bedeutenden Beteiligung an einer börsennotierten Gesellschaft zu veröffentlichenden Informationen, die sog. EG-Transparenzrichtlinie[1335], zurück.

b) Änderungen des WpHG im Bereich der §§ 21 ff. durch die sechste KWG-Novelle vom 22. Oktober 1997 und das KonTraG vom 27. April 1998

Im Rahmen der Aktienrechtsreform 1998 wurden durch das Dritte Finanzmarktförderungsgesetz vom 24. März 1998 auch die §§ 21ff. WpHG geändert. Neu eingeführt wurde in § 21 WpHG ein neuer Absatz 1 a, der die bis dahin herrschende Streitfrage klärt, ob auch für den Fall, dass Aktien einer Gesellschaft erstmalig zum Börsenhandel zugelassen werden, eine Mitteilungspflicht begründet wird. Erhebliche Bedeutung hatte auch die Verschärfung der Rechtsfolgen unterlassener Mitteilungen durch eine Neufassung des § 28 WpHG sowie die Erweiterung der Befugnisse des BAWe[1336] in § 29 WpHG. Zudem erfolgte eine Klarstellung des Verhältnisses zu den §§ 20, 21 AktG dahingehend, dass der Anwendungsbereich beider Normenkomplexe so getrennt wurde, dass die §§ 20, 21 AktG nur noch auf nichtbörsennotierte Gesellschaften Anwendung finden,

---

1333 Zum Zweiten Finanzmarktförderungsgesetz und seiner Vorgeschichte vgl. Weber, NJW 1994, S. 2840f.; Riepe, DStR 1994, S. 1236ff.; Wessel, WM 1994, S. 1418f.; Claussen, AG 1995, S. 163, 165ff.

1334 BGBl. I 1994, S. 1749ff.

1335 Richtlinie über die bei Erwerb und Veräußerung einer bedeutenden Beteiligung an einer börsennotierten Gesellschaft zu veröffentlichen Informationen vom 12.12.1988 – 88/627/EWG; ABlEG Nr. L 348 vom 17.12.1988, S. 62; abgedruckt in ZIP 1989, S. 192ff. Vgl. dazu Junge, in: Festschrift für Semler, S. 473, 480ff.

1336 Nunmehr BaFin.

während für börsennotierte Gesellschaften ausschließlich die §§ 21ff. WpHG gelten[1337].

c) Änderung des WpHG durch das WpÜG ab 1. Januar 2002

Die jüngste Änderung des WpHG erfolgte durch das neu eingeführte und als Artikelgesetz konzipierte Gesetz zur Regelung von öffentlichen Angeboten zum Erwerb von Wertpapieren und von Unternehmensübernahmen zum 1. Januar 2002. Während es im Artikel 1 das WpÜG einführt, enthält es im nachfolgenden Artikel 2 die Neuordnung der in §§ 21 ff. WpHG geregelten Mitteilungs- und Veröffentlichungsvorschriften. Bei der Neufassung dieser Vorschriften wurde insbesondere auf die Harmonisierung der Anwendungsbereiche beider Gesetze geachtet und ein Gleichlauf der Zurechnungsvorschriften herbeigeführt.

2. Sinn und Zweck des WpHG

Das WpHG wurde als „Keimzelle und Kernstück eines deutschen Kapitalmarktrechts" angesehen[1338]. Es soll der Verbesserung der Attraktivität und internationalen Wettbewerbsfähigkeit des Finanzplatzes Deutschland durch

- Erweiterung des Anlegerschutzes,
- ordnungspolitische Absicherung der Funktionsfähigkeit der deutschen Wertpapierbörsen,
- internationale Zusammenarbeit bei der Beaufsichtigung des Wertpapierhandels,
- Erweiterung der Geschäftsmöglichkeiten der Kapitalanlagegesellschaften und
- Abbau von Beschränkungen im Depot- und im Aktiengesetz

dienen.

3. Regelungsgehalt des WpHG

Das WpHG ist in sechs Abschnitte gegliedert. Nach einem einführenden ersten Abschnitt, in dem der Anwendungsbereich des Gesetzes geklärt wird sowie Begriffsbestimmungen gegeben werden, behandelt der zweite Abschnitt das neu gegründete Bundesaufsichtsamt für den Wertpapierhandel (BAWe), das seit dem 01. Mai 2002 in Bundesanstalt für Finanzdienstleistungsaufsicht (BaFin) umbenannt wurde. Im dritten Abschnitt wird die Insiderüberwachung gesetzlich geregelt. Der vierte Abschnitt enthält die hier näher zu behandelnden Vorschriften über die Mitteilungs- und Veröffentlichungspflichten bei Veränderung des

---

1337 Vgl. Bayer, in: Münchener Kommentar zum AktG, Anhang zu § 22, Rn. 4.

1338 Vgl. Heinsius, WM 1996, S. 421.

Stimmrechtsanteils an börsennotierten Gesellschaften. Im fünften Abschnitt werden Verhaltensregeln für Wertpapierdienstleistungsunternehmen aufgestellt und im sechsten Abschnitt Straf- und Bußgeldvorschriften geregelt.

II. Die Mitteilungs- und Veröffentlichungspflichten bei Veränderung des Stimmrechtsanteils an börsennotierten Gesellschaften gemäß §§ 21ff. WpHG

1. Sinn und Zweck der Mitteilungs- und Veröffentlichungspflichten gemäß §§ 21ff. WpHG

§ 21 WpHG bildet die Kernnorm der Mitteilungs- und Veröffentlichungspflichten für börsennotierte Aktiengesellschaften. Nach der Begründung des Regierungsentwurfs zum Zweiten Finanzmarktförderungsgesetz soll diese Regelung dazu dienen, die Transparenz für Anleger und Gesellschaften im Wertpapierhandel zu fördern[1339]. Die Zusammensetzung des Aktionärskreises und die Veränderung maßgeblicher Aktienbeteiligungen sind nämlich wichtige Kriterien für Anlagedispositionen der Investoren und von erheblicher Bedeutung für die Kursentwicklung einer Aktie. Zudem werden durch die Kenntnis der Existenz von Großaktionären und des Volumens der frei handelbaren Titel missbräuchlich nutzbare Informationsvorsprünge reduziert[1340]. Andererseits profitiert auch die Aktiengesellschaft selbst von der Offenlegung der Beteiligungsverhältnisse, da sie einen besseren Überblick über die Aktionärsstruktur und die Beherrschungsverhältnisse bekommt. Zudem soll die Wettbewerbsfähigkeit des Finanzplatzes Deutschland erhöht werden[1341].

Nach § 21 Abs. 1 Satz 1 WpHG muss jeder Aktionär, der durch Erwerb, Veräußerung oder auf sonstige Weise 5 %, 10 %, 25 %, 50 % oder 75 % der Stimmrechte an einer börsennotierten Gesellschaft erreicht, überschreitet oder unterschreitet, dies unverzüglich, spätestens innerhalb von sieben Kalendertagen, der betreffenden Gesellschaft sowie der BaFin schriftlich mitteilen. Eine Mitteilung entsprechend § 21 Abs. 1 Satz 1 WpHG hat derjenige zu machen, dem im Zeitpunkt der erstmaligen Zulassung der Aktien einer inländischen Gesellschaft zum amtlichen Handel 5 % oder mehr der Stimmrechte an dieser Gesellschaft zustehen[1342]. Bei der Prüfung der Frage, ob eine Mitteilungspflicht nach § 21 Abs. 1 Satz 1 oder Abs. 1 a WpHG besteht, sind nicht nur die Stimmrechte aus Aktien zu berücksichtigen, die dem betreffenden Aktionär selbst gehören. Vielmehr werden ihm auch Stimmrechte aus bestimmten anderen Aktien gemäß § 22 WpHG zugerechnet.

1339 Vgl. BR-Drucks. 793/93, S. 158.

1340 Vgl. BR-Drucks. 793/93, S. 158.

1341 Vgl. Schneider, in: Assmann/Schneider, WpHG, Vor § 21, Rn. 15.

1342 Vgl. § 21 Abs. 1 a WpHG.

2. Erweiterung des Anwendungsbereiches der §§ 21ff. WpHG auf Gesellschaften, deren Aktien zum geregelten Markt (§§ 71ff. BörsG) oder zum Neuen Markt zugelassen sind

Zum 1. Januar 2002 wurde der Begriff der „börsennotierten Gesellschaften" in § 21 Abs. 2 WpHG durch das WpÜG geändert. Dadurch erfolgte eine Angleichung des Anwendungsbereiches beider Gesetze. Börsennotiert sind künftig nicht mehr nur inländische Gesellschaften, deren Aktien zum amtlichen Handel zugelassen sind, sondern alle Gesellschaften, deren Aktien zum organisierten Markt an einer Börse in einem Mitgliedstaat der Europäischen Union oder in einem anderen Vertragsstaat des Abkommens über den Europäischen Wirtschaftsraum zugelassen sind. § 2 Abs. 5 WpHG definiert einen organisierten Markt als einen Markt, der von staatlichen Stellen überwacht wird, regelmäßig stattfindet und für das Publikum unmittelbar oder mittelbar zugänglich ist. Damit weicht der Wortlaut der Definition zwar von dem des § 2 Abs. 7 WpÜG ab, im Ergebnis sollen jedoch die Anwendungsbereiche beider Gesetze so aufeinander abgestimmt sein, dass die jeweiligen Normen für die gleichen Gesellschaften gelten. Nunmehr sind also nicht mehr nur Teilhaber von Unternehmen des amtlichen Handels zur Mitteilung und Veröffentlichung bei Veränderungen ihres Stimmrechtsanteils verpflichtet, sondern auch diejenigen, die an Unternehmen des geregelten oder Neuen Marktes beteiligt sind. Weiterhin sind jedoch Gesellschaften, deren Aktien im Freiverkehr gehandelt werden, nicht vom Anwendungsbereich beider Gesetze umfasst. Durch eine Änderung in § 21 Abs. 1 a WpHG gilt das gleiche nunmehr auch für denjenigen, dem im Zeitpunkt der erstmaligen Zulassung der Aktien einer inländischen Gesellschaft zum organisierten Markt 5 % oder mehr der Stimmrechte an dieser Gesellschaft zustehen.

Grund der Harmonisierung der Vorschriften des WpHG und des WpÜG ist der Zusammenhang zwischen der Veränderung von Stimmrechtsanteilen und Unternehmensübernahmen. Die Bekanntmachung zunehmender Stimmrechtsanteile an einem Unternehmen kann dem Anleger wichtige Hinweise auf eine bevorstehende Übernahme geben[1343]. Ein wirksamer Schutz vor sog. feindlichen Übernahmen ist jedoch auch durch erweiterte Offenlegungspflichten nicht möglich. Zumindest tritt aber für Bieter eine gewisse Erschwernis ein, da ein unbemerktes Herantasten an die Kontrollschwelle von 30 % der Stimmrechtsanteile, deren Erreichen zur Abgabe eines Pflichtangebots gem. § 35 Abs. 2 WpÜG führt, nunmehr nach der Ausweitung des Anwendungsbereiches der §§ 21ff. WpHG in noch geringerem Maße möglich ist. Ziel der Änderung ist somit auch eine weitere Erhöhung der kapitalmarktrechtlichen Transparenz, die wiederum zu mehr Fairness unter allen potentiell an Unternehmensübernahmen Beteiligten führen soll. Aus der Sicht des erstrebten Anlegerschutzes ist es allerdings zu bedauern, dass der Meldepflichtige nach den §§ 21ff. WpHG weder verpflichtet ist, seine

1343 Vgl. BT-Drucks. 14/7034, S. 70.

mit dem Beteiligungserwerb verfolgten Absichten, noch den von ihm bisher bezahlten Höchstpreis pro Aktie offen zu legen[1344].

3. Bestandsaufnahme zum 1. April 2002

Die Änderung der Zurechnungsvorschriften des § 22 WpHG sowie die Erstreckung der Mitteilungspflichten auf Gesellschaften, deren Aktien zum Handel am geregelten Markt oder zum Neuen Markt zugelassen sind, haben den Gesetzgeber dazu veranlasst, in § 41 Abs. 2 WpHG eine Pflicht vorzusehen, dass diejenigen, denen zum Stichtag 1. April 2002 unter Berücksichtigung der Zurechnungsregeln fünf Prozent oder mehr der Stimmrechte an einer börsennotierten Gesellschaft zustehen, dies innerhalb einer Frist von sieben Kalendertagen der Gesellschaft und dem BAWe[1345] mitteilen müssen. In dieser Mitteilung mussten die zuzurechnenden Stimmrechte für jeden Zurechnungstatbestand getrennt angegeben werden.

4. Ergänzung der Mitteilungspflichten aus §§ 21ff. WpHG durch § 23 WpÜG

Die Mitteilungspflichten aus §§ 21ff. WpHG genügen in einem Übernahmeverfahren dem besonderen Informationsbedürfnis der Aktionäre der Zielgesellschaft nicht. Deshalb wurde mit § 23 WpÜG eine besondere Veröffentlichungspflicht des Bieters geschaffen, die den Aktionären und dem Kapitalmarkt aktuelle Informationen über den voraussichtlichen Erfolg des Angebots geben soll. Der Bieter muss neben der Anzahl der ihm, den mit ihm gemeinsam handelnden Personen und deren Tochterunternehmen zustehenden Wertpapiere der Zielgesellschaft einschließlich der Höhe der jeweiligen Anteile und der ihm zustehenden und nach § 30 WpÜG zuzurechnenden Stimmrechtsanteile nunmehr auch die sich aus den ihm zugegangenen Annahmeerklärungen ergebende Anzahl der Wertpapiere, die Gegenstand des Angebots sind, einschließlich der Höhe der Wertpapier- und Stimmrechtsanteile nach Veröffentlichung der Angebotsunterlage wöchentlich sowie in der letzten Woche vor Ablauf der Annahmefrist täglich veröffentlichen und der BaFin mitteilen. Dabei ist davon auszugehen, dass die Veröffentlichungspflichten des § 23 WpÜG neben den Mitteilungspflichten nach §§ 21ff. WpHG parallel anzuwenden sind[1346]. Dies ergibt sich zum einen aus der unterschiedlichen Reichweite, zum anderen aus dem unterschiedlichen Inhalt der Pflichten aus diesen Normen. Während bei § 21 WpHG der Bieter nur

---

1344 Vgl. Schneider, in: Assmann/Schneider, WpHG, Vor § 21, Rn. 15; Burgard, AG 1992, S. 41, 52; Otto, AG 1994, S. 171.

1345 Nunmehr BaFin.

1346 Vgl. Thun, in: Geibel/Süßmann, § 23, Rdnr. 5; Riehmer/Schröder, BB 2001, Beilage 5, S. 1, 14; Witt, NZG 2000, S. 809, 810.

das Erreichen, Überschreiten oder Unterschreiten einer der relevanten Schwellen dem betroffenen Unternehmen und der BaFin mitteilen muss und das Unternehmen dann zur Veröffentlichung verpflichtet ist, sieht § 23 WpÜG eine eigene Veröffentlichungspflicht des Bieters vor. Die Veröffentlichung nach § 23 WpÜG ist zudem nicht abhängig von Schwellenwerten, sondern gebunden an feste Zeitvorgaben. Somit kann es sowohl zu Überschneidungen der beiden Verpflichtungen kommen, so dass beide Pflichten gleichzeitig erfüllt werden müssen, als auch zu einer jeweils getrennten Veröffentlichungs- oder Mitteilungspflicht, da § 23 WpÜG und § 21 WpHG unabhängig nebeneinander stehen.

III. Die Stimmrechtszurechnungsnorm des § 22 WpHG

1. Die einzelnen Zurechnungstatbestände des § 22 Abs. 1 und 2 WpHG

Der Inhalt der sieben Zurechnungstatbestände des § 22 Abs. 1 und 2 WpHG entspricht exakt dem Inhalt der Zurechnungstatbestände des § 30 Abs. 1 und 2 WpÜG[1347].

2. Definition des Tochterunternehmens gemäß § 22 Abs. 3 WpHG

Die in § 22 Abs. 3 WpHG geregelte Definition des Tochterunternehmens entspricht wörtlich der Norm des § 2 Abs. 6 WpÜG. Insofern ist eine entsprechende Auslegung der Regelung geboten[1348].

3. Getrennte Angabe der zuzurechnenden Stimmrechte gemäß § 22 Abs. 4 WpHG

Nach § 22 Abs. 4 WpHG sind in den Mitteilungen nach § 21 Abs. 1 und 1a WpHG die zuzurechnenden Stimmrechte für jede der Nummern in § 22 Abs. 1 WpHG und für § 22 Abs. 2 Satz 1 WpHG getrennt anzugeben. Diese Regelung entspricht § 35 Abs. 1 Satz 3 WpÜG[1349].

1347 Vgl. dazu Witt, AG 2001, S. 233ff.; Mühle, S. 165ff.

1348 Vgl. dazu oben 4. Kapitel, I. 2.

1349 Vgl. dazu oben 5. Kapitel, IV. 1.

4. Abgrenzung von § 22 WpHG zu § 30 WpÜG

a) Sinn und Zweck des § 22 WpHG in Abgrenzung zu § 30 WpÜG

Mit der Fassung des § 22 WpHG wurde Art. 7 und 8 der Transparenzrichtlinie[1350] umgesetzt. Dadurch sollte der Gesellschaft, aber auch den einzelnen Aktionären und der breite Öffentlichkeit ein umfassendes Bild über die Einflussmöglichkeit eines Gesellschafters in der Gesellschaft verschafft werden. Dieser Sinn und Zweck ist im Zusammenhang mit § 21 WpHG zu sehen, der Gesellschafter beim Erreichen, Über- oder Unterschreiten bestimmter Anteilsschwellen zur Mitteilung verpflichtet. Im Zuge der Einführung des WpÜG wurde § 22 WpHG neugefasst und mit § 30 WpÜG harmonisiert. Eine so umfassende Zielrichtung kann § 30 WpÜG nicht für sich beanspruchen. Die Zurechnung von Stimmrechten nach dem WpÜG ist vielmehr für die – nicht minder wichtige – Frage von Bedeutung, ob ein Anteilseigner die in § 29 Abs. 2 WpÜG festgelegte 30-prozentige Kontrollschwelle erreicht oder überschritten hat und demzufolge der Veröffentlichungs- und Angebotspflicht des § 35 Abs. 1 Satz 1 und Abs. 2 Satz 1 WpÜG unterliegt, oder ob er durch ein abgegebenes oder beabsichtigtes öffentliches Erwerbsangebot die Kontrollschwelle zu überschreiten beabsichtigt, mit der Folge, dass die Vorschriften über Übernahmeangebote Anwendung finden. § 30 WpÜG hat aber auch einen über den Sinn und Zweck des § 22 WpHG hinausgehenden Regelungszweck, nämlich im Zusammenhang mit Übernahme- und Pflichtangeboten die rechtliche Stellung von Minderheitsaktionären zu stärken.. Dies führt zu einer bedeutsamen Erweiterung der Transparenz- und Informationsfunktion.

b) Bestehen nur einer Schwelle bei 30 Prozent, nicht von mehreren Schwellen

In der Praxis wird der Zurechnungstatbestand des § 22 WpHG weitere Auswirkungen haben als § 30 WpÜG. Dies liegt schon daran, dass im Rahmen der Mitteilungsvorschrift des § 21 WpHG fünf unterschiedliche Beteiligungsschwellen bei 5, 10, 25, 50 und 75 Prozent der Stimmrechte zu einer Offenlegungspflicht führen, während im Rahmen des WpÜG nur die 30-prozentige Kontrollschwelle des § 29 Abs. 2 WpÜG zur Veröffentlichungs- und Angebotspflicht führt. Dies bedeutet jedoch nicht, dass es zu einer selteneren Anwendung dieser Vorschrift kommt. Vielmehr muss bei jedem Vorgang, der in den Anwendungsbereich der gleichlautenden Zurechnungsvorschriften fällt, geprüft werden, ob dieser maßgebliche Schwellenwerte betrifft. So sind Fälle denkbar, in denen durch einen Vorgang die Schwellenwerte beider Vorschriftenkomplexe berührt werden, aber auch solche, die nur jeweils einen der beiden betreffen. Erhöht beispielsweise ein

---

1350 Vgl. Richtlinie des Rates der Europäischen Gemeinschaften vom 12. Dezember 1988 (88/627 EWG) über die bei Erwerb und Veräußerung einer bedeutenden Beteiligung an einer börsennotierten Gesellschaft zu veröffentlichenden Informationen, ABlEG Nr. L 348 vom 17.12.1988.

Treuhänder, der Stammaktien an der X-AG für Rechnung des A hält, seinen Anteil an treuhänderisch gehaltenen Aktien von 24 auf 30 Prozent, so sind beide Normenkreise berührt. Sowohl Treuhänder als auch A müssen gemäß §§ 21 Abs. 1, 22 Abs. 1 Satz 1 Nr. 2 WpHG das Überschreiten der 25-prozentigen Meldeschwelle mitteilen. Zudem sind beide gemäß §§ 29 Abs. 2, 35 Abs. 1, 2 WpÜG zur Veröffentlichung des Erlangens der Kontrolle über die X-AG sowie zur Abgabe eines Angebots gegenüber allen restlichen Aktionären der X-AG verpflichtet. Erhöht derselbe Treuhänder seinen Anteil an Aktien nur von 24 auf 25 Prozent, werden nur die Pflichten aus dem WpHG ausgelöst, wegen Nichterreichens der 30-prozentigen Kontrollschwelle jedoch nicht diejenigen aus dem WpÜG. Hält der Treuhänder bereits 26 Prozent der Stammaktien der X-AG und erhöht diesen Anteil auf 30 Prozent, wird dadurch keiner der im WpHG enthaltenen Schwellenwerte tangiert. Hingegen wird wegen Erlangens der Kontrolle über die X-AG für den Treuhänder und A die Erfüllung der Pflichten aus dem WpÜG erforderlich. Dieses Beispiel zeigt das Zusammenspiel der beiden Normenkomplexe, die jeweils getrennt voneinander, aber auch gleichzeitig angewandt werden können.

c) Bestehen einer recht hohen Schwelle bei 30 Prozent, nicht schon bei 5 Prozent

Weiterhin ist zu berücksichtigen, dass die Kontrollschwelle des § 29 Abs. 2 WpÜG mit 30 Prozent recht hoch liegt, während eine Mitteilungspflicht nach § 21 WpHG bereits ab einem Stimmrechtsanteil von 5 Prozent besteht. Sicherlich trägt auch dieser niedrigere Schwellenwert dazu bei, dass die Zurechnung von Stimmrechten im Rahmen des WpHG mehr praktische Relevanz hat als im Rahmen des WpÜG. Zu beachten ist aber, dass die Zurechnung von Stimmrechten in vielen Fällen nur einen zusätzlichen Tatbestand zu schon bestehenden Stimmrechten aus Aktien des Bieters selbst ausmacht. Somit kann bei einem vom Bieter selbst gehaltenen größeren Aktienpaket die Zurechnung eines geringen Stimmrechtsanteils – in Extremfällen von nur einer einzigen Aktie – das Erreichen der Kontrollschwelle herbeiführen. Zudem müssen die unterschiedlichen Zurechnungstatbestände zusammengerechnet werden, wodurch es zu einem schnellen Anwachsen des gesamten Stimmrechtsanteils kommen kann.

d) Mitteilungspflichten auch bei Unterschreitung der Schwellenwerte des § 21 WpHG

Während § 21 WpHG die Mitteilung des Stimmrechtsanteils auch beim Unterschreiten der Schwellenwerte vorschreibt, bestehen im Rahmen des WpÜG keine Verpflichtungen bei Unterschreiten der 30-prozentigen Kontrollschwelle des § 29 Abs. 2 WpÜG. Die Pflichten aus § 35 WpÜG treffen den Bieter nach dem eindeutigen Gesetzeswortlaut nur bei Kontrollerlangung, nicht jedoch bei Kontrollverlust. Hinsichtlich des Pflichtangebots ist dies einsichtig, da ein Unterschreiten der Kontrollschwelle keine diesbezüglichen Handlungspflichten nach sich ziehen kann[1351]. Aber auch eine Veröffentlichungspflicht nach § 35 Abs. 1 Satz 1 WpÜG ist bei einem Verlust der Kontrollstellung nach der derzeit gültigen Gesetzeslage nicht erforderlich, da Minderheitsaktionäre in diesem Fall keine schutzwürdige Position für sich in Anspruch nehmen können. Nur eine Kontrollerlangung durch einen Gesellschafter gibt dem Minderheitsaktionär das Recht, schnellstmöglich von dieser für die Führung der Gesellschaft entscheidenden Position zu erfahren. Zwar ist kein Grund ersichtlich, warum nicht eine Veröffentlichungspflicht auch in diesem Fall des Kontrollverlustes möglich sein könnte, die zudem noch zusätzlich die Transparenz der Beteiligungsverhältnisse erhöhen würde, da bei 30 Prozent eben gerade keine Beteiligungsschwelle vorliegt, die eine Mitteilungspflicht nach § 21 WpHG auslöst. Der Gesetzgeber hat sich jedoch bewusst gegen eine solche Pflicht entschieden und damit eine nicht angreifbare Regelung geschaffen. Nach hier vertretener Ansicht sollte jedoch gerade vor dem Hintergrund der in den letzten Jahren immer weiter fortschreitenden Transparenz der Beteiligungsverhältnisse eine Veröffentlichungspflicht bei Unterschreiten der Kontrollschwelle eingeführt werden. Dies führt nicht zu einer unangemessenen Belastung der Gesellschafter, die im Rahmen des WpHG einer noch viel weitreichenderen Mitteilungspflicht ausgesetzt sind. Zudem besteht ein entsprechendes Informationsbedürfnis seitens der Kapitalmarktteilnehmer[1352]. Es ist für einen Minderheitsaktionär wichtig zu erfahren, dass eine Gesellschaft gerade nicht mehr unter der Kontrolle eines bestimmten Anteilseigners steht und somit dessen Abstimmungsverhalten in der Hauptversammlung in der Regel nicht mehr zu einem Mehrheitsbeschluss führt[1353]. Dies ist gerade dann wichtig, wenn der Minderheitsaktionär die Entscheidungen des bisherigen Kontrollinhabers in der Vergangenheit für unternehmerisch richtig befunden hat oder bereits eine Veröffentlichung nach § 35 Abs. 1 Satz 1 WpÜG erfolgt ist, dass die Kontrolle erlangt wurde, jedoch während der vierwöchigen Frist für die Übermittlung der Angebotsunterlage an die BaFin die Kontrollschwelle wieder unterschritten wurde, so dass eine Angebotspflicht entfällt[1354]. Dabei bietet sich die

---

1351 Einen wichtigen Anwendungsfall für das Unterschreiten der Kontrollschwelle bildet jedoch der Befreiungsantrag gemäß § 37 Abs. 1 WpÜG in Verbindung mit § 9 Satz 1 Nr. 6 WpÜG-Angebotsverordnung.

1352 Vgl. Ekkenga/Hofschroer, DStR 2002, S. 768, 775 (Fn. 184).

1353 Dies hängt natürlich im Einzelfall von den in der jeweiligen Gesellschaft vorherrschenden Hauptversammlungspräsenzen ab.

1354 Geibel/Süßmann, BKR 2002, S. 52, 64 schlagen diesbezüglich vor, dass der Bieter auf freiwilliger Basis das Unterschreiten der Kontrollschwelle analog § 35 Abs. 1 WpÜG veröffentlichen soll. Dies hat jedoch den Nachteil, dass zum einen ohne eine Verpflichtung zur Veröffentlichung keine Bußgeldbewehrung besteht, so dass sich in der Praxis eine solche Veröffentlichung wohl nicht durchsetzen würde, und zum anderen für die Aktionäre im Falle der Nichtveröffentlichung bis zum Angebotsbeginn die Unsicherheit besteht, ob es tatsächlich zu einem Pflichtangebot kommt. Diese Unsicherheit lässt sich zwar auch durch eine Veröffentlichungspflicht nicht gänzlich ausschal-

Verankerung dieser Veröffentlichungspflicht im Rahmen des § 35 Abs. 1 Satz 1 WpÜG an und ist der Einführung einer neuen Mitteilungsschwelle bei 30 Prozent im Rahmen des § 21 Abs. 1 WpHG vorzuziehen.

Insofern wird für die Fassung des § 35 Abs. 1 Satz 1 WpÜG die folgende Formulierung vorgeschlagen:

(1) Wer unmittelbar oder mittelbar die Kontrolle über eine Zielgesellschaft erlangt *oder die Kontrolle über eine Zielgesellschaft verliert*, hat dies unter Angabe der Höhe seines Stimmrechtsanteils unverzüglich, spätestens innerhalb von sieben Kalendertagen, gemäß § 10 Abs. 3 Satz 1 und 2 zu veröffentlichen.

e) Argumente für und gegen eine gleiche Auslegung beider Vorschriften

Fraglich ist, ob die bis auf geringe Abweichungen im Eingangssatz des § 22 Abs. 1 Satz 1 WpHG und die Ersetzung des Wortes „Bieter" durch „Meldepflichtigen" in § 22 Abs. 1 und 2 WpHG wortlautgleichen Vorschriften in WpÜG und WpHG gleich ausgelegt werden müssen.

Nach der Begründung zum Gesetzentwurf wurden die in § 22 WpHG enthaltenen Tatbestände entsprechend den in § 30 WpÜG enthaltenen Zurechnungstatbeständen angepasst, um Irritationen am Kapitalmarkt zu vermeiden, die bei unterschiedlichen Zurechnungsmethoden auftreten würden[1355].

Andererseits bestehen im Falle der Zurechnung von Stimmrechten unterschiedliche Konsequenzen je nachdem, ob die Zurechnung auf der Grundlage des § 30 WpÜG oder des § 22 WpHG erfolgt. Dies würde für eine unterschiedliche Auslegung der beiden Vorschriften sprechen[1356]. Eine Zurechnung nach § 30 WpÜG hat die weitaus schwerwiegendere Auswirkung der Pflicht zur Abgabe eines Vollangebots bei Überschreitung der Kontrollschwelle, während die mit den beiden Vorschriften in Zusammenhang stehenden Mitteilungs- bzw. Veröffentlichungspflichten vom Sinn und Zweck der Regelung und vom Regelungsgehalt her ähnlich sind[1357]. Während das entscheidende Kriterium für die

ten, da die Veröffentlichung beispielsweise auch am letzten Tag der vierwöchigen Frist des § 35 Abs. 2 Satz 1 WpÜG abgegeben werden könnte. Jedoch setzt die siebentägige Frist des § 35 Abs. 1 Satz 1 WpÜG eine engere Grenze.

1355 Vgl. BT-Drucks. 14/7034, S. 53.

1356 So auch Riehmer, in: Haarmann/Riehmer/Schüppen, § 30, Rdnr. 2 und von Bülow, in: Hirte/von Bülow, § 30, Rdnr. 5ff., die die einzelnen Zurechnungstatbestände je nach Gesetz unterschiedlich auslegen wollen, jedoch nicht darauf eingehen, in welchen Fällen dies geschehen sollte. Kritisch auch Steinmeyer/Häger, § 29, Rdnr. 40; Holzborn/Friedhoff, WM 2002, S. 948, 951.

1357 In Bezug auf die Mitteilungs- und Veröffentlichungspflichten bestehen Unterschiede hinsichtlich der Rechtssubjekte (zum einen die Gesellschaft, zum anderen der Bieter),

Stimmrechtszurechnung nach § 30 WpÜG die zumindest faktische Möglichkeit zur Einflussnahme auf die Stimmrechtsausübung ist, um den für die Kontrollerlangung maßgeblichen Stimmrechtsanteil zu ermitteln, sind im Rahmen des § 22 WpHG nur Transparenzgesichtspunkte maßgeblich[1358].

Im Ergebnis ist trotzdem eine entsprechende Auslegung der beiden Normen zu befürworten. Nur so können Verunsicherungen am Kapitalmarkt vermieden werden. Eine unterschiedliche Auslegung würde die Transparenz der Beteiligungsverhältnisse unangemessen erschweren. Insbesondere bei den Mitteilungspflichten wegen Erreichens oder Überschreitens eines 25-prozentigen Stimmrechtsanteils wird dies deutlich. Denn der Kapitalmarkt kann sich dann darauf einrichten, dass in nächster Zeit ein Pflichtangebot drohen könnte, wenn weitere Beteiligungen aufgebaut werden. Die Pflicht zur Offenlegung von Beteiligungen nach §§ 21ff. WpHG führt zu einer frühzeitigen Warnung des Managements einer Gesellschaft vor einer möglichen Übernahme und ist insoweit funktional als Übernahmeabwehrrecht zu bezeichnen[1359]. Hätte aber die 25-prozentige Beteiligung nach dem WpHG auf Grund der unterschiedlichen Auslegung und der nicht so weitreichenden Stimmrechtszurechnung im Rahmen des WpÜG dort nur einen Stimmrechtsanteil von beispielsweise 20 Prozent zur Folge, würden am Kapitalmarkt Unsicherheiten entstehen und die gewollte Förderung der Transparenz zunichte gemacht. Dies kann nicht der Sinn der Stimmrechtzurechnungsregelungen sein. Auch nach der Gesetzesbegründung sollen § 22 WpHG und § 30 WpÜG in gleicher Weise auszulegen sein.
Probleme könnte es dabei aber deshalb geben, weil der Kapitalmarkt ein Interesse an der Mitteilung haben kann, was für eine Berücksichtigung der Stimmrechte nach § 22 WpHG sprechen würde, eine Kontrolle jedoch durch den Zurechnungstatbestand nicht vermittelt wird, so dass § 30 WpÜG als Zurechnungsnorm ausscheidet[1360]. Dieses Problem muss aber aus den angegebenen Gründen zu Gunsten einer einheitlichen Auslegung gelöst werden.
Dabei hat sich die Auslegung des § 22 WpHG an § 30 WpÜG zu orientieren, da die übernahmerechtliche Stimmrechtzurechnungsnorm mit der Möglichkeit eines

---

die diese Pflichten zu erfüllen haben, und es gelten im Rahmen des § 35 Abs. 1 Satz 1 WpÜG strengere Fristen als bei §§ 21 Abs. 1 Satz 1, 25 Abs. 1 Satz 1 WpHG. Zudem ist der Inhalt der Mitteilung und Veröffentlichung unterschiedlich, da in der Mitteilung gem. § 21 WpHG kein Hinweis auf die Erlangung der Kontrolle erfolgen muss. Deshalb befreit bei einer gleichzeitigen Überschreitung der 25-Prozent-Schwelle des § 21 WpHG und der 30-Prozent-Schwelle des § 29 Abs. 2 WpÜG eine ordnungsgemäß veröffentlichte Mitteilung nach §§ 21, 25 WpHG den Bieter nicht von der Erfüllung seiner eigenen nach § 35 Abs. 1 Satz 1 WpÜG bestehenden Veröffentlichungspflicht. Vgl. Tschauner, in: Geibel/Süßmann, § 59, Rdnr. 5.

1358 Vgl. Steinmeyer/Häger, § 30, Rdnr. 2, die dies ebenfalls als problematisch ansehen.

1359 Vgl. Hopt, ZGR 2002, S. 333, 350f., 375.

1360 Vgl. Sudmeyer, BB 2002, S. 685, 688 (Fn. 58).

Pflichtangebots schwerwiegendere Folgen nach sich ziehen kann als die Mitteilungspflichten, die sich aus der wertpapierhandelsrechtlichen Norm ergeben können.

ZUSAMMENFASSUNG UND AUSBLICK

Die Ergebnisse der Arbeit lassen sich in den folgenden Thesen zusammenfassen:

1. Nach dem Scheitern der EU-Übernahmerichtlinie im Juli 2001 war in Deutschland der Weg für ein rein nationales Übernahmerecht frei. Das zum 1. Januar 2002 in Kraft getretene WpÜG löste damit den Übernahmekodex, der als unverbindliche Regelung in der Praxis nicht die erforderliche Anerkennung erfahren hat, ab. Somit besteht für öffentliche Angebote zum Erwerb von Wertpapieren einer Zielgesellschaft erstmals in Deutschland eine einheitliche Rechtslage. Diese gibt den Rahmen für den Ablauf eines Angebotsverfahrens vor und soll insbesondere die Information und Transparenz des Kapitalmarkts verbessern.

2. Von einem Halten der Stimmrechte im Sinne des § 29 Abs. 2 WpÜG ist nur dann auszugehen, wenn der Bieter Eigentümer der Aktien der Zielgesellschaft ist. Insofern ist mit der sogenannten „kleinen Lösung" auf das dingliche Rechtsgeschäft abzustellen. Für eine Kontrollstellung des Bieters ist erforderlich, dass er am Tagesende die 30-prozentige Kontrollschwelle erreicht oder überschritten hat. Das kurzzeitige Erreichen oder Überschreiten dieser Schwelle im Verlauf eines Handelstages reicht nicht für die Annahme einer Kontrollposition aus. Durch die Festlegung der Höhe der Kontrollschwelle bei 30 Prozent wurde den Regelungen in anderen europäischen Staaten sowie den durchschnittlichen Hauptversammlungspräsenzen deutscher Unternehmen Rechnung getragen. Die starre Kontrollschwelle bei 30 Prozent hat dabei den Vorzug der Rechts- und Planungssicherheit, führt aber insbesondere im Zusammenhang mit der Möglichkeit der Häufung von Pflichtangeboten zu Schwierigkeiten und in Einzelfällen zu Wertungswidersprüchen und Ungerechtigkeiten, da nicht die tatsächliche Kontrollstellung, sondern die hypothetisch vom Gesetz mit dem Erreichen oder Überschreiten der Kontrollschwelle bei 30 Prozent festgelegte Kontrollstellung entscheidend ist. Zu kritisieren ist in diesem Zusammenhang insbesondere, dass die Befreiungsnorm des § 37 WpÜG nur für Pflichtangebote, nicht hingegen für Übernahmeangebote Anwendung findet.
Bei der Berechnung der Stimmrechtsquote des Bieters ist die Zahl der maßgeblichen Stimmrechte des Bieters zur Gesamtzahl der Stimmrechte ins Verhältnis zu setzen. Dabei ist die sogenannte abstrakte Betrachtungsweise maßgebend. Rechnerische Verschiebungen auf Grund von Mehr- oder Höchststimmrechten spielen in der Praxis nur noch eine geringe Rolle. Veränderungen der Gesamtmenge der Stimmrechte können sich jedoch aus Kapitalerhöhungen und Kapitalherabsetzungen ergeben. Ob eigene Aktien der Zielgesellschaft bei der Berechnung der Gesamtmenge der Stimmrechte mit einzubeziehen sind, ist umstritten. Dies ist jedoch zu bejahen, um einen Gleichlauf des Übernahme- und Kapitalmarktrechts herbeizuführen und die Auslösung von Pflichtangeboten durch den Rückkauf ei-

gener Aktien durch die Zielgesellschaft zu verhindern. Stimmrechtslose Vorzugsaktien sind nur im Falle des § 140 Abs. 2 AktG in die Berechnung mit einzubeziehen. Namensaktien sind bereits mit dem Erwerb beim Bieter zu berücksichtigen. Bei einer Vinkulierung muss zunächst die Zustimmung der Zielgesellschaft erteilt werden. Stimmrechte, die nach § 59 WpÜG oder § 28 WpHG nicht bestehen, sowie Stimmverbote oder nach § 36 WpÜG nicht zu berücksichtigende Stimmrechte sind bei der Berechnung der Gesamtmenge der Stimmrechte und des einzelnen Stimmrechtsanteils nicht mitzuzählen. Stimmrechte, die in den Handelsbestand gemäß § 20 WpÜG fallen, sind bei der Berechnung des für die Kontrollstellung maßgeblichen Prozentanteils des Bieters nicht heranzuziehen.

3. § 30 WpÜG stellt das regelungstechnische Herzstück zur Bestimmung der Stimmrechtsanteile des Bieters dar. Unter dessen Voraussetzungen werden dem Bieter Stimmrechte aus Aktien, die diesem nicht gehören, zugerechnet. Der Anwendungsbereich der Norm erstreckt sich entgegen dem missverständlichen Wortlaut nicht nur auf Bieter im Sinne des § 2 Abs. 4 WpÜG. Vielmehr kann jemand auch erst durch die Zurechnung von Stimmrechten zum Bieter werden.
§ 30 WpÜG hat – entgegen der systematischen Stellung im vierten Abschnitt des WpÜG, das ausschließlich Übernahmeangebote regelt – eine erhebliche Bedeutung im Gesamtzusammenhang von Erwerbsvorgängen und Übernahmesachverhalten im Rahmen des WpÜG. Auswirkungen ergeben sich für die Erstellung der Angebotsunterlage nach § 11 WpÜG und § 2 Nr. 5 WpÜG- Angebotsverordnung, für die Veröffentlichungspflicht des Bieters gemäß § 23 Abs. 1 WpÜG, für die Abgabe von Übernahmeangeboten nach § 29 Abs. 1 WpÜG und Pflichtangeboten nach § 35 Abs. 2 WpÜG, für die Veröffentlichungspflicht nach § 35 Abs. 1 WpÜG, für den Verlust der Rechte aus Aktien gemäß § 59 WpÜG, für die Bußgeldvorschriften des § 60 WpÜG sowie für den Anspruch auf Zinsen gemäß § 38 WpÜG.
Bei der Auslegung der Zurechnungsnorm ist realitätsbezogen vorzugehen. Zum einen ist zur Erreichung größtmöglicher Transparenz und zur wirksamen Durchsetzung des Minderheitenschutzes eine möglichst weite Auslegung vorzunehmen, zum anderen muss aber auch vorsichtig ausgelegt werden, um den Bieter nicht vorschnell mit der Pflicht zur Abgabe eines Angebots, dem Verlust der Rechte aus den Aktien und mit Bußgeldzahlungen zu belasten. Aus § 60 WpÜG ergibt sich auch ein Analogieverbot des § 30 WpÜG.

4. Nach § 30 Abs. 1 Satz 1 Nr. 1 WpÜG stehen Stimmrechte aus Aktien der Zielgesellschaft, die einem Tochterunternehmen des Bieters gehören, den Stimmrechten des Bieters gleich. Als Tochterunternehmen bezeichnet § 2 Abs. 6 WpÜG solche im Sinne des § 290 HGB sowie andere Unternehmen, auf die ein beherrschender Einfluss ausgeübt werden kann. Der Begriff des Tochterunternehmens besteht somit aus Elementen des Konzeptes der einheitlichen Leitung, des Control- und des Konzern-Konzeptes. Der von § 290 Abs. 1 HGB umfasste Begriff des Tochterunternehmens setzt zum einen eine einheitliche Lei-

tung und zum anderen eine Beteiligung im Sinne des § 271 Abs. 1 HGB voraus. Ein Mutter-Tochter-Verhältnis ist nach § 290 Abs. 2 HGB stets dann gegeben, wenn dem Mutterunternehmen die Stimmrechtsmehrheit oder ein Recht auf Entsendung der Mehrheit der Mitglieder in die Verwaltungs-, Leitungs- oder Aufsichtsorgane zusteht oder wenn ein Beherrschungsvertrag besteht. Für die Bezeichnung von Tochterunternehmen als Unternehmen, auf die ein beherrschender Einfluss ausgeübt werden kann, können die zu § 17 AktG entwickelten Grundsätze herangezogen werden. Dabei muss der beherrschende Einfluss nicht tatsächlich ausgeübt werden, die Möglichkeit des beherrschenden Einflusses muss aber beständig, umfassend und gesellschaftsrechtlich fundiert sein. Die Einflussmöglichkeit wird sich dabei in der Regel aus einer Mehrheitsbeteiligung ergeben. Aber auch die faktische Hauptversammlungsmehrheit ist ausreichend. Sperrminoritäten, Depotstimmrechte und Unternehmensmitbestimmung nach dem MitbestG sind nicht abhängigkeitsbegründend. Hingegen sind Gewinnabführungs- und Betriebsführungsverträge klassische Beherrschungsmittel. Die Abhängigkeitsvermutung des § 17 Abs. 2 WpÜG kann im Rahmen des Zurechnungstatbestandes des § 30 Abs. 1 Satz 1 Nr. 1 WpÜG i.V.m. § 2 Abs. 6 WpÜG keine Anwendung finden, da eine solche Vermutungsregel zum Entstehen einer Ordnungswidrigkeit auf Seiten des Bieters führen könnte. Die in § 2 Abs. 6 WpÜG festgelegte Definition des Begriffs des Tochterunternehmens kann nicht überzeugen. Die Übereinstimmung mit der in § 1 Abs. 7 KWG verwandten Definition wegen unterschiedlicher Schutzzwecke geht fehl. Vielmehr sollte § 17 AktG in § 2 Abs. 6 WpÜG ausdrücklich erwähnt werden und der Verweis auf § 290 HGB gestrichen werden. Eine nachfolgende Angleichung des § 22 Abs. 3 WpHG würde zu einer Abstimmung der übernahme-, kapitalmarkt- und aktienrechtlichen Zurechnungsvorschriften führen. Kapitalanlagegesellschaften gemäß § 10 Abs. 1a Satz 1 KAGG und ausländische Investmentgesellschaften gemäß § 15 b Abs. 2 Satz 1 AuslInvestmG sind nicht als Tochterunternehmen zu qualifizieren. § 30 Abs. 1 Satz 3 WpÜG ordnet eine Zurechnung der Stimmrechte des Tochterunternehmens in voller Höhe beim Mutterunternehmen an, nicht nur eine quotale Zurechnung nach der Höhe des Beteiligungsbesitzes des Mutterunternehmens am Tochterunternehmen. Die Problematik mehrfacher Pflichtangebote lässt sich nach derzeitiger Gesetzeslage nur über die Befreiungsnorm des § 37 WpÜG lösen. Eine nach § 20 WpÜG erteilte Befreiung wirkt im Konzern nur zugunsten des Unternehmens, dem sie erteilt worden ist. Es obliegt somit dem Mutterunternehmen, einen eigenen Befreiungsantrag zu stellen, da eine dem Tochterunternehmen erteilte Befreiung nicht auch zugunsten des Mutterunternehmens wirkt.

5. § 30 Abs. 1 Satz 1 Nr. 2 WpÜG ordnet die Zurechnung von Stimmrechten beim Bieter an, die einem Dritten gehören und von ihm für Rechnung des Bieters gehalten werden. Der Dritte muss Eigentümer der Aktien sein und die Aktien über das Ende eines Tages hinaus halten. Voraussetzung für das Halten „für Rechnung des Bieters" ist zum einen, dass die wirtschaftlichen Chancen und Risiken aus den stimmrechtsvermittelnden Anteilen dem Bieter zugeordnet wer-

den. Zum anderen muss jedoch die wirtschaftliche Zurechnung mit der Möglichkeit eines Einflusses auf die Stimmrechtsausübung des Dritten verbunden sein. Die Wirksamkeit des Vertrages im Innenverhältnis zwischen Bieter und Drittem ist nicht erforderlich. Für § 30 Abs. 1 Satz 1 Nr. 2 WpÜG ist eine Vielzahl von Anwendungsfällen denkbar. Hauptanwendungsfall ist die Verwaltungstreuhand. Gesetzlich begründete Treuhandverhältnisse scheiden jedoch aus, da der Treuhänder nicht Eigentümer der Aktien wird, aber weisungsfrei über die Ausübung der Stimmrechte entscheiden kann. Die Aktien sind beim Treugeber als originärem Eigentümer schon über § 29 Abs. 2 WpÜG zu berücksichtigen. Bei mehrgliedrigen Treuhandverhältnissen hat eine Zurechnung nur bei dem Beteiligten zu erfolgen, der tatsächlich zur wesentlichen Stimmrechtsbeeinflussung in der Lage ist. Liegt ein Kettentreuhandverhältnis vor, können Stimmrechte nur dann zugerechnet werden, wenn eine lückenlose Kette von Treuhandabreden vom Bieter bis zum Eigentümer der Aktien vorliegt, der Bieter letztlich das wirtschaftliche Risiko der Aktien übernimmt und wesentlichen Einfluss auf die Ausübung der Stimmrechte ausüben kann. Bei Vermögensverwaltungsgesellschaften hält eine Gesellschaft die Aktien als Treuhänder für ihre Gesellschafter, so dass in der Regel eine quotale Stimmrechtszurechnung auf die einzelnen Gesellschafter anzunehmen ist. Handelt es sich jedoch um Holdingstrukturen oder Kreditinstitute mit Beteiligungsbesitz, erfolgt die Beteiligungsverwaltung hauptsächlich im Interesse der Gesellschaft und nur mittelbar im Interesse der Gesellschafter, so dass kein Stimmrechtszurechnung vorliegt. Als Abgrenzungsmerkmal für Problemfälle bietet sich der Gesellschaftszweck an. Bei Kapitalanlagegesellschaften gemäß § 10 Abs. 1a Satz 2 KAGG ist zwischen der Miteigentums- und der Treuhandlösung zu unterscheiden. Hinsichtlich der Treuhandlösung regelt § 10 Abs. 1a Satz 2, 2. Hs. KAGG, dass die Stimmrechte nicht nach § 30 Abs. 1 Satz 1 Nr. 2 WpÜG den Inhabern von Publikumsfonds zugerechnet werden. Für die Miteigentumslösung gilt, dass die im Miteigentum gehaltenen Stimmrechte als Stimmrechte der Kapitalanlagegesellschaft gelten. Inhabern von Spezialfonds werden gemäß § 30 Abs. 1 Satz 1 Nr. 2 WpÜG die Stimmrechte anteilig entsprechend den Eigentumsverhältnissen an den Fondsanteilen zugerechnet. Für Investmentgesellschaften gemäß § 15 b Abs. 2 Satz 2 AuslInvestmG gilt entsprechendes.

Bei der Wertpapierleihe handelt es sich in der Regel um ein Wertpapierdarlehensgeschäft nach §§ 607ff. BGB. Letztlich treffen den Verleiher während der Laufzeit der Wertpapierleihe sämtliche wirtschaftliche Chancen und Risiken aus den Wertpapieren. Der Entleiher ist sowohl im Innen- als auch im Außenverhältnis zur Stimmrechtsausübung berechtigt. Der Verleiher hat jedoch wegen der Übertragung des Vollrechts an den Aktien auf den Entleiher generell keine Berechtigung, Einfluss auf die Stimmrechtsausübung durch den Entleiher auszuüben. Nur dann, wenn ihm von diesem eine Stimmrechtsvollmacht oder Stimmrechtsermächtigung eingeräumt wurde, ist eine Stimmrechtszurechnung vorzunehmen. Vergleichbar mit den Fällen der Wertpapierleihe kommt es beim echten und unechten Pensionsgeschäft sowie bei Repo-Geschäften in der Regel nicht zu einer Stimmrechtszurechnung nach § 30 Abs. 1 Satz 1 Nr. 2 WpÜG. Hält der Bieter sogenannte American Depositary Receipts (ADR), ist eine Zurechnung der von einem Dritten gehaltenen Stimmrechte auf den Bieter gemäß § 30 Abs. 1 Satz 1 Nr. 2 WpÜG zu bejahen.

6. Gemäß § 30 Abs. 1 Satz 1 Nr. 3 WpÜG werden dem Bieter Stimmrechte aus Aktien der Zielgesellschaft zugerechnet, die er einem Dritten als Sicherheit übertragen hat. Ausnahmsweise entfällt jedoch die Stimmrechtszurechnung, wenn der Dritte zur Ausübung der Stimmrechte aus diesen Aktien befugt ist und die Absicht bekundet, die Stimmrechte unabhängig von den Weisungen des Bieters auszuüben. Von diesem Zurechnungstatbestand wird sowohl die Sicherungsübereignung als auch die Verpfändung umfasst. Die besondere Bedeutung dieser Zurechnungsnorm liegt bei dem Ausnahmetatbestand. An die Absichtbekundung sind keine besonderen formalen Anforderungen zu stellen. Allerdings muss diese nach außen erkennbar sein. Der Dritte kann sich auch den Weisungen einer anderen Person als der des Bieters unterwerfen. Über den Wortlaut der Norm hinaus muss verlangt werden, dass der Dritte auch tatsächlich den Weisungen des Bieters keine Beachtung schenken darf. Bei einer Weiterübereignung der Aktien durch den Dritten entfällt der Zurechnungstatbestand. Weiterhin ergibt sich das Problem, dass der Bieter durch die Absichtserklärung eines Dritten, sich den Weisungen des Bieter unterwerfen zu wollen, formal zur Abgabe eines Pflichtangebots verpflichtet werden könnte. Für diesen Sonderfall sollte die Befreiungsnorm des § 37 Abs. 1 WpÜG herangezogen werden. Da die Stimmrechtszurechnungsnorm für Verpfändungen überflüssig ist, empfiehlt sich im Ergebnis eine Abänderung des Wortlautes dahin gehend, dass nur Sicherungsübereignungen erfasst werden.

7. Wird zugunsten des Bieters ein Nießbrauch an Aktien bestellt, werden die sich hieraus ergebenden Stimmrechte dem Bieter über § 30 Abs. 1 Satz 1 Nr. 4 WpÜG zugerechnet. Es erübrigt sich somit im Rahmen der Zurechnung von Stimmrechten auf den Bieter die Beantwortung der Streitfrage, ob bei Bestellung eines Nießbrauchs an Aktien gemäß §§ 1068, 1030 BGB zugunsten des Bieters diesem auch tatsächlich Stimmrechte zustehen. Eine Absorption der Stimmrechte des Aktionärs als Nießbrauchsbesteller findet nicht statt.

8. Dem Bieter werden gemäß § 30 Abs. 1 Satz 1 Nr. 5 WpÜG Stimmrechte aus Aktien der Zielgesellschaft zugerechnet, die der Bieter durch eine Willenserklärung erwerben kann. Unstreitig werden von dieser Norm auf Übereignung gerichtete bindende Angebote erfasst, die der Bieter jederzeit durch eine entsprechende Erklärung gegenüber seinem Vertragspartner annehmen kann.
Schuldrechtliche Verträge bleiben jedoch unberücksichtigt. Es wäre unangemessen, den Bieter bereits zu einem Zeitpunkt zu der Abgabe eines Pflichtangebots zu verpflichten, zu dem der Verkäufer der Aktien noch Einwendungen oder Rücktrittsrechte geltend machen kann oder seine Lieferverpflichtungen nicht er-

füllen kann oder will. Ebenso führen Rechte aus börsengängigen Optionen und Optionsscheinen nicht zu einer Stimmrechtszurechnung. Eine diesbezügliche Erweiterung der gesetzlichen Regelung sollte nicht erfolgen. Bei dinglichen Optionen ist genau auf den Inhalt der jeweiligen Option zu achten und eine Stimmrechtszurechnung erst mit der tatsächlichen Möglichkeit der Ausübung der Option durch den Bieter vorzunehmen. Kann der Bieter den Bedingungseintritt für eine dingliche Kaufoption selbst herbeiführen, ist bereits vor Bedingungseintritt eine Stimmrechtszurechnung zu bejahen. Der Zurechnungstatbestand wird bei Termingeschäften, Geschäften mit herausgeschobenen Lieferfristen, Vorkaufsrechten, Vorhandrechten und Bezugsrechten nicht erfüllt, da der Bieter die Aktien nicht durch die Abgabe einer Willenserklärung erwerben kann. Auch bei der Wertpapierleihe, bei Pensionsgeschäften und Repos scheidet § 30 Abs. 1 Satz 1 Nr. 5 WpÜG aus. Nach dem eindeutigen Wortlaut der Norm („erwerben kann") reicht schon die Möglichkeit des Erwerbes des Eigentums für die Erfüllung des Zurechnungstatbestandes aus. Eine Absorption der Stimmrechte des Verkäufers ist abzulehnen. Dem Bieter sind auch dann die Stimmrechte zuzurechnen, wenn diese im Handelsbestand des Eigentümers gemäß § 20 WpÜG gehalten werden.

9. Werden dem Bieter Aktien anvertraut, findet gemäß § 30 Abs. 1 Satz 1 Nr. 6 WpÜG eine Stimmrechtszurechnung statt, sofern er die Stimmrechte aus diesen Aktien nach eigenem Ermessen ausüben kann, wenn keine besonderen Weisungen des Aktionärs vorliegen. Rechtliche Grundlage des Anvertrauens von Aktien können sowohl vertragliche als auch gesetzliche Verwahrungsverhältnisse sein. Dabei ist es keine Voraussetzung des Anvertrauenstatbestandes, dass der Bieter als Verwahrer der Aktien diese in seinem Besitz hat. Vorausgesetzt der Bieter kann die Stimmrechte aus den Aktien nach eigenem Ermessen ausüben, führt auch das Verwahren der Aktien bei einem Dritten zur Erfüllung des Zurechnungstatbestandes. Sind die Aktien dem Bieter anvertraut und ist dieser zur Stimmrechtsausübung befugt, muss als dritte Voraussetzung für eine Stimmrechtszurechnung hinzukommen, dass er die Stimmrechte nach eigenem Ermessen ausüben kann. Zwischen Bieter und Drittem muss eine Einigung erzielt werden, dass dem Bieter bei der Ausübung des Stimmrechts ein eigener Entscheidungsspielraum zukommt. Bei der Vollmachtstreuhand müssen die Stimmrechte des Treugebers dem Treuhänder über § 30 Abs. 1 Satz 1 Nr. 6 WpÜG zugerechnet werden. Den wichtigsten Anwendungsfall der Vollmachtstreuhand bilden in der Praxis die ausländischen, vor allem U.S.-amerikanischen Investment-Management-Gesellschaften. Auf Vollmachtsstimmrechte der Kreditinstitute gemäß § 135 AktG findet die Stimmrechtszurechnungsnorm keine Anwendung. Dies gilt auch für die besonderen Fallkonstellationen im Rahmen des WpÜG, die es den Kreditinstituten ausnahmsweise ermöglichen, Stimmrechte tatsächlich weisungsunabhängig auszuüben. Dies ist insbesondere bei einer nach § 16 Abs. 3 und 4 WpÜG einberufenen Hauptversammlung der Zielgesellschaft möglich. Eine Stimmrechtszurechnung scheitert im Ergebnis daran, dass die Stimmrechte von den Kreditinstituten nicht nach eigenem Ermessen ausgeübt werden

können, da sich die Aktionäre die Abstimmungsvorschläge auch dann zu eigen machen, wenn sie ihnen nur zugänglich gemacht werden, ohne dass sie positive Kenntnis davon haben. Die letzte Voraussetzung des Zurechnungstatbestandes, dass keine besonderen Weisungen des Aktionärs vorliegen dürfen, ist bedeutungslos. Deshalb empfiehlt sich eine Streichung dieser Voraussetzung, um Verwirrung zu vermeiden.

10. Der Zurechnungstatbestand des § 30 Abs. 2 WpÜG rechnet dem Bieter Stimmrechte eines Dritten aus Aktien der Zielgesellschaft in voller Höhe zu, mit dem der Bieter oder sein Tochterunternehmen sein Verhalten in Bezug auf die Zielgesellschaft auf Grund einer Vereinbarung oder in sonstiger Weise abstimmt. Ausnahmsweise sind jedoch davon Vereinbarungen über die Ausübung von Stimmrechten in Einzelfällen ausgenommen. Bei der Formulierung des Zurechnungstatbestandes orientiert sich der Gesetzgeber an der in § 2 Abs. 5 Satz 1 WpÜG enthaltenen Regelung von gemeinsam handelnden Personen. Allerdings ist der Wortlaut im Detail unterschiedlich, so dass sich eine einheitliche Auslegung verbietet. Insbesondere die bloße Abstimmung des Verhaltens über den Erwerb von Wertpapieren der Zielgesellschaft reicht für eine Stimmrechtszurechnung alleine nicht aus, da zu diesem Zeitpunkt noch keine zurechenbaren Stimmrechte bestehen. Im Rahmen der Zurechnungsnorm des § 30 Abs. 2 WpÜG kann es nur zu einer Stimmrechtszurechnung in Bezug auf die Stimmrechte kommen, die von der Verhaltensabstimmung umfasst werden. Hauptanwendungsfall für die Abstimmung des Verhaltens auf Grund einer Vereinbarung ist der Stimmbindungsvertrag. Im Falle des abgestimmten Parallelerwerbs kommt es in der Regel nicht zu einer Stimmrechtszurechnung. Allerdings sind hier Stimmrechtszurechnungen beim Dritten nach § 30 Abs. 1 Satz 1 Nr. 5 WpÜG zu beachten, die über § 30 Abs. 2 Satz 1, 1. Hs. WpÜG i.V.m. § 30 Abs. 2 Satz 2 WpÜG i.V.m. § 30 Abs. 1 Satz 1 Nr. 5 WpÜG auch dem Bieter zugerechnet werden. Einen weiteren wichtigen Anwendungsfall bilden Poolverträge, die insbesondere zwischen Familienmitgliedern abgeschlossen werden. Neben der Vereinbarung führt auch die Abstimmung des Verhaltens in sonstiger Weise zu einer Stimmrechtszurechnung. Somit werden nunmehr auch sogenannte „Gentlemen's Agreements", also Absprachen, bei denen im Fall der Nichteinhaltung keine rechtlichen, aber moralische, wirtschaftliche oder gesellschaftliche Sanktionen drohen, von § 30 Abs. 2 WpÜG erfasst. Gleichgerichtetes Abstimmungsverhalten in der Hauptversammlung führt für sich genommen nicht zu einer Verhaltensabstimmung im Sinne des § 30 Abs. 2 WpÜG, da ein Minimum an gegenseitigem Kontakt zwischen Bieter und Drittem notwendig ist. Dasselbe gilt für Poolverträge mit Öffnungsklauseln, die eine Befugnis zur abweichenden Stimmrechtsausübung beinhalten, da es an einer Bündelung der Machtverhältnisse bei den Poolmitgliedern mangelt. Bei Kettenstimmbindungsvereinbarungen kommt es auf den jeweiligen Inhalt der Vereinbarungen nicht an. Eine Stimmrechtszurechnung ist nach derzeitiger Gesetzeslage immer ausgeschlossen. Da es dadurch zu ungerechtfertigten Umgehungen von Stimmrechtszurechnungen

kommen kann, empfiehlt sich ein ergänzender Verweis in § 30 Abs. 2 Satz 2 WpÜG neben § 30 Abs. 1 WpÜG auch auf § 30 Abs. 2 Satz 1 WpÜG. Nur so können Kettenstimmbindungsvereinbarungen zu einer Stimmrechtszurechnung führen. Ist der Bieter Nichtaktionär und werden ihm auch keine Stimmrechte über § 30 Abs. 1 WpÜG zugerechnet, kann er zwar Partei einer Stimmbindungsvereinbarung sein, ihm dürfen daraus aber keine Stimmrechte eines Dritten über § 30 Abs. 2 WpÜG zugerechnet werden. Ist der Dritte Nichtaktionär und werden ihm auch keine Stimmrechte zugerechnet, scheidet eine Stimmrechtszurechnung aus, da keine Stimmrechte vorhanden sind, die dem Bieter zugerechnet werden könnten. Die Regelung des § 30 Abs. 1 Satz 1 Nr. 1 WpÜG ist für Konzernzurechnungstatbestände als lex specialis anzusehen. Diese kann nicht durch eine erweiternde Auslegung des § 30 Abs. 2 WpÜG, der ohnehin keinen allgemeinen Auffangtatbestand darstellt, umgangen werden. Vielfältige Abgrenzungsprobleme ergeben sich dann, wenn aus dem Zurechnungstatbestand des § 30 Abs. 2 WpÜG die Angebotspflicht aus § 35 Abs. 2 WpÜG folgt, insbesondere beim Übergang von gemeinsamer zu alleiniger Kontrolle, beim Übergang von alleiniger zu gemeinsamer Kontrolle sowie beim schrittweisen Austausch von Poolmitgliedern. Im Grundsatz besteht auf Grund der wechselseitigen Stimmrechtszurechnung des § 30 Abs. 2 WpÜG eine Angebotspflicht für alle Beteiligten einer Stimmbindungsvereinbarung und alle Mitglieder eines Pools. Da eine solche mehrfache Angebotspflicht in der Regel zu unbefriedigenden Ergebnissen führt, werden in der Praxis von der BaFin erteilte Befreiungen nach § 37 WpÜG eine bedeutende Rolle spielen. Eine Ausnahme von der Stimmrechtszurechnung ist gemäß § 30 Abs. 2 Satz 1, 2. Hs. WpÜG bei einer Vereinbarung über die Ausübung von Stimmrechten in Einzelfällen vorgesehen. Die Vereinbarung muss ausdrücklich nur für die Ausübung von Stimmrechten in einem Einzelfall getroffen worden sein. Besondere Probleme entstehen im Rahmen der Zurechnungsvorschrift des § 30 Abs. 2 WpÜG bei Fragen der Beweislast. Ergeht gegen den Bieter ein Bußgeldbescheid der BaFin auf der Grundlage des § 60 WpÜG, obliegt die Beweislast der Aufsichtsbehörde. Sowohl Vermutungs- und Anscheinsregeln, als auch Beweiserleichterungen sind allerdings unzulässig. Bestehen Meinungsverschiedenheiten bezüglich zivilrechtlicher Sanktionen gegen den Bieter, trägt derjenige die Darlegungs- und Beweislast, der sich auf diese Sanktionen beruft und hieraus ihm günstige Rechtsfolgen herleitet.

11. § 36 WpÜG macht von dem Grundsatz, dass bei der Berechnung der Kontrollschwelle des § 29 Abs. 2 WpÜG sämtliche Stimmrechte des Bieters selbst und die ihm gemäß § 30 WpÜG zurechenbaren Stimmrechte berücksichtigt werden müssen, eine Ausnahme, wenn die Abgabe eines Pflichtangebots nicht sachgerecht erscheint. Dazu zählen erb- und familienrechtliche Nichtberücksichtigungsgründe, Rechtsformwechsel und Umstrukturierungen im Konzern.

12. Gemäß § 35 Abs. 1 Satz 3 WpÜG und § 2 Nr. 5 WpÜG-Angebotsverordnung müssen die nach § 30 WpÜG zuzurechnenden Stimmrechte in der Veröffentlichung und in der Angebotsunterlage für jeden Zurechnungstatbestand getrennt angegeben werden. Es bestehen jedoch keine Sanktionsmöglichkeiten bei einem Verstoß gegen § 35 Abs. 1 Satz 3.

13. Im Rahmen der Squeeze-out-Regelung des § 327 a AktG kommt es für die Berechnung der Mehrheit von 95 Prozent des Grundkapitals allein auf die Kapitalmehrheit an, nicht jedoch auf die Stimmenmehrheit. Auch hier sind gemäß § 327 a Abs. 2 i.V.m. § 16 Abs. 4 AktG den Anteilen des Hauptaktionärs Anteile Dritter zuzurechnen. Die Heranziehung weiterer als der derzeit bereits im AktG geregelten Zurechnungstatbestände ist nicht sinnvoll.

14. Mit der Informationsverschaffungspflicht des Bieters korrespondiert ein entsprechendes Auskunftsrecht.

15. Nach § 21 Abs. 1 Satz 1 WpHG muss jeder Aktionär, der durch Erwerb, Veräußerung oder auf sonstige Weise 5 %, 10 %, 25 %, 50 % oder 75 % der Stimmrechte an einer börsennotierten Gesellschaft erreicht, überschreitet oder unterschreitet, dies unverzüglich, spätestens innerhalb von sieben Kalendertagen, der betreffenden Gesellschaft sowie der BaFin schriftlich mitteilen. Für die Berechnung der fünf Schwellenwerte werden die Stimmrechte aus Aktien des Meldepflichtigen herangezogen. Zusätzlich sind Stimmrechte gemäß § 22 WpHG zuzurechnen. Die Zurechnungstatbestände des § 22 WpHG entsprechen denen des § 30 WpÜG. Trotz unterschiedlicher Zielrichtungen und Konsequenzen einer Stimmrechtszurechnung nach den beiden Normen ist aus praktischen Erwägungen eine entsprechende Auslegung zu befürworten. Nur so können Irritationen am Kapitalmarkt vermieden werden. Dabei hat sich die Auslegung des § 22 WpHG an § 30 WpÜG zu orientieren, da die übernahmerechtliche Stimmrechtzurechnungsnorm mit der Möglichkeit eines Pflichtangebots schwerwiegendere Folgen nach sich ziehen kann als die Mitteilungspflichten, die sich aus der wertpapierhandelsrechtlichen Norm ergeben können.

16. Inwieweit es zu einer Neufassung der Stimmrechtszurechnungsvorschrift des § 30 WpÜG durch eine Angleichung an die Vorgaben einer EU-Übernahmerichtlinie kommen muss, bleibt abzuwarten. Tiefgreifende Veränderungen sind diesbezüglich jedoch nicht zu erwarten.

RECHTSPOLITISCHE VORSCHLÄGE

Nachfolgend werden nochmals alle im Rahmen dieser Arbeit gemachten rechtspolitischen Vorschläge zusammengefasst.

§ 2 Abs. 6 WpÜG

Tochterunternehmen sind Unternehmen, auf die ein beherrschender Einfluss ausgeübt werden kann (§ 17 Abs. 1 AktG), ohne dass es auf die Rechtsform oder den Sitz ankommt[1361].

§ 20 WpÜG Nichtberücksichtigung von Stimmrechten[1362]

§ 30 WpÜG Zurechnung von Stimmrechten

(1) Stimmrechten eines Aktionärs der Zielgesellschaft stehen Stimmrechte aus Aktien der Zielgesellschaft gleich,

1. die einem Tochterunternehmen des Bieters oder desjenigen, der durch die Zurechnung von Stimmrechten zum Bieter wird, gehören,

2. die einem Dritten gehören und von ihm für Rechnung des Bieters oder desjenigen, der durch die Zurechnung von Stimmrechten zum Bieter wird, gehalten werden,

3. die der Bieter oder derjenige, der durch die Zurechnung von Stimmrechten zum Bieter wird, einem Dritten zur Sicherung einer Forderung übereignet hat, es sei denn, der Dritte ist zur Ausübung der Stimmrechte aus diesen Aktien befugt und bekundet die Absicht, die Stimmrechte unabhängig von den Weisungen des Bieters oder desjenigen, der durch die Zurechnung von Stimmrechten zum Bieter wird, auszuüben[1363],

4. an denen zugunsten des Bieters oder desjenigen, der durch die Zurechnung von Stimmrechten zum Bieter wird, ein Nießbrauch bestellt ist,

---

1361 Vgl. dazu oben 4. Kapitel, I. 4. b).

1362 Vgl. dazu oben 2. Kapitel, IV. 12.

1363 Vgl. dazu oben 4. Kapitel, III. 7.

5. die der Bieter oder derjenige, der durch die Zurechnung von Stimmrechten zum Bieter wird, durch eine Willenserklärung erwerben kann,

6. die dem Bieter oder demjenigen, der durch die Zurechnung von Stimmrechten zum Bieter wird, anvertraut sind, sofern dieser die Stimmrechte aus diesen Aktien nach eigenem Ermessen ausüben kann, wenn keine besonderen Weisungen des Aktionärs vorliegen[1364].

Für die Zurechnung nach Satz 1 Nr. 2 bis 6 stehen dem Bieter oder demjenigen, der durch die Zurechnung von Stimmrechten zum Bieter wird, Tochterunternehmen des Bieters
oder desjenigen, der durch die Zurechnung von Stimmrechten zum Bieter wird, gleich. Stimmrechte des Tochterunternehmens werden dem Bieter oder demjenigen, der durch die Zurechnung von Stimmrechten zum Bieter wird, in voller Höhe zugerechnet.

(2) Dem Bieter oder demjenigen, der durch die Zurechnung von Stimmrechten zum Bieter wird, werden auch Stimmrechte eines Dritten aus Aktien der Zielgesellschaft in voller Höhe zugerechnet, mit dem der Bieter, derjenige, der durch die Zurechnung von Stimmrechten zum Bieter wird, oder dessen Tochterunternehmen sein Verhalten in Bezug auf die Zielgesellschaft auf Grund einer Vereinbarung oder in sonstiger Weise abstimmt; ausgenommen ist die auf Grund einer Vereinbarung oder in sonstiger Weise erfolgende Abstimmung über die Ausübung von Stimmrechten in Einzelfällen[1365]. Für die Berechnung des Stimmrechtsanteils des Dritten gilt Absatz 1 und Absatz 2 Satz 1 entsprechend[1366].[1367]

§ 35 WpÜG Verpflichtung zur Veröffentlichung und zur Abgabe eines Angebots

(1) Wer unmittelbar oder mittelbar die Kontrolle über eine Zielgesellschaft erlangt oder die Kontrolle über eine Zielgesellschaft verliert, hat dies unter Angabe

---

1364 Vgl. dazu oben 4. Kapitel, VI. 9. Es empfiehlt sich eine Streichung des letzten Satzteils des § 30 Abs. 1 Satz 1 Nr. 6 WpÜG.

1365 Vgl. dazu oben 4. Kapitel, VII. 12. a).

1366 Vgl. dazu oben 4. Kapitel, VII. 4. b) cc).

1367 Alternativ würde sich auch die Einfügung eines Absatzes 3 anbieten, der klarstellt, dass die Bietereigenschaft auch erst durch die Zurechnung von Stimmrechten begründet werden kann. Dies würde die vielfachen Wiederholungen überflüssig machen und zur Übersichtlichkeit der Norm beitragen. Vgl. dazu oben 3. Kapitel, I. 2.

der Höhe seines Stimmrechtsanteils unverzüglich, spätestens innerhalb von sieben Kalendertagen, gemäß § 10 Abs. 3 Satz 1 und 2 zu veröffentlichen.[1368]

§ 2 Nr. 1 WpÜG-Angebotsverordnung Ergänzende Angaben der Angebotsunterlage

...

1. Name oder Firma und Anschrift oder Sitz der mit dem Bieter gemeinsam handelnden Personen und der Personen, deren Stimmrechte aus Aktien der Zielgesellschaft nach § 30 des Wertpapiererwerbs- und Übernahmegesetzes Stimmrechten des Bieters gleichstehen und ihm deshalb zuzurechnen sind[1369], sowie, wenn es sich bei diesen Personen um Gesellschaften handelt, die Rechtsform;...

§ 2 Nr. 5 WpÜG-Angebotsverordnung

...

5. die Anzahl der jeweils vom Bieter und von mit ihm gemeinsam handelnden Personen und deren Tochterunternehmen bereits gehaltenen Wertpapiere sowie die Höhe der jeweils von diesen gehaltenen Stimmrechtsanteile unter Angabe der ihnen jeweils nach § 30 Wertpapiererwerbs- und Übernahmegesetz zuzurechnenden Stimmrechtsanteile getrennt für jeden Zurechnungstatbestand[1370];...

§ 9 Satz 3 WpÜG-Angebotsverordnung

Eine Befreiung von der Pflicht zur Abgabe eines Angebots nach § 35 Abs. 2 Satz 1 des Wertpapiererwerbs- und Übernahmegesetzes kann ferner entweder für ein Mutter- oder für ein Tochterunternehmen erteilt werden, wenn das Tochterunternehmen die Kontrolle über die Zielgesellschaft erlangt.[1371]

1368 Vgl. dazu oben 6. Kapitel, III. 4. d).

1369 Vgl. dazu oben 3. Kapitel, I. 3. a).

1370 Vgl. dazu oben 3. Kapitel, I. 3. a).

1371 Vgl. dazu oben 4. Kapitel, I. 7.

LITERATURVERZEICHNIS

Acker, Georg; Die Wertpapierleihe. Grundlagen, Abwicklung und Risiken eines neuen Bankprodukts, Wiesbaden 1991

Adams, Michael; Die Usurpation von Aktionärsbefugnissen mittels Ringverflechtung in der „Deutschland AG" – Vorschläge für Reformen im Wettbewerbs-, Steuer- und Unternehmensrecht –, AG 1994, S. 148 - 158

Adams, Michael; Höchststimmrechte, Mehrfachstimmrechte und sonstige wundersame Hindernisse auf dem Markt für Unternehmenskontrolle, AG 1990, S. 63 - 78

Adams, Michael; Was spricht gegen eine unbehinderte Übertragbarkeit der in Unternehmen gebundenen Ressourcen durch ihre Eigentümer?, AG 1990, S. 243 - 252

Adler/Düring/Schmaltz; Rechnungslegung und Prüfung der Unternehmen – Kommentar zum HGB, AktG, GmbHG, PublG nach den Vorschriften des Bilanzrichtlinien-Gesetzes, Teilband 3, 6. Auflage, 1996

Adler/Düring/Schmaltz; Rechnungslegung und Prüfung der Unternehmen – Kommentar zum HGB, AktG, GmbHG, PublG nach den Vorschriften des Bilanzrichtlinien-Gesetzes, Teilband 4, 6. Auflage, 1997

van Aerssen, Rick; Erwerb eigener Aktien und Wertpapierhandelsgesetz: Neues von der Schnittstelle Gesellschaftsrecht/Kapitalmarktrecht – Zugleich Anmerkungen zum Schreiben „Erwerb eigener Aktien nach § 71 Abs. 1 Satz1 Nr. 8 AktG" des Bundesaufsichtsamts für den Wertpapierhandel vom 28. Juni 1999 –, WM 2000, S. 391 - 406

Aha, Christof; Rechtsschutz der Zielgesellschaft bei mangelhaften Übernahmeangeboten, AG 2002, S. 160 - 169

Altmeppen, Holger; Neutralitätspflicht und Pflichtangebot nach dem neuen Übernahmerecht, ZIP 2001, S. 1073 - 1084

Altmeppen, Holger; Zur Vermögensbindung in der faktisch abhängigen AG, ZIP 1996, S. 693 - 698

Arends, Volker; Die Offenlegung von Aktienbesitz nach deutschem Recht, Wiesbaden 2000

Assmann, Heinz-Dieter; Die Haftung für die Richtigkeit und Vollständigkeit der Angebotsunterlage nach § 12 WpÜG, AG 2002, S. 153 - 160

Assmann, Heinz-Dieter; Erwerbs-, Übernahme- und Pflichtangebote nach dem Wertpapiererwerbs- und Übernahmegesetz aus der Sicht der Bietergesellschaft, AG 2002, S. 114 - 125

Assmann, Heinz-Dieter; Verhaltensregeln für freiwillige öffentliche Übernahmeangebote – Der Übernahmekodex der Börsensachverständigenkommission, AG 1995, S. 563 - 572

Assmann, Heinz-Dieter; Die Konzernfinanzierung und das Kapitalmarktrecht, in: Lutter/Scheffler/U.H. Schneider (Hrsg.), Handbuch der Konzernfinanzierung, 1998, S. 332ff.

Assmann, Heinz-Dieter; Schneider, Uwe H.; Wertpapierhandelsgesetz, 2. Auflage, 1999

Austmann, Andreas; Pflichten zur Offenlegung von Aktienbesitz, WiB 1994, S. 143 - 147

Baudisch, Matthias; Götz, Alexander; Nochmals: Neutralitätspflicht des Vorstands und Entscheidungsbefugnis der Hauptversammlung im Übernahmerecht, AG 2001, S. 251 - 256

Bauer, Patrick; Anmerkung zu BVerfG, Beschluss vom 23.8.2000, NZG 2000, S. 1214 - 1215

Baumann, Horst; Reiss, Wilhelm; Satzungsändernde Vereinbarungen – Nebenverträge im Gesellschaftsrecht – Eine rechtstatsächliche und rechtsdogmatische Untersuchung –, ZGR 1989, S. 157 - 215

Baumbach, Adolf; Hopt, Klaus J.; Handelsgesetzbuch mit GmbH & Co., Handelsklauseln, Bank- und Börsenrecht, Transportrecht (ohne Seerecht), 29. Auflage, 1995

Baumbach, Adolf; Hopt, Klaus J.; Handelsgesetzbuch mit GmbH & Co., Handelsklauseln, Bank- und Börsenrecht, Transportrecht (ohne Seerecht), 30. Auflage, 2000

Baumbach, Adolf; Hueck, Götz; Aktiengesetz, 13. Auflage, München 1968

Baums, Philipp A.; Ausschluss von Minderheitsaktionären, Frankfurt am Main 2001

Baums, Philipp A.; Der Ausschluss von Minderheitsaktionären nach §§ 327a ff. AktG n.F., WM 2001, S. 1843 - 1850

Baums, Theodor; Höchststimmrechte, AG 1990, S. 221 - 242

Baums, Theodor; Vorschlag eines Gesetzes zu öffentlichen Übernahmeangeboten, ZIP 1997, S. 1310 - 1315

Baums, Theodor; Fraune, Christian; Institutionelle Anleger und Publikumsgesellschaft: Eine empirische Untersuchung, AG 1995, S. 97 - 112

Baums, Theodor; König, Markus; Investmentfonds im Universalbankenkonzern: Rechtstatsachen und aktuelle Reformfragen, in: Festschrift für Bruno Kropff, hrsg. von Karl-Heinz Forster u.a., Düsseldorf 1997, S. 3 - 36

Baums, Theodor; v. Randow, Philipp; Der Markt für Stimmrechtsvertreter, AG 1995, S. 145 - 163

Baur, Jürgen; Investmentgesetze, 2. Auflage, 1997

Bausch, Helmut; Die Beteiligung von Banken an Nichtbanken und das Konzernrecht, Frankfurt am Main, 1982

Bechtold, Rainer; Kartellgesetz, Gesetz gegen Wettbewerbsbeschränkungen, 3. Auflage, 2002

Becker, Joachim; Das neue Wertpapierhandelsgesetz, 1995

Becker, Dietrich; Verhaltenspflichten des Vorstands der Zielgesellschaft bei feindlichen Übernahmen, ZHR 165 (2001), S. 280 - 287

Beckmann, Ralph; Der Richtlinienvorschlag betreffend Übernahmeangebote auf dem Weg zu einer europäischen Rechtsangleichung, DB 1995, S. 2407 – 2411

Beckmann, Ralph; Kersting, Mark Oliver; Mielke, Werner; Das neue Übernahmerecht, 2003

Beck´scher Bilanz-Kommentar, Handels- und Steuerrecht - §§ 238 bis 339 HGB -, bearbeitet von Wolfgang Dieter Budde u.a., 4. Auflage, 1999

Behrens, Peter; Die Europäisierung des Gesellschaftsrechts, GmbHR 1993, S. 129 - 136

Behrens, Peter; Rechtspolitische Grundsatzfragen zu einer Europäischen Regelung für Übernahmeangebote, ZGR 1975, S. 433 - 458

Benner-Heinacher, Jella S.; Mindeststandards für Übernahmeregeln in Deutschland, DB 1997, S. 2521 - 2524

Benz, Nadja; Kiwitz, Thorsten; Der Neue Markt der Frankfurter Wertpapierbörse – Zulassung und Folgepflichten, DStR 1999, S. 1162 - 1168

Berger, Klaus Peter; Unternehmensübernahmen in Europa – Der geänderte Vorschlag für eine EG-Takeover-Richtlinie im Vergleich mit nationalen Übernahmeregelungen -, ZIP 1991, S. 1644 - 1660

Bess, Jürgen; Eine europäische Regelung für Übernahmeangebote (Teil I) – Kritische Bemerkungen zum Entwurf eines Richtlinienvorschlags über „Übernahmeangebote und andere Angebote“, AG 1976, S. 169 - 176

Bess, Jürgen; Eine europäische Regelung für Übernahmeangebote (Teil II und Schluß) – Kritische Bemerkungen zum Entwurf eines Richtlinienvorschlags über „Übernahmeangebote und andere Angebote“, AG 1976, S. 206 - 210

Beyer, Andreas; Die Bedeutung des Freiverkehrs für den Emittenten vor dem Hintergrund des Gesetzes für kleine AG und des WpHG, AG-Report 1996, S. R48 - R53

Bezzenberger, Tilman; Erwerb eigener Aktien durch die AG, Köln 2002

Biener, Herbert; Berneke, Wilhelm; Bilanzrichtlinien-Gesetz, 1986

Bittner, Claudia; Die EG-Übernahme-Richtlinie aus englischer Sicht – Die Verteidigung der Selbstregulierung durch den Panel on Takeovers and Mergers, RIW 1992, S. 182 - 189

Böckenhoff, Johannes; Ross, Malcolm I.; „American Depositary Receipts” (ADR) – Strukturen und rechtliche Aspekte – Teil I, WM 1993, S. 1781 - 1787

Boesebeck, Ernst; Abstimmungsvereinbarungen mit Aktionären, NJW 1960, S. 7 - 10

Bolte, Christian; Squeeze-out: Eröffnung neuer Umgehungstatbestände durch die §§ 327a ff. AktG? – Herbeiführen des Squeeze-out mittels Zwischenschaltens einer BGB-Gesellschaft bzw. eines Treuhänders? –, DB 2001, S. 2587 - 2591

Brändel, Oliver C.; Mehrstimmrechtsaktien – ein in Vergessenheit geratenes Instrument der Beherrschung und des Minderheitenschutzes?, in: Festschrift für Karlheinz Quack, hrsg. von Harm Peter Westermann u.a., Berlin/New York 1991, S. 175 – 188

Bungert, Hartwin; Paschos, Nikolaos; American Depositary Receipts: Gestaltungspotentiale, kollisionsrechtliche und aktienrechtliche Aspekte – Der Zugang zum US-amerikanischen Kapitalmarkt für deutsche Kapitalgesellschaften –, DZWiR 1995, S. 221 - 237

Burgard, Ulrich; Die Offenlegung von Beteiligungen, Abhängigkeits- und Konzernlagen bei der Aktiengesellschaft, Berlin 1990

Burgard, Ulrich; Die Offenlegung von Beteiligungen bei der Aktiengesellschaft, AG 1992, S. 41 - 55

Burgard, Ulrich; Die Berechnung des Stimmrechtsanteils nach §§ 21-23 Wertpapierhandelsgesetz, BB 1995, S. 2069 - 2078

Burgard, Ulrich; Kapitalmarktrechtliche Lehren aus der Übernahme Vodafone-Mannesmann – Zur Verletzung der Mitteilungspflicht nach §§ 21 Abs. 1, 22 Abs. 1 Nr. 6 WpHG und den sich daraus ergebenden Folgerungen für ein Viertes Finanzmarktförderungsgesetz, WM 2000, S. 611 - 616

Busch, Torsten; Bedingungen in Übernahmeangeboten, AG 2002, S. 145 - 152

Cahn, Andreas; Probleme der Mitteilungs- und Veröffentlichungspflichten nach dem WpHG bei Veränderungen des Stimmrechtsanteils an börsennotierten Gesellschaften, AG 1997, S. 502 - 512

Cahn, Andreas; Grenzen des Markt- und Anlegerschutzes durch das WpHG, ZHR 162 (1998), S. 1 - 50

Charlesworth, John; Morse, Geoffrey; Company Law, 14. Auflage, 1991

Claussen, Carsten P.; Buchbesprechung, Wertpapierhandelsgesetz, Kommentar, herausgegeben von Prof. Dr. Heinz-Dieter Assmann und Prof. Dr. Uwe H. Schneider, AG 1996, S. 286 - 288

Claussen, Carsten P.; Hauptversammlung und Internet; AG 2001, S. 161 - 171

Claussen, Carsten P.; Die vier aktienrechtlichen Änderungsgesetze des 12. Deutschen Bundestages – Reform oder Aktionismus, AG 1995, S. 163 - 172

Claussen, Carsten P.; Wie ändert das KonTraG das Aktiengesetz?, DB 1998, S. 177 - 186

Claussen, Carsten P.; Bank- und Börsenrecht, 2. Auflage 2000

Coffee, Jr., John C.; The SEC and the institutional investor: A half-time report, 15 Cardozo Law Review (1994), S. 837 - 900

Depser, Ingrid; Der Vorschlag der EG-Kommission zur Takeover-Richtlinie im Spiegel der amerikanischen Takeover-Erfahrung, RIW 1992, S. 351 – 361

Diekmann, Hans; Hinweise zur Anwendung des Übernahmekodexes der Börsensachverständigenkommission, WM 1997, S. 897 - 904

Diekmann, Hans; Mitteilungspflichten nach §§ 20ff. AktG und dem Diskussionsentwurf des Wertpapierhandelsgesetzes, DZWiR 1994, S. 13 - 21

Diekmann, Hans; Namensaktien bei Publikumsgesellschaften, BB 1999, S. 1985 - 1990

Diemer, Frank; Hasselbach, Kai; Öffentliche Übernahmeangebote in Italien, NZG 2000, S. 824 - 830

Dierdorf, Josef; Herrschaft und Abhängigkeit einer Aktiengesellschaft auf schuldvertraglicher und tatsächlicher Grundlage, Köln 1978

Dimke, Andreas W.; Heiser, Kristian J.; Neutralitätspflicht, Übernahmegesetz und Richtlinienvorschlag 2000, NZG 2001, S. 241 - 259

Dörge, Andreas; Rechtliche Aspekte der Wertpapierleihe, Berlin 1992

Doralt, Peter; Überlegungen zur Gestaltung der Vorschriften über das Recht des öffentlichen Übernahmeangebotes in Österreich, in: Festschrift für Bruno Kropff, hrsg. von Karl-Heinz Forster u.a., Düsseldorf 1997, S. 53 - 70

Drygala, Tim; Die neue deutsche Übernahmeskepsis und ihre Auswirkungen auf die Vorstandspflichten nach § 33 WpÜG, ZIP 2001, S. 1861 - 1871

Ebenroth, Carsten Thomas; Daum, Thomas; Die Kompetenzen des Vorstands einer Aktiengesellschaft bei der Durchführung und Abwehr unkoordinierter Übernahmen (Teil I), DB 1991, S. 1105 - 1111

Ebenroth, Carsten Thomas; Daum, Thomas; Die Kompetenzen des Vorstands einer Aktiengesellschaft bei der Durchführung und Abwehr unkoordinierter Übernahmen (Teil II), DB 1991, S. 1157 - 1161

Ebenroth, Carsten Thomas; Boujong, Karlheinz; Joost, Detlev; Handelsgesetzbuch, Band 1, §§ 1 – 342 a, München, 2001

Ehricke, Ulrich; Roth, Markus; Squeeze-out im geplanten deutschen Übernahmerecht, DStR 2001, S. 1120 - 1127

Ekkenga, Jens; Hofschroer, Josef; Das Wertpapiererwerbs- und Übernahmegesetz (Teil I), DStR 2002, S. 724 - 734

Ekkenga, Jens; Hofschroer, Josef; Das Wertpapiererwerbs- und Übernahmegesetz (Teil II), DStR 2002, S. 768 - 777

Emmerich, Volker; Habersack, Mathias; Aktien- und GmbH-Konzernrecht, 2. Auflage, München 2001

Emmerich, Volker; Sonnenschein, Jürgen; Habersack, Matthias; Konzernrecht, 7. Auflage, 2001

Ensthaler, Jürgen (Hrsg.); Gemeinschaftskommentar zum Handelsgesetzbuch, 6. Auflage, 1999

Falkenhagen, Klaus; Aktuelle Fragen zu den neuen Mitteilungs- und Veröffentlichungspflichten nach Abschnitt 4 und 7 des Wertpapierhandelsgesetzes, WM 1995, S. 1005 - 1009

v. Falkenhausen, Bernhard Freiherr; Das „Takeover-Game" – Unternehmenskäufe in den USA -, in: Festschrift für Ernst C. Stiefel, hrsg. von Marcus Lutter u.a., München 1986, S. 163 - 195

v. Falkenhausen, Kurt H. Freiherr; Abhängige Unternehmen und Mitteilungspflicht nach §§ 20, 21 AktG 1965, BB 1966, S. 875 - 876

Fleck, Hans Joachim; Stimmrechtsabspaltung in der GmbH?, in: Festschrift für Robert Fischer, hrsg. von Marcus Lutter u.a., Berlin 1979, S. 107 - 129

Fleischer, Holger; Schnittmengen des WpÜG mit benachbarten Rechtsmaterien – eine Problemskizze, NZG 2002, S. 545 - 551

Fleischer, Holger; Zum Begriff des öffentlichen Angebots im Wertpapiererwerbs- und Übernahmegesetz, ZIP 2001, S. 1653 - 1660

Fleischer, Holger; Kalss, Susanne; Das neue Wertpapiererwerbs- und Übernahmegesetz – Einführende Gesamtdarstellung und Materialien, 2002

Fleischer, Holger; Körber, Torsten; Der Rückerwerb eigener Aktien und das Wertpapiererwerbs- und Übernahmegesetz, BB 2001, S. 2589 – 2595

Flume, Werner; Die juristische Person, 1983

Fraune, Christian; Der Einfluß institutioneller Anleger in der Hauptversammlung, Köln 1996

Fuchs, Konrad; Entscheidung der österreichischen Übernahmekommission in der Sache HVB/Bank Austria, NZG 2001, S. 282 - 288

Gajo, Marianne; Die Marktsegmente an den deutschen Wertpapierbörsen, AG-Report 1993, S. R 456 - R 460

Geibel, Stephan; Süßmann, Rainer; Erwerbsangebote nach dem Wertpapiererwerbs- und Übernahmegesetz, BKR 2002, S. 52 - 67

Geibel, Stephan; Süßmann, Rainer; Wertpapiererwerbs- und Übernahmegesetz, Kommentar, München 2002

Gerke, Wolfgang; Bank, Matthias; Lucht, Georg; Die Wirkungen des WpHG auf die Informationspolitik der Unternehmen, Die Bank 1996, S. 612 - 616

Gesell, Harald; Wertpapierleihe und Repurchase Agreement im deutschen Recht, Köln 1995

Geßler, Ernst; Hefermehl, Wolfgang; Eckardt, Ulrich; Kropff, Bruno; Aktiengesetz, Kommentar, Band I, §§ 1 – 75, München 1973

Geßler, Ernst; Hefermehl, Wolfgang; Eckardt, Ulrich; Kropff, Bruno; Aktiengesetz, Kommentar, Band II, §§ 76 – 147, München 1974

Geßler, Ernst; Hefermehl, Wolfgang; Eckardt, Ulrich; Kropff, Bruno; Aktiengesetz, Kommentar, Band VI, §§ 291 – 410, München 1994

Götz, Jürgen; Der Entherrschungsvertrag im Aktienrecht, Frankfurt am Main 1991

Grimm, Detlef; Das Vertragsrecht des Wertpapierdarlehens, Frankfurt am Main 1996

Großkommentar zum Aktiengesetz, Erster Band, 1. Halbband, §§ 1 – 75, 3. Auflage, 1973

Grunewald, Barbara; Der geänderte Vorschlag einer 13. EG-Richtlinie betreffend Übernahmeangebote, WM 1991, S. 1361 - 1366

Grunewald, Barbara; Die neue Squeeze-out-Regelung, ZIP 2002, S. 18 - 22

Grunewald, Barbara; Europäisierung des Übernahmerechts, AG 2001, S. 288 - 291

Grunewald, Barbara; Was bringt der Vorschlag einer 13. EG-Richtlinie über Übernahmeangebote für das deutsche Recht?, WM 1989, S. 1233 - 1239

Haarmann, Wilhelm; Riehmer, Klaus; Schüppen, Matthias; Öffentliche Übernahmeangebote – Kommentar zum Wertpapiererwerbs- und Übernahmegesetz, 2002

Habermeier, Stefan; Neue Wege zum Wirtschaftskollisionsrecht, Baden-Baden 1997

Habersack, Mathias; Der Finanzplatz Deutschland und die Rechte der Aktionäre – Bemerkungen zur bevorstehenden Einführung des „Squeeze Out", ZIP 2001, S. 1230 - 1239

Habersack, Mathias; Die Mitgliedschaft – subjektives und „sonstiges" Recht, Tübingen 1996

Habersack, Mathias; Mayer, Christian; Der neue Vorschlag 1997 einer Takeover-Richtlinie – Überlegungen zur Umsetzung in das nationale Recht, ZIP 1997, S. 2141 - 2146

Halm, Dirk; „Squeeze out" heute und morgen: Eine Bestandsaufnahme nach dem künftigen Übernahmerecht, NZG 2000, S. 1162 - 1165

Hammen, Horst; Das Vollmachtsstimmrecht der Banken in der Aktienrechtsreform, WM 1997, S. 1221 - 1228

Hanft, Stephan; Kretschmer, Thomas; Quartalspublizität am Neuen Markt, AG 2001, S. 84 - 87

Hansen, Herbert; Anmerkung zur Diskussion um die Macht der Banken, AG-Report 1995, S. R 458 - R 463

Hansen, Herbert; Das Gewicht der Banken in den Aufsichtsräten deutscher Aktiengesellschaften, AG-Report 1994, S. R 76 - R 79

Hansen, Herbert; Der europäische Pharmagroßhandel, AG-Report 1996, S. R 256 - R 258

Hansen, Herbert; Der Neue Markt – Handel und Betreuer, AG-Report 1997, S. R164 - R167

Hansen, Herbert; Die Beteiligungsverhältnisse am deutschen Aktienmarkt, AG-Report 1996, S. R 87 - R 90

Happ, Wilhelm; Zum Regierungsentwurf eines Wertpapierhandelsgesetzes, JZ 1994, S. 240 - 246

Harbarth, Stephan; Kontrollerlangung und Pflichtangebot, ZIP 2002, S. 321 - 332

Harrer, Herbert; Mölling, Astrid; Verschärfung des Veräußerungsverbots für Altaktionäre im Neuen Markt, BB 1999, S. 2521 - 2523

Hartung, Klaus Joachim; Das Wertpapieroptionsgeschäft in der Bundesrepublik Deutschland, Berlin 1989

Hartung, Werner; Wertpapierleihe und Bankbilanz – Ist § 340b HGB richtlinienkonform?, BB 1993, S. 1175 - 1177

Hasselbach, Kai; Schumacher, Stephan; Hauptversammlung im Internet, ZGR 2000, S. 258 - 286

Hauschka, Christoph E.; Roth, Thomas; Übernahmeangebote und deren Abwehr im deutschen Recht – zugleich ein Beitrag zur internationalen Standortbestimmung des deutschen Aktienrechts, AG 1988, S. 181 -196

Hausmaninger, Christian; Herbst, Christoph; Übernahmegesetz – Kurzkommentar, 1999

Heermann, Peter W.; Interessenkonflikte von Bankvertretern in Aufsichtsräten bei (geplanten) Unternehmensübernahmen, WM 1997, S. 1689 - 1696

Heidel, Thomas (Hrsg.); Anwaltkommentar zum Aktienrecht, 2003

Heidel, Thomas; Lochner, Daniel; Squeeze-out ohne hinreichenden Eigentumsschutz, DB 2001, S. 2031 - 2034

Heidelberger Kommentar zum Handelsgesetzbuch, Handelsrecht – Bilanzrecht – Steuerrecht, 5. Auflage, Heidelberg 1999

v. Hein, Jan; Grundfragen des europäischen Übernahmekollisionsrechts, AG 2001, S. 213 -232

Heinsius, Theodor; Rezension von: Heinz-Dieter Assmann/Uwe H. Schneider (Hrsg.), Wertpapierhandelsgesetz, Kommentar, bearbeitet von Heinz-Dieter Assmann u.a., Köln 1995, in: WM 1996, S. 421 - 424

Helmschrott, Harald; Waßmer, Martin Paul; Aufklärungs-, Beratungs- und Verhaltenspflichten von Wertpapierdienstleistern nach §§ 31, 32 WpHG bei der Anlage in Aktien des Neuen Marktes, WM 1999, S. 1853 - 1863

Helmis, Sven; Regulierung von Unternehmensübernahmen in den USA, RIW 2001, S. 825 - 834

Henn, Günter; Handbuch des Aktienrechts, 6. Auflage, Heidelberg 1998

Henssler, Martin; Verhaltenspflichten bei der Ausübung von Aktienstimmrechten durch Bevollmächtigte, ZHR 157 (1993), S. 91 - 124

Herkenroth, Klaus E.; Konzernierungsprozesse im Schnittfeld von Konzernrecht und Übernahmerecht – Rechtsvergleichende Untersuchungen der Allokationseffizienz unterschiedlicher Spielregeln von Unternehmensübernahmen, Berlin 1994

Herrmann, Marcus; Zivilrechtliche Abwehrmaßnahmen gegen unfreundliche Übernahmeversuche in Deutschland und Großbritannien – eine rechtsvergleichende Untersuchung unter Berücksichtigung des künftigen europäischen Rechts, Heidelberg 1993

Hesselmann, Malte; Nießbrauch an GmbH-Anteilen, GmbH-Rundschau 1959, S. 21 - 25

Heymann; herausgegeben von Horn, Kommentar zum Handelsgesetzbuch, Band 3, Drittes Buch, §§ 238 – 342 a, 2. Auflage, Berlin/New York 1999

Hirte, Heribert; von Bülow, Christoph; Wertpapiererwerbs- und Übernahmegesetz (WpÜG), 2002

Hirte, Heribert; Die Entwicklung des Unternehmens- und Gesellschaftsrechts in Deutschland in den Jahren 1991 – 1995, NJW 1996, S. 2827 - 2847

Holzborn, Timo; Blank, Joachim; Die Nichtzurechnung nach §§ 20, 36 WpÜG und die Befreiung vom Pflichtangebot nach § 37 WpÜG, §§ 8ff. WpÜGAngVO, NZG 2002, S. 948 - 954

Holzborn, Timo; Friedhoff, Martin; Die gebundenen Ausnahmen der Zurechnung nach dem WpÜG – Die Tücken des Handelsbestandes nach § 20 WpÜG –, WM 2002, S. 948 - 951

Hommelhoff, Peter; Die Konzernleitungspflicht – Zentrale Aspekte eines Konzernverfassungsrechts, Köln 1982

Hommelhoff, Peter; Kleindiek, Detlef; Takeover-Richtlinie und europäisches Konzernrecht, AG 1990, S. 106 - 111

Hommelhoff, Peter; Witt, Carl-Heinz; Bemerkungen zum deutschen Übernahmegesetz nach dem Scheitern der Richtlinie – Zugleich ein Blick auf Italien, RIW 2001, S. 561 - 569

Hopt, Klaus J.; Aktionärskreis und Vorstandsneutralität, ZGR 1993, S. 534 - 566

Hopt, Klaus J.; Auf dem Weg zum deutschen Übernahmegesetz – Überlegungen zum Richtlinienentwurf 1997, zum Übernahmekodex (1997) und zum SPD-Entwurf 1997, in: Festschrift für Wolfgang Zöllner, Band 1, hrsg. von Manfred Lieb u.a., Köln, 1998, S. 253 - 274

Hopt, Klaus J.; Europäisches und deutsches Übernahmerecht, ZHR 161 (1997), S. 368 - 420

Hopt, Klaus J.; Europäisches Übernahmerecht, EuZW 1997, S. 481

Hopt, Klaus J.; Familien- und Aktienpools unter dem Wertpapierhandelsgesetz, ZGR 1997, S. 1 - 31

Hopt, Klaus J.; Grundsatz- und Praxisprobleme nach dem Wertpapierhandelsgesetz – insbesondere Insidergeschäfte und Ad-hoc-Publizität, ZHR 159 (1995), S. 135 - 163

Hopt, Klaus J.; Harmonisierung im europäischen Gesellschaftsrecht – Status quo, Probleme, Perspektiven -, ZGR 1992, S. 265 - 295

Hopt, Klaus J.; Übernahmeangebote im europäischen Recht, in: Festschrift für Fritz Rittner, hrsg. von Manfred Löwisch u.a., München 1991, S. 187 - 209

Hopt, Klaus J.; Übernahmen, Geheimhaltung und Interessenkonflikte: Probleme für Vorstände, Aufsichtsräte und Banken, ZGR 2002, S. 333 - 376

Houben, Eike; Die Gestaltung des Pflichtangebots unter dem Aspekt des Minderheitenschutzes und der effizienten Allokation der Unternehmenskontrolle, WM 2000, S. 1873 - 1883

v. **Hoyningen-Huene, Gerrick**; Der Konzern im Konzern, ZGR 1978, S. 515 - 541

Hüffer, Uwe; Aktiengesetz, 5. Auflage, 2002

Hüffer, Uwe; Verlust oder Ruhen von Aktionärsrechten bei Verletzung aktienrechtlicher Mitteilungspflichten?, in: Festschrift für Karlheinz Boujong, hrsg. von Carsten Thomas Ebenroth u.a., München, 1996, S. 277 - 297

Jäger, Regina; Rechtsprobleme bei der Meldung des Anteilsbesitzes gem. § 21 bzw. § 41 WpHG, insbesondere bei Familienaktiengesellschaften, WM 1996, S. 1356 - 1359

Jansen, Rudolf; Jansen, Martin; Der Nießbrauch im Zivil- und Steuerrecht, 6. Auflage, 2001

Junge, Werner; Anzeigepflichten und Publizität bei Beteiligungserwerb, in: Festschrift für Johannes Semler, hrsg. von Marcus Bierich u.a., Berlin/New York, 1993, S. 473 - 484

Kallmeyer, Harald; Ausschluß von Minderheitenaktionären, AG 2000, S. 59 - 61

Kallmeyer, Harald; Der Übernahmekodex der Börsensachverständigenkommission, AG 1996, S. 169 - 171

Kallmeyer, Harald; Die Mängel des Übernahmekodex der Börsensachverständigenkommission, ZHR 161 (1997), S. 435 - 454

Kallmeyer, Harald; Neutralitätspflicht des Vorstands und Entscheidungsbefugnis der Hauptversammlung im Übernahmerecht, AG 2000, S. 553 - 554

Kallmeyer, Harald; Pflichtangebote nach dem Übernahmekodex und dem neuen Vorschlag 1997 einer Takeover-Richtlinie, ZIP 1997, S. 2147 - 2148

Kersting, Mark Oliver; Der Neue Markt der Deutschen Börse AG, AG 1997, S. 222 - 228

Kessler, Manfred H.; Die Leitungsmacht des Vorstandes einer Aktiengesellschaft (II), AG 1995, S. 120 - 132

Kiem, Roger; Der Hauptversammlungsentscheid zur Legitimation von Abwehrmaßnahmen nach dem neuen Übernahmegesetz, ZIP 2000, S. 1509 - 1517

Kirchner, Christian; Managementpflichten bei „feindlichen" Übernahmeangeboten, WM 2000, S. 1821 - 1830

Kirchner, Christian; Neutralitäts- und Stillhaltepflicht des Vorstands der Zielgesellschaft im Übernahmerecht, AG 1999, S. 481 - 492

Kirchner, Christian; Szenarien einer „feindlichen" Unternehmensübernahme: Alternative rechtliche Regelungen im Anwendungstest, BB 2000, S. 105 - 113

Kirchner, Christian; Ehricke, Ulrich; Funktionsdefizite des Übernahmekodex der Börsensachverständigenkommission, AG 1998, S. 105 - 116

Knoll, Heinz-Christian; Die Übernahme von Kapitalgesellschaften, Baden-Baden 1992

Kölner Kommentar zum AktG, Band 1, §§ 1 – 147 AktG, 1985

Kölner Kommentar zum AktG, Band 3, §§ 291 – 410 AktG, EGAktG, Gesetzesanhang, 1985

Körber, Ulrich; Die Stimmrechtsvertretung durch Kreditinstitute – Überlegungen zur Fortentwicklung des deutschen Rechts unter Berücksichtigung der Vorschläge der Europäischen Kommission, Berlin 1989

Körner, Marita; Die Neuregelung der Übernahmekontrolle nach deutschem und europäischem Recht – insbesondere zur Neutralitätspflicht des Vorstands, DB 2001, S. 367 - 371

Koller, Ingo; Roth, Wulf-Henning; Morck, Winfried; Handelsgesetzbuch, Kommentar, 3. Auflage, 2002

Koppensteiner, Hans-Georg; Einige Fragen zu § 20 AktG, in: Festschrift für Heinz Rowedder, hrsg. von Gerd Pfeiffer u.a., München, 1994, S. 213 - 228

Kossmann, Alfred; Ausschluß („Freeze-out") von Aktionären gegen Barabfindung, NZG 1999, S. 1198 - 1203

Krause, Hartmut; Das neue Übernahmerecht, NJW 2002, S. 705 - 716

Krause, Hartmut; Das obligatorische Übernahmeangebot, Baden-Baden 1996

Krause, Hartmut; Prophylaxe gegen feindliche Übernahmeangebote, AG 2002, S. 133 - 144

Krause, Hartmut; Zur Gleichbehandlung der Aktionäre bei Übernahmeangeboten und Beteiligungserwerb – Teil I, WM 1996, S. 845 - 851

Krause, Hartmut; Zur Gleichbehandlung der Aktionäre bei Übernahmeangeboten und Beteiligungserwerb – Teil II, WM 1996, S. 893 - 900

Krause, Hartmut; Zur „Pool- und Frontenbildung" im Übernahmekampf und zur Organzuständigkeit für Abwehrmaßnahmen gegen „feindliche" Übernahmeangebote – Überlegungen zu LG Düsseldorf vom 14.12.1999 – 10 O 495/99 Q – „Mannesmann", AG 2000, S. 217 - 222

Krause, Hartmut; Der revidierte Vorschlag einer Takeover-Richtlinie (1996), AG 1996, S. 209 - 217

Krause, Hartmut; Die geplante Takeover-Richtlinie der Europäischen Union mit Ausblick auf das geplante deutsche Übernahmegesetz, NZG 2000, S. 905 - 913

Krieger, Gerd; Squeeze-Out nach neuem Recht: Überblick und Zweifelsfragen, BB 2002, S. 53 - 62

Krieger, Gerd; Vorwirkende Abhängigkeit, in: Festschrift für Johannes Semler, hrsg. von Marcus Bierich u.a., Berlin/New York 1993, S. 503 - 515

Kropff, Bruno; „Verbundene Unternehmen" im Aktiengesetz und im Bilanzrichtlinien-Gesetz, DB 1986, S. 364 - 368

Kropff, Bruno; Semler, Johannes (Hrsg.), Münchener Kommentar zum Aktiengesetz, Band 1, §§ 1-53, 2. Auflage, 2000

Kropff, Bruno; Semler, Johannes (Hrsg.), Münchener Kommentar zum Aktiengesetz, Band 8, §§ 278 - 328, 2. Auflage, 2000

Krumnow, Jürgen; Rechnungslegung der Kreditinstitute, Kommentar zum Bankbilanzrichtlinie-Gesetz und zur RechKredV, 1994

Kümpel, Siegfried; Bank- und Kapitalmarktrecht, 2. Auflage, 2000

Kümpel, Siegfried; Die Grundstruktur der Wertpapierleihe und ihre rechtlichen Aspekte, WM 1990, S. 909 - 916

Kümpel, Siegfried, Kapitalmarktrecht – Eine Einführung –, 2. Auflage, 2000

Kümpel, Siegfried; Wertpapierhandelsgesetz – Eine systematische Darstellung –, 1996

Kümpel, Siegfried; Peters, Martin; Aktuelle Rechtsfragen der Wertpapierleihe, AG 1994, S. 525 - 531

Kuhr, Hans-Peter; Der Minderheitenschutz bei Übernahmeangeboten in Deutschland und Frankreich unter dem Einfluss der 13. EG-Richtlinie, Konstanz 1992

Land, Volker; Das neue deutsche Wertpapiererwerbs- und Übernahmegesetz – Anmerkungen zum Regierungsentwurf –, DB 2001, S. 1707 - 1713

Land, Volker; Hasselbach, Kai; Das neue deutsche Übernahmegesetz – Einführung und kritische Anmerkungen zum Diskussionsentwurf des BMF, DB 2000, S. 1747 - 1755

Land, Volker; Hasselbach, Kai; „Going Private" und „Squeeze-out" nach deutschem Aktien-, Börsen- und Übernahmerecht, DB 2000, S. 557 - 562

Langen, Eugen; Bunte, Hermann-Josef; Kommentar zum deutschen und europäischen Kartellrecht, 9. Auflage, 2001

Lehne, Klaus-Heiner; Die 13. Richtlinie auf dem Gebiet des Gesellschaftsrechts betreffend Übernahmeangebote – gescheitert, aber dennoch richtungsweisend für das künftige europäische Übernahmerecht, in: Hirte, Heribert (Hrsg.); Wertpapiererwerbs- und Übernahmegesetz (WpÜG), Gesetzestexte – Quellen – Materialien, 2002, S. 33 - 44

Leible, Stefan; Hoffmann, Jochen; Die Grundbuchfähigkeit der Scheinauslandsgesellschaft: (teilweise) Aufgabe der Sitztheorie?, NZG 2003, S. 259 - 260

Lenz, Jürgen; Linke, Ulf; Die Handhabung des WpÜG in der aufsichtsrechtlichen Praxis, AG 2002, S. 361 - 369

Lenz, Jürgen; Linke, Ulf; Rückkauf eigener Aktien nach dem Wertpapiererwerbs- und Übernahmegesetz, AG 2002, S. 420 - 424

Letzel, Hans-Joachim; Das Pflichtangebot nach dem Übernahmekodex – mit Vorausschau auf das Pflichtangebot nach dem ÜbG, NZG 2001, S. 260 - 268

Leverenz, Kent; Testamentsvollstreckung durch Banken und Sparkassen, ZBB 1995, S. 156 - 169

Liebscher, Thomas; Das Übernahmeverfahren nach dem neuen Übernahmegesetz – Übernahmerechtliche Grenzen der Gestaltungsfreiheit im Hinblick auf die Übernahmestrategien des Bieters, ZIP 2001, S. 853 - 869

Liebscher, Thomas; Die Zurechnungstatbestände des WpHG und WpÜG – Auslegung und Abgrenzung der übernahme- und kapitalmarktrechtlichen Zurechnungsvorschriften gem. § 22 WpHG, § 30 WpÜG, ZIP 2002, S. 1005 - 1017

Lingemann, Stefan; Wasmann, Dirk; Mehr Kontrolle und Transparenz im Aktienrecht: Das KonTraG tritt in Kraft, BB 1998, S. 853 - 862

Loehr, Helmut; Der neue Verhaltenskodex für Unternehmensübernahmen in der praktischen Umsetzung – Eine Zwischenbilanz -, WM 1997, S. 1374 - 1375

Lohner, Achim; Echte Pensionsgeschäfte, ihre ertragsteuerliche Behandlung und ihr EinSatz als Sachverhaltsgestaltungen im Rahmen der Steuerplanung, Frankfurt 1992

Lommatzsch, Jutta; Vorbereitung der HV durch Mitteilungen und Weisungen nach §§ 125, 128 AktG n.F., NZG 2001, S. 1017 - 1025

Loritz, Karl-Georg; Wagner, Klaus-R.; Das „Zwangsübernahmeangebot" der EG-Takeover-Richtlinie aus verfassungsrechtlicher Sicht, WM 1991, S. 709 - 722

Lutter, Marcus; Schneider, Uwe H.; Die Beteiligung von Ausländern an inländischen Aktiengesellschaften – Möglichkeiten der Beschränkung nach geltendem Recht und Vorschläge de lege ferenda, ZGR 1975, S. 182 - 211

Lwowski, Hans-Jürgen; Das Recht der Kreditsicherung, 8. Auflage, 2000

Maas, Ulrich; Schruff, Wienand; Der Konzernabschluß nach neuem Recht (Teil I), WPg 1986, S. 201 - 210

Maier-Reimer, Georg; Verhaltenspflichten des Vorstands der Zielgesellschaft bei feindlichen Übernahmen, ZHR 165 (2001), S. 258 - 279

Martens, Klaus-Peter; Der Einfluss von Vorstand und Aufsichtsrat auf Kompetenzen und Struktur der Aktionäre – Unternehmensverantwortung contra Neutralitätspflicht, in: Festschrift für Karl Beusch, hrsg. von Heinrich Beisse u.a., Berlin/New York 1993, S. 529 - 556

Martens, Klaus-Peter; Stimmrechtsbeschränkung und Stimmbindungsvertrag im Aktienrecht, AG 1993, S. 495 - 502

Maul, Karl-Heinz; Mitteilungspflichten über qualifizierte Beteiligungsverhältnisse – Geltende Rechtslage und Regelung im Vorentwurf der 9. EG-Richtlinie zum Gesellschaftsrecht, BB 1985, S. 897 - 900

Maul, Silja; Zur Ausgabe von Namensaktien, NZG 2001, S. 585 - 590

Merkert, Hubert; Die ertragsteuerliche Behandlung sicherungsübereigneter Wertpapiere, DB 1973, S. 1614 - 1615

Merkt, Hanno; Verhaltenspflichten des Vorstands der Zielgesellschaft bei feindlichen Übernahmen, ZHR 165 (2001), S. 224 - 257

Mertens, Hans-Joachim; Forderung von, Schutz vor, Zwang zu Übernahmeangeboten, AG 1990, S. 252 - 259

Mertens, Hans-Joachim; Zur Berücksichtigung von Treuhandverhältnissen und Stimmbindungsverträgen bei der Feststellung von Mehrheitsbeteiligung und Abhängigkeit, –, in: Festschrift für Karl Beusch, hrsg. von Heinrich Beisse u.a., Berlin/New York 1993, S. 583 - 591

Meyer, Andreas; Bundschuh, Michaela; Sicherungsübereignung börsennotierter Aktien, Pflichtangebot und Meldepflichten – Praxisfragen im Spannungsfeld zwischen Wertpapierhandels- und Übernahmerecht –, WM 2003, S. 960 - 966

Meyer, Christian; Der Nießbrauch an GmbH-Geschäftsanteilen und an Aktien, Köln 2002

Michalski, Lutz; Abwehrmechanismen gegen unfreundliche Übernahmeangebote („unfriendly takeovers") nach deutschem Aktienrecht, AG 1997, S. 152 - 163

Milde, Thomas; Der Gleichordnungskonzern im Gesellschaftsrecht, Berlin 1996

Möhring, Philipp; Vertraglicher Ausschluss von Abhängigkeit und Konzernvermutung, in: Festschrift für Harry Westermann, hrsg. von Wolfgang Hefermehl u.a., Karlsruhe 1974, S. 427 - 441

Möller, Andreas; Rechtsmittel und Sanktionen nach dem Wertpapiererwerbs- und Übernahmegesetz, AG 2002, S. 170 - 176

Möller, Andreas; Pötzsch, Thorsten; Das neue Übernahmerecht – Der Regierungsentwurf vom 11. Juli 2001, ZIP 2001, S. 1256 - 1262

Mühle, Sabine; Das Wertpapiererwerbs- und Übernahmegesetz im Schnittfeld zwischen Gesellschafts- und Kapitalmarktrecht unter besonderer Berücksichtigung des ökonomischen Rahmenbezugs, Baden-Baden 2002

Mülbert, Peter O.; Übernahmerecht zwischen Kapitalmarktrecht und Aktien(konzern)recht – die konzeptionelle Schwachstelle des RegE WpÜG, ZIP 2001, S. 1221 - 1229

Mülbert, Peter O.; Birke, Max; Das übernahmerechtliche Behinderungsverbot – Die angemessene Rolle der Verwaltung einer Zielgesellschaft in einer feindlichen Übernahme -, WM 2001, S. 705 - 718

Müller, Welf; Die Entscheidungsspielräume der Verwaltung einer Aktiengesellschaft im Verhältnis zu ihren Aktionären, in: Festschrift für Johannes Semler, hrsg. von Marcus Bierich u.a., Berlin/New York 1993, S. 195 - 215

Munscheck, Karsten; Das Übernahmeangebot als Konzernbildungskontrolle – Überlegungen zur Höhe und Ausgestaltung des Stimmrechtsanteils, der die Angebotsverpflichtung auslöst, RIW 1995, S. 998 - 1003

Munscheck, Karsten; Der Vorschlag zur EG-Übernahmerichtlinie – Minderung der Probleme des qualifizierten faktischen Konzerns? -, RIW 1995, S. 388 - 395

Neye, Hans-Werner; Der gemeinsame Standpunkt des Rates zur 13. Richtlinie – ein entscheidender Schritt auf dem Weg zu einem europäischen Übernahmerecht, AG 2000, S. 289 - 301

Neye, Hans-Werner; Der neue Übernahmekodex der Börsensachverständigenkommission, ZIP 1995, S. 1464 - 1470

Neye, Hans-Werner; Der Vorschlag 1997 einer Takeover-Richtlinie, ZIP 1997, S. 2172 - 2176

Neye, Hans-Werner; Die EU-Übernahmerichtlinie auf der Zielgeraden, ZIP 2001, S. 1120 - 1128

Neye, Hans-Werner; Harmonisierung der Mitteilungspflichten zum Beteiligungsbesitz von börsennotierten Aktiengesellschaften, ZIP 1996, S. 1853 - 1858

Neye, Hans-Werner; Der neue Vorschlag der Kommission für eine dreizehnte Richtlinie über Übernahmeangebote, DB 1996, S. 1121 - 1125

Noack, Ulrich; Gesellschaftervereinbarungen bei Kapitalgesellschaften, Tübingen 1994

Noack, Ulrich; Hauptversammlung und Neue Medien, BB 1998, S. 2533 - 2536

Noack, Ulrich; Moderne Kommunikation vor den Toren des Unternehmensrechts, ZGR 1998, S. 592 - 616

Noack, Ulrich; Neues Recht für die Namensaktie – Zum Referentenentwurf eines NaStraG, ZIP 1999, S. 1993 - 2000

Nörr, Rudolf; Stiefenhofer, Alfred (Hrsg.); Takeover Law in Germany, A Handbook and Practicioners' Guide, 2003

Nottmeier, Horst; Schäfer, Holger; Praktische Fragen im Zusammenhang mit §§ 21, 22 WpHG, AG 1997, S. 87 - 96

Nottmeier, Horst; Schäfer, Holger; Zu den Mitteilungspflichten von Konzernunternehmen gemäß § 24 Wertpapierhandelsgesetz, WM 1996, S. 513 - 516

Oechsler, Jürgen; Der ReE zum Wertpapiererwerbs- und Übernahmegesetz – Regelungsbedarf auf der Zielgeraden!, NZG 2001, S. 817 - 826

Otto, Hans-Jochen; Die Verteilung der Kontrollprämie bei Übernahme von Aktiengesellschaften und die Funktion des Höchststimmrechts, AG 1994, S. 167 - 175

Otto, Hans-Jochen; Übernahmeversuche bei Aktiengesellschaften und Strategien der Abwehr, DB 1988, Beilage Nr. 12 zu Heft 29, S. 1 - 12

Palandt, Otto; Bürgerliches Gesetzbuch – Kommentar; 61. Auflage, 2002

Pellens, Bernhard; Füllbier, Rolf Uwe; Publizitätspflichten nach dem Wertpapierhandelsgesetz – Ausgestaltung unter Berücksichtigung angloamerikanischer Regulierungen –, DB 1994, S. 1381 - 1388

Peltzer, Martin; Hostile Takeovers in der Bundesrepublik Deutschland? – Möglichkeiten und Hindernisse, ZIP 1989, S. 69 - 79

Peltzer, Martin; Der Kommissionsentwurf für eine 13. Richtlinie über Übernahmeangebote vom 7.2.1996, AG 1997, S. 145 - 151

Peltzer, Martin; Die Abschaffung von Mehrstimmrechten und Stimmrechtsbeschränkungen im KonTraG-Entwurf, AG-Sonderheft „Die Aktienrechtsreform 1997", 1997, S. 90* - 99*

Peltzer, Martin; Empfehlen sich gesetzliche Regeln zur Einschränkung des Einflusses der Kreditinstitute auf Aktiengesellschaften?, JZ 1996, S. 842 - 851

Pennington, Robert R.; The City Code on Takeovers and Mergers, in: Festschrift für Konrad Duden, hrsg. von Hans-Martin Pawlowski u.a., München, 1977, S. 379 - 398

Pentz, Andreas; Die Rechtsstellung der Enkel-AG in einer mehrstufigen Unternehmensverbindung, Frankfurt am Main 1994

Peters, Egbert; Die Ausübung des Stimmrechts bei nutznießungsbelasteten Aktien, Mainz 1952

Peters, Torsten; Übertragung von Gesellschaftsvermögen und „Freezeout" – Konfliktpotential im Minderheitenschutz, BB 1999, S. 801 - 805

Pfitzer, Norbert; Streib, Harry; Bestimmungen über die Unternehmenspublizität im Rahmen des Wertpapierhandelsgesetzes, BB 1995, S. 1947 - 1953

Pikó, Rita; Preissler, Tino; Die Online-Hauptversammlung bei Publikumsaktiengesellschaften mit Namensaktien, AG 2002, S. 223 - 230

Pluskat, Sorika; Das geplante neue Übernahmerecht nach dem Referentenentwurf des BMF, DStR 2001, S. 897 - 901

Pluskat, Sorika; Das Scheitern der europäischen Übernahmerichtlinie, WM 2001, S. 1937 - 1942

Pötzsch, Thorsten; Das Dritte Finanzmarktförderungsgesetz, WM 1998, S. 949 - 966

Pötzsch, Thorsten; Möller, Andreas; Das künftige Übernahmerecht – Der Diskussionsentwurf des Bundesministeriums der Finanzen zu einem Gesetz zur Regelung von Unternehmensübernahmen und der Gemeinsame Standpunkt des Rates zur europäischen Übernahmerichtlinie, WM 2000, Sonderbeilage Nr. 2 zu Heft Nr. 31/2000, S. 1 - 38

Potthoff, Volker; Stuhlfauth, Jutta; Der Neue Markt: Ein Handelssegment für innovative und wachstumsorientierte Unternehmen – kapitalmarktrechtliche Überlegungen und Darstellung des Regelwerkes, WM 1997, Sonderbeilage Nr. 3 zu Heft 26/1997, S. 1 - 24

Prahl, Reinhard; Neumann, Thomas K.; Überlegungen für eine sachgerechte Bilanzierung der Wertpapierleihe, WM 1992, S. 1173 - 1181

Püttner, Günter; Das Depotstimmrecht der Banken, Berlin 1963

Raiser, Thomas; Empfehlen sich gesetzliche Regelungen zur Einschränkung des Einflusses der Kreditinstitute auf Aktiengesellschaften?, NJW 1996, S. 2257 - 2262

Raschke, Thorsten; Diskussionsbericht zu den Referaten Hopt, Weisgerber und Kallmeyer, ZHR 161 (1997), S. 455 - 456

Riegger, Bodo; Mutter, Stefan; Zum Einsatz neuer Kommunikationsmedien in Hauptversammlungen von Aktiengesellschaften, ZIP 1998, S. 637 - 640

Riehmer, Klaus; Schröder, Oliver; Der Entwurf des Übernahmegesetzes im Lichte von Vodafone/Mannesmann, NZG 2000, S. 820 - 824

Riehmer, Klaus; Schröder, Oliver; Praktische Aspekte bei der Planung, Durchführung und Abwicklung eines Übernahmeangebots, BB 2001, Beilage 5 zu Heft 20, S. 1 - 16

Riepe, Stefan; Das Zweite Finanzmarktförderungsgesetz – Verbesserung der internationalen Wettbewerbsfähigkeit des Finanzplatzes Deutschland –, DStR 1994, S. 1236 - 1240

Röhrich, Martina; Gleichbehandlungspflicht bei Kontrollakquisitionen: Eine Analyse der dreizehnten EG-Richtlinie aus ökonomischer Sicht, RIW 1993, S. 93 - 98

Rojo, Angel; Das öffentliche Übernahmeangebot im spanischen Recht, AG 1994, S. 16 - 23

Roos, Michael; Der neue Vorschlag für eine EG-Übernahme-Richtlinie, WM 1996, S. 2177 - 2188

Roquette, Andreas J.; Stanger, Christoph W.; Das Engagement ausländischer Gesellschaften im US-amerikanischen Kapitalmarkt – Rechtliche Erwägungen für deutsche Gesellschaften, erläutert am Beispiel Daimler-Benz –, WM 1994, S. 137 - 147

v. Rosen, Rüdiger; Zweites Finanzmarktförderungsgesetz und Privatanleger, Die Bank 1995, S. 9 - 14

Rühland, Philipp; Der squeezeout nach dem RefE zum Wertpapiererwerbs- und Übernahmegesetz vom 12.3.2001, NZG 2001, S. 448 - 455

Rühland, Philipp; Die Abfindung von aus der Aktiengesellschaft ausgeschlossenen Minderheitsaktionären – Ein Diskussionsbeitrag zum Entwurf eines Übernamegesetzes vom Bundesministerium der Finanzen vom 29.6.2000, WM 2000, S. 1884 - 1888

Rümker, Dietrich; Übernahmeangebote – Verhaltenspflichten des Vorstandes der Zielgesellschaft und Abwehrmöglichkeiten, in: Festschrift für Theodor Heinsius, hrsg. von Friedrich Kübler u.a., 1991, S. 683 - 704

Saenger, Ingo; Mehrstimmrechte bei Aktiengesellschaften, ZIP 1997, S. 1813 - 1820

Salje, Peter; „Feindliche Übernahmen" – Gegenstrategien und Regulierung im zukünftigen europäischen Binnenmarkt, JA 1990, S. 321 - 327

Schäfer, Frank A. (Hrsg.); Wertpapierhandelsgesetz, Börsengesetz mit BörsZulV, Verkaufsprospektgesetz mit VerkProspV – Kommentar, 1999

Schärf, Wolf-Georg; Übernahmegesetz, 2001

Schander, Albert A.; Selbstregulierung versus Kodifizierung – Versuch einer Standortbestimmung des deutschen Übernahmerechts, NZG 1998, S. 799 - 807

Schander, Albert Axel; Abwehrstrategien gegen feindliche Übernahmen und ihre Zulässigkeit im Lichte der Aktienrechtsreform, BB 1997, S. 1801 - 1807

Scharff, Christian R.; Der Nießbrauch an Aktien im Zivil- und Steuerrecht, Köln 1982

Schiessl, Maximilian; Ist das Aktienrecht kapitalmarkttauglich?, AG 1999, S. 442 - 452

Schimansky, Herbert; Bunte, Hermann-Josef; Lwowski, Hans-Jürgen (Hrsg.); Bankrechts-Handbuch, 1997

Schmid, Hubert; Mühlhäuser, Felix; Wirtschaftliches Eigentum und Gewinnrealisierung bei der Wertpapierleihe, BB 2001, S. 2609 - 2618

Schmid, Tobias; Öffentliche Übernahmeangebote in Italien, AG 1999, S. 402 - 411

Schmidt, Dominique; Das obligatorische öffentliche Übernahmeangebot von Unternehmensteilen im französischen Recht, AG 1994, S. 12 - 15

Schmidt, Karsten; Die Strafbarkeit „faktischer Geschäftsführer" wegen Konkursverschleppung als Methodenproblem – Bemerkungen zum Wert der „faktischen Betrachtungsweise" im Strafrecht, in: Festschrift für Rebmann, hrsg. von Heinz Eyrik u.a., München 1989, S. 419 - 441

Schmidt, Karsten; Stimmrecht beim Anteilsnießbrauch – Besprechung des Urteils BGH NJW 1999, 571 –, ZGR 1999, S. 601 - 612

Schmidt, Michael; Die Stimmrechtsvertretung durch Kreditinstitute – Überlegungen zu einer eigenen Treuepflicht der Kreditinstitute als Stimmrechtsvertreter gegenüber der AG und deren Aktionären, Hamburg 1994

Schmidt-Rimpler, Walter; Besprechung der Dissertation „Die Ausübung des Stimmrechts bei nutznießungsbelasteten Aktien" von Egbert Peters, NJW 1953, S. 1503

Schmitthoff, Clive M.; Goré, François; Heinsius, Theodor; Übernahmeangebote im Aktienrecht, Frankfurt am Main 1976

Schneider, Uwe H.; Anwendungsprobleme bei den kapitalmarktrechtlichen Vorschriften zur Offenlegung von wesentlichen Beteiligungen an börsennotierten Aktiengesellschaften (§§ 21ff. WpHG), AG 1997, S. 81 - 87

Schneider, Uwe H.; Auf dem Weg in den Pensionskassenkorporatismus? – Zehn Thesen zu den Auswirkungen der zunehmenden Beteiligung institutioneller Anleger an den Publikumsaktiengesellschaften –, AG 1990, S. 317 - 326

Schneider, Uwe H.; Die kapitalmarktrechtliche Offenlegungspflicht von Konzernunternehmen nach §§ 21ff. WpHG, in: Festschrift für Hans-Erich Brandner, hrsg. von Gerd Pfeiffer u.a., Köln, 1996, S. 565 - 578

Schneider, Uwe H.; Die Kollision der Motive, EuZW 1995, S. 653

Schneider, Uwe H.; Die Zielgesellschaft nach Abgabe eines Übernahme- oder Pflichtangebots, AG 2002, S. 125 - 133

Schneider, Uwe H.; Gesetzliches Verbot für Stimmrechtsbeschränkungen bei der Aktiengesellschaft? – Zugleich ein Beitrag zur statutarischen Konzerngründungsklausel bei der abhängigen Aktiengesellschaft, AG 1990, S. 56 - 63

Schneider, Uwe H.; Stimmrechtsbeschränkungen im amerikanischen Aktien- und Kapitalmarktrecht, in: Festschrift für Fritz Rittner, hrsg. von Manfred Löwisch u.a., München, 1991, S. 613 - 627

Schneider, Uwe H.; Burgard, Ulrich; Maßnahmen zur Verbesserung der Präsenz auf der Hauptversammlung einer Aktiengesellschaft – Überlegungen auf dem Weg in den Pensionskassenkorporatismus –, in: Festschrift für Karl Beusch, hrsg. von Heinrich Beisse u.a., Berlin/New York 1993, S. 783 - 803

Schneider, Uwe H.; Burgard, Ulrich; Transparenz als Instrument der Steuerung des Einflusses der Kreditinstitute auf Aktiengesellschaften, DB 1996, S. 1761 - 1767

Schneider; Uwe H.; Burgard, Ulrich; Übernahmeangebote und Konzerngründung – Zum Verhältnis von Übernahmerecht, Gesellschaftsrecht und Konzernrecht, DB 2001, 963 - 969

Schnorr, Randolph; Diskussionsbericht zu den Referaten Merkt, Maier-Reimer und Becker, ZHR 165 (2001), S. 288 - 292

Schüppen, Matthias; Übernahmegesetz ante portas! – Zum Regierungsentwurf eines „Gesetzes zur Regelung von öffentlichen Angeboten zum Erwerb von Wertpapieren und von Unternehmensübernahmen“ –, WPg 2001, S. 958 - 976

Schuster, Gunnar; Der neue Vorschlag für eine EG-Takeover-Richtlinie und seine Auswirkungen auf den Übernahmekodex, EuZW 1997, S. 237 - 241

Schuster, Stephan; Neue Regeln für Übernahmen, Die Bank 1995, S. 609 - 614

Schwark, Eberhard; Börsengesetz, 2. Auflage, 1994

Schwarz, Jörg; Das neue schweizerische Aktienrecht und der Übernahme-Kodex, WM 1992, S. 1053 - 1058

Seibert, Ulrich; Kontrolle und Transparenz im Unternehmensbereich (KonTraG) – Der Referenten-Entwurf zur Aktienrechtsnovelle -, WM 1997, S. 1 - 9

Seibert, Ulrich; Kontrolle und Transparenz im Unternehmensbereich – Die Aktienrechtsnovelle PRO und KonTraG, AG-Sonderheft „Die Aktienrechtsreform 1997“, 1997, S. 65* - 69*

Seibert, Ulrich; Transparenz- und Publizitätsgesetz, ZIP 2001, S. 2192 - 2194

Siebel, Ulf R.; Zur Auskunftspflicht des Aktionärs – Übersicht mit Hinweisen auf das englische Recht -, in: Festschrift für Theodor Heinsius, hrsg. von Friedrich Kübler u.a., Berlin/New York 1991, S. 771 - 807

Soergel; Bürgerliches Gesetzbuch mit Einführungsgesetz und Nebengesetzen, Band 6, Sachenrecht, (§§ 854 – 1296), WEG, ErbbauVO, SchiffsG, 12. Auflage, 1990

Spindler, Gerald; Internet und Corporate Governance – ein neuer virtueller (T)Raum?, ZGR 2000, S. 420 - 445

Spindler, Gerald; Hüther, Mario; Das Internet als Medium der Aktionärsbeteiligung in den USA, RIW 2000, S. 329 – 337

Steinmeyer, Roland; Häger, Michael; WpÜG – Kommentar zum Wertpapiererwerbs- und Übernahmegesetz mit Erläuterungen zum Minderheitenausschluss nach §§ 327a ff. AktG, 2002

Steuer, Stephan; Baur, Georg; Erwerbsgeschäfte im Grenzbereich bedeutender Beteiligungen nach dem Wertpapierhandelsgesetz, WM 1996, S. 1477 - 1484

Stoll, Jutta; Rechtliche Aspekte von „feindlichen" Übernahmen von Aktiengesellschaften, BB 1989, S. 301 - 305

Stoll, Jutta; Zum Vorschlag der EG-Kommission für die 13. Richtlinie auf dem Gebiet des Gesellschaftsrechts über Übernahmeangebote, BB 1989, S. 1489 - 1491

Strenger, Christian; Das deutsche Übernahmegesetz – Ausgewogenheit zwischen Unternehmens- und Anlegerinteressen als Pflichtprogramm, WM 2000, S. 952 - 953

Sudhoff, Heinrich; Nochmals: Der Nießbrauch am Gesellschaftsanteil, NJW 1974, S. 2205 - 2211

Sudmeyer, Jan; Mitteilungs- und Veröffentlichungspflichten nach §§ 21, 22 WpHG, BB 2002, S. 685 - 692

Süßmann, Rainer; Anwendung des WpÜG auf öffentliche Angebote zum Erwerb eigener Aktien?, AG 2002, S. 424 - 433

Superczynski, Dieter; Das Stimmrecht beim Nießbrauch an Aktien und GmbH-Geschäftsanteilen, Köln 1963

Teichmann, Arndt; Der Nießbrauch an Gesellschaftsanteilen – gesellschaftsrechtlicher Teil –, ZGR 1972, S. 1 - 23

Thaeter, Ralf; Zur Abwehr feindlicher Übernahmeversuche im RegE eines Gesetzes zur Regelung von öffentlichen Angeboten zum Erwerb von Wertpapieren und von Unternehmensübernahmen (WÜG-RegE), NZG 2001, S. 789 - 791

Thaeter, Ralf; Barth, Daniel; RefE eines Wertpapiererwerbs- und Übernahmegesetzes, NZG 2001, S. 545 - 550

Than, Jürgen; Verhaltenspflichten bei der Ausübung von Aktienstimmrechten durch Bevollmächtigte, ZHR 157 (1993), S. 125 - 146

Than, Jürgen; Zwangsweises Ausscheiden von Minderheitsaktionären nach Übernahmeangebot?, in: Festschrift für Carsten Peter Claussen, hrsg. von Klaus-Peter Martens u.a., Köln 1997, S. 405 - 422

Thoma, Georg F.; Das Wertpapiererwerbs- und Übernahmegesetz im Überblick, NZG 2002, S. 105 - 112

Thoma, Georg F.; Der neue Übernahmekodex der Börsensachverständigenkommission, ZIP 1996, S. 1725 - 1734

Timm, Wolfram; Treuepflicht im Aktienrecht, WM 1991, S. 481 - 494

Tröger, Tobias; Unternehmensübernahmen im deutschen Recht (II) – Übernahmeangebote, Pflichtangebot, Squeeze Out –, DZWIR 2002, S. 397 - 407

Ulmer, Eugen; Die vinkulierte Namensaktie, in: Festschrift für Walter Schmidt-Rimpler, hrsg. von der Rechts- und Staatswissenschaftlichen Fakultät der Rheinischen Friedrich Wilhelms – Universität Bonn, Karlsruhe 1957, S. 261 - 277

Ulmer, Peter; Begriffsvielfalt im Recht der verbundenen Unternehmen als Folge des Bilanzrichtlinien-Gesetzes – Eine systematische Analyse –, in: Festschrift für Reinhard Goerdeler, Bilanz- und Konzernrecht, hrsg. von Hans Havermann, Düsseldorf 1987, S. 623 - 648

Van Hulle, Karl; Aktuelle Entwicklungen im europäischen Gesellschaftsrecht, EWS 2000, S. 521 - 526

Vedder, Caroline; Zum Begriff „für Rechnung" im AktG und im WpHG, Köln 1999

Vetter, Eberhard; Squeeze-out – Der Ausschluß der Minderheitsaktionäre aus der Aktiengesellschaft nach den §§ 327a–327f AktG, AG 2002, S. 176 - 190

Vetter, Eberhard; Squeeze-out in Deutschland, ZIP 2000, S. 1817 - 1824

Vetter, Eberhard; Squeeze-out nur durch Hauptversammlungsbeschluss?, DB 2001, S. 743 - 747

Wackerbarth, Ulrich; Von golden shares und poison pills: Waffengleichheit bei internationalen Übernahmeangeboten, WM 2001, S. 1741 - 1753

Wastl, Ulrich; Der Handel mit größeren Aktienpaketen börsennotierter Unternehmen – Eine Bestandsaufnahme aus primär aktien-, börsen- und kapitalmarktrechtlicher Sicht, NZG 2000, S. 505 - 514

Weber, Martin; Deutsches Kapitalmarktrecht im Umbruch, NJW 1994, S. 2849 - 2860

Weber-Rey, Daniela; Schütz, Bernhard G.; Zum Verhältnis von Übernahmerecht und Umwandlungsrecht, AG 2001, S. 325 - 330

Wegen; Gerhard; Fröhlich, Holger; Gesetz zur Regelung von öffentlichen Angeboten zum Erwerb von Wertpapieren und von Unternehmensübernahmen (WpÜG), in: Blättchen, Wolfgang; Wegen, Gerhard (Hrsg.), Übernahme börsennotierter Unternehmen, 2003, S. 117 - 179

Weimar, Robert; Breuer, Jürgen H.; International verwendete Strategien der Abwehr feindlicher Übernahmeversuche im Spiegel des deutschen Aktienrechts, BB 1991, S. 2309 - 2321

Weinberg, Mark A.; Blank, M. V.; On Take-Overs and Mergers, 5. Auflage, 1989

Weisgerber, Thomas; Der Übernahmekodex in der Praxis, ZHR 161 (1997), S. 421 - 434

Weisgerber, Thomas; Neue Informationskultur durch das Zweite Finanzmarktförderungsgesetz, WM 1995, S. 19 - 20

Weisgerber, Thomas; Jütten, Herbert; Das Zweite Finanzmarktförderungsgesetz, Gesetzestexte mit einer Einführung, 1995

Weisner, Arnd; Abwehrmaßnahmen gegen feindliche Unternehmensübernahmen, ZRP 2000, S. 520 - 525

Werner, Horst S.; Der aktienrechtliche Abhängigkeitstatbestand, Göttingen 1979

Werner, Winfried; Probleme „feindlicher" Übernahmenangebote im Aktienrecht, Berlin 1989

Wessel, Karl-Heinz; Das 2. Finanzmarktförderungsgesetz – Ein Beitrag zur Standortsicherung! - , WM 1994, S. 1418 - 1419

Wiedemann, Herbert; Die Übertragung und Vererbung von Mitgliedschaftsrechten bei Handelsgesellschaften, München 1965

Wieneke, Laurenz; Die Stellung des Inhabers von ADRs in der Hauptversammlung der Gesellschaft, AG 2001, S. 504 - 513

Wiese, Götz Tobias; Demisch, Dominik; Unternehmensführung bei feindlichen Übernahmeangeboten – Eine Kritik des geplanten Übernahmerechts aus ökonomischer Sicht -, DB 2001, S. 849 - 852

Wilsing, Hans-Ulrich; Wiederaufleben des Stimmrechts aus Vorzugsaktien und Mitteilungspflicht nach § 21 Abs. 1 WpHG, BB 1995, S. 2277 - 2280

Winter, Martin; Harbarth, Stephan; Verhaltenspflichten von Vorstand und Aufsichtsrat der Zielgesellschaft bei feindlichen Übernahmeangeboten nach dem WpÜG, ZIP 2002, S. 1 - 18

Wirth, Gerhard; Weiler, Lothar; Änderung des Übernahmekodex ab 1.1.1998: Das erweiterte Pflichtangebot, DB 1998, S. 117 - 120

Witt, Carl-Heinz; Die Änderung der Mitteilungs- und Veröffentlichungspflichten nach §§ 21ff. WpHG durch das geplante Wertpapiererwerbs- und Übernahmegesetz, AG 2001, S. 233 - 241

Witt, Carl-Heinz; Die Änderung der Mitteilungs- und Veröffentlichungspflichten nach §§ 21ff. WpHG und §§ 20f. AktG durch das Dritte Finanzmarktförderungsgesetz und das „KonTraG", WM 1998, S. 1153 - 1161

Witt, Carl-Heinz; Regelmäßige „Wasserstandsmeldungen" – unverzichtbarer Bestandteil eines künftigen Übernahmegesetzes, NZG 2000, S. 809 - 819

Witt, Carl-Heinz; Übernahmen von Aktiengesellschaften und Transparenz der Beteiligungsverhältnisse, Köln 1998

Witt, Carl-Heinz; Vorschlag für eine Zusammenfügung der §§ 21ff. WpHG und des § 20 AktG zu einem einzigen Regelungskomplex, AG 1998, S. 171 - 182

Witte, Jürgen; Diskussionsentwurf zur Regelung von Unternehmensübernahmen: Abwehrmöglichkeiten des Vorstands der Zielgesellschaft, BB 2000, S. 2161 - 2165

Wittkämpfer, Gerhard W.; Das private Wirtschaftsrecht der Pensionsgeschäfte von Kreditinstituten, DB 1966, S. 1957 - 1962

Wittkowski, Lutz; Diskussionsbericht zu den Referaten Zöllner und Zutt, ZHR 155 (1991), S. 209 - 212

Wolf, Martin; Konzerneingangsschutz bei Übernahmeangeboten – Neuere Entwicklungen zu Verteidigungsmaßnahmen im Spannungsfeld zu EU-Richtlinienvorschlag, AG 1998, S. 212 - 221

Zachert, Matthias; Erschließung des US-amerikanischen Eigenkapitalmarkts durch das American Depositary Receipt – Dargestellt am Beispiel des Börsengangs der Daimler Benz AG in den USA –, DB 1993, S. 1985 - 1988

Zachert, Matthias; Zugangshindernisse und Zugangsmöglichkeiten zum US-amerikanischen Eigenkapitalmarkt aus Sicht eines deutschen Unternehmens, AG 1994, S. 207 - 222

Zachert, Matthias; Zugangsmöglichkeiten zum US-amerikanischen Kapitalmarkt durch American Depositary Receipts, ZIP 1993, S. 1426 - 1430

Zätzsch, Jörg; Gröning, Moritz; Neue Medien im deutschen Aktienrecht: Zum RefE des NaStraG, NZG 2000, S. 393 - 401

Zech, Alexandra; Verhaltenspflichten des Vorstands der Zielgesellschaft in Bezug auf Abwehrmaßnahmen nach dem Wertpapiererwerbs- und Übernahmegesetz (WpÜG), Münster u.a. 2003

Zietsch, Udo A.; Holzborn Timo; Freibrief für pflichtangebotsfreie Unternehmensübernahmen? – Anmerkungen zur Frage des Erfordernisses einer ergänzenden Regelung im neuen Übernahmegesetz (WpÜG) zur Vermeidung der Umgehung der Verpflichtung des Bieters zur Abgabe von Pflichtangeboten –, WM 2001, S. 1753 - 1755

Zilias, Manfred; Zum Unternehmensbegriff im neuen Bilanzrecht (Drittes Buch des HGB), DB 1986, S. 1110 - 1112

Zinser, Alexander; Das neue Gesetz zur Regelung von öffentlichen Angeboten zum Erwerb von Wertpapieren und von Unternehmensübernahmen vom 1. Januar 2002, WM 2002, S. 15 - 22

Zinser, Alexander; Der RefE eines „Gesetzes zur Regelung von öffentlichen Angeboten zu Erwerb von Wertpapieren und von Unternehmensübernahmen" vom 12.3.2001, NZG 2001, S. 391 - 397

Zinser, Alexander; Pflichtangebotsregelungen in europäischen Staaten, NZG 2000, 573 - 578

Zinser, Alexander; Übernahmeangebote (takeover bids) im englischen und deutschen Recht – Eine rechtsvergleichende Untersuchung mit Blick auf eine künftige Regelung in Deutschland, Frankfurt am Main 2000

Zöllner, Wolfgang; Zu Schranken und Wirkung von Stimmbindungsverträgen, insbesondere bei der GmbH, ZHR 155 (1991), S. 168 - 189

Zschocke, Christian; Europarechtliche Mission: Das neue Wertpapiererwerbs- und Übernahmegesetz, DB 2002, S. 79 - 85

Zutt, Jürg; Stimmbindungen gegenüber Dritten – Ergebnisse einer Umfrage, ZHR 155 (1991), S. 213 - 215

Zwissler, Thomas; Übernahmerecht in Österreich – Das neue österreichische Übernahmegesetz, AG 1999, S. 411 - 417

Materialien:

Allgemeine Mitteilungen - Die neuen Entwicklungen im deutschen börsenmäßigen Optionsgeschäft zum 1. April 1986, WM 1986, S. 505 - 508

DAV-Ergänzungsvorschlag für eine Harmonisierung der gesetzlichen Pflichten zur Mitteilung von Beteiligungen nach Aktiengesetz und Wertpapierhandelsgesetz (März 1996), WiB 1996, S. 822 - 824

DAV-Handelsrechtsausschuss zum RegE Wertpapiererwerbs- und Übernahmegesetz, ZIP 2001, S. 1736 - 1740

DAV: Stellungnahme des Deutschen Anwaltvereins zum Referentenentwurf eines Transparenz- und Publizitätsgesetzes, NZG 2002, S. 115 - 119

DAV-Vorschlag für eine Harmonisierung der gesetzlichen Pflichten zur Mitteilung von Beteiligungen nach Aktiengesetz und Wertpapierhandelsgesetz, WiB 1996, S. 764 - 767, 822 - 824

Deutsch, Klaus Günter; Unternehmensübernahmen in Deutschland und ihre neue gesetzliche Regelung, Deutsche Bank Research, Aktuelle Themen Nr. 226 v. 18.1.2002

Döring, Claus; Europäische Übernahmerichtlinie vor dem Squeeze-out, Börsenzeitung vom 14.06.2003, S. 8

Dokumentation – Sonderbedingungen für Börsentermingeschäfte, WM 1990, S. 486 - 488

Dokumentation – Bedingungen für Wertpapier-Leihgeschäfte der Deutscher Kassenverein Aktiengesellschaft, Frankfurt am Main, WM 1990, S. 949 - 953

Dokumentation – Vorschlag für eine dreizehnte Richtlinie des Europäischen Parlaments und des Rates auf dem Gebiet des Gesellschaftsrechts über Übernahmeangebote, AG 1996, S. 217 - 220

Forum Europaeum Konzernrecht; Konzernrecht für Europa, ZGR 1998, S. 672 - 772

Gesamtverband der Deutschen Versicherungswirtschaft e.V.: Leitfaden zu den Insider-Vorschriften, zur Ad hoc-Publizität und zu den Mitteilungs- und Veröffentlichungspflichten, 1994

Regierungsentwurf eines Gesetzes zur Regelung von öffentlichen Angeboten zum Erwerb von Wertpapieren und von Unternehmensübernahmen vom 11.07.2001, ZIP 2001, S. 1262 - 1300

Sonderausschuß Bilanzrichtlinien-Gesetz (SABI), WPg 1988, S. 340 - 343

Stellungnahme des Handelsrechtsausschusses des DAV e.V. vom April 2001 – Zum RefE des BMF für ein Gesetz zur Regelung von öffentlichen Angeboten zum Erwerb von Wertpapieren und von Unternehmensübernahmen (WÜG), NZG 2001, S. 420 - 432

Stellungnahme des Handelsrechtsausschusses des Deutschen Anwaltvereins e.V. zum RegE für ein Gesetz zur Regelung von öffentlichen Angeboten zum Erwerb von Wertpapieren und von Unternehmensübernahmen (WpÜG), NZG 2001, S. 1003 - 1008

Übernahmekodex vom 14.07.1995, ZIP 1995, S. 1464 - 1470 = AG 1995, S. 572 - 575

Übernahmekodex vom 14.07.1995 i.d.F. vom 28.11.1997, NZG 2000, S. 390 - 392 = AG 1998, S. 133 - 137

ZIP-Dokumentation, „Bundesrat zum neuen Übernahmerecht (RegE WpÜG)", ZIP 2001, S. 1787 - 1788

ZIP-Dokumentation, Regierungsentwurf zur Änderung des Aktiengesetzes („KonTraG"), ZIP 1997, S. 2059 - 2068

ZIP-Dokumentation, Transparenz- und Publizitätsgesetz – Referentenentwurf eines Gesetzes zur weiteren Reform des Aktien- und Bilanzrechts, zu Transparenz und Publizität (TransPuG) mit einer Einführung von Ministerialrat Prof. Dr. Ulrich Seibert, Berlin, ZIP 2001, S. 2192 - 2199

Zum neuen Regelwerk des Neuen Marktes, ZBB 2001, S. 60ff.

Rechtsprechung:

EuGH, Urteil vom 5. 11. 2002 - C-208/00 – („Überseering BV/Nordic Construction Company Baumanagement GmbH (NCC)"), NJW 2002, S. 3614 - 3617, NZG 2002, S. 1164 - 1170

BVerfGE 11, 234 - 239, Beschluss vom 22. Juni 1960 – 2 BvR 125/60

BVerfGE 14, 263 - 288, Urteil vom 7. August 1962 – 1 BvL 16/60

BVerfGE 100, 289 - 313, Beschluss vom 27. April 1999 – 1 BvR 1613/94

BVerfG, Beschluss vom 23. August 2000 – 1 BvR 68/95 (BGH) („Moto-Meter"), NZG 2000, S. 1117 - 1120 = ZIP 2000, S. 1670 - 1674

RGZ 55, 41 - 42, Urteil vom 23. Mai 1903 – I 28/03

RGZ 118, 266 - 269, Urteil vom 25. Oktober 1927 – VII 297/27

BGH, Urteil vom 31. Oktober 1978, KZR 5/77, BB 1979, S. 387 - 389

BGH, Urteil vom 27. Oktober 1986 – II ZR 240/85 (OLG Frankfurt), NJW 1987, S. 1890 - 1892

BGH, Urteil vom 9. Februar 1987 – ZR 119/86 (OLG Braunschweig), WM 1987, S. 1065 - 1070

BGH, Urteil vom 22. April 1991 – II ZR 231/90 (OLG München), WM 1991, S. 1166 - 1171

BGH, Urteil vom 13. Juli 1992 – II ZR 251/91 (OLG Hamm), NJW 1992, S. 3035 - 3037

BGH, Urteil vom 13. April 1994 – II ZR 16/93 (OLG Köln), WM 1994, S. 896 - 901

BGH, Urteil vom 13. Juni 1994 – II ZR 38/93 (OLG Karlsruhe), ZIP 1994, S. 1173 - 1180

BGH, Urteil vom 9. November 1998 – II ZR 213/97 (OLG Düsseldorf), NJW 1999, S. 571 - 572

BGH, Beschluss vom 07. März 2002 – V ZB 24/01 (OLG Hamm), NJW 2002, S. 1647 - 1651

BGHZ 48, 163 - 174 = NJW 1967, S. 1963 - 1966, Urteil vom 29. Mai 1967 – II ZR 105/66 (OLG Stuttgart)

BGHZ 62, 193 - 204 = NJW 1974, S. 855 - 858, Urteil vom 4. März 1974 – II ZR 89/72 (OLG Karlsruhe) („Seitz")

BGHZ 69, 334 - 347 = NJW 1978, S. 104 - 107, Urteil vom 13. Oktober 1077 – II ZR 123/76 (LG Essen) („VEBA/Gelsenberg")

BGHZ 74, 359 - 370 = NJW 1979, S. 2401 - 2404, Beschluss vom 8. Mai 1979 – KVR 1/78 (KG) („WAZ")

BGHZ 81, 56 - 66 = NJW 1981, S. 2699 - 2701, Beschluss vom 22. Juni 1981, KVR 7/80 (KG) („Transportbeton Sauerland“)

BGHZ 90, 381 - 399 = NJW 1984, S. 1893 - 1900 = AG 1984, S. 181 - 188, Urteil vom 26. März 1984 – II ZR 171/83 (OLG Düsseldorf) („BuM/WestLB“)

BGHZ 99, 1 - 9 = NJW 1987, 1639 - 1641, Beschluss vom 20. September 1986 – KVR 32/91 (KG)

BGHZ 104, 66 - 75, Urteil vom 21. März 1988 – II ZR 308/87 (Hanseatisches OLG Hamburg)

BGHZ 121, 137 - 156 = NJW 1993, S. 2114 - 2118 = ZIP 1993, S. 858 - 864, Beschluss vom 19. Januar 1993 – KVR 32/91 (KG) („WAZ“)

BGHZ 135, 107 - 115 = NJW 1997, S. 1855 - 1857 = AG 1997, S. 374 - 377, Beschluss vom 17. März 1997 – II ZB 3/96 (OLG Braunschweig)

BGHSt 18, 359 - 363, Beschluss vom 3. Mai 1963 – 4 StR 96/63

BFH, Urteil vom 16. März 1989 – IV R 133/86, BB 1989, S. 1676 - 1678

BFH, Urteil vom 15. Dezember 1999 – I R 29/97, DStR 2000, S. 462 - 466 = BB 2000, S. 701 - 706

BayObLGZ 1998, 85 - 94 = AG 1998, S. 523, 524 = NZA 1998, S. 956 - 958, Beschluss vom 24 März 1998 – 3Z BR 236/96

BayObLG, Beschluss vom 19.12.2002 – 2Z BR 7/02, NZG 2003, S. 290 - 291

OLG Braunschweig, Beschluss vom 27. Februar 1996 – 2 W 166/95, AG 1996, S. 271 - 273 („VW/Niedersachsen“)

OLG Düsseldorf, Beschluss vom 30. Januar 1979 – 19 W 17/78, WM 1979, S. 956 - 957

OLG Düsseldorf, Urteil vom 22 Juli 1993 – 6 U 84/92, AG 1994, S. 36 - 39 („Feldmühle Nobel/Stora“)

OLG Hamm, Urteil vom 14. März 1986 – 20 U 290/85, WM 1986, S. 704 - 708

OLG Koblenz, Urteil vom 6. Januar 1992 – 6 U 963/91, NJW 1992, S. 2163 - 2165

OLG Köln, Urteil vom 16. März 1988 – 6 U 38/87, WM 1988, S. 974 - 979

OLG München, Urteil vom 7. April 1995 – 23 U 6733/94, AG 1995, S. 383 - 384

Kammergericht, Beschluss vom 19. November 1915, OLGE 37, 8 - 9

Kammergericht, Beschluss vom 14. Juni 1990 – 2 W 1088/90 („Springer/Kirch“), WM 1990, S. 1546 - 1549

LG Berlin, Beschluss vom 17. Januar 1990 – 98 AktE 10/89, WM 1990, S. 978 - 983

LG Bielefeld, Urteil vom 12. November 1999 – 13 O 37/99, AG 2000, S. 232 - 233 („Hucke AG“)

LG Hannover, Urteil vom 29. Mai 1992 – 23 O 64 und 77/91 („Continental“), WM 1992, S. 1239 - 1246

LG Mainz, Urteil vom 16. Oktober 1990 – 10 HO 57/89 („Massa“), AG 1991, S. 30 - 33 = BB 1990, S. 2301 - 2306

LG Oldenburg, Urteil vom 14. März 1991 – 15 O 478/88 („TBB“), ZIP 1992, S. 1632 - 1637

LG Stuttgart, Beschluss vom 29. November 1988 – 2 AktE 1/88, AG 1989, S. 445 - 447

Internet:

http://www.kodex.de (22.11.2002)
http://www.dbresearch.de/PROD/999/PROD0000000000039658.pdf (24.08.2003)
http://www.rws-verlag.de (24.08.2003)
http://www.welt.de/daten/2001/01/16/0116wi215929.htx?search=Deutschland&searchHILI=1 (24.08.2003)

Schriften zum Gesellschafts- und Kapitalmarktrecht

Herausgegeben von Lutz Michalski,
Axel Jäger und Klaus-Rudolf Wagner

Band 1 Volker Schulenburg: Bankenhaftung bei geschlossenen Immobilienfonds. Zugleich eine Untersuchung der Wissenszurechnung im Konzern. 2002.

Band 2 Jan Wittenberg: Der Bestandsschutz von Arbeitsverhältnissen im Umwandlungsrecht. 2002.

Band 3 Christian A. Eichner: Management-Buy-Out-Gestaltungen beim Konzern-Spin-Off. Unter besonderer Berücksichtigung der Unternehmenssteuerreform. 2002.

Band 4 Thomas Wunsch: Tracking Stocks - Geschäftsbereichsbezogene Gewinnbeteiligungen bei Aktiengesellschaften. Eine systematische gesellschafts- und steuerrechtliche Betrachtung. 2002.

Band 5 Jan Blumentritt: Die privatrechtlich organisierte Börse. Ein Beitrag zur Diskussion um die Neuordnung des Börsenwesens. 2003.

Band 6 Michael Grüner: Die Beendigung von Gewinnabführungs- und Beherrschungsverträgen. 2003.

Band 7 Holger Pittroff: Die Zurechnung von Stimmrechten gemäß § 30 WpÜG. 2004.

Band 8 Wolfgang Höhn: Ausgewählte Probleme bei Lock-up Agreements. 2004.

Peter Lang · Europäischer Verlag der Wissenschaften

Jan Schuld

Organschaftliche Beschlußzurechnung im Personengesellschaftsrecht

Eine Konsequenz aus der Rechtsfähigkeit von Personengesellschaften (?)

Frankfurt am Main, Berlin, Bern, Bruxelles, New York, Oxford, Wien, 2003. 227 S.
Europäische Hochschulschriften: Reihe 2, Rechtswissenschaft. Bd. 3678
ISBN 3-631-50979-0 · br. € 37.80*

Die Personengesellschaft ist nach heutiger Ansicht als rechtsfähiges Subjekt einzustufen. Dabei kommt die Anerkennung der Rechtsfähigkeit nicht nur im Bereich der Vermögenszuordnung innerhalb der Gesellschaft zum Tragen. Insbesondere auf dem Gebiet der gesellschaftlichen Beschlußfassung tritt die Fähigkeit, Träger von Rechten und Pflichten zu sein, auf deutliche Weise zutage. Willensbildung in der Personengesellschaft basiert nämlich konzeptionell auf dem Prinzip der organschaftlichen Beschlußzurechnung. Das gilt nach Ansicht des Autors nicht nur für Geschäftsführungsbeschlüsse; vielmehr seien auch sämtliche grundlegenden Willensbildungsakte vom Prinzip der organschaftlichen Beschlußzurechnung erfaßt. Dementsprechend müsse bei einer Beschlußkontrolle stets die Gesellschaft verklagt werden. Insgesamt sieht der Autor keine durchgreifenden Unterschiede zwischen der Willensbildungstechnik im Personengesellschaftsrecht und derjenigen im Recht der juristischen Personen.

Aus dem Inhalt: Der Beschluß als Mittel der Willensbildung in Gesellschaften · Der Vorgang der Beschlußfassung in Gesellschaften · Das Prinzip der organschaftlichen Beschlußzurechnung · Organschaftliche Beschlußzurechnung bei Personengesellschaften · Konsequenzen im Bereich der Beschlußkontrolle

Frankfurt am Main · Berlin · Bern · Bruxelles · New York · Oxford · Wien
Auslieferung: Verlag Peter Lang AG
Moosstr. 1, CH-2542 Pieterlen
Telefax 00 41 (0) 32 / 376 17 27

*inklusive der in Deutschland gültigen Mehrwertsteuer
Preisänderungen vorbehalten

Homepage http://www.peterlang.de

FSC
www.fsc.org
MIX
Papier | Fördert gute Waldnutzung
FSC® C083411

Kolibri 360 GmbH
Ferdinand-Jühlke-Straße 7
99095 Erfurt, Deutschland
produktsicherheit@kolibri360.de

Druck:
CPI Druckdienstleistungen GmbH
im Auftrag der
Kolibri 360 GmbH
Ferdinand-Jühlke-Str. 7
99095 Erfurt